LA SAGESSE DES MODERNES

ANDRÉ COMTE-SPONVILLE
LUC FERRY

LA SAGESSE DES MODERNES

Dix questions pour notre temps

Essai

Robert Laffont

ISBN 978-2-221-26291-7
Dépôt légal : mai 2022
Éditions Robert Laffont – 92, avenue de France 75013 Paris

PRÉFACE
DE LA NOUVELLE ÉDITION (2022)

C'était il y a un quart de siècle. Nous n'étions d'accord sur rien, sinon sur le constat de nos désaccords. C'est ce qui nous avait rapprochés.

Car pour qu'un désaccord apparaisse et fasse sens, entre deux philosophes, il ne suffit pas que ceux-ci se parlent ou se lisent mutuellement : encore faut-il qu'ils se comprennent, qu'ils se rejoignent au moins sur les questions posées, ce qui leur permet seul de s'opposer avec quelque pertinence dans les réponses. Cela ne va pas sans un référentiel commun. Le nôtre était celui de la philosophie occidentale, dans ce qu'elle avait de plus traditionnel, de plus classique, de plus rationaliste, philosophie dont il était de bon ton, ces années-là, de célébrer la mort ou d'entreprendre perpétuellement la « déconstruction », Cela nous laissait plus que perplexes. Nous n'étions pas prêts à sacrifier la modernité, qui nous restait chère, sur l'autel de la postmodernité, ni la philosophie, que nous aimions passionnément, sur celui de la sophistique. Pas question, malgré l'air du temps, de dire adieu à la raison, aux Lumières, à l'universel ! Déconstruire ? Le travail était déjà fait, souvent talentueusement, par d'autres. Nous voulions plutôt reconstruire.

Cela prit d'abord la forme, pour chacun de nous deux, d'un retour : retour à Épicure et à Spinoza pour l'un, retour à Kant ou à Husserl pour l'autre – non certes pour nous enfermer dans le passé mais au contraire pour renouer le fil de la modernité, qui en avait bien besoin, et pour le prolonger, si nous en étions capables. Remonter loin vers l'amont, donc, mais pour sortir des embourbements du présent et avancer à nouveau. C'était notre façon de résister à Nietzsche et à Heidegger, ou plutôt à leurs disciples français, qui dominaient alors la scène philosophique. Cette dimension critique, qu'il fallut bien assumer, nous importait pourtant moins que l'ambition positive qu'elle préparait : proposer à nos contemporains une philosophie pour notre temps. Mais laquelle, puisque, d'évidence, nous n'avions pas la même ? C'est où l'on retrouve nos désaccords et ce livre à deux voix, sur ce qui nous semblait – et nous semble toujours – deux voies possibles de la pensée contemporaine.

Nous nous étions rencontrés quelques années plus tôt, lors de colloques ou de séminaires, puis parfois lors de repas avec quelques amis communs. Tout nous opposait, depuis la politique (l'un se réclamant de la droite républicaine, l'autre de la gauche, d'abord marxiste puis sociale-démocrate) jusqu'à la métaphysique (humanisme transcendantal donc idéaliste chez celui-là, matérialisme chez celui-ci). Mais nous nous comprenions de mieux en mieux, nous nous estimions de plus en plus, et surtout nous avions le sentiment que nos désaccords allaient bien au-delà de nos petites personnes, qu'ils disaient quelque chose d'essentiel sur la philosophie en général et sur les deux nôtres en particulier. L'idée vint d'en faire un livre, qui fût non de synthèse mais de dialogue et de confrontation. Nous appelions ce projet, dans nos tête-à-tête, « le débat Spinoza-Kant ». Mais nous savions bien que ce n'était qu'un résumé, d'ailleurs inadéquat : le matérialisme de l'un lui interdisait d'être absolument spinoziste, comme l'incroyance de l'autre le distinguait suffisamment de Kant. Au reste, ce n'était pas le passé de la philosophie qui nous préoccupait, mais son présent, dont nous nous sentions responsables, donc aussi son avenir, qui restait à écrire. Philosopher, c'est penser son époque, et pour elle. La sagesse des Modernes ne saurait être celle des Anciens, ni les droits de l'homme tenir lieu de spiritualité.

Ce dernier point nous paraissait essentiel. Que la morale et le droit soient des dimensions constitutives de notre socialité, nous en étions convaincus l'un et l'autre ; mais nous l'étions tout autant de leurs limites respectives, voire de leur commune insuffisance. Faisons une expérience de pensée : imaginons que chaque être humain respecte scrupuleusement le droit et fasse strictement son devoir. La société en serait fortement et heureusement transformée ; mais aucune des questions existentielles que nous nous posons ne serait supprimée par là, ni n'y trouverait la moindre réponse. La vie vaut-elle la peine d'être vécue ? A-t-elle un sens ? Que nous est-il permis d'espérer ? Quel bonheur ? Quel amour ? Quelle sérénité ? Comment affronter la mort, la finitude, le tragique ? Quelle spiritualité, lorsqu'on n'a pas ou plus de religion ? Quelle place accorder à la transcendance ou à l'immanence, à l'absolu ou au relativisme, à la connaissance ou à l'illusion, au sacré ou au profane, à la liberté et à la nécessité, à l'art et à la politique, à l'histoire ou à l'éternité, à la solitude ou à la rencontre ? Bref, et pour le dire dans les mots qu'on lira ci-après, dans l'Avant-propos de la première édition : quelle sagesse *après la religion* et *au-delà de la morale* ?

Nous nous mîmes à l'œuvre à l'automne 1996, dans le cadre d'un séminaire qui dura jusqu'à la fin de l'année suivante. Ce long travail, entrepris en commun et l'un contre l'autre, ne renforça pas seulement notre amitié. Il donna à chacun une meilleure compréhension de la pensée de l'autre, donc aussi, par différence, de la sienne propre. Ce fut une étrange aventure, intellectuellement passionnante, humainement émouvante. Jamais sans doute nous n'avions à ce point pénétré la pensée d'un autre, en tout cas d'un contemporain, jusqu'à pouvoir pour ainsi dire nous y installer, l'habiter comme de l'intérieur, voire la soutenir, au moins en guise d'exercice et provisoirement ! C'est d'ailleurs ce qui nous donna l'idée (une fois le livre paru, quand il fallut le présenter lors de rencontres publiques) de permuter nos rôles respectifs. Il arriva plusieurs fois que chacun, à l'oral, au lieu d'exprimer comme d'habitude sa propre pensée, prenne le parti adverse : qu'il expose la philosophie *de l'autre*, non pour la critiquer mais pour la soutenir au mieux, pour lui donner le maximum de force, de rigueur, de cohérence – avant, lors du débat qui suivait, de reprendre ses véritables positions et d'expliquer pourquoi celles de l'autre, qu'il venait de résumer le plus honnêtement possible, ne pouvaient pourtant lui convenir. Il y avait là une part de jeu, mais qui nous apprit beaucoup. Cela nous conforta dans une idée, dont nous souhaitons que les lecteurs d'aujourd'hui la fassent leur : la pluralité des philosophies possibles ou réelles, loin de les disqualifier toutes, éclaire la signification de chacune d'entre elles et en rehausse la singularité. La philosophie n'est pas une science, qui déboucherait sur un consensus des savants. Chacun n'y peut penser que par lui-même (certes en s'appuyant sur la pensée des autres) et pour son propre compte. Les désaccords, loin de marquer l'échec de la philosophie, la révèlent dans sa vérité (qui n'est pas celle d'un savoir) et la font vivre. Leçon de tolérance, pour tous, et d'exigence, pour soi. Le plaisir que nous y prîmes, qui fut vif, nous laisse espérer, même vingt-cinq ans plus tard, qu'il sera partagé par de nouveaux lecteurs.

André Comte-Sponville et Luc Ferry

AVANT-PROPOS

Comment vivre ? C'est la question principale, puisqu'elle contient toutes les autres. Comment vivre d'une façon plus heureuse, plus sensée, plus libre ? Dans le monde tel qu'il est, puisqu'on n'a pas le choix. À l'époque qui est la nôtre, puisque tous les choix en dépendent.

Pour transformer le monde ? Pour se transformer soi ? L'un et l'autre. L'un par l'autre. L'action est le chemin. Mais qui ne vaut que par la pensée qui l'éclaire.

Le maximum de bonheur dans le maximum de lucidité : c'est ce que les Anciens appelaient « sagesse », qui donnait sens à leur philosophie, et à leur vie.

Mais leur sagesse n'est pas la nôtre. Ou la nôtre, plutôt, ne saurait reproduire, purement et simplement, la leur. Le monde n'est pas le même. La société n'est pas la même. Les sciences, la morale, la politique... ne sont pas les mêmes. Comment aurions-nous la même vie, la même façon de nous sauver ou de nous perdre ?

Si nous avons voulu renouer avec l'idéal ancien de sagesse, c'est moins par nostalgie que par impatience. La vie est trop brève, trop précieuse, trop difficile, pour qu'on se résigne à la vivre n'importe comment. Et trop intéressante pour qu'on ne prenne pas le temps d'y réfléchir, et d'en débattre.

Comment vivre ? Si la philosophie ne répond pas à cette question, à quoi bon la philosophie ?

Ce livre est un livre à deux voix : nous l'avons écrit à la fois ensemble et séparément. *Ensemble*, puisqu'il s'agit d'un seul et même livre, dont nous assumons solidairement la responsabilité et l'organisation. Mais aussi *séparément*, puisque chacun y parle en son nom propre, du point de vue qui est le sien, soumettant ses idées et ses arguments à la critique – toujours amicale, parfois sévère – de l'autre. Philosophie dialoguée, donc, ou dialogue philosophique. C'était renouer, là encore, avec une tradition ancienne, où la philosophie commence : dans la rencontre, dans la discussion rationnelle, dans le heurt des doctrines et des objections. La philosophie n'est pas un long fleuve tranquille, où chacun viendrait pêcher sa vérité. C'est une mer, où mille vagues s'affrontent, où mille courants s'opposent, se rencontrent, se mêlent parfois, se séparent, se retrouvent, s'opposent à nouveau... Chacun y navigue comme il peut, et c'est ce qu'on appelle philosopher.

Dans ce voyage au long cours, nous nous sommes d'abord croisés de loin, comme deux navires, puis de plus près. Il nous est arrivé de plus en plus souvent de cheminer ensemble, au moins un certain temps, chacun réglant sa route, si l'on peut dire, sur celle de l'autre, y cherchant comme une confirmation – qu'elle soit positive ou négative – de son propre itinéraire. Philosopher est un voyage où chacun est seul. Mais cela n'interdit pas les rencontres. C'est au contraire ce qui les rend à la fois possibles et précieuses.

Le conflit est ce qui nous a frappés d'abord.

Nous nous connaissons depuis une douzaine d'années. L'un d'entre nous avait écrit à l'autre, à propos d'un livre *(La Pensée 68)* que celui-ci venait de publier. Un débat commença là, qui n'a pas cessé. Ce qui nous a rapprochés ? Une certaine façon commune, en tout cas comparable, de philosopher. Un même attachement à la raison, à la clarté, à l'échange des arguments, à la quête toujours recommencée du vrai. Une même fidélité aux Lumières. Un même refus de la sophistique et du nihilisme. Aussi, et pour cela même, une certaine perplexité, pour ne pas dire plus, devant ce qu'était devenue la philosophie contemporaine... Enfin le plaisir de philosopher ensemble, puis l'amitié. Nous voyions bien que nous n'avions ni la même philosophie ni le même parcours. Nous avions vécu très différemment, par exemple, Mai 68 et tout ce qui s'ensuivit. Nous n'avions pas le même rapport à la politique. Nous n'avions pas eu les mêmes maîtres. Nous ne nous reconnaissions pas dans les mêmes traditions. Mais cela n'empêchait pas, philosophiquement, comme une étrange sympathie. Mais nous avions souvent les mêmes adversaires. Mais nous tirions souvent, de principes différents, des conclusions très proches... Comment était-ce possible ? À quelles conditions ? À quel prix ? Dans quelles limites ? Il fallait éclaircir tout cela. C'est ce qui nous donna l'idée, il y a déjà bien des années, d'un livre que nous ferions ensemble. Mais chacun avait son travail en cours, sa propre philosophie à explorer... Les années ont passé, durant lesquelles nous n'avons cessé de nous lire, de nous écrire, de dialoguer, tantôt dans des colloques ou des séminaires, tantôt, c'était le plus agréable, autour d'un repas ou d'un verre... Jusqu'au jour, c'était en 1996, où le moment nous a semblé venu de faire le point, en tout cas d'essayer, et de le faire – pour que cela puisse être utile à d'autres – publiquement. Chacun suivait sa voie depuis assez longtemps ; chacun avait assez avancé ; il était temps de faire une pause, et de regarder les étoiles ou la carte...

Un livre à deux voix, donc, sur deux voies possibles – bien sûr parmi d'autres – de la philosophie contemporaine. Ces deux voies nous précèdent de très loin : elles sont aussi anciennes que la philosophie. Entre nous, nous avions pris l'habitude d'appeler cela le débat Spinoza-Kant. Mais nous aurions pu l'appeler aussi bien, ou presque aussi bien, le débat Épicure-Platon, Hobbes-Descartes ou Diderot-Rousseau... Notre opposition recouvre en effet, au moins pour une part, l'opposition la plus forte, la plus constante, la plus structurante de toute l'histoire de la philosophie. Elle peut se dire en des termes et sur des terrains différents, qui ne se recoupent pas tous. Mais la frontière, pour ne pas dire la ligne de front, reste le plus souvent la même. C'est le conflit entre le matérialisme (Épicure) et l'idéalisme (Platon). Entre le monisme (Spinoza) et le dualisme (Descartes). Entre le naturalisme (Diderot) et l'humanisme (Rousseau). Entre l'immanence (Spinoza, à nouveau, mais aussi Marx et Freud) et la transcendance (fût-elle repensée, en quelque sorte, de l'intérieur : Kant et Husserl). Aussi, et dans le prolongement des oppositions précédentes, entre le structuralisme (Lévi-Strauss, Althusser) et l'existentialisme (Sartre)... Bref, entre une philosophie du monde, de la nature ou de l'histoire, d'une part, et une philosophie de l'homme, de la personne ou du sujet d'autre part.

Que tout homme soit dans l'histoire, et qu'il n'y ait d'histoire que pour l'homme, nous le savons bien. Mais cela, loin d'éliminer le problème, le constitue.

Ces oppositions proprement philosophiques en recoupent d'autres, morales ou spirituelles, qui sont plus difficiles à formaliser, mais qui n'ont cessé, elles aussi, de nous habiter. Deux, surtout, nous ont paru décisives : l'opposition, quant à la morale, entre le relativisme et l'universalisme ; et l'opposition, quant à la spiritualité, entre une certaine tradition chrétienne (spiritualité de la personne, de l'espérance, de la transcendance...) et une certaine inspiration bouddhiste (qui serait plutôt, pour le dire dans nos mots à nous, une spiritualité sans sujet et sans espoir, comme une dissolution de l'ego dans l'immanence). Que nous soyons tous les deux attachés à une forme d'universel, aussi bien théorique (la raison) que pratique (les droits de l'homme), et que nous ne soyons par ailleurs ni chrétiens ni bouddhistes, c'est ce que les lecteurs de nos précédents livres savent suffisamment. Mais cela ne nous a pas paru une raison suffisante pour ne pas affronter aussi ces débats-là.

On voit qu'il s'agit de tout autre chose que d'un livre de circonstance. Vingt-cinq ans de travail y menaient, pour l'un et l'autre, et vingt-cinq siècles de philosophie.

Que nous y ayons pris tous les deux un immense plaisir, c'est ce que l'amitié entre nous pourrait suffire à expliquer. Mais nous aimons trop la philosophie pour ne pas voir qu'il s'agit aussi d'autre chose : du plaisir de penser à plusieurs, les uns avec les autres, les uns contre les autres, et c'est la philosophie même, toujours conflictuelle, toujours incertaine, et qui devrait être – puisque chacun y cherche la vérité – toujours ouverte et amicale.

Quant à la forme du livre, nous avons pensé d'abord à une simple discussion, à un dialogue, à une improvisation purement orale. Cela, peut-être, eût été plus vivant, plus accessible, plus spontané. Mais nous n'avions pas assez confiance en la parole, ni en nous-mêmes, pour ne pas craindre alors que la réflexion ne s'égare dans tous les sens et que nous n'ayons fait au bout du compte qu'un de ces faux livres écrits au magnétophone... C'est ce qui nous a donné l'idée de choisir plutôt la forme très académique d'un séminaire, où chacun apporterait ses propres textes, qui seraient ensuite discutés par tous. Mais le risque était alors de nous enfermer dans une discussion de spécialistes, comme il y en a tant, et de ne pouvoir intéresser dès lors, dans le meilleur des cas, que nos collègues. C'est pour résister à cette tentation ou à ce danger que nous avons rassemblé un public délibérément hétérogène : une vingtaine de nos amis, dont plusieurs, certes, sont des professeurs de philosophie, mais dont beaucoup, au contraire, n'avaient aucune formation philosophique particulière. Cela nous interdisait non seulement toute érudition, ce qui va de soi, mais aussi tout détour trop codé ou trop allusif par l'histoire de la philosophie : il fallait ne rien tenir pour acquis, expliquer le plus qu'on pouvait, bref, essayer de penser à la fois *par soi-même* et *pour tout le monde.* Que cela fût difficile, nous le savions bien. Mais cette difficulté même nous a paru une raison supplémentaire de tenter l'expérience.

Les deux tiers de ce livre sont donc purement et simplement écrits. Chacun d'entre nous rédigeait son texte de son côté, qu'il envoyait à l'avance à l'autre et aux participants du séminaire. Nous nous réunissions une fois par mois chez notre éditeur, Bernard Fixot. Les deux textes étaient alors résumés oralement puis discutés. C'est ce qui a donné lieu au dernier tiers, approximativement, de chaque chapitre, où l'on trouvera une transcription – sensiblement allégée – de la discussion. Merci à Armelle Deloince, qui a bien voulu transcrire les enregistrements, et à Claude Capelier, qui a fait – avec autant d'intelligence que de gentillesse – le nécessaire travail d'élagage et de mise en forme. Enfin, merci à nos amis, qui nous ont accompagnés durant ces dix séances : ce fut pour nous un vrai bonheur, que nous n'oublierons pas.

Nous avons choisi dix questions différentes, qu'il nous a paru possible de regrouper en trois sous-ensembles.

La première partie, la plus fondamentale, peut-être la plus difficile, explicite notre opposition quant aux principes : le matérialisme de l'un (qui est un matérialisme non dogmatique) s'oppose à l'idéalisme ou à l'humanisme de l'autre (qui sont un idéalisme critique et un humanisme non métaphysique). C'est où se joue notre rapport à l'être, à la nature, et à l'humanité.

La deuxième partie oppose plutôt deux spiritualités, ou deux conceptions différentes de la spiritualité. Nous essayons d'y voir ce que peut être une spiritualité laïque, une spiritualité pour notre temps, et ce qu'elle offre – ou refuse – à notre désir de sens, d'espérance, de salut.

Enfin, la troisième partie revient, à la lumière de ce qui

précède, sur quelques problèmes actuels de nos sociétés démocratiques : l'art contemporain, les médias et la politique nous ont paru mériter – malgré leurs limites et peut-être à cause d'elles – d'être l'objet, eux aussi, d'une réflexion et d'un discours philosophiques.

Nous avons voulu renouer avec une exigence fort ancienne – mais parfois trop oubliée – de la philosophie, qui veut que celle-ci ne soit pas seulement un discours, fût-il brillant, ni une simple intervention morale, fût-elle généreuse, ni un simple commentaire, fût-il érudit, des sciences ou des doctrines. La question philosophique la plus importante, à nos yeux, c'est celle, comme disaient les Grecs, de la *vie bonne*, autrement dit du bonheur, mais lucide, et de la sagesse, mais en acte. Comment la morale ou les sciences pourraient-elles y suffire ? Quand on a répondu (à supposer qu'on le puisse) à toutes les questions qu'elles nous posent, et même quand on a rempli du mieux qu'on peut l'exigence morale, on n'a encore rien fait d'essentiel ou, en tout cas, de suffisant. Car ni la morale ni les sciences ne nous disent si la vie mérite d'être vécue, ni ce qui lui donne son prix ou son sens. Qui se contenterait de connaître ? Qui se contenterait de faire son devoir ? Qui y verrait un bonheur suffisant ? Une sagesse suffisante ? Une spiritualité suffisante ?

Cela vaut spécialement pour la morale, et l'on se trompe assurément si l'on veut voir en nous des « moralistes ». Que nous nous soyons occupés l'un et l'autre de morale, c'est bien clair. Quel philosophe non ? Puis il fallait bien sortir des naïvetés immoralistes, penser l'éducation que nous donnons à nos enfants, enfin se donner des raisons de combattre le mal – en soi et hors de soi – pour ne pas baisser les bras devant le pire... Mais la morale pour nous n'est pas tout, et elle n'est pas l'essentiel. Elle ne sait que commander – et qui se contenterait d'obéir ? Elle ne sait dire ordinairement que non – et qui n'a besoin de dire oui ? Elle est faite surtout de devoirs – et qui ne préfère l'amour et la liberté ? « Je n'ai fait que mon devoir », dit-on parfois. C'est reconnaître qu'il ne s'agit que d'un minimum obligé. Telle est, à nos yeux, la morale. Ce n'est qu'un minimum, en effet, aussi évidemment nécessaire qu'incapable, à lui seul, de nous satisfaire. La vie, aussi bien individuelle que commune, a d'autres charmes, fort heureusement, et d'autres exigences.

C'est ce qui justifie notre titre. On voudra bien ne pas le prendre à contresens. Nous ne prétendons ni l'un ni l'autre, cela va de soi, être des sages. Mais c'est justement pourquoi il nous a paru important de réfléchir à la sagesse : parce que nous en manquons, comme tout le monde, parce que nous avons besoin de la penser pour essayer, malgré tout, de nous en approcher.

Quant à la modernité, nous n'avons évidemment aucune prétention à en détenir l'impossible et ridicule exclusivité. Au demeurant, nous prenons le mot en un sens large, qui n'a rien à voir avec l'actualité ou la mode. La modernité, pour nous, c'est tout ce qui relève de l'émergence du monde démocratique et de sa séparation d'avec le religieux ; c'est donc tout ce qui participe de la *fin du théologico-politique* ou, comme diraient Max Weber et Marcel Gauchet, du *désenchantement du monde.* Philosophiquement, cela commence avec Montaigne et Descartes. Historiquement, politiquement, idéologiquement, c'est tout ce qui prend en compte la rupture de 1789, et qui lui reste fidèle. C'est peu dire que nous sommes nombreux à nous y reconnaître : la modernité, en ce sens, est le lot spirituel presque obligé de nos sociétés laïques et démocratiques.

Reste à la penser, à l'assumer, et à en faire surgir, peut-être, un peu plus de lumière, un peu plus de bonheur, un peu plus d'esprit – un peu plus de sagesse.

C'est à quoi nous avons voulu, ensemble, essayer de contribuer.

Notre problème ? Il tient en une question : quelle sagesse *après la religion* et *au-delà de la morale* ?

Nous ne sommes sûrs ni l'un ni l'autre de nos réponses.

Mais nous sommes certains, l'un et l'autre, de la pertinence de la question.

André Comte-Sponville et Luc Ferry

PREMIÈRE PARTIE

Sur deux voies possibles de la philosophie contemporaine

1

Comment peut-on être matérialiste ? Comment peut-on être humaniste ?

C'est là notre différend originel, le point de départ d'un débat philosophique qui ne cesse de resurgir sous diverses formes depuis, au moins, l'opposition du spinozisme et du kantisme. Il fallait commencer par lui, même s'il requiert ce minimum de références à l'histoire de la philosophie sans lequel la réflexion risque de tourner à vide. C'est ce vide que nous avons tenté, aussi clairement qu'il nous était possible, de combler d'entrée de jeu pour des non-philosophes. Non par un simple souci pédagogique, mais parce que l'enjeu de ce dialogue nous semble, aujourd'hui encore, aujourd'hui plus que jamais, crucial, en raison de ses implications éthiques, en raison aussi de l'actualité que lui redonnent les plus récents développements des sciences de la vie (cf. chapitre 2). De quoi s'agit-il ? Au fond, de deux visions du monde. Pour le matérialiste, la sagesse commence par une critique des illusions de la transcendance, sous toutes leurs formes. Au-delà même de l'athéisme, qui est sa conclusion première et naturelle, il plaide pour une éthique de l'immanence, voire du « gai désespoir » : ce n'est pas dans un au-delà qu'il faut espérer, mais ici et maintenant qu'il convient d'apprendre à vivre, dans un monde où l'homme n'est qu'une espèce parmi les autres, parfois plus aimable, sans doute, mais point par essence différente. Le stoïcisme, l'épicurisme, le spinozisme, certains aspects du scepticisme et du bouddhisme, sont ses références obligées. Tous nous invitent à nous réconcilier avec le monde, à chercher et à trouver notre juste place en son sein. Pour l'humanisme transcendantal en revanche, héritier de Kant et de Husserl, la transcendance ne s'évanouit pas avec le retrait des religions. Même d'un point de vue laïc et agnostique, elle reste à ses yeux l'affaire principale d'une humanité qui entretient avec les autres espèces animales un rapport de discontinuité essentielle. Non parce qu'elle serait d'origine divine, mais parce qu'elle s'avère capable de s'arracher par liberté au règne de la nature, de le transcender pour poser des questions, au sens propre, métaphysiques. À commencer par celle de la « vie commune », de la relation à cet autre qui, bien qu'humain, apparaît en quelque façon comme situé « hors du monde », au-delà du cycle de la vie, et par là même comme « sacré » en un sens inédit qui reste à explorer.

Comment peut-on être matérialiste ?

Pourquoi je plaide pour un « humanisme de l'homme-Dieu »

Luc Ferry

Oudèn chariésteron anthropou [1]
Ménandre

Images du Rwanda, vues dans un pays étranger. Pires que toutes celles que l'on pourrait montrer en France. Des enfants découpés vivants à la machette, comme ça, pour le plaisir. On va les achever, mais rien ne presse. Pas racontable. Je n'en dis donc pas plus. Mais bien réel cependant, et de ce réel-là je ne parviens pas à faire grand-chose. Je ne puis m'empêcher de penser à la solitude qui doit être celle des plus petits. Non que la souffrance des adultes soit moins digne d'intérêt ; mais sans doute peuvent-ils trouver dans leurs souvenirs, voire dans l'intelligence de la situation, de quoi la mettre quelque peu à distance. Parce qu'il n'est, par définition même, jamais responsable du conflit dans lequel il est pris, l'enfant est une victime a priori. Il ne peut rien comprendre au malheur qui le frappe et c'est cette détresse particulière qui me renvoie de manière irrépressible au sentiment du démoniaque : si le diable est celui qui isole et désole, nul doute qu'il doit être ici à son affaire.

Bien entendu, je ne crois pas en l'existence du diable. Mais en celle du diabolique, oui. Dans *L'Homme-Dieu*, j'avais défini le sacré à partir d'une réflexion de Nietzsche, comme ce pour quoi nous pourrions, le cas échéant, sacrifier notre vie. Le critère me paraissait, me paraît encore, pertinent : c'est dans l'hypothèse du

1. Heint Wismann me suggère de traduire simplement : « Rien n'est plus aimable que l'homme. »

risque de la mort que nous faisons l'épreuve de valeurs qui nous apparaissent, à tort ou à raison, comme supérieures à notre propre existence. Des valeurs transcendantes, donc, et même en quelque façon absolues, puisque non relatives à tel ou tel contexte particulier : j'ai beau faire, je ne vois pas comment la question de savoir s'il est bien ou mal de torturer un enfant pourrait dépendre des circonstances ou de la prise en compte des conséquences plus ou moins bénéfiques d'une telle action. L'argument est sans doute banal, mais il me paraît peu réfutable. André me suggère une autre définition qui vient compléter la première et cerne mieux encore l'impression que je ressens à la vue de ces images : est sacré ce que l'on peut profaner. Et c'est bien de cela qu'il s'agit. Ce n'est pas la simple vue du sang et des blessures, pour abjectes qu'elles soient, qui suscite à elle seule l'effroi. Seraient-elles advenues par accident qu'elles n'éveilleraient pas la même émotion. Ce qui choque avant tout, c'est la conviction que quelque chose, en effet, de plus important que la vie même a été profané. Sacrée est cette limite qu'on ne saurait franchir (mais on peut, bien sûr, toujours le faire), sans entrer dans la sphère du mal *absolu.* Cela pose une question simple, qui nous conduit d'entrée de jeu au cœur du débat avec le matérialisme : ce rapport au sacré, à l'absolu, n'est-il qu'une illusion ? Est-ce seulement la force des images et la vigueur de l'indignation qui nous conduisent à sacraliser, à absolutiser ce qui ne serait, au fond, que relatif à notre culture particulière d'Européens, voire à quelque « gène de la sympathie » ?

J'ai la conviction que non. Je suis, sur un plan philosophique, si antimatérialiste que mes positions en faveur d'un « humanisme de l'homme-Dieu » doivent parfois sembler excentriques ou arbitraires aux yeux de mon ami spinoziste. En vérité, il s'agit moins d'un parti pris que d'un pari – ce qui ne dispense pas, tout au contraire, d'en expliciter les termes et d'en argumenter les choix. Ils me semblent, dans la situation actuelle de la pensée, réellement décisifs. Car au travers des sciences humaines, mais plus encore des progrès de la neurobiologie, le matérialisme, que la fin du communisme avait pour un temps affaibli, regagne une légitimité et une puissance de conviction peut-être inégalées. La discussion s'impose d'autant plus ici, avec André, que son attitude philosophique, au contraire de la mienne, s'enracine depuis toujours, et de manière explicite, dans une tentative cohérente de rester fidèle, après la crise du marxisme, à une perspective matérialiste élargie. Chacune de nos discussions trouve sa source dans cette divergence de fond qu'il est désormais utile non pas de surmonter, ce qui n'adviendra sans doute pas, mais de tirer autant que faire se peut au clair. Les traditions mêmes auxquelles nous nous adossons le reflètent : d'un côté, la référence à l'Orient bouddhiste, à Épicure, à Spinoza et à Marx ; de l'autre, à l'Occident chrétien, à Descartes, à Kant et à la phénoménologie de Husserl. Chaque fois ce sont deux univers de pensée divergents qui sont spontanément convoqués. Il est temps de laisser nos traditions au vestiaire (quitte, c'est inévitable, à les retrouver à la sortie) pour nous expliquer de façon directe, avec les arguments qui nous paraissent aujourd'hui les plus justes.

De la vraie nature du matérialisme et de la séduction légitime qu'il exerce

Au sens philosophique (on laissera ici de côté le sens ordinaire et péjoratif), on doit entendre par matérialisme la position qui consiste à postuler que la vie de l'esprit est tout à la fois *produite* et *déterminée* par la *matière*, en quelque acception qu'on la prenne. En clair : les idées philosophiques ou religieuses, mais aussi les valeurs morales, juridiques et politiques, ainsi que les grands symboles esthétiques et culturels n'ont ni vérité ni signification *absolues*, mais sont au contraire *relatifs* à certains états de fait matériels qui les conditionnent de part en part, fût-ce de façon complexe et multiforme. Par rapport à la matière, donc, il n'est pas d'autonomie véritable, absolue, du monde de l'esprit ou, si l'on veut, pas de transcendance réelle, mais seulement une illusion d'autonomie. Constance du discours matérialiste : la critique de la religion, bien sûr, mais aussi de toute philosophie qui postule une transcendance réelle de la vérité des idées ou des valeurs morales et culturelles.

En ce sens précis, les grandes « philosophies du soupçon » qui ont tant marqué les années soixante, celles de Marx, Nietzsche et Freud, sont des illustrations du matérialisme contemporain : on y *réduit* les idées et les valeurs en les rapportant à ce qui les engendre « en dernière instance » : l'infrastructure économique, la Vie des instincts et des pulsions, la libido et l'inconscient. Même s'il prend en compte la complexité des facteurs qui entrent en jeu dans la production des idées et des valeurs, le matérialisme doit donc assumer ses deux traits caractéristiques fondamentaux : le réductionnisme et le déterminisme.

– Tout matérialisme est, en effet, à un moment ou à un autre, un « réductionnisme », comme André le concède d'ailleurs avec une rigueur qui tranche sur la pusillanimité ambiante (nombre de matérialistes ne le font plus aujourd'hui par crainte d'être accusés de céder à un mécanisme simpliste) : « Si l'on entend par réductionnisme la soumission du spécifique au général et la négation de toute autonomie absolue des phénomènes humains, le matérialisme ne saurait, sans cesser d'être matérialiste, s'en passer » (*Dictionnaire de philosophie politique*, P.U.F., 1996).

– Tout matérialisme est aussi un déterminisme en ce sens qu'il prétend montrer comment les idées et les valeurs dont nous croyons pouvoir disposer librement, comme si nous pouvions sinon les créer, du moins les *choisir*, s'imposent en vérité à nous selon des mécanismes inconscients que le travail de l'intellectuel consiste justement à mettre au jour.

De là, me semble-t-il, la réelle séduction qu'il exerce.

– D'une part, son travail se développe, presque par définition, dans l'ordre du soupçon, de la démystification : le matérialiste prétend par nature « en savoir plus » que le vulgaire, puisqu'il se livre à une véritable généalogie de ce qui apparaît dès lors comme nos naïvetés. La psychanalyse, par exemple, appartient au registre de la psychologie « des profondeurs », elle est censée décrypter au plus profond, là où le commun des mortels n'ose guère s'aventurer ; elle va au-delà des apparences, des symptômes, et se prête ainsi volontiers à une lecture matérialiste. Même chose, bien sûr, chez Nietzsche ou chez Marx.

– D'autre part, le matérialisme offre, plus que toute autre option philosophique, la particularité non seulement de ne pas prendre les idées pour argent comptant, mais de « partir des faits », de s'intéresser enfin, si je puis dire, aux « vraies réalités », c'est-à-dire à celles qui sont réellement déterminantes : Freud nous parle de sexe, Nietzsche des instincts, Marx de l'histoire économique et sociale. Bref, ils nous parlent de ce qui importe vraiment et que l'on cache si volontiers, là où la philosophie spiritualiste se tourne vers les abstractions. Or le plus souvent, c'est vrai, le réel est plus intéressant que les brumes philosophiques.

De la biologie comme nouvelle figure du matérialisme

Les trois philosophies du soupçon se portent sans doute moins bien que dans les années soixante. C'est en tout cas certain pour le marxisme. Mais la structure du matérialisme, elle, va plutôt mieux que jamais. Au lieu de s'enraciner dans la philosophie ou dans des « sciences humaines » toujours sujettes à caution (surtout auprès du grand public qui n'y croit guère), elle a élu domicile dans les « sciences dures », et singulièrement dans la plus populaire et la plus fascinante de toutes : la neurobiologie.

Sans doute le projet de rechercher les fondements naturels, donc matériels, de la pensée, de l'éthique et de la culture est-il très ancien. Mais il reçoit depuis une vingtaine d'années une nouvelle impulsion, liée aux formidables progrès de la génétique. Avec la sociologie, mais aussi la génétique des comportements, le matérialisme entre même délibérément en concurrence avec les sciences humaines qui sont sommées, parfois, de rendre les armes et toujours de prendre à tout le moins en compte les résultats des disciplines plus fiables.

Pour des raisons politiques de fond, ce nouveau matérialisme est souvent contesté : on lui reproche, justement, son « réductionnisme », et on le soupçonne à son tour de visées politiques inavouables. Le souvenir du nazisme, pour hors de propos qu'il soit ici, y est pour beaucoup : un raisonnement trop rapide donne à penser que la biologisation ou la naturalisation des différences entre les cultures, les ethnies, les sexes, les comportements, etc., seraient toujours le fait d'une pensée d'extrême droite. Et l'on craint, ou l'on feint de craindre, le retour de l'eugénisme en même temps que celui des discours inégalitaires...

D'où, par contrecoup, les précautions politiquement correctes sans cesse prises aujourd'hui par les biologistes qui, sous prétexte qu'ils découvrent, en effet, le substrat matériel de certains comportements humains (par exemple l'origine génétique de certains troubles psychiques), ne veulent pas pour autant passer pour des « fascistes ». On les comprend. Reste que les précautions en question obscurcissent presque toujours le vrai débat sur le matérialisme en le lançant sur de fausses pistes. J'en évoquerai trois qui reviennent en permanence et qu'il faut écarter pour ne pas hypothéquer la suite de notre discussion.

– Par peur d'être taxé de réductionnisme, le biologiste tresse volontiers des couronnes à la gloire de la culture, insiste sans cesse sur l'importance du « milieu », de l'environnement dans la détermination des comportements, pour preuve qu'il ne réduit pas brutalement l'acquis à l'inné et la culture à la nature. Fort bien. Mais cela ne change rien au fond matérialiste de l'affaire ; car, le plus souvent, la prise en compte du « milieu » conduit seulement à ajouter un déterminisme à un autre. Notre comportement, certes, n'apparaît pas comme déterminé de manière simple et univoque par une nature innée, mais par l'interaction entre ce « terrain » et notre environnement social, culturel, affectif, historique, etc. Reste que cet environnement, s'il est conçu à son tour sur un mode matérialiste, comme lui aussi déterminé et déterminant, n'introduit en tant que tel aucune marge de liberté supplémentaire. Le matérialisme des philosophies du soupçon vient bien plutôt s'ajouter à celui de la biologie, comme une seconde couche qui exclut plus sûrement encore l'hypothèse de la liberté individuelle.

– Pour les mêmes raisons, le biologiste matérialiste insiste encore sur la « complexité ». Il cite alors volontiers Edgar Morin et se sent ainsi dédouané de l'accusation de réductionnisme. Mais, là encore, complexité n'est pas liberté. Quand même on affirmerait que la structure neuronale du cerveau est infiniment trop complexe pour que nous puissions la connaître dans ses effets particuliers, quand même on soulignerait qu'à cette première complexité s'ajoute celle, elle aussi infinie, des interactions avec le milieu, on n'aurait pas pour autant attribué à l'être humain une once de liberté. La complexité n'oppose de résistance qu'à nos connaissances particulières, elle n'interdit cependant pas de postuler qu'*en soi* toute cette multitude de facteurs obéit à un strict déterminisme *matériel.*

– Le biologiste matérialiste se fait alors modeste, souligne les limites de l'activité scientifique authentique (là où la religion et les philosophies idéalistes se caractérisaient par une insondable prétention à la totalité). Comme si le caractère partiel de toute explication scientifique laissait une marge de jeu, une manière de flou sympathique, pour ne pas dire un peu de mystère. Mais, là encore, il passe sous silence l'essentiel : à savoir que la science est modeste, certes, *en fait,* mais pas *en droit.* Elle ne prétend pas, c'est l'évidence, avoir d'ores et déjà tout expliqué *de facto*. Mais, *de jure*, elle postule bien, ce qui est moins modeste, que tout est explicable. Et cette assertion suffit à faire disparaître l'hypothèse de la liberté, de la transcendance ou de l'autonomie (les trois mots étant, ici, à peu près synonymes).

À partir de ces quelques remarques de simple mise au point, je soumettrai à la discussion quatre objections contre le matérialisme.

Quatre objections contre le matérialisme

1) *L'objection « morale »*

Ce qui éveille le soupçon, d'abord, dans un matérialisme radical et cohérent, c'est sa capacité à sous-estimer ses propres conséquences en matière de morale. Je ne dis pas, bien entendu, qu'il soit un immoralisme, ce qui serait absurde. Le matérialiste n'est à l'évidence ni plus ni moins « moral » que l'idéaliste, et réciproquement. Le problème que je voudrais soulever est ailleurs. Très exactement ici : de même qu'il n'est pas d'éloge flatteur sans liberté de blâmer, il n'est pas non plus de distinction sensée entre le bien et le mal moral sans liberté tout court. Pourquoi devrais-je être tenu pour responsable de mes actes et blâmé en tant que tel s'ils ne sont que le produit d'un double déterminisme, naturel et culturel ?

Le matérialisme peut bien fonder une « éthologie », tenter de *décrire* comment et pourquoi, en fonction de leurs gènes, de leur histoire et de leurs multiples interactions, les individus adoptent telles ou telles valeurs, tels ou tels comportements, mais j'avoue ne pas voir comment il pourrait passer dans cette optique du descriptif au prescriptif. Je n'ai jamais compris comment un neuropsychiatre pouvait sérieusement, en tant qu'expert auprès des tribunaux, prétendre décider que tel acte était délibéré et tel autre non, faisant ainsi passer l'accusé du statut d'être déterminé et irresponsable à celui d'être libre et, par conséquent, punissable. D'un point de vue matérialiste, cette distinction ne devrait avoir aucun sens ou, du moins, un sens seulement descriptif et jamais normatif. Je ne dis pas ici que toute attitude matérialiste est incohérente : je prétends seulement qu'il est incohérent de se dire matérialiste et d'envisager la moralité des actes humains comme si elle pouvait dépendre d'une liberté qu'on déclare par ailleurs parfaitement illusoire. Par où il me semble donc qu'un matérialiste conséquent devrait toujours se borner à une « éthologie », sans jamais parler de morale autrement que comme d'une illusion plus ou moins nécessaire, partie prenante du réel, certes, mais néanmoins trompeuse.

Allons plus loin encore : le matérialisme peut, bien entendu, être un universalisme et se rapprocher ainsi, au moins en apparence, des morales idéalistes de type kantien. C'est même chez lui une pente naturelle : après tout, si la pensée et les valeurs sont l'effet de structures matérielles, et si ces structures sont plus ou moins communes à tous les êtres humains, on ne voit pas pourquoi ils ne tendraient pas à partager les mêmes opinions, y compris sur le plan moral. C'est de cette manière d'ailleurs que Hume, pourtant a priori relativiste et sceptique, rejoignait volontiers les thèmes universalistes des classiques français. Mais, là encore, dans une perspective matérialiste, l'universel reste une simple question de fait et non de droit : c'est parce que les hommes ont les mêmes caractéristiques matérielles, factuelles, qu'ils pensent la même chose. Ce consensus ne prouve donc en rien la vérité ou la validité de ce qu'ils pensent, et si, au lieu de consulter les hommes sur la morale, on consultait les chevaux ou les fourmis, on aurait à coup sûr une autre vision du monde...

Impossible, donc, de passer dans cette optique du fait au droit, du descriptif au normatif, de l'éthologie à la morale, cette dernière n'étant au fond rien de plus que la façon illusoire de comprendre la première.

2) *La dissolution du moi ou la « contradiction performative »*

Toute prétention à la vérité ou à la justesse suppose, de la part de celui qui y prétend, qu'il se considère comme un sujet autonome et libre, *absolument* parlant. Cette « absoluité », bien sûr, ne signifie pas qu'il soit autonome et libre en toute circonstance de la vie : chacun d'entre nous, ne serait-ce qu'à travers la moindre expérience d'un lapsus ou d'un acte manqué, fait l'épreuve irréfutable de sa non-liberté possible. Mais qui oserait pour autant affirmer que tous nos propos ont le même statut qu'un lapsus, que, tous, ils ne sont que les effets d'un mécanisme inconscient et implacable ? Lorsque nous discutons, ici même, lequel d'entre nous pourrait-il, sans discréditer toute son argumentation, commencer son propos en disant : « Attention, ce n'est pas " moi " qui vais parler maintenant, mais un agrégat provisoire, inconscient et complexe de cellules et d'histoire dont l'effet, ici et maintenant, est d'affirmer ceci ou cela » ? Et qui aurait envie de n'écouter qu'un « produit », un simple porte-parole aveugle de son ethnie, de sa classe, de son sexe, etc. ? Lorsque nous argumentons, nous prétendons toujours nous élever au-dessus des particularités et assumer nos arguments, non pas être les agents irresponsables de nos héritages génétiques et culturels. Est-ce illusoire ? Toute la question est là. Pour un matérialiste conséquent, il me semble que la réponse est oui. Il est donc contraint, me semble-t-il, soit à renoncer à toute prétention à la vérité, soit à réintroduire subrepticement, de manière illégitime selon ses propres thèses, un sujet qui pense et agit librement ne serait-ce qu'au moment où il argumente en faveur du matérialisme. Autre variante de cette contradiction : le matérialisme tend toujours à définir *activement* la conscience humaine par la *passivité* ! Le moi est censé n'être qu'un *effet* des processus matériels qui le conditionnent, comme on le voit par exemple dans la théorie marxienne de la conscience « reflet ». Mais, dans cette théorie, le matérialiste oublie sa propre position, son *activité* réflexive, philosophique, qui, elle, prétend à la vérité et par là même entend bien échapper à la réduction aux simples effets de miroir...

3) *Le « cercle herméneutique »*

C'est ici toute l'argumentation développée par Husserl contre le « psychologisme » qu'il faudrait restituer. Pour la simplifier à l'extrême, et l'appliquer au cas du « biologisme », on la présentera ainsi : il est impossible de fonder la possibilité de la connaissance scientifique sur une connaissance scientifique. Voici pourquoi : si toute connaissance dépend de mon cerveau (matérialisme oblige), alors c'est aussi lui qui se connaît lui-même. Or on ne saurait être juge et partie. La connaissance du cerveau par lui-même ne pourra jamais être « objective » puisqu'elle est de part en part déterminée par ses propres structures. Rien ne garantit qu'elle ne soit pas irrémédiablement déformée. Le matérialisme scientiste me fait toujours penser à ce scénario d'un film d'horreur (dont j'oublie le titre) : le shérif d'une petite ville découvre par hasard que certains de ses concitoyens sont des morts vivants qui ressemblent à s'y tromper à de vrais êtres humains, à ceci près qu'au bout de quelques jours leurs mains se fissurent vilainement au fur et à mesure que la corruption de la mort reprend ses droits. Il parvient, à grand-peine, à les éliminer et, soulagé, il fait part de sa victoire à sa femme... dont les mains se fissurent au moment où il l'embrasse. Il comprend alors que c'est tout le village qui est atteint. Il reprend le combat et élimine cette fois-ci, non sans peine, tous les habitants. À la fin du film, le shérif, épuisé mais victorieux, essuie la sueur qui perle sur son front... et l'on voit ses doigts qui se fendillent atrocement. Se pourrait-il qu'il existe un gène de la révolte contre les gènes et que l'illusion de la liberté à laquelle je m'attache ici ne soit que l'effet de cette révolte ?

4) *La non-falsifiabilité du matérialisme*

Si le matérialisme consistait à dire qu'on ne pense pas sans cerveau, qu'on ne vit pas dans un monde sans histoire, et que certaines situations sont déterminantes, nul, je pense, ne le contesterait. Le bon sens n'est pas ici en question. Mais s'il s'agit d'aller plus loin et d'affirmer que nous sommes de part en part déterminés, fût-ce de façon complexe et interactive, par tous les aspects de la nature et de la culture, alors il faut le dire haut et fort : cette thèse est, au sens propre, irréfutable, et, parce que irréfutable, essentiellement non scientifique. Il est, en effet, par définition impossible de réfuter l'hypothèse du déterminisme matérialiste : comment pourrais-je être sûr que tel ou tel de mes actes n'a pas été déterminé de façon inconsciente par mes gènes ou par mon histoire puisque, justement, cette détermination qui peut être inconsciente m'échappe par essence ? Le matérialisme n'est qu'une hypothèse philosophique. À ce titre, elle ne pourra jamais éradiquer par démonstration l'hypothèse inverse : celle de la liberté, dont je m'empresse d'ajouter qu'elle est, elle aussi, rigoureusement infalsifiable. J'aimerais cependant, en faveur de cette dernière, introduire un argument « factuel », qui me paraît préférable à un long discours métaphysique dont les tenants et aboutissants seraient au demeurant aussi fastidieux que bien connus.

De la liberté : la preuve par le mal

J'ai toujours été frappé par la faiblesse des arguments « spiritualistes » qui s'appuient sur la considération du bien : vouloir prouver à un matérialiste que l'être humain est plus que l'effet de ses gènes et de son histoire au motif qu'il est parfois capable d'attitudes altruistes est une entreprise aussi absurde que vaine. Absurde parce que aucun matérialiste conséquent ne nie le phénomène de l'altruisme, et vaine parce qu'il en existe depuis des siècles une interprétation matérialiste. Sous toutes ses formes, y compris aujourd'hui celles de la neurobiologie, l'utilitarisme s'entend à expliquer tout l'intérêt qu'il peut y avoir à coopérer plutôt qu'à faire la guerre. Et cet utilitarisme vient, ici, en appoint au matérialisme.

La considération du mal radical me paraît autrement plus convaincante. Car la nature, justement, semble en ignorer l'existence. J'entends bien l'objection, qui vient aussitôt à l'esprit : les animaux ne sont-ils pas aussi agressifs et cruels que les êtres humains ? Sans doute, et l'on pourrait en donner une infinité d'exemples. Mais le mal *radical* est ailleurs : il réside dans le fait non pas simplement de « faire du mal », mais de prendre le mal en tant que tel comme projet – ce que la théologie traditionnelle désignait comme le démoniaque. Or ce démoniaque, hélas, semble bien être le propre de l'homme. À preuve le fait qu'il n'existe rien, dans le monde animal, naturel, qui s'apparente à la torture. Comme le note à juste titre Alexis Philonenko au début de *L'Archipel de la conscience européenne*, il existe à Gand, en Belgique, un musée qui laisse songeur : le musée de la torture. On peut y voir, exposés dans des vitrines, les étonnants produits de l'imagination humaine en la matière : ciseaux, poinçons, couteaux, tenailles, serre-tête, arrache-ongles, écrase-doigts, rien n'y manque. Les animaux, parfois, dévorent un des leurs encore vivant. Ils nous semblent alors cruels. Mais il suffit d'y réfléchir pour comprendre que ce n'est pas le mal comme tel qu'ils visent et que leur cruauté ne tient, bien sûr, qu'à l'indifférence qui est la leur à l'égard de la souffrance d'un autre. Et lorsqu'ils tuent « pour le plaisir » ils ne font, en vérité, qu'exercer au mieux un instinct qui les guide et les tient, pour ainsi dire, en laisse. L'être humain, lui, n'est pas indifférent. Et lorsqu'il prend le mal comme projet, lorsqu'il torture gratuitement, il est en excès par rapport à toute logique naturelle. On objectera encore que le sadisme est, après tout, un plaisir comme un autre, et qu'il est dans la nature de l'être humain. Mais l'explication est une pure tautologie : elle explique le sadisme par la jouissance prise à la souffrance de l'autre..., c'est-à-dire par le sadisme ! La vraie question est bien celle-ci : pourquoi tant de plaisir *gratuit* à transgresser l'interdit, pourquoi cet excès dans le mal, lors même qu'il est *inutile* et ne s'inscrit dans aucune logique naturelle ? On pourrait en donner des exemples en nombre infini. L'homme torture ses semblables sans but aucun, autre que la torture elle-même : pourquoi des miliciens serbes obligent-ils un grand-père croate à manger le foie de son petit-fils ? Pourquoi des Hutus coupent-ils les membres de nourrissons vivants pour mieux caler leurs caisses de bière ? Pourquoi, même, la plupart des cuisiniers dépècent et découpent-ils si volontiers les grenouilles vivantes, alors qu'il serait plus simple et plus logique de les tuer au préalable (car on s'en prend aisément à l'animal quand la matière humaine fait défaut, mais point, comme le notait Maupertuis en critiquant Descartes, aux automates qui ne souffrent pas. A-t-on jamais vu un homme prendre plaisir à torturer une montre ?) ? À cela, je crains qu'il ne soit pas de réponse matérialiste convaincante : le démoniaque, parce qu'il est justement d'un autre ordre que celui de la nature, échappe à toute logique. Il ne sert à rien, est même le plus souvent contre-productif. C'est cette vocation antinaturelle, cette constante possibilité de l'excès que nous lisons d'ailleurs dans l'œil humain : parce qu'il ne reflète pas seulement la nature, nous pouvons y déchiffrer le pire et le meilleur, le mal absolu et la générosité la plus étonnante. C'est cet excès que j'appelle liberté.

Pourquoi il « faut » parier sur l'humanisme de l'homme-Dieu

Les deux grands antihumanismes théoriques : la religion et le matérialisme. Tous deux renvoient l'homme à l'hétéronomie, celle du divin, celle de la nature. Tous deux évacuent, avec la même structure, le mystère du sacré en l'enracinant dans un fondement premier, Dieu ou matière, qui, au moins en droit sinon en fait, explique tout (et, en ce sens, le matérialisme n'échappe nullement à la structure essentielle de la métaphysique classique, celle de l'ontothéologie). Face à ces deux théologies avouées ou déguisées, il faut, je crois, affirmer ceci qui pour moi est le noyau essentiel d'un humanisme rigoureux : Que l'humain est excès ou il n'est pas. C'est cela le divin ou le diabolique en lui, que les grandes religions ont essayé de nommer en l'extraposant dans une entité extérieure à l'homme. C'est là leur vérité : elles ne se contentaient pas, comme le dit le matérialiste, d'extraposer un besoin ou une peur, *mais aussi une réalité sacrée, celle de cet excès, de cette liberté.* C'est par là que l'humanisme transcendantal peut leur être aujourd'hui fidèle. Si l'on admet qu'il y a du sacré en l'homme (du sacrifice et du sacrilège possibles) ou, si l'on veut, du divin ; si l'on admet en outre que les religions ont inventé une certaine image de Dieu, que l'homme l'a créé plus qu'Il ne l'a créé, alors il me semble qu'on doit en conclure que l'invention des religions correspond, au moins pour une part, au besoin de nommer ce sacré-là. Je veux dire qu'elles ne sont pas seulement l'idéologie qui vient combler nos fantasmes (ne pas mourir, retrouver ses proches, etc.), mais aussi la tentative de nommer l'élément non naturel en l'homme. Ce qui, on le voit, n'est pas aussi illusoire que le pense le matérialiste ; car ce sacré reste bien, même ainsi entendu hors des religions traditionnelles, aussi mystérieux que transcendant.

On demandera une preuve, et, bien sûr, il ne peut pas y en avoir. Mais un signe, et même un signe certain, me semble-t-il, oui : à savoir que l'homme, s'il n'est pas en tout point « formidable », c'est clair, n'est pas pour autant si petit que le disent le matérialiste et le chrétien ensemble. Sinon, par quel mystère nous apparaîtrait-il comme aussi *sacré* ? Non seulement au sens de ce pour quoi on peut se sacrifier, mais plus encore, peut-être, au sens du sacrilège, de ce qu'on pourrait profaner, et que l'on n'a pas le droit de profaner.

Je ne dis pas, là encore, que l'argument emporte nécessairement l'adhésion : nous nous mouvons dans le domaine du non-falsifiable, du sens plus que de la vérité factuelle. Mais voici au moins la question qu'on peut se poser et que j'évoquais en commençant : d'où vient que devant l'autre homme, en effet, je m'arrête, je limite ma liberté, comme si je reconnaissais là du sacré ? Est-ce par un instinct animal que j'hypostasie et enjolive en lui donnant une dimension morale alors qu'il relève de la simple sphère matérielle examinée par la biologie ? Est-ce au contraire, comme chacun le sent en lui-même s'il ne veut pas travestir ses sentiments par des idées, parce que je vois du non-profanable, fût-ce dans le plus humble sourire d'un enfant ? Pourquoi suis-je convaincu que, quel que soit le prix à payer et dussé-je y laisser ma vie, personne ne m'obligera jamais à le trahir ? Est-ce par bêtise et par illusion, ou vraiment parce que je sais que ce serait absolument (et non pas relativement) mal ? Je laisserai la question ouverte puisque nul ne peut ni ne doit la clore. Ce qui nous paraît hallucinant, me semble-t-il, dans les massacres du Rwanda (ou tout autre), ce n'est pas seulement le sadisme ou la sauvagerie de notre propre espèce. Ce n'est pas non plus que Dieu, comme on l'a dit, soit absent de Goma, comme il l'était d'Auschwitz, mais c'est que le divin dans l'homme y soit si aisément nié.

Comment peut-on être matérialiste ? Comment peut-on être humaniste ?

André Comte-Sponville

Qu'est-ce que le matérialisme ? On sait que le mot se prend en deux sens, l'un trivial, l'autre philosophique. Il s'oppose dans les deux cas à l'idéalisme, mais considéré lui aussi en deux acceptions différentes.

Être matérialiste, au sens trivial, c'est n'avoir pas d'idéaux : c'est ne vivre que pour les plaisirs corporels (le sexe, la nourriture, le confort...), c'est ne s'intéresser qu'à l'argent et aux biens matériels. Une philosophie ? Ce serait alors la plus basse de toutes : le matérialiste, en ce sens trivial, n'aurait d'autre philosophie que celle de son ventre ou de son porte-monnaie. Mais a-t-on besoin d'une philosophie pour cela ?

Au sens philosophique, le matérialisme est d'abord une ontologie – une théorie de l'être – ou une conception du monde. C'est la doctrine qui affirme qu'il n'y a d'être(s) que matériel(s) : le matérialisme est un monisme physique. À ce titre, il se définit surtout par ce qu'il exclut : être matérialiste, c'est penser qu'il n'existe ni monde intelligible, ni Dieu transcendant, ni âme immatérielle. Ce n'est pas pour autant renoncer aux valeurs ou aux biens spirituels. Que je ne sois qu'un corps, cela ne m'empêche pas de penser, de vouloir, d'aimer. Je dirais même – mais c'est déjà du matérialisme – que c'est ce qui me le permet. C'est où le matérialisme contemporain rencontre la biologie, et spécialement la neurobiologie. Être matérialiste, pour les modernes, c'est d'abord reconnaître que c'est le cerveau qui pense, et en tirer toutes les conséquences. Mais comme la biologie reste elle-même soumise à la physique (la matière organique obéit aux mêmes lois que la matière inorganique), on peut dire aussi que le matérialisme est un physicalisme ou – les deux mots, en grec, seraient indiscernables – un naturalisme.

« Le matérialisme, disait Engels, considère la nature comme la seule réalité [1] » ; il n'est rien d'autre « qu'une simple intelligence de la nature telle qu'elle se présente, sans adjonction étrangère [2] ». C'est ce qui a rendu le matérialisme, tout au long de son histoire, solidaire du rationalisme, de l'esprit scientifique, des Lumières, bref, de tout ce qui combattait les superstitions : « surnaturel », pour un matérialiste, est un mot vide de sens, ou plutôt sans objet. Mais c'est aussi ce qui le pousse, presque inévitablement, vers le réductionnisme. Si l'on appelle *physique* la connaissance de la nature ou de la matière, le matérialisme est un physicalisme ontologique : rien n'existe qui ne soit matière ou produit de la matière, rien n'existe qui ne soit, en droit, connaissable par la physique ou réductible, en dernière instance, à des processus qui le sont. À la limite, il ne peut y avoir de métaphysique matérialiste indépendante : la métaphysique du matérialisme, ce serait plutôt la physique elle-même, ce pourquoi elle est toujours et par définition provisoire, approximative, relative. Disons que le matérialisme pousse à ses dernières conséquences (en allant donc au-delà de la physique : *meta ta phusika*) ce que la physique d'une époque impose ou autorise. Scientisme ? Positivisme ? Ni l'un ni l'autre, puisque ce mouvement excède la science (contrairement à ce que prétendraient les scientistes) et pense le faire légitimement (contrairement à ce que lui reprocheraient les positivistes). Une science n'est jamais ni matérialiste ni idéaliste. Mais pourquoi cela nous interdirait-il, en nous appuyant sur elle, d'opter pour l'une ou l'autre de ces deux positions ? Philosopher, c'est penser plus loin qu'on ne sait : c'est ce que le scientiste oublie, qui prend les sciences pour une philosophie, et c'est ce que le positiviste récuse, à qui les sciences suffisent. Le matérialisme n'existe, comme philosophie,

1. *Ludwig Feuerbach et la fin de la philosophie classique allemande,* I, trad. de G. Badia, Éditions sociales, 1966, p. 22.

2. Fragment non publié du « Feuerbach », *in* Marx-Engels, *Études philosophiques*, trad. franç., Éditions sociales, 1968, p. 68 ; voir aussi *Dialectique de la nature*, trad. franç., Éditions sociales, 1952, p. 198. On se demandera si cette « intelligence » de la nature n'est pas déjà une « adjonction étrangère » : si la nature ne pense pas, comment pourrait-elle se comprendre elle-même ? Les matérialistes répondront que la pensée, étant produite par la nature, ne saurait lui être étrangère : elle est à la fois matérielle, quant à son origine, et immanente, quant à sa portée. La définition du matérialisme n'en demeure pas moins nécessairement aporétique : voir à ce propos mon article « Qu'est-ce que le matérialisme ? », in *Une éducation philosophique,* P.U.F., 1989, p. 86 à 111.

qu'à la condition de se garder de ces deux travers. C'est pourquoi je parle de physicalisme *ontologique*, ce que la physique ne saurait faire (elle parle non de l'être mais de l'expérience), ou de *pan-naturalisme*, ce dont la physique n'a cure (puisqu'elle n'étudie que la nature, elle ne saurait dire s'il y a autre chose). Où l'on retrouve Spinoza : « *Deus sive Natura*, disait-il, Dieu, c'est-à-dire la Nature. » Un matérialiste dirait plutôt : *Natura, sive materia*. C'est comme un spinozisme radicalisé, pour lequel l'attribut pensée ne serait qu'un mode de l'attribut étendue – ou pour lequel la substance, pour mieux dire, serait la matière elle-même. C'est ce qui interdit au matérialisme d'être un panthéisme, par quoi il s'écarte évidemment de Spinoza. La nature ne peut faire un Dieu plausible qu'à la condition d'être « chose pensante », comme on lit dans l'*Éthique* [1], et c'est ce que le matérialisme ne saurait accepter. Il y a de la pensée dans la nature, puisque nous pensons. Mais la nature ne pense pas ; c'est pourquoi elle n'est pas Dieu.

C'est bien sûr un point important. Même si tous les matérialistes n'ont pas été athées (Épicure croyait en des dieux matériels, les stoïciens croyaient au Dieu-monde...), le matérialisme, dans son principe, est antireligieux, comme on le voit chez Lucrèce, et c'est sans doute, aujourd'hui, sa principale caractéristique : je dirais volontiers que le matérialisme, en tout cas contemporain, c'est d'abord l'athéisme poussé jusqu'au bout. Si tout est matière ou produit de la matière, la pensée ou l'esprit n'ont de réalité que seconde et déterminée. Pas de Dieu immatériel, donc, mais pas non plus de réalités purement intelligibles (pas d'Idées séparées, comme disait Aristote critiquant Platon, pas d'abstractions existant en soi ou par soi, pas de valeurs absolues, transcendantes ou anhistoriques), pas de substance spirituelle (pas d'âme distincte du corps), ni, donc, c'est l'un des points qui m'opposent à Luc, de sujet absolument libre ou indéterminé. Ni transcendance, ni transcendantal [2] : si tout est matériel, je le suis aussi. Mon âme ? Ce n'est

---

1. *Éthique*, II, proposition 1 : « La pensée est un attribut de Dieu, autrement dit Dieu est chose pensante. » Sur le rapport de Spinoza au matérialisme, voir « Qu'est-ce que le matérialisme ? », in *Une éducation philosophique*, *op. cit.*, spécialement aux p. 97-98, ainsi que *Valeur et vérité*, P.U.F., 1994, p. 115-116 et note 22.

2. Je prends *transcendant* au sens classique (non phénoménologique), et *transcendantal*, comme il convient, au sens kantien. Est *transcendant* tout ce qui est absolument extérieur et supérieur à notre monde (Dieu, dans le christianisme, est transcendant) ; c'est le contraire de l'immanence. Est *transcendantal*, en revanche, ce qui, *dans le sujet*, est à la fois indépendant de l'expérience (*a priori*) et condition de l'expérience : c'est l'inempirique de l'empiricité. Par exemple, pour Kant, l'espace et le temps (comme

qu'une partie du corps, comme disait Nietzsche (mais l'idée se trouvait déjà chez Épicure), ou une fonction du corps, qui reste soumise aux lois de son fonctionnement et qui mourra avec lui. Comment commanderais-je à mon cerveau, puisque c'est lui qui me constitue ? Il se commande donc lui-même – c'est « un système auto-organisateur ouvert [1] » –, il en prend plus ou moins conscience (ou il produit la conscience que j'en prends), et c'est ce qu'on appelle un sujet.

Les conséquences du matérialisme

Cela a des conséquences existentielles. Comment survivrais-je à mon cerveau, si c'est lui qui me fait vivre ? Être matérialiste, c'est penser sous l'horizon de la mort, comme dit mon maître Marcel Conche [2], puisque c'est penser que toute vie n'est qu'un effet, nécessairement fragile et provisoire, de la matière non vivante. Le matérialisme est une pensée tragique, pour laquelle ce qui a le plus

---

formes *a priori* de la sensibilité) et les catégories de l'entendement (comme formes *a priori* de la pensée) ne sauraient résulter de l'expérience, puisqu'ils la conditionnent : ce sont des formes transcendantales. Ces formes ne peuvent être de nature matérielle : la matière est une substance (catégorie de l'entendement) dans l'espace et le temps (formes de la sensibilité) ; elle dépend donc du sujet transcendantal, qui ne saurait en dépendre. La matière, pour le criticisme, n'est pas une chose en soi : il n'est de matière que pour une expérience possible, autrement dit que pour et par un sujet, ce qui exclut que le sujet transcendantal soit lui-même matériel. C'est l'une des raisons (il y en a d'autres) qui rendent le matérialisme et l'idéalisme transcendantal incompatibles. Le sujet transcendantal peut bien *avoir* un corps (comme objet d'expérience), mais il ne saurait l'*être* (comme sujet de la pensée). La simplicité de l'aperception (l'unité du « Je pense ») ne peut venir d'une matière toujours et par définition composée : il est impossible, écrit Kant, d'« expliquer la nature qui m'appartient (comme sujet simplement pensant) par les principes du matérialisme » (*Critique de la raison pure*, Paralogismes, Ak. III, p. 274, trad. franç., éd. Gallimard, coll. « La Pléiade », p. 1061, ou P.U.F., p. 304). Être matérialiste, au contraire, c'est assumer cette explication du sujet – dont la simplicité, réelle ou illusoire, ne peut dès lors être que seconde – par la matière : c'est penser que je n'*ai* pas un corps, mais que je le *suis*. À nouveau, c'est comme un spinozisme radicalisé, qui prolongerait ainsi la formule fameuse de Spinoza (*Éthique,* III, 2, scolie) : « L'âme et le corps sont une seule et même chose » : le corps.

1. Voir Henri Atlan, « Conscience et désir dans des systèmes auto-organisateurs », in *L'Unité de l'homme*, t. 2, *Le Cerveau humain*, sous la direction d'E. Morin et M. Piattelli-Palmarini, 1974, rééd., éd. du Seuil, coll. « Points », 1978, p. 187 à 203.

2. Marcel Conche, *La Mort et la pensée*, deuxième éd., éd. de Mégare, 1975, p. 11 à 34 (« La pensée sous l'horizon de la mort »). Le même texte a été repris, sous une forme légèrement différente, dans *Orientation philosophique*, P.U.F., 1990, chap. 4, p. 101 à 121.

de valeur (la vie, l'esprit) est justement ce qui va mourir [1]. C'est où l'on retrouve le thème du désespoir, sur lequel nous reviendrons. Que m'est-il permis d'espérer ? Rien au-delà de la mort, donc rien d'absolu : « tout contentement des mortels est mortel [2] », et la vie ne vaut, si elle vaut, que dans sa finitude.

Le matérialisme a aussi des conséquences logiques, qui sont moins souvent perçues. Quel crédit accorder à ce que pense mon cerveau, s'il n'est de crédit que par lui ? Un processus biologique quelconque est soumis à des causes, non à des raisons. Cela n'empêche pas, certes, qu'une idée pensée par le cerveau puisse aussi être vraie (conforme non seulement au cerveau qui la pense, mais au réel qu'il pense) ; mais cela interdit d'en être absolument certain (puisque cette certitude ne serait elle-même, par hypothèse, qu'un certain état neuronal). Qu'un cerveau soit certain de quelque chose, cela ne saurait prouver qu'il a raison de l'être. Quelle différence y a-t-il, d'un point de vue neurobiologique, entre une idée vraie et une idée fausse ? Entre une certitude et un sentiment de certitude ? Le neurobiologisme débouche sur les mêmes apories que le psychologisme selon Husserl : si toute pensée est neurobiologiquement déterminée, toute pensée est douteuse, *y compris la neurobiologie.* Mais cela ne réfute pas plus la neurobiologie que la psychologie. Que toute pensée soit l'effet d'un certain processus neuronal, qu'elle soit donc impossible à vérifier absolument (puisque toute vérification ne pourrait être qu'un autre processus neuronal, qui devrait être lui-même vérifié, et ainsi à l'infini), cela ne prouve évidemment pas qu'elle soit fausse (ce pourquoi le matérialisme peut être un rationalisme au sens faible : comme pensée d'une vérité possible), ni même qu'on puisse penser autrement (ce qui peut déboucher sur un rationalisme au sens fort : comme pensée d'une vérité nécessaire) ; mais cela nous interdit d'ériger cette vérité possible en certitude ou cette nécessité en absolu. C'est où le matérialisme s'écarte, à nouveau, de Spinoza. Qu'une idée vraie

1. Marcel Conche, *Orientation philosophique, op. cit.*, chap. 7 (« La sagesse tragique »), spécialement p. 175 à 179.

2. Comme disait Montaigne, à certains égards bien proche des matérialistes, et spécialement de Lucrèce (*Essais*, II, 12, p. 518 de l'éd. Villey-Saulnier ; sur le rapport entre Montaigne et le matérialisme, voir l'exposé de Marcel Conche au séminaire d'« Histoire du matérialisme », sous la direction d'O. Bloch, Université Paris-I, séance du 24 janvier 1987, « Tendances matérialistes chez Montaigne » ; le texte est encore inédit, mais il en existe un résumé dactylographié).

soit la même en moi et en Dieu [1], disons en moi et dans la nature (que « l'ordre et la connexion des idées soient les mêmes que l'ordre et la connexion des choses [2] » : que le réel soit rationnel et que le rationnel soit réel), on peut sans doute le penser ; mais comment le prouver, puisque nos preuves ne valent qu'à la condition de le supposer d'abord ? Cela n'interdit pas d'être spinoziste (il se pourrait que Spinoza ait raison sur tout le reste) ; mais cela interdit de l'être dogmatiquement (Spinoza, ne pouvant fonder la certitude prétendue de ses démonstrations, se trompe au moins sur le statut de sa philosophie). Les mêmes objections valent aussi, et a fortiori, contre toutes les versions dogmatiques du matérialisme, qui furent historiquement les plus nombreuses et dont il importe de s'écarter également. Que la logique s'impose au cerveau sain, certes. Mais qu'est-ce qui m'autorise à affirmer que cette logique, qui est celle de la raison humaine, soit celle aussi de la nature, de la matière, de l'être ? C'est pourtant ce qu'on peut penser (puisque le cerveau fait partie de la nature, il n'est pas inconcevable qu'il en reflète les lois), ce que je crois en effet (c'est ce qui me distingue des sceptiques), et que les sciences, dans leur progrès et dans leur efficacité, semblent bien confirmer. Mais c'est ce qu'on ne pourra jamais démontrer ni prouver absolument : puisque toute démonstration, toute preuve le suppose ! C'est en quoi un matérialisme dogmatique est toujours contradictoire : il n'a pas les moyens de fonder la certitude à laquelle il prétend, et même il la rend impensable. Si c'est le cerveau qui pense, tout est douteux, y compris que ce soit le cerveau qui pense. À la gloire de l'idéalisme ? Non pas, puisque j'ai montré ailleurs que tout idéalisme dogmatique est circulaire [3]. À la gloire plutôt, et comme disait Pascal, du pyrrhonisme. Matérialisme et scepticisme sont ici solidaires, en tout cas ils peuvent l'être [4], et même, si tout est matière, ils doivent l'être (tout sceptique n'est pas forcément matérialiste, mais tout matérialiste rigoureux doit assumer une part de scepticisme). Telle est d'ailleurs la position, aujourd'hui, de beaucoup de nos scientifiques : ils sont convaincus que c'est le cerveau qui pense, mais aussi qu'il ne saurait y avoir,

1. Voir Spinoza, *Éthique,* II, corollaire de la proposition 11, démonstration de la proposition 34 et *passim.*
2. Comme l'écrit Spinoza, *Éthique,* II, proposition 7.
3. Voir « L'âme machine ou ce que peut le corps », in *Valeur et vérité, op. cit.,* spécialement p. 108 à 118.
4. Voir Marcel Conche, *Orientation philosophique, op. cit.,* note 33, p. 121.

pour un cerveau, de certitude absolue. Matérialisme non dogmatique, donc, et c'est le seul qui soit cohérent.

On se doute que le matérialisme a aussi des conséquences dans le champ de la philosophie politique et morale. Si tout est matière ou produit de la matière, il n'existe pas de valeurs absolues : une valeur n'est pas « un quelque chose en soi », comme disait Épicure à propos de la justice, mais le produit d'une certaine histoire, à la fois naturelle et sociale, qui la commande et ne lui obéit pas – ou qui ne lui obéit, en l'homme, qu'à la condition de la commander d'abord dans la nature ou l'histoire. Là encore, cela ne prouve pas que ces valeurs soient nulles et non avenues : la vie, si nous les respectons, peut en devenir meilleure, c'est-à-dire à la fois plus agréable et plus estimable. Qui ne préfère la civilisation à la barbarie ? Reconnaître que la justice n'existe pas en soi, cela n'interdit pas de la penser (comme norme sociale relative), ni de l'aimer (comme idéal humain), ni donc de se battre pour elle. C'est même une raison de plus pour le faire : puisqu'elle n'existe qu'à cette condition ! Reconnaître que toute morale est historique, de même, cela n'interdit pas d'en avoir une (puisque nous sommes dans l'histoire), ni n'en dispense (puisque nous ne saurions autrement nous approuver). Mais cela interdit d'ériger cette morale en absolu : si tout est matière, toute norme est relative.

Relativisme et universalisme

Ce qui apparaît ici, à quoi j'ai consacré bien des pages, c'est que le matérialisme n'est pas forcément un nihilisme (la justice n'est pas « un quelque chose en soi », mais ce n'est pas non plus un pur rien ni une simple illusion : une valeur historique n'est pas un néant de valeur !), mais que tout matérialisme, s'il veut être cohérent, doit accepter une part de relativisme : le Bien absolu, pas plus que le Vrai absolu, n'est à la portée d'un cerveau ou d'une société humaine. C'est ce qu'on voit chez Marx, chez Durkheim, chez Freud, chez Lévi-Strauss (tel est en effet l'esprit de nos modernes sciences humaines), et qu'on voyait déjà chez Épicure ou La Mettrie. Pourquoi *une part* de relativisme ? Parce que rien n'interdit de penser que des valeurs relatives à telle ou telle société puissent devenir, et deviennent de plus en plus, relatives *à l'humanité dans son ensemble.* N'est-ce pas à un tel processus d'universalisation croissante que nous assistons aujourd'hui, autour de ce qu'on appelle les « droits de l'homme » ? Si nous avons pour l'essentiel le même corps, le même cerveau, la même raison, si nous avons de plus en plus la même histoire et la même civilisation, comment n'aurions-nous pas aussi, de plus en plus, les mêmes valeurs ou les mêmes idéaux ? La morale peut rester à la fois absolument particulière (il n'est de morale qu'humaine) tout en devenant relativement universelle (tous les hommes peuvent avoir, en droit, la même morale, et rien n'interdit qu'ils l'aient, en fait, de plus en plus [1]).

La morale peut ainsi être à la fois relative (dans sa source) et universalisable (dans son horizon). D'un point de vue pratique, c'est l'universel qui l'emporte, ou qui doit l'emporter : tel est l'enjeu du combat pour les droits de l'homme. Mais d'un point de vue théorique, ou métaphysique, la relativité n'en demeure pas moins inentamée. Si l'univers n'a pas de morale, comment la morale serait-elle absolument universelle ? Si rien n'existe absolument que la matière et le vide, qui n'ont pas de morale, comment la morale serait-elle absolue ? Une universalité simplement humaine n'est encore qu'une particularité très large (à notre échelle) et très restreinte (à l'échelle de la nature). Elle n'en est pas moins nécessaire. L'humanité n'est pas l'univers : comment pourrait-elle se passer de valeurs communes ? L'homme n'est pas un atome : c'est un être vivant, c'est un être raisonnable, c'est un être sociable ; comment pourrait-il se passer de morale ?

Que le matérialisme n'annule ni la normativité ni la liberté, mais qu'il interdit d'en faire des absolus

Les mêmes remarques, ou des remarques du même ordre, peuvent être faites du point de vue du sujet. Si c'est le cerveau qui

1. Sur ces questions, que je ne peux ici qu'effleurer, voir *Valeur et vérité, op. cit.*, ainsi que les deux articles « Matérialisme » que j'ai écrits, respectivement, pour le *Dictionnaire d'éthique et de philosophie morale*, sous la dir. de Monique Canto-Sperber, P.U.F., 1996, et pour le *Dictionnaire de philosophie politique*, sous la dir. de Philippe Raynaud et Stéphane Rials, P.U.F., 1996.

juge et qui veut, chacun de ses choix reste soumis aux conditions matérielles qui le rendent possible. Là encore, cela ne veut pas dire que tout se vaille. Deux machines, pour matériellement déterminées qu'elles soient l'une et l'autre, n'en sont pas moins différentes : elles peuvent s'avérer inégalement réussies, inégalement agréables ou performantes. Qui ne préfère, sauf snobisme, une Mercedes à une Trabant ? Qui ne préfère les ordinateurs d'aujourd'hui à ceux d'il y a vingt ans ? C'est vrai a fortiori quand on entre dans le domaine du vivant. Qui ne voit que les animaux, pour matériellement déterminés qu'ils soient tous, n'en sont pas moins inégalement intelligents, inégalement affectueux, inégalement courageux – et dès lors, pour nous, inégalement aimables ? Qui ne préfère un chien à une huître, et *ce* chien (intelligent, drôle, sympathique) à cet autre (obtus, bruyant, agressif) ? Pourquoi ne serait-ce pas vrai aussi des hommes ? Qu'ils soient tous matériellement déterminés, comme je le crois, cela n'empêche pas de préférer ceux qui sont intelligents et bons, surtout s'ils ont le sens de l'humour, aux imbéciles agressifs, pleins de haine et de sérieux, qu'il nous arrive, hélas, de rencontrer...

Faut-il dire, avec La Mettrie, que l'homme est une machine ? C'est une question de définition. Si l'on entend par machine un automate insensible (au sens où Descartes et Malebranche parlaient des *animaux-machines*), il ne saurait en être question. La vie n'est pas *mécanique*, en ce sens, puisque aucune machine ne vit. En revanche, si l'on entend par machine – c'est la définition qu'on trouve dans les dictionnaires – un système matériel complexe, capable (que ce soit sous la conduite d'un opérateur ou de manière autonome) de transformer l'énergie, d'effectuer un certain travail, de remplir une certaine fonction ou d'accomplir certains actes – pourquoi pas ? Si les animaux sont des machines, en ce sens, l'homme en est une aussi : puisqu'il est un animal.

Faut-il en conclure qu'il n'a aucune liberté, donc aucune responsabilité ? Je n'en crois rien. Qu'une machine puisse disposer d'une marge de choix, d'indétermination, d'imprévisibilité, qu'elle puisse partiellement s'autoprogrammer, s'autoréguler, s'autotransformer, qu'elle soit capable d'invention, de progrès, d'initiative – qu'elle puisse être libre, en ce sens –, rien n'interdit de le penser. Nos films de science-fiction en sont pleins, et nos machines, d'après ce que je lis ici ou là, commencent à s'en approcher. Pourquoi ne serait-ce pas le cas aussi, ou plutôt bien davantage, de cette machine vivante (la plus complexe de toutes : au moins trente milliards de neurones, peut-être un million de milliards de synapses...) qu'est notre cerveau ? Comment ? C'est aux neurobiologistes de répondre, et ils le font de mieux en mieux. Mais que ce soit possible, il me paraît de plus en plus difficile de le refuser.

Il reste que toute autoprogrammation suppose un programme préalable, que tout choix demeure soumis aux conditions, même partiellement aléatoires, qui le permettent, bref, qu'une liberté matérielle (physique) ne saurait être absolue (métaphysique), ni donc constituer un libre arbitre ou une volonté absolument indéterminée. Si c'est le cerveau en moi qui veut, comme je le crois, je peux faire ce que je veux (liberté d'action) et vouloir ce que je veux (spontanéité de la volonté) : je peux être libre, donc, au sens d'Épicure, d'Épictète, de Hobbes, et même sans doute, quoique dans une problématique différente, au sens de Leibniz ou de Bergson. Si mon cerveau est capable de vérité, comme je le crois également, je peux même devenir libre au sens de Spinoza (liberté de la raison, qui échappe, parce qu'elle est universelle, à la prison du moi). Mais comment pourrais-je être libre au sens de Descartes, de Kant ou de Sartre ? Comment pourrais-je, au présent, vouloir autre chose que ce que je veux ou penser autre chose que ce que je pense ? Il faudrait que je sois autre, et cela contredit l'hypothèse... C'est pourtant ce que suppose le libre arbitre, qui viole en cela le principe d'identité (pour être libre, Sartre l'a bien vu, il faudrait que je ne sois pas ce que je suis et que je sois ce que je ne suis pas : c'est trop demander à un corps, même complexe), et qu'on ne saurait, Kant en convient, ni comprendre ni connaître. Je ne suis absolument libre qu'à la condition de me choisir moi-même (Kant : le caractère intelligible ; Sartre : le projet originel). Mais comment pourrais-je me choisir (Sartre : « Chaque personne est un choix absolu de soi [1] ») sans être d'abord quelque chose (un être vivant : un organisme) ? Si tout est matière, l'essence (ce que je suis : mon corps) précède l'existence (ce que je fais : mes actes, mes choix, mon histoire), et c'est pourquoi la liberté ne saurait être absolue.

1. Jean-Paul Sartre, *L'Être et le Néant*, éd. Gallimard, 1943, rééd. 1969, p. 640. Voir aussi les p. 527 (« le choix que je fais de moi-même ») et 639 (« mon libre choix de moi-même »).

Faut-il en conclure que nous sommes prisonniers du passé, comme Kant nous l'objecterait (qui ne peut sauver la liberté qu'en mettant le moi nouménal hors du temps) et comme Spinoza semble nous y contraindre [1] ? Sommes-nous dès lors voués au fatalisme ou, cela revient au même, au prédéterminisme ? Pas forcément, puisque les séries causales peuvent être indépendantes les unes des autres (il y a du hasard) et surtout discontinues (il y a du nouveau : cf. le *clinamen* chez Lucrèce ou l'indéterminisme dans la physique contemporaine). Le démon de Laplace est mort, et c'est tant mieux. Qui peut croire un instant que notre rencontre d'aujourd'hui était inscrite dans l'état de l'univers – et donc inévitable – il y a dix milliards d'années ? Qui peut croire, même, qu'elle était inévitable (donc ne dépendait pas de nous !) hier ou ce matin ? Nous aurions pu mourir, ou changer d'avis, ou changer (c'est d'ailleurs ce que nous avons fait !) de sujet... Bref, il y a du hasard, il y a du volontaire, il y a de l'imprévisible, il y a de l'absolument nouveau : la nature est *libre*, comme disait Lucrèce bien avant Prigogine [2], et nous dans elle.

Nous ne sommes pas prisonniers du passé : nous pouvons changer, et *nous* changer, nous transformer, nous construire, et même c'est ce que nous ne cessons de faire. Mais comment échapperions-nous au présent, et à la nécessité du présent ? Comment se libérerait-on de soi (de son corps) ? Je crois, avec Spinoza, que la raison seule le permet, au moins partiellement, pour autant qu'elle nous ouvre à l'universel. Comment ? À nouveau c'est aux neurobiologistes de répondre ; mais toute connaissance, y compris la neurobiologie, ne serait autrement qu'un symptôme ou une lubie d'humains. Encore cette liberté n'est-elle pas un libre arbitre (puisque la raison ne saurait choisir le faux, ni donc le vrai), mais ce que Spinoza appelle une libre nécessité : c'est en quoi la vérité est libre – elle n'obéit à personne –, et libère.

1. Emmanuel Kant, *Critique de la raison pratique*, « Examen critique de l'analytique » (c'est l'un des textes les plus géniaux de Kant, qui n'en est pas avare), spécialement p. 94 à 103 (trad. franç., éd. Gallimard, coll. « La Pléiade », p. 722 à 733, ou P.U.F., p. 100 à 110). Spinoza, *Éthique*, I, proposition 28 (sur la chaîne infinie des causes finies).

2. Lucrèce, *De rerum natura*, II, 1090-1104 (sur le *clinamen*, voir aussi les vers 216-293). Prigogine, *La Nouvelle Alliance*, éd. Gallimard, 1979, rééd. 1983 (le rapport à Lucrèce est explicite aux p. 281 à 285).

Matérialisme et humanisme

Un mot, pour conclure, sur l'humanisme.

Le matérialisme interdit de faire de l'homme, ou de l'essence humaine, un absolu. Si tout est matière, l'humanité n'est qu'une espèce animale parmi d'autres (certes différente des autres), qui résulte d'une certaine histoire, aussi bien naturelle (hominisation) que culturelle (humanisation). L'homme n'est pas principe, mais résultat. C'est ce que, après Louis Althusser, j'ai appelé l'anti-humanisme théorique [1] : connaître l'homme, c'est le dissoudre, comme dit de son côté Claude Lévi-Strauss [2], puisque c'est l'expliquer par autre chose que lui-même. Mais l'expliquer par lui-même ce serait ne rien expliquer du tout, et se réfugier dans une essence humaine qui ne serait qu'un nouvel asile – transcendantal plutôt que transcendant – de l'ignorance [3]. Cet humanisme-là n'est qu'une religion de l'homme, qui préfère croire en lui plutôt que le connaître. Mais quel dieu dérisoire, si l'on considère les hommes réels ! Et quel dieu évanescent, si l'on considère le sujet transcendantal ! Ce n'est qu'une idole de l'amour-propre ou de la raison. Expliquer l'homme par autre chose que lui-même – c'est-à-dire l'expliquer – me paraît intellectuellement plus intéressant, historiquement plus utile, et moralement plus estimable : c'est mettre la vérité plus haut que soi, et c'est ce que j'appelle l'esprit.

Réductionnisme ? Là encore, c'est une question de définition. « Le matérialisme, disait Auguste Comte, est la doctrine qui explique le supérieur par l'inférieur », et ce n'est pas tout à fait faux : expliquer la pensée par la matière, la superstructure par

---

1. Voir « Humain, jamais trop humain (Humanisme pratique et anti-humanisme théorique) », dans *Valeur et vérité, op. cit.*, p. 227 à 242 (où l'on trouvera la référence aux principaux textes d'Althusser).

2. Claude Lévi-Strauss, *La Pensée sauvage*, éd. Plon, 1962, p. 326-327 : « Le but dernier des sciences humaines n'est pas de constituer l'homme, mais de le dissoudre. La valeur éminente de l'ethnologie est de correspondre à la première étape d'une démarche qui en comporte d'autres [...], qui incombent aux sciences exactes et naturelles : réintégrer la culture dans la nature, et finalement la vie dans l'ensemble de ses conditions physico-chimiques. »

3. Comme Spinoza disait de « la volonté de Dieu, cet asile de l'ignorance », qui sert à expliquer ce qu'on ne comprend pas par quelque chose qu'on comprend encore moins (voir *Éthique,* I, Appendice).

l'infrastructure, la conscience par l'inconscient, l'âme par le corps, l'amour par le sexe, etc., c'est bien du matérialisme. Mais cela ne vaut que tendanciellement (c'est un idéal régulateur) et ne saurait autoriser à confondre des niveaux ou des ordres qui demeurent différents et ne peuvent être connus, dans leur spécificité ou leur autonomie relative, que séparément. Qui voudrait expliquer le résultat d'une élection présidentielle par la mécanique quantique ? un chagrin d'amour par la biologie moléculaire ? un poème par la neurobiologie ? Ce serait passer à côté de l'essentiel, qui est l'émergence, à tel ou tel niveau de complexité et dans telle ou telle situation, d'un phénomène nouveau et unique (avec sa rationalité propre), que le niveau inférieur produit, sans doute, mais n'annule pas. On peut rire, remarquait Lucrèce, sans être formé d'atomes rieurs [1] : le rire n'apparaît qu'à un certain niveau d'organisation (en l'homme) et dans telle ou telle situation. Cela ne veut pas dire que le rire n'existe pas, ni qu'il soit illusoire : ce n'est pas parce que les atomes n'ont pas le sens de l'humour que nous devons en manquer ! Mais il serait illusoire, en revanche, de croire que la nature s'amuse avec nous... La remarque peut être généralisée. La matière ne vit pas : cela ne veut pas dire que la vie ne soit rien, ni qu'elle ne soit qu'une illusion. La matière ne pense pas : cela ne nous empêche pas de penser, ni de la connaître. Bref, le supérieur vient de l'inférieur (tout peut être réduit, en droit, à la physique), mais s'en distingue effectivement (par quoi la biologie, la psychologie, la sociologie, etc., ont aussi leur pertinence, qu'on ne saurait dissoudre, en fait, dans la physique). Nul cerveau n'est possible sans atomes ; mais les atomes n'ont pas de cerveau : c'est pourquoi on peut philosopher sans être formé d'atomes philosophes, comme disait encore Lucrèce [2], et c'est ce que nous sommes en train de faire...

Le matérialisme, disais-je en commençant, c'est l'athéisme poussé jusqu'au bout. Le matérialiste ne croit pas en Dieu (en tout cas pas en un Dieu immatériel, ni donc en un Dieu transcendant ou créateur), mais il ne croit pas non plus en l'Esprit (comme substance) ni en l'Homme (comme essence a priori, transcendantale ou anhistorique). Il ne croit en aucune valeur absolue, ni en aucun principe absolu des valeurs ; il ne croit qu'au réel, qui ne vaut rien, objectivement parlant, qui ne pense pas, qui ne juge pas (qui est sans conscience et sans volonté), et c'est ce qu'il appelle la

1. *De rerum natura, op. cit.*, II, 985-990.
2. *Ibid.*

matière [1]. Cela ne l'empêche pas, vous vous en doutez bien, d'aimer ce que la matière produit sans le connaître (la vie, la pensée, l'esprit), qui vaut donc, pour lui comme pour tout homme, à la fois subjectivement et – pour nous, qui sommes des sujets – réellement. Que l'amour soit déterminé par un certain état (hormonal, neuronal, etc.) du corps, cela me rend-il moins amoureux ? Que tout désir soit physiquement déterminé, cela m'empêche-t-il de désirer telle ou telle femme, et de considérer ce désir comme mien ? Au contraire ! Nous savons bien que le désir n'obéit pas à la volonté (*Quand je pense à Fernande...*) et qu'il n'en est que plus réel... C'est toujours la différence entre le relativisme et le nihilisme. Ce n'est pas parce qu'une chose est bonne que nous la désirons, expliquait Spinoza, c'est au contraire parce que nous la désirons que nous la jugeons bonne [2]. J'ai fait remarquer souvent que les singes préféraient les guenons... De quel droit vais-je ériger

1. Sur la définition de la matière, comme catégorie philosophique (et non comme concept scientifique), voir mon article « Qu'est-ce que le matérialisme ? », in *Une éducation philosophique, op. cit.*, spécialement aux p. 106 à 111. Quant au concept scientifique, il est bien sûr variable et souvent piégé par le vocabulaire. Il est bien clair par exemple, tous les physiciens le reconnaissent, que l'antimatière, dès lors qu'elle n'est pas spirituelle, est aussi matérielle que le reste. Comme le remarque Jean-Marc Lévy-Leblond, plutôt que de matière et d'antimatière, « il vaudrait mieux parler de deux formes symétriques de matière » (*La Matière aujourd'hui*, par E. Noël, R. Collongues, *et al.*, éd. du Seuil, coll. « Points Sciences », 1981, p. 131). De même, et contrairement à ce que ne cesse de répéter Bernard d'Espagnat, la matière n'a pas besoin, pour être matérielle (au sens philosophique du terme), d'être « ce qui se conserve, ce qui est permanent », ni d'être « ce que je peux toucher » (*ibid.*, p. 212 et 216 ; voir aussi *Regards sur la matière*, par B. d'Espagnat et E. Klein, éd. Fayard, 1993, p. 221 à 226). La notion d'une matière impermanente et impalpable n'est en rien contradictoire. Bernard d'Espagnat a bien sûr raison de constater que le « chosisme », tel qu'on le trouvait dans l'atomisme antique, ne correspond plus à l'état actuel de la physique. Mais qu'est-ce que cela change à l'essentiel ? Un courant d'air n'est pas moins matériel qu'un caillou, ni une onde ou un flux d'énergie moins matériels qu'une « chose » ou qu'une particule. La vraie question n'est pas de savoir quelle est la consistance de la matière (si elle est dure, molle ou *al dente* !), ni même quelle est sa structure intime (par exemple substantielle ou énergétique, corpusculaire ou ondulatoire, permanente ou impermanente, séparable ou non séparable, etc.), mais si elle est de nature spirituelle ou idéelle (autrement dit comparable à l'expérience intérieure, qu'elle soit illusoire ou non, de ce que nous appelons notre esprit ou notre pensée), ou bien de nature physique (comparable, mais bien sûr pas identique, à l'expérience que nous avons, au niveau macroscopique, des corps ou des forces que nous appelons matérielles). Il va de soi que ce problème ne peut être *résolu* par la physique : c'est en quoi, la plupart des physiciens en sont d'accord, c'est un problème philosophique. La physique ne peut même pas nous dire si le monde existe. Comment pourrait-elle nous dire s'il est intégralement matériel ou non ? La physique ne peut même pas nous dire si la physique est vraie, ni dans quelle mesure (la proposition « La physique est vraie » n'est pas une proposition physique). Comment pourrait-elle nous dispenser de philosopher ?

2. *Éthique*, III, scolies des propositions 9 et 39.

en vérité objective ce que je ressens pourtant, subjectivement, autant que quiconque – à savoir que les femmes sont plus belles et plus désirables ? Ce n'est pas la valeur qui commande le désir ; c'est le désir qui engendre la valeur. La vie est donc bonne, si nous désirons vivre ; et l'humanité, si nous l'aimons.

L'anti-humanisme théorique débouche ainsi, ou peut déboucher, sur un humanisme pratique. L'humanité n'est pas une essence, qu'il faudrait contempler, ni un absolu, qu'il faudrait vénérer : elle est une espèce, qu'il faut préserver, une histoire, qu'il faut connaître, un ensemble d'individus, qu'il faut reconnaître, enfin une valeur, qu'il faut défendre. Il s'agit de n'être pas indigne de ce que l'humanité a fait de soi, et de nous. C'est ce que j'appelle la fidélité, qui m'importe davantage que la foi.

Débat

André Comte-Sponville

Je n'ai pas grand-chose à reprendre au texte de Luc, qui dit fort bien l'essentiel et ce qui nous oppose. Je me contente de répondre, brièvement, à ses quatre objections.

D'abord, l'objection morale. S'il n'y a pas de liberté absolue, explique Luc, il n'y a pas non plus de morale absolue : la morale n'est qu'une illusion nécessaire. J'en suis d'accord, mais en précisant, avec Spinoza ou Marx, qu'une illusion ce n'est pas rien : c'est une partie du réel, dont on ne peut se passer et qu'il serait fou de prétendre abolir. « Seule une conception idéologique de la société, écrivait Althusser, a pu concevoir des sociétés sans idéologie. » Je dirai de même : seule une conception illusoire de la société a pu concevoir des sociétés sans illusions. Que la morale ne relève pas d'une vérité objective (qu'il n'y ait de morale, autrement dit, que pour et par un sujet), cela ne veut pas dire que la morale n'existe pas ni qu'elle soit sans valeur ; cela veut dire au contraire qu'elle existe nécessairement, pour tout sujet donné, et qu'aucun être humain ne saurait – sauf à renoncer à son humanité – s'en passer.

Deuxième objection : la fameuse « contradiction performative »... Cela fait des années que Luc me sort cet argument, et il faut prendre le temps de s'en expliquer. Le matérialisme nierait une subjectivité absolue qu'il devrait, dès lors qu'il argumente, supposer : son existence (comme pensée qui suppose un « sujet autonome et libre ») viendrait contredire en pratique ce qu'il affirme en théorie (qu'il n'existe pas de sujet autonome et libre). Au fond, c'est la critique que Fichte, déjà, adressait à Spinoza (il lui reproche de « mettre sa spéculation en contradiction avec sa vie »), et nous en avons, Luc et moi, bien souvent discuté. Je continue pourtant à ne pas voir où se trouve la contradiction. Je ne la vois pas chez Spinoza (mais le montrer supposerait des détours trop techniques), et je ne la vois pas dans le matérialisme tel que j'essaie de le penser. Toute prétention à la vérité suppose, certes, que la pensée ne soit pas seulement produite par des *causes* (par exemple neurobiologiques), mais aussi justifiée par des *raisons*. Mais rien n'interdit de penser que celles-là puissent rendre compte de celles-ci, et réciproquement ! Pourquoi, par exemple, une théorie neurobiologique de la neurobiologie serait-elle contradictoire ? Circulaire ? Sans doute, et c'est ce qui lui interdit de prétendre à l'absolu. Le cerveau n'est pas Dieu. Mais cela n'empêche pas un cerveau de comprendre telle ou telle vérité, y compris sur son propre fonctionnement... Le matérialisme, plus généralement, n'est contradictoire que s'il prétend à une vérité absolue dont il ne peut rendre compte. Mais pas s'il ne prétend qu'à une vérité possible, à la fois relative (au cerveau, aux conditions de l'expérience, à l'outillage technique et conceptuel...) et historique. La proposition « Je pense que c'est mon cerveau qui pense » n'est pas contradictoire, dès lors que le cerveau et le *je*, pour un matérialiste, sont une seule et même chose !

Sur la troisième objection, le « cercle herméneutique », nous sommes d'accord : c'est dire assez qu'elle ne m'atteint pas. Qu'aucun cerveau ne puisse se connaître absolument, ni donc connaître absolument le monde, cela ne récuse qu'un matérialisme qui se voudrait dogmatique (par exemple sous la forme du neurobiologisme), et j'ai rappelé moi-même, dans mon texte, que tout matérialisme de ce type était à la fois circulaire (puisqu'il ne peut que se présupposer lui-même) et contradictoire (puisqu'il prétend à une certitude absolue qu'il rend impossible). C'est une raison forte pour ne pas être dogmatique. Ce n'en est pas une pour ne pas être matérialiste !

Enfin, sur la non-falsifiabilité du matérialisme, nous sommes à nouveau d'accord, comme nous le sommes sur la non-falsifiabilité de l'idéalisme, qu'il soit ontologique ou transcendantal. C'est dire qu'il s'agit de philosophie, non de science : il s'agit de penser le plus loin qu'on peut, et donc plus loin qu'on ne sait, et qu'on ne peut savoir...

LUC FERRY

Les réponses d'André me conviennent, sans me convaincre. Elles me conviennent parce qu'elles reviennent au fond à dire que nous sommes d'accord... sur nos désaccords ! André reconnaît que, dans sa perspective, la morale est une illusion (et, pour moi, le fait qu'elle soit partie prenante du réel ne change rien à l'affaire) et que le scepticisme s'introduit dans la science et, plus généralement, dans toute prétention à la vérité. Jusqu'où ? la question reste en suspens et c'est bien, en effet, cela que je reproche au matérialisme et que je continue de trouver en quelque façon contradictoire. Par où sa réponse ne me convainc pas : je suis persuadé que nous ne pouvons *ni ne devons* nous empêcher de penser que nos prétentions à la justesse (en morale) et à la vérité (en science) ne sont ni illusoires ni relatives, qu'elles possèdent un certain lien à l'idée d'absolu. Je tiens, en effet, pour contradictoire l'attitude qui consisterait à énoncer un jugement de valeur absolu (« Untel est un salaud », « telle attitude est abjecte », etc.), puis à le relativiser dans un second temps au nom d'une philosophie prétendument plus haute et « non dogmatique ». Pour aller à l'essentiel et situer la contradiction qui me paraît inhérente au matérialisme, je dirai qu'elle réside entre le point de vue de la conscience commune, le point de vue de tous les jours, qui est bien rarement relativiste, et le point de vue du philosophe qui vient toujours la contredire comme si aucune réconciliation n'était jamais possible. Je préfère croire la conscience commune, et, pour moi, le rôle de la philosophie n'est pas de la soupçonner et de la réfuter sans cesse (ce qui est, en vérité, impossible) mais, dans une large part au moins (elle peut bien sûr aussi se tromper), de la comprendre, de l'éclairer, voire de la fonder. C'est en ce sens que j'ai fait appel dans mon intervention à des expériences, justement, communes, comme celle du mal absolu.

Qu'est-ce que le divin s'il n'existe que dans l'homme ?

ANDRÉ COMTE-SPONVILLE

Il y a cette expérience, en effet... On peut se sacrifier pour un être ou une idée, et chacun t'accordera que torturer un enfant c'est une espèce de sacrilège. Mais je ne suis pas sûr que sacrifice et sacrilège, malgré l'étymologie, suffisent à attester l'existence du sacré. Je serais prêt, me semble-t-il, à mourir pour mes enfants ; cela ne veut pas dire que j'aie le sentiment qu'ils sont sacrés... Dans ce mot de « sacré », il y a autre chose : il y a l'idée de *séparation* d'avec le profane. Or mes enfants ne sont pas *séparés* : ils sont là, au contraire, tout proches, ils habitent ma maison, ils sont la chair de ma chair, comme on dit, et d'autant plus précieux qu'ils me sont plus quotidiens, plus profanes, plus intimes, plus concrets... Je suis peut-être prêt, sinon à mourir pour la France, du moins à en prendre le risque (on change : je n'aurais pas dit ça il y a vingt ans). Mais cela ne veut pas dire du tout que la France, pour moi, soit sacrée ! La France est une réalité très ordinaire, très profane, très quotidienne : un petit fragment de l'espace et du temps. Simplement c'est un pays que j'aime, c'est une civilisation à défendre, c'est une histoire à continuer. Ce n'est pas du sacré, ce n'est pas du séparé, ce n'est pas du transcendant ; c'est un petit morceau du monde et un gros morceau de notre histoire !

Notre ami Jean-Michel Besnier me disait récemment : « Il ne faut quand même pas trop flirter avec le vocabulaire religieux. » Et au fond j'en suis d'accord. Qu'est-ce que le sacré s'il n'est pas séparé ? Qu'est-ce qu'une transcendance si elle est, comme dit Luc, « dans l'immanence » ? Qu'est-ce que le divin s'il n'existe que dans l'homme ? Je trouve que mon ami Luc abuse un peu trop des oxymores, c'est-à-dire de ces expressions qui rapprochent deux signifiés opposés ou incompatibles. On cite souvent comme exemple le vers fameux de Corneille : *Cette obscure clarté qui tombe des étoiles...* On pourra désormais citer un certain nombre d'expressions de Luc Ferry : « transcendance dans l'immanence », « divin mais seulement dans l'homme », « sacré mais non séparé »... Du même coup, cela flirte en effet avec le langage religieux d'une façon qui me paraît gênante parce qu'elle donne le sentiment qu'on répond à une interrogation religieuse (sur le sens de la vie, sur ce qu'il m'est permis d'espérer...), alors que sur le point principal, qui est celui d'une éventuelle vie après la mort, Luc continue à se dire athée ou agnostique. Je ne doute bien sûr pas de la sincérité de sa position, mais il me semble qu'il y a là une espèce de double langage ou de jeu avec les mots qui ne me satisfait pas. Cela reste pour une part une question de vocabulaire : plutôt que de *sacré*, je parle d'*absolu pratique* ; plutôt que de *transcendance*, je parle de *verticalité* (c'était le sens du mythe d'Icare dans mon premier livre) ; plutôt que de *divin*, je parle de *civilisation*, d'*esprit* ou de *culture*... Mais les différences de vocabulaire illustrent aussi des désaccords de fond. Je ne veux pas donner le sentiment de proposer une nouvelle religion, quand je veux seulement aider mes contemporains à s'en passer dignement.

Luc Ferry

L'objection est forte : pourquoi reprendre le vocabulaire de la religion là où celui de la simple morale laïque pourrait, semble-t-il, suffire ? Faut-il être croyant pour dénoncer la torture ou pour se sacrifier ? Assurément non, et André semble avoir raison d'écarter tout « flirt » avec la religion ! J'aimerais vous dire pourquoi, cependant, je persiste et signe, pourquoi la référence au sacré me semble, au-delà des étymologies, aussi légitime qu'indispensable : c'est que la morale ne suffit pas, que les notions de bien et de mal n'épuisent pas l'expérience humaine de l'interdit ni, plus généralement, celle du rapport à autrui. Ou, pour mieux dire, leur absoluité même nous conduit à nous interroger sur le statut d'une autre sphère, qui semble dépasser la vie elle-même. Si l'on admet, comme je crois que nous le faisons tous, que certaines valeurs sont si essentielles qu'elles pourraient nous conduire à mettre en jeu notre propre existence, alors il faut bien reconnaître aussi qu'elles nous font entrer dans un domaine de l'esprit qui est en quelque façon, au sens propre, « sur-naturel », situé au-dessus du « cycle de la vie », comme dit Arendt. Est-ce une illusion (réelle), comme l'affirme le matérialiste ? On peut en discuter, mais on ne peut pas nier le problème. Voilà pourquoi je ne puis m'empêcher de relier le sacrifice et le sacré. Ce n'est pas un jeu de mots superficiel, mais tout au contraire un moyen de se réapproprier une dimension profonde de la vie spirituelle que notre monde laïc a occultée et que la religion, autrefois, était la seule à combler. À mes yeux, la grande tâche philosophique d'aujourd'hui se situe là : il faut, après les avancées de l'humanisme et en les conservant, se réapproprier la vérité du discours religieux. Ce n'est donc pas d'un « flirt » qu'il s'agit, mais d'un projet très explicite. De même, lorsque je parle de « transcendance dans l'immanence » (au demeurant, ce n'est pas « Luc Ferry qu'il faudra désormais citer », comme le dit André, mais Husserl, qui est l'auteur de la formule), il ne faut y voir aucun oxymore, mais une réalité de la conscience commune qui nous conduit pourtant au-delà de la vie naturelle. Chacun peut en faire, je crois, l'expérience ; l'amour, par exemple, n'est jamais découvert ailleurs qu'au plus intime de nous-mêmes, dans l'immanence absolue à soi puisque, comme le dit fort bien la tradition, il se situe dans le *cœur* humain. Pourquoi le « cœur » ? Parce que c'est le plus intime, le plus intérieur, le plus subjectif, le plus immanent. Pourtant, il n'y a pas d'amour, en quelque sens qu'on l'entende (même l'amour érotique), qui ne porte sur quelqu'un d'autre, sur une altérité irréductible. Ainsi l'amour est-il totalement immanent à soi et, en même temps, totalement transcendant, parfaitement égoïste et parfaitement altruiste. Ce n'est là, bien sûr, qu'un exemple, une simple métaphore – encore que l'amour occupe la place que l'on sait dans la religion chrétienne. Mais il permet de saisir concrètement ce que la notion de transcendance dans l'immanence peut signifier aussi dans la vie quotidienne. De même, l'expérience du sacré au sens moral du terme (l'expérience de ces limites que je ne peux franchir sans être obligé de me considérer comme un salaud) révèle une transcendance dans l'immanence : cette existence sacrée n'est, là encore, nulle part ailleurs que dans mon « cœur » bien qu'elle s'impose à moi, non pas comme si je l'avais fabriquée ou voulue, mais comme 2 + 2 = 4, comme une vérité que je n'ai pas *inventée* mais tout au plus *découverte*. En ce sens, la transcendance est bien une réalité *dont l'origine nous échappe*, ce pourquoi il me semble légitime de parler, en effet, de « mystère ». La vraie question, si on ne la nie pas, c'est de savoir si elle relève de l'illusion, comme le croit André, ou bien de ce mystère que la religion désignait jadis comme le divin, et que, peut-être, nous devons repenser ou penser différemment aujourd'hui.

L'absolu : un mystère, une vérité ou une volonté ?

André Comte-Sponville

« Il y a des valeurs absolues, dis-tu ; par exemple : couper un enfant en morceaux, je ne le ferais en aucun cas... » Je m'en doute bien ! Simplement, tu qualifies là de « sacré » ce que je nomme un « absolu pratique », c'est-à-dire un absolu pour l'action et non pour la contemplation, un absolu qui est objet de volonté et non de connaissance (comme s'il était écrit dans le ciel des Idées : « Il ne faut pas découper les enfants en morceaux »), qui ne vaut que pour nous et non objectivement ou en soi. D'ailleurs, l'expression que tu utilises, pour justifier cet appel à l'absolu, est révélatrice. Tu parles à la première personne : « *Je* ne le ferais dans aucune situation... » Autrement dit, cela reste une valeur subjective. Encore une fois, dans mon esprit, cette expression de « valeur subjective » est pléonastique (puisqu'il n'est de valeur que pour et par un sujet). Or, je pense qu'elle l'est aussi pour toi : de ce point de vue, et si on laisse de côté le vocabulaire, nous ne sommes peut-être pas aussi éloignés l'un de l'autre qu'on pourrait le croire.

Reste, quant au fond, la question que tu poses avec tant d'insistance : ce « sacré » ou cet « absolu pratique », est-ce une illusion ou un mystère ? Ce serait une illusion selon moi, un mystère selon toi. Je répondrais plutôt : ni l'un ni l'autre ! Ce n'est pas une illusion, ce n'est pas un mystère : c'est une création de l'histoire, c'est une exigence de la société, c'est une volonté de l'individu, c'est un acquis – certes fragile – de la civilisation... Quand je dis que je ne découperais en aucun cas un enfant en morceaux, en quoi est-ce illusoire ? J'ai tout lieu de penser, au contraire, que c'est vrai. Mais cette vérité ne porte que sur moi ou sur tel et tel individu, non sur l'absolu. L'illusion, ce serait d'oublier cette différence, comme on fait presque toujours, et d'ériger cet absolu subjectif ou pratique en absolu objectif ou théorique.

Qu'est-ce qu'une vérité ? C'est ce qui décrit adéquatement le réel. Mais le seul réel, ici, c'est que Luc, moi et nous tous, nous ne voulons en aucun cas torturer un enfant ! Cela reste une valeur subjective : ce n'est pas la vérité ou le sacré qui nous interdisent de le faire ; c'est nous qui nous l'interdisons à nous-mêmes. Selon moi, cet absolu pratique, cette verticalité, cette valeur pour laquelle on est prêt à se sacrifier, ce n'est pas un mystère, ce n'est pas une illusion (si l'on entend par là une idée fausse ou un pur néant), c'est simplement un produit de l'histoire et une volonté des individus. C'est pourquoi elle a besoin de nous : elle n'existe qu'autant que nous le voulons. C'est toujours l'idée de Spinoza : « Ce n'est pas parce qu'une chose est bonne que nous la désirons ; c'est inversement parce que nous la désirons que nous la jugeons bonne. » La justice n'est une valeur que pour ceux qui désirent la justice. L'humanité n'est une valeur que pour ceux qui désirent vivre humainement.

Comment refuser l'« absolument mal » si l'on ne pense pas que l'on a en quelque façon « raison » de le faire ?

LUC FERRY

Tâchons d'expliciter jusqu'au fond nos désaccords. J'en aperçois deux, après ce que tu viens de dire. D'abord, je suis en désaccord « absolu », c'est le cas de le dire, avec l'idée selon laquelle « ce n'est pas parce qu'une chose est bonne qu'on la désire, mais parce qu'on la désire qu'elle est bonne ». Le fait de désirer une chose, même grandement, ne la rend pas meilleure sur le plan moral auquel nous nous situons dans notre discussion ! La preuve la plus évidente en est qu'on peut bien avoir en soi des désirs effroyables, ou, pour utiliser l'argument maximal : Hitler désirait sans doute *vraiment* exterminer les Juifs. Ensuite, je n'ai jamais dit que les enfants ou les humains en général seraient « sacrés » au sens où ils seraient épatants, grandioses et formidables. J'ai même, tout au contraire, évoqué longuement leurs misères et leurs capacités au démoniaque ! Je propose seulement que l'on tire les conséquences d'une expérience remarquable et familière à la fois : l'idée qu'il ne faut pas faire certains actes qui relèvent de l'absolument mal, de l'absolument interdit, s'accompagne toujours à un niveau *réflexif* de la conscience que *j'ai raison de penser cela*, que ce n'est ni une illusion, fût-elle réelle, ni non plus une simple question de volonté. Comme si c'était écrit quelque part dans le ciel des idées, en effet, et donc en quelque façon *séparé* de nous. C'est donc à ce niveau *réflexif* que je me situe. L'idée que j'ai raison de penser cela est-elle illusoire ou non ? Voilà ce que je demande. Par où l'on retrouve encore le thème de la transcendance dans l'immanence : c'est au niveau de la réflexion que surgit l'exigence du sacré, non au niveau de l'objet, qui serait ou non sacré. Vois-tu ce que je veux dire ?

ANDRÉ COMTE-SPONVILLE

Oui. Mais la difficulté demeure : qu'est-ce qu'une *raison* qui n'énonce pas une *vérité* ? Je dirai, dans le prolongement de Wittgenstein, qu'une phrase qui énonce un impératif n'est jamais ni vraie ni fausse. « Il ne faut pas mentir », ce n'est pas une proposition au sens de Wittgenstein (une proposition étant par définition soit vraie, soit fausse). Vous connaissez l'exemple que prend Wittgenstein dans sa *Conférence sur l'éthique*. Imaginez un gros livre, sans doute infini, dans lequel on aurait inscrit toutes les propositions vraies. Dans ce gros livre, on pourrait par exemple lire : « On a coupé des enfants en morceaux au Rwanda ; on a coupé cet enfant de telle façon, etc. » On pourrait lire aussi : « Luc est horrifié par ça, Luc dit qu'il ne le ferait en aucun cas. » Mais, dans le gros livre qui contient toutes les propositions vraies, on ne pourra pas lire : « Luc a raison... et les tortionnaires ont tort. » La vérité ne juge pas. Ce n'est pas la raison qu'ont offensée les brutes qui ont massacré des enfants au Rwanda. Ce n'est pas la vérité. Mon idée de rationaliste c'est qu'au fond leur comportement est rationnel aussi, parce que le réel l'est toujours. L'horreur est aussi rationnelle que le bien : Auschwitz n'a violé aucune loi physique ni logique, et le Rwanda pas davantage. La phrase : « Il ne faut pas couper les enfants en morceaux » n'est pas une vérité, parce qu'elle ne décrit aucun réel qui existerait indépendamment de nous. Elle relève d'une raison qui serait seulement pratique, comme dit Kant ; mais, justement, une raison qui serait seulement pratique, pour moi, ce n'est plus une raison : c'est une volonté.

Le sacré apparaît en l'homme indépendamment de sa volonté

Luc Ferry

Non, car cette volonté n'est pas étrangère à la raison, elle est prise dans des *argumentations morales* qui ne sont pas, tant s'en faut, étrangères à toute rationalité. Tout le problème vient ici du fait que tu ne reconnais, comme les positivistes que tu cites, qu'une seule forme de rationalité, au fond, celle des sciences démonstratives, mathématiques ou expérimentales. Comme si on ne pouvait pas aussi prétendre en quelque façon (qui n'est pas la même, bien sûr) avoir raison ou tort dans d'autres domaines ! C'est méconnaître non seulement l'idée d'une rationalité morale (« pratique »), mais plus généralement tout ce que les théoriciens du langage (de la « pragmatique ») nous ont appris sur la différence entre argumentation et démonstration ! À preuve, le fait que la limite infranchissable que nous évoquions, cette limite où je reconnais du sacré, n'apparaît nullement comme telle par ma volonté : ce n'est pas parce que je voudrais ce sacré-là qu'il est sacré mais, au contraire, parce qu'il m'apparaît, *fût-ce malgré moi*, comme sacré que je l'ai voulu, *à l'encontre, bien souvent, de ce que l'intérêt ou le désir me porteraient à choisir*. Le sacré peut même s'avérer fort contraignant pour la volonté : dans la plupart des cas, je veux deux choses contradictoires. Si, par exemple, un type me dit, la mitraillette sur la tempe : « Tu tortures cet enfant ou je te tire une balle dans la tête », je fais, même dans la certitude de ne pas vouloir « franchir la limite » pour sauver ma vie, l'expérience de deux volontés qui s'affrontent en moi, l'une de survivre, l'autre de ne pas commettre quelque chose qui est absolument intolérable par rapport à des principes éthiques qui m'apparaissent comme absolus, non négociables. Que l'une finisse toujours par l'emporter sur l'autre, j'en conviens bien, et sur ce point André a raison (s'il me permet de le dire sans démonstration en règle !), mais cela ne signifie nullement que *les termes de l'alternative dépendent de ma volonté ni encore moins qu'ils soient produits par elle*.

Ce qui m'intéresse, ce n'est pas de dire : « Cette limite-là est sacrée », c'est que *je la pense comme sacrée* (par où je me situe à nouveau sur le plan de la réflexion) sans pouvoir faire autrement. À proprement parler, je n'y peux rien ! Je sens là une vérité qui s'impose à moi avant toute intervention de la volonté, au même titre que 2 + 2 = 4, même si ce n'est pas du même *ordre*. De deux choses l'une : ou bien ce sentiment est valide, et la capacité d' « excès » qui s'y révèle donne à l'homme une dimension d'antinature irréductible qu'il faut enfin penser – ce qui implique à mes yeux la réouverture d'un dialogue avec la religion ; ou bien l'on doit se résoudre à ne voir là qu'une méprise, peut-être utile, dont la génétique ou la sociologie rendront compte un jour. Mais, dans ce dernier cas, la simple possibilité de donner un sens propre à des valeurs supérieures, a fortiori au sacré, disparaît. Je maintiens donc qu'il s'agit moins de volonté que de vérité ou d'illusion.

André Comte-Sponville

L'illusion, c'est de confondre volonté et vérité : c'est de croire qu'un *impératif* puisse être *vrai* !

Deux rationalités

LUC FERRY

Ce serait le cas, en effet, s'il n'y avait pas d'autre vérité que la vérité scientifique ! Quand tu fais allusion à Wittgenstein, ça me comble ! Wittgenstein (du moins dans sa première période) est l'archétype du penseur qui a réduit la vérité à la vérité scientifique démonstrative (mathématique) ou empirique (expérimentale). Au fond, pour Wittgenstein comme pour tous les positivistes, il n'y a de vérité a priori que dans la démonstration dont le modèle est évidemment la démonstration mathématico-logique (quant aux vérités de fait, elles relèvent seulement de la méthode expérimentale). Ça rejoint un problème de fond que tu évoques souvent : « Est-on obligé d'abandonner le rationalisme parce qu'on pose l'hypothèse du mystère de la liberté ? » Je réponds par la négative car il n'y a pas un seul type de rationalité mais au moins deux. J'aimerais expliciter ce point.

À côté des démonstrations qui valident les théorèmes mathématiques ou les lois scientifiques, il existe une exigence, pour le sujet, de ne pas entrer en contradiction avec les conditions qui lui permettent de penser et de communiquer. Je ne veux pas faire le cuistre, mais on est obligé ici de prendre en compte ce que certains logiciens appellent la « pragmatique » : le simple fait de parler m'oblige à assumer certaines convictions faute desquelles mes paroles perdraient leur sens. La plus humble conversation suppose que nous nous tenions pour responsables de nos paroles, indépendamment de ce qu'elles doivent à notre histoire familiale, aux déterminations sociales ou à nos gènes.

Je voudrais encore, pour tenter d'être vraiment clair, revenir un instant sur cette affaire qui me tient à cœur dans notre débat. Quelqu'un qui dirait par exemple : « J'étais sur un bateau qui a fait naufrage et il n'y a pas eu de survivant », énoncerait une contradiction qui n'est pas tant une contradiction dans l'énoncé qu'une contradiction par rapport à lui, ou plutôt entre ce qu'il dit et ce qu'il est. Plus profondément, lorsque Marx réduit la conscience à un reflet passif de processus matériels (modes de production, forces productives, lutte des classes...), il fait l'impasse sur le fait qu'en affirmant cela il se pose lui-même, à un niveau réflexif, métathéorique, comme une conscience active qui n'est pas purement et simplement déterminée par le monde où elle s'inscrit mais énonce une vérité indépendante et autonome par rapport au processus historique qu'elle envisage. C'est d'ailleurs pourquoi, aux yeux de Marx, la science n'a pas le même statut que l'idéologie, par où elle échappe pour une part à l'historicité et au relativisme. Ce qu'il prétend faire contredit donc à cet égard ce qu'il affirme : tout n'est pas relatif à l'histoire puisque son discours, pour être vrai, doit en partie y échapper. C'est une « contradiction performative » qui ressemble fort à celle du naufragé de tout à l'heure.

J'ajouterai encore que le phénomène de la conscience implique une certaine abolition du principe d'identité qui veut qu'une chose soit ce qu'elle est. On peut le montrer très simplement. Lorsque je réfléchis à moi-même, lorsque je dis « je suis gourmand », « je suis coléreux », « je suis ceci, je suis cela... », il est évident (et là, me semble-t-il, la phénoménologie a raison) qu'il y a deux « je » dans l'affaire : le « je » que je considère en disant « celui-là, il est vraiment gourmand », « il est coléreux », « il est ceci, il est cela... » ; et puis il y a le « je » qui réfléchit à celui dont il parle (moi-même en l'occurrence) mais qui n'est pas le même que le premier : c'est le « je » de la réflexion. Là, « “ je ” est un autre » en effet : je suis toujours, dès que je réfléchis, en décalage par rapport à moi-même et donc contraire au principe d'identité. Je ne suis pas ce que je suis. Et c'est précisément la définition de l'être humain. L'animal est ce qu'il est, la pierre est ce qu'elle est, le cendrier est ce qu'il est, mais, quand je dis « je suis gourmand », j'ai en moi une dualité puisqu'il y a le moi gourmand dont je parle et qui est aussi moi-même, et puis il y a le « je » qui réfléchit à ce moi gourmand et qui se dit « mais qu'est-ce que je peux faire pour éviter d'être boulimique, pour éviter de manger trop... ». Dans ton intervention liminaire, tu tournais en dérision la thèse de Sartre selon laquelle « il faudrait que je ne sois pas ce que je suis et que je sois ce que je ne suis pas ». Bien comprise, pourtant, cette assertion n'a rien d'irrationnel, elle est même d'une évidente vérité.

Le mystère de l'être humain en tant que tel, c'est qu'il est constamment en décalage par rapport à lui-même ; en effet, je ne suis pas mon corps. Pour moi, c'est clair : je ne suis pas mon corps.

Nul irrationalisme dans le fait d'admettre cette mise en cause du principe d'identité, inhérente à la conscience, mais la simple reconnaissance d'une rationalité de la réflexion qui ne se confond pas avec la rationalité des choses.

Je crois que la grande erreur de Wittgenstein et de tous les positivistes est de considérer qu'est irrationnel tout ce qui ne relève pas de la démonstration, ce qui est philosophiquement absurde! On peut avoir évidemment une rationalité réflexive très forte, qui n'a rien à voir avec la démonstration ni mathématique ni expérimentale. C'est ça, le problème de fond. Et je dis que la liberté ne se situe pas dans l'ordre des choses, mais dans la réflexion, au niveau de mon point de vue sur ce que je dis et ce que je pense.

Sommes-nous notre histoire?

André Comte-Sponville

Une remarque, d'abord, à propos de Wittgenstein (même si l'histoire de la philosophie n'est pas ce qui importe) : la vérité, ce n'est pas seulement ce qui est l'objet d'une démonstration possible; c'est tout ce qui peut être un tableau de la réalité. Quand je dis : « Il y a un verre sur la table », c'est une proposition vraie! Quand je dis : « J'aime le vin », c'est une autre proposition vraie! Quand je dis : « Luc est horrifié qu'on torture des enfants », c'est une proposition vraie! Mais dans tout ça il n'y a pas de jugement de valeur : il n'y a que des faits, comme dit Wittgenstein, et ils sont tous au même niveau.

Quant à la contradiction performative, puisque tu y reviens, je ne la perçois toujours pas. Quand je dis : « Je suis mon corps », cela ne veut pas dire : « Je suis passif. » Cela veut dire, au contraire : je suis actif quand mon corps est actif! Je ne vois pas en quoi il y aurait contradiction entre l'activité d'un sujet qui juge et je ne sais quelle passivité obligée du corps. Si je suis mon corps, je suis actif chaque fois que mon corps agit. Dire : « Je suis mon cerveau », pareillement, ce n'est pas la même chose que dire : « Je suis déterminé par mon cerveau »; c'est même rigoureusement incompatible, puisque, si je *suis* mon cerveau, je ne peux pas être déterminé passivement par lui! Cela veut simplement dire que mon cerveau s'autodétermine, au moins partiellement, et donc qu'il est libre au sens où je prends le mot « liberté ». Je ne vois là aucune contradiction performative! Et pas davantage quand je dis que « je suis mon histoire ». Tu me dis : si c'était vrai, cela voudrait dire que quand je te parle, ce n'est pas à toi que je parle, c'est à tes parents, à tes ancêtres, à ton milieu social, à ton inconscient... Bien sûr que non ! C'est bien à moi que tu parles, mais tel que je suis produit en effet par toutes sortes d'événements, les uns qui dépendent de moi, d'autres qui m'ont précédé depuis très longtemps. Tu ne parles pas au singe dont je descends ; mais cela n'empêche pas que je résulte d'une histoire, aussi bien naturelle que sociale, et que, dans cette histoire, je descende, semble-t-il, d'un singe ou d'un cousin plus ou moins éloigné du singe.

Cela ne veut pas dire que je sois passif. Puisque je suis mon histoire, au même sens que je suis mon cerveau, je ne peux pas être, en toute rigueur, déterminé passivement par elle...

La vraie question, c'est : *Qu'est-ce que je suis ?* Ou : *Qui suis-je ?* Imagine, Luc, que tu doives répondre à cette question. Tu es dans un train, un inconnu a envie de faire la causette, parce que le voyage est très long, et il te demande : « Qui êtes-vous ? » Que vas-tu répondre ? Tu peux lui dire ton nom, mais un nom (sauf si l'individu en question a lu tes livres), cela ne dit guère... Tu peux montrer ton corps : « Pour les matérialistes, voyez, je suis cela... » Mais un corps, ou du moins ce qu'on peut en montrer, cela ne dit pas grand-chose non plus... Tu pourrais dire, ce serait plus cohérent avec ta philosophie : « Je suis un sujet transcendantal, une transcendance dans l'immanence, un petit pan de mystère ou de sacré... » Tu m'accorderas que ton interlocuteur n'en sera pas beaucoup plus avancé. Alors ? Comment faire pour répondre vraiment à la question : « Qui êtes-vous ? » Eh bien, en gros, tu vas raconter ta vie. Tu vas dire par exemple : « Voilà, je suis né en 1951, mes parents faisaient tel et tel métier, j'ai eu tel type d'enfance, telle éducation, plus tard j'ai poursuivi des études de philosophie, en France puis en Allemagne, j'ai été l'élève de Rivelaygue et Philonenko, j'ai aimé telle femme, puis telle autre, puis encore telle autre, j'ai participé à tel combat politique ou idéologique, j'ai fait telles rencontres, je suis devenu l'ami, par exemple, d'Alain Renaut, de Tzvetan Todorov, de Claude Capelier, d'André Comte-Sponville... » Bref, tu vas parler de ton passé, tu vas nous raconter *ton histoire*, et c'est la seule façon, en vérité, de nous dire vraiment qui tu es ! Cela vaut pour chacun d'entre nous. Ce que je suis, c'est ce que j'ai été, ou ce qui en demeure : *Je suis été*, comme dit Sartre, je crois, quelque part.

Mais alors, il faut en tirer les conséquences. L'esprit, comme le montrent saint Augustin et Bergson (et je trouve cela autrement éclairant qu'un sujet transcendantal !), c'est la mémoire : dire qui je suis, c'est raconter ma vie, c'est dévoiler mes souvenirs. En bon matérialiste, et c'est bien sûr ce qui me distingue de Bergson ou de saint Augustin, je pense que la mémoire, c'est le cerveau : je ne vois pas ce que serait une mémoire qui ne serait pas inscrite matériellement dans un corps vivant. La vérité de ce que je suis n'est pas l'abstraction d'un sujet transcendantal ou d'un caractère intelligible : c'est la concrétude d'une histoire incarnée au présent ; c'est un corps vivant et pensant. Cela ne veut pas dire que je sois déterminé par mon passé, non ! Ce que je suis, ici et maintenant, c'est bien sûr le produit d'une histoire qui m'accompagne depuis mon début et qui, en vérité, m'a précédé. Mais, d'une part, cette histoire n'agit qu'au présent : ce n'est pas mon enfance qui me détermine, c'est ce qu'il en reste et ce que j'en fais. D'autre part et surtout, comme il y a du hasard, comme il y a de l'indétermination (encore une fois, le démon de Laplace est mort, contrairement à ce que croyait Kant et à ce que Luc, parfois, laisse supposer), comme il y a une discontinuité des chaînes causales, je ne suis pas pour autant déterminé par l'état de l'univers il y a dix milliards d'années, ni même par l'état de l'univers il y a quinze jours. Par exemple, nous sommes venus ici, aujourd'hui, non pas déterminés par l'état de l'univers il y a dix milliards d'années, ni par le nôtre la veille ou l'avant-veille, mais commandés par notre volonté d'aujourd'hui. Cela n'empêche pas, bien sûr, que cette volonté soit elle-même incarnée et historique, comme toute volonté réelle ; mais elle n'en est pas moins actuelle pour autant.

Le mystère du sujet : limite infranchissable ou programme de recherche pour la neurobiologie ?

LUC FERRY

Un point de détail, mais qui a son importance : tu remarqueras que je n'ai pas employé dans cette discussion le terme de « sujet transcendantal », car il n'est nullement en question ici. Je parle de « réflexion », de liberté incarnée dans des choix, de capacité à transcender le monde naturel pour percevoir ou recevoir des

« vérités » qui dépassent, me semble-t-il, la seule sphère de l'individu matériel. Je ne suis donc pas non plus en désaccord avec l'idée que l'identité est liée à l'histoire. Tout le problème est de savoir de quelle histoire on parle : factuelle ou réflexive ? Il me semble que je dirais infiniment plus sur moi en évoquant mes choix, mes goûts, mes valeurs, plutôt qu'en donnant, par exemple, ma date de naissance, le nom de mes parents, le lieu de mes études, etc. Il faudrait distinguer plus profondément ces deux historicités. En serais-tu d'accord ?

ANDRÉ COMTE-SPONVILLE

Qu'est-ce que la réflexivité, si elle n'est pas aussi un fait ? Et qu'est-elle d'autre qu'une capacité du cerveau ? Si bien que ces deux histoires, comme tu dis, la factuelle et la réflexive, me paraissent n'en faire qu'une, que la réflexion saisit, certes, mais que la factualité constitue. Le corps est premier ; la réflexion, seconde. C'est pourquoi je suis d'accord avec toi pour dire qu'un matérialiste ne peut pas donner au sujet une existence substantielle. Là, on pourrait croire qu'on est plus proche d'une contradiction performative : la proposition « Je n'existe pas » est clairement une contradiction performative puisque, pour pouvoir l'énoncer... il faut exister ! Mais je ne le dirais pas comme cela. Le problème est de savoir si le « je » que je suis est un principe, une substance autonome, autrement dit un sujet absolu, transparent à lui-même, indépendant de toute causalité matérielle, etc., ou si, à l'inverse, la représentation de ce « je » prétendument transparent (la conscience) n'est qu'un produit de ce que je suis, y compris inconsciemment et matériellement. Ce que je crois, ce n'est pas que je n'existe pas, au sens trivial de l'expression, c'est que le sujet que je suis n'est ni transparence, ni principe, ni substance, ni absolu, qu'il n'est que l'effet, nécessairement opaque à lui-même, d'un certain corps et d'une certaine histoire. En ce sens, je dirais (avec les bouddhistes, mais aussi bien avec Épicure, Spinoza, Marx, Nietzsche ou Freud) : il n'y a pas d'ego substantiel ; il n'y a pas un moi simple qui existerait indépendamment de la composition du corps, du cerveau et de l'histoire. Bref, je n'existe pas comme substance ou comme absolu. Mais comme corps et comme histoire, ou comme corps historique, ou comme histoire incarnée, j'existe évidemment ! Et, dès lors qu'on admet ça, la contradiction performative disparaît. La proposition : *Le "je" qui te parle, Luc, n'est pas une substance absolue, mais un corps changeant, matériellement et historiquement déterminé*, cette proposition n'est contradictoire ni formellement ni d'un point de vue performatif.

LUC FERRY

Elle n'est pas contradictoire, en effet, si l'on accepte, comme tu le fais, une part de scepticisme, si l'on n'est pas « dogmatique », au sens où tu l'entends. Le problème, c'est que, d'une part, le scepticisme me semble par essence sans limites (on ne peut pas n'en introduire qu'une petite dose par précaution sans qu'il gagne potentiellement toute proposition) et que, d'autre part, je suis convaincu qu'il nous arrive à tous de porter des jugements, de vérité ou de valeur, qui prétendent à l'universalité. C'est par rapport à cette « prétention » que la contradiction performative apparaît, et sur ce point il me semble que nous devrions être d'accord... sur notre désaccord ! Quant à la question du Moi, je dirai ceci : bien sûr que nous sommes un corps, une histoire, et que nous ne sommes pas « absolus » au sens d'une transparence parfaite à soi, d'une maîtrise totale de soi. Qui pourrait le contester une seconde sans se ridiculiser ? Mais cela ne signifie nullement pour autant qu'à un certain niveau, celui de la réflexion sur son corps, son histoire, ses engagements, etc., nous ne puissions prétendre à des jugements qui vaillent *absolument*, et qui nous soient, aussi, *absolument* imputables ! Quelle valeur et quel intérêt auraient nos affirmations si elles n'étaient que le résultat d'une trajectoire purement relative ? Aucun, sinon pour quelque ethnologue de l'humanité. Si je prends plaisir à débattre avec *toi*, et non avec tel ou tel autre matérialiste, par exemple, c'est parce que j'ai le sentiment que tu t'es réellement *approprié* ce que tu penses et que tu prétends, quoi que tu en dises peut-être, à une vérité en quelque façon absolue. Si tu me disais : « Voilà ce que je pense, mais au fond ça n'engage que moi, ça n'est qu'une croyance façonnée par l'histoire, et c'est peut-être faux... », j'aurais, je l'avoue, quelque peine à poursuivre. C'est cette exigence réflexive qu'il faut assumer, c'est elle qu'il faut tirer au clair et dont il faut expliciter le statut.

ANDRÉ COMTE-SPONVILLE

Je t'accorde que le sujet humain a en effet accès à une vérité, certes relative, mais qui dépasse en quelque chose sa subjectivité. C'est ce qu'on appelle ordinairement la raison ou l'esprit, et je ne conteste nullement leur existence ! Sinon, pourquoi me serais-je tellement battu contre les sophistes, les irrationalistes et autres nihilistes ? C'est le point précis où Spinoza et Nietzsche divergent, et j'ai passé beaucoup de temps à expliquer pourquoi il fallait choisir Spinoza. Mais cette existence de l'esprit ou de la raison, je n'en fais pas un absolu : j'essaie de la penser à l'intérieur du monde et de l'histoire. C'est ce qui nous oppose, me semble-t-il. La vraie question, au fond, c'est de savoir si ce sujet, dont ni toi ni moi n'arrivons à rendre compte totalement (nous butons tous les deux sur de l'inconnaissable : « on ne sait pas ce que peut le corps », comme dit Spinoza, ni ce que peut le moi nouménal, comme pourrait dire Kant), si ce sujet, donc, est effectivement un *mystère*, comme tu dis, c'est-à-dire quelque chose qu'on ne pourra jamais connaître parce que c'est inconnaissable en droit (auquel cas, mystère pour mystère, je te répondrais que j'aime mieux la religion : je trouve que c'est quand même plus émouvant, plus humain, plus riche que le transcendantal), ou bien s'il s'agit non pas d'un *mystère* mais d'un *problème*, comme je préférerais dire, autrement dit de quelque chose qui est inconnu en fait, certes, mais nullement inconnaissable en droit, et qui débouche dès lors sur un programme de recherche. Comprendre comment la nature produit ces êtres bizarres, les humains, qui arrivent à s'arracher à ce qui semblerait naturellement normal, comprendre comment un cerveau composé d'atomes qui ne pensent pas parvient à penser, comprendre comment un corps composé d'atomes sans désir parvient à désirer et à aimer, rendre compte par la neurobiologie et de la volonté et de la raison sans lesquelles la neurobiologie serait impensable, pour moi ce n'est pas un mystère : c'est un problème, c'est un programme de travail, et je pense que les neurobiologistes, sans jamais pouvoir l'atteindre absolument, ne cessent de s'approcher de la solution. Tu demandais : mystère ou illusion ? Je répondais : ni l'un ni l'autre : volonté. Mais je pourrais aussi poser la question autrement. Est-ce qu'il y a un esprit substantiel et absolu, qu'on appelle l'âme en l'homme et Dieu en tout, ou bien est-ce qu'il n'y en a pas, ce qui suppose que tout esprit est le produit de quelque chose qui n'est pas de l'esprit et c'est ce qu'on appelle la matière ? Bref : religion ou matérialisme ? Et il me semble en effet que ce que tu appelles la transcendance dans l'immanence (et que Kant appelait le transcendantal, c'est-à-dire ce qui, en l'homme, échapperait nécessairement à toute détermination empirique ou historique) est une espèce de religion incarnée, ou plutôt désincarnée (puisque le transcendantal n'est pas le corps), aussi douteuse que toutes et moins réconfortante que la plupart. Je crains que l'humanisation du divin et plus encore la divinisation de l'humain, pour reprendre tes expressions, ne nous fassent perdre l'essentiel de ce qui faisait la grandeur de Dieu ou de la religion, qui était, pour l'homme, une double leçon d'exigence et d'humilité. Pascal, plus éclairant que Kant : grandeur de l'homme, misère de l'homme ! Je crois en effet que ce que la religion nous a dit de plus fort, c'est que l'homme n'est pas Dieu, qu'il ne vaut pas comme absolu, qu'il ne vaut qu'au service d'autre chose qui le dépasse, au service de certaines valeurs, au service de Dieu pour ceux qui y croient, au service d'autres hommes – malgré leur misère ou plutôt à cause d'elle – pour ceux qui n'y croient pas. Je me sens plus proche de la vision de la vie de sœur Emmanuelle, que tu évoquais, ou de Pascal, que j'évoquais à l'instant, que de cette espèce d'humanisme qui me paraît au fond avoir les mêmes défauts que toute religion (ce n'est qu'un asile de l'ignorance, dirait Spinoza : ton homme transcendantal, comme le Dieu des croyants, est un mystère qu'on ne pourra jamais expliquer), sans en avoir la richesse ni humaine ni spirituelle.

« J'adore le paradoxe de fonder l'humanisme sur la méchanceté humaine ! »

En revanche, le point que je trouve le plus fort dans la position de Luc, c'est l'argument du mal : la torture est le propre de l'homme ! J'adore le paradoxe de fonder l'humanisme sur la méchanceté humaine. Au fond, pourquoi Luc est-il humaniste, pourquoi croit-il en l'homme ? Parce que les hommes sont trop méchants pour que ce soit naturel ! L'argument est fort, non seulement parce qu'il change heureusement de l'humanisme des rêveurs ou des belles âmes, mais parce que, dans cette méchanceté-là, il y a bien quelque chose qui semble être un excès, en effet, par rapport au simple fonctionnement des instincts, ce qui semble manifester un écart par rapport à la nature, un arrachement, une liberté...

Pour fort qu'il me paraisse, l'argument ne me convainc pourtant pas tout à fait. Première remarque, et c'est un des paradoxes secondaires de notre débat : sur cette question, c'est moi qui suis kantien ! Souvenez-vous de *La Religion dans les limites de la simple raison*. Kant y explique que les hommes ne sont jamais méchants, qu'ils ne font jamais le mal pour le mal, ce qui serait diabolique, mais seulement pour un bien, pour *leur* bien : les hommes ne sont pas *méchants*, mais *mauvais* ; ce ne sont pas des diables, mais des égoïstes. Quand j'explique ce texte avec mes étudiants, ils m'objectent l'existence du sadique, qui fait le mal, disent-ils, pour le mal. Je leur réponds que non : le sadique fait du mal *à l'autre* parce que ça lui fait plaisir *à lui* ! Or son plaisir, pour lui, c'est un bien... Un sadique, c'est donc simplement un égoïste (il met son plaisir plus haut que la souffrance d'autrui) doublé d'un pervers (qui jouit de cette souffrance), et c'est en quoi, bien souvent, il nous ressemble... Bref, je crois, avec Kant, que l'égoïsme est le fondement de tout mal. Qu'est-ce que cela change à l'argument de Luc ? Cela lui retire une partie de sa force, parce qu'on peut dès lors expliquer ce comportement apparemment si déviant du salaud, du sadique ou du tortionnaire, par le simple principe de plaisir, comme dirait Freud, autrement dit sans sortir de la naturalité ni de la rationalité communes. Il y a des gens, comme l'abbé Pierre, qui prennent plaisir à faire du bien, et il y en a d'autres, comme le sadique, qui prennent plaisir à faire du mal. Le plaisir les guide donc l'un et l'autre, comme dirait Lucrèce, et, si cela n'abolit pas entre eux toute différence, cela interdit d'en faire un absolu ou une transcendance.

Cela dit, je suis le premier à reconnaître que cet argument par le principe de plaisir atteint vite sa limite (il n'est guère plus probant qu'il n'est réfutable), et qu'il se peut qu'il y ait en effet, dans l'excès du mal (comme parfois, plus rarement, dans l'héroïsme ou la sainteté : dans l'excès du bien), un écart par rapport à la nature ou aux pulsions.

Simplement, la question que je me pose (je n'ai pas la réponse en termes de savoir, mais Luc non plus : c'est bien pourquoi il parle de mystère !), c'est celle-ci : dans quelle mesure la nature ne peut-elle expliquer cet excès ou cet écart par rapport à elle-même ? Dans quelle mesure un écart par rapport aux données naturelles ne peut-il lui-même être produit par la nature ? Le cas ne serait pas sans précédent. Premier exemple : le vivant. Toute vie est un écart par rapport à la matière non vivante. La physique est soumise au principe de l'entropie (le désordre, dans un système clos, ne peut que croître), et la vie est néguentropique : la vie produit comme un excès d'ordre. Mais cet écart ou cet excès vérifient à leur manière le second principe de la thermodynamique (ce sont des exceptions, exactement, qui confirment la règle) : la vie n'est pas un système clos, et c'est le Soleil, comme chacun sait, qui paie la facture énergétique. Écart, donc, mais relatif, et qui reste pensable dans l'immanence. Deuxième exemple : la pensée. Si on m'accorde (mais j'aimerais bien que Luc me dise s'il me l'accorde ou pas) que c'est le cerveau qui pense, cela veut dire qu'un cerveau qui raisonne juste s'écarte du simple mécanisme atomique pour s'ouvrir à une autre logique, qui est la logique même : les *raisons* auxquelles il se soumet semblent en excès par rapport aux *causes* qui le déterminent. Mais rien n'empêche que chimistes ou biologistes puissent un jour nous expliquer comment la matière non vivante a produit cet écart qu'est la vie, comment la vie non pensante, celle de la laitue, a produit cet écart qu'est la pensée, enfin, j'y reviens, comment le principe naturel de plaisir a pu produire ces écarts que sont par exemple la cruauté du tortionnaire ou l'héroïsme de celui, tel Jean Cavaillès, qui lui résiste sans parler... Je veux bien croire qu'il y a excès, en tout cas l'argument me paraît fort (jamais un argument ne m'a autant donné envie de croire au libre arbitre : c'est dire sa qualité...), mais je ne suis pas sûr qu'on ne puisse pas envisager une explication, à la fois naturelle et rationnelle, de cet écart par rapport à la nature. S'il fallait y renoncer, cela signifierait, quoi qu'en dise Luc, qu'il faudrait renoncer au rationalisme, c'est-à-dire à l'idée que le réel est intégralement rationnel. Au fond, c'est ce que Luc appelle le mystère ou le sacré : il y aurait, dans le réel, quelque chose qui excéderait toute explication possible. J'ai du mal, en bon rationaliste que je suis, à le lui accorder...

LUC FERRY

J'aime ton honnêteté intellectuelle et je suis heureux que tu perçoives que la référence à un « mystère » n'est pas de ma part un simple laisser-aller linguistique ! D'autant que, si je poursuis ton raisonnement, il me semble renforcer encore le mien. J'ai, dans mon intervention liminaire, évoqué le programme de travail auquel tu songes en le comparant à un film d'horreur. Mais, plus sérieusement (encore que...), la science, tu en conviendras avec moi, ne saurait s'achever. Elle est une tâche infinie, et dans ces conditions je vois assez mal comment le programme de travail que tu esquisses pourrait un jour aboutir. La vérité, qui est connue depuis Kant au moins, c'est que l'hypothèse du déterminisme naturel est tout aussi incertaine et « infalsifiable » que celle de la liberté (et réciproquement, j'en conviens volontiers). C'est pourquoi tu dois reconnaître, comme moi, notre difficulté commune à cerner la notion de sujet, même si nos approches philosophiques sont contraires. J'ai tenté, avec l'hypothèse, en effet non kantienne, d'une méchanceté radicale, de me situer à un niveau *descriptif, phénoménologique*, sans prétendre par là imposer un argument incontestable : en la matière, il n'en existe pas (et c'est heureux pour la liberté !). L'essentiel, pour moi, est que l'on perçoive combien le comportement humain est peu « naturel », combien il s'éloigne sur ce point de celui des animaux même les plus proches, afin que sa capacité à transcender le monde matériel soit plus difficile à réduire... Nombre de biologistes tenteront de le faire dans les années qui viennent, et ils auront bien raison ! La science doit continuer son travail, et, pour ce faire, il lui faut postuler que le réel est rationnel. Mais ce n'est qu'un postulat et l'honnêteté consiste à dire, d'un côté comme de l'autre, que rien ne permet de trancher ni, me semble-t-il, ne permettra jamais de le faire tant que la science ne sera pas achevée – ce qui est impossible à moins de retomber dans les illusions du savoir absolu. Voilà pourquoi, en effet, il me semble que nous sommes l'un comme l'autre renvoyés au mystère de l'humain ! C'est bien cela qu'il s'agit aujourd'hui de penser autrement que les religions traditionnelles ne l'ont fait jusqu'alors, mais en dialogue avec elles. C'est douteux et moins réconfortant, dis-tu, et, au fond, tu n'as pas tort. Mais le doute et l'inconfort me paraissent aller parfois de pair avec la pensée. Au reste, je suis convaincu qu'il subsiste, dans cette voie encore inexplorée, de belles découvertes à accomplir.

2

Neurobiologie et philosophie : Y a-t-il des fondements naturels de l'éthique ?

Impossible, pour la philosophie, d'ignorer les défis que lui lancent aujourd'hui les sciences « dures », et tout particulièrement la biologie : l'homme n'est-il qu'une espèce animale, un élément parmi d'autres dans le règne de la nature ? Peut-on encore croire, au contraire, qu'il transcende par sa liberté le monde matériel et s'avère ainsi différent par essence de tous les autres animaux ? La biologie contemporaine nous invite, pas toujours mais souvent, à choisir la première hypothèse – qui va bien sûr, d'un point de vue philosophique, dans le sens du matérialisme. Bien plus, sous la forme de la « sociobiologie », elle prétend trouver dans l'infrastructure génétique les motifs ultimes de nos comportements, déviants ou non, voire de nos choix moraux et esthétiques. De là la question centrale, introduite en France par l'un de nos plus éminents neurobiologistes, Jean-Pierre Changeux : existe-t-il des « fondements naturels » de l'éthique ? Ce débat constituait pour nous un passage obligé : il approfondit et illustre de façon plus concrète celui que nous avons eu à un niveau métaphysique dans le premier chapitre. Ses enjeux sont considérables : si les prétentions de la neurobiologie s'avéraient tenables, c'est toute la vision de l'humanité qui s'en trouverait changée – au point que les sciences humaines, à commencer par la psychanalyse, mais aussi la philosophie classique ne pourraient plus continuer à parler de la folie, de l'éthique ou de la liberté comme elles le font encore aujourd'hui.

Des fondements naturels de l'éthique

Luc Ferry

Pourquoi ce thème, par ailleurs décisif, devait-il tout particulièrement figurer au nombre de nos discussions ? Je l'ai déjà suggéré : dans les dix ou quinze prochaines années, les philosophes ne pourront plus éluder le débat avec les biologistes. La génétique contemporaine, lorsqu'elle s'applique au « monde de l'esprit », tend en effet à incarner la figure nouvelle d'un matérialisme enfin venu à maturité. Sur des questions aussi classiques que celles de la liberté, des rapports entre l'inné et l'acquis, la nature et la culture, le statut de l'histoire, l'idée de responsabilité, etc., elle apporte des éléments de réflexion radicalement inédits. Elle constitue, à ce titre, un véritable défi pour toutes les pensées philosophiques traditionnelles. Que vise-t-on, notamment, sous le projet de dévoiler des « fondements naturels de l'éthique » ? Trois interprétations de cette problématique sont possibles.

La première, minimale, n'est à vrai dire utilisée que dans une stratégie de « repli », face aux accusations rituelles de « réductionnisme » : le biologiste voudrait « seulement » dire qu'on ne pense ni ne juge... sans cerveau ! Qu'il faut bien considérer, fût-ce derrière nos idées ou nos valeurs les plus élevées, la dimension matérielle sans laquelle leur expression même serait impossible. Cette première version du problème n'a guère d'intérêt : même le spiritualiste le plus échevelé acceptera sans trop de difficulté qu'un individu auquel on a retiré son cerveau pense assurément moins bien après qu'avant.

Passons donc à la version « hard », celle qui exprime un naturalisme radical, comme on le voit dans le fameux courant de la sociobiologie : il s'agit alors d'affirmer, le plus souvent à partir d'une position philosophique néodarwinienne, que nos comportements moraux, à commencer par le plus fédérateur d'entre tous, l'altruisme, trouvent leur fondement, leur cause et leur justification dans notre infrastructure matérielle génétique. Pour reprendre une formule souvent employée dans ce contexte, le souci de l'autre et, avec lui, la moralité tout entière ne seraient qu'une « illusion collective des gènes ». C'est là par exemple la thèse que défend Michael Ruse dans un article extrait du remarquable ouvrage de Jean-Pierre Changeux intitulé *Les Fondements naturels de l'éthique* (éditions Odile Jacob, 1993). Il nous invite à admettre enfin que « l'éthique normative est simplement une adaptation mise en place par la sélection naturelle pour faire de nous des êtres sociaux ». Nous comprendrons alors que « la morale est plutôt une illusion collective des gènes mise en place pour nous rendre " altruistes ". La moralité en tant que telle n'a pas un statut plus justificateur que n'importe quelle autre adaptation, comme les yeux, les mains ou les dents. Il s'agit simplement de quelque chose qui a une valeur biologique, et rien de plus [1] ».

Par où l'on voit aussi comment ce nouveau matérialisme représente un véritable défi pour la position philosophique que je défends ici et, d'une façon plus générale, pour toute philosophie transcendantale ; d'une part, parce qu'elle nie la possibilité de la liberté entendue comme une capacité de distanciation, d'arrachement par rapport à la nature : tous nos comportements, y compris ceux qui sont en apparence les plus « spirituels », sont le résultat de l'adaptation sélective de notre nature biologique au milieu qui nous entoure. D'autre part, parce que, dans cette perspective comme dans tout matérialisme cohérent, l'idée de transcendance n'a plus aucun sens autre qu'illusoire. C'est ainsi, j'y reviendrai dans ce qui suit, toute la spécificité de l'humain qui est contestée au profit de l'affirmation d'une continuité parfaite des espèces. Souvent sous-tendue par une philosophie utilitariste (c'est le cas chez Ruse), cette position matérialiste radicale s'accommode tout à

1. *Les Fondements naturels de l'éthique*, *op. cit.*, p. 59. Voir, dans le même sens, l'introduction générale de cet ouvrage, p. 1 à 20. L'auteur, Marc Kirsch, prend par ailleurs avec beaucoup d'habileté ses distances par rapport à cette position positiviste. On sent qu'il a fait, sans les citer, quelques saines lectures dans le domaine de la philosophie transcendantale...

fait de l'idée que l'homme n'est qu'un animal comme les autres, plus élaboré sans doute (et encore !), mais non essentiellement différent d'un point de vue qualitatif.

Une troisième version tente (sans y parvenir à mon avis) d'assouplir un peu la deuxième, en insistant davantage sur l'autonomie (relative, bien sûr, ce qui nous rappelle d'amusants souvenirs !) des phénomènes culturels ou, comme on dit, « épigénétiques » – l'épigénétique désignant, en première approximation, la sphère de l'histoire, de « l'acquis », c'est-à-dire, au sens étymologique, de ce qui se surajoute à la base matérielle génétique ou « innée ». Il s'agit donc, souvent aussi par stratégie – je dirai pourquoi dans un instant –, de ménager ainsi une place au « culturel », à l'« environnemental », au milieu, etc., tout en maintenant bien entendu que le biologique est « déterminant en dernière instance ». Le schéma, repris consciemment ou inconsciemment du marxisme, est si connu que je m'épargnai la peine d'y revenir ici trop longuement. Je rappellerai malgré tout, parce que l'argumentation, sans être restituée intégralement, doit au moins être présente *in nucleo*, pourquoi ce matérialisme « chic » me paraît lui-même réductible au matérialisme « vulgaire », pourquoi, en somme, cette troisième version me semble revenir à la deuxième : d'abord, parce que à l'évidence, dans cette optique, la nature reste bien le « vrai » déterminant – comme chez Marx, l'infrastructure économique a toujours le dernier mot sur les superstructures. Ensuite, et surtout, parce que l'épigénétique lui-même se développe sous la férule de la nature. L'histoire des rapports entre la nature et le milieu est, pour l'essentiel, une histoire *naturelle*. Bien sûr, l'éducation peut anéantir ou au contraire épanouir les potentialités d'un être, et, en ce sens, l'environnement socioculturel est capital (c'est là son « autonomie relative »). Mais il reste malgré tout soumis à la nature ; en premier lieu parce qu'il ne peut pas créer plus que ce qui est donné au départ (l'inné, si l'on veut, forme une première limite) ; ensuite parce qu'il est lui-même en grande partie structuré biologiquement : si nos comportements moraux ne sont que le résultat d'une adaptation plus ou moins réussie, il est clair les principes éducatifs de nos parents relèvent déjà de la *sphère du naturel* et non pas seulement, comme on le croirait naïvement, de la culture et de l'histoire. Le comportement humain apparaît ainsi comme le résultat d'un double déterminisme :

biologique, pour l'essentiel, et « environnemental » pour le reste – cette troisième version du problème des fondements de l'éthique s'accordant ainsi avec la deuxième pour constituer un matérialisme radical (à la limite plus radical encore puisque le déterminisme historique vient compléter le naturel pour éradiquer totalement l'hypothèse de la liberté).

Le problème posé par le « biologisme » à la philosophie transcendantale : comme l'historicisme, en niant la liberté et la transcendance, il abolit la spécificité de l'humain

On voit déjà, d'après ce qui précède, comment un certain « biologisme » contemporain peut prendre le relais de l'historicisme des sciences sociales pour contribuer à perpétuer, avec plus de force encore (les sciences dures sont tout de même plus crédibles que les molles), une position matérialiste hostile aux idées de liberté et de transcendance. Pour ne pas en rester aux termes abstraits, et pour montrer le parallélisme des deux matérialismes, je définirai l'historicisme par l'affirmation selon laquelle « notre histoire est notre code » et le biologisme par cette autre, équivalente : « notre nature est notre code ». Que l'on assiste aujourd'hui à une victoire de la seconde formule sur la première, voire, plus inquiétant encore, à une agréable synthèse des deux au profit de la seconde, mérite réflexion. C'est même, à mes yeux, je le redis ici avec plus de force, le problème majeur de la philosophie qui vient, sur le plan spéculatif comme sur le plan éthique et spirituel.

Je m'en expliquerai à nouveau, dans ce contexte, en commençant par évoquer l'historicisme. En réifiant explicitement le monde humain, le « monde de l'esprit », comme disait Dilthey en écho à l'expression allemande *Geisteswissenschaften*, les sciences humaines ne réduisent-elles pas, comme le fait la sociologie, l'humain à l'animal ? C'est là, comme on sait, le reproche principal que Sartre, lorsqu'il se voulait encore « humaniste », n'a cessé de leur adresser : en considérant les classes sociales comme des déterminants implacables, une certaine sociologie se condamne à ne voir dans les comportements humains que les *exemplaires* d'une essence qui leur préexiste et les façonne de manière inéluctable. En un paradoxe qui mérite vraiment réflexion, c'est donc parce que les sciences humaines (ou en tout cas une certaine vision de ces sciences) *font de notre histoire notre code* qu'elles réinventent la vieille idée de « *nature* humaine ». En elles, l'essence précède à nouveau l'existence, comme s'il y avait, par exemple, une essence ou une « nature » du bourgeois et du prolétaire les vouant inéluctablement à l'exploitation ou à la révolution. Le schéma, ici, est volontairement caricatural, mais on pourra le complexifier autant qu'on voudra, y introduire de l' « autonomie relative » à haute dose sans rien changer au diagnostic de Sartre : si notre histoire est bien notre code, comme l'affirment si souvent les sciences sociales, alors l'humain et l'animal ne se distinguent plus essentiellement.

L'argument de Sartre n'est pas nouveau. Il possède une longue histoire, depuis Rousseau jusqu'au fameux livre de Vercors, *Les Animaux dénaturés*, dont j'aimerais rappeler en quelques mots l'intrigue principale : dans les années cinquante, une équipe de savants britanniques part pour la Nouvelle-Guinée, à la recherche du fameux « chaînon manquant » entre l'homme et l'animal. Ils espèrent découvrir quelque fossile et tombent, par le plus grand des hasards, sur une colonie bien vivante d'êtres « intermédiaires », qu'ils désignent aussitôt du nom de « Tropis ». Ce sont des quadrumanes, donc des singes. Mais ils vivent, comme les troglodytes, dans des cavernes de pierre... et ils enterrent leurs morts. Ils semblent disposer d'un embryon de langage. Comment les situer, entre l'humain et l'animal ? La question est d'autant plus pressante qu'un homme d'affaires peu scrupuleux envisage de les domestiquer pour en faire ses esclaves ! Il faut donc trancher. Un procès en justice doit le faire, qui passionne toute l'Angleterre et occupe bientôt la une de la presse dans le monde entier. Les meilleurs spécialistes sont convoqués à la barre des témoins : anthropologues, biologistes, paléontologues, philosophes, théologiens... Leurs désaccords sont tels et leurs arguments pourtant si excellents dans leur genre qu'aucun d'entre eux ne parvient à l'emporter. C'est l'épouse du juge qui trouvera le critère : s'ils enterrent leurs morts, les Tropis sont bien des humains. Car cette cérémonie témoigne d'une interrogation métaphysique, d'une distance à l'égard de la nature : « Pour s'interroger, il faut être deux, souligne-t-elle : celui qui interroge, celui qu'on interroge. Confondu avec la nature, l'animal ne peut l'interroger. Voilà, il me semble, le point que nous cherchons. L'animal fait *un* avec la nature. L'homme fait *deux.* »

Ce critère appelle encore un commentaire. On pourrait, bien sûr, en imaginer mille autres : après tout, les animaux ne portent pas de montres ni de parapluies, ils ne conduisent pas de voiture, ne fument pas le cigare, etc. Pourquoi le critère de la distance avec la nature est-il plus important que n'importe quel autre ? Parce qu'il est, en vérité, un critère éthique et culturel spécifique ; c'est par cette distance, en effet, qu'il nous est possible de questionner le monde, de le juger et de le transformer, d'inventer, comme on dit si bien, des idéaux et, par là, une distinction entre le bien et le mal. Si la nature était notre code, rien de tout cela ne serait possible. Mais si l'histoire l'était, à la place de la nature, la situation serait la même.

C'est là ce que Rousseau déjà, bien avant Sartre et Vercors, avait merveilleusement compris, dans un passage fulgurant de son *Discours sur l'origine de l'inégalité parmi les hommes* que j'ai souvent évoqué dans mes autres livres. Disons seulement que, par rapport à l'animal qui est déterminé par la nature, la situation de l'être humain est inverse. Il est par excellence indétermination : la nature lui est si peu un guide, nous dit Rousseau, qu'il s'en écarte parfois au point de se donner la mort. L'homme est assez libre pour en mourir, et sa liberté, à la différence de ce que pensaient les Anciens, renferme la possibilité du mal. *Optima video, deteriora sequor*. Voyant le bien, il peut choisir le pire : telle est la formule de cet être d'antinature. Son *humanitas* réside ainsi dans sa liberté, dans le fait qu'il n'a pas de définition, que sa nature est de ne pas être prisonnier d'une catégorie, de posséder la capacité de s'arracher à tout code où l'on prétendrait l'enfermer. Ou encore : son essence est de ne pas avoir d'essence.

Je n'entends nullement, par ces quelques remarques, porter un jugement global sur la biologie ou sur les sciences humaines : ce serait à l'évidence absurde. On sait qu'elles sont traversées par de nombreux clivages, que la sociologie, par exemple, peut accorder aux « acteurs » des statuts si différents qu'ils en deviennent carrément contradictoires, les uns, je pense par exemple à Touraine, y voyant des sujets authentiques, les autres, de pauvres choses de part en part déterminées par les « conditions sociales de production ou de reproduction ». Je ferai seulement observer qu'en un paradoxe, parfois souligné par certains commentateurs, toute une partie des sciences sociales a repris sans le savoir ni le vouloir l'héritage du romantisme le plus réactionnaire. En faisant, au nom de la science, de notre histoire notre code, elles ont redonné vie à l'idée selon laquelle *nos traditions pensent en nous*. On se souvient peut-être que Barrès aimait à citer cette phrase de Nietzsche : « *Es denkt in mir* », « Cela pense en moi », pour souligner combien la prétention moderne à la liberté était absurde. Et le « cela » qui pense en moi, bien sûr, c'était la tradition, notamment nationale. Combien de sociologues et de psychanalystes, jusqu'à Lacan lui-même, il est vrai maurrassien de longue date, n'ont-ils pas repris à leur compte l'idée qu'un inconscient parle en nous, que « ça parle » ? Ils ont été très largement remis en question. Le marxisme aussi. Mais la biologie, elle, est une science « dure ». Avec son nouveau naturalisme, ne risque-t-elle pas de reconduire les déviations idéologiques les plus funestes ? Pour mesurer l'ampleur de la question, il faut encore en saisir les connotations politiques exactes. Elles sont moins triviales qu'on ne le pense d'ordinaire.

Pourquoi l'inné paraît de droite et l'acquis de gauche...

De fait, les partisans de la « nature » ont toujours été plus ou moins associés chez nous à l'extrême droite politique. On se souvient, à cet égard, des inénarrables polémiques qui ont opposé dans les années soixante-dix le professeur Debray-Ritzen, symbole vivant de l'innéisme, aux psychanalystes partisans de l'acquis sur la question des causes de la dyslexie ou de l'arriération mentale. Par-delà la crainte de voir certains individus « étiquetés » pour toujours, enfermés dans des catégories nosographiques rigides et, par là même, « marginalisés », c'est un thème politique majeur de notre histoire démocratique que la problématique de l'inné et de l'acquis venait heurter de plein fouet. Car l'innéisme, pour nous, est d'abord associé au souvenir du nazisme et du fascisme. Et il ne l'est pas seulement en raison des politiques « eugénistes » qui furent menées dans les régimes totalitaires en vertu des théories biologiques « naturalistes » et racistes qui les fondaient. Au-delà de cette évidence, c'est plus profondément encore aux structures mentales aristocratiques héritées de l'Ancien Régime que renvoie l'innéisme dans notre histoire politique. C'est dans le monde aristocratique que l'on considère certains individus comme étant *par nature*, de naissance, meilleurs ou moins bons que d'autres, élus ou tarés. Face au féodalisme, la Révolution française abolit les privilèges. Elle affirme l'égalité de droit, et c'est par rapport à cette affirmation que l'inégalité de fait commence à faire problème. Au fantasme d'une origine aristocratique des thèses innéistes s'est donc associée dans la période de l'après-guerre l'idée qu'elles pouvaient avoir partie liée avec les idéologies fascistes. À la droite réactionnaire s'ajoutait ainsi la droite extrême : on comprend que dans ce contexte les biologistes éprouvent quelques difficultés à faire part de découvertes qui plaident en faveur d'une détermination génétique de certains comportements. D'où, la plupart du temps, leur prudence et leur louable souci d'insister, au demeurant à juste titre, sur le caractère extraordinairement complexe des multiples causalités en jeu dans les caractères humains.

Extrême droite et extrême gauche historicistes et naturalistes : ressemblances et différences

Pour l'une comme pour l'autre aujourd'hui, il semble que les propositions selon lesquelles l'histoire/la nature est notre code ne fassent plus de doute : dans les deux cas, la liberté au sens de Rousseau et Kant (au sens des Lumières) devient une pure illusion de même qu'avec elle toute forme de transcendance. On s'est souvent demandé, pour les raisons que j'ai indiquées plus haut, mais aussi, comme toujours, par esprit partisan et polémique, si le projet de la sociobiologie était « fasciste ». Et beaucoup de bons esprits ont répondu, hâtivement, par l'affirmative. Bien des biologistes ont donc dû, en France, se démarquer haut et fort de la sociobiologie, même lorsque, secrètement, ils partageaient l'essentiel de ses thèmes et de ses thèses. C'est la réalité, et il faut commencer à la dire. Combien de fois n'ai-je pas entendu dire à propos de Changeux lui-même qu'il reprenait, sans en avoir conscience, des thèmes « fascistes » ? C'est absurde, bien sûr, mais on voit la pente qui conduit à ce genre d'anathème. Si l'on veut aller plus loin et y voir plus clair, il faut s'arrêter un instant encore sur les différences qui séparent irrémédiablement un naturalisme et un historicisme d'extrême droite d'un naturalisme et d'un historicisme à prétention démocratique.

La différence fondamentale, celle dont toutes les autres

dérivent, est assez facile à repérer : pour la tradition de l'extrême droite, les différences historiques (= culturelles) et naturelles sont *irréductibles*. L'histoire de la nature, comme celle de la culture, ne conduit pas, ne doit pas conduire vers l'universalisme mais au contraire préserver jalousement toutes les formes de diversité. C'est dans cette optique que les nazis ne cessent de faire l'éloge de la diversité biologique et culturelle, qu'ils protègent en Afrique (ou affectent de protéger) les *Naturvolker*, les « peuples indigènes », et dénoncent les méfaits de la colonisation/assimilation républicaine à la française (c'est ce que j'ai montré, textes à l'appui, dans *Le Nouvel Ordre écologique*). Pour la gauche marxienne, au contraire, même si la diversité doit être à un certain niveau préservée (et encore, chez Marx, on aurait peine à trouver cette idée), l'universalisme reste malgré tout l'horizon à la fois nécessaire et souhaitable de l'histoire et de la nature.

C'est là aussi ce qui apparaît en toute clarté dans le projet de Jean-Pierre Changeux, auquel renvoie, dans le contexte français, le thème qui nous réunit aujourd'hui. Fonder l'éthique dans la nature, c'est plaider (pour autant que la nature en ait besoin, car après tout, si elle est nature, ne pourrait-elle pas se passer de toutes les plaidoiries ?) pour l'universalisme, puisque l'infrastructure génétique est en son fond plus ou moins identique chez tous les individus. À la limite, ce qui fait problème, ce n'est pas l'universalisme, mais le relativisme des cultures et des comportements moraux : comment en rendre raison si la nature humaine est essentiellement Une ? Ne faut-il pas relativiser le relativisme ? C'est là, si je la comprends bien, la position fondamentale de Changeux. On la trouvera par exemple, en filigrane, dans un très intéressant article qu'il consacre dans la revue *Commentaire* (automne 1995) au « Point de vue d'un biologiste sur les fondements naturels de l'éthique ».

On pourrait dire que ce « point de vue » se décompose en trois temps :

– D'abord, le biologiste repère dans la « nature humaine », c'est-à-dire, pour faire court, dans le cerveau humain, des « prédispositions » à la moralité : la capacité d'attribuer des pensées à autrui (qui permettra, plus tard, de le « comprendre » au sens moral du terme, d'éprouver de la sympathie), des inhibiteurs de violence, une volonté de persévérer dans son être qui évitera l'autodestruction de l'espèce, un désir d'atténuer les souffrances, de rechercher une certaine harmonie, voire une coopération : toutes ces prédispositions naturelles se localiseraient dans le cerveau et fonderaient la possibilité de la sociabilité et de la morale. Elles seraient communes à l'espèce humaine, de sorte qu'à l'origine on pourrait dire que c'est l'universalisme qui prédomine.

– Le relativisme apparaît, si l'on me permet la métaphore, comme une « chute », au sens biblique du terme : il représente le moment de l'incarnation, le passage de la morale (universelle) à l'« éthique [1] » (relative à chaque culture), l'apparition des différences, des oppositions et des conflits. Deux facteurs sont incriminés par Changeux : les religions, qui nient « l'auto-institution », l'autonomie des êtres humains en leur faisant croire que leurs valeurs viennent d'ailleurs, d'en haut ; les communautarismes culturels, qui les isolent indûment et conduisent à l'émergence des tensions.

– Après la chute, la rédemption, après la religion, la science : c'est elle qui devrait nous permettre de renouer, mais de façon développée et riche, avec l'universalisme moral de nos origines. La science est universelle, comme la vraie morale, qui se moque des éthiques et des religions particulières ! C'est pourquoi Changeux, et je le retrouve ici sans peine, plaide avec force non seulement pour une morale universaliste, mais pour une éthique de l'argumentation et de la discussion.

Tout le problème, pour moi, c'est de savoir si un tel projet, en rejetant le caractère *absolu* de la différence entre nature et culture, en occultant ainsi, comme tout matérialisme cohérent, l'hypothèse même de la liberté humaine qui suppose une discontinuité réelle avec la nature, peut véritablement se retrouver dans une « éthique de la discussion ». Car celle-ci ne peut faire l'économie de la liberté entendue comme possibilité de s'arracher, ne fût-ce que par moments, ne fût-ce qu'en idée, aux déterminants naturels et sociaux : si j'argumentais toujours et nécessairement comme Français, issu de telle famille, appartenant à telle classe sociale, à tel sexe etc., je serais par définition pris dans les communautarismes naturels et ethniques. Et je serais incapable de m'élever au-dessus de ma condition pour accéder à une quelconque forme d'universalité. Bref, je ne pourrais pas être citoyen authentique d'une république réelle ou idéale.

Pour cerner l'ampleur du problème, il faut encore saisir les

1. Je prends ici le terme au sens que lui donne Jean-Pierre Changeux.

raisons pour lesquelles la majorité des biologistes s'engage aujourd'hui dans la voie d'une étude naturaliste non seulement de l'éthique, mais bien de l'ensemble des comportements humains.

Y a-t-il une hérédité des comportements ?

Le 29 novembre 1996 paraissait dans la revue américaine *Science* une étude de Klaus Peter Lesch, professeur de neurologie à l'université de Würzburg, relatant une étonnante découverte : son équipe de chercheurs aurait mis au jour une origine génétique de certaines formes graves d'anxiété névrotique. Ces dernières seraient dues à de petites différentes entre les gènes (les allèles), semblables à celles qui expliquent par exemple la couleur des cheveux ou des yeux. Dans son principe, le mécanisme par lequel l'anxiété serait engendrée serait même assez simple : les allèles longs produiraient davantage d'une substance, la sérotonine, dont on sait aujourd'hui qu'elle est impliquée de manière décisive dans les processus chimiques qui influent sur le cerveau. Les courts en fabriqueraient moins, et les individus qui en sont porteurs seraient ainsi beaucoup plus exposés que les autres à de sévères crises d'anxiété. Ce qui, d'un point de vue strictement scientifique, frappe dans cette étude, hors la rigueur avec laquelle elle a été conduite (sur un groupe significatif de cinq cents personnes), c'est le fait qu'elle prétende pour une fois dépasser de loin le stade des simples corrélations statistiques. En identifiant la région chromosomique responsable, c'est bien à l'origine génétique de certains comportements jusqu'alors tenus par beaucoup de psychologues comme exclusivement psychiques qu'elle prétend remonter : non seulement les gènes en question ont été identifiés, mais les motifs pour lesquels ils agissent sur notre vie affective commencent, comme on vient de le suggérer, à être partiellement compréhensibles.

On imagine sans peine les conséquences que pourrait avoir une telle découverte si elle venait à être confirmée – et pourquoi pas ? – par d'autres équipes : comme l'a déclaré le professeur David Goldman, du National Institute of Health, « ce qui est très excitant dans cette enquête, c'est que toute une série de maladies mentales relèvent de ce même domaine de comportement » et pourraient ainsi trouver une explication scientifique analogue. Il existe par ailleurs de vastes programmes de recherches destinés à établir la carte du génome humain, donc à identifier tous les gènes qui le composent de sorte qu'un jour prochain il devrait être possible d'établir sans cesse davantage de relations entre nos comportements affectifs visibles et notre « infrastructure » génétique. C'est là, du reste, une conviction que partagent la plupart des biologistes. Voici, à titre d'exemple, ce que déclarait récemment Axel Kahn, directeur de recherches à l'I.N.S.E.R.M. (Institut national de la santé et de la recherche médicale), membre de notre Comité national d'éthique ainsi que de l'Académie des sciences : « Parler de déterminisme génétique étroit d'un comportement humain n'a pas de sens (en raison de la complexité des interactions en jeu). Cependant, il est possible que la structure génétique influe, toutes choses égales par ailleurs, sur un comportement... On connaît de nombreuses maladies dont les gènes ont été identifiés et qui perturbent gravement le fonctionnement cérébral. L'autisme a été un champ de discordes particulièrement vives entre neuropsychiatres « organicistes » et psychanalystes. Les seconds ont très longtemps attribué de nombreuses formes d'autisme à une mauvaise qualité de la relation entre la mère et l'enfant, culpabilisant ainsi gravement des milliers de femmes. Or on sait aujourd'hui que cette explication n'est retenue par aucune enquête sérieuse. En revanche, il existe un taux de concordance de 80 p. 100 dans l'apparition d'un autisme chez les vrais jumeaux alors que des frères et sœurs ou des faux jumeaux ne présentent pas cette concordance... Par conséquent il n'est plus scandaleux aujourd'hui de considérer que l'autisme a des bases organiques, peut-être génétiques dans certains cas » (*Le Savant et le politique aujourd'hui*, éd. Albin Michel).

Jacques Ruffié, professeur au Collège de France, parvient à des conclusions analogues en ce qui concerne les recherches sur la schizophrénie : « Il existe des familles de schizophrènes comme des familles de maniaco-dépressifs. » Sans doute, diront les partisans de l' « acquis », mais cela ne prouve en rien que la schizophrénie soit « innée », mais plutôt, comme le veut la psychanalyse, qu'elle est liée à l'éducation. Réponse de Ruffié :

« Si la fréquence des schizophrénies, toutes formes confondues, est de l'ordre de 1 à 3 p. 100 dans la population prise au hasard, elle peut être dix à cent fois plus forte chez les apparentés de patients au premier degré. En outre, la fréquence observée est quatre fois plus élevée chez les jumeaux vrais que chez les faux. Et les études faites sur les enfants adoptés qui présentent une schizophrénie montrent fréquemment que l'un ou l'autre de leurs parents biologiques était souvent atteint (28 p. 100) » (*Naissance de la médecine prédictive*, éd. Odile Jacob, 1993, p. 457).

Sur ces questions, à n'en pas douter, Kahn et Ruffié expriment le point de vue de la majorité des biologistes [1]. Ce point de vue, toutefois, ne se dit pas volontiers en public tant il redoute de se heurter à la réprobation morale des partisans de « l'acquis ».

C'est donc souvent à l'insu du commun des mortels que se développe une nouvelle discipline, la « génétique des comportements », qui entend dévoiler d'éventuels déterminismes dissimulés derrière nos modes de vie. De vastes entreprises de recherche, qui eussent semblé farfelues ou sacrilèges il y a vingt ans encore, sont ainsi consacrées aux origines de l'homosexualité, de l'intelligence, de l'agressivité, de l'alcoolisme, de la schizophrénie ou de la dépression. Cette dernière, par exemple, fait aujourd'hui l'objet d'un gigantesque programme (portant sur le génome d'un millier de malades) placé sous l'égide de la Fondation européenne pour la science. Les retombées de ces études théoriques pourraient être d'une importance primordiale. Dans tous les cas, elles soulèvent des questions philosophiques d'une ampleur inédite. Trois d'entre elles méritent dès aujourd'hui d'être clarifiées, quels que soient l'issue de ces recherches et le parti pris éthico-politique que l'on adoptera.

La génétique des comportements signe-t-elle la fin de la responsabilité et de la liberté humaines ?

C'est là une crainte qui semble a priori tout à fait légitime : dire qu'un comportement, quel qu'il soit, est « déterminé » par une origine héréditaire, n'est-ce pas, en effet, se défausser sur la

1. En témoigne encore, parmi de nombreux exemples, le récent livre de Philippe Meyer, *L'Illusion nécessaire. Biophilosophie 1*, éd. Plon-Flammarion, auquel j'emprunte la citation de Ruffié. Il est significatif que cet ouvrage reprenne la matière d'un cours destiné aux étudiants en médecine. On lira aussi avec profit la *Biologie des passions*, de Jean-Didier Vincent.

nature de ce que l'on considérait jadis appartenir à la sphère de la responsabilité humaine ? La question, d'ailleurs, n'est pas simplement théorique. On se souvient peut-être qu'en 1965 des recherches menées sur une éventuelle origine génétique de l'agressivité avaient conduit certains chercheurs à émettre l'hypothèse (farfelue en vérité) d'un « chromosome du crime ». On avait de fait trouvé, chez certains débiles mentaux ayant fait preuve de violence, une anomalie des chromosomes sexuels – XYY au lieu de XY... Des avocats s'empressèrent aussitôt de demander l'acquittement des criminels porteurs de cette particularité au motif qu'ils n'étaient pas responsables de leur lourde hérédité ! On perçoit comment l'argument de ces plaidoiries pourrait s'étendre à toutes nos actions si l'on devait considérer, comme nous y invitent certains biologistes, qu'elles sont de part en part commandées, voire « programmées » par notre code génétique...

Dire qu'il y a des « familles » de schizophrènes, de dépressifs ou d'alcooliques, n'est-ce pas favoriser à terme le retour de dérives eugénistes ?

C'est bien, en effet, sur le plan éthique et philosophique que ce type de recherche fait d'abord problème : la schizophrénie, l'alcoolisme ou la dépression ne sont-ils pas, comme tout ce qui appartient à la vie de l'esprit, avant tout déterminés par l'histoire individuelle et familiale ? Dire qu'ils seraient innés, naturels, n'est-ce pas revenir à l'idée ancienne qu'il existerait des « déviants » par nature et, lâchons le mot, des familles de « tarés » ? Au reste, que veut-on montrer au juste ? Que les alcooliques, les violents, les anxieux ou les homosexuels constituent une « catégorie à part », que leur comportement n'est pas l'effet d'une histoire, mais d'un destin génétique irréversible ? De là à réaffirmer qu'ils sont des pervers, comme on disait jadis, il n'y a qu'un pas, singulièrement régressif et réactionnaire. Sans compter les risques politiques de telles assertions : ne va-t-on pas se mettre à examiner l'A.D.N. d'un individu avant de le recruter, voire se mettre à tester les embryons pour éliminer ceux qui seraient « marqués » ? On le voit, ici encore, une certaine appréhension semble a priori justifiée.

La victoire du « biologisme » ne signifierait-elle pas une régression par rapport aux enseignements des sciences humaines depuis vingt-cinq ans ?

Par-delà la peur ou le fantasme d'une résurgence des projets totalitaires, la génétique contemporaine se heurte encore à d'autres tabous, issus de sa concurrence objective avec les sciences humaines. Reposant sur le postulat que l'histoire individuelle (psychanalyse) ou sociale (sociologie) déterminerait nos comportements, ces disciplines, qui ont suscité tous les espoirs dans les années soixante, voient d'un fort mauvais œil l'idée qu'on pourrait diminuer la part de l'acquis au profit de l'inné. C'est un peu comme si on venait leur ôter le pain de la bouche, les priver de ce fameux « terrain » sur lequel elles prospèrent, tant bien que mal, depuis trente ans. Telle est la raison pour laquelle la génétique des comportements n'a guère meilleure presse auprès des psychologues que la sociobiologie auprès des sociologues. L'argument qu'on leur oppose est bien connu : l'innéisme ne serait pas seulement faux scientifiquement, il serait d'abord et avant tout, pour des raisons que j'ai déjà suggérées, une idéologie politiquement inacceptable, parce que marquée par l'extrême droite. À l'heure où les clivages qui opposaient il y a peu encore la droite et la gauche ont pour ainsi dire disparu, il n'est pas exagéré d'affirmer que cette antinomie reste pratiquement la seule à posséder aujourd'hui encore une valeur réellement discriminante entre les deux anciens camps.

Pour bien saisir les enjeux nouveaux de ces discussions déjà anciennes et pour tenter de se faire enfin une opinion dépassionnée et raisonnable, il faut bien comprendre qu'il existe en vérité sur les rapports de l'inné et de l'acquis, de la nature et de l'histoire, trois grandes positions possibles.

Trois prises de position sur les rapports de l'inné et de l'acquis

D'abord ce qu'on appellera le « tout inné ». C'est la tendance, si l'on ose dire, naturelle de la sociobiologie. Elle consiste à postuler que le fond héréditaire de l'éthique et de la culture est plus fort que l'acquis dû aux multiples influences des divers milieux dans lesquels nous baignons en permanence. Sous ses formes les plus dures, la sociobiologie tend à considérer, comme je l'ai dit plus haut, que pour l'essentiel la culture et l'histoire elles-mêmes sont des prolongements de la nature. Une difficulté, comme je l'ai suggéré, est liée au fait que l'idéologie du « tout inné », jadis apanage de l'extrême droite, trouve aujourd'hui de nouveaux partisans chez des « matérialistes », souvent héritiers du marxisme : l'idée qu'il existerait des fondements naturels de l'éthique ou de la culture est loin d'être aussi discriminante sur le plan politique qu'elle l'était encore dans les années soixante-dix. La thèse vaut bien sûr pour certaines de nos caractéristiques les plus élémentaires. Elle est vraie, par exemple, pour les groupes sanguins, qui semblent, en effet, purement déterminés par les données génétiques. Mais cela vaut-il de la même façon pour l'intelligence ou l'anxiété, voire pour tous nos comportements ? À l'évidence, l'excès d'une telle assertion ne s'explique que par l'idéologie : même ceux qui pensent aujourd'hui que la schizophrénie est *largement* d'origine « naturelle » doivent bien en convenir : si le naturel déterminait tout, ce n'est pas 50 ou 80 p. 100 de corrélation que l'on devrait trouver entre les vrais jumeaux, mais bien 100 p. 100.

À l'opposé de l'innéisme radical on rencontre bien entendu les partisans du « tout acquis » : aussi absurde que cela puisse paraître, la thèse a bien existé. Elle était même dominante autour de 68, dans les départements de lettres et sciences humaines. Pas de « masculinité » ni de « féminité », aucune trace d'instinct maternel, aucune origine biologique de l'intelligence, voire des désirs, n'était admise au nom du tout historique, social et culturel : ce fut, comme on sait, l'une des grandes « avancées » théoriques du gauchisme culturel relayé par quelques historiens et une poignée de philosophes dont les noms étaient alors sur toutes les lèvres. Faut-il encore prendre le temps de réfuter une opinion lors même qu'elle s'est effondrée sous le poids de sa propre absurdité ?

Une troisième position s'impose aujourd'hui : celle qui consiste, c'est l'évidence à défaut d'originalité, à poser que nos comportements sont l'effet d'une interaction, sans doute infiniment complexe, entre notre nature héréditaire et les milieux qui nous entourent. La « motion de synthèse » semble avoir le sens commun pour elle et chacun s'y rallie volontiers : elle a l'avantage d'éviter les arêtes et les connotations politico-idéologiques. L'ennui, cependant, c'est que, comme toute motion de synthèse, celle-ci est une véritable auberge espagnole : on y apporte très exactement ce que l'on veut, les partisans de l'inné et ceux de l'acquis continuant, sous la belle apparence du consensus, à défendre leurs anciennes options avec, simplement, un peu moins de vigueur et de netteté. Du Club de l'Horloge à l'antiracisme le mieux pensant, le discours que l'« interaction-complexe-entre-la-nature-héritée-et-le-milieu-environnant », entre le « terrain » originaire et les histoires particulières est, à la virgule près, le même... avec des contenus pourtant, on s'en doute, parfaitement contradictoires !

Mais une autre difficulté, plus subtile et beaucoup plus redoutable, vient corrompre ce ronron si satisfaisant. On croit souvent, en effet, qu'en ajoutant à la « part » de nature innée une pincée (ou une louchée) de « milieu » (d'acquis, d'histoire, de culture : peu importent les termes, ici équivalents), on rétablit la liberté et la responsabilité humaines dans leurs droits bafoués par l'innéisme droitier ou matérialiste. Grave erreur. Le plus souvent, on ajoute en vérité un déterminisme à un autre : il y a beau temps que la culture, c'est vrai depuis les romantiques, a été conçue, sur le modèle de la « race », comme une structure déterminante qui emprisonne littéralement les individus. La psychanalyse freudienne orthodoxe et le marxisme se sont contentés de parachever le diagnostic : notre histoire, contrairement à ce que pensaient Rousseau et ses disciples « idéalistes », est bien notre code. Elle nous « tient » tout autant que la nature héritée, sinon plus. Les avocats, qui lorsqu'ils veulent sauver un coupable doivent se faire hostiles à l'idée même de responsabilité, disposent donc désormais de deux discours au lieu d'un : pour les criminels riches, on leur conseillera de plaider la part de l'inné, pour les pauvres celle de l'acquis et, pour tout le reste, le poids déterminant d'une interaction complexe, certes, mais d'autant plus fatale...

Une solution possible : distinguer enfin « situation » et « détermination »

Une « situation » peut-être, on vient de le suggérer, aussi bien naturelle que social-historique : c'est ce qui fait, si l'on ose dire, notre lot de départ. Je suis né homme et non femme, avec tel génome, dans telle classe sociale, telle famille de France et non telle autre de Chine, etc. Je n'y puis rien et sur ces données initiales, qu'elles soient biologiques ou, au sens large, historiques, ma liberté n'a aucune prise. Est-elle pour autant réduite à néant comme le pensent les partisans, réactionnaires ou modernistes, biologistes ou psychosociologues, du « ça parle en moi » ? Non, si l'on refuse de confondre, comme ils le font sans cesse, situation et détermination : ma liberté n'est pas anéantie par les situations, plus ou moins contraignantes, en effet, dans lesquelles je suis toujours pris. C'est au contraire par rapport à elles qu'elle se détermine. Encore faut-il, pour l'admettre, ne pas réduire l'homme à sa nature ou à son histoire. D'où l'urgence d'une critique enfin solide, elle-même non réductrice, du réductionnisme. Elle seule permettra de répondre de manière claire et positive aux trois questions que l'on a ici soulevées : oui, on peut reconnaître la part de l'inné et faire droit aux découvertes de la génétique sans nier la liberté et la responsabilité humaine ni viser je ne sais quel eugénisme en même temps que la mort des sciences humaines ! Au lieu de dissimuler par tous les moyens ce qui serait censé gêner l'égalitarisme démocratique, il vaudrait mieux, en effet, se donner la peine de penser démocratiquement d'éventuelles inégalités. Car la seule question qui vaille est la suivante : quelle devrait être l'attitude d'un démocrate s'il s'avérait que nos comportements étaient, en effet, plus fortement déterminés que nous ne le pensions par des données naturelles incontournables ? La question, du reste, se pose très concrètement, par exemple dans le cas de certains pervers sexuels, violeurs d'enfants en particulier, dont la plupart des biologistes ont quelques raisons solides de penser qu'ils sont par « nature » voués à la récidive. Il faut, au lieu de refuser les faits, garder à l'esprit que la démocratie tient plus par la vérité, quelle qu'elle soit, que par l'organisation de mensonges, fussent-ils pieux. Cessons donc de mentir à des Billancourt imaginaires pour ne pas les désespérer et tâchons d'accepter enfin ceci : ce qui est démocratique, ce n'est pas l'affirmation dogmatique d'une égalité factuelle entre les hommes, ni son corollaire, la négation d'éventuelles inégalités de nature. Mais c'est le fait que cette inégalité, fût-elle avérée, ne se traduit pas par l'attribution a priori de privilèges juridiques ou politiques, parce que la dignité de l'être humain est une donnée morale et non matérielle.

Neurobiologie et philosophie

Y a-t-il des fondements naturels de l'éthique ?

André Comte-Sponville

Dans l'expression « les fondements naturels de l'éthique », ce n'est pas le mot « naturels » qui me fait problème, c'est le mot « fondements ». Car que l'éthique, de mon point de vue, soit naturelle, il le faut bien. J'ai rappelé, dans notre premier chapitre, que le matérialisme est avant tout un naturalisme : les mots « surnaturel » ou « hors nature » sont pour moi vides de sens, ou plutôt sans objet. La nature est le tout du réel. Parce que la culture n'existe pas ? Bien sûr que non. Mais parce que la culture, comme dit Lévi-Strauss, fait partie de la nature. Comment serait-elle autrement possible ? Comment serait-elle autrement réelle ? Aucune œuvre d'art, jamais, n'a violé la moindre loi naturelle. Aucun cerveau jamais n'a cessé d'obéir aux lois de la biologie, ni les atomes qui le composent aux lois de la physique. Mozart n'est pas un empire dans un empire : c'est un être vivant, c'est un être matériel, c'est un être naturel ! Qu'il soit aussi culturel, social, historique, c'est une évidence ; mais cette évidence n'infirme pas sa naturalité, puisqu'elle la suppose. Un être culturel, c'est un être naturel transformé ; c'est donc un être naturel, et qui le demeure. Cela vaut aussi pour l'éthique : elle est naturelle ou elle n'est pas. Elle est donc naturelle (l'existence de fait de l'éthique est une donnée empiriquement constatable), et, loin que cela doive l'annuler ou la compromettre, c'est ce qui lui permet d'exister.

Mais à quoi bon, alors, vouloir la fonder ? J'aime assez la formule de Lévy-Bruhl, si mes souvenirs sont exacts, qui disait que « la morale n'a pas plus besoin d'être fondée que le Mont-Blanc ». C'était prendre en compte son poids de réalité. J'ajouterais volontiers : la morale n'a pas plus besoin d'être fondée que la musique, les mathématiques ou la politique, qui sont tout aussi réelles – tout aussi naturelles, tout aussi culturelles –, et dont l'absence de fondement n'a jamais empêché le développement ni annulé la valeur. Laissons de côté la politique, sur laquelle nous reviendrons dans un autre chapitre. Que la musique et les mathématiques fassent partie de la nature, c'est pour moi une évidence, puisque le cerveau humain, qui les pense ou les crée, en fait partie. Mais en quoi cela leur tient-il lieu de fondement ? Comment un cerveau pourrait-il fonder quoi que ce soit ? Et pourquoi serait-ce plus grave pour la morale que pour tout autre système normatif ?

On m'objectera que nul n'est tenu de faire des mathématiques ou de la musique, alors que la morale s'impose, elle, à tout homme. Je répondrai qu'elle ne s'impose à lui que s'il veut être moral, et qu'il en va de même des lois mathématiques ou, s'il y en a, musicales : elles s'imposent à tout homme qui veut faire des mathématiques ou de la musique, mais ne sauraient imposer, bien sûr, qu'on en fasse. Comment démontrer mathématiquement qu'il faut faire des mathématiques ? Musicalement, qu'il faut faire de la musique ? Comment imposer une morale à celui qui n'en aurait pas ? Comment lui démontrer qu'il a tort ? Toute démonstration suppose des principes, qui ne peuvent être démontrés. On ne peut donc faire une démonstration mathématique qu'à l'intérieur des mathématiques, une démonstration morale (si tant est que ce soit possible) qu'à l'intérieur de la morale, et c'est ce qui interdit, me semble-t-il, de les fonder : puisque toute démonstration, les concernant, les suppose. On n'échappe pas à la régression infinie ou au cercle, ou plutôt on n'y échappe qu'en renonçant au fondement. Voyez Montaigne et Gödel. La chose paraît d'ailleurs sans gravité. Avez-vous besoin de fonder les mathématiques ou la musique pour les aimer ? pour y croire ? pour en faire ? Leur existence de fait, leur cohérence, leur réussite nous suffisent. Pourquoi faudrait-il fonder dans l'absolu ce dont la relativité nous comble ou nous satisfait ? Et comment le pourrait-on, puisque l'absolu, par définition, est hors d'atteinte ? Je ne vois pas qu'il en aille différemment en matière de morale. Ai-je besoin de fonder les mathématiques pour calculer ce que je dois au percepteur ? de fonder la musique pour savoir ce que je dois à Mozart ? de fonder la morale pour savoir ce que je dois à tout homme ?

Et que penseriez-vous, inversement, du tortionnaire pris sur le fait, qui vous dirait tranquillement : « Si j'avais un fondement pour la morale, croyez bien que je ne torturerais pas ; mais, dès lors que ce fondement fait défaut, vous ne pouvez rien me reprocher... » Nous savons bien que ce n'est pas vrai, que nos reproches ne dépendent pas d'un *fondement* (sur lequel beaucoup ne se sont jamais interrogés et dont aucun ne fait l'unanimité), mais d'un refus, à la fois intellectuel et affectif, de l'horreur. « Il s'agit de dire au moins non [1] », et aucun fondement n'y suffit ni n'en dispense.

La question du fondement de la morale est une question philosophique, l'une des plus difficiles, l'une des plus débattues. Comment imaginer que la morale en dépende ? Lequel d'entre nous attend d'être éclairé sur ce point pour s'interdire le pire, ou pour faire, parfois, un peu de bien ? Aucun, selon toute vraisemblance. La conscience suffit. Le cœur suffit. Ou plutôt ils ne suffisent pas (on a aussi besoin d'intelligence, de lucidité, de règles...), mais n'ont que faire d'être fondés. Pas besoin d'un fondement pour être doux, compatissant, généreux. Et qu'importe le fondement au salaud ?

Mais si vous ne fondez pas la morale, m'objecte-t-on, vous ne pourrez pas sortir de la pluralité de fait des différentes morales particulières : chacun pourra se réclamer de sa propre morale pour justifier ses actes ou condamner ceux de ses adversaires, et nous n'aurons aucun moyen, en cas de désaccord, de démontrer, au sens fort du terme, qui a raison ou tort. J'accorde ce point. Mais n'est-ce pas en effet ce qui se passe ? Voyez nos débats sur l'avortement, sur la peine de mort, sur l'euthanasie, ou aussi bien, même s'ils sont quelque peu passés de mode, sur la propriété privée, sur le patriotisme, sur la sexualité hors mariage ou hors normes... Que chacun puisse se réclamer d'une morale contre d'autres morales, c'est un fait avéré. Dès lors, m'opposer la pluralité des morales particulières ou collectives, qu'est-ce d'autre que m'opposer – la figure est singulière – le réel même qui me donne raison ?

Mais alors, continue-t-on, nous ne pouvons nous réclamer d'aucune morale universelle ou absolue, ni donc donner tort au nazi qui massacre ou torture au nom de *sa* morale [2]. Lui donner

1. Marc Wetzel, « L'avenir de la morale », in *Cahiers philosophiques*, n° 7, juin 1981, p. 33.

2. Ce sont des objections que m'a faites bien souvent Marcel Conche, que ce soit oralement ou par écrit : voir par exemple son livre sur *Le Fondement de la morale*, rééd. P.U.F., 1993, avant-propos de la seconde édition, et son *Montaigne et la philosophie*, rééd. P.U.F., 1996, avant-propos. Je lui ai répondu (à propos de Montaigne mais aussi sur le fond) dans *Valeur et vérité*, *op. cit.*, p. 101 à 104.

tort, si : du point de vue de notre morale à nous, et en vérité de la morale commune, telle qu'elle s'est historiquement constituée à partir des grandes traditions spirituelles ou philosophiques (qui ne voit qu'entre Socrate, Jésus, Mahomet et le Bouddha il y a, moralement, davantage de convergences que de divergences ?) et plus récemment autour de ce qu'on appelle aujourd'hui les droits de l'homme. Une morale universelle ? Disons qu'elle est universalisable, en droit, et tend, en fait, à une universalisation croissante [1]. Elle n'en demeure pas moins relative, et multiplement relative (à une certaine espèce vivante, *Homo sapiens*, à certaines sociétés, à une certaine époque, à une certaine histoire...), et c'est en quoi nous n'aurons en effet aucun moyen de démontrer à notre nazi qu'il a tort, moralement, de l'être, s'il ne nous accorde aucune des valeurs qui sont les nôtres. Mais comment une telle démonstration serait-elle possible ? Et pourquoi en aurions-nous besoin ? Contre les nazis, je crois moins aux démonstrations qu'au combat et au courage.

Pourquoi la nature serait-elle bonne ?

Qu'est-ce qu'un fondement ? Ce n'est ni un principe, explique Marcel Conche, ni une cause, ni une origine [2].

Le principe est le point de départ d'une déduction. Mais comment, sans fondement, choisir entre les différents principes disponibles et parfois contradictoires ? Le fondement n'est pas un principe, mais « la justification radicale [3] » des principes eux-mêmes.

La cause explique un fait. Mais comment, sans fondement, passer du fait à la norme, du descriptif au prescriptif ? Le fondement n'est pas ce qui explique des faits, mais ce qui « établit le droit [4] » : il ne dit pas ce qui est, mais ce qui *doit* être.

L'origine, enfin, rend raison d'un devenir : c'est comme une

1. Sur ces notions, voir mon article « L'universel, singulièrement », in *Valeur et vérité, op. cit.*, p. 243 à 261.

2. *Le Fondement de la morale, op. cit.*, introduction, II, p. 20 et suiv. J'ai repris cette analyse (en en tirant de tout autres conséquences) dans « Une morale sans fondement », in *La Société en quête de valeurs*, par J.-M. Besnier, D. Bourg et *al.*, Paris, Maxima, Laurent du Mesnil éditeur, 1996, p. 119 à 138.

3. Marcel Conche, *Le Fondement de la morale, op. cit.*, p. 20.

4. Id., *ibid.*, p. 21.

cause historique ou diachronique. Mais comment, sans fondement, passer de l'histoire à la valeur, de l'explication au commandement, de la genèse au devoir ? Le fondement n'explique pas ce qui se passe ; il permet de le juger absolument, au nom de quelque chose qui ne passe pas.

Si l'on m'accorde ces distinctions, ou plutôt si on les accorde à Marcel Conche, on comprendra que je ne puis guère trouver, dans la nature en général et dans la neurobiologie en particulier, quelque fondement que ce soit pour la morale qui est la nôtre. D'abord parce que la neurobiologie, comme toute science, suppose elle-même des principes, toujours relatifs et qui ne sauraient dès lors commander absolument. Ensuite, et surtout, parce qu'elle ne peut établir ou expliquer que des faits, et par d'autres faits : elle peut nous fournir, pour la morale, un certain nombre de *causes* ou d'*origines*, mais assurément pas un *fondement*. L'objection de Hume reste en effet entière, qui montre qu'on ne peut jamais passer de ce qui *est* (un fait) à ce qui *doit être* (une valeur absolue, un impératif). Vouloir fonder une morale sur la nature, c'est inévitablement tomber dans ce que Moore appelait le « sophisme naturaliste » (*naturalistic fallacy*). Vouloir fonder une morale sur les sciences, c'est tomber dans un sophisme scientiste. Pourquoi la nature serait-elle bonne ? Pourquoi la vérité serait-elle bonne ? Ce serait en faire des divinités, et c'est ce que le matérialisme refuse. La nature n'est soumise qu'à des causes (qu'à elle-même) : elle ne connaît ni valeurs ni devoirs. Une science ne connaît que des faits : elle parle toujours à l'indicatif, comme disait le mathématicien Henri Poincaré, jamais à l'impératif, et c'est ce qui lui interdit de tenir lieu de morale.

Imaginons, par exemple, que nos biologistes nous démontrent que notre cerveau ou nos gènes (ou celui-là par ceux-ci) sont programmés pour que nous soyons égoïstes, lâches, menteurs, cruels... Qu'est-ce que cela nous apprendrait sur la valeur morale de l'égoïsme, de la lâcheté, du mensonge ou de la cruauté ? Qu'est-ce que cela retirerait, inversement, à la valeur de la générosité, du courage, de la bonne foi, de la douceur ?

Cela me fait penser à ces débats ridicules qu'on entend parfois, dans les cafés, sur la moralité ou l'immoralité prétendues de l'homosexualité. L'un vous dit en substance : « L'homosexualité, ce n'est pas naturel », et il y voit une condamnation morale. L'autre lui objecte qu'on trouve des cas d'homosexualité chez les animaux, et qu'il faut donc que ce soit naturel : pourquoi, dès lors, la condamner ? C'est ne pas voir, dans les deux cas, que tout ce qui existe est naturel par définition. Mais quand bien même on ne m'accorderait pas ce point, je demande ce que la dimension naturelle ou non naturelle (au sens restreint : au sens où la nature s'oppose à la culture) de l'homosexualité change à sa valeur morale. Mon idée est bien sûr qu'elle n'y change rien. J'en veux pour preuve que nous n'avons pas besoin de savoir ce qu'il en est de cette naturalité – la question est discutée par les spécialistes – pour juger que l'homosexualité est moralement innocente, de même que nous n'avons pas besoin de savoir ce qu'il en est d'une éventuelle naturalité de la pédophilie pour la juger moralement condamnable. Quant aux bêtes, comment pourraient-elles nous enseigner une morale qu'elles ignorent ? Il se peut que la guerre soit une spécificité humaine. Cela ne la rend pas moralement désirable, ni toujours condamnable. Prendre les animaux comme modèles d'une bonne nature (contre les perversions supposées de l'humanité ou de la civilisation), ce serait nous vouer à une vie bestiale. Est-ce cela que l'on veut ? Les prendre comme modèles d'une mauvaise nature, dont il faudrait toujours s'arracher, ce serait nous vouer à un angélisme absurde et mortifère, qui serait aussi dangereux et peut-être davantage. L'homme n'est ni ange ni bête ? Disons qu'il est bête d'abord, ou plutôt animal : c'est un animal capable de jugement, un animal socialisé, éduqué, civilisé, c'est un animal qui parle, qui raisonne, qui aime, et c'est ce qu'on appelle un être humain. La morale ne lui permet pas d'échapper à ses gènes. Mais comment ses gènes pourraient-ils suffire à sa morale ?

Les « bases naturelles » de l'éthique

Les positions de Jean-Pierre Changeux, là-dessus, me paraissent raisonnables. Qu'il y ait des « bases naturelles » et spécialement des « prédispositions neurales à l'éthique [1] », c'est une évidence (quelle éthique sans cerveau ?) ; mais ce n'est pas une raison pour méconnaître le rôle de la société, de la culture, de la

1. Jean-Pierre Changeux, *Matière à pensée* (en collaboration avec A. Cones), éd. Odile Jacob, 1989, p. 245. Voir aussi la communication d'A. R. Damasio, dans l'ouvrage collectif publié sous la direction de J.-P. Changeux, *Les Fondements naturels de l'éthique*, *op. cit.*, p. 121 à 137 (« Comprendre les fondements naturels des conventions sociales et de l'éthique, données neuronales »).

raison, bref, de l'homme et de sa marge de liberté, même génétiquement programmée, par rapport à quelque programme génétique que ce soit : l'homme n'est pas un insecte, ni le jouet passif de ses gènes [1]. L'analogie avec la langue est éclairante. Nul ne parlera si ses gènes ne l'y prédisposent (il y a évidemment des « prédispositions neurales » au langage) ; mais il ne parlera pas davantage si ces prédispositions ne sont nourries et actualisées, dans son enfance, par un « bain de paroles » qui suppose une certaine société, une certaine culture, une certaine histoire... « Les croyances et les règles morales se fixent parallèlement à l'acquisition de la langue maternelle, remarque Changeux, et selon des modalités, peut-être, analogues [2]. » Si tout langage est à la fois naturel (par ses « bases neurales ») et culturel (par l'acquisition d'une langue donnée), à la fois biologique et historique, génétique et social, il est vraisemblable qu'il en va de même pour la morale : que le cerveau de l'enfant, naturellement prédisposé à les recevoir, « s'imprègne des règles morales, comme du langage propre à l'environnement familial et culturel dans lequel il est élevé [3] ». Bref, le cerveau est évidemment la « base », comme dit Changeux, et du langage et de la morale. Pourquoi n'est-ce pas un fondement ? Parce que cela ne dit rien sur la valeur de telle ou telle langue, ni de telle ou telle morale. Parce que cela ne dit pas s'il faut parler, ni quand, ni ce qu'il faut dire, ni en quelle langue. Parce que cela ne dit pas ce qu'il faut faire, ni ce qu'il faut s'interdire.

On sait par exemple que la destruction de certaines zones du cerveau – spécialement une lésion du cortex préfrontal – peut faire perdre « le respect des conventions sociales et des règles morales antérieurement apprises, alors même que ni les fonctions intellectuelles fondamentales ni le langage ne semblent compromis [4] ».

1. Voir Jean-Pierre Changeux, *Matière à pensée, op. cit.*, p. 249-250. Même position raisonnable dans le bel article de Michael Ruse, « Une défense de l'éthique évolutionniste », *Les Fondements naturels de l'éthique*, p. 35 à 64 : « Il y a un niveau où, manifestement, les humains sont déterminés par leur environnement et par leurs gènes. Et pourtant, à un autre niveau, je voudrais dire que les humains possèdent clairement une dimension de liberté, que n'ont pas les fourmis » (p. 61).

2. Jean-Pierre Changeux, *Matière à pensée, op. cit.*, p. 247-248.

3. Id., *ibid.*, p. 248. Sur cette imprégnation et les avantages sélectifs qu'elle peut représenter, voir aussi la communication de J. H. Barkow, « Règles de conduite et conduite de l'évolution », dans *Les Fondements naturels de l'éthique, op. cit.*, p. 87 à 104.

4. Antonio R. Damasio, *L'Erreur de Descartes (La raison des émotions)*, trad. franç. éd. Odile Jacob, 1994, p. 28.

Qu'est-ce que cela prouve ? Que la morale dépend, entre autres choses, du cerveau. Et alors ? Elle dépend aussi de la société, de l'éducation, de l'histoire personnelle de chacun. Cela ne nous dit pas ce que valent cette histoire, cette éducation, cette société – ni ce cerveau. Quelle différence y a-t-il, d'un point de vue neurobiologique, entre le cerveau de Hitler et celui de Jean Moulin ? Des différences de fait, certes (ce sont deux cerveaux différents), mais seulement de fait. Comment fonder sur elles une différence de valeur ? Quand bien même on jugerait que l'un relève du normal et l'autre du pathologique, cela, moralement, ne prouverait rien : il y a des fous admirables et des salauds bien portants. La santé non plus ne tient pas lieu de morale.

L'évolution et la sélection naturelle : une théorie darwinienne de la morale ?

L'histoire naturelle ne nous en apprend pas beaucoup plus, sur cette question, que la neurobiologie. Que l'évolution ait sélectionné (parce qu'ils augmentaient l' « adéquation adaptative » des individus et donc les chances de survie du groupe) un certain nombre de comportements altruistes ou moraux, c'est plus que vraisemblable : d'abord parce que la plupart de ces comportements représentent en effet un avantage sélectif évident (un groupe qui laisserait libre cours à la violence et au chacun pour soi aurait moins de chances de se perpétuer qu'un groupe pratiquant, au moins en son propre sein, la non-agression et l'entraide), ensuite et surtout parce que la morale – sauf à en donner une explication transcendante – serait autrement impossible ou inconcevable. Bref, je n'ai rien à objecter, sur le fond, aux hypothèses de Darwin, de Kropotkine ou de leurs continuateurs [1], et même j'y vois, avec

1. Darwin, *La Descendance de l'homme*, 1871 (sur la « morale de Darwin », voir surtout Patrick Tort, *La Pensée hiérarchique et l'évolution*, Aubier-Montaigne, 1983, p. 165 à 197) ; Pierre Kropotkine, *L'Entr'aide, un facteur de l'évolution*, éd. Hachette, 1906. Sur les prolongements contemporains de l' « éthique évolutionniste », voir les communications de H. Barkow, A. Gibbard et M. Ruse dans *Les Fondements naturels de l'éthique*, p. 35 à 104. On trouve aussi une bonne synthèse, sous la plume de Michael Ruse, dans l'article « Évolution » du *Dictionnaire d'éthique et de philosophie morale, op. cit.*

Yvon Quiniou [1], une explication matérialiste possible de l'émergence – à la fois dans la nature et contre elle – du *fait* moral. Ma seule réserve, mais beaucoup de néodarwiniens en seraient d'accord [2], c'est que cette *explication* ne me paraît pas un *fondement.* Pourquoi ? Parce que rendre raison d'un fait ne permet pas de juger de sa valeur. Que l'évolution ait sélectionné tel et tel type de comportements, cela prouve que ces comportements étaient favorables à la transmission des gènes, et donc, pour une espèce donnée, à la vie et à la reproduction. On peut concevoir que l'amour parental, par exemple, augmentant considérablement les chances de survie des enfants (et donc de l'espèce), va se trouver ainsi favorisé par la sélection naturelle : les parents n'aimant pas du tout leurs enfants ont moins de chances d'avoir une descendance (puisqu'il est probable, dans les conditions difficiles de la préhistoire, que leurs enfants mourront avant d'avoir pu eux-mêmes se reproduire) ; l'amour parental constitue dès lors un avantage sélectif considérable, et cela peut expliquer qu'il soit si répandu et si fort. Très bien. Mais qu'est-ce que cela nous dit sur sa valeur ? Rien, ou plutôt moins que rien : cela ne nous dit rien sur sa valeur intrinsèque, mais remet en cause la valeur que nous y trouvons ou y mettons. Car la même théorie, qui pourrait bien être vraie, nous pousse à penser que cette valorisation résulte elle-même de l'évolution (un groupe qui juge positivement l'amour parental a plus de chances de se perpétuer qu'un groupe qui n'y attacherait aucune valeur ou qui le jugerait négativement), qu'elle n'est donc qu'un fait comme un autre, et que nous n'avons aucun moyen d'en apprécier la valeur sans tomber dans un cercle – puisque c'est alors

1. Dans l'épilogue, particulièrement dense, de son beau livre sur Nietzsche, *Nietzsche ou l'impossible immoralisme (Lecture matérialiste)*, éd. Kimé, 1993 (voir surtout les p. 322 à 324 : « L'émergence de la morale »), ainsi que dans l'article « Nature et culture » qu'il a écrit pour le *Dictionnaire du darwinisme et de l'évolution*, sous la dir. de P. Tort, P.U.F., 1996.

2. Voir par exemple Michael Ruse, « Une défense de l'éthique évolutionniste », dans *Les Fondements naturels de l'éthique, op. cit.*, p. 60 : « Je soutiens qu'une vraie éthique évolutionniste darwinienne pose qu'il n'y a pas de justification méta-éthique de l'éthique normative. Cela ne signifie pas que l'éthique normative n'existe pas ; elle existe à l'évidence. En revanche, cela signifie qu'il n'y a pas de fondement ultime. En d'autres termes, je m'achemine vers ce que l'on appelle souvent le " scepticisme éthique ", en soulignant que le scepticisme porte sur les fondements, non sur les normes. » Même lucidité, et même cohérence, chez Yvon Quiniou : « Ce serait commettre l'erreur scientiste [que] de croire que la connaissance scientifique peut *fonder* la morale, alors qu'elle ne fait, ici comme ailleurs, qu'en *expliquer* l'apparition ou le fonctionnement » (« Darwin, l'Église, le matérialisme et la morale », dans *Pour Darwin,* sous la dir. de P. Tort, P.U.F., 1997, p. 55).

l'évolution, par hypothèse, qui se juge elle-même. Que l'amour parental soit favorable à la survie de l'espèce, ce qui est bien clair, cela ne saurait en aucun cas fonder ou garantir sa valeur. Car que vaut cette espèce ? Que vaut la vie ? Et comment concevoir, sans tomber dans un cercle, que l'évolution puisse fonder les valeurs mêmes qui la jugent ? Comment juger ce dont on est le résultat ? Il faudrait d'abord fonder la valeur de l'évolution, et c'est ce qu'on ne peut. Comment fonder ce qui nous précède et qui conditionne tout fondement ?

D'ailleurs, si l'évolution a sélectionné un certain nombre de comportements altruistes ou moraux, ou qui nous paraissent tels (l'amour parental, la compassion, la solidarité...), elle a aussi, d'évidence, sélectionné un certain nombre de comportements que nous jugeons égoïstes ou immoraux (l'agressivité, l'envie, la possessivité, la fourberie, le mensonge...), et sans doute pour les mêmes raisons : parce qu'ils augmentaient les chances de survie ou de reproduction de ceux qui en faisaient preuve, favorisant ainsi la transmission de leurs gènes. Une certaine dose de violence, de tromperie, d'égoïsme est assurément un avantage sélectif ; c'est ce qui peut expliquer, biologiquement, que ces comportements soient si répandus. Mais puisque l'explication vaut pour tout comportement, altruiste ou égoïste, moral ou immoral, comment pourrait-elle nous permettre de choisir entre eux ou fonder la supériorité des uns sur les autres ? Le Christ ou le Bouddha, s'ils avaient vécu durant le pléistocène supérieur, auraient vraisemblablement eu moins de descendants qu'un Hérode ou un Ponce Pilate. Cela peut expliquer que nous soyons, moralement, plus proches de ceux-ci, hélas, que de ceux-là, mais ne saurait donner tort aux premiers ni raison aux seconds ou à nous-mêmes. Que la morale doive être biologiquement possible, c'est ce qu'un matérialiste est obligé d'admettre. Qu'on puisse biologiquement la réfuter, c'est ce qu'il ne peut – ni théoriquement ni pratiquement – accepter.

Il n'est pas impossible que la sélection ait favorisé des comportements xénophobes ou racistes : qu'un groupe ait plus de chances de se maintenir et de se développer s'il se défend contre les autres, s'en méfie ou les méprise. En quoi cela rend-il le racisme ou la xénophobie moins condamnables ?

Il est vraisemblable que l'hétérosexualité représente, par rapport à l'homosexualité, un avantage sélectif fort : cela peut expliquer que cette dernière soit – ou ait été pendant longtemps –

l'objet d'une réprobation morale qui serait elle-même un effet de l'évolution (un groupe qui condamne l'homosexualité peut avoir plus de chances de transmettre ses gènes qu'un groupe qui ne la condamne pas). Mais qu'est-ce que cela nous dit sur la valeur de cette réprobation ?

Le contresens de la sociobiologie

La morale et la vie, pour objectivement liées qu'elles soient (la morale est un produit du vivant), n'en relèvent pas moins, subjectivement, de deux ordres différents. C'est ce qui interdit de condamner la morale au nom de la vie, comme l'a fait Nietzsche, mais aussi de fonder quelque morale que ce soit sur les exigences, réelles ou supposées, de l'évolution. Cette dernière erreur est celle de la sociobiologie, ou de ce qu'on appelle parfois (sans doute partiellement à tort) le darwinisme social. De quoi s'agit-il ? De l'application à la société du modèle darwinien de « lutte pour la vie », avec ce qu'il suppose d'élimination des plus faibles et de survie des plus aptes. Puisque la nature s'améliore par la sélection, va-t-on nous expliquer, il ne faut rien faire pour empêcher ni même pour atténuer cette dernière : toute mesure antisélective (par exemple la protection des malades ou des handicapés) compromet les chances de l'espèce et s'avère en cela biologiquement néfaste et donc moralement condamnable. Historiquement, cela peut déboucher – et déboucha effectivement – sur l'apologie du « laisser-faire » (le capitalisme ultralibéral peut apparaître comme le prolongement économique de la lutte pour la vie), de la hiérarchie (la sélection sociale ne ferait que prendre le relais de la sélection naturelle), voire de l'eugénisme (par l'élimination ou la stérilisation des individus porteurs de tares héréditaires, que la nature, du fait des progrès de la médecine ou des bons sentiments, ne parvient plus à éliminer toute seule). C'est une raison forte pour récuser toute idée d'un fondement naturel. Quand bien même la nature serait raciste, fasciste, inégalitaire, ce ne serait pas une raison pour l'être nous aussi. Ce serait une cause, certes, qui pourrait expliquer que nous soyons poussés à le devenir. Mais cela ne nous dispenserait pas de résister, moralement, à cette pulsion. Que la nature ne soit pas juste, ce qui est bien clair, cela ne prouve rien contre la justice. Qu'elle ne soit pas humaine, ce qui est une évidence, cela ne nous dispense pas de l'être.

En l'occurrence, la sociobiologie fait sans doute, sur la nature elle-même ou sur l'œuvre de Darwin, une espèce de contresens. C'est ce qu'a bien montré Patrick Tort. Car la même sélection naturelle, qui élimine les moins aptes pour la vie, a aussi *sélectionné la morale, qui refuse cette élimination.* C'est donc que cette morale, loin de nous handicaper dans la lutte pour la vie, constitue elle-même un avantage sélectif : un groupe qui refuse de se soumettre purement et simplement à la sélection naturelle doit avoir plus de chances de survivre – donc de transmettre ses gènes – qu'un groupe qui l'accepte ou l'accentue. Qu'en savons-nous ? C'est que l'évolution aurait autrement, selon toute vraisemblance, éliminé la morale. Si elle l'a au contraire retenue et généralisée (puisqu'on ne connaît pas de groupe humain sans morale), c'est que l'adéquation adaptative de l'humanité s'en trouvait augmentée. Ce sont les plus aptes qui survivent et transmettent leurs gènes. Si nous avons une prédisposition génétique à devenir moraux (à condition que l'éducation s'en mêle), c'est donc qu'une humanité morale – ou plutôt moralisable – était plus apte à survivre et à s'accroître qu'une humanité génétiquement incapable de se moraliser. C'est ce que Patrick Tort appelle l'*effet réversif*, par quoi la nature produit la morale qui refuse ou transforme la nature : « La sélection naturelle, principe directeur de l'évolution impliquant l'élimination des moins aptes dans la lutte pour la vie, sélectionne dans l'humanité une forme de vie sociale dont la marche vers la civilisation tend à exclure de plus en plus, à travers le jeu lié de l'éthique et des institutions, les comportements éliminatoires [1]. » Être fidèle à la nature, ce n'est donc pas refuser en son nom la culture (puisque la culture est elle-même un *effet* de la nature) ; c'est au contraire prolonger ce geste, indissociablement naturel et historique, par quoi une certaine espèce biologique (*Homo sapiens*) et sociale (l'humanité) se dresse contre la nature qui la produit et la contient. C'est ce que Camus appelait la révolte, c'est ce que Vercors appelait le « refus rebelle » (où il voyait une caractéristique de notre espèce, qui fait de nous des *Animaux dénaturés*), c'est ce qu'on appelle ordinairement la civilisation, que l'évolution doit aussi pouvoir expliquer. C'est en quoi la pensée de Darwin, telle que Patrick Tort nous aide à la comprendre, est en vérité une arme *contre* la sociobiologie :

1. Patrick Tort, *Darwin et le darwinisme*, P.U.F., coll. « Quadrige », 1997, p. 68.

« Du fait de l'existence de l'*effet réversif* – la sélection naturelle sélectionne la *civilisation*, qui s'oppose à la sélection naturelle –, aucune sociologie inégalitaire ou sélectionniste, aucune politique d'oppression raciale, aucune idéologie discriminatoire ou exterminatoire, aucun *organicisme* enfin ne peut être légitimement déduit du darwinisme [1]. »

Continuité et discontinuité

Ce qui m'importe, dans ce concept d'*effet réversif*, c'est qu'il permet de penser à la fois la continuité ontologique ou biologique entre l'homme et la nature, et la discontinuité historique que la culture, sans pour autant sortir de la nature, introduit. Non une *rupture*, explique Patrick Tort, mais un « *effet de rupture* [2] ». La culture fonctionne en cela comme une « anti-nature [3] », que la nature produit (par l'évolution) et qui la transforme (par la civilisation). Cela m'éclaire sur mon débat avec Luc. Il parle de l'homme comme d'un être « hors nature », voire surnaturel. J'en parlerais plutôt comme d'un être naturel capable non seulement d'évoluer, comme tout être vivant, mais aussi de *se transformer lui-même* en transformant et son milieu et sa pensée. C'est ce qu'on appelle le travail. C'est ce qu'on appelle l'histoire. C'est ce qu'on appelle la civilisation. Que la nature doive d'abord les rendre possibles, c'est une évidence. Mais la nature elle-même ne vaut qu'aux yeux de l'esprit (un cerveau, mais civilisé) qui la juge. C'est en quoi le concept d'effet réversif permet de penser l'écart qui nous sépare, Luc et moi, tout en permettant peut-être de le réduire. C'est en tout cas ce que me semble suggérer un article récent qu'Yvon Quiniou a consacré au darwinisme (tel que le lit Patrick Tort) et à la morale :

1. Patrick Tort, *La Pensée hiérarchique et l'évolution*, Paris, Aubier-Montaigne, 1983, p. 165. Cette thèse est développée dans les pages 166 à 197 : « L'effet réversif et sa logique (la morale de Darwin) ». Sur le même sujet et du même auteur, voir aussi *Darwin et le darwinisme*, *op. cit.*, p. 51 à 54 (« L'effet réversif de l'évolution ») et p. 67 à 71 (« La civilisation, le matérialisme et la morale »).

2. Patrick Tort, *Darwin et le darwinisme, op. cit.*, p. 70.

3. L'expression est d'Yvon Quiniou commentant Patrick Tort (qui commente lui-même Darwin), dans l'article « Nature et culture » du *Dictionnaire du darwinisme, op. cit.* : « La culture est bien un produit de la nature (envisagée évolutivement), mais qui nie la nature dans ses formes de fonctionnement antérieures ; elle est une anti-nature produite par la nature elle-même et qui ouvre donc en son sein une région de l'être qui ne lui est pas strictement homogène. »

> « Affirmer la continuité naturelle Homme-animal n'interdit en rien de poser et de comprendre la discontinuité que l'apparition de l'Homme manifeste avec éclat : celle-ci est un produit de la continuité elle-même, mais comprise en termes d' “ effet réversif ”. Il y a bien une espèce de transcendance de l'Homme qui fait qu'il ne se comporte pas comme un animal avec ses congénères du fait de ses capacités propres – il les secourt, instaure des lois de solidarité, etc. –, mais cette “ transcendance ” est un produit de l'immanence naturelle, elle rompt évolutivement avec elle par un “ effet ” qui trouve paradoxalement sa cause en elle et qui est donc rationnellement compréhensible [1]. »

Tout y est : la « transcendance », qui devrait satisfaire Luc, et l'immanence, qui la produit et me donne raison. La discontinuité, sur laquelle Luc insiste, et la continuité, que je défends. Je doute pourtant que Luc y trouve tout à fait son compte. Car si la « transcendance » est un effet de l'immanence, comme je le crois, si la discontinuité résulte de la continuité, si la culture est un produit de la nature, l'homme reste un animal – même dénaturé – et nous ne sortons pas du matérialisme. Si la transcendance est historiquement déterminée (et non transcendantale), l'homme n'est pas un Dieu : ce n'est qu'un animal religieux...

À nouveau sur la liberté : qu'elle peut être un effet de l'évolution

Le concept d'effet réversif m'éclaire aussi sur le statut de la liberté. Si elle est biologiquement déterminée, comme le matérialisme le suppose, elle ne saurait être ni totale ni absolue. Ce n'est pas un libre arbitre, au sens métaphysique du terme, c'est une

---

1. Yvon Quiniou, « Darwin, l'Église, le matérialisme et la morale », dans *Pour Darwin, op. cit.*, p. 51. On trouvait des indications comparables, sous la plume du même auteur, dans l'article cité à la note précédente. Le darwinisme, montre Y. Quiniou, reconnaît bien « la spécificité de la sphère culturelle », laquelle est « en rupture avec le Règne animal ». Mais « en pensant cette rupture comme un *effet* (de rupture) de la nature elle-même », il nous oblige à penser « une rupture sans transcendance ni mystère, une continuité dans la discontinuité : nature et culture constituent bien une dualité, mais sans dualisme métaphysique, puisque cette dualité est une production immanente de l'un des deux termes par l'autre et dans un équilibre lui-même mouvant qui se déplace sans cesse au profit de la culture puisque celle-ci, par son développement même, affirme de plus en plus le primat des modalités culturelles de vie sur les modalités naturelles. »

marge d'indétermination (comme le *clinamen* chez Lucrèce), c'est un pouvoir de choix, d'arrachement (« la volonté arrachée au destin », disait Lucrèce [1]), de refus. Mais un tel pouvoir est-il seulement possible ? Comment penser cette émergence, dans la biologie, de quelque chose qui ne l'annule pas, certes, mais qui lui échappe en partie ? Peut-être, à nouveau, par la sélection naturelle. Des individus jouissant d'une marge accrue (quoique toujours génétiquement déterminée) d'indétermination, par rapport à leurs gènes, pourraient en effet bénéficier d'une « adéquation adaptative » elle-même augmentée, ce qui revient à dire qu'ils auraient davantage de chances, dans la lutte pour la vie, de vaincre, de se reproduire et donc de transmettre leurs gènes : la liberté, bien sûr relative, serait alors un avantage sélectif (au même titre que les capacités linguistiques ou intellectuelles), et cela pourrait expliquer qu'elle soit devenue, au fil des millénaires, une caractéristique commune de l'espèce. Nous serions libres, en ce sens, non malgré la nature, mais grâce à elle.

Est-ce à dire que l'existence précède l'essence, comme le voulait Sartre ? Assurément pas : comment un être vivant pourrait-il *exister* (agir, choisir, créer) sans *être* d'abord ceci ou cela (un corps, un cerveau : une essence génétiquement déterminée) ? Vous vous souvenez de ce que disait Sartre, dans *L'existentialisme est un humanisme* : « L'homme, tel que le conçoit l'existentialiste, s'il n'est pas définissable, c'est qu'il n'est d'abord rien [2]. » Et c'est ce que le premier nouveau-né venu, si on prend la peine de le regarder, réfute, me semble-t-il, assez clairement. Comme il rend inintelligible cette autre formule, qu'on trouve dans *L'Être et le Néant* : « Chaque personne est un choix absolu de soi [3]. » Ce n'est pas vrai du nouveau-né ; comment cela pourrait-il l'être de l'adulte ? C'est un choix, en tout cas, que je suis bien certain de n'avoir jamais fait, pour ce qui me concerne, et que la biologie, me semble-t-il, interdit. Que l'existence précède l'essence, donc, cela me paraît inconcevable : il faut être d'abord pour exister et pour choisir quoi que ce soit. En revanche, l'essence humaine pourrait en effet être telle qu'aucune existence ne puisse jamais en être déduite : que

1. *De rerum natura, op. cit.*, II, 257 (« *fatis avolsa voluntas* » ; mais on peut lire aussi, le texte est peu sûr, « *voluptas* » ; cette hésitation, pour contingente qu'elle soit ici, est essentielle à l'épicurisme, voire au matérialisme tout entier : cela débouche sur ce que Freud appellera le principe de plaisir).

2. Jean-Paul Sartre, *L'existentialisme est un humanisme*, éd. Nagel, p. 22.

3. *L'Être et le Néant, op. cit.*, p. 640. Voir aussi p. 527.

l'essence *précède* l'existence, cela ne signifie pas que l'existence *se réduise* à l'essence ; qu'il faille être *fait* (par ses gènes), avant de « se faire », comme dit Sartre, cela n'empêche qu'on se *fasse* aussi, qu'on se construise, qu'on se transforme, et c'est en quoi un homme est en effet autre chose qu'un coupe-papier, c'était l'exemple de Sartre, ou qu'une fourmi. Bref, ce que la biologie nous permet de penser, c'est que l'homme a bien une essence ou une nature, mais que celles-ci nous laissent une marge de jeu, d'indétermination, de choix (on pourrait concevoir une version biologique du *clinamen* épicurien), qui n'abolit pas notre nature (comment la nature pourrait-elle s'abolir elle-même ?), mais qui lui permet au contraire de s'exprimer, comme nous voyons que c'est le cas, de façon à la fois imprévisible et créatrice. On pourrait relire Bergson ou Guyau de ce point de vue. Que toute morale soit d'« essence biologique », comme disait Bergson [1], qu'elle ne soit que la vie en son maximum d'expansion et d'exigence (« la vie la plus intensive et la plus extensive possible »), comme le voulait Guyau [2], cela n'annulerait ni la morale ni la biologie : cela les rendrait compatibles, et c'est tout ce dont un matérialiste a besoin.

Le cercle normatif

En revanche, cela interdit d'espérer, pour la morale, quelque fondement ou justification absolue que ce soit. Si la morale n'est qu'un produit du vivant (et de la société, et de l'histoire...), cela veut dire que c'est la nature qui se juge elle-même, en quelque sorte, quand nous la jugeons, ou plutôt que chacun de nos jugements – et Dieu sait qu'ils sont variés et variables ! – reste soumis à son ordre, comme dirait Spinoza, ou à son désordre. C'est pourquoi la nature ne peut nous servir de fondement : parce qu'on ne peut échapper ici au cercle normatif, par quoi c'est toujours à l'intérieur et de la nature et d'une certaine culture – donc à partir de l'aboutissement actuel du processus – qu'on juge ce qui s'y passe. Comme le remarque Yvon Quiniou, décidément excellent

1. Dans un passage très important des *Deux Sources de la morale et de la religion, op. cit.*, p. 102-103 (p. 1059-1061 de l'éd. du Centenaire, P.U.F., 1970).
2. Jean-Marie Guyau, *Esquisse d'une morale sans obligation ni sanction*, conclusion, éd. Alcan, p. 245 de la 6e édition, 1903.

sur ce sujet, « c'est du point de vue du résultat final que le jugement s'opère ; mais il y a là une circularité inévitable, qui doit être acceptée [1] ». C'est ce que j'ai appelé le cercle de la culture [2], qui nous interdit d'ériger en absolu les valeurs qui nous font vivre, mais non, certes, de nous battre pour elles : que la justice soit un produit de l'histoire (d'abord naturelle puis, surtout, sociale), ce n'est assurément pas une raison pour y renoncer !

La nature n'est ni juste ni injuste. Comment pourrait-elle fonder quelque justice que ce soit ?

La culture ? Comment pourrait-elle fonder cela même (une certaine idée de la justice) qu'elle contient, sans se fonder d'abord soi ? Et comment un autofondement serait-il possible ? La culture n'est pas Dieu ; la culture n'est pas cause de soi : c'est par quoi elle tient à la nature, c'est par quoi elle tient à l'histoire, et nous y maintient dans le mouvement même qui nous en sépare.

Cela n'empêche pas de juger. Cela n'empêche pas d'agir. « Encore qu'on ne puisse assigner le juste, disait Pascal, on voit bien ce qui ne l'est pas [3]. » La justice n'est pas à fonder : elle est à faire, et nul ne le peut qu'en combattant l'injustice.

La morale n'a pas de fondement, mais elle a des causes ou des origines

Il faut conclure. La morale, de mon point de vue, n'a pas de fondement, ni naturel ni autre, et n'en a pas besoin. Il lui suffit d'exister : elle est cette part du réel que nous vivons comme supérieure au reste, et qui le juge. Des valeurs, des règles, des idéaux, que nous avons reçus – par l'éducation davantage que par l'hérédité – et que nous avons à charge d'examiner, de critiquer, de transmettre. Être fidèle à la nature ? Nos gènes s'en occupent, et y suffisent. Mais nul ne peut, à notre place, être fidèle à la culture. C'est ce que j'appelle l'esprit, qui n'existe que dans le soin que nous en prenons. Cela dit assez notre tâche et notre responsabilité.

On sait qu'il n'y a pas de transmission héréditaire des caractères acquis. Or qui ne voit que l'essentiel, dans la morale, est

1. Yvon Quiniou, *Nietzsche ou l'impossible immoralisme, op. cit.*, p. 323.
2. Voir, par exemple, *Valeur et vérité, op. cit.*, p. 51 à 52.
3. Blaise Pascal, *Pensées*, éd. Lafuma, 729-931. Voir aussi le fragment 905-385.

toujours de l'ordre d'une *acquisition* ? Qu'il y ait des « bases neurales de l'éthique », comme disent Changeux ou Damasio [1], on ne peut en douter. Qu'elles suffisent, on ne peut y croire et d'ailleurs aucun biologiste, aujourd'hui, ne songe sérieusement à le soutenir. Les mécanismes neuraux qui sous-tendent le répertoire des comportements moraux sont « façonnés autant par la culture que par la neurobiologie », reconnaît Damasio [2] ; au point, précise Changeux, qu' « il n'existe qu'une relation très indirecte, voire nulle, dans les sociétés actuelles, entre les règles morales, propres à une culture, et l'aptitude darwinienne à transmettre les gènes qui détermineraient ces règles [3] ». Comment la nature pourrait-elle fonder la morale ? Elle ne fait que la rendre possible, et aucune possibilité n'a jamais fondé quoi que ce soit. « *Je peux donc je dois* », disait pourtant Guyau contre Kant [4]. Mais ce n'était pas fonder la morale : c'était l'expliquer (en théorie) et la vouloir (en pratique). Un *fondement*, ce serait la conjonction nécessaire de ces deux ordres (une volonté qu'on pourrait déduire d'une vérité, une vérité qui serait un commandement...), et c'est ce que le matérialisme ne saurait autoriser – parce que cette conjonction ne peut exister qu'en Dieu, ou plutôt serait Dieu lui-même. Mais cela n'empêche pas de donner à chacun de ces deux ordres, sans les confondre, ce qu'il requiert : des explications, pour la connaissance, et des jugements de valeur, pour l'action.

Car si la morale n'a pas de *fondement*, elle a évidemment des *causes*, ou plutôt – il s'agit d'un processus – des *origines*. La nature en est une, qui est nécessairement la première puisqu'elle produit les autres. C'est donc, si l'on veut et à défaut d'un fondement, l'*origine fondamentale* (ce que Marx appellerait la « détermination en dernière instance »). La morale fait partie du vivant : elle relève, entre autres approches possibles, d'une explication biologique. Cela ne veut pas dire que cette dernière soit la plus éclairante ni toujours la plus importante. Dans nos sociétés historiques, la culture, la raison et l'amour nous en apprennent davantage. Bref, la morale a des origines multiples, qui viennent, selon les cas, se

1. Jean-Pierre Changeux, *Matière à pensée, op. cit.*, p. 235 à 262 ; Antonio Damasio, dans *Les Fondements naturels de l'éthique, op. cit.*, p. 121 à 135.

2. *L'Erreur de Descartes, op. cit.*, chap. 6, p. 167.

3. Jean-Pierre Changeux, *Matière à pensée, op. cit.*, p. 250. Voir aussi les remarques de Marc Kirsch dans son introduction aux *Fondements naturels de l'éthique, op. cit.*, p. 11 à 29.

4. Jean-Marie Guyau, *Esquisse d'une morale sans obligation ni sanction, op. cit.*, livre I, chap. 3, et conclusion du livre III (spécialement p. 248 de l'éd. citée).

renforcer ou se limiter mutuellement : la nature (est moral, dans bien des situations, ce qui est favorable à la survie de l'espèce), la société (est moral, le plus souvent, ce qui est favorable au développement du corps social), la raison (est moral, presque toujours, ce qui est universalisable sans contradiction), enfin l'amour (que la morale, presque inévitablement, imite ou tend, en son absence, à remplacer)... Disons que c'est la morale selon Darwin, selon Durkheim, selon Kant, selon Jésus (du moins tel que je le comprends), et qu'ils ont raison tous les quatre. Il ne s'agit pas de choisir entre la nature, la société, la raison et l'amour ; il s'agit de penser leur rapport (en théorie) et d'être fidèle (en pratique) à ces quatre ordres à la fois, autant que nous le pouvons. Que nul ne le puisse tout à fait – puisqu'il arrive que ces ordres se contrarient ou divergent –, cela ne saurait nous autoriser, si nous voulons être moraux, à nous en dispenser.

Comment s'étonner que la morale soit universelle, dans son existence (au moins à l'échelle humaine), et tende, dans son contenu, à le devenir de plus en plus ? Une société qui prônerait l'égoïsme, le meurtre, la haine ou le mensonge serait vouée à sa perte. Une humanité sans morale serait vouée à la violence, à la misère, à la barbarie. La morale est l'ensemble – historiquement donné et déterminé – des règles que la nature rend possibles, que la société rend nécessaires, que la raison rend universalisables, enfin que l'amour de l'amour, il le faut bien, rend désirables.

De quoi avons-nous besoin d'autre ? De volonté, pour passer de la règle à l'action, qui seule est morale strictement.

Aucun fondement pour cela n'est nécessaire, et aucun ne serait suffisant.

Débat

L'homme est-il libre par nature ou par... « antinature » ?

Luc Ferry

Pourquoi ne parvenons-nous pas, malgré tant de convictions communes, à réduire la divergence de fond qui nous sépare ? Je crois qu'il ne sert plus à rien d'aligner les objections et les contre-objections si l'on ne comprend pas à sa racine un différend qui, notamment parce que la biologie lui redonne une vigueur et une dimension nouvelles, nous dépasse l'un et l'autre de très loin. Essayons de résumer.

Comme l'a signalé André dans son exposé, nous sommes d'accord sur le fait qu'on ne peut pas, contrairement à ce que dit par exemple Hans Jonas, « domicilier les fins dans la nature » : quand bien même la nature nous inclinerait à faire telle ou telle chose, quand bien même la sélection aurait retenu plutôt tel ou tel type de comportement, cela ne nous dirait strictement rien sur sa moralité. Je cite André :

« Quand bien même la nature serait raciste, fasciste, inégalitaire, ce ne serait pas une raison pour l'être nous aussi. Ce serait une cause, certes, qui pourrait expliquer que nous soyons poussés à le devenir. Mais cela ne nous dispenserait pas de résister, moralement, à cette pulsion. Que la nature ne soit pas juste, ce qui est bien clair, cela ne prouve rien contre la justice. »

Voilà au moins un texte sur lequel nous sommes intégralement d'accord et je ne reviens pas sur tout ce qu'André a dit fort justement sur la différence entre l'être et le devoir être : ce n'est pas parce que la nature est comme elle est qu'elle peut nous indiquer ce qu'il *faut* faire.

Mais, du coup, ce que je ne comprends plus, c'est que ce qui gêne André dans l'idée d'un « fondement naturel », ce soit le fondement plus que le naturel. Car ce qu'il vient de dire prouve bien que la morale occupe une position *extérieure* à la nature, qu'elle la *transcende* et n'est nullement, comme il semble pourtant l'affirmer au début de son texte, inscrite en elle ! Et c'est là que nous avons un véritable désaccord – qui mérite réflexion pour expliciter deux visions du monde qui me paraissent, en effet, antinomiques bien que l'une et l'autre légitimes depuis fort longtemps (au moins depuis Spinoza et Kant). C'est toute la question du statut de la rupture avec la nature qui est ici en jeu.

Au fond, ce que tu as appelé tout à l'heure l' « effet réversif » pourrait se formuler de la façon suivante : la nature *produit* des animaux dénaturés, ou encore : elle produit cet être étrange, l'Homme, qui peut rompre avec la nature, qui peut avoir des comportements antinaturels. Tout le problème est de savoir si ces comportements antinaturels (éthiques, historiques, « culturels »), si cette rupture avec la nature (caractéristique du monde humain à la différence du monde animal) sont *déterminés naturellement* en dernière instance (suggestion d'André), comme si la nature avait prévu une case vide, une marge de liberté quelque part dans le cerveau humain qui lui permettrait de se retourner contre elle, ou s'il s'agit au contraire, comme je suis conduit à le penser, d'une véritable rupture. Autrement dit : est-elle illusoire, bien que partie prenante du réel comme toute illusion ou, au contraire, comme je le pense, signe de la liberté, signe d'un écart réel, d'une transcendance ou d'une surnaturalité ? Voilà le vrai débat.

Je rappelle encore la phrase d'André, car elle est ici décisive : « Quand bien même la nature serait raciste, fasciste, inégalitaire, ce ne serait pas une raison pour l'être nous aussi. Cela ne nous dispenserait pas de résister, moralement. » Voici la seule question qui vaille ici : quel est le statut de cette résistance ? Est-elle prédéterminée par des bases neuronales, prédéterminée par la nature, rendue possible par une spécificité génétique, donc, comme le pensent la quasi-totalité des biologistes aujourd'hui et comme le suggère André (d'ailleurs avec un schéma dialectique au sens marxien-hégélien, puisque la nature produit un être, une antinature, qui se retourne contre elle et devient culture), ou bien au contraire cette résistance implique-t-elle un *arrachement*, une surnaturalité que j'appelle liberté en référence à une tradition philosophique qui remonte à Rousseau et Kant. J'ajoute que, pour moi, ce qui est important dans la morale kantienne, ce n'est pas la raison mais la liberté. Quant à la définition rationaliste du contenu de l'éthique, il n'y a pas de différence essentielle entre Kant et Spinoza. Ce qui est essentiel, en revanche, c'est de savoir si la résistance à la nature est commandée, déterminée par la nature elle-même ou, au contraire, l'effet d'une liberté, d'une transcendance qui définit le monde humain et l'oppose radicalement au monde animal. Après, on peut répondre oui ou non, on peut s'engager dans des argumentations plus ou moins sophistiquées..., mais ce sont les deux grands modèles qui s'opposent fortement comme se sont opposés, depuis le XVIIe siècle, le spiritualisme et le matérialisme, le matérialisme et la philosophie transcendantale, le dogmatisme et le criticisme (si l'on veut utiliser le vocabulaire kantien).

On parvient ainsi à formuler très exactement la question qui nous est commune (« Comment se fait-il que l'homme soit un être d'antinature ? ») et les deux réponses qui nous séparent : 1. il est un être d'antinature parce qu'il y a, dans sa nature, quelque chose qui le prédispose à ça (réponse d'André et du matérialisme de la biologie contemporaine) ; 2. parce qu'il y a en lui une dimension de transcendance, de liberté, de divin ou de sacré (peu importent les termes qu'on utilise), mais quelque chose en tout cas qui échappe radicalement à la nature.

ANDRÉ COMTE-SPONVILLE

Tu as très bien résumé notre désaccord, à ceci près que tu passes un peu vite de l'idée d'une rupture *dans* la nature, qui est en effet ma position, à celle d'une rupture *illusoire*, dans laquelle je ne me reconnais pas vraiment. L'illusion, à mes yeux, ce serait simplement de voir du surnaturel là où il n'y a que du naturel différencié, socialisé, civilisé... Mais la rupture, elle, n'est en rien une illusion : l'homme est *réellement différent* de tous les autres animaux, et l'homme civilisé *réellement différent* du barbare. Sur ce point, nous sommes peut-être moins éloignés qu'on ne pourrait le croire. Nous sommes d'accord sur le fait de la rupture. Nous ne divergeons que sur son statut : historique, comme je le crois (au double sens de l'histoire naturelle et de l'histoire sociale), ou métaphysique, comme tu le prétends ?

LUC FERRY

Si la rupture est non seulement *dans* la nature, mais aussi *produite* par elle, j'avoue ne plus bien voir en quoi il s'agit d'une rupture ! L'histoire devient naturelle et notre culture serait comparable, comme le pensent les sociobiologistes, aux « mœurs » des animaux. Mais ne reprenons pas le débat. À l'évidence, il est maintenant indispensable d'entrer dans une discussion « métaphilosophique », de *réfléchir* sur notre débat plutôt qu'à l'intérieur de lui tant il est clair qu'il est, comme dirait Popper, « infalsifiable » sur le plan empirique : on ne peut pas le trancher par des faits, sinon, il y a longtemps que nous serions d'accord..., et nos grands prédécesseurs également !

Comme je l'ai suggéré, ce qui me gêne dans l'expression « fondements naturels de l'éthique », c'est exactement l'inverse d'André ! Le terme « fondement » ne me choque nullement, mais c'est « naturel », évidemment, qui me gêne. Non seulement l'idée de fondement de l'éthique ne me choque pas, mais je suis convaincu qu'elle est rigoureusement indispensable. Je suis convaincu qu'André lui-même ne peut pas en faire l'économie et que tout le problème est de savoir quel statut on lui accorde. Est-elle illusoire ? Une simple description phénoménologique de trois propositions toutes simples nous conduit à l'idée qu'on ne peut pas éluder tout à fait la référence à un fondement de l'éthique. Soient les trois énoncés suivants :

1. « Je n'aime pas les huîtres ou la choucroute... », proposition que j'énonce manifestement (je pense que vous en serez d'accord avec moi) sans la prétention à avoir raison. Je ne vais pas entrer davantage dans ce que veut dire ici « avoir raison », mais vous voyez bien d'emblée que ça a quelque chose à voir avec l'idée d'une fondation de ce qu'on défend. Si André me dit qu'il adore les huîtres, nous n'entamerons pas une querelle philosophique : chacun acceptera qu'il y a là une divergence qui ne mérite pas une fondation, ni même une argumentation.

2. « Le Breughel que j'ai vu la semaine dernière chez Igor et Grichka est magnifique. » Si André me dit qu'il est très moche, il y aura là, probablement, une tentation plus grande d'entrer dans une argumentation fondatrice, de dire *pourquoi* je pense que mon jugement n'est pas tout à fait arbitraire – et de même, sans doute, pour André. Déjà, dans cet exemple, nous ne pourrons pas faire l'économie du projet de quelque chose qui ressemblerait à une

fondation, c'est-à-dire du projet d'indiquer des « raisons ». J'y reviendrai plus tard.

3. « Quelqu'un qui découpe un enfant en rondelles parce qu'il appartient à une autre ethnie, religion, culture, etc., est un salaud. » À la différence des deux propositions précédentes, je prétends que le désaccord que je puis éventuellement avoir avec quelqu'un – pas avec André ! – sur cette proposition n'est ni négociable ni arbitraire. Je n'accepterais pas ce désaccord comme un désaccord admissible, tel que celui sur les huîtres, la choucroute, ou même sur le Breughel. Et, en mon for intérieur, j'aurais la conviction qu'il existe des « raisons » de partager certaines valeurs : par où je ne pourrais certainement pas faire l'économie de toute référence à l'idée d'une fondation – toute la question étant, à mon avis, non pas de récuser cette idée comme le fait André, mais de préciser son statut philosophique.

André Comte-Sponville

Des raisons, bien sûr ! Mais un fondement ?

Luc Ferry

Avançons. En quel sens peut-on prétendre « avoir raison » sur un sujet éthique, donc fonder son jugement, alors qu'en effet, André le dit très bien, il n'y a pas de démonstration possible au sens mathématique ou même expérimental ? Ce n'est pas parce qu'on a posé le problème en ces termes qu'on en a fini avec lui ! Ce n'est pas parce qu'il n'y a pas de démonstration ou d'expérimentation possibles que j'en aurais fini avec la prétention à « rendre raison », avec la prétention à fonder une proposition morale.

Regardons maintenant l'alternative, c'est-à-dire l'attitude matérialiste. Si on ne veut pas fonder ce sentiment éthique que j'évoque à propos du racisme (ou de toute autre valeur « commune »), si l'on renonce à fonder ce sentiment *en raison* (comme le fait André et comme le font les sociobiologistes), que va-t-on dire ? Que le projet de la fondation est absurde et que l'éthique se trouve dans la nature ? Qu'on la nomme par convention « altruisme », « solidarité », « fraternité », « entraide » parce qu'elle est « utile » tandis que d'autres sont appelés des « salauds » parce qu'ils sont « nuisibles » à la survie de l'espèce ? C'est, au final, ce que dit Michael Ruse tout au long de l'article que nous citions tous les deux : il n'y a pas de méta-éthique, il y a simplement des faits éthiques, mais il n'y a pas de justification, de fondation réflexive ou de prétention à fonder ces partis pris. Voilà pourquoi, si l'on adopte cette position (j'aimerais qu'on se comprenne bien là-dessus parce que c'est pour moi le point le plus important), on est obligé de renvoyer la prétention à avoir raison en matière de morale à l'illusion. Le problème de fond n'est nulle part ailleurs, à mes yeux. On est obligé de parler, comme Michael Ruse, de l'« illusion des gènes » : selon la perspective darwinienne, la sélection naturelle a retenu, comme les yeux, les pattes ou les ailes pour certaines bestioles, une morale altruiste pour les humains parce que ça facilite en effet la survie du groupe. Mais croire (et c'est là où commence l'illusion selon les matérialistes) que cette sélection naturelle a une valeur autre que biologique, autre que matérielle, qu'elle a une valeur à proprement parler morale, c'est évidemment une illusion, l'illusion des gènes, justement. Si nous étions sociobiologistes jusqu'au bout, au lieu de dire « c'est bien, c'est pas bien », on dirait simplement « c'est utile, ce n'est pas utile ». Pourquoi, alors, cette confusion des mots ? Pourquoi faisons-nous si spontanément et si réflexivement aussi, d'une façon très élaborée, la distinction entre l'utile et le bien ?

Prenons encore un exemple pour être tout à fait clair : imaginons que l'espèce humaine tout entière décide de se suicider. Il est évident que ce comportement serait, d'un point de vue sélectif, assez fâcheux ! On est bien d'accord avec ça ! Ce serait même le comportement le plus fâcheux qui soit du point de vue de l'adaptation sélective. Pour autant, je prétends que ce comportement ne serait pas à proprement parler « immoral » ! Il serait peut-être consternant, à coup sûr peu adapté, mais ce n'est pas en termes de moralité que je le jugerais. Nous évoquions tout à l'heure le problème de l'homosexualité : imaginons encore que toute l'espèce humaine devienne radicalement homosexuelle. Ce serait à nouveau, du point de vue de la sélection naturelle, pour la survie de l'espèce, une catastrophe. Néanmoins, ça ne changerait strictement rien pour moi, comme pour la plupart d'entre vous, j'imagine, au jugement moral tout à fait neutre que je porte sur l'homosexualité. Spontanément, je suis sûr que chacun d'entre nous fait la distinction entre le bien et l'utile.

Or ce que prétendent les sociobiologistes, c'est qu'en fait cette distinction n'existe pas réellement, que c'est une apparence ; simplement nous avons ajouté une espèce de coefficient de valeur morale à des comportements qui sont utiles pour la sélection naturelle, et cet ajout « méta-éthique », normatif, est le lieu même de l'illusion. On peut sophistiquer (c'est probablement ce que ferait André !) : on peut ajouter que cette illusion fait partie du réel, qu'elle est nécessaire, utile, que l'illusion de la méta-éthique, l'illusion d'avoir une normativité absolue, l'illusion peut-être même du fondement de la morale est une illusion bénéfique parce qu'elle donne encore plus de force aux comportements moraux qui ont été sélectionnés. Ce que je prétends, c'est que ce n'est pas comme ça que nous pensons. Nous sommes parfaitement capables de faire la distinction entre l'utile et le bien, nous faisons cette distinction spontanément tant à propos du suicide qu'à propos de l'homosexualité qui seraient, élevés à l'universel, deux comportements manifestement inutiles et même nuisibles.

J'attire ainsi votre attention sur la capacité réflexive, subjective, que nous avons de faire la distinction entre l'utile et le bien. Laissons de côté la question des arguments empiriques que je n'utilise ici que pour faire émerger une capacité intellectuelle ou une capacité réflexive qu'il me paraît difficile de renvoyer purement et simplement à l'illusion, ce qu'on est évidemment obligé de faire si l'on considère que la morale s'explique uniquement en termes de sélection naturelle. Ce que fait très clairement Michael Ruse quand il dit qu'il n'y a pas de méta-éthique.

J'en reviens maintenant à mon propre point de vue. Pourquoi défendrais-je ici même non seulement l'idée de fondement de l'éthique (si l'on n'entend pas par là des fondements « naturels »), et pourquoi, à mes yeux, cette idée est-elle indispensable ? Comme je l'ai dit, je crois que nous ne pouvons pas faire l'économie du sentiment légitime qu'il existe des argumentations morales. Certains comportements relèvent du mal, et cette distinction entre bien et mal est une distinction morale, pas une distinction naturelle. Nous avons tous ce sentiment, y compris dans le texte d'André où la distinction entre salauds et gens de bien apparaît souvent et pas, à mon avis, simplement comme une distinction naturelle, mais comme une distinction méta-éthique. Pourquoi ? C'est le statut de cette méta-éthique qui m'intéresse, cette prétention à avoir raison : la prétention non seulement à dire le bien et le mal, mais à soutenir qu'on a raison de dire le bien et le mal. Prétendre qu'on a raison, c'est bien prétendre qu'il y a une fondation, une argumentation, quelque chose qui légitime ce qu'on est en train de dire. Ce n'est pas simplement affirmer une valeur, c'est doublement l'affirmer : c'est l'affirmer quant à son contenu (c'est le dogmatisme au sens théologique du terme, c'est-à-dire qu'on s'intéresse uniquement au contenu), mais c'est aussi affirmer que l'on a *réfléchi* aux motifs qui justifient de prendre ce parti.

ANDRÉ COMTE-SPONVILLE

Je te rassure tout de suite : ni moi ni personne n'aurait l'idée de mettre tes trois propositions sur le même plan ! Reste à savoir si ce qui les distingue est le sentiment – qui serait tantôt présent et tantôt absent – d'avoir raison. Quand je dis « J'aime les huîtres », j'énonce une vérité, puisque je les aime en effet. Et même quand je dis « Les huîtres c'est bon », j'ai encore le sentiment d'avoir raison : mon plaisir est réel, quand je les mange, et celui qui ne les aime pas rate un plaisir possible. Mais enfin ce sentiment que j'ai ne prouve rien contre son dégoût. C'est en quoi mon sentiment de vérité, à bien y regarder, reste illusoire : il n'y a pas de sens à affirmer que les huîtres soient « objectivement bonnes » ; la seule vérité, c'est que je les aime et que lui ne les aime pas. Même chose pour le tableau de Breughel. Cela semble choquant, en raison de l'impressionnant consensus social dont ce peintre fait l'objet. Mais mettez à sa place une peinture contemporaine : vous verrez que les divergences de goût seront tout aussi irréductibles qu'en matière de cuisine ! Au reste, que presque tout le monde, en fait, aime Breughel, cela, en droit, ne prouve rien : presque tout le monde aime les langoustines ; cela ne prouve pas qu'elles soient objectivement (ou « en vérité ») meilleures que les huîtres...

Et en matière de morale ? Quand j'affirme, comme Luc et comme n'importe qui, qu'il ne faut pas torturer les enfants, l'essentiel est-il dans la prétention d'avoir raison ? Que signifie « avoir raison » ? Que l'on énonce une vérité. Or, qu'est-ce qu'une vérité ? Traditionnellement, on définit la vérité comme l'adéquation, l'accord ou la correspondance entre le discours (la pensée, la proposition) et le réel : c'est la fameuse *adaequatio intellectus et rei* de saint Thomas. Or, à quel réel la proposition « Il ne faut pas torturer les enfants » est-elle adéquate ? À quel réel correspond-elle ? À aucun, me semble-t-il, et pour deux raisons. Une raison de fait : le réel comporte des cas, hélas, d'enfants torturés. Et une raison de droit : une proposition commençant par « Il faut » ne saurait décrire le réel, puisqu'elle prétend le juger et, le cas échéant, le condamner.

Les trois propositions « C'est bon », « C'est beau », « C'est bien » (ou leurs contraires : « C'est mauvais », « C'est laid », « C'est mal »), si elles sont bien sûr de registres différents et d'inégale gravité, sont pourtant comparables en ceci : en tant qu'elles énoncent des jugements de valeur, elles ne sauraient prétendre à la vérité ou à l'objectivité. Connaître le réel ne suffit pas à le juger, ni n'en dispense.

De la différence entre démonstration et argumentation

LUC FERRY

Nous sommes vraiment au cœur du problème. Et il me semble là encore, pardonne-moi de le relever, que tu fais le contraire de ce que tu annonces : tu dis que ni toi ni personne ne songerait à mettre sur le même plan les trois propositions et je te crois bien volontiers..., mais toute ton argumentation conduit, me semble-t-il, à le faire ! Et ce, pour une raison de fond : comme tout matérialiste cohérent, tu confonds deux concepts de fondation que la philosophie transcendantale distingue soigneusement. Tu as d'ailleurs dit toi-même, dans notre dernière discussion, que le matérialisme était un *réductionnisme* et je crois que c'est ici que la formule prend tout son sens.

J'aimerais être clair sur ce point décisif, quitte à reprendre dans ce contexte un thème que nous avons déjà abordé, mais sans aller assez au fond. Deux idées de fondation peuvent être mobilisées dans une argumentation. Si on n'en considère qu'une (la démonstration mathématique), alors André a intégralement raison. Qu'est-ce, en effet, qu'une démonstration logico-mathématique ? C'est une démonstration qui part de prémisses, axiomes ou postulats (peu importe le terme qu'on utilise ici) qui, par définition, sont des propositions non démontrées, sinon, ce ne seraient pas des points de départ (l'argument est connu depuis Aristote). Donc, toute démonstration est, dans le jargon de l'épistémologie contemporaine, « hypothético-déductive » : elle part de prémisses conventionnelles, sinon arbitraires. Si l'on prend la démonstration ou la fondation en ce sens, si l'on parle des fondements de l'éthique en ce sens, il est clair qu'il ne peut pas y en avoir et je peux reprendre à mon compte tout ce qu'André dit. On ne peut pas démontrer à quelqu'un qui n'aurait aucune morale qu'il a tort de n'avoir aucune morale. Ça n'aurait pas de sens de développer une argumentation ou une démonstration de type mathématique puisque, par définition, c'est non pas la démonstration elle-même qui est en cause, mais les postulats de départ.

Mais il y a une autre conception de l'argumentation ou de la fondation, qui est justement mobilisée (ce n'est pas un hasard) dans la philosophie critique depuis Kant et qui n'a rien à voir avec la démonstration mathématique. Pour autant, elle prétend à une rigueur aussi grande. C'est d'ailleurs une distinction qui est attestée chez Husserl : celle entre science « exacte » et science « rigoureuse ». Le terme « exact » renvoyant à la démonstration mathématique et le terme « rigoureux » renvoyant à un autre type de fondation ou de démonstration, que Apel et Habermas désigneront aussi sous le nom de « pragmatique ». Mais peu importent les mots. De quoi s'agit-il ? Les logiciens distinguent aujourd'hui trois types de contradictions :

1. les contradictions, dans l'énoncé, entre le sujet et le prédicat (« un cercle est carré ») ;

2. les contradictions dans l'enchaînement des énoncés, les énoncés étant eux-mêmes « bien formés », ou contradiction syllogistique (« les hommes sont mortels, Socrate est un homme, donc Socrate est immortel » : voilà une faute de raisonnement dans l'enchaînement des propositions).

Ces contradictions qu'analysent les mathématiciens ou les logiciens résident dans le *contenu* du discours. Ce sont les seules dont tienne compte le dogmatique, qui ne considère que le contenu et non pas la réflexion sur le contenu.

3. Troisième type de contradictions : celles qui interviennent entre les énoncés (éventuellement bien formés et bien enchaînés) et le *sujet* qui les prononce, ce qu'on appelle les « contradictions performatives » ou encore, dans le jargon de la philosophie contemporaine, les contradictions « pragmatiques ». Exemple : « j'affirme, par la présente proposition, qu'il n'existe pas de proposition vraie » : c'est une variation sur le paradoxe du Crétois qui dit que tous les Crétois sont des menteurs, mais cette formulation-là est meilleure parce qu'elle n'est pas empirique. Il n'y a pas de contradiction dans l'énoncé, il n'y a pas de contradiction dans

l'enchaînement des énoncés non plus, il y a simplement une contradiction entre l'énoncé et l'énonciation, entre le fait d'affirmer cela et le contenu de l'affirmation.

Ce que je veux indiquer, en procédant ici négativement, c'est qu'il peut exister des fondements de l'éthique ou de la morale moderne qui résident précisément dans les *conditions de l'énonciation*, c'est-à-dire dans les conditions subjectives du rapport aux valeurs.

Plutôt que d'essayer d'argumenter d'un point de vue logique (ce qui sera plutôt fastidieux ici), je vais prendre un exemple tenant à la nature de la subjectivité, à la définition de l'humain qui est en jeu dans la Déclaration des droits de l'homme. Sur le plan moral, ce qui nous relie presque tous aujourd'hui, c'est cette Déclaration. Or quel est le sujet qu'elle mobilise, quelle est sa conception de l'homme ? Il s'agit de dire que l'être humain a des droits, mérite le respect *abstraction faite* de son enracinement dans telle ou telle réalité particulière, dans telle ou telle communauté, que cette communauté d'enracinement soit historique, culturelle, linguistique, nationale ou biologique (ethnique). Elle dit très exactement le contraire de ce que disent les matérialistes : *non seulement l'histoire n'est pas notre code, mais la nature non plus !* Ce qui veut dire que tout être humain a la capacité de s'arracher à ses enracinements historiques ou naturels, qu'il n'est pas déterminé, *du moins pas entièrement* (car qui nierait qu'il existe *aussi* des déterminations sociales et naturelles ?) par ses enracinements. Bien sûr qu'il l'est *aussi* ! Mais il n'est pas entièrement le produit ni d'une histoire, ni d'une nature. Ce qui veut dire qu'il y a un petit moment d'absolu chez l'être humain, et c'est cela que j'appelle le divin : ce moment où il a cette étrange faculté de s'échapper de tous les codes dans lesquels on veut l'emprisonner, c'est cela que j'appelle le sacré, la transcendance, la liberté... Ces mots reviennent ici au même !

Lorsqu'on argumente moralement, lorsqu'on dit : « je prétends vraiment que, dans cette proposition, se joue quelque chose de l'ordre du bien et du mal qui n'est pas négociable », je pense à ce fondement *absolu* qu'est le respect de la subjectivité humaine dans ce qu'elle a de transcendant par rapport à la nature et à l'histoire. Cela ne signifie nullement, bien sûr, que si j'étais par exemple avocat, contraint de défendre un criminel, je ne chercherais pas des excuses dans la nature ou dans l'histoire. Tout au contraire, même : c'est parce que nous croyons à la liberté que nous cherchons justement des excuses dans des formes d'aliénation ou de déterminisme. Mais il reste que, pour moi, une proposition du type : « il est vrai que c'est mal », a un sens.

ANDRÉ COMTE-SPONVILLE

Cela suppose donc une autre théorie de la vérité. Mais qu'est-ce que la vérité, si elle n'est pas l'adéquation au réel ? Pour moi, torturer un enfant, c'est atroce, mais ce n'est pas *faux* : puisqu'il est vrai, hélas, qu'on en torture ! Quand je condamne moralement un acte, l'important, à mes yeux, n'est pas d'avoir raison ou tort. La morale n'est pas une science, ni même une connaissance : ce n'est pas le vrai et le faux qui s'y opposent, mais le bien et le mal, autrement dit (puisqu'il n'y a pas de valeurs objectives) ce que nous jugeons tel. C'est pourquoi il nous arrive, plus souvent que tu ne sembles le croire, de ne pas être d'accord. L'exemple de la torture des enfants est trop facile, par l'universelle réprobation qu'il suscite. Si tu prends des exemples plus réellement problématiques (la peine de mort, l'euthanasie, l'avortement, la toxicomanie, la prostitution...), tu verras qu'il n'y a pas consensus, et qu'aucun « fondement » ne permet – même entre individus honnêtes, intelligents et cultivés – d'en obtenir un. Celui qui dit que nos jugements moraux sont des vérités est donc bien, de mon point de vue, dans l'illusion : l'illusion, en l'occurrence, c'est de prétendre avoir raison dans un domaine où cela n'a pas de sens (puisqu'il ne s'agit pas de vérité). Mais cela n'autorise pas à conclure, comme tu le fais : « Il faut avoir le courage de dire que la morale est une illusion. » Ce n'est pas si simple ! Ce qui est illusoire, c'est de croire que la morale est vraie, objective, absolue. Et c'est pourquoi la morale, presque toujours, est en effet une illusion : parce que nous la vivons comme une vérité. Mais cette illusion n'abolit pas la morale (au contraire : elle en fait ce que j'appelle une illusion *nécessaire*) ni n'épuise son contenu. Car le fait que je refuse absolument qu'on torture les enfants, et que nous le refusions tous, ou presque tous, ce n'est pas une illusion : c'est une vérité ! Le fait que nous préférions la générosité à l'égoïsme, la douceur à la cruauté, l'amour à la haine, etc. (et même si nous ne sommes pas toujours capables de vivre à la hauteur de cette préférence-là), ce n'est pas une illusion : c'est une vérité ! La morale fait partie du réel. La subjectivité fait partie de l'objectivité (les sujets font partie du monde). Et que ces vérités soient seulement des vérités de *fait*, ce qui est bien clair, n'est pas une objection à leur adresser : puisque le *fait* ici est un désir, qui juge (c'est ce que j'appelle, pensant à Spinoza, la normativité immanente du désir) et commande (au moins relativement). L'illusion, c'est de prendre ses désirs ou ses jugements pour la réalité. Mais que nos désirs et nos jugements *fassent partie* de la réalité, ce n'est pas une illusion ! On ne se trompe donc pas quand on énonce des jugements moraux. Ils ne sont pas *vrais*, c'est entendu, mais ils ne sont pas *faux* non plus. Notre illusion, sans doute inévitable, ce n'est pas de juger : c'est de prendre nos jugements pour des connaissances – c'est de nous prendre pour Dieu. Nous sommes dans l'illusion non pas parce que nous jugeons, mais parce que nous prenons nos jugements (nécessairement relatifs et subjectifs) pour des vérités objectives ou absolues.

LUC FERRY

D'abord, quand tu dis que nous sommes tous d'accord sur le rejet de la torture ou du racisme, tu témoignes d'un optimisme que j'aurais envie, pour une fois, de qualifier d' « ethnocentrique », et encore avec bien des nuances ! Nous sommes tous d'accord autour de cette table, en ce moment, serait plus juste au regard des tragédies du siècle. Ensuite, j'en reviens à la même objection : je ne te dénie pas le droit de dire que la morale est une illusion, même si je ne partage pas cette opinion. Mais il me semble que tu le dis dans certains contextes favorables (pour dénoncer par exemple la confusion entre valeur et connaissance, pour écarter le dogmatisme lié à cette idée d'absolu qui fait fuir tout le monde), mais que tu ne cesses de reculer ensuite devant les conséquences d'un matérialisme qui conduit *en dernière instance, bien sûr, pas d'entrée de jeu,* à mettre tous les jugements de valeur sur le même plan. Dire qu'une illusion est nécessaire ne la rend pas, à mes yeux, moins illusoire.

Un fondement, ou une histoire ?

ANDRÉ COMTE-SPONVILLE

Soit. Mais, réciproquement, dire qu'elle est illusoire (en tant seulement qu'elle prétend à la vérité) ne la rend pas non plus moins nécessaire... Et puis je te retourne le compliment : si la morale est vraie, comment peux-tu échapper au dogmatisme ? Mais laissons ce point. Dans ta position, il y a autre chose qui coince. « Pour qu'on puisse avoir raison, dis-tu, il faut qu'il y ait un fondement. » Encore une fois, je ne pense pas qu'en matière de morale l'important soit d'avoir raison ; mais quand bien même cela serait, je ne crois pas du tout que, pour avoir raison, il faille un fondement. Prenons l'exemple de la physique : on ne peut pas la fonder absolument, puisque tout fondement supposerait ici la validité et de notre raison et de l'expérience, lesquelles validités sont logiquement et empiriquement invérifiables (puisqu'on ne pourrait les vérifier qu'à la condition de les supposer d'abord). Il n'en reste pas moins que, si quelqu'un prétend que la Terre ne tourne pas autour du Soleil, je suis convaincu d'avoir raison de penser qu'il a tort ! Qu'est-ce que cela signifie ? D'abord que les connaissances scientifiques sont relatives : elles n'ont pas un *fondement*, mais une *histoire*. Ensuite, et c'est où je voulais en venir, qu'une pensée n'a pas besoin, pour valoir, d'un fondement – car, sinon, la physique ne vaudrait rien.

Tu distingues deux fondements : un fondement mathématique et un fondement seulement rigoureux. Mais, même en mathématiques, je ne sache pas qu'il y ait un fondement, ni qu'il puisse y en avoir, et c'est peut-être ce qui est le plus nouveau dans l'histoire des mathématiques. D'après le peu que j'en ai compris, le théorème de Gödel montre essentiellement deux choses : 1. dans un système axiomatique comportant au moins l'arithmétique, il y a plus de vrai que de démontrable (on est donc obligé de penser qu'il y a, dans ce système axiomatique, des propositions indécidables : le système n'est pas « complet ») ; 2. on ne peut pas démontrer, sans sortir de ce système, qu'il n'est pas contradictoire : sa cohérence globale (sa « consistance », comme disent les logiciens) est indémontrable. Il en résulte, me semble-t-il, qu'on ne saurait fonder absolument les mathématiques ; car un fondement, en matière théorique, c'est justement ce qui garantirait et la complétude et la consistance de l'ensemble ! Personne, pourtant, n'y a vu une raison pour ne plus faire de mathématiques, ni pour cesser de penser que 2 et 2 font 4... Pourquoi veux-tu que ce qui est vrai des mathématiques (on peut en faire valablement sans les fonder) ne le soit pas de la morale ?

Que ma propre philosophie soit complète et consistante, je ne le prétends bien sûr pas : je ne peux ni tout y démontrer (à supposer qu'on puisse démontrer quoi que ce soit en philosophie...) ni démontrer qu'elle n'est pas contradictoire. Mais elle doit être, au moins, d'une cohérence possible. Est-ce le cas ? Il me semble que oui. Par exemple, je peux énoncer quatre propositions, qui résument ma position sur le débat d'aujourd'hui, et dont je prétends qu'elles ne sont contradictoires ni entre elles (d'un point de vue logique) ni avec le fait que je les énonce (d'un point de vue performatif) :

Première proposition : « Toute argumentation suppose des croyances possiblement vraies mais non fondées, autrement dit des vérités possibles mais non nécessaires. »

Deuxième proposition : « Tout jugement de valeur suppose autre chose que de la raison ou des connaissances » (à savoir du désir, de l'amour, de la volonté...).

Troisième proposition : « Toute pensée suppose des conditions matérielles (par exemple neurobiologiques) qui la produisent et qu'elle ne saurait violer. »

Quatrième proposition : « Ces quatre propositions participent elles-mêmes de l'incertitude ou de la relativité que les trois premières entraînent et que la quatrième confirme. »

Ou pour dire la chose autrement, et dans l'ordre inverse : Je crois, bien sûr sans pouvoir le prouver (proposition 4), que je ne suis qu'un corps (proposition 3), ce qui m'interdit d'avoir aucun accès absolu à l'absolu, aussi bien qu'un point de vue pratique (proposition 2) que d'un point de vue théorique (proposition 1).

Où vois-tu une contradiction ?

Les droits de l'homme contre le matérialisme ?

LUC FERRY

Dans l'esprit qui affirme qu'il n'est qu'un corps, dans cette liberté qui se veut à tout prix déterminée, dans le fait de penser que le racisme est *absolument* mauvais mais que tout jugement de valeur n'est que *relatif* ! Tu restes sans cesse *en deçà* des représentations éthiques que tu mobilises dans la vie quotidienne, tu échoues à en rendre compte et l'on peut même dire que tu les contredis, comme si le matérialisme devait toujours démystifier, déclarer illusoires des convictions de la conscience commune alors même qu'elles sont aussi les siennes.

Propositions pour propositions, voici ce que je te proposerai de mon côté.

1. Le sujet qui énonce les vérités morales et les fonde n'est pas une entité mystique introuvable parce que irréductible à la matière ou à la nature. La forme en est même décrite, au vu et au su de tout le monde, dans des textes aussi simples que celui de la Déclaration des droits de l'homme.

2. À force de se pencher sur les causes possibles, biologiques ou historiques, des valeurs en jeu dans ce petit texte symbolique, on oublie que nous déterminons tous les jours une part de nos actions d'après la représentation de cet être indépendant de ses enracinements qu'il décrit. Le *fait est* que nous nous pensons comme ayant cette capacité d'*abstraction* que décrit la Déclaration et qu'il en résulte des effets concrets, difficiles à comprendre sans cette référence : cela, au moins, ce n'est pas une illusion !

3. Toute tentative d'explication qui ne fait pas sa place au surgissement de cette dimension irréductible est, dès lors, en porte-à-faux. On retombe sans cesse dans le scénario de film d'horreur que j'évoquais, comme dans ces romans de Philip K. Dick où l'on passe d'un rêve dans un autre : même au réveil, on ne sait jamais si l'on est encore dans un rêve ou non ! Ce que nous prenons pour la liberté ne serait, pour le coup, qu'une illusion programmée de part en part par la nature : mais, en ce cas, le cauchemar serait complet, car force est de reconnaître que nous ne disposerions plus d'aucune référence solide pour faire le partage entre ce qui serait illusoire et ce qui ne le serait pas !

ANDRÉ COMTE-SPONVILLE

Tu nous parles d'un fondement, mais tu n'as toujours pas précisé à quoi tu faisais référence exactement. Je crois comprendre qu'il s'agit de la liberté...

LUC FERRY

Bien sûr, et je suis évidemment d'accord pour dire avec toi qu'il n'y a pas de fondement absolu en mathématiques ou même en physique. C'était le sens de mes propos sur la nature conditionnelle de toute démonstration. Mais, avec l'idée de liberté, nous touchons le site de toutes les conditions de la *réflexion* qui nous permettent de ne pas être seulement des êtres englués dans la nature et dans l'histoire !

ANDRÉ COMTE-SPONVILLE

Auquel cas c'est vrai, par hypothèse, pour la mauvaise action aussi bien que pour la bonne. Ce qui permet au salaud d'être un salaud, c'est qu'il est libre. Ce qui permet à l'honnête homme d'être honnête homme, c'est qu'il est libre. En quoi une liberté commune à l'un et à l'autre peut-elle fonder la supériorité du second ? Ce n'est possible qu'à condition qu'on reprenne la distinction qu'établit Kant entre la *liberté* et l'*autonomie*. Mais l'autonomie suppose que la volonté ne soit soumise qu'à sa propre loi, sans aucune détermination affective ou sensible. Cela nous oblige à penser, avec Kant, que si l'on agit par compassion ou par amour, par exemple, on tombe dans l'hétéronomie (puisqu'on est gouverné par ses affects), ce qui est beaucoup moins bien que de faire son devoir parce que c'est son devoir, sans amour ni compassion ! Tu es ainsi obligé de revendiquer une espèce de formalisme ou d'hyperrationalisme moral qui me paraît intenable. Pour le coup, je te retourne ton objection favorite : ça ne correspond pas du tout à notre façon de vivre et de penser ! S'il y a une contradiction performative, c'est bien là : nous avons tous pour le Christ ou le Bouddha (tels que les présente la tradition : l'un n'agissant que par amour, l'autre que par compassion) davantage d'estime, en fait, que pour le misanthrope vertueux ou le kantien orthodoxe qui n'aide son prochain – sans plaisir, sans amour, sans compassion – que parce que c'est son *devoir*. Nous savons tous, autrement dit, que le cœur importe davantage, moralement, que l'impératif catégorique ou la raison. Or le cœur, par définition, n'a pas besoin de fondement. Quand quelqu'un souffre, faut-il fonder la compassion avant de l'aider ?

Et plus généralement : lequel d'entre nous s'est jamais préoccupé d'un fondement pour savoir ce qu'il devait faire ? Je reprends l'exemple que j'évoquais dans mon texte. Imaginez que vous surpreniez un violeur ou un tortionnaire à l'œuvre, et qu'il vous dise, par exemple, ceci : « Comme il n'y a pas de fondement pour la morale, du moins je n'en ai pas trouvé, je m'autorise à faire ce que vous voyez que je fais ; mais croyez bien que, dès que vous aurez fondé la morale, j'arrête aussitôt ! » Vous seriez immédiatement convaincus que ce n'est pas du tout le problème : qu'on n'a pas besoin, pour être un salaud, ou pour refuser d'en être un, d'un fondement ! Il y a en nous une capacité de refus (que la biologie peut expliquer en partie, mais qui relève davantage, selon toute vraisemblance, de la société, de l'histoire, de l'éducation...) qui se moque de tout fondement, quel qu'il soit, et n'en a pas besoin. J'en veux pour preuve le fait que la question du fondement de la morale est une question philosophique, et l'une des plus difficiles (elle ne s'adresse guère qu'aux spécialistes, qui bien sûr ne sont pas d'accord entre eux), alors que la conscience, comme chacun sait et comme Kant le reconnaît, est à la portée de n'importe qui. Comment aurions-nous besoin d'un fondement de la morale, alors que cela fait des années, les uns et les autres, que nous agissons moralement (ou que nous nous reprochons de ne pas le faire), sans savoir, pour la plupart d'entre nous, s'il y a un fondement, voire en pensant, pour ce qui me concerne, qu'il n'y en a pas ? Cela non plus, ce n'est pas une illusion, et nos analyses ne valent que si elles en rendent compte.

Tu dis : « Est moral ce qui est vrai, au sens moral du terme, autrement dit conforme aux conditions de la subjectivité. » Si on laisse de côté les questions de vocabulaire (faut-il ou non, dans ce cas, parler de vérité ?), j'en suis d'accord. Simplement, les conditions de la subjectivité, pour toi, sont surnaturelles, hors nature, absolues, alors qu'il me semble tout à fait possible de les comprendre comme ce qui, au sein de la nature et de l'histoire, *conditionne* le sujet. Est moral, en ce sens, ce qui est conforme à la vie ou à l'intérêt de l'espèce, ce qui est conforme aux intérêts de la société, à la raison (ce qui est universalisable sans contradiction), à l'amour, et ce dans la tension qu'imposent ces quatre registres : ils ne vont pas toujours dans le même sens, ce qui nous laisse aussi une marge de jeu, de choix, d'hésitation... C'est pourquoi nous sommes d'accord, presque tous, sur l'essentiel, sans nous entendre toujours sur le détail.

Le sens des désaccords éthiques

Luc Ferry

Premièrement, je ne crois nullement à la « supériorité » essentielle d'un honnête homme sur un « salaud » et j'abonderai dans ton sens : la liberté est en jeu dans le mal autant que dans le bien. Ce que nous jugeons moralement, ce ne sont pas les êtres eux-mêmes, mais leurs comportements, même si l'on risque souvent de confondre les deux par une erreur tragique. Ensuite, il me semble que ce que tu dis sur l'amour, plus important que la morale, est également juste, et même profond..., mais relève précisément d'une autre sphère que celle de la morale, celle que tu as toi-même désignée sous le nom d'éthique. Ne confondons pas les deux, car ta distinction est légitime et je l'accepte moi-même [1] au point d'en faire le lieu du *sens*, qui n'a rien à voir avec le bien et le mal moraux. Par ailleurs, qu'au moment d'agir on ne s'interroge pas sur les fondements, naturels ou non, de la morale, c'est l'évidence. Et le violeur dont tu prenais l'exemple sans doute moins que tout autre ! Mais la porte enfoncée me semblait grande ouverte ! Et je ne suis pas certain qu'une fois arrêté et en procès, lorsqu'on lui demandera de s'expliquer sur ses actes, il ne soit lui aussi obligé de rentrer dans un dialogue moral, avec ce que cela suppose d'argumentations, de débats sur les circonstances atténuantes...

La question des fondements ne se pose pas dans la vie quotidienne à tout bout de champ mais, dès qu'on entre dans une discussion morale quelle qu'elle soit, y compris avec soi-même, elle se pose en permanence. Dire qu'elle ne se pose jamais est tout à fait faux : nous ne parlons même que de cela dès qu'il s'agit de bien et de mal, ce qui fort heureusement, et là tu as raison, n'est pas toujours le cas, ni peut être même l'essentiel !

Mais cette argumentation revient, en dernier ressort, à mettre en jeu les critères et les manifestations de la liberté : c'est pourquoi j'ai toujours été hostile à la réduction de la morale à la raison. Cela reste néanmoins une base suffisante pour limiter ou hiérarchiser les désaccords moraux que tu évoques. Contrairement à ce que tu affirmes, je prétends du reste que l'on peut démontrer à un raciste qu'il a tort. La seule chose qu'il puisse faire, c'est être hypocrite... ou ne pas discuter ! Il n'a que deux possibilités : refuser le dialogue et te taper dessus (mais il est clair que, dans ce cas-là, on sort de la problématique de la fondation !) ou discuter, ce qui, reconnaissons-le, est presque toujours le cas, et dès lors il est perdu. La conséquence en est relativement claire aujourd'hui : comme on

1. Même s'il nous arrive évidemment, à l'un comme à l'autre, d'utiliser ces termes indifféremment dans certains contextes.

sait, l'hypocrisie est l'hommage que le vice rend à la vertu et ce n'est nul hasard si, avec les progrès de la subjectivité moderne, le raciste lui-même est obligé d'en venir à l'hypocrisie. Le Pen lui-même se défend d'être raciste ! C'est intéressant du point de vue d'une phénoménologie des prétentions à la vérité morale. Ça n'empêche certes pas que, dans l'histoire, il y a eu des gens qui étaient ouvertement racistes mais, précisément..., cette espèce-là a presque disparu en Europe pour des raisons qui ne sont pas anecdotiques. Beaucoup restent racistes par réflexe, mais ils ne *prétendent* plus au racisme dans la société européenne, hormis quelques skinheads (qui, à nouveau, tapent avant de discuter !).

Une position nietzschéenne, disons, avachie, consiste à dire que « ce qui a besoin d'être démontré ne vaut rien ». Ce n'est pas un hasard. Là, une fondation ultime réapparaît : dès que le raciste va commencer à argumenter, il sera pris par cette logique de la prétention à l'universalité dans laquelle il est perdant à tous les coups. C'est pourquoi, encore une fois, le racisme n'est pas une position argumentable. On peut simplement l'affirmer par la violence, mais pas l'argumenter dans un débat.

ANDRÉ COMTE-SPONVILLE

L'exemple du racisme est à la fois trop facile dans son contenu moral (tu prends à nouveau un exemple où nous sommes tous d'accord) et trop compliqué dans ses présupposés (il faudrait mesurer d'abord la pertinence, notamment biologique, du concept de race). Prenons des exemples théoriquement plus simples et moralement plus difficiles : la peine de mort, l'euthanasie, le suicide, l'avortement, la richesse... Point besoin, là, de connaissances scientifiques particulières. Et que de problèmes pourtant ! Peut-on tuer innocemment ? Peut-on être riche innocemment ? Voilà des questions qui se posent et nous opposent, moralement, que chacun résout comme il peut, et pour lesquelles aucun fondement n'impose ni ne justifie une réponse unique. Prenons l'exemple de l'avortement : il y a des gens très bien qui sont pour la liberté de l'avortement, des gens très bien qui sont contre, et des gens très bien qui trouvent... que c'est très compliqué ! Je me suis battu pour la loi Veil, avant qu'elle n'existe ; je me battrais pour la défendre si elle était menacée ; et pourtant je trouve que l'avortement (ou tel avortement : il n'y a que des cas particuliers) peut en effet poser un certain nombre de problèmes moraux, que la loi Veil bien sûr ne supprime pas (c'est même son mérite que de renvoyer ces problèmes aux individus concernés) et qu'aucun fondement, à ma connaissance, ne permet de trancher absolument. Sur la peine de mort, c'est la même chose : des gens très bien et très nombreux sont contre, des gens très bien, peut-être moins nombreux (en tout cas parmi les intellectuels), sont pour ou ne sont pas contre : c'est mon cas. Pourquoi ? Parce que je pense que ceux qui auraient condamné Hitler à mort auraient bien agi, et que je n'ai rien à reprocher à ceux qui ont condamné à mort, lors du procès de Nuremberg, tel ou tel dignitaire nazi. On dira que ce sont des cas très singuliers. Sans doute ; mais personne, que je sache, ne propose d'universaliser la peine de mort... Il suffit de trouver un seul cas où elle soit justifiée pour qu'on ne puisse plus être contre. Mais peu importe ici le fond du débat. Ce que je voulais dire, c'est simplement que je ne vois pas quelle démonstration ou quel fondement pourraient éviter qu'il y ait, sur ces questions, des désaccords irréductibles. C'est aussi ce qui justifie la tolérance et le débat démocratique : c'est parce qu'on ne peut pas *démontrer*, dans ces domaines, qu'il faut à la fois tolérer, discuter, et voter.

Cela n'empêche pas qu'il y ait de l'intolérable, autrement dit quelques questions à la fois très simples et très graves – on ne torture pas les enfants, on n'est pas raciste, etc. – sur lesquelles toute notre histoire (peut-être biologique, assurément culturelle) fait qu'aujourd'hui nous sommes presque tous d'accord. On n'a pas besoin d'un fondement pour expliquer cet accord-là : l'espèce et l'histoire suffisent.

Luc Ferry

Ce n'est pas parce qu'il y a des désaccords éthiques sur des questions empiriques très importantes (pour ou contre l'avortement, pour ou contre l'insémination artificielle avec donneur ou tout autre exemple, pourquoi pas la richesse, en effet) qu'il y a désaccord sur la définition fondamentale des vertus. Au contraire, quand je discute (par articles interposés) avec quelqu'un comme Jacques Testard, le père fondateur de la bioéthique en France, ce qui me fait doucement sourire en mon for intérieur, c'est que le nombre de points d'accord entre nous sur les valeurs fondamentales est considérable, même si, sur des points particuliers, nous arrivons à des positions totalement antinomiques. Il veut par exemple interdire à tout prix le diagnostic pré-implantatoire..., et moi pas. Il n'empêche que les valeurs mobilisées dans cette discussion sont fondamentalement les mêmes : la dignité humaine, la volonté de ne pas transformer les enfants en objets, d'éviter la réification...

Ne confondons pas tout. Il peut y avoir, en effet, accord fondamental sur ce qu'on pourrait appeler entre nous le transcendantal, sur les principes qui définissent les valeurs (en accord avec la subjectivité moderne), et désaccord total sur une question particulière (les femmes seules peuvent-elles fabriquer un enfant par insémination avec donneur ?).

Spinoza avocat, Kant procureur ?

André Comte-Sponville

Liberté et nécessité : les deux vont ensemble, me semble-t-il, et c'est ce qui interdit d'ériger l'une ou l'autre en absolu. Lucrèce, sur ce point, me paraît plus judicieux que Spinoza ou Kant. Mais ces deux-là, ensemble, sont peut-être plus éclairants. C'est comme dans un procès. On pourrait dire que Spinoza, c'est le point de vue de l'avocat (qui insiste, objectivement, sur la nécessité, et donc, subjectivement, sur la miséricorde) ; et Kant, le point de vue du procureur (qui insiste, objectivement, sur la liberté, et donc, subjectivement, sur la culpabilité). Je pourrais en tirer argument pour dire que je préfère les avocats aux procureurs ; mais ce serait bêtement polémique et démagogique : la vérité, bien sûr, c'est qu'on a besoin des deux. Ce qui m'intéresse, en l'occurrence, c'est de comprendre comment ces deux points de vue peuvent fonctionner ensemble. Or c'est ce que permet, me semble-t-il, l'idée de liberté relative, telle que j'essayais de la suggérer dans mon texte (une liberté non pas soustraite à l'espace, au temps, à l'histoire ou à la nature, comme le voudrait Kant, mais inscrite en eux, issue d'eux, avec pourtant une marge de jeu, d'indétermination, d'initiative possible). Cette idée permet de comprendre que nous sommes responsables de nos actes (puisqu'on les choisit), mais pas absolument (puisqu'on n'a pas le choix de soi). Or, qui dit liberté relative dit culpabilité relative. Si l'on file la métaphore judiciaire, et même si ce n'est qu'une métaphore (la morale n'est pas le droit), je dirai que c'est parce que nous sommes tous relativement coupables et relativement innocents que nous avons tous droit à des avocats, et que la société a droit à des procureurs. Ou pour dire la chose autrement : chacun est responsable de ses actes, mais innocent de soi. C'est pourquoi la justice (qui porte sur les actes) n'exclut pas la miséricorde (qui porte sur les individus).

3

Humanitaire et bioéthique : vers une sacralisation de l'humain ?

Que la morale commune, dans nos sociétés laïques, soit assez bien exprimée par l'idéal séculaire d'un respect croissant des droits de l'homme, nous en sommes, l'un et l'autre, d'accord. Nulle originalité, au demeurant, dans ce constat. Mais, depuis quelques années, le souci des droits prend un visage nouveau. D'un côté, les formidables progrès des sciences de la vie nous conduisent sans cesse davantage à nous interroger sur les limites qu'il convient d'imposer (ou non) aux nouveaux pouvoirs de l'homme sur l'homme. D'un autre côté, le XXe *siècle, qui aurait pu être celui de l'humanisme, l'héritier des Lumières, apparaît bien davantage au plus grand nombre comme celui des génocides, des camps, des totalitarismes. De là le souci croissant d'une extension internationale des droits de l'homme. Comment comprendre, comment juger ces nouvelles figures de la morale que sont la bioéthique et l'humanitaire ? Faut-il y voir l'indice d'une « divinisation » de l'humain, la prise de conscience d'un élément sacré qui pour être descendu du ciel sur la terre n'en reste pas moins le signe qui distingue l'homme de tous les autres animaux ? Faut-il au contraire, dans une logique matérialiste, les comprendre comme des tentatives, parfois utiles, souvent illusoires, de prendre en compte non le sacré en l'homme, mais la simple souffrance d'un être qui, pour être à certains égards différent des autres vivants, n'en appartient pas moins au règne animal ?*

Humanitaire et bioéthique : vers une sacralisation de l'humain ?

André Comte-Sponville

Qu'est-ce que l'humanitaire et la bioéthique peuvent bien avoir de commun ? Je crois trouver la réponse dans la suite de l'intitulé qui sert de titre à notre réunion d'aujourd'hui : ce seraient deux formes de cette *sacralisation de l'humain* que Luc se plaît à discerner dans notre époque. Humanitaire et bioéthique auraient en commun, ce n'est pas rien, de donner raison à Luc Ferry. Comme c'est lui qui a formulé la question, ce n'est pas vraiment surprenant...

Pour ma part, je serai plus réservé. Pas seulement parce que le sacré n'est pas ce que je cherche, ni ce que je trouve. Aussi, et davantage, parce que d'autres phénomènes traversent notre modernité, qui devraient modérer cet enthousiasme humaniste. D'abord, bien sûr, la vie réelle, telle qu'elle est, toute profane, toute laïque, tout immanente : la petite quotidienneté de l'homme, ses petites misères, ses petites bassesses, ses petits bonheurs... Sincèrement, quand vous êtes dans le métro, est-ce le sacré qui vous étreint ? Et dans votre travail ? Un de mes amis, enseignant en collège, me disait tristement : « Ce n'est pas un métier qui rend humaniste. » Trop de bêtise, trop de violence, trop de vulgarité. Le chahut est le contraire d'une messe. Quant au calme de nos amphithéâtres, dans l'enseignement supérieur, il doit davantage au travail et à la fatigue qu'à je ne sais quelle sublimité transcendante. L'homme est un loup pour l'homme plus souvent qu'un Dieu. Et un voisin plus souvent qu'un loup. Or le voisinage, par la familiarité qu'il suppose, est le contraire du sacré, qui ne va pas sans séparation.

Le féminisme et l'écologie : une banalisation de l'humain

Surtout, il n'y a pas que l'humanitaire et la bioéthique. Parmi les mouvements qui ont marqué cette fin de siècle, il y a aussi le féminisme et l'écologie, qui me semblent battre en brèche cette prétendue sacralisation.

Le féminisme, dans sa conquête des droits des femmes, s'est plutôt heurté au sacré humain comme à un obstacle. « Tout être humain est sacré, disaient en substance les adversaires de l'I.V.G., donc tout avortement est sacrilège... » Car qu'est-ce qu'un sacré qui ne commencerait qu'à la onzième semaine de grossesse, ou qui varierait selon les pays et les législations ? Fallait-il alors, au nom de ce sacré-là, vouer chaque année des milliers de femmes aux avortements clandestins, avec leur cortège d'horreurs et de souffrances ? Le peuple français a jugé que non, par quoi il fit preuve, me semble-t-il, d'humanité et d'intelligence. Je ne prétends pas régler par là le problème moral de l'avortement, qui me paraît plus compliqué qu'on ne le croit ordinairement des deux côtés. Une loi n'est pas là pour dire le bien et le mal, mais seulement le permis et le défendu. Toujours est-il qu'à l'opposition massive de deux sacrés ou de deux absolus, celui de la liberté individuelle (« Mon ventre est à moi ») et celui de la vie humaine (« Laissez-les vivre »), nos concitoyens ont préféré la mesure, par nature relative, des risques et des inconvénients. C'était la bonne voie. Elle débouche sur une politique du moindre mal, de la moindre souffrance, de la moindre injustice, bref, sur ce que j'appellerais volontiers une politique laïque et profane : une politique du compromis et de la solidarité. Encore une fois le problème moral de l'avortement n'est pas du tout résolu par là. Mais pourquoi serait-ce à l'État de le résoudre ? Au temps du théologico-politique, comme diraient Luc ou Carl Schmitt, le légal et le moral sont nécessairement un, du moins ils doivent l'être, et tout écart entre ces deux ordres (Antigone) est tragique : puisqu'un même sacré est censé régner dans les deux. Mais pour les Modernes, non. Mais dans une société laïque, non. Ce n'est plus le sacré qui règne ; c'est la liberté du peuple, c'est la liberté de l'esprit, et cela fait deux règnes différents, deux ordres différents, puisque le vrai ou le bien ne se votent pas, puisque la démocratie ne tient pas lieu de morale, puisque la morale ne tient pas lieu de démocratie... On n'en a pas fini pour autant avec la tragédie. Mais le tragique n'est plus une contradiction à l'intérieur du sacré, ou entre deux sacrés. C'est une contradiction à l'intérieur de l'homme, et entre les hommes, quand le sacré ne répond plus.

Concernant l'écologie, c'est encore plus net : il s'agit moins d'une *sacralisation* que d'une *banalisation* de l'humain. Nous n'acceptons plus que l'homme soit maître et possesseur absolu de la nature, qu'il puisse en faire ce qu'il veut, l'exploiter, la saccager, la soumettre à son bon plaisir, sous le prétexte très humaniste qu'il serait la seule valeur, le seul sacré, le seul dieu d'une nature tout entière profane et désenchantée. « L'humanisme métaphysique, reconnaît Luc, fut à l'origine d'une entreprise de colonisation de la nature sans précédent [1]. » Chacun en constate aujourd'hui les excès, que nous ne pouvons plus tolérer. De là cette sensibilité écologique, si forte parmi nos contemporains, qui est comme une laïcisation de l'humanisme : l'homme n'est pas Dieu, et la défense des intérêts de l'humanité, aussi légitime qu'elle soit, doit tenir compte également des intérêts des autres espèces animales, voire, pourquoi pas, de l'ensemble de la biosphère... Qu'il y ait, de ce côté aussi, des dangers, Luc l'a montré dans *Le Nouvel Ordre écologique*, et il fit bien. Quand l'amour de la nature se mue en haine de l'homme ou de la civilisation, comme on le voit chez certains écologistes radicaux, il y a quelque chose qui ne va plus. Mais cela n'autorise pas à revenir aux excès précédents ou opposés, à cette espèce de barbarie technicienne et productiviste qui voudrait – fût-ce au nom de l'humanisme – que la nature ne mérite ni attention ni respect, qu'elle ne soit rien qu'un instrument au service de l'homme, de son confort, de ses capitaux ou de sa gloire... Là-dessus, je ne peux m'étendre : ce n'est pas notre sujet. Mais simplement constater ceci : le mouvement écologique, si important, et surtout la préoccupation écologique, qui l'est encore davantage, attestent que nos contemporains croient de moins en moins en l'humanité comme en une valeur absolue et séparée (or tels sont les deux caractères du sacré), et la perçoivent de plus en plus comme une espèce parmi d'autres, bien sûr singulière (ce sont nos frères humains), bien sûr supérieure aux autres (on ne connaît de culture et de morale qu'humaines), mais prise dans un ordre commun, qui

1. Luc Ferry, *Le Nouvel Ordre écologique*, éd. Grasset, 1992, p. 29.

est celui de la nature, que nous ne saurions transgresser sans danger ni peut-être, pour beaucoup d'entre nous, sans le sentiment de commettre une espèce de sacrilège. Pensez à ces marées noires qui ont souillé la Bretagne, à ces oiseaux englués dans le mazout, à leur souffrance, à leur incompréhension, souvenez-vous de notre colère alors, de notre dégoût, de notre honte... L'agonie de Franco, il est vrai que nous avions moins d'images, ne m'a pas plongé dans les mêmes sentiments.

Lévi-Strauss évoque quelque part ce sentiment de sacré qu'il ressent, lui qui ne croit en rien, devant la moindre espèce animale. Ce n'est pas le mot que j'utiliserais (je parlerais plutôt de respect, de compassion, de contemplation, de gratitude...), mais je comprends bien ce qu'il veut dire et je m'y reconnais. Cela va au-delà, d'ailleurs, des seules espèces vivantes. L'univers m'importe tout autant que la vie, puisqu'il la contient, puisqu'il l'engendre. Qui n'est ému, la nuit, quand il regarde la voûte céleste, cet infini en acte, cette éternité offerte, ce miracle continué de l'être ? « *Le ciel étoilé au-dessus de moi, la loi morale en moi...* » Que celui-là ne doive pas faire oublier celle-ci, j'en suis évidemment d'accord. Mais pourquoi faudrait-il que celle-ci nous fasse oublier le mélange d'admiration et de vénération, comme disait Kant [1], que celui-là nous inspire ?

Sacré ? Ce n'est pas le mot, là encore, que j'utiliserais. Mais sublime et bouleversant, oui. Si je devais me mettre à genoux, ce serait devant l'univers plutôt que devant l'homme. Devant le tout, plutôt que devant tel ou tel de ses effets. J'aime pourtant mieux rester debout et lucide. L'univers nous ignore. Si cela ne nous interdit pas de l'aimer, cela nous dispense de l'adorer. Comment serait-il Dieu, puisqu'il est sans conscience, sans amour, sans volonté ? Quant aux hommes, je les trouve pitoyables plutôt que sacrés. Ils méritent notre compassion, notre respect, notre douceur, plutôt que notre vénération. Cela suffit pour faire de l'humanisme une morale. Mais une religion, non.

1. *Critique de la raison pratique, op. cit.*, conclusion.

L'humanitaire : un humanisme malgré les hommes

C'est où l'on rejoint l'humanitaire et la bioéthique. Ce qu'ils ont en commun, à mes yeux, ce n'est pas de sacraliser l'homme ; c'est de le défendre, de le protéger, y compris contre lui-même. C'est pourquoi ce sont deux combats nécessaires : non parce que l'homme est grand, mais parce qu'il est fragile, parce qu'il est dangereux, parce qu'il est plein de haine et de folie. J'entends bien que l'humanisme non métaphysique dont Luc se réclame inclut ces dimensions, qu'il en fait même, Luc nous l'a expliqué l'autre jour, l'un des signes – par l'excès dans le mal – de cette liberté qu'il nous prête ou que nous sommes. Mais l'humanitaire et la bioéthique n'ont pas besoin de cet humanisme-là pour être ce qu'ils sont : un combat contre l'horreur et pour la sauvegarde de l'humanité. L'homme est une espèce menacée, et d'abord par lui-même. L'homme est un prédateur pour l'homme. Un apprenti sorcier, pour l'humanité. Ce n'est pas parce qu'il est bon qu'il faut le défendre, et d'ailleurs il ne l'est guère. C'est parce qu'il est vivant. C'est parce qu'il est souffrant. C'est parce qu'il est mortel. Comment un Dieu aurait-il besoin d'assistance ? Comment des hommes pourraient-ils s'en passer ? L'humanitaire n'est pas une messe ; c'est un secours. Les *French doctors* ne sont pas des prêtres ; ce sont des médecins. Ils ne distribuent pas des sacrements, mais des médicaments. Non des prières, mais des soins. Le monde n'est pas leur église ; c'est leur hôpital.

Cela indique assez la limite de l'humanitaire. Comment croire qu'un hôpital puisse suffire ? Qu'il puisse tenir lieu à lui seul de morale, de religion, de politique ? Mais cela en dit aussi la grandeur, qui est de ne pas attendre, pour combattre l'horreur, que le Bien soit possible. Ni que les hommes soient bons, pour les soigner. Religion de l'homme-Dieu ? Non pas. Morale de l'urgence et de la compassion.

C'est un point, me semble-t-il, où Rony Brauman et Bernard Kouchner, malgré tout ce qui a pu les séparer, seraient d'accord. J'ai de l'estime, et même de l'admiration, pour l'un et l'autre. Je n'ai jamais compris l'espèce de condescendance dont ils font parfois l'objet, notamment de la part des intellectuels, ni ce faux procès qu'on leur intente (surtout à Bernard Kouchner) en leur reprochant une médiatisation si évidemment nécessaire aux actions qu'ils mènent ou aux buts qu'ils poursuivent. Comme si la présence d'une caméra, ici ou là, autorisait à tenir pour rien le courage le plus évident ! Ou comme si la lâcheté des autres, pour n'être pas médiatisée, se transmuait mystérieusement en vertu... Mais laissons. Ce qui m'importe, c'est ce que l'humanitaire nous apprend sur l'homme ou sur l'époque. Luc, dans *L'Homme-Dieu*, répond qu'il « nous apprend à reconnaître le sacré dans l'homme [1] », qu'il serait en cela un chemin vers l'« humanisme transcendantal » et la « divinisation de l'humain [2] » que notre temps illustre ou réclame. Sacré Luc, qui voit du sacré partout ! Il me semble que Bernard Kouchner et Rony Brauman sont moins enthousiastes. Intellectuellement, politiquement, et même humainement, je me sens plus proche du second. Mais, sur ce point, je ne vois guère entre eux de différences. Le premier se réclame de ce qu'il appelle un « pessimisme absolu, c'est-à-dire résolument actif [3] ». De quoi s'agit-il ? D'une espèce de philosophie, explique Kouchner, laquelle souligne que « la cruauté fait partie de la nature des hommes », que « l'homme reste foncièrement méchant et lâche », enfin qu'il porte le fascisme ou la haine « dans le cœur [4] ». Un humanisme ? Il le faut bien, mais réaliste : c'est un humanisme *malgré* les hommes [5]. Quant à Rony Brauman, qu'on a défini comme un « humaniste *a minima* [6] », quand il récuse toute mystique de l'humanitaire, quand, à la question « qu'est-ce que l'homme ? », il répond simplement « un être qui n'est pas fait pour souffrir [7] », il est clair qu'il n'invente pas une nouvelle religion, qui serait l'humanisme, ni un nouveau Dieu, qui serait l'homme. Il fait ce qu'il peut pour rendre le monde, comme il dit, « un peu moins

---

1. Luc Ferry, *L'Homme-Dieu ou le sens de la vie*, éd. Grasset, 1996, p. 207.
2. Id., *ibid.*, conclusion.
3. *Ce que je crois*, éd. Grasset, 1995, p. 94. Du même auteur, voir aussi *Le Malheur des autres*, éd. Odile Jacob, p. 314 et *passim.*
4. *Ce que je crois, op. cit.*, p. 107. Voir aussi *Le Malheur des autres, op. cit.*, p. 311-312.
5. Voir le beau chapitre « Les hommes contre l'humanisme », dans *Le Malheur des autres, op. cit.*, p. 309 à 328.
6. L'expression est utilisée par Philippe Petit, dans le livre d'entretiens qu'il a réalisé avec Rony Brauman, *Humanitaire, le dilemme*, Paris, éd. Textuel, 1996.
7. *Humanitaire, le dilemme, op. cit.*, p. 38. Voir aussi l'article « Assistance humanitaire » que Rony Brauman a écrit pour le *Dictionnaire d'éthique et de philosophie morale, op. cit.*, p. 96 à 101.

insupportable [1] ». Pourquoi mettre du sacré là-dedans ? Du divin là-dedans ? La compassion vaut mieux. La miséricorde vaut mieux. À trop adorer l'homme, on ne peut qu'être déçu. Combien d'humanistes devinrent misanthropes ? « À ne rien attendre des hommes, comme dit Kouchner, on se lasse moins de leur fréquentation [2]. »

L'homme et l'animal

Ne nous battons pas sur les mots. Si, par « sacré », Luc veut simplement dire qu'il y a des choses qu'on n'a pas le droit de faire à un être humain, j'en suis d'accord et nous ne sommes séparés que par le vocabulaire. Mais la question philosophique est celle-ci : pourquoi n'en a-t-on pas le droit ? Qu'est-ce qui, dans l'homme, lui vaut cette protection, hélas toujours insuffisante, de l'interdit ? Sa dimension d'être transcendant, d'être libre, d'être « hors nature », comme le veut Luc ? Ou bien simplement, comme je le crois, sa réalité toute naturelle, tout immanente, toute déterminée d'être vivant et souffrant ? Si Luc a raison, toute comparaison entre l'homme et l'animal est fausse, voire sacrilège. Si j'ai raison, la comparaison s'impose (puisque l'homme est un animal) et commande (puisque les animaux dès lors ont des droits, ou puisque nous avons des devoirs vis-à-vis d'eux). D'un côté, une différence de nature (puisque la nature de l'homme, dit souvent Luc, est de n'en pas avoir : l'homme est un être qui *n'est pas* un animal). De l'autre, une différence de degré (puisque l'humanité fait partie de la nature, puisqu'elle est simplement une espèce animale supérieure, certes de très loin, à toute autre espèce connue). D'où la question que j'ai posée à Luc, il y a quelques années, et que je lui soumets à nouveau. Qu'est-ce qui est le plus grave : crever un œil à un chat ou donner une gifle à un enfant ? Torturer un animal ou insulter un humain ? À chacun de trouver sa réponse, qui pourra varier selon les situations. Mais si vous m'accordez que la question est pertinente, comme je le crois, cela veut dire qu'il y a, entre les hommes et les animaux, au moins une commune mesure, qui permet de comparer les maux qu'on leur fait subir et, éventuellement,

1. Rony Brauman, *L'Action humanitaire*, p. 82.
2. Bernard Kouchner, *Le Malheur des autres*, *op. cit.*, p. 314.

de choisir entre eux. Cette commune mesure, c'est la souffrance. J'évoquais tout à l'heure la belle formule de Rony Brauman : « Qu'est-ce qu'un homme ? C'est un être qui n'est pas fait pour souffrir. » Ce que j'aime, dans cette réponse, c'est que, précisément, ce *n'est pas* une définition. Car aucun être n'est fait pour souffrir, et la même formule pourrait s'appliquer, proportionnellement à leur degré de conscience, à tous les animaux. D'où ce que j'appellerais volontiers un humanisme élargi, un humanisme vraiment universel : il s'agit de se comporter humainement (au sens où l'humanité est une vertu) non avec les humains seulement, mais avec tout ce qui vit ou, en tout cas, tout ce qui souffre [1]. C'est l'humanisme de Montaigne. C'est l'humanisme de Lévi-Strauss. Et c'est l'humanisme, me semble-t-il, de la plupart de nos contemporains. Un humanisme de l'homme-Dieu ? Non pas. Un humanisme de la douceur et de la compassion.

Violence et politique : les limites de l'humanitaire

Il y a autre chose. Non seulement nous avons des devoirs envers les animaux aussi, mais même nos devoirs envers les humains relèvent moins, à mes yeux, de l'absolu ou du sacré que de la relativité toujours changeante des époques, des situations et des affects. Luc m'objectera qu'en aucun lieu, en aucun temps, on n'a le droit de couper les enfants en morceaux... J'en suis d'accord (même si d'autres, hélas, en ont jugé différemment) ; mais j'y vois l'universalité de la compassion et de l'horreur plutôt que celle d'un sacré. Quant aux situations moins atroces, c'est encore plus net : les commandements les plus ordinairement reçus doivent de moins en moins au sacré, de plus en plus au jugement. *Tu ne tueras pas* ? En faire un absolu, ce serait condamner tout avortement, toute euthanasie, tout suicide, comme fait Jean-Paul II, et c'est précisément ce à quoi je me refuse. Mais ce serait aussi, à la limite et quoique le pape n'aille pas jusque-là, condamner toute guerre, même juste, tout assassinat, même légitime, enfin toute exécution capitale, même dans un État de droit. Or je ne suis pas pacifiste, ni non-violent, et je constate que Brauman ou Kouchner ne le sont

1. Sur cette question, que je ne peux ici qu'esquisser, voir mon article « Sur les droits des animaux », in *Esprit*, n° 12, décembre 1995, p. 140 à 148.

pas davantage. Soigner les victimes, très bien, mais cela ne suffira jamais à vaincre les assassins. Et comment les vaincre, quand la violence est déchaînée, sinon par la force ? Il y a des situations où l'on a le droit de tuer, et même où c'est un devoir. On ne me fera jamais dire que la tentative d'assassinat contre Hitler, le bombardement du mur de l'Atlantique ou l'exécution de dignitaires nazis, après le procès de Nuremberg, ont été des sacrilèges. Le sacré ne se juge pas, ne se mesure pas, ne se supprime pas. La vie humaine, si.

C'est pourquoi, il faut y revenir un instant, l'humanitaire ne saurait suffire. Car il met par définition tous les hommes sur le même plan : tous exposés à la souffrance et à la mort, ils ont tous droit aux soins. La déontologie médicale, dans ce qu'elle a de plus noble, s'impose ici à chacun. « On ne choisit ni on ne juge son patient », écrit Kouchner [1]. L'humanitaire de même ne choisit ni ne juge ses victimes. On le voit bien au Rwanda : les Hutus ont droit à notre aide, d'un point de vue médical et sanitaire, y compris s'ils se sont rendus coupables ou complices de massacres contre les Tutsis. On l'a bien vu dans l'ex-Yougoslavie. Un soldat blessé, un enfant affamé, une femme martyrisée ont droit à nos secours, quelles que soient bien sûr leur nationalité, leur religion ou même leur responsabilité dans les horreurs passées. L'humanitaire ne connaît ni amis ni ennemis, ni coupables ni innocents ; il ne connaît que des victimes. C'est sa grandeur. C'est sa noblesse. Mais c'est aussi sa limite. Car à force de combattre les effets, dans leur indistinction, dans leur globalité, dans leur universalité atroce, il en oublie les causes. À force de soigner, il en oublie de combattre. Ou plutôt, car telle n'est pas sa fonction, c'est nous qui l'oublierions si l'humanitaire nous tenait lieu de politique. « On ne choisit pas son patient », dit Kouchner, et il a raison. Mais on choisit ses amis et ses ennemis. Mais on choisit son camp. Mais on choisit son combat. C'est la politique même. Si bien qu'une certaine idéologie du tout humanitaire ajoute de l'eau au moulin néfaste qui ne cesse de dévaloriser l'action politique en tant que telle. On l'a vu au Rwanda, où, à force de combattre le malheur, on a oublié de combattre le mal [2]. Où, à force de compassion indistincte, on a

1. Bernard Kouchner, *Le Malheur des autres, op. cit.*, p. 327.
2. Voir le beau livre de Rony Brauman, *Devant le mal (Rwanda : un génocide en direct)*, éd. Arléa, 1994.

oublié de se battre pour la justice [1]. On l'a vu dans l'ex-Yougoslavie, où l'humanitaire a servi, bien malgré lui, d'écran pour camoufler les faiblesses, les ambiguïtés ou les incohérences d'une politique. « La réparation, le soin ne peuvent être en eux-mêmes un programme politique, remarque Rony Brauman : aider les réfugiés et soigner les blessés de guerre en ex-Yougoslavie, c'est fondamental. Mais cela ne dit rien sur l'issue politique souhaitable du conflit [2]. » Comment l'humanitaire pourrait-il tenir lieu de politique ? L'humanitaire est universel ; aucune politique ne l'est. L'humanitaire ne choisit pas ses victimes ; toute politique choisit ses adversaires et ses alliés. L'humanitaire échappe, autant qu'il le peut, aux intérêts et aux rapports de force. La politique n'existe que pour les uns et par les autres. Et c'est légitime : puisque la morale ne peut suffire à tout, puisque nous avons aussi des intérêts à défendre, puisque l'histoire est tragique, puisqu'elle est conflictuelle, puisqu'elle n'avance, comme disait Marx, que par son mauvais côté. Comment l'humanitaire pourrait-il suffire, puisque, s'il suffisait, on n'aurait plus besoin d'humanitaire ?

C'est un point, on l'a compris, où Rony Brauman me semble plus lucide que Kouchner, moins porté à mettre l'humanitaire à toutes les sauces, à en faire une panacée, plus attaché, comme il dit lui aussi, à « distinguer les ordres [3] », et donc à rendre à la politique, il y a urgence, ce qui lui revient : non le soin mais le combat, non le cœur mais le droit, non l'universalité indistincte de la compassion mais la particularité des intérêts, des objectifs et des alliances. Si la lutte contre le chômage, en France, mobilise davantage d'énergie et de moyens que la lutte contre la faim dans le monde, ce n'est pas pour des raisons morales. Si le budget de l'Éducation nationale est cent ou mille fois supérieur à celui de l'action humanitaire, ce n'est pas pour des raisons morales. C'est pour des raisons politiques, bien sûr, et elles ont aussi leur légitimité. Or elles n'en auraient aucune, c'est où je voulais en venir, si un sacré se jouait là. Dès lors à quoi bon ce mot, et n'est-ce pas ajouter de la confusion au débat et du discrédit à la politique ? Si l'homme était sacré, la politique – et toute politique – serait coupable : puisqu'elle n'existe, comme politique, qu'en refusant de

1. Id., *ibid.* Voir aussi *Humanitaire, le dilemme, op. cit.*, p. 60 : « Au Rwanda [...] on a vu le mal se dissimuler derrière l'image du malheur, et la pitié l'emporter par forfait, si j'ose dire, sur la justice. »
2. *Humanitaire, le dilemme, op. cit.*, p. 39.
3. Id., *ibid.*

sacraliser l'homme, ce qui supposerait qu'on les considère tous de la même façon (un Français ne saurait évidemment être « plus sacré » qu'un Zaïrois ou un Bengali), ce qui serait moralement justifié, certes, mais qu'aucun État n'a jamais pratiqué ni ne pratiquera jamais. Faire passer les intérêts des Français ou des Européens avant ceux des autres peuples, rien, moralement, ne le justifie. Mais aucune politique française ou européenne, sans cela, n'est envisageable. Une solution ? Aucune qui supprime le problème : morale et politique sont deux choses différentes, et nous avons besoin, définitivement, et de l'une et de l'autre... Je m'en suis expliqué ailleurs [1]. Ajoutons seulement que c'est encore une raison qui nous interdit de faire de l'humanisme une religion : car alors morale et politique devraient ne faire qu'un, ou se soumettre en tout cas à un ordre ultime, qui serait ce sacré-là. Les droits de l'homme ? C'est une référence utile. Une limite utile. Mais je mets au défi quelque parti que ce soit de fonder là-dessus une politique. Que proposent les droits de l'homme contre le chômage, contre la guerre, contre le trou de la Sécu ? Quelle politique économique, quelle politique étrangère, quelle réforme de l'Éducation nationale ? Aucune, bien sûr. C'est pourquoi nous nous opposons les uns aux autres, sur toutes ces questions, quoique nous pensions, sur les droits de l'homme, à peu près les mêmes choses. Ni angélisme, donc, ni barbarie : la politique ne saurait ni se soumettre purement et simplement à la morale (angélisme) ni en dispenser ou en tenir lieu (barbarie) [2]. C'est pourquoi l'humanitaire n'est pas tout. Et c'est pourquoi il est nécessaire.

La bioéthique : qui veut faire le Dieu fait le diable

Sur la bioéthique, je serai beaucoup plus bref : nous nous sommes pour une fois, Luc et moi, réparti le travail... Au demeurant, les remarques que j'aurais à faire seraient du même ordre. Dans la bioéthique, Luc croit découvrir une « sacralisation du

1. Voir spécialement « Le bon, la brute et le militant (morale et politique) », dans *Une éducation philosophique, op. cit.*, p. 121 à 141, et « Le capitalisme est-il moral ? (Sur le problème des limites et la distinction des ordres) », dans *Valeur et vérité, op. cit.*, p. 207 à 226.

2. Sur ces deux notions d'angélisme et de barbarie, voir « Le capitalisme est-il moral ? », in *Valeur et vérité, op. cit.*, p. 217 à 223.

corps humain » : « le corps humain, à l'image de celui du Christ, se fait Temple », et il faut y voir une nouvelle illustration, cela ne surprendra personne, de « l'avènement de l'homme-Dieu [1] ». Là encore, évitons de nous polariser sur le vocabulaire. Il m'est arrivé d'écrire, il y a quelques années et à propos justement de bioéthique, ceci : « Le sacré, c'est ce qu'on peut profaner : le corps humain est sacré. » Je voulais dire qu'il faut le considérer comme inviolable, qu'il ne saurait être réduit au statut d'instrument ou de marchandise, qu'il ne saurait faire l'objet de négoce ou d'asservissement... Et l'on se doute que je n'ai pas changé d'avis. Mais quand Luc parle d'un « Temple » ou de l' « homme-Dieu », il fait davantage : il absolutise cette dimension, il la fait passer de la morale à la religion, de ce que j'appellerais volontiers un sacré de précaution à un sacré de prescription. Je ne suis pas certain qu'on y gagne. Soit, par exemple, le problème des dons d'organes entre un mort et un vivant. Qu'est-ce qui est sacré ? Le corps du donneur ? Le corps du receveur ? Les deux ? Si l'on absolutise le sacré du cadavre, les greffes deviennent à peu près impossibles. Le sacré ne se coupe pas en morceaux... Si l'on absolutise le sacré du corps vivant, c'est le cadavre qui se trouve instrumentalisé, réduit au statut de marchandise, comme un stock de pièces détachées... Si l'on absolutise les deux, on tombe dans des apories qui risquent fort de devenir insurmontables. Entre le respect qu'on doit aux morts et l'assistance qu'on doit aux vivants, comment trouver, s'il s'agit de deux absolus, un équilibre ? Je fais davantage confiance à la relativité des situations, des individus, des solidarités. On sait que certains parents acceptent de céder les reins de leur enfant mort, mais pas son cœur, ou pas ses yeux... Au regard du sacré, c'est inintelligible. Mais rien n'est plus sacré ici, je veux dire rien n'est plus respectable, que la volonté des familles : c'est à elles de décider, souverainement, ce qui prouve assez qu'aucun absolu n'y suffit. Ce n'est pas le corps humain qui est sacré. C'est la souffrance des proches, leurs angoisses, même irrationnelles, leur fidélité, même incohérente, à ce qui fut vivant et aimé. La volonté du défunt, s'il l'a exprimée, va jouer un rôle majeur. Cela confirme que ce n'est pas le corps en tant que tel qui est sacré : puisque le respect qu'on lui doit varie en fonction des opinions et des craintes, souvent très profanes, de tel ou tel, puisqu'il dépend, surtout, de la volonté de chacun (quand le sacré est au contraire ce qui commande

1. *L'Homme-Dieu ou le sens de la vie*, *op. cit.*, p. 172.

absolument, à quoi la volonté doit se soumettre). D'ailleurs, si le corps humain était sacré, aurions-nous besoin de comités d'éthique, de débats, de lois ? La piété suffirait. Qui ne voit que ce n'est pas le cas ?

Cela ne vaut pas seulement pour la bioéthique. Quand Sartre pissa sur la tombe de Chateaubriand, je ne sais s'il eut le sentiment de commettre un sacrilège. Pour ma part, j'y vois plutôt une espièglerie de gosse. Je connais bien ce coin de Bretagne, qui est d'une beauté sublime. Je suis allé m'y recueillir des dizaines de fois. Pourtant, que du sacré soit resté là, sous cette dalle, depuis un siècle et demi, je n'y crois guère. Ou s'il y a du sacré quelque part, il est dans la splendeur de l'océan, tout autour, dans le cri des mouettes, dans la proximité de Saint-Malo, détruite, reconstruite, enfin dans l'émotion, parfois, d'un lecteur fidèle... Prier ? À quoi bon ? La beauté du site fait une prière suffisante.

Prenons un autre exemple, qui nous ramène à la bioéthique : celui des manipulations génétiques sur les cellules germinales, celles qui transmettent le patrimoine héréditaire de l'humanité. Qu'il faille s'en méfier, c'est une évidence. La sagesse impose, me semble-t-il, qu'on s'interdise d'améliorer l'humanité : que les manipulations ne soient autorisées qu'à des fins thérapeutiques, jamais à des fins eugéniques – pour soigner des malades, jamais pour créer des surhommes. Mais d'une part ce n'est pas toujours aussi simple (la frontière entre l'eugénisme et la thérapie génique est parfois floue), d'autre part, et surtout, ce n'est pas en fonction de ce que vaut l'humanité qu'on décide de la conserver en l'état (si c'était en fonction de ce qu'elle vaut, pourquoi ne pas augmenter sa valeur par sélection ou manipulation ?), ni au nom de je ne sais quel sacré humain : c'est par prudence, c'est par précaution, c'est par peur. Non parce que nous avons foi en l'homme, comme on dit parfois, mais au contraire parce que nous nous en méfions ! Non parce qu'il serait un Dieu, mais au contraire parce qu'il n'en est pas un, parce qu'il n'a pas à l'être, parce qu'il ne peut pas l'être. Loin d'aller dans le sens de l'homme-Dieu, la bioéthique se caractérise plutôt, chez presque tous, par le refus de faire de l'homme un Dieu, ce qui supposerait qu'il puisse rectifier librement la création, rivaliser avec le Dieu premier ou défunt, prendre sa place, bref, jouer au démiurge, et c'est exactement, s'agissant des manipulations génétiques, ce qui nous effraie. Croyants et incroyants peuvent s'entendre, et le doivent, sur une position de prudence et d'humilité : on ne corrige pas la copie de Dieu ; on ne corrige pas la copie de la nature. Ou si on la corrige ponctuellement, quand elle est évidemment fautive (les maladies héréditaires, les handicaps génétiques...), c'est pour lui rendre sa plénitude, sa perfection relative, sa santé, et non pour l'améliorer ou la transformer essentiellement. L'homme n'est pas Dieu : l'homme n'est qu'une créature – de Dieu ou de la nature –, et c'est très bien comme ça.

Qui veut faire l'ange fait la bête, disait Pascal. La bioéthique va plus loin : qui veut faire le Dieu fait le diable.

Un humanisme sans illusions, et de sauvegarde

Ce refus de diviniser l'homme me paraît au cœur des traditions spirituelles les plus hautes et les mieux établies. C'est où se rencontrent le refus de l'*hubris*, chez les Grecs, et celui de l'orgueil, chez les judéo-chrétiens. Faut-il rappeler la Genèse ? « Vous serez comme des dieux... » Mais c'est le démon qui parle. Les vrais croyants disent plutôt, avec l'Ecclésiastique : « Pourquoi tant d'orgueil, pour qui est terre et cendre ? » Dans *L'Homme-Dieu*, Luc cite l'Évangile de Jean : « N'est-il pas écrit dans votre Loi : J'ai dit : vous êtes des dieux ? » Mais l'expression, dans les Psaumes (82, 6), est métaphorique et d'ailleurs démentie aussitôt (82, 7). Et, dans les Évangiles, elle sert à justifier non la divinité de l'homme, mais celle du Christ. Or cette divinité, qui est un acte de foi, ne se définit que par différence : c'est parce que les hommes *ne sont pas Dieu* qu'il y a un sens, pour les chrétiens, à affirmer que le Christ, lui, en est un, ou plutôt qu'il est, dans le double mystère de la Trinité et de l'Incarnation, le seul et vrai Dieu. Cette foi, on le sait, n'est pas la mienne. Mais j'aime mieux être fidèle à l'absence de Dieu qu'à la présence trop envahissante de l'homme. C'est être fidèle encore à l'humanité, dans sa meilleure part : celle qui refuse de s'agenouiller devant soi.

Faire de l'homme un Dieu ? Ce serait abaisser Dieu, et abaisser l'homme. Ils ne valent, l'un et l'autre, l'un pour l'autre, l'un par l'autre, que dans l'écart maintenu ouvert qui les sépare. Transcendance ? Immanence ? Les philosophes là-dessus divergent. Mais sur la finitude de l'homme, non. Ni sur l'infini qui le hante. Comment pourrions-nous nous contenter de nous-mêmes ? Pascal et

Spinoza s'accordent ici, me semble-t-il, comme Kant et Simone Weil. C'est qu'ils sont fidèles, au moins dans ce domaine, au monothéisme juif. Quoi que soit Dieu, il est exclu qu'aucune créature ou qu'aucun mode fini le soit. « Ne sacrifie pas aux idoles », disait l'Ancien Testament, et l'homme, s'il se prend pour Dieu, en est une. Bref, cet humanisme-là ne me paraît qu'une idolâtrie comme une autre : l'homme-Dieu est un faux Dieu.

Au reste, si l'homme était Dieu, il n'aurait que faire de la biologie. S'il n'avait pas de nature, comme le prétend Luc, il n'aurait rien à craindre des manipulations génétiques. C'est où la bioéthique, loin de postuler la divinité de l'homme, n'a de sens que dans la prise en compte de son animalité. Car si l'homme est un animal, comme je le crois, et s'il n'est que cela, les manipulations génétiques le menacent dans son essence même, dans sa nature même, et c'est pourquoi nous avons bien raison de les refuser : parce que tout être tend à persévérer dans son être, et que l'être d'un homme, comme aurait pu dire Spinoza, n'est pas moins détruit s'il se change en Dieu que s'il se change en cheval [1]...

Cela n'empêche pas d'être humaniste, bien au contraire. Quoi de plus précieux pour nous qu'un être humain ? Quoi de plus aimable ? Quoi de plus fragile ? Mais cela interdit d'ériger cet humanisme en religion. L'homme n'est pas un Dieu qu'il faudrait adorer. C'est un vivant, c'est un mortel, qu'il faut protéger, qu'il faut respecter, qu'il faut aider, qu'il faut éduquer... Sur quoi fonder, par exemple, l'action humanitaire ? Sur la compassion, répond Rony Brauman, autrement dit « sur une sensibilité et une vulnérabilité partagées [2] ». Humanisme pratique et laïc : humanisme sans illusions, et de sauvegarde. Sur quoi appuyer la bioéthique ? Je répondrais volontiers : sur le respect et la défense de l'homme tel qu'il est, non dans je ne sais quelle divinité ou transcendance, mais dans sa stricte définition biologique. Car qu'est-ce qu'un homme ? Un être qui parle, qui raisonne, qui rit ? Rien de tout cela, puisque des anges pourraient parler, raisonner et rire, sans être pour autant des hommes, et puisqu'il y a des débiles

1. Cf. Spinoza, *Éthique*, IV, préface (« Un cheval, par exemple, est détruit aussi bien s'il se mue en homme que s'il se mue en insecte »). Pour Spinoza, la différence est telle, entre Dieu et l'homme, que le dogme de l'Incarnation, tel qu'on le trouve chez les chrétiens et aussi respectable que soit par ailleurs l'image du Christ, est absurde : autant dire qu'« un cercle a revêtu la forme d'un carré » (*Lettre 73* à Oldenburg). Le même argument vaudrait bien sûr contre toute divinisation de l'homme.

2. Rony Brauman, *Humanitaire, le dilemme, op. cit.*, p. 56.

profonds, surtout, qui ne parlent pas, qui ne raisonnent pas, qui ne rient pas, et qui n'en méritent pas moins notre respect et notre protection. Parce qu'ils sont vivants ? Pas seulement : nul n'admettrait qu'on les mette dans des zoos. S'ils méritent notre respect et notre protection toute particulière, disons toute spécifique, c'est parce qu'ils sont humains, de plein droit, même sans le savoir et sans pouvoir exercer les prérogatives qui, pour nous, y sont attachées. Qu'est-ce qu'un être humain ? Tout être né de deux êtres humains. Biologisme strict, ici, et de précaution. Non, bien sûr, que ce soit la biologie qui commande. C'est l'homme. Mais l'homme ne peut être défini que biologiquement.

Grandeur de l'homme, misère de l'homme

Luc a raison de constater que nos contemporains ne sont guère prêts à se sacrifier pour un idéal ou une abstraction, mais seulement pour un ou plusieurs êtres humains. Que serait un mal qui ne ferait de mal à personne ? Un bien qui ne ferait de bien à personne ? C'est pourquoi sans doute la masturbation ou le suicide ont cessé pour nous d'être des fautes, comme le patriotisme ou la foi ont cessé d'être des vertus absolues ou suffisantes. Nous avons appris à nous méfier de l'enthousiasme, des abstractions, du Bien même. J'ajouterai : méfions-nous également de l'humanisme, quand il passe la mesure. Méfions-nous du Mister Hyde qui accompagne, ou qui risque d'accompagner (pas chez Luc bien sûr, mais il n'y a pas que Luc...) ce Docteur Jekyll. Protéger l'homme, oui. Mais d'abord contre lui-même, et point tout seul. Faire du mal à un animal, c'est mal aussi. Saccager la nature, même si l'homme ne doit pas en souffrir, c'est mal aussi. Ce n'est pas le sacré qui commande. C'est la souffrance ; c'est la compassion ; c'est le respect de tout ce qui vit et meurt. Si l'homme a davantage de droits, c'est parce qu'il est davantage exposé à la souffrance (« plus de savoir, plus de douleur », dit l'Ecclésiaste) et à l'amour. S'il a davantage de devoirs, ou plutôt s'il est le seul à en avoir, c'est parce qu'il est – par la conscience, par la raison, par l'esprit – davantage ouvert à la souffrance de l'autre, de ses semblables d'abord, bien sûr, mais aussi des bêtes. C'est par quoi il est supérieur à elles, dans le souci même qu'il en prend. Nous nous préoccupons du sort des baleines ou des éléphants, et ce souci nous honore. Imaginez, cela viendra peut-être, que l'humanité soit une espèce en voie de disparition : baleines et éléphants ne lèveraient pas le plus petit bout de nageoire ou de trompe pour nous sauver ! Il n'y a d'écologie qu'humaine : le respect de la nature fait partie de la culture ; les droits des animaux n'existent que pour l'humanité. Cela dit à nouveau la grandeur de l'homme, qui ne doit pas faire oublier pour autant sa misère. Comme animal, il est unique, irremplaçable, supérieur à tout ce qu'on peut connaître, comme un chef-d'œuvre de la nature, une formidable réussite du hasard, de la vie ou de l'évolution, certes, mais aussi de l'histoire, de la culture, autrement dit de lui-même. Que ce primate, avec sa peau nue et ses mille trois cents grammes de cervelle, ait inventé la démocratie, la mécanique quantique et la sécurité sociale, qu'il ait produit Bach et Mozart, Rembrandt et Michel-Ange, qu'il ait su se donner des vins et des livres (et quels vins ! et quels livres !), qu'il ait créé la philosophie, l'érotisme et la gastronomie, qu'il se soit inventé, même, des dieux et des devoirs, ce n'était pas prévisible, et ce n'est certes pas méprisable. Oui, vraiment, comme animal, l'homme est extraordinaire. Mais quel dieu dérisoire et piètre cela ferait ! Il n'est ni immortel ni tout-puissant, il n'a créé ni le monde ni soi, il ne connaît ni le principe ni la fin des choses, enfin il est si loin d'être infiniment bon qu'on discute encore pour savoir s'il est capable, parfois, d'un peu d'amour véritablement désintéressé... L'adorer ? Ce serait le méconnaître ou le trahir.

Sur le plus haut trône du monde, disait Montaigne, nous ne sommes pourtant assis que sur notre cul. C'est ce qui nous interdit de nous prendre pour Dieu, et qui nous fait humains par la conscience insatisfaite que nous en prenons.

Qu'est-ce que l'homme ? C'est le seul animal qui sache n'être pas Dieu.

Vers une sacralisation de l'humain ?

Réponses à André

Luc Ferry

Fécondations in vitro, pilule abortive, insémination artificielle, clonage, expérimentations sur l'embryon humain, eugénisme, dons d'organes, manipulations du génome humain, thérapies géniques et médecine prédictive : l'hypothèse que j'ai formulée dans *L'Homme-Dieu* est que ces questions fascinent d'autant plus qu'elles ne sont pas étrangères au thème théologique de la « profanation ». C'est là ce que suggèrent assez les mythes auxquels on ne manque pas de les associer : Frankenstein, l'apprenti sorcier, Faust, de ces humains qui voulant faire l'ange font la bête. Tout se passe comme si la référence au sacré subsistait, malgré la « mort de Dieu », sans que, pour autant, la « spiritualité » nouvelle qui devrait lui correspondre nous soit donnée. Loin d'éradiquer le sentiment qu'une transcendance nous oblige et fonde des devoirs éthiques, la laïcisation du monde qui accompagne le développement des sciences la rend plus tangible encore. Elle la déplace vers l'homme et l'incarne en lui. Face à la possibilité d'un clonage massif ou de manipulations génétiques qui transformeraient à jamais l'espèce humaine, l'athée n'est pas moins horrifié que le croyant. Par peur ? Par « précaution » ? Mais d'où viendraient ces craintes si elles ne tenaient à l'idée que l'humanité doit être en quelque façon considérée comme intouchable lors même que notre santé ou notre bien-être auraient à y gagner ? C'est là, me semble-t-il, ce que Jonas, qui fut, le cas est intéressant à noter dans le contexte de notre discussion, un maître à penser tout autant pour l'écologie que pour la bioéthique, exprime à sa façon dans la conclusion de son *Principe-responsabilité* :

« Respect et tremblement doivent être eux aussi réappris afin qu'ils nous protègent des aberrations de notre pouvoir... Le respect seul, dans la mesure où il nous dévoile quelque chose de " sacré ", c'est-à-dire quelque chose qui en aucun cas ne doit être atteint (et cela peut être entrevu même en l'absence de religion positive), nous protégera contre la tentation de violer le présent au bénéfice de l'avenir, de vouloir acheter celui-là au détriment de celui-ci. »

Du sacré, donc, « même en l'absence de religion positive » : voilà ce qui, selon Jonas, constitue pour nous la limite à ne pas franchir. Et je crois que sur ce point, au moins, il a raison et pose la question, à mes yeux centrale, de cette fin de XXe siècle : sans référence à un sacré, fût-il à visage humain, il n'y aurait ni principe de précaution qui tienne, ni « heuristique de la peur » : que devrions-nous craindre de si terrible, en effet, dans une manipulation génétique, dans le clonage d'embryons ou dans la fabrication de monstres mi-animaux mi-humains, si l'idée que l'humanité est en quelque façon sacrée nous était devenue radicalement étrangère ? Il n'y aurait nulle menace réelle, nul danger sérieux dans de telles expérimentations qui pourraient d'ailleurs, sans perdre en rien leur caractère horrifique, être limitées à quelques échantillons sans importance...

Le constat s'impose et il va, il me semble, bien au-delà de la morale ordinaire – une morale des droits de l'homme, pour l'essentiel et pour la plupart d'entre nous : tout indique, à commencer par nos désaccords sur ces sujets, que nous sommes encore démunis de la *sagesse* qui conviendrait à l'ampleur des défis lancés. Il nous faut nous montrer « responsables », mais les réponses, justement, nous font défaut. Tout arrêter, mettre un terme à la recherche scientifique ? Cela ne paraît, à vrai dire, ni possible ni raisonnable, sauf à renoncer, d'un même mouvement, aux bienfaits d'une médecine à laquelle les peuples démocratiques sont plus attachés que jamais. Divinisation de l'humain oblige. Mais ce serait aussi manquer de courage, refuser d'affronter ce face-à-face avec nous-mêmes auquel nous convie le progrès et qui, pour être inédit ou inquiétant, n'en est pas moins aussi émancipateur et digne d'intérêt. Je ne reviendrai pas ici sur les liens qui me semblent unir étroitement aujourd'hui la bioéthique et l'humanitaire, le souci des corps et celui des cœurs : j'en ai parlé assez longuement dans mon précédent livre. J'aimerais plutôt tenter de répondre directement aux objections qu'André m'adresse.

Pour l'essentiel, j'ai eu le sentiment que son intervention reposait sur un malentendu, sur une vision déformée de cet humanisme de l'homme-Dieu que je fais mien aujourd'hui. Au fond, tout au long de notre discussion, André semble penser que cette « divinisation de l'humain » que j'ai souvent évoquée signifierait que les êtres humains sont « épatants », « formidables », voire angéliques... Comme si, à ces pauvres mortels, j'attribuais les attributs de Dieu. Une simple remarque, perçue et soulignée par André lui-même, suffit pourtant à écarter sans ambiguïté cette caricature : c'est dans le mal absolu, je l'ai dit et redit, que je vois le témoignage le plus sûr du sacré en l'homme. Il n'y a là, me semble-t-il, aucune idolâtrie possible, ni le moindre motif à « génuflexion », « vénération », « angélisme » et autres aberrations du même ordre que me prête André – même si, c'est vrai, cette capacité à faire le mal est aussi capacité à faire le bien, et s'enracine à mes yeux dans une liberté où réside toute la grandeur de l'homme –, par quoi, à la différence d'André, la nature et les animaux me semblent, en effet, tout bien pesé, moins *intéressants* que cet être pourtant si souvent décevant ou haïssable. Je préfère Mozart à son chien, et je ne suis pas sûr que, sur le plan musical à tout le moins, il y ait entre eux la moindre continuité. Sans doute le malentendu s'enracine-t-il dans des motifs profonds. J'ai tenté de mettre au jour certains d'entre eux afin que notre discussion ne s'enlise pas.

Le fond du débat : l'antinomie du matérialisme et de la religion

Voici, je crois, ce qui nous sépare et qui suscite apparemment une certaine ironie chez mon ami André : si je parle sans honte et sans gêne d'un « sacré à visage humain », c'est que je n'ai jamais été bien catholique – sauf d'éducation, dans une petite enfance qui ne compte guère ici – ni matérialiste. André n'a quitté la religion de Dieu que pour entrer dans celle de Marx. Pourquoi cette double génuflexion chez quelqu'un qui préfère aujourd'hui, à juste titre, rester debout et lucide ? La question n'est pas ici, pour le coup, ironique, mais je l'adresse par souci de compréhension à quelqu'un qui nous a dit, ici même, comment, pour répondre à la question « qui suis-je ? », le matérialiste doit renouer les fils de son histoire...

Religion dogmatique et matérialisme athée, christianisme traditionnel et communisme. Ce sont pour moi les deux visages, en leur fond équivalents, de l'antihumanisme théorique : dans l'un, l'autonomie de l'homme est, « en dernière instance », annulée par son statut de créature : dans l'autre, il n'est pas moins assujetti et créé que dans la première, produit qu'il est par une matière qui est censée le « réduire » et le déterminer. D'un côté, l'homme n'est que l'effet plus ou moins misérable d'un fondement spirituel, de l'autre, l'épiphénomène d'un fondement matériel : même passion, dans les deux cas, pour l'hétéronomie des fondations ultimes et, au sens propre, réductrices, en vérité : pour la métaphysique (l'onto-théologie, eût dit Heidegger). On m'explique, avec douceur, comme s'il fallait me guérir avec précaution de cette maladie infantile qu'est l'idéalisme, qu'on ne pense pas sans cerveau. Sans doute. Mais faut-il vraiment être matérialiste pour admettre cette banalité ? On va alors plus loin et l'on m'affirme que le cerveau *produit* la pensée, qu'il n'y a donc ni transcendance ni rien qui puisse en elle paraître légitimement sacré. On ne conduit pas non plus une voiture... sans voiture. Est-ce à dire pour autant qu'elle produit en nous la conduite ? Incorrigible idéaliste, je n'arrive pas à m'en persuader tout à fait.

Dans les deux cas, encore, la liberté humaine, cette faculté de transcendance et d'arrachement aux codes naturels et historiques en laquelle je vois, en effet, le signe d'une « surnaturalité » en l'homme, est limitée, voire réduite à néant. Vraie question : est-ce par déviation ou par essence que religion dogmatique et matérialisme sont toujours si prompts à prêter main-forte aux régimes autoritaires ? Mais, pour en rester à la théorie, c'est cela, au fond, que je conteste lorsque j'évoque l'idée d'un sacré à visage humain : que nous n'ayons que le choix entre des religions dogmatiques, qui divinisent fantastiquement la transcendance au point d'en faire un ordre imposé du dehors aux humains, et le matérialisme, qui s'évertue à en nier l'existence, réduisant ainsi l'homme à un animal comme les autres, supérieur sans doute en certains points, mais par le degré seulement, ou la quantité. Double hétéronomie en laquelle la négation métaphysique de l'humanisme m'a toujours paru résider.

Nulle surprise, dès lors, si le matérialisme, comme les religions traditionnelles avant lui, s'en prend à l'idée de *grandeur* (la religion l'acceptait pour Dieu, bien sûr, mais seulement pour Lui, la jugeant ailleurs blasphématoire : on n'adore que Dieu, disaient toujours nos grand-mères). Sacré André, qui ne voit autour de lui que des loups ou des voisins. On comprend son désespoir... Pour autant, je ne me reconnais pas dans les balancements impressionnants que suggère une certaine rhétorique sur laquelle je voudrais m'arrêter un instant.

En voici un premier exemple, tout à fait typique : ce que l'humanitaire et la bioéthique ont en commun, écrit André, « ce n'est pas de sacraliser l'homme, c'est de le défendre et de le protéger, y compris contre lui-même ». Première remarque : en quoi, mais vraiment en quoi, les deux membres de la proposition sont-ils contradictoires ? N'est-ce pas plutôt parce que quelque chose en l'homme nous apparaît sacré que nous ressentons le besoin de le protéger et de le défendre, plus que les millions de lapins ou de poulets que l'on tue chaque année ? Mais André poursuit : « Ce sont deux combats nécessaires : non parce que l'homme est grand, mais parce qu'il est fragile, parce qu'il est dangereux, parce qu'il est plein de haine et de folie... »

C'est, comme on dit, « bien envoyé », et ma première impulsion serait d'applaudir. Un instant de réflexion m'en empêche, et voici pourquoi : je ne reviens pas sur la haine et la folie, sur ce que j'ai dit plus haut sur le mal, sur cette « diabolisation de l'humain » qui m'apparaît parallèle à sa divinisation. Mais où André a-t-il pris qu'on ne pouvait tout à la fois être grand et fragile ? Soit Mozart ou Schubert, qu'il aime tant, et sur lesquels il a écrit des pages belles et justes : est-ce tout à fait à tort que l'usage populaire les désigne comme de « grands » compositeurs ? Et qui oserait affirmer qu'ils n'étaient pas fragiles parmi les fragiles ? Ni loups ni voisins, mais de sacrés bonshommes, assurément, d'autant plus grands que fragiles, d'autant plus fragiles que grands. Et je ne cède pas ici, par mimésis, au goût des balancements : l'humain n'est vraiment humain que par ces deux termes, grandeur et fragilité, parce qu'il a, je continue de le penser, une grandiose faculté de transcendance en lui d'où lui vient, en vérité, cette idée du divin qu'il extrapose hors de lui ; mais aussi parce qu'il n'en cesse pas moins, pour autant, d'être mortel. Serait-il privé de cette grandeur qu'il ne serait – comme André voudrait presque nous le faire croire – qu'animal – Buffon disait déjà un « super-singe ». N'aurait-il pas cette fragilité qu'il serait Dieu. Il n'est ni l'un ni l'autre, et c'est au fond pourquoi je ne puis me reconnaître ni dans un humanisme triomphant ni dans le matérialisme réducteur.

Bien d'autres passages du texte d'André vont dans le même sens et tendent à donner une image de mes thèses dont je n'ai cessé de me démarquer, celle selon laquelle les humains seraient des « gens épatants » : ainsi à propos du pessimisme de Kouchner qu'André m'oppose alors qu'il rejoint – sans le savoir –, presque au mot près, mes propres assertions sur la méchanceté humaine. Comment pourrais-je alors répondre ? Ou encore à propos de Brauman qui « fait ce qu'il peut pour rendre le monde, comme il le dit, " un peu moins insupportable ". Pourquoi mettre du sacré là-dedans ? Du divin là-dedans ? La compassion vaut mieux. La miséricorde vaut mieux. À trop adorer l'homme, on ne peut qu'être déçu ». Là encore, je ne puis m'empêcher de me demander si ces superbes balancements ne sont pas dus à la seule rhétorique ? Où André a-t-il vu que j'envisageais d'adorer l'homme ? Où a-t-il pris que le divin et le sacré étaient par essence opposés à la miséricorde ou à la compassion ? J'avoue ne pas saisir l'argumentation, car les deux, tout à l'inverse, me semblent intimement liés ! Un dernier exemple de ce même malentendu, et j'en viens aux questions de fond. Je lis, un peu plus loin, qu'André se réfère à l'humanisme qui est le sien, celui de Montaigne et de Lévi-Strauss, et il ajoute ceci, qui me laisse, je dois dire, plus que perplexe : « Un humanisme de l'homme-Dieu ? Non pas ! Un humanisme de la douceur et de la compassion. » Là encore, pourquoi cette opposition forcée et toute fictive ? Comme si la compassion n'était pas suscitée par la fragilité *et* la grandeur de l'humain, comme si l'humanisme de l'homme-Dieu se confondait avec je ne sais quel nietzschéisme de pacotille, avec une nouvelle apologie du surhomme. André a-t-il oublié le livre [1] que nous avons écrit ensemble sur ce thème ?

Faut-il que je redise encore pourquoi le signe le plus certain à mes yeux de la présence d'une transcendance en l'homme – je ne puis trouver d'autre terme pour désigner ce qui, en lui, *excède le règne de la nature tout entier, donc de la matière*, et suscite par là notre respect – résidait paradoxalement dans le phénomène du mal. C'est par le mal que l'humain témoigne le plus sûrement du fait qu'il n'est pas, en effet, réductible à la seule logique naturelle qui préside sans doute aux actions des animaux. Non que je le croie incapable de cet autre excès qu'est la générosité, mais cette dernière est trop aisément « réduite » par le matérialisme. Les animaux ne torturent pas, cela, même leurs amis les plus zélés nous le

1. *Pourquoi nous ne sommes pas nietzschéens*, éd. Grasset.

concèdent. N'est-ce pas assez dire que le sacré en l'homme, sa liberté de transcendance, ne se réduit pas au « formidable » ? N'est-ce pas assez dire, aussi, combien l'humanisme de l'homme-Dieu n'est pas réductible, comme André le suggère, à la position, en effet non seulement idolâtre mais tout simplement imbécile, qui consisterait à attribuer à l'homme toutes les qualités du divin ? Que puis-je dire de plus pour être clair ?

En matérialiste conséquent, André établit entre les animaux et l'homme une continuité et juge la discontinuité pour laquelle je plaide problématique : si elle était avérée, alors il serait moins condamnable moralement de torturer un chat que de donner une gifle à un enfant ! J'aimerais rappeler ici la thèse que j'ai défendue tout au long du *Nouvel Ordre écologique* et qui permet, il me semble, de lever assez aisément ce type de difficulté. J'y expliquais en quoi l'idée d'un droit des animaux est intenable parce qu'ils ne sauraient être eux-mêmes des sujets de droit – aucun juriste sérieux ne l'accepte, d'ailleurs, et c'est déjà un signe que l'on devrait prendre au moins comme une présomption. En revanche, trois aspects du monde naturel me semblent susciter en l'homme le respect et, corrélativement, certains *devoirs*.

– La beauté de la nature. Lorsqu'un enfant piétine des fleurs, la plupart des parents – moi en tout cas – lui font observer que « ce n'est pas bien ». Non pas que la fleur ait des droits, mais parce que la beauté, fût-ce sous ses formes les plus humbles, mérite respect et, par contrecoup, parce que y être insensible ou hostile est déjà presque une présomption d'immoralité.

– L'intelligence de la nature : lorsque l'homme intervient dans les écosystèmes, il est presque toujours moins « intelligent » qu'eux, ce pourquoi il ne cesse (un peu comme dans l'économie) d'y produire des effets pervers.

– La souffrance des animaux qui mérite, elle aussi, notre respect, la formule de ce troisième devoir, qui serait révolutionnaire si on voulait l'appliquer aujourd'hui, pouvant être à peu près la suivante : éviter aux animaux toutes les souffrances inutiles.

Sur la question qu'André me pose, je refais donc la même réponse que dans *Le Nouvel Ordre écologique* : nous avons des *devoirs* envers les animaux, imposés par la considération de leur souffrance, d'une part, par le fait, d'autre part, qu'elle présente de sérieuses analogies avec la nôtre. Est-il plus grave de donner une gifle à un enfant ou de torturer un chat ? On pourrait sans doute discuter la matérialité des faits : cela dépend de la gifle, de la nature de la torture, etc. Mais admettons que la torture soit avérée et la gifle méritée : ce qui est clair, et suffit à répondre à André, c'est que celui qui torture est à coup sûr ignoble alors que celui qui gifle a peut-être des bonnes raisons de le faire (ou, en tout cas, ses raisons ne sont pas forcément toutes mauvaises – bien qu'à titre personnel je m'abstienne par principe de ce genre de « pédagogie »). En *considération du sujet qui commet l'acte*, en considération des devoirs plutôt que des droits, la réponse ne fait guère de doute et elle rejoint, je crois, le sens commun : il est plus grave de torturer le chat. Je ne vois donc là, à vrai dire, aucune difficulté – nos devoirs envers les animaux ne leur donnant pour autant aucun droit, car, pour avoir des droits, il faut aussi pouvoir ou avoir pu les défendre (je pense ici aux enfants ou aux personnes qui ont perdu cette capacité en raison de l'âge ou de la maladie mais qui ont pu, pourraient ou pourront l'avoir). En ce sens, les animaux n'ont pas plus de droits que les monuments célèbres, par exemple, que l'on protège des vandales : nous avons certains devoirs de conservation envers eux, mais personne n'aurait l'idée de dire pour autant qu'ils ont, à proprement parler, des droits.

J'écarte encore deux objections qui me semblent secondaires : « Si les hommes n'avaient pas de nature, comme le prétend Luc, ils n'auraient rien à craindre des manipulations génétiques » – je pense qu'André a voulu faire un bon mot. Le fait de ne pas avoir de nature au sens d'une *essence* qui les emprisonnerait n'empêche pas les humains, fort heureusement, d'avoir un corps et par là même d'appartenir à la nature en un autre sens. Dans le même registre, lorsque j'ai parlé de la « sacralisation des corps » dans la bioéthique, je ne pensais pas au corps comme cadavre !

Sur les raisons de protéger les humains, en revanche, le problème est sérieux : pourquoi n'a-t-on pas le droit de tout faire à un être humain ? Voici comment André présente à juste titre notre divergence : « Qu'est-ce qui, dans l'homme, lui vaut cette protection, hélas toujours insuffisante, de l'interdit ? Sa dimension d'être transcendant, d'être " hors nature ", d'être libre, comme le veut Luc ? Ou bien simplement, comme je le crois, sa réalité toute naturelle, tout immanente, toute déterminée d'être vivant et souffrant ? » Et encore ceci : « Ce n'est pas parce qu'il est bon [remarque au passage : où ai-je dit cela ?] qu'il faut défendre l'homme, et d'ailleurs il ne l'est guère. C'est parce qu'il est vivant, parce qu'il est souffrant, c'est parce qu'il est mortel. »

Si André avait raison, il faudrait alors mettre les humains et les animaux, toutes choses égales par ailleurs, sur le même plan, car, très certainement, ils sont mortels, comme nous, et, à moins de rester encore dans une absurde optique cartésienne, ils souffrent à coup sûr et sans doute même autant que nous. Je ne puis m'empêcher cependant de penser que le génocide des Arméniens, des Juifs, des Rwandais n'a pas tout à fait le même sens que celui des veaux ou des poulets qui se poursuit pourtant, en France, au moment même où nous parlons ! André en est sans doute d'accord. Mais pourquoi cette différence ? Comment un matérialiste pourrait-il la justifier ? Pourquoi ne pas rejoindre alors la position des partisans (comme Peter Singer) d'un droit des animaux, égal à celui des hommes lorsque toutes choses sont égales par ailleurs ? De ce point de vue, la définition de l'humain par Brauman n'est ni belle ni laide, mais rhétorique ou métaphorique : prise à la lettre, elle vaudrait tout autant pour la souris ou pour l'écrevisse qui, elles non plus, ne sont pas faites pour souffrir.

Évitons encore un malentendu : je n'ai jamais prétendu que la limite que je trace entre humanité et animalité était absolue sur le plan empirique. Ce qui m'intéresse, avant tout, c'est le critère en tant que tel (cette liberté « surnaturelle » et, en tant que telle, porteuse de sacralité), non la question empirique de savoir au juste où elle passe au sein du monde vivant. Qui pourrait, du reste, en décider à coup sûr ? Si l'on devait me démontrer que les grands singes possèdent certaines traces d'une telle liberté, cela ne me gênerait en aucune manière : j'en conclurais seulement, ce que je pense d'ailleurs en mon for intérieur, qu'on n'a pas le droit non seulement de les maltraiter, mais même de les tuer ou de les asservir puisqu'ils seraient en quelque façon des êtres moraux. Au fond, ce qui importe dans le critère choisi, c'est qu'il permet de distinguer le monde moral et le monde naturel. Que certains animaux puissent à certains égards relever du premier n'est pas exclu. Qu'ils soient, par là, en quelque façon « humanisés » est une affaire empirique devant laquelle l'humilité scientifique s'impose. L'essentiel est de percevoir que cette continuité empirique n'implique nullement que l'on établisse pour autant une continuité entre le monde de l'esprit et celui de la nature.

L'écologie contemporaine montre à mes yeux à peu près tout sauf ce que lui prête André, à savoir qu'elle témoignerait, à l'encontre d'une prétendue sacralisation de l'humain, d'un intérêt nouveau pour l'univers en tant que tel et d'un souci de détrôner l'orgueil humain. Comme je pense l'avoir montré dans *Le Nouvel Ordre écologique*, cet aspect de l'écologie est marginal, voire infinitésimal. Il renvoie, en vérité, non à une *nouveauté* du monde moderne, mais au contraire aux formes archaïques de l'animisme et du romantisme antimodernes. En réalité, pour 98 p. 100 de ceux qui s'intéressent aujourd'hui à la protection de la nature, il s'agit avant tout de protéger indirectement l'homme de lui-même, non de sacraliser la nature comme telle (comme le fait la *Deep Ecology* romantique et antimoderne). Autrement dit, l'écologie s'inscrit à l'évidence, comme les demandes de santé, d'ailleurs, mais, aussi la bioéthique et l'humanitaire, dans l'immense logique *humaniste* de l'État providence. C'est là ce qui signe l'échec de l'écologie politique radicale, réduite aujourd'hui à peu près à néant. L'objection d'André tombe avec elle.

Un mot, encore, sur l'humanitaire. Il faut cesser de dire et de répéter comme un leitmotiv – je l'ai fait moi-même et je le regrette presque – que « l'humanitaire n'est pas une politique ». Bien sûr que c'est vrai ! C'est même une banalité : des dizaines, voire des centaines d'articles l'ont souligné dans la grande presse depuis le début de la guerre en Bosnie. Qui n'a compris que la politique, c'était aussi la diplomatie, le militaire, les rapports de forces et non seulement les bons sentiments ? Mais, une fois qu'on a brillamment montré que 2 + 2 font, en effet, 4, ne faut-il pas aller plus loin ? La vraie question, aujourd'hui, est et reste encore celle non de la séparation mais de l'articulation entre humanitaire et politique. Quid de la prévention ? Faut-il une armée humanitaire ou non ? Doit-on abandonner le monopole des actions caritatives aux organisations non gouvernementales ou faut-il au contraire que les États, malgré tout, s'en mêlent ? Ce que montre l'humanitaire, ce n'est pas à mes yeux la nécessité d'un complément de charité apporté à une politique « réaliste », donc « dure » ! C'est au contraire la nécessité d'adosser aussi (mais non seulement bien sûr) la politique sur des passions et des sentiments, sinon sur des émotions. C'est aujourd'hui possible et même souhaitable dans la mesure où certaines passions ont été façonnées par deux siècles de démocratie. Je plaide donc pour un machiavélisme ou un hobbisme inversés : ne plus appuyer la politique seulement sur la peur, la haine et les rapports de forces, mais sur ces nouvelles forces *positives* que sont les passions démocratiques dans un univers qui, en effet, sacralise l'humain. Je crois même que c'est notre seule chance de donner enfin quelque puissance à la vie démocratique face à une montée des fondamentalismes qui, eux, savent faire le « meilleur » usage des passions – ce qui leur évite de parler couramment la langue de bois, quoique malheureusement les passions en question soient les plus funestes. Mais nous reviendrons sur ce thème lors de notre débat consacré à la politique.

Débat

« Homme-Dieu » ou « animal dénaturé » ?

André Comte-Sponville

Au fond, le mot qui résume le mieux notre désaccord, c'est « surnaturel ». Il te sert à définir l'humain quand, pour le matérialiste que je suis, il ne peut désigner qu'un ensemble vide (c'est même, je le rappelais l'autre jour, l'une des bonnes manières de caractériser le matérialisme). Mais si je refuse cette idée de « surnaturalité », ce n'est pas pour des raisons d'opinion ou de préférence idéologique, c'est que je n'arrive pas du tout à la penser. Rien de ce que les sciences, aussi bien dures que molles, nous apprennent sur les hommes ne me permet de lui donner un sens.

Une question : ce que tu appelles transcendance, n'est-ce pas tout bêtement, si j'ose dire, ce que Vercors avait en tête quand il parlait d' « animaux dénaturés » ? Je serais assez d'accord avec sa façon de voir. Ce titre même, *Les Animaux dénaturés*, ne m'a jamais gêné. Si Vercors avait parlé d' « animaux surnaturels », je l'aurais été bien davantage ! J'y aurais vu une contradiction doublée d'une superstition... Parler d'animaux *dénaturés*, cela suppose au contraire que le point de départ est naturel, sur quoi viennent se greffer un certain nombre de processus, aussi bien biologiques (la station debout, le développement du cerveau...) qu'historiques (la société, la civilisation...), qui permettent à ces animaux que nous sommes d'habiter aussi un univers qui n'est plus la nature mais ce qu'on appelle la culture : non plus seulement le monde des faits, mais celui des signes et du sens ! Ce n'est pas du tout la même chose d'envisager ces phénomènes de « dénaturation », qui ne sont pas niables, ou de parler d'une « surnaturalité ». Dans un cas, on maintient une continuité : la dénaturation est un processus, une histoire, une aventure. Dans l'autre, on forge une discontinuité radicale : le surnaturel ne peut être qu'un principe ou un absolu. C'est ce que je refuse. Au nom de quoi séparer l'homme de la nature qui le produit ?

LUC FERRY

Tu résumes parfaitement notre désaccord, qui porte bien, en effet, sur la question de la continuité ou de la discontinuité entre le monde naturel et le monde de l'esprit. Je n'ignore pas, bien entendu, que nombre de biologistes seront portés à te donner raison – c'est, comme je l'ai souligné dans nos deux premiers dialogues, la logique même de leur discipline qui le veut. Mais il faut bien comprendre, et je crois que tu en seras d'accord avec moi, que la question n'est pas tant scientifique que métaphysique, au sens où l'entendait Popper. Elle se situe par essence en un point que la science ne peut pas trancher ; pour le faire, il faudrait, en effet, qu'elle soit achevée, ce qui est impossible. Le scientifique en est donc réduit, comme le philosophe, à émettre des hypothèses – et, pour des raisons évidentes, celle du déterminisme (c'est-à-dire du matérialisme, du naturalisme) l'arrange mieux qu'une autre.

Par ailleurs, j'ai toujours volontiers reconnu que l'idée d'une « surnaturalité », d'une transcendance de l'homme par rapport au monde naturel en quoi résiderait sa liberté, n'est pas « démontrable » (au reste, si elle l'était, ce serait fâcheux pour cette liberté elle-même). Mais j'attire ton attention à nouveau sur le fait que l'hypothèse du déterminisme absolu, qui sous-tend l'idée d'une continuité parfaite entre la nature et la dénaturation de la culture, est, contrairement à ce que pensent souvent les « rationalistes », tout aussi incertaine.

Sous sa forme classique (celle du « mécanisme »), le déterminisme consiste en effet à dire ceci : chaque fois qu'on perçoit un effet, cet effet possède une cause qui est située dans la nature. Cette cause est elle-même nécessairement l'effet d'une autre cause, située elle aussi dans la nature, qui, par conséquent, est à son tour l'effet d'une autre cause, et ainsi de suite à l'infini. Ce qui fait que le déterminisme est une pensée intenable : soit il arrête la chaîne des causalités, comme le fait Leibniz, en posant une cause première

(Dieu, ou ce que vous voudrez d'autre), mais, au moment même où l'on veut enfin fonder le déterminisme, on le nie, puisque cette cause première, n'ayant pas de cause, l'enfreint dès l'instant où on la pose ; soit on laisse ouvert le *regressus* à l'infini, auquel cas l'effet n'est précisément jamais déterminé ni expliqué, puisqu'on ne peut pas considérer qu'une explication qui se perd dans l'infini est une explication. Sous cette forme classique et linéaire (celle de la troisième antinomie kantienne), le déterminisme est tout aussi indémontrable, tout aussi impensable que l'hypothèse de la liberté. Dans ce domaine-là, on se meut précisément dans la sphère de l' « infalsifiable », du non-scientifique, et l'hypothèse du déterminisme matérialiste n'est pas plus rationnelle, pas plus rationaliste que l'hypothèse de la liberté au sens où je l'entends. Cette dernière n'est d'ailleurs pas incompatible avec un certain déterminisme qui suffit à fonder un authentique rationalisme (celui dans lequel je me reconnais), puisqu'on peut toujours poursuivre l'explication aussi loin qu'on voudra, elle ne parviendra jamais à être complète. C'est d'ailleurs un réel problème pour les historiens. Chaque fois qu'ils choisissent une période, ils sont obligés de le faire de façon arbitraire, ou plutôt d'essayer de trouver des critères qui rendent cet arbitraire un peu moins visible : quand vous commencez à réfléchir sur les causes de la guerre de 14, il faut bien avoir conscience qu'en principe l'explication devrait vous entraîner jusqu'à la préhistoire... au moins !

ANDRÉ COMTE-SPONVILLE

Tu t'attaques à un déterminisme qui n'a plus vraiment cours : celui de Newton ou, plus encore, de Laplace. Nous savons aujourd'hui que l'état de l'univers à l'instant *t* n'est jamais déterminé strictement par l'état de l'univers à *t – 1, t – 2,* et finalement *t – l'infini*, puisqu'il y a une discontinuité causale que la mécanique quantique met en évidence. Cela donne raison à Épicure contre les stoïciens, ou à Lucrèce contre Spinoza, et c'est tant mieux. Il y a du nouveau. Il y a de l'imprévisible. Nous ne sommes pas prisonniers du destin : libre arbitre ou pas, nous avons le pouvoir de commencer des séries causales. Là-dessus, on est d'accord !

LUC FERRY

Mais ce que tu dis à l'instant, et à quoi je souscris, bien sûr, va bien plus encore dans mon sens : dès lors que le déterminisme classique est, comme tu le soulignes, abandonné par les physiciens eux-mêmes, l'hypothèse de la liberté devient *scientifiquement possible.* Pourquoi, dans ces conditions, maintenir comme un dogme l'idée d'une continuité *parfaite* entre nature et culture ? Ce n'est qu'un postulat métaphysique parmi d'autres ! La vérité est que rien ne permet d'en décider et que cette indétermination, loin d'être irrationnelle comme tu sembles parfois le penser, est au contraire en accord avec certains enseignements des sciences contemporaines. Et lorsque des biologistes, aujourd'hui (pas tous, du reste, et loin de là !), nous disent que ce que j'entends ici par liberté, ce processus antinaturel, donc, qui caractérise l'être humain, a des fondements tout à fait naturels, ils outrepassent évidemment leur rôle de scientifiques pour faire, sans même s'en rendre compte, de la métaphysique. C'est une question de choix et il faut bien avoir conscience, quoi que l'on choisisse, que si l'on ne postule pas cette liberté, cette « sur-naturalité » de l'homme, cette capacité de s'arracher à la nature pour produire des œuvres d'art, des actions morales, des symboles qui nous *relient* et font ainsi en quelque façon *religion*, alors l'homme doit être considéré absolument comme un être de nature, jusque dans ses processus de « dénaturation » : dans ce cas, il n'y a plus ni morale ni éthique, mais simplement une sociobiologie, ou une « éthologie », c'est-à-dire une description des comportements qu'on va, par convention mais aussi par illusion, appeler des comportements moraux alors qu'ils sont seulement l'expression plus ou moins directe de nos gènes.

Il est temps de prendre enfin conscience des effets inévitables, sur le plan éthique, d'un choix en faveur du matérialisme.

André Comte-Sponville

D'abord, attention de ne pas confondre indétermination et liberté : un phénomène purement indéterminé (par exemple des rencontres aléatoires d'électrons) n'est pas pour autant un acte libre. Ensuite, et inversement, toute détermination n'est pas incompatible avec la liberté : rien n'empêche que les gènes te programment, y compris dans ta capacité d'arrachement par rapport à eux ! La chose, intellectuellement, n'est pas impensable. La matière non vivante produit la vie. Pourquoi la matière non libre ne produirait-elle pas la liberté ? Que les biologistes, aujourd'hui, soient en fait incapables de l'expliquer, c'est entendu ; mais rien ne prouve que ce soit impossible en droit.

LUC FERRY

Mon argument est en deux temps : je ne dis pas, dans un premier temps, que ce soit impossible en droit. Je dis seulement qu'une telle démonstration supposerait une science achevée et qu'un tel savoir absolu est une pure chimère. Le vrai rationalisme doit selon moi laisser la question ouverte. J'ajoute ensuite que les conséquences de l'hypothèse matérialiste ne doivent pas être sous-estimées, ni sur le plan intellectuel (je renvoie ici à notre débat sur les contradictions performatives qui me paraissent liées à l'inévitable scepticisme qu'engendre le matérialisme), ni sur le plan éthique, car je tiens la *possibilité* même du respect de l'autre pour un propre de l'homme directement lié à l'hypothèse de la liberté conçue comme transcendance. Dès lors qu'un être nous semble manifester ne fût-ce que la possibilité d'une telle liberté, nous nous reconnaissons envers lui des devoirs qualitativement différents de ceux que nous avons envers les animaux, et nous nous sentons requis de respecter ses droits.

Est-ce la souffrance des hommes ou leur vocation à la liberté qui fonde nos devoirs envers eux ?

ANDRÉ COMTE-SPONVILLE

Là où, entre les hommes et les animaux, tu vois une différence de nature, je vois une différence de degré ; mais il y a différence dans les deux cas ! Si nous avons des devoirs envers les animaux, disais-je, c'est parce qu'ils sont vivants, souffrants, mortels... Oui, mais j'ajoutais : « proportionnellement à leur conscience ». C'est la formule de l'Ecclésiaste : « plus de savoir, plus de douleur ». Comme les hommes sont davantage conscients, ils sont davantage exposés à la souffrance : nous avons donc davantage de devoirs vis-à-vis d'eux. Imagine qu'on découvre que tel animal, pas du tout transcendant, pas du tout libre, pas un grand singe, mais une huître, par exemple, souffre cent fois plus que nous, qu'elle a un système nerveux extrêmement sensible et performant : cela ne remettrait-il pas en cause le fait qu'on puisse gober des huîtres vivantes ? À mon avis, si. Ce qui est en jeu, ici, ce n'est pas la transcendance, ce n'est pas la liberté, ce n'est pas le surnaturel : c'est la capacité de souffrance, c'est la sensibilité, c'est la conscience, c'est la compassion. Si bien que je peux maintenir la continuité entre les animaux et les hommes, sans pour autant minimiser ce qui les distingue. Au contraire : c'est bien parce que les hommes *sont* des animaux qu'il y a du sens à dire qu'ils sont *différents* des autres ! L'histoire, aussi bien naturelle que sociale, suffit à l'expliquer. Le chimpanzé est plus proche de l'homme que de l'huître ; l'homme, plus proche du chimpanzé que de Dieu...

LUC FERRY

Sur ce dernier point, tu reprends, il me semble, un argument célèbre des utilitaristes qui, de Bentham à Peter Singer, avancent l'idée d'un droit des animaux. Mais ce dernier en tire des conséquences, qui, là encore, me paraissent intenables. Si ce qu'il dit, et que tu dis, était juste, il faudrait, en effet, considérer que le nourrisson a moins de droits qu'un chien : le chien a évidemment plus de conscience et de souffrance associées l'une à l'autre qu'un nourrisson. Cette objection me semble sincèrement peu contournable. Si tous les rats que l'on exécute chaque jour dans les laboratoires étaient des nourrissons, même très peu conscients et très peu souffrants, le scandale ne laisserait guère de doute sur la « discontinuité », sur le sentiment du sacré qui nous interdit absolument de traiter les enfants... comme des rats ! Est-ce, comme le pense Singer, par manque de logique ou, comme je le pense, parce qu'il existe en chaque être humain une dimension qui est d'un tout autre ordre que celle qui relève, comme la souffrance et le plaisir, de la simple nature, donc une capacité de transcendance que nous ne pouvons pas nous empêcher de reconnaître et de valoriser ?

ANDRÉ COMTE-SPONVILLE

L'argument est fort : le chien peut souffrir davantage que le nouveau-né. Mais c'est là qu'intervient une deuxième dimension : l'appartenance à l'espèce ! Quand je définis un être humain comme étant né de deux êtres humains, cela me donne des devoirs vis-à-vis de tous ceux qui appartiennent à cette espèce. C'est où le biologisme rencontre l'humanisme pratique. Inversement, si tu définis l'homme par la transcendance ou la liberté, tu ne peux pas expliquer pourquoi tu te reconnais les mêmes devoirs vis-à-vis du débile profond, dont la liberté est pour le moins douteuse. Il y a un moment où la voix de l'espèce prime...

LUC FERRY

Je pourrais te répondre que le chien aussi est né de deux parents, tout comme nous. Mais l'essentiel est ailleurs : l'appartenance à la même espèce ne constitue en aucun cas, tout au contraire, une justification morale ! C'est d'ailleurs pourquoi Singer me semble plus cohérent quand il condamne violemment le « spécisme » (comme on dit « racisme ») des humains à l'égard des autres animaux !

Pourquoi avons-nous, envers les êtres qui nous paraissent avoir une disposition à la liberté, des devoirs qualitativement différents ? Quand Singer pose le problème de savoir ce qu'il faudrait sacrifier, un chien en bonne santé, sympathique et gentil, ou un débile profond inconscient, contrairement à lui, je sacrifie sans hésiter le chien ! Mais ça n'est pas du tout par « spécisme » ; c'est parce que le petit mongolien, en tant qu'être humain, même s'il « présente » assez peu cette liberté que j'évoque, aurait pu et pourrait peut-être (si l'on découvre une thérapie quelconque) la présenter ; ce qui ne sera sans doute jamais le cas de l'huître ou du chien. Chacun le sent bien, d'ailleurs, et il y a toujours quelque chose de gênant, pour ne pas dire plus, dans cette manière d'argumenter des paradoxes sophistiqués qui vont à l'encontre de nos intuitions morales les plus évidentes. Là encore, tu vois, il me semble que la philosophie a tout intérêt à fonder la conscience commune plutôt qu'à s'en écarter. Singer, lui, répond au contraire qu'il faut sacrifier le débile profond ou le nourrisson anormal ! Ce que je crois, en effet, logique dans la position qui est la sienne et qui, me semble-t-il, devrait être la tienne. Si l'on prend comme seul critère la vie et la souffrance, et qu'on y ajoute la conscience, tous les êtres humains qui ont moins de conscience qu'un chien (et je vous garantis... qu'il y en a beaucoup !) sont en grande difficulté !

Je ne peux pas être d'accord avec ça, et ce n'est pas une question d'espèce : c'est une question d'appartenance potentielle au règne de la moralité.

C'est pourquoi, si l'on me montre une autre espèce (au sens biologique : avec laquelle, donc, je ne peux pas me croiser, et ça tombe bien car je n'en ai guère envie...), si, dis-je, on me montre une autre espèce, par exemple le bonobo (une variété particulièrement intelligente de chimpanzé) qui incarne et présente *parfois* cette liberté, je l'inclus dans le règne des êtres moraux au même titre que les membres de l'espèce humaine ; ici, la différence, en effet, n'est peut-être plus que de degré, mais sur une base *qualitative* – ce qui rejoint encore, je crois, la conscience commune qui spontanément respecte les animaux les plus proches de l'homme.

BERNARD FIXOT

On sort de l'espèce humaine, on intègre le bonobo... Mais comment définis-tu ta frontière ?

LUC FERRY

Le critère est très défini : c'est le critère de la liberté, d'une capacité de distance d'avec la nature qui est le signe d'une transcendance sans laquelle la culture et la moralité seraient impossibles. C'est donc la capacité à s'arracher aux caractéristiques habituelles du cycle de la vie. Et cela n'a rien d'illogique ou d'irrationnel, au contraire : sans cette distance, comment pourrions-nous *juger moralement* le réel ? Ce n'est pas par je ne sais quelle lubie que j'insiste sans cesse sur ce critère, mais parce que, sans lui, l'idée même de moralité devient illusoire.

Le deuxième problème que tu poses est de savoir où passe la frontière : qui bénéficie de cette caractéristique ? Je redis clairement que, là, il faut avoir de l'humilité devant la science. Je ne peux pas *a priori* déduire où s'applique ce critère. Si les scientifiques qui ont travaillé sur le bonobo me disent : ce bonobo s'exprime avec son ordinateur, il possède la double articulation du langage, il maîtrise mille mots, il fait des phrases, il est capable de se sacrifier pour sauver ses petits... L'élève-t-on comme un de ses enfants (car ils l'ont fait aussi), il meurt de tristesse quand on le relâche dans la nature. Si le bonobo a ces caractéristiques-là, pour moi, il faut arrêter de le massacrer, c'est tout.

J'entendais dernièrement Françoise Héritier-Augé parler dans un colloque du lien que les grands génocidaires colonialistes avaient fait entre animalité et humanité. Elle rappelait notamment que, jusqu'en 1935-1937, on avait envoyé des expéditions en Afrique pour chercher le « noir avec une queue », c'est-à-dire, comme chez Vercors, le fameux « être intermédiaire » ! Et c'étaient des expéditions très sérieuses, organisées par les Académies des sciences de Bruxelles ou de Londres ! Elle rappelait également que, jusqu'à la fin des années soixante, la presse colombienne montrait des photos d'Indiennes pendues par les pieds à une branche d'arbre : elles venaient d'être abattues par des chasseurs, comme des animaux. La chasse était officiellement ouverte et autorisée. Toute une littérature avançait comme argument que c'étaient des animaux ! Singer et les défenseurs des droits des animaux peuvent montrer, avec beaucoup de textes à l'appui, que les arguments invoqués pour massacrer ces Indiens-là, et beaucoup d'autres, sont exactement les mêmes que ceux invoqués aujourd'hui pour massacrer les bonobos. Je ne veux pas faire du pathos : je dis simplement que le critère est très précis et très déterminé, mais que son application est encore problématique. Personnellement, je ne me risquerai pas à torturer un bonobo, et la plupart des scientifiques, comme mon ami Jean-Didier Vincent, qui ont travaillé avec eux ont fini par en conclure, hors de toute sensiblerie, qu'il fallait cesser de les martyriser.

André Comte-Sponville

Tout cela va dans le sens d'une différence de degré plutôt que de nature. D'autant que rien n'empêche d'imaginer une espèce animale qui serait entre le bonobo et l'homme, qui aurait dix mille mots, qui forgerait des outils, qui respecterait certaines règles... C'est d'ailleurs la sensibilité de nos contemporains à cette continuité qui donne son sens le plus caractéristique à leur souci écologique. Quand les gens protestent contre les barrages sur la Loire, ce n'est pas pour préserver leur santé (qui ne risque pas d'en souffrir.) Quand ils s'inquiètent du sort des baleines, des éléphants et des rhinocéros, ce n'est pas uniquement par souci esthétique. Il s'agit plutôt de remettre l'humanité à sa place, qui est éminente, mais qui n'en fait pas moins partie de la nature.

L'écologie valorise-t-elle la nature ou le regard que l'homme porte sur elle ?

Luc Ferry

Peut-être pourrais-je en partie lever la difficulté qui revient sans cesse sur la question de la différence de degré ou de nature en redisant que ce qui m'intéresse, c'est la discontinuité qui existe à mes yeux entre le monde moral (ou spirituel) et le monde naturel : pour moi, le critère qui les sépare est *qualitatif*, mais, quant à savoir qui relève d'un monde ou de l'autre, je ne vois aucune objection à ce que la discussion continue pour certains êtres... Quant à cette diversité et même à cette beauté qui appartiennent en propre à la nature, elles n'ont de prix qu'en relation à un regard qu'on jette sur elle. C'est pour l'homme que la nature est belle, pas pour le chien ou l'huître ! Il n'y a pas de valorisation sans un sujet qui affirme : ça me plaît, c'est beau.

À la fin du *Nouvel Ordre écologique*, je parlais des devoirs de l'homme envers la nature, envers l'intelligence des systèmes, la beauté, la diversité... J'avouais même, une fois n'est pas coutume, une certaine proximité sur ce point avec les écologistes « profonds » : tout cela appartient bien à la nature et on ne sait pas le fabriquer. Là où ils ont tort, c'est lorsqu'ils affirment que cette beauté, cette diversité ou cette intelligence de la nature seraient une valeur s'il n'y avait pas l'humanité pour la valoriser.

Dans cette valorisation que l'homme fait de la beauté, il y a à nouveau quelque chose comme une transcendance qui nous relie et nous élève tout à la fois. Sans cette transcendance, comment pourrions-nous *simplement juger* – acte qui suppose à l'évidence une prise de distance d'avec le réel que l'on juge ? Au demeurant, la beauté artistique n'est pas sans lien avec cette beauté naturelle ; c'est d'ailleurs une des raisons pour lesquelles, très profondément, dans toutes les théories esthétiques modernes, le génie est défini comme un talent *naturel*. On crédite l'artiste d'une inspiration inconsciente, à l'image de la nature elle-même. L'argument est fort et mérite réflexion, mais il n'y a pas de valorisation sans subjectivité et, donc, sans humanité.

MAREK HALTER

André voit dans la nature un absolu ; Luc parle de « divinisation », de « sacralisation » de l'homme... Je trouverais déjà très bien, quant à moi, qu'on en arrive à l'« humanisation » de l'homme !

ANDRÉ COMTE-SPONVILLE

C'est un mot que je n'ai pas utilisé aujourd'hui, mais qui ne me gêne nullement. Il m'arrive souvent de l'utiliser, en parallèle avec celui d'hominisation. Je crois en effet que nous sommes le résultat de deux processus différents, dont la rencontre, si l'on peut dire, nous constitue : un processus biologique d'*hominisation* (par lequel *Homo sapiens* se distingue progressivement des espèces dont il descend : mutations et sélection naturelle), et un processus historique d'*humanisation* (par lequel il se détache peu à peu de la nature : règles, langage, civilisation...). Ces deux processus existent évidemment. Mais lequel est premier ? À la différence de Luc, mais d'accord en cela avec la plupart des biologistes, je pense que l'*hominisation* est première : l'*humanisation*, sans en être un simple résultat (les individus y ont aussi leur part, avec ce que cela suppose de contingence et d'invention : coups de dés, coups d'audace, coups de génie...), en dépend. Au départ, c'est quand même la biologie qui fait la différence.

Principes, passions et intérêts en politique

MAREK HALTER

Mais comment favoriser l'épanouissement de cette humanisation, au meilleur sens du terme ? Cela nous ramène à l'humanitaire. Quand on introduit l'humanitaire en politique, c'est parce qu'on espère que l'humanitaire va humaniser la politique. À partir de quoi ? Pas à partir de passions, car, si vous opposez une passion à une autre passion, c'est la guerre. L'humanisation, au contraire, consiste à introduire des principes, et c'est précisément ce que fait l'humanitaire en politique. La liberté vient des principes que l'homme a inventés. Ces principes qui gèrent son rapport à l'autre, son rapport au monde, son rapport à l'ensemble des humains, et grâce auxquels chacun peut se situer, donnent la distance et l'universalité à partir desquelles le choix et les actions libres deviennent possibles.

LUC FERRY

Qu'est-ce qui fait, Marek, que nous nous sommes retrouvés tous les deux au Forum démocratique, dans ces affaires de SOS-Racisme ? (C'est même là que nous nous sommes rencontrés et que nous sommes devenus amis !) Obéissions-nous à des principes ou à nos passions ? Les deux, sans doute...

Le fait est, en tout cas, que, quand les intellectuels font la leçon en s'appuyant sur ces fameux principes (que je partage, évidemment), ça ne sert, depuis quinze ans, qu'à augmenter le nombre de gens qui votent pour Le Pen ! Les très rares moments où on a l'impression que quelqu'un ou quelque chose s'oppose à lui, c'est quand on a affaire à des gens... normaux, qui ne parlent pas la langue de bois et qui ont des passions, mais des passions positives, je dirais même de la générosité.

Ce n'est pas pour le flagorner parce qu'il est ce soir avec nous, mais, dans un débat avec Le Pen, Kouchner est le seul que j'ai vu parmi les hommes politiques attraper Le Pen par le bras et lui dire : « Vous n'avez pas le droit de dire ça. » Le simple fait, déjà, d'être capable de ne pas avoir peur, de le toucher et de lui parler comme ça, comme à un être accessible à une remontrance, redonne un sens à la situation ! Il faut opposer des passions aux passions. C'est pour ça que je défends l'humanitaire et l'ami Kouchner : parce qu'il incarne cette capacité d'opposer des passions positives à des passions négatives. Cela ne signifie nullement que l'on mette de côté les principes auxquels les passions ne s'opposent pas. Je crois même que l'un des traits majeurs du monde contemporain, c'est que, malgré tous les égoïsmes, on assiste aussi à l'apparition de certaines passions et de certains intérêts qui sont universalisables. C'est ce que j'ai voulu montrer, notamment, en retraçant dans mon livre l'histoire de la famille et de l'amour modernes. Mais je propose que nous reprenions ce thème lorsque nous aborderons notre chapitre sur la politique.

Bernard Kouchner

Opposer les principes et les passions qui les sous-tendent ou en découlent ne me paraît pas, hélas, toujours pertinent. Interrogeons-nous un peu sur ce que l'humanitaire a apporté : une certaine façon d'amour et des principes. Il y a donc un mélange. Il s'agissait de considérer, au-delà de la nation, que les enfants des autres étaient aussi importants que nos propres enfants. Même si ce n'était pas vrai : tout le monde tient à préserver ses enfants davantage que ceux des autres ! Il n'empêche que cette idée est passée qu'après tout le malheur des autres était presque aussi important, et que nous en étions également responsables.

Mais on a trop voulu singulariser l'humanitaire par rapport à la politique, dont, du coup, on attend souvent plus qu'elle ne peut donner : ce n'est pas nier leurs différences évidentes que faire ce constat, qui explique un relatif échec.

Comment conserver aux passions leur force toujours particulière en les liant à des principes qui puissent les faire partager par tous ou, du moins, n'en exclure personne ?

Le drame, aujourd'hui, c'est que les gens ressentent passionnément certains problèmes mais ne reconnaissent pas ce qu'ils en ont ressenti dans les solutions (ou les principes) qu'on leur propose pour les résoudre ! Voyez l'écologie et, dans l'affaire de la vache folle, cette absence de l'Europe (oui, son absence et non sa présence excessive) qui a beaucoup frappé le public. On peut prendre l'exemple de Tchernobyl, l'exemple de la diffusion des virus, des prions et autres microbes : manifestement il y a une grande peur. On ressent cruellement les insuffisances de la politique de santé. La réponse n'est plus nationale et tout le monde le sait. En revanche, si le discours politique ne réussit pas à représenter cette peur et à lui ouvrir des perspectives crédibles d'apaisement (ce qui suppose que la dimension européenne ou internationale ne paraisse pas s'opposer aux intérêts locaux et familiaux), la tentation du repli revient en force. Le Pen s'accroche à ça : le refus massif, face auquel la lente et difficile gestation de perspectives politiques adaptées au monde d'aujourd'hui semble forcément fragile. Moi, j'ai le sentiment que certains Français veulent maintenant « essayer » Le Pen, qu'ils veulent vraiment faire cette expérience (après tant d'autres) : c'est très difficile aujourd'hui de les en dissuader avec des arguments rationnels.

Ceux qui votent naturellement Front national en ont assez qu'on leur raconte des projets humanitaires et des rêves d'amour. Je retiens de certains débats houleux avec Le Pen, qu'il ne peut pas supporter l'idée de morale : « Ah ! c'est toujours du moralisme ! » dit-il ; et ça, pour lui, paraît rédhibitoire. C'est difficile de débattre avec lui parce qu'à un moment donné la guerre surgit : je voudrais insister là-dessus. C'est comme ça que toutes les guerres se déroulent : je ne sais pas quelle forme prendra celle-là, mais elle est déjà là, chez nous dans les têtes.

Reste que le pire égoïsme vient parfois en soutien des ambitions les plus généreuses : c'est une autre figure de ce que Luc appelait l' « universalisation des intérêts » ! Tu me diras, André, qu'on ne peut partager avec le reste du monde l'argent qu'on consacre à l'éducation des petits Français : mais c'est en train de se faire très lentement. Demain nous partagerons les traitements du sida avec les pauvres. Cela s'appellera la solidarité thérapeutique internationale ! Les résistances sont immenses, bien sûr ! Mais comment réagissent certains en Europe ? Elle considère que notre intérêt, même très égoïste, voire quasi raciste, peut se résumer dans cette maxime : « C'est en développant les autres et en les éduquant qu'ils ne viendront pas chez nous ! » Toute la politique de développement est un dépassement de la nation... au nom de la « protection » de nos nations : ce n'est plus le « village mondial », c'est le mondialisme de village ! N'empêche qu'il contribue à une politique universaliste de l'éducation du développement de la solidarité ! Et que hors de l'Europe peu de voix se font entendre dans ce sens de solidarité.

André Comte-Sponville

Ce qui m'étonne, chez beaucoup d'intellectuels de gauche, c'est qu'ils passent leur temps à reprocher à l'État son égoïsme, sans s'interroger sur la part de leurs revenus qu'ils dépensent eux-mêmes dans des actions de pure générosité ! Mon idée, au fond, c'est que l'État français est plus généreux que la moyenne de nos intellectuels, c'est-à-dire qu'il dépense en proportion davantage d'argent pour le tiers-monde ou les exclus que nous ne le faisons nous-mêmes. Il me semble que ce devrait être l'inverse : l'État est là pour défendre l'intérêt national ; la générosité est plutôt à la charge des individus. C'est ce qu'on appelle la morale, non ? Cela ne veut pas dire qu'il faille revenir à une politique nationaliste. Mais si l'on veut faire l'Europe, il faut s'en donner les moyens : cela suppose une solidarité plus forte entre les Européens qu'entre les Européens et le reste du monde. Sinon, on ne fait pas l'Europe ! Si l'on n'admet pas que nos rapports avec les Allemands, les Anglais, les Italiens, etc., soient plus étroits qu'avec l'Afrique ou l'Asie, si l'on n'admet pas que nos intérêts soient davantage convergents avec les pays européens qu'avec le reste du monde, il faut renoncer à faire l'Europe.

S'agissant de Le Pen, il faut se battre au niveau des principes ; il faut dire : Le Pen, c'est mal ! Il faut se battre au niveau des passions communes, notamment la peur ; il faut dire : Le Pen, c'est dangereux ! Il faut se battre au niveau des intérêts ; il faut dire : Le Pen, c'est idiot, ce n'est pas votre intérêt, ce n'est pas l'intérêt de vos enfants ! Si l'on oublie ces deux derniers combats (qui, à mon avis, sont essentiels), on laisse croire aux gens que les seules raisons pour ne pas voter Le Pen sont des raisons morales. C'est ouvrir un boulevard au Front national : la morale passe à l'arrière-plan, comme toujours, et on vote Le Pen ! C'est en quoi l'angélisme, bien souvent, fait le jeu de la barbarie. Le combat contre le fascisme est bien sûr une obligation morale, pour chacun d'entre nous (comme individus). Mais nous ne pourrons le remporter qu'à la condition d'en faire, ensemble, un combat politique. Or, faire de la politique, ce n'est pas donner des leçons de morale : c'est se battre au niveau des intérêts et des rapports de forces.

Je trouve d'ailleurs bien révélatrice la façon dont notre débat sur l'humanitaire a été quelque peu dévié par l'irruption de l'actualité et du combat contre le Front national : cela montre où sont les plus grandes urgences, les plus grandes menaces, et qu'elles relèvent moins de la morale ou de la religion que de la politique !

Lettre d'André Comte-Sponville à Luc Ferry

Ce 1er mars 1997

Mon cher Luc,

Comme je te l'ai dit, j'ai été surpris de voir que mon texte t'avait blessé ou peiné, et j'en suis vraiment désolé. Nos amis m'ont pourtant quelque peu rassuré, qui se sont accordés à le trouver, selon les cas, « incisif », « ironique » ou « taquin » (ce dernier mot est de Tzvetan), mais dont aucun, à ma connaissance, ne l'a trouvé ni méchant ni même agressif. J'avoue que, le relisant, je ne peux que leur donner raison, et sur la taquinerie et sur l'absence d'agressivité ou de méchanceté. Il n'empêche que j'ai dû être maladroit, et je t'en demande très sincèrement pardon.

Mais revenons au problème philosophique.

« Malentendu, ou vision déformée de cet humanisme de l'homme-Dieu que je fais mien aujourd'hui », dis-tu. Je n'en suis pas si sûr, ou plutôt je me demande si le malentendu ne porte pas sur le statut de mon propre texte. Ce n'est pas un texte sur la philosophie de Luc Ferry : si j'avais dû l'exposer, je m'y serais pris tout à fait autrement, et je pense que tu en aurais été content (mais à quoi bon, puisque tu étais là pour le faire ?). C'est un texte sur ma *philosophie, certes confrontée à la tienne, dans lequel j'explique les raisons qui m'empêchent d'adhérer à un humanisme qui me paraît déboucher sur*

une religion de l'homme que je ne peux ni ne veux assumer. Par exemple, je n'ai jamais écrit que cette « divinisation de l'humain » que tu proposes ou que tu discernes dans notre époque « signifiait que les êtres humains sont " épatants ", " formidables ", voire angéliques ». J'ai simplement expliqué que, pour ma part, je les trouve trop misérables, trop faibles, trop égoïstes pour pouvoir en faire des dieux. Ce n'est pas déformer ta position ; c'est exprimer la mienne. Je n'ai pas méconnu que « c'est dans le mal absolu que (tu) vois le témoignage le plus sûr du sacré en l'homme ». Comme tu le remarques toi-même, je l'avais au contraire expressément rappelé dans mon texte. Mais cela ne m'oblige pas à en être d'accord : je ne perçois en l'occurrence ni l'absoluité du mal en l'homme (sur ce point, comme tu le sais, je suis d'accord avec Kant : les hommes, à mes yeux, ne sont pas méchants *mais* mauvais *; ils ne font pas le mal* pour le mal, *mais par égoïsme, autrement dit pour ce qui leur paraît être* leur *bien), ni l'absoluité du bien (là encore, je serais assez d'accord avec Kant : la sainteté n'est possible que dans une autre vie, s'il y en a une), ni l'absoluité de la liberté qui permet, selon toi, de choisir entre ces deux absolus... Je ne connais de maux que relatifs, de biens que relatifs, de liberté que relative (matérialisme et relativisme, tu le sais, vont ensemble), alors que tu trouves dans l'a priori ou le transcendantal un absolu qui te paraît remplacer, et même avantageusement, celui, défunt ou anachronique, des religions révélées (le criticisme, je le sais bien, débouche ordinairement sur une « religion dans les limites de la simple raison » : tes limites sont simplement plus strictes que celles de Kant...). Là-dessus le désaccord est net, nous en avons toi et moi très souvent discuté, aussi bien en privé qu'en public, et il n'est pas nécessaire, au moins dans cette lettre, de nous y attarder davantage.*

Je ne veux pas non plus commenter le détail de ta réponse, mais simplement revenir sur quelques points particulièrement importants, ou sur lesquels, faute de temps ou de rapidité d'esprit, je n'ai pas pu m'expliquer comme je l'aurais voulu lors de notre dernier séminaire.

Prenons un exemple que tu trouves toi-même « tout à fait typique ».

Tu écris ceci : « Ce que l'humanitaire et la bioéthique ont en commun, écrit André, " ce n'est pas de sacraliser l'homme, c'est de le défendre et de le protéger, y compris contre lui-même ". Première remarque : en quoi, vraiment en quoi, les deux membres de la proposition sont-ils contradictoires ? [...] Mais André poursuit : [L'humanitaire et la bioéthique] " sont deux combats nécessaires, non parce que l'homme est grand, mais parce qu'il est fragile, parce qu'il est dangereux, parce qu'il est plein de haine et de folie... " [...] Mais où André a-t-il pris qu'on ne pouvait tout à la fois être grand et fragile ? »

Je te retourne tes questions : où ai-je dit que les deux membres de la proposition étaient contradictoires ? Où ai-je dit qu'on ne pouvait être à la fois grand et fragile ? Mais deux choses non contradictoires ne sont pas pour autant identiques. On a donc le droit de se demander laquelle, dans un processus donné (en l'occurrence l'humanitaire et la bioéthique), est la plus importante ou la plus déterminante. Imagine par exemple que tu poses à l'un de tes amis, qui t'annonce son mariage avec une femme très riche, la question suivante : « Tu l'épouses parce qu'elle est très riche, ou parce qu'elle est belle, intelligente, aimante ? » Tu serais surpris de le voir te répondre : « Mais en quoi richesse et beauté sont-elles contradictoires ? Où as-tu pris qu'on ne peut être à la fois riche et beau, riche et intelligent, riche et aimant ? » C'est qu'en vérité ton interrogation ne portait pas là-dessus (tu sais bien qu'il y a des femmes très riches et très belles...), mais sur le fait de savoir si, dans le mariage de ton ami, c'était l'argent ou la beauté (ou l'intelligence, etc.) qui avaient été les éléments décisifs ou déterminants. Je dirais à peu près la même chose pour ce qui nous occupe. Il n'est pas contradictoire d'être grand et fragile : l'homme est évidemment les deux. Mais la question n'en demeure pas moins pertinente : est-ce la grandeur ou la fragilité qui justifient, c'était l'objet de notre rencontre, l'humanitaire et la bioéthique ? Pour savoir ce qu'il en est du mariage de ton ami, tu l'interrogeras : « Mais si elle n'avait pas été riche ? Mais si elle n'avait pas été belle, intelligente, aimante ? » Bref, tu feras ce que les historiens appellent des variations hypothétiques. Faisons de même. Imaginons un être qui serait grand sans être fragile (un Dieu, justement, ou un homme-Dieu : immortel, indestructible, au-dessus du mal et du malheur, et aussi libre ou transcendant que tu voudras...). En quoi aurait-il besoin d'être protégé par la bioéthique ou secouru par l'humanitaire ? Imaginons, inversement, un être qui serait fragile sans être grand, au sens où tu prends le mot (un homme réduit à sa pure animalité, à sa pure naturalité, bien sûr doué de sensibilité et d'intelligence, mais dépourvu de toute transcendance) : es-tu sûr que l'humanitaire et la bioéthique perdraient, à son égard, toute justification ? Pour ma part je n'en crois rien, et c'est ce qui justifiait mon affirmation : ce n'est pas parce qu'il est grand, mais bien parce qu'il est fragile (tout en ayant aussi *sa grandeur) que l'homme a besoin de la bioéthique et de l'humanitaire. Ce n'est pas parce qu'il est un Dieu (qui n'en aurait que faire), mais* parce qu'il n'en est pas un.

Encore une fois, mon propos n'était pas de caricaturer ta position, mais d'expliquer la mienne.

Quant au fond, le vrai problème est de savoir ce que tu mets sous le vocable de divinisation *de l'humain, ou d'*homme-Dieu. *Tu récuses toute caractérisation anthropologique, autrement dit toute référence au concret des hommes, à l'expérience que nous en avons, etc., pour ne plus en retenir que la liberté morale, la « surnaturalité » ou transcendance. C'est pourquoi je te disais, lors d'une séance précédente, que ton Dieu ce n'est pas l'homme concret, tel qu'il est ou tel qu'on le connaît, mais le sujet transcendantal : l'homme tel qu'on le* pense, *ou tel qu'on peut le penser, mais sans jamais pouvoir, tu en conviens d'ailleurs volontiers, le* connaître *tel. Et c'est où je fais part, à nouveau, de ma réserve : ce Dieu me paraît bien abstrait, bien évanescent, c'est un Dieu pour philosophes, comme dirait Pascal, qui ne peut guère apaiser notre nostalgie du Dieu d'Isaac et de Jacob...*

Mais, après tout, pourquoi pas ? Qu'un philosophe ait un Dieu de philosophe, à nouveau, ce n'est pas contradictoire... Allons pourtant plus loin. Imaginons que nos savants démontrent (nous savons bien toi et moi que cela n'arrivera jamais : nous sommes dans le domaine de l'infalsifiable ; mais cela ne nous empêche pas de faire ensemble une expérience de pensée...), imaginons, donc, que nos savants démontrent que les hommes n'ont aucune surnaturalité, aucune liberté absolue ou métaphysique, aucune transcendance, comme tu dirais, bref, qu'ils ne sont que *des animaux (bien sûr plus conscients, plus intelligents, etc., que tous les autres, mais pour des raisons qui restent naturelles ou immanentes : un plus gros cerveau, une vie relationnelle, sociale et historique beaucoup plus riche, l'accumulation des savoirs et des œuvres...), sans aucune dimension qui échappe, en fait, à la nature, ni, en droit, à la connaissance scientifique. Si tu acceptes de faire cette expérience de pensée, cela autorise la question suivante : que resterait-il, dans cette hypothèse, des droits de l'homme, de la bioéthique, de l'humanitaire ? Il me semble que, de ton point de vue, il faudrait répondre : dans cette hypothèse, il n'en resterait rien (puisque c'est la liberté, la surnaturalité, la transcendance... qui les fondent ou les justifient). Or, en te plaçant par la pensée dans cette situation, il te reste à te demander si une telle position pourrait alors, en pratique, être la tienne... Te connaissant, j'ai du mal à l'imaginer... Comment pourrais-tu, pour une découverte scientifique, renoncer à te battre pour la justice et contre l'horreur ? De mon point de vue, au contraire, il faut répondre que, dans l'hypothèse envisagée, l'essentiel reste inchangé : surnaturalité ou pas, transcendance ou pas, la protection contre la souffrance, contre l'oppression, contre la barbarie ou le malheur reste évidemment nécessaire. Tu me diras que c'est que cette hypothèse me donne raison. Soit. Mais faisons alors l'hypothèse inverse : que nos savants découvrent que c'est toi qui as raison, que l'homme est un être transcendant, hors nature, absolument libre, etc. Sincèrement, je ne vois pas bien ce que cela changerait à mes convictions concernant le respect qu'on lui doit (par exemple dans l'humanitaire et la bioéthique) ni aux limites de ce respect (par exemple s'agissant de l'avortement, du suicide, de la guerre juste, de l'assassinat légitime...). Tu me reprocheras alors de vouloir protéger l'homme comme on protège des animaux. Oui, en un sens (il s'agit dans les deux cas de combattre la souffrance, de laisser la vie, autant que possible, s'épanouir harmonieusement et librement), mais pourtant bien davantage : puisque l'espèce humaine est supérieure de très loin (par la conscience, par l'intelligence, par la sensibilité, par la culture, sans doute aussi par le malheur possible, et même, je te l'accorde très volontiers, par la liberté, encore que celle-ci ne soit à mes yeux ni absolue ni surnaturelle...) à toutes les autres espèces animales connues !*

Bien sûr, ma petite expérience de pensée n'est qu'une fiction : les deux hypothèses sont aussi indémontrables que non falsifiables. Mais, précisément, il me paraît difficile de faire reposer toute la morale, tous les droits de l'homme, et notamment la bioéthique et l'humanitaire, sur quelque chose (la transcendance, la liberté morale, la surnaturalité, ou bien leur négation...) qui n'est, pour toi comme pour moi, qu'une hypothèse ! À les faire reposer sur la souffrance et la compassion (qui n'ont bien sûr besoin d'aucune métaphysique, ni matérialiste ni idéaliste : c'est bien pourquoi elles nous sont communes !), il me semble qu'on est plus près sinon de la vérité, qui nous est inconnue, du moins de l'expérience ordinaire, et spécialement de la pratique effective de nos French doctors. *Certains d'entre eux, philosophiquement, seront d'accord avec toi, d'autres avec moi, ce qui prouve bien que ce n'est pas ce qui nous oppose qui les guide (la croyance ou non en la transcendance de l'homme), mais ce qui nous unit (un certain refus de l'horreur : ce que j'appelle la douceur et la compassion, dont je sais bien qu'elles ne sont pas incompatibles avec le divin et le sacré, comme tu le remarques, mais dont tu m'accorderas qu'elles n'en sont pas non plus indissociables).*

J'ai été frappé de voir que tu voulais bien intégrer les grands singes, au moins virtuellement, au monde de la transcendance et donc du sacré. Cela, entre nous soit dit, rapproche sensiblement nos positions ; car alors tu ne peux guère éviter de reconnaître, comme je fais aussi, une certaine continuité *entre l'homme et les animaux (d'autant plus qu'entre le singe et l'homme, ou entre telle espèce de singe et telle autre, on peut toujours imaginer un nombre indéfini d'espèces intermédiaires), de même que je ne cherche bien sûr pas à nier les* différences, *que tu soulignes à juste titre, qui font de l'humanité une espèce évidemment exceptionnelle. Mais, alors, faut-il encore parler de surnaturalité, de différence de nature (et non de degré), d'absolu, de divinisation ? Pour les hommes, je suis réticent. Mais tu te doutes que pour les singes je le serais encore davantage...*

J'ai vu récemment, dans un zoo, un vieil orang-outan mélancolique, qu'on avait isolé de ses congénères parce qu'il devenait agressif. Je l'ai regardé longtemps me regarder. Il me semble qu'aucun de nous deux ne s'illusionnait sur le sacré de l'autre. Mais il y avait, de lui à moi, comme une fraternité de misère... Cela n'annule pas ce qui nous distingue : un certain rapport à soi et à l'autre, disons la culture ou l'esprit. Mais comment cela, qui nous distingue, pourrait-il annuler ce qui nous rapproche ? Les devoirs que je pouvais avoir à son égard, lui, sans doute, les ignorait. L'universel tient à la langue, qui nous tient, et à la culture, qui nous fait. Mais enfin il n'était pas moins vivant que moi, ni je n'étais moins matériel que lui... Ce n'est pas le sacré qui nous rapprochait. C'était une certaine façon – que d'autres mammifères n'ont pas, ou moins – d'habiter l'immanence. Ce n'était pas un Dieu face à une créature, ni deux dieux face à face : c'étaient deux vivants, deux souffrants, deux mortels (même si lui peut-être ne le savait pas) face à l'absence de Dieu...

Il ne s'agit pas, dis-tu, d'« attribuer à l'homme toutes les qualités du divin ». Sans doute. Mais il me semble qu'il faut bien, de ton point de vue, lui en attribuer certaines (sinon : pourquoi parler d'« homme-Dieu » et de « divinisation de l'humain » ?), et je doute que la liberté – surtout si elle ne s'exprime « à coup sûr » que dans le mal – y suffise...

Au fond, ton Dieu, bien plus que l'homme (puisque les singes pourraient en faire partie), c'est la liberté. Comme me disait un de nos amis : « Luc, décidément, s'avère plus sartrien que je ne l'aurais cru... » Ce n'est bien sûr ni un reproche ni une condamnation (l'ami en question admire profondément Sartre). Il faut se demander pourtant si cette liberté pour le bien et pour le mal, *et même dont tu reconnais qu'elle est mieux avérée pour le mal que pour le bien (les salauds sont plus fréquents et plus incontestables que les saints), si cette liberté, donc, est encore un Dieu plausible. À ce compte-là, pourquoi ne pas vénérer le diable autant que le bon Dieu ? Ils sont libres, transcendants et surnaturels (au sens où tu prends ces mots) l'un et l'autre... Tu vas encore me trouver ironique. Mais ce que je veux dire, c'est que la divinisation, sauf à n'être qu'une métaphore, suppose une caractérisation* positive *(et non seulement une liberté abstraite ou indéterminée, comme le diable a aussi), et que je ne vois guère, mais je compte sur toi pour me l'expliquer, comment tu peux échapper au dilemme suivant : ou bien cette liberté reste vide (l'homme est « hors nature » et « sacré », qu'il fasse le bien* ou *qu'il fasse le mal), mais alors l'homme reste abstrait, virtuel, formel, et je ne crois pas qu'on puisse en faire une religion, sinon par métaphore, ni un Dieu, sinon par abus de langage (un Dieu qui fait le mal plus souvent et plus clairement que le bien, et qui n'a en outre, tu es le premier à le reconnaître, aucune des caractéristiques usuellement attribuées à la divinité, est-ce encore un Dieu ?) ; ou bien cette liberté s'incarne, pourrait-on dire, dans une certaine espèce, dans une certaine histoire, ce qui permet de donner un contenu positif à cette humanité, mais alors je ne vois pas comment tu peux échapper à l'anthropologie ni, si tu veux y trouver un Dieu, à l'idolâtrie...*

Je me demande si ce n'est pas ce dernier mot surtout qui t'a choqué. Il n'était bien sûr, dans mon esprit, nullement injurieux, ni même vraiment polémique. Il y a eu, à travers les siècles, beaucoup d'idolâtres très estimables. Il m'est arrivé d'utiliser le mot à propos de Spinoza (à qui Alain reprochait, point tout à fait à tort, d'avoir idolâtré le monde), et cela ne m'empêche pas d'avoir pour lui, comme tu le sais, beaucoup plus que de l'admiration. La vérité, c'est que je pensais à un texte de Simone Weil (auquel, tu t'en souviens peut-être, j'avais déjà fait référence dans la lettre que je t'avais écrite juste après avoir lu le manuscrit de L'Homme-Dieu, *lettre dans laquelle, tu le remarquais l'autre jour, l'essentiel de notre désaccord était déjà exprimé). C'est un commentaire du* Notre-Père. « Notre-Père, qui êtes aux cieux... » *Et Simone Weil écrit : « C'est le Père qui est dans les cieux. Non ailleurs. Si nous croyons avoir un Père ici-bas, ce n'est pas lui, c'est un faux Dieu » (*Attente de Dieu, *« À propos du*

“ Pater ” », p. 215). Ce que j'appelle idolâtrie, c'est se donner un Père ici-bas, autrement dit un Dieu dans l'immanence (au sens où Alain, je le rappelais à l'instant, reprochait à Spinoza d'avoir idolâtré le monde, comme beaucoup d'hégéliens ou de marxistes ont idolâtré l'histoire, comme des savants ont idolâtré la science, comme des humanistes, me semble-t-il, et peut-être Alain lui-même, ont idolâtré l'homme...). Oui, pour ce qui me concerne, on pourrait le dire comme ça : je ne me reconnais aucun Père ici-bas, ni ailleurs, je ne connais que des enfants, comme je suis aussi, dont la fragilité bouleversante me touche beaucoup plus, et me paraît davantage avérée, que quelque surnaturalité, sacralité ou transcendance que ce soit. Des enfants sans père ? Des orphelins ? Métaphore pour métaphore, celle-ci m'éclaire davantage que celle d'un homme-Dieu, et en dit plus long, peut-être, sur l'époque et sur l'esprit. « Mon Père, mon Père, pourquoi m'as-tu abandonné ? » *C'est qu'il n'existe pas : c'est qu'il n'y a que des enfants.*

C'est ma façon de les excuser, et c'est ce que j'appelle la miséricorde.

Tu me reproches de t'opposer le pessimisme de Kouchner, qui reprend, dis-tu, tes propres thèses sur la méchanceté humaine. Disons plutôt que d'un même constat, qui nous est commun à tous les trois et qui est bien banal – l'homme est méchant ou mauvais –, nous tirons toi et moi des conclusions opposées. Pourquoi ne serait-ce pas le cas ? Et comment y aurait-il autrement matière à débat ? Tu dis en gros : « Des êtres aussi méchants, ce n'est pas naturel : il doit y avoir quelque transcendance ou surnaturalité là-dessous... » Je dirais plutôt : « Des êtres aussi mauvais, cela ne peut pas résulter d'un choix libre : seules la nature, qui est aveugle, et l'histoire, qui l'est presque autant, peuvent l'expliquer... » Bref, là où tu vois « une grandiose faculté de transcendance », pour le bien comme pour le mal, je ne vois (comme Freud, comme Marx, comme Lévi-Strauss, mais aussi comme Épicure, Montaigne ou Spinoza) que les jeux, à la fois naturels et culturels, du désir et de la peur, qui font de l'homme un animal – même s'il est un animal sans égal et, pour reprendre le mot de Vercors, dénaturé... *Ce n'est pas déformer ta position ; c'est, partant d'un même constat, t'en opposer une autre. Il me semble, mon cher Luc, que tel est le but de nos rencontres : approfondir nos accords, bien sûr, quand il y a lieu ; mais aussi nos désaccords, quand c'est le cas. Cela ne change rien à l'amitié ; mais l'amitié n'y change pas grand-chose non plus, sinon l'estime réciproque, le plaisir de la discussion et, parfois, de la taquinerie...*

Voilà. Je ne veux pas être plus long, et je m'excuse, même, de l'avoir été déjà trop. Ah si, tout de même, un mot encore, en forme de sourire : que j'aie été successivement chrétien et marxiste, ce qui est en effet le cas, ne suffit bien sûr pas à me donner tort. J'y verrais plutôt, dans mon itinéraire, une espèce de chance : d'abord parce qu'il y a, tu en conviendras, d'excellentes choses et dans les Évangiles et chez Marx, et puis parce que cela m'a appris à me méfier des Églises (que d'horreurs dans l'histoire du christianisme et du communisme !) et à me passer finalement de toute religion, non seulement de ces deux-là, cela va de soi, mais aussi de celle, si c'en est une, que tu nous proposes, fût-elle humaniste, moderne et non métaphysique, et restât-elle, au moins de mon point de vue et quoiqu'elle vienne d'un ami très cher, quelque peu abstraite ou métaphorique...

Nous pourrons reparler de tout cela, en tête à tête ou avec nos amis, quand tu voudras. Quant à l'essentiel, qui n'est pas la philosophie mais la vie (tu te souviens de la formule de Goethe, que Hegel, je crois, cite quelque part : « Car grise, mon ami, est toute théorie, et vert l'arbre d'or de la vie... »*), pour l'essentiel, donc, tu sais que je reste, très affectueusement,*

Ton ami fidèle et taquin.

André

Lettre de Tzvetan Todorov à Luc Ferry et à André Comte-Sponville

Le 6 mars 1997

Cher André, cher Luc,

Je suis resté à mon tour un peu frustré de la dernière séance : d'abord vos textes initiaux ne parlaient pas de la même chose ; ensuite j'ai eu l'impression que la discussion de fond n'a pas pu s'engager (il est vrai qu'on a entendu d'autres discours). Je voulais donc vous communiquer quelques remarques, tout en restant conscient de ce que mes lacunes philosophiques ne me permettent pas vraiment de m'immiscer dans vos débats.

André, j'ai eu l'impression, en lisant ton premier texte, que tu partais sur un malentendu : tu te créais un adversaire que tu t'employais ensuite à critiquer, mais qui ne coïncidait pas avec l'image que j'ai de la pensée de Luc, ni avec la doctrine humaniste. Je me suis demandé si tu ne substituais pas la proposition « (1) tout humain est sacré » à la proposition « (2) tout sacré est humain », inversion qui décide évidemment de qui englobe qui. Tous tes contre-arguments, avais-je l'impression, combattaient (1) (les hommes ne méritent pas d'être divinisés !), non (2) (le seul sacré que nous ayons aujourd'hui est humain). Des termes comme « sacré » (intouchable et ne se prêtant pas à l'instrumentalisation) ou « transcendant » (autrui peut devenir une valeur qui transcende celle de ma vie) me paraissent bien appropriés. Mais non respect (ce n'est pas parce que je respecte ou j'apprécie les hommes que j'en fais une valeur ; et les débiles profonds que tu évoques ?) ; non compassion (ce qui nous aurait ramenés à l'amour du prochain, entendu comme dans la parabole du bon Samaritain : il faut qu'il souffre pour que je l'aime) ; non sublime (mon recueillement devant le ciel étoilé ne me pousse vers aucun sacrifice). Du coup, Luc, je me demande si, à l'inverse, les termes de « Dieu » et de « religion » ne contribuent pas ici à créer cette ambiguïté dans laquelle s'engage André. Je sais bien qu'ils te servent, mais est-ce qu'en même temps ils ne te desservent pas, par d'autres facettes de leur sens ? L'humanisme partage des traits avec les religions, mais en même temps s'y oppose.

Les caractéristiques de l'humain : les humanistes ne valorisent jamais l'homme comme un fait, mais seulement comme valeur, justement. Rousseau parle avec insistance de la « faiblesse de l'homme » ; quand il dit « l'homme est bon », cet homme-là n'en est pas vraiment un : c'est un animal qui deviendra homme. Mais faut-il, pour sacraliser l'homme, lui attribuer des qualités ? Toute spécification ici pourrait rendre notre jugement conditionnel : si l'humanité n'avait pas produit Mozart (mais seulement Schumann !), elle ne serait plus digne d'être une valeur ? On n'exigera certainement pas la force (nos enfants sont le premier exemple qui nous vient à l'esprit), mais non plus la souffrance ou la fragilité (je n'aime pas ma femme parce qu'elle souffre...), et je dirais même : pas la liberté ni la morale. Les violeurs de Boulogne étaient-ils des êtres moraux, agissaient-ils librement ? J'en doute. Pourtant, je ne voudrais pas qu'on les traite comme des animaux.

Je me demande s'il y a ici un autre critère que : l'appartenance à l'espèce biologique humaine (André disait : être né d'un homme et d'une femme). Cette différence-là est de nature, non de degré (nous ne pouvons procréer avec les singes), même s'il y a des continuités évidentes. Ton exemple, André, du chat à l'œil crevé ne me semble pas brouiller cette frontière : il faut le rapprocher non de la gifle, mais du chat apprenant à ses petits à tuer une souris. Comportement « cruel », mais que nous ne penserions jamais à reprocher au chat (puisqu'il agit par instinct). Seul l'homme peut être cruel, peu importe que l'objet de sa cruauté soit un autre homme ou un animal ; et c'est cela que nous jugeons. La liberté (et tout ce qui va avec) est une caractéristique biologique de notre espèce (c'est peut-être un non-sens philosophique ; mais est-ce faux ?).

En attendant la prochaine fois,

Tzvetan

Lettre d'André Comte-Sponville à Tzvetan Todorov

Ce 8 mars 1997

Mon cher Tzvetan,

C'est délicieux, ces correspondances croisées ! Si un jour je deviens complètement sourd, cela me consolera, au moins en partie, de ne plus pouvoir participer à nos discussions...

Malheureusement, je n'ai pas le temps de te répondre aussi longuement et précisément qu'il le faudrait. Je me suis mis à mon texte sur la « beauté moderne », qui n'est pas simple à faire (comment n'être ni méprisant ni complaisant, quand on parle d'artistes que l'on n'aime pas, et même que l'on n'arrive pas à estimer ?) et qui tombe dans une période déjà bien occupée...

Ta distinction entre les deux propositions, « tout humain est sacré » *et* « tout sacré est humain », *m'éclaire en partie. Avec la seconde, je suis évidemment d'accord, s'il s'agit de reconnaître qu'il n'est de sacré qu'humain (que pour l'homme, que par l'homme) ou, c'est l'autre formulation que tu en donnes, que « le seul sacré que nous ayons aujourd'hui est humain ». Reste la question de savoir si ce sacré est sacré au même sens que les précédents (dans les siècles passés), et si l'identité du mot, dont il m'arrive aussi de me servir, ne cache pas des changements essentiels : à savoir qu'on est passé d'une donnée* religieuse *(avec ce que cela suppose d'absolu, de mystère, de séparation...) à une donnée simplement* morale *(qui me paraît toujours relative et non séparable, et moins mystérieuse qu'exigeante). C'est pourquoi, d'ailleurs, je ne me sens pas vraiment en désaccord avec la première formule elle-même, « tout humain est sacré », si on donne à sacré le sens d'intouchable ou de non instrumentalisable (son sens moral, donc, et non son sens religieux). La vraie question, ici, me semble moins être de savoir « qui englobe qui », comme tu dis, que de déterminer le sens qu'on donne à ce mot* sacré, *ou surtout (car le mot n'est qu'un indice du problème) quel statut on accorde à l'humanisme : est-ce qu'on en fait, comme je le souhaite,* une morale pour notre temps *(qui remplace pour une part, et qui prolonge pour une autre, les morales hétéronomes du passé), ou bien est-ce qu'on en fait, comme Luc semble parfois le vouloir,* une religion pour notre temps *? Mes objections visaient aussi à lui faire préciser ce point, et il me semble qu'il devrait profiter de notre livre pour le faire. L'humanisme comme morale, ou comme religion ? Pour répondre à la question :* « Que dois-je faire ? », *ou :* « Que m'est-il permis d'espérer ? » *Pour apporter des règles, des normes, des valeurs, ou pour apporter du sens, de l'absolu, du sacré ? Il me semble que ce n'est pas tout à fait la même chose, et même, philosophiquement, que la différence entre les deux est considérable. Pour des raisons pratiques ? Guère. La morale, presque toujours, sera la même. Mais parce que ces deux conceptions ne débouchent pas, me semble-t-il, sur la même spiritualité, ni sur la même sagesse, ni sur le même rapport au monde, aux autres et à soi. On ne peut pas se sacrifier pour le ciel étoilé, dis-tu. Bien sûr ! Mais c'est que notre rapport à l'univers n'est pas un rapport moral. Cela n'empêche pas de se « recueillir », comme tu dis aussi, devant lui (aucune spiritualité ne me paraît acceptable qui s'enfermerait dans l'humanité, qui ne serait pas, aussi, ouverture à l'ouvert, présence à la présence, union avec l'unité de tout, et du tout, bref, ce qu'on pourrait appeler un mysticisme dans l'immanence), ni de l'aimer. Je dirais volontiers (mais tu vas encore me reprocher mon faible pour les oppositions binaires !) : notre rapport à l'univers n'est pas un rapport moral, c'est un rapport spirituel ; notre rapport à* *l'homme n'est pas spirituel, c'est un rapport moral. Il n'en reste pas moins, c'est pourquoi l'opposition n'est pas si tranchée, que l'homme fait partie de l'univers, et qu'il n'est de spiritualité, selon toute vraisemblance et en tout cas sur cette Terre, qu'humaine...*

*Je partage bien sûr tes réserves concernant l'usage que fait Luc des termes de « Dieu » et de « religion » (surtout si on y ajoute, cela fait un champ sémantique tout de même très marqué, la « transcendance », le « sacré », la « divinisation », la « surnaturalité », le corps humain qui se fait « Temple », etc.). Je n'arrive pas bien à comprendre si ce n'est qu'une question de mots et d'images, ou bien si Luc y voit vraiment davantage qu'une métaphore ou qu'une façon de parler – bref, s'il nous propose ou non une nouvelle religion ! Pour dire la chose dans les mots de Luc, je suis d'accord avec ce qu'il appelle l'*humanisation du divin, *et pas avec ce qu'il appelle la* divinisation de l'humain *(tu te souviens que c'étaient les titres des deux premiers chapitres de* L'Homme-Dieu*). C'était ce que je lui disais dès la lettre que je lui avais écrite après avoir lu son livre : « Je suis d'accord avec ton analyse de l'*humanisation du divin, *comme processus historique ou historial, sans te suivre tout à fait dans ce que tu sembles proposer ou espérer comme issue spirituelle, à savoir la* divinisation de l'humain... *Je peux concevoir ton humanisme transcendantal, et même y adhérer, pour une part, mais pas au point d'en faire cette espèce de religion de l'homme que tu sembles appeler de tes vœux... »*

*Je suis aussi d'accord avec toi pour dire que les humanistes valorisent l'homme comme valeur plutôt que comme fait : c'est ce que je disais moi-même, si je me souviens bien, dans « Humain, jamais trop humain » (*Valeur et vérité, *p. 227-242). Mais c'est précisément, pour moi, ce qui interdit de faire de l'humanisme une religion :* car un Dieu est la conjonction nécessaire du fait et de la valeur. *Si tu demandes à tel de tes amis s'il croit en Dieu, et qu'il te réponde : « J'y crois comme valeur, pas comme fait », tu en tireras la conclusion qu'il est athée, ou au moins agnostique, même s'il respecte l'idée de Dieu pour ce qu'elle exprime comme idéal... C'est en quoi je suis athée de l'humanisme, si tu m'autorises cette expression incongrue, tout en respectant, cela va de soi, l'idée d'homme comme idéal (comme valeur). Il y a donc deux humanismes, l'un qui considère l'homme comme une valeur ou un idéal, l'autre qui considère l'homme comme un fait-valeur (comme la conjonction indissociable des deux) et, donc, comme un absolu. Une valeur est l'objet d'une volonté ; un fait, l'objet* *d'une connaissance. Si l'on considère l'homme comme valeur, être humaniste, c'est* vouloir *que l'homme soit humain (au sens normatif du terme) : c'est ce que j'appelle l'humanisme pratique, qui est purement moral et pas du tout religieux. Ainsi chez Montaigne ou Spinoza. Si l'homme est considéré comme fait, il faut alors le* connaître *(anthropologie) ; mais ou bien on disjoint le fait et la valeur (ce que j'appelle le cynisme : les sciences humaines ne sont pas humanistes, l'humanisme n'est pas scientifique), et l'on retrouve l'humanisme pratique ; ou bien on les conjoint (ce qui me paraît être une forme d'idéalisme) : l'humanisme devient alors théorique (au double sens de la connaissance et de la contemplation, ce qui le rend indissolublement théorico-pratique : c'est Platon qui revient, avec l'idée d'Homme à la place de l'idée du Bien) et nous pousse, me semble-t-il, vers une religion de l'homme, bien sûr respectable mais dans laquelle je ne me reconnais pas, ni ne reconnais le fait humain tel qu'il me semble l'expérimenter...*

Cette disjonction du fait et de la valeur n'empêche bien sûr pas de soumettre le fait à la valeur (de juger l'humanité réelle, et de se juger soi), ni d'intégrer la valeur dans le fait (de faire une théorie anthropologique de l'humanisme : la morale peut aussi être objet de connaissance). Si l'humanité n'avait pas produit Mozart et Bach, Shakespeare et Michel-Ange, Jésus et Bouddha, Spinoza et Kant, etc., on pourrait toujours être humaniste (l'idée d'humanité comme valeur ne serait pas diminuée par là : on pourrait toujours vouloir que les hommes soient bons, justes, généreux...) ; mais on aurait une moins haute idée de l'humanité réelle... L'humanisme (l'homme comme valeur) n'est pas une anthropolâtrie (qui adorerait l'humanité réelle). Mais c'est pourquoi il ne peut pas être une religion : parce qu'une valeur qui n'est qu'une valeur, non un fait (un idéal, non une réalité !), cela ne pourrait faire qu'un Dieu qui n'existe pas...

Enfin, sur la liberté, j'aime assez l'idée (joliment paradoxale et que Luc sans doute n'accepterait pas) d'y voir « une caractéristique biologique *de notre espèce ». Mais cela veut dire, de mon point de vue, que cette liberté ne peut être surnaturelle ni absolue (puisqu'elle est, au moins au départ, biologiquement déterminée), qu'elle est plutôt ce pouvoir – dont je ne conteste nullement l'existence – que la nature nous offre (pouvoir d'arrachement, ou de détachement, ou de dénaturation, comme dirait Vercors), qui nous permet de nous libérer, au moins en partie, de cela même qu'elle nous impose et qui nous fait. C'est ce que Spinoza appelle la raison, et que (pour y intégrer la culture, la morale, l'intersubjectivité, ce long processus d'arrachement* social *à la nature) j'appellerais volontiers l'esprit. Qu'il soit matériel « en dernière instance », j'en suis convaincu. Quelle pensée sans corps ? Quelle civilisation sans technique ? Mais cela ne prouve pas qu'il ne soit soumis qu'à une causalité physique ou chimique. Les idées agissent aussi. Les raisonnements agissent aussi. C'est pourquoi nous élevons nos enfants. C'est pourquoi nous faisons des livres. Et le cerveau est sans doute cette machine formidable qui nous permet d'échapper, au moins pour une part, au mécanisme. Mais enfin cela reste un cerveau (non pas une voiture qu'on conduit, pour reprendre l'image de Luc, mais le conducteur lui-même !), autrement dit un objet naturel et matériel. C'est pourquoi je préfère parler de* libération *que de* liberté. *Cela ne m'empêche pas d'utiliser les deux mots, comme tout le monde et au sens de tout le monde, simplement en précisant, c'est ce qui m'oppose à Luc, que cette liberté, à mes yeux, est un processus plus qu'une essence, un résultat plus qu'un principe, et qu'elle ne saurait en conséquence être jamais totale, ni absolue, ni surnaturelle... Une transcendance ? Pas, en tout cas, au sens ordinaire du mot. J'y verrais plutôt un devenir, toujours déterminé (jusque dans la part d'indétermination qu'il nous offre !), par lequel un petit morceau du réel s'affirme – à la fois dans l'immanence et contre elle – en se révoltant. Nous aimons nos enfants, et ils sont mortels. Comment pourrions-nous l'accepter ? L'esprit toujours nie... Être matérialiste, c'est simplement penser que ce* non *fait partie du réel, et en dépend. C'est aussi ce qui donne son sens à l'idée de philosophie : tendre vers une forme de sagesse, comme il le faut bien, c'est se souvenir que ce* non *n'est qu'un moment (le moment du négatif : le moment de l'homme), qui laisse au* oui *sa part. La part de Dieu ? Les matérialistes y voient plutôt la part de ce qui en tient lieu – Spinoza et Lucrèce utilisent le même mot :* Natura *–, qui n'est pas une part, justement, mais le tout. C'est pourquoi toute sagesse, même tragique, est affirmative : il s'agit de dire* oui *à tout, y compris (mais pas seulement) à ce* non *que nous sommes ou qui nous constitue ! Il n'y a là aucune contradiction : le refus du réel en fait partie ; la révolte, comme diraient Camus ou Vercors, peut donc trouver sa place dans l'amour qui l'englobe, qui la justifie, et qui la sauve. Lequel d'entre nous voudrait ne se révolter que par haine ? Et qu'a-t-on besoin de sagesse pour cela ? Pas de contradiction, donc, mais une tension, mais un combat, mais un effort : si la vie n'était pas tragique, la sagesse serait-elle à ce point difficile et nécessaire ?*

Voilà, pardon d'être allé si vite, et merci d'être toujours si attentif, si généreux, si amical.

Ton ami,

André

P.-S. J'envoie un double de cette lettre à Luc : après tout, cela le concerne...

Réponse de Luc Ferry à Tzvetan et à André

Avril 97

Mes chers amis,

Vos lettres me touchent et je ne puis les lire sans une certaine passion : elles témoignent de la vivacité de nos débats qui me paraissent, comme à vous, aller au cœur de l'humanisme contemporain. Elles convergent au moins sur un point : tous deux, vous vous demandez pourquoi j'éprouve le besoin de recourir à un vocabulaire religieux alors que celui de la morale vous semblerait suffire. André se satisferait volontiers d'une « morale pour notre temps », et il craint que je ne cherche plutôt une « religion pour notre temps ». Quant à Tzvetan, il redoute que le recours à un vocabulaire religieux ne desserve un propos humaniste auquel, pour l'essentiel, il adhère par ailleurs. Merci à tous deux de m'offrir cette occasion d'approfondir cet aspect, en effet crucial à mes yeux, de notre discussion.

Mais, avant, je voudrais revenir un instant sur la « réponse d'André » et notamment sur le passage où il évoque l'hypothèse, toute fictive comme il le dit lui-même, où la science contemporaine viendrait à nous départager quant à la question de la liberté humaine (naturelle selon André, antinaturelle à mes yeux). Admettons donc que l'homme, comme l'animal, soit tout entier un être de nature – que sa « dénaturation » soit elle-même, en tant qu'effet d'une disposition naturelle, parfaitement inscrite dans la nature. Que resterait-il alors, demande André, de l'humanitaire et de la bioéthique ? À ses yeux à peu près tout, aux miens à peu près rien ou plus exactement, comme le dit très justement André, la protection des humains s'apparenterait à celle des animaux. Or c'est là à mes yeux que le bât blesse. Il suffit, pour s'en rendre compte, de prendre la mesure de ce qui sépare aujourd'hui le souci humanitaire de son équivalent zoophile. Même chez les plus ardents défenseurs du droit de l'animal, de Henry Salt à Peter Singer, ce qui est dénoncé au premier chef, c'est la souffrance infligée inutilement. Pour être ici tout à fait clair : le leader du Mouvement de la libération animale ne conteste pas à l'homme, dans certains cas, le droit de tuer les animaux. Ce qu'il lui dénie, en revanche, c'est celui de les faire souffrir pour rien, par paresse ou par plaisir. La distinction est capitale et elle se traduit très concrètement dans les faits. Par exemple, au Canada, où ce mouvement est très puissant, il existe dans les hôpitaux des « comités d'éthique » pour les animaux. On n'y interdit pourtant pas l'expérimentation sur l'animal lorsqu'elle est réellement indispensable, mais on demande qu'elle se fasse dans des conditions telles que toute souffrance inutile soit évitée. Je crois que cette attitude est juste et que nous ferions bien, en France, de nous en inspirer. Mais transposons-la un instant aux êtres humains : elle nous apparaîtrait tout simplement monstrueuse ! Car ce n'est pas seulement la souffrance que nous souhaiterions leur épargner, mais d'évidence la mort et même, tout simplement, le fait d'être traités comme des choses. Tel est l'abîme qui sépare l'humanitaire du droit des animaux : il ne vise pas seulement à épargner des souffrances, mais à préserver la dignité *(la « non-réification ») et la* vie. *Et, s'il le fait, c'est parce qu'il s'appuie, consciemment ou non, sur l'idée que l'homme est d'un autre ordre que l'animal et non pas seulement, comme le dit André, « supérieur » à lui – ce qui fonderait du reste une étrange forme de racisme ou, pour mieux dire, de « spécisme » dont j'avoue ne pas voir, c'est une litote, la signification morale. Au reste, et c'est là encore un désaccord avec André, la nature en général n'a rien d'absolu à mes yeux. Comme tout un chacun, je la trouve parfois belle, sublime, même, et j'aurais la plus grande peine à m'en passer – par où je me sens souvent en accord, quoi qu'on ait pu en dire, avec les écologistes. Pourtant, entre la vie d'un être humain et toutes les beautés naturelles de l'univers, je n'hésiterais pas une seconde – et j'ai le sentiment qu'André ferait de même, ce qui suffit assez, je crois, à montrer combien nous éprouvons l'altérité de l'humain par rapport à toute forme de naturalité.*

Sans l'hypothèse de la liberté, d'une antinaturalité ou d'une surnaturalité des hommes, toute la problématique morale se réduirait, et encore dans le meilleur des cas, comme on le voit pour les animaux, à celle de la souffrance. Or non seulement cela ne doit pas être, mais cela n'est pas, dans les faits, ce que nous observons.

Par où je ne crois pas non plus me désintéresser, comme le dit curieusement André, de « toute caractérisation anthropologique » (?) ou de « toute référence au concret des hommes » (?), pour ne me soucier que d'une liberté absolue, transcendante, et donc sans rapport avec le réel. Je vois même tout l'inverse, et, puisque André me trouve très sartrien, il ne devrait pas lui échapper que la liberté est toujours « en situation ». Je ne cesse, par exemple, de m'intéresser à l'éducation, et ce pour une raison de fond : la lutte contre la « réification », contre la « mauvaise foi », dirait Sartre, me paraît s'incarner tout au long de nos vies de la façon la plus quotidienne et la plus concrète qui puisse être. Elle répond, au plus profond, à la question suivante : qu'est-ce que vieillir ? Devenir quelqu'un ou devenir quelque chose ? Simplement, je ne vois pas ce que pourrait signifier, et c'est là ce qui nous sépare sans doute le plus sûrement, l'idée même d'une « liberté relative ». Pour être toujours en situation concrète, la liberté n'en est pas moins absolue – ou elle n'est rien du tout. Ou bien nous possédons une faculté de choisir, un libre arbitre, une capacité de nous opposer à la naturalité en nous, ou bien nous n'en possédons pas. Entre les deux hypothèses, je n'aperçois aucune demi-mesure possible. Que signifierait, du reste, choisir à moitié ?...

Mais revenons à la religion. Je comprends bien, Tzvetan a raison de le souligner, en quoi l'humanisme laïc a dû se séparer des figures traditionnelles de la religion. D'évidence, c'est à mes yeux un événement heureux, sans lequel les morales laïques n'auraient pu voir le jour. Ces morales, pour autant, nous suffisent-elles et peut-on se contenter, selon la formule d'André, d'un « absolu pratique » ? Je n'en crois rien. À l'alternative que me propose André entre une morale ou une religion pour notre temps, je répondrai : une « spiritualité » pour notre temps ou, pour ne pas fuir le débat et me faire peut-être mieux comprendre : une religion d'après la religion. André, en tant que spinoziste, ne devrait avoir du reste aucune difficulté à saisir ce que je veux dire : ce que je nomme ici spiritualité correspond, mutatis mutandis, *dans la tradition philosophique qui est la mienne, à ce que Spinoza désigne comme l'« éthique » et qui n'a que peu à voir avec la morale. Pour l'essentiel, cette dernière se confond aujourd'hui avec les droits de l'homme. Sur le plan philosophique, elle est exprimée au mieux, nous en sommes d'accord tous les deux, dans la* Critique de la raison pratique. *Tout cela est fort bien, mais c'est si peu au regard de ce qui fait le sens de notre vie ! Si peu au regard de l'éducation, de l'amour, de l'art, de la connaissance, bref, de tout ce qui fait un être humain doué d'une « pensée élargie » ! La morale est la chose la plus importante du monde... quand elle fait défaut ! La moins importante, lorsqu'elle est acquise ! Au-delà vient donc la sphère de l'éthique, comme dit André (avec Spinoza), ou encore de l'Esprit pour parler avec Hegel, où l'on entend déjà cette spiritualité qui vient prendre la place des anciennes religions pour répondre à la question : comment vivre ? Non pas que dois-je faire pour bien me comporter, mais : qu'est-ce qu'une vie bonne, une vie réussie ? Question de la sagesse, si l'on veut.*

Or, cette question, je ne puis la penser sans lien avec le religieux, sinon avec les religions. Si j'admets que les êtres humains appartiennent à un autre ordre *que celui de la nature, non seulement j'ai besoin de poser cet « absolu pratique » dont parle André, mais aussi d'en tirer,* au-delà du bien et du mal, *les conséquences proprement « spirituelles ». Si nous n'étions que des morceaux de nature, éviter la souffrance suffirait presque à être heureux, et, pour tout dire, ne pas vivre serait sans doute le meilleur moyen d'y parvenir. Mais si je suppose que nous sommes plus et autres que cela, que puis-je en conclure pour la conduite de ma vie ou, comme dit Kant, lorsqu'il dépasse (ce qui lui arrive si rarement !) la seule sphère de la morale, que m'est-il permis d'espérer ? Comment éduquer des êtres qui ne sont pas seulement des animaux supérieurs, comment vivre avec eux, les comprendre, les aimer, les combattre puisqu'ils sont aussi capables du pire ? Comment apprécier ce qui les* relie, *si cette liaison, comme dans l'art ou dans la politique,* transcende *la seule sphère de la nature, et si la question de cette transcendance, comme le reconnaît André lui-même, échappe par principe à la science et s'avère par là irrémédiablement* mystérieuse *? Voilà pour moi la question, qui est, comme on voit, plus proche du religieux que de la morale. Je crois que l'humanisme ne peut plus l'éluder, qu'il ne peut plus se satisfaire d'être seulement négatif, critique, comme si l'émancipation était sa seule finalité. Je n'en dis pas plus aujourd'hui puisque c'est l'objet même des débats que nous allons maintenant aborder*[1].

1. Je renvoie notamment aux toutes dernières pages de mon intervention sur la philosophie contemporaine, ainsi qu'aux développements consacrés au sens de la vieillesse dans une société qui valorise l'avenir.

DEUXIÈME PARTIE

La religion après la religion
ou
« Que nous est-il permis d'espérer ? »

4

Le devoir et le salut : de la morale à l'éthique

La morale se présente comme un ensemble d'impératifs et d'interdits. Elle répond aux questions « Que dois-je faire ? »*, « Comment* faut-il *agir ? ». Elle concerne, au fond, l'opposition du Bien et du Mal, en quelque sens qu'on les entende. Notre conviction est que la morale n'est utile – et même nécessaire puisque sans elle le monde serait invivable, la violence omniprésente – qu'à proportion de son absence ! Imaginons un instant, pure fiction bien sûr, qu'elle soit acquise, que partout les êtres humains agissent dans le respect de la justice et de la liberté des autres : rien, pourtant, de ce qui fait le sens ou le prix de leur vie ne serait encore par là indiqué ! C'est ici qu'intervient l'éthique, telle que nous l'entendons : une sphère de la réflexion philosophique qui,* au-delà de la morale*, s'interroge sur ce qui fait le sens ou le prix de l'existence humaine. Elle répond aux questions « Comment vivre ? », « Qu'est-ce qu'une vie bonne, une vie réussie ? », ou encore, pour reprendre la formulation kantienne, « Que m'est-il permis d'espérer ? ». Elle est affaire de sagesse ou de spiritualité plus que de justice, de bonheur plus que de vertu, de salut plus que de devoir. Elle suppose la morale, bien sûr, mais elle ne s'y réduit pas. Comment l'éthique se présente-t-elle dans un monde laïc, un univers sans cosmologie ni religion ? Telle est notre question commune, à laquelle nous apportons deux réponses différentes.*

Le devoir et le salut : de la morale à l'éthique

André Comte-Sponville

Une remarque, d'abord, sur le chemin parcouru. Notre sujet – le devoir et le salut – indique combien ce chemin est considérable, en tout cas pour ce qui me concerne, au point que je ne puisse l'envisager sans un peu de surprise rétrospective. C'est sans doute moins vrai pour Luc : il semble avoir traversé les années soixante-soixante-dix sans se laisser un instant ébranler par les événements (Mai 68 et tout ce qui s'ensuivit) ni, surtout, par le grand vent – structuraliste, antihumaniste, déconstructeur... – qui soufflait, ces années-là, sur la pensée. Je me souviens d'un colloque où nous étions ensemble, il y a quelques années, c'était au Centre culturel suédois, et il était question de la France, de l'Europe, de la modernité... Je ne me rappelle plus guère le détail de nos propos, mais je revois Luc nous dire tranquillement, pour préciser ses positions, ou pour les expliquer, ceci, qui me frappa vivement : « Je n'ai aucune attache, ni intellectuelle ni affective, avec les années soixante ou soixante-dix ; je ne m'y reconnais pas. » Je mesurai soudain ce qui nous séparait, lui et moi, dans nos parcours, et ce qui nous rapprochait, dans notre point d'arrivée. Au fond, nous étions *intempestifs* l'un et l'autre ; mais je l'étais devenu, quand Luc l'était resté... Faut-il l'envier ? Je ne sais. Toujours est-il que j'étais bien loin, durant nos années d'études (il faut dire que Luc en passa une bonne partie en Allemagne, alors que je ne quittai guère le Quartier latin), de partager cette solidité, cette distance, cette résistance, et peut-être suis-je davantage sensible, pour cette raison, à ce que notre réunion, aujourd'hui et sur un tel sujet, avait alors d'imprévisible et garde encore de singulier. Quand j'étais en khâgne ou à Normale sup, il y a quelque vingt-cinq ans, ni le devoir ni le salut ne faisaient partie de mon vocabulaire, encore moins de mes préoccupations, et mes amis, me semble-t-il, ne s'en souciaient pas davantage. C'étaient pour nous de vieilles lunes, des notions à la fois abstraites et désuètes, qu'il fallait abandonner – définitivement, croyions-nous – aux poubelles de l'histoire de la philosophie. Quoi de plus ennuyeux que le devoir ? La notion même nous semblait prisonnière d'une morale répressive, culpabilisatrice, castratrice, dont 68 nous avait heureusement libérés et vers laquelle il n'était pas question de revenir. Et quoi de plus suranné que le salut ? C'était à nos yeux une notion essentiellement religieuse ; or nul n'ignorait, ces années-là, que Dieu était mort, quelque part en Allemagne, vers la fin du XIXe siècle... Nous savions bien, certes, que la notion de salut se trouvait aussi chez Spinoza, dont nous nous réclamions volontiers, qu'elle illuminait tout le cinquième livre de l'*Éthique*. Mais, précisément, c'est un livre dont nous ne savions que faire, et nous avions appris à ne retenir de Spinoza, comme des autres philosophes, que ce qui nous arrangeait, qui s'y trouve en effet (le monisme, le nécessitarisme, l'immanentisme, la critique du finalisme, du moralisme, de la superstition, l'apologie de la démocratie et de la laïcité...), sans trop nous occuper de ce qui pouvait remettre en cause nos certitudes ou notre bonne conscience moderniste. Cela aboutissait à un Spinoza tronqué, un Spinoza qui aurait paradoxalement renoncé à l'éthique (nous ne savions que faire du cinquième livre mais ne tirions guère non plus de conséquences pratiques du quatrième...), un Spinoza réduit à sa proximité, d'ailleurs effective, avec Nietzsche, Marx ou Freud (qui dominaient alors, on s'en souvient, la scène théorique), un Spinoza amputé de sa dimension mystique ou spirituelle, et même de sa dimension morale (l'humanisme pratique, les « règles de vie », les « commandements de la raison » [1]), un Spinoza ramené à notre niveau, à nos combats, à nos problèmes : ni le salut, ni la béatitude, ni l'éternité, ni la sagesse, même, n'en faisaient partie. Notre Spinoza n'était qu'une espèce de nietzschéen avant la lettre, un peu plus rationaliste, un peu plus

1. Sur l'humanisme pratique, voir par exemple *Éthique, op. cit.*, IV, scolie de la proposition 18 et proposition 35, corollaires et scolie, ainsi que le chap. 26 de l'appendice. Sur les « commandements de la raison » et, en général, la fonction positive de la morale chez Spinoza, voir *Éthique, op. cit.*, IV, en entier, ainsi que V, 10, scolie, et 41, démonstration et scolie. Je me suis expliqué là-dessus dans *Vivre*, chap. 4, § 7 et 9, et j'y suis revenu, d'un point de vue davantage historique, dans le récent *Dictionnaire d'éthique et de philosophie morale, op. cit.*, article Spinoza.

démocrate, un peu plus sympathique, et qui aurait préféré le style géométrique – axiomes, propositions, démonstrations... – aux fulgurances aphoristiques. Disons que nous en retenions la portée critique (en omettant d'ailleurs de l'appliquer à nous-mêmes ou à nos croyances du moment : une critique spinoziste de Marx, de Nietzsche, de Freud, voilà qui aurait été intéressant, que je tenterai plus tard, mais que nous évitions alors soigneusement), plutôt que l'enseignement positif. Nous faisions la même chose avec Kant, lorsque nous le lisions, et c'était ce qui nous permettait, parfois, de les faire fonctionner ensemble, ou l'un contre l'autre : Spinoza nous servait à nous libérer du devoir, du moins, c'est ce que nous croyions, et Kant (parce que nous le réduisions à sa théorie de la connaissance) à renoncer au salut... Ce qu'il en restait ? Pas grand-chose, juste une petite sophistique efficace, bien proche, quant au fond, du nihilisme qui semblait, ailleurs, triompher. À ce nihilisme, certes, la politique nous interdisait de céder tout à fait. Mais ce fut la politique, plus tard, qui cédera : il faudra alors s'abandonner au néant, comme feront certains, ou essayer de philosopher pour de bon... Sur ce chemin j'ai rencontré le devoir, et une certaine idée, bien différente, du salut. J'ai aussi rencontré Luc, ce qui nous vaut le plaisir, aujourd'hui, de cette rencontre... Mais n'allons pas trop vite.

Quant à penser le rapport entre la morale et l'éthique, dans ces années soixante-dix, c'était encore plus simple : la morale, c'était mal (toute morale nous semblait oppressive, réactive, aliénante, prisonnière de la mauvaise conscience et du ressentiment) ; l'éthique, c'était bien (du moins s'il s'agissait, comme chez Spinoza ou Nietzsche, d'une éthique libératrice, affirmative, pleine de joie et de santé). La morale était du côté de la culpabilité, de la castration, de la honte ; l'éthique, du côté de la liberté, de la puissance, du contentement de soi... Comment n'aurions-nous pas choisi celle-ci contre celle-là ? Que ce soit aussi simple, c'est bien sûr ce que je ne crois plus aujourd'hui. On ne se débarrasse pas comme cela de la morale, ni du devoir, ni même de la culpabilité. Mais c'est ce que nous pensions alors, et qui accompagnait nos utopies politiques du moment. Il était interdit d'interdire : nous voulions vivre et militer par-delà le bien et le mal... Nous avions l'excuse de la jeunesse, et ne faisions guère que répéter ce que disaient nos professeurs ou les philosophes à la mode ; c'étaient souvent les mêmes et ils étaient fort talentueux.

Pas de devoir absolu

J'ai changé ? Bien sûr, et heureusement ! À quoi bon philosopher, si cela devait ne transformer rien ni personne ? Le changement pourtant ne fut pas total, et c'est ce qui m'amène à ma deuxième remarque. S'il m'arrive maintenant d'utiliser – et d'utiliser positivement – les notions de devoir et de salut, ce n'est pas toutefois sans quelque réserve ou distance. Le poids de ma jeunesse, la nostalgie d'une mode défunte ou défaite ? Pas seulement ni surtout, me semble-t-il. Fidélité, plutôt, à ce qui a pu se dire, ces années-là, de vrai et d'important. Fidélité à ce que j'ai cru comprendre, et fidélité, aussi, à un certain nombre de refus. Cela nous amène au fond, sur lequel il faut s'expliquer quelque peu.

Prenons par exemple la notion de devoir. On connaît la définition de Kant : « Le devoir est la nécessité d'accomplir une action par respect pour la loi [1]. » Je n'ai jamais pu croire tout à fait ni à cette nécessité (puisqu'on peut ne pas s'y soumettre, ou ne pas savoir, même, ce qu'il faudrait faire), ni à cette loi, que Kant prétend *a priori*, anhistorique, universelle, inconditionnelle, en un mot *absolue*, quand je n'ai cessé d'en éprouver, et par la raison autant que par le cœur, la redoutable et tragique relativité. Quelle loi qui ne soit historique, empirique au moins en quelque chose, particulière, à la fois conditionnelle et conditionnée, au point d'être souvent problématique, dans ses applications, et presque toujours opaque, quant à ses sources ou aux principes qu'elle met en œuvre ? L'histoire du kantisme le confirme. On sait que Kant était favorable à la peine de mort [2], et opposé à toute sexualité qui se voudrait libérée du mariage et de la reproduction [3]. La plupart des kantiens ont aujourd'hui, sur ces deux questions, une position inverse, et cela, sans réfuter le kantisme, laisse pourtant songeur : qu'est-ce que cette raison pure qui ne cesse d'évoluer à travers le temps et l'espace ? J'observe d'ailleurs que mes amis kantiens ou

1. *Fondements de la métaphysique des mœurs*, I, p. 400 de l'éd. de l'Académie des sciences de Berlin (p. 66 de la trad. Delbos-Philonenko, éd. Vrin, 1980).
2. *Métaphysique des mœurs*, I, Doctrine du droit, « Du droit de punir et de gracier », p. 331-337, trad. franç., éd. Gallimard, coll. « La Pléiade », t. 3, p. 600-608.
3. *Métaphysique des mœurs*, II, Doctrine de la vertu, « De la souillure de soi-même par la volupté », p. 424-426, (éd. Gallimard, coll. « La Pléiade », p. 709-712).

néokantiens, j'en ai plusieurs, quand nous parlons de notre vie privée, des problèmes de conscience que nous pouvons y rencontrer, etc., ne se demandent guère si la maxime de leur action est universalisable, comme dirait Kant, ni ne se soucient beaucoup de quelque impératif catégorique que ce soit. Leur devoir ? Certes, ils s'en préoccupent. Mais ne savent pas toujours ce qu'il est, ni ne croient qu'il commande, comme le voudrait Kant, indépendamment de tout motif, de toute inclination (l'amour, la compassion...), de tout objet de la faculté de désirer, enfin, c'est peut-être le plus important, de tout résultat attendu. Cela vaut par exemple pour notre vie sexuelle. Lequel d'entre nous s'est demandé sérieusement, ne serait-ce qu'une fois dans sa vie, si la fellation ou l'homosexualité étaient conformes à la loi morale, et à laquelle ? Non, du tout, que la sexualité nous paraisse toujours moralement neutre ou indifférente. Au nom de quoi, si c'était le cas, nous interdirions-nous le viol ou la pédophilie ? Mais en ceci, plutôt, que la morale qui s'y manifeste, ou qu'on y rencontre, relève moins de ce que Kant appelle « la pure forme d'une loi » que d'un certain contenu indissociablement intellectuel et affectif, toujours singulier, toujours conditionné, toujours « en situation », pour parler comme Sartre, toujours relationnel, toujours pris dans le corps et l'inconscient, toujours enraciné dans l'histoire, et sur lequel le cœur, comme dirait Pascal, ou le sentiment, comme dirait Hume, nous en apprennent davantage que la raison – ou sur lequel la raison, si l'on préfère, ne commande jamais absolument ni tout à fait *a priori* (si tant est que cette dernière notion, ce que je ne crois pas, soit pensable jusqu'au bout), sans égard, Kant ne cesse d'y insister, à aucun des objets de la faculté de désirer ni à quelque but ou inclination que ce soit. Qui se soucie de l'impératif catégorique quand il fait l'amour ? Sous sa forme canonique (« Agis uniquement d'après la maxime qui fait que tu peux vouloir en même temps qu'elle devienne une loi universelle [1] »), personne, me semble-t-il, et nous y verrions un symptôme, si cela advenait, plutôt qu'une vertu. D'ailleurs, la maxime du violeur (son « principe subjectif d'action », comme dit Kant) pourrait peut-être, c'est en tout cas ce que prétendait Sade [2], être universalisée sans contradiction. En

1. *Ibid.*, p. 420-421 (p. 94 de la trad. citée).
2. Voir, par exemple, *La Philosophie dans le boudoir*, p. 236-239 de l'éd. J.-J. Pauvert, t. XXV des *Œuvres complètes*, Paris, 1968, et spécialement la note de la p. 236 : J'ai le droit, explique Sade, de jouir de toute femme que je désire, et j'ai le droit « de la contraindre à cette jouissance si elle me la refuse par tel motif que ce puisse être ».

quoi cela rend-il le viol moins ignoble ? Et l'homosexualité exclusive, inversement, ne pourrait l'être – puisque son universalisation aboutirait à la disparition de l'humanité et, donc, de l'homosexualité. En quoi cela rend-il l'homosexualité moins respectable ? Mais alors, à quoi bon l'impératif catégorique, et que reste-t-il du devoir inconditionnel, universel et absolu ?

Il est vrai qu'une autre formulation de l'impératif catégorique m'a toujours paru plus juste, plus belle, plus éclairante : « Agis de telle sorte que tu traites l'humanité, aussi bien dans ta personne que dans la personne de tout autre, toujours en même temps comme une fin, et jamais simplement comme un moyen [1]. » La formule s'avère davantage opératoire, y compris dans notre vie sexuelle. Elle signifie que l'autre n'est pas seulement un objet, un instrument, quelque chose qu'on pourrait se contenter d'utiliser, mais qu'il est aussi un sujet, une fin en soi, comme dit Kant, autrement dit quelqu'un qu'on doit servir (en même temps parfois que l'on s'en sert) ou en tout cas respecter. Très bien. Le viol pourrait être universalisé sans contradiction ? Il n'en serait pas moins immoral, par la réduction de l'autre au statut de simple moyen. L'homosexualité ne pourrait l'être ? Elle n'en serait pas immorale pour autant, dès lors qu'on y traite l'autre aussi comme une fin. Kant triomphe ? Je n'en suis pas sûr. Car cela ne signifie pas que la raison soit tout, ni qu'elle suffise. Qui ne voit que le désir, surtout s'il est partagé, compte davantage, dans ces domaines, que quelque impératif que ce soit ? Réduire l'autre au statut de simple objet, cela fait aussi partie, au moins à titre de jeu ou de fantasme, de notre vie sexuelle ordinaire. Est-ce pour autant toujours condamnable ? On m'objectera que, s'il s'agit d'un jeu et que l'autre y consente, il est sujet encore dans son objectivation même, qu'il est une fin, à sa façon, dès lors qu'il s'offre de lui-même comme moyen. Peut-être [2]. Mais l'amour en décide, me semble-t-il, davantage que la raison. C'est pourquoi « la vraie morale se moque de la morale [3] ». Tous les amants le savent, et c'est tant mieux.

---

1. *Fondements de la métaphysique des mœurs, op. cit.*, p. 429 (p. 105 de la trad. citée).

2. Encore que Kant, lui, n'y eût pas consenti : *Métaphysique des mœurs*, II, Doctrine de la vertu, § 7, p. 425 (« La Pléiade », p. 710-711).

3. Comme disait Pascal (qui ne pensait pas, il est vrai, à la sexualité) : *Pensées*, 513-4, éd. Lafuma ; le second chiffre est celui de l'éd. Brunschvicg.

Le droit de mentir

Mais prenons, pour gagner du temps, un exemple plus simple et mieux balisé. A-t-on, dans certaines situations, le droit – voire le devoir – de mentir ? Kant répond que non, en aucun cas. Et ce n'est pas une opinion parmi d'autres possibles, quelque chose sur quoi il aurait hésité ou pourrait changer d'avis : c'est une conséquence nécessaire de sa doctrine, de ce qu'on appelle son rigorisme, autrement dit de sa théorie du devoir et de la loi morale. À cette théorie Benjamin Constant fit une objection fameuse, qui est de bon sens. Pris « d'une manière absolue et isolée », le principe que dire la vérité est un devoir s'avère inapplicable, ou aboutirait, s'il était appliqué, à des conséquences moralement inadmissibles : « Envers des assassins qui vous demanderaient si votre ami qu'ils poursuivent n'est pas réfugié dans votre maison », le mensonge n'est pas un crime, remarque Benjamin Constant, et même c'est la sincérité qui en serait un [1]. L'objection est forte, et je n'ai jamais entendu personne qui ne donne raison, sur ce point, à l'auteur d'*Adolphe*. Or il se trouve que Kant, lui, s'y refuse expressément. Vous connaissez cet opuscule, dont le titre résume l'objet et l'enjeu : *Sur un prétendu droit de mentir par humanité.* Je viens de le relire en entier, et j'en suis, comme chaque fois, effrayé. Comment un tel génie peut-il se tromper à ce point ? C'est que toute sa doctrine se joue là, et qu'il ne pourrait céder qu'en y renonçant. Je rappelle brièvement l'essentiel. Kant a lu le texte de Constant, dans une traduction allemande, moins d'un an après sa parution en France. C'est à lui qu'il répond explicitement, mais par une fin de non-recevoir. Même dans le cas envisagé par « le philosophe français », explique-t-il, la véracité reste un « devoir absolu qui vaut en toutes circonstances », puisqu'il est « tout à fait inconditionné » et ne saurait dès lors souffrir « aucune exception » [2]. Et si cela doit faire mourir un innocent ? Peu importe, ou plutôt cela n'importe

1. Benjamin Constant, *Des réactions politiques*, chap. 8 (« Des principes »), p. 136 de l'éd. Ph. Raynaud, éd. Flammarion, coll. « Champs », 1988.

2. Emmanuel Kant, *Sur un prétendu droit de mentir par humanité*, AK 428-430, p. 71 à 73 de la trad. Guillermit, éd. Vrin, 1980 ; p. 439 à 441 de la trad. Ferry dans « La Pléiade », t. 3. Les pièces du dossier sont rassemblées et présentées par F. Boituzat, dans *Un droit de mentir ? Constant ou Kant*, P.U.F., coll. « Philosophies », 1993.

que relativement, quand la véracité, étant un devoir, s'impose, elle, absolument : « Dans les déclarations que l'on ne peut éviter [ce qui est le cas dans l'exemple considéré : le silence reviendrait à un aveu, ou plutôt à une dénonciation], la véracité est un devoir formel de l'homme à l'égard de chacun, *quelle que soit l'importance du dommage qui peut en résulter pour lui ou pour un autre* [1]. » Drôle de morale, qui se soucie de l'autre comme d'une guigne – qui met la loi plus haut que l'humanité !

Imaginons que l'assassin en question soit un membre de la Gestapo, en France, entre 1940 et 1945. Il vous demande si vous ne connaissez pas, autour de vous, des Juifs, des résistants, des terroristes... Qui ne voit que le rigorisme kantien aboutirait à condamner, en pratique, toute résistance contre le nazisme (comment résister sans mentir à la Gestapo ?), toute solidarité avec ses victimes, et que cela, bien sûr, condamne ce rigorisme, autrement dit toute pensée qui fait du devoir un impératif absolu ? Or, ce qui me frappe, c'est que si nous donnons raison à Benjamin Constant, ce n'est pas forcément ni surtout pour la raison qu'il avance. L'idée de devoir, rappelle-t-il, est inséparable de celle de droit : « Dire la vérité n'est donc un devoir qu'envers ceux qui ont droit à la vérité. Or nul homme n'a droit à la vérité qui nuit à autrui [2]. » Pour habile qu'elle soit, et peut-être parce qu'elle l'est trop, la solution laisse perplexe. Sont-ce les droits qui fondent les devoirs, ou les devoirs plutôt, comme j'ai tendance à le penser, qui fondent les droits ? Et puis qu'est-ce que ce « droit à la vérité » ? On a envie, pour le coup, de donner raison à Kant : « C'est là une formule confuse, puisque la vérité n'est pas un bien dont on serait propriétaire et sur lequel on pourrait reconnaître un droit à l'un, tandis qu'on le refuserait à l'autre [3]. » Surtout, ce n'est pas ainsi, me semble-t-il, que nous fonctionnons. Si nous nous accordons parfois le droit de mentir, si nous y voyons même, dans telle ou telle situation, la seule attitude moralement acceptable, ce n'est pas, comme le veut Constant, au nom de « principes intermédiaires » qui viendraient s'ajouter à un « principe premier » autrement

1. Id., *ibid.*, AK 426, (éd. Vrin, p. 68, « La Pléiade », p. 436). C'est moi qui souligne. Voir aussi AK 427, p. 69, éd. Vrin, ou p. 438, « La Pléiade » : « C'est donc un commandement de la raison qui est sacré, absolument impératif, qui ne peut être limité par aucune convenance : en toute déclaration, il faut être *véridique* (loyal). »

2. Benjamin Constant, *Des réactions politiques, op. cit.*, p. 137.

3. Emmanuel Kant, *Sur un prétendu droit de mentir, op. cit.*, AK 428, p. 71, éd. Vrin, ou p. 439, « La Pléiade ».

inapplicable [1]. C'est plutôt que la véracité nous paraît moins un devoir absolu qu'une valeur, toujours relative, qui n'a de sens qu'en situation et qu'il faut dès lors confronter à d'autres. Elle s'impose, certes, quand nulle valeur plus forte ne s'y oppose (c'est en quoi j'en ferais volontiers un devoir, mais en un sens que Kant n'aurait pas accepté : ce que j'appellerais un *devoir relatif*) ; mais elle se trouve suspendue, évidemment suspendue, si son respect se heurte à des exigences plus hautes – à commencer par la sauvegarde des individus, de leur vie, de leur dignité, de leur bien-être, et d'autant plus qu'ils sont plus faibles, plus innocents ou davantage menacés.

Des modèles plutôt que des commandements

Ce que j'en tire comme leçon ? Que le devoir n'est ni inconditionnel ni inconditionné, que la raison ou l'universel ne commandent jamais seuls, enfin (mais cela revient au même) qu'il n'y a pas d'impératif catégorique ni de commandements absolus. *Ne mens pas* ? Ce n'est pas un absolu, puisqu'il y a des véracités coupables. *Ne tue pas* ? Cela dépend des situations, puisqu'il y a des guerres justes et des meurtres légitimes. Celui qui ment à la Gestapo, celui qui tire (même dans le dos) sur un soldat allemand, pendant la guerre, *a fortiori* celui qui aurait assassiné Hitler, nous ne pouvons que les approuver, et non en nous réclamant de je ne sais quel impératif catégorique, mais au nom d'une certaine idée de l'homme, de la civilisation, de la morale, idées dont nous savons bien qu'elles sont toujours sociales, historiques et relatives, donc discutables (les nazis, d'évidence, n'avaient pas les mêmes), mais qu'elles n'en fonctionnent pas moins, pour nous et dans telle ou telle situation, comme des absolus. Il y a place ici pour ce qu'on pourrait appeler, je n'ai pas peur du paradoxe, un absolu relatif (un absolu pour nous, et non pas en soi), un absolu subjectif (ce sur quoi nous ne céderions, ou ne voudrions céder, à aucun prix), ou, mieux, un absolu pratique (un absolu en acte, qui est l'objet non de la raison mais de la volonté). Cela ne veut pas dire qu'il n'y ait pas de principes, ni qu'on puisse s'en passer (le propos de Benjamin Constant n'est d'ailleurs nullement de les condamner, mais au contraire de les sauver du rigorisme, qui les rend inapplicables,

1. Cf. Benjamin Constant, *Des réactions politiques, op. cit.*, chap. 8, p. 132-138.

comme du nihilisme, qui nous voue à l'arbitraire) ; cela veut dire, simplement, que les principes sont régulateurs, comme aurait pu dire Kant, plutôt que constitutifs, relatifs plutôt qu'absolus, historiques plutôt qu'*a priori*, enfin soumis, au moins autant qu'à la raison, aux évidences du cœur et aux calculs de la prudence (qui prend en compte, elle, et fort heureusement, le résultat attendu : c'est en quoi aucune vertu, comme l'avaient vu Aristote et saint Thomas, ne saurait s'en passer). Point de morale sans principes, certes. Mais point de principes *moraux* sans prudence. On débouche ici sur ce que Max Weber appellera une éthique de la responsabilité, au nom de laquelle nous devons répondre des « conséquences prévisibles de nos actes [1] ». Cela vaut mieux qu'une éthique de la conviction, comme celle de Kant, qui s'avère aussi inhumaine dans ses principes qu'inquiétante dans ses exemples.

Pour ma part, je peux bien l'avouer, quand je me demande ce que je dois faire, autrement dit quel est mon devoir, au sens où je prends le mot, je ne me demande pas ce que la raison commande (mon idée est que la raison ne commande jamais rien : qu'il n'y a pas de raison pratique), ni à quelle loi absolue je serais censé me soumettre (mon idée est que toute loi, toujours, est relative), ni si la maxime de mon action est universalisable (ce qui ne prouverait rien), mais plutôt ce que ferait, dans la même situation, un individu qui n'agirait que par amour (par exemple Jésus-Christ), un individu qui n'agirait que par compassion (par exemple le Bouddha), ou simplement un individu sans bassesse ni faiblesse (par exemple Diogène le Cynique). Je fais fonctionner ces trois modèles ensemble, j'y applique ma raison – pour choisir les moyens, davantage que pour fixer les fins –, et cela suffit, presque toujours, à m'indiquer bien clairement ce que je devrais faire. Si ce n'est pas le cas, aucun absolu n'y parviendra davantage. Mais ne nous racontons pas d'histoires. Les cas de conscience sont l'exception, qui confirment l'absence de toute règle absolue, mais qui ne doivent pas masquer cette évidence : le plus souvent, nous savons très bien ce qu'il faudrait faire ou, cela revient au même, ce que nous ferions si nous étions des saints ou des héros. Mais nous n'osons pas. Mais nous ne voulons pas. Ce n'est pas le jugement qui manque ; c'est le courage, c'est la générosité. « Il n'y a jamais

1. Max Weber, « Le métier et la vocation d'homme politique », in *Le Savant et le politique*, trad. franç., éd. Plon, 1959, rééd. « 10-18 », 1963, p. 172 à 185.

d'autre difficulté dans le devoir, écrivait Alain, que de le faire [1]. » Disons que c'est la difficulté principale, assez considérable toutefois (non parce que l'action est toujours difficile, mais parce que nous sommes faibles, lâches, égoïstes) pour que nous percevions cette exigence, en effet, comme un devoir, autrement dit comme une contrainte ou un commandement. C'est où l'on retrouve Kant, bien sûr, et ce qui lui donne, comme je dis souvent, au moins phénoménologiquement raison : il ne décrit pas la morale telle qu'elle est, mais telle que nous la percevons, telle que nous la vivons, telle que nous l'imaginons. Il suffirait d'agir par amour, par compassion, ou simplement d'être un peu courageux et généreux (à condition, répétons-le, de se servir aussi de sa raison : avoir du cœur n'a jamais dispensé d'être intelligent). Mais nous ne savons pas aimer, et manquons trop de courage et de générosité pour que la compassion ne soit pas, très vite, étouffée par l'égoïsme. C'est pourquoi nous avons besoin de morale, c'est pourquoi le mot de *devoir* garde un sens, c'est pourquoi l'éthique, au sens où je prends le mot, ne suffit pas.

Morale et éthique

Je ne veux pas revenir sur le détail de ce que j'ai montré ailleurs, concernant la morale et l'éthique, ni sur le travail d'élaboration conceptuelle et définitionnelle que j'ai proposé [2]. Rappelons

1. Alain, *Définitions*, éd. Gallimard, coll. « La Pléiade », *Les arts et les dieux*, p. 1050. On remarquera que cette belle définition du devoir, qui mérite d'être lue en entier, donne implicitement raison (même si Alain s'est toujours voulu fidèle à Kant) à Benjamin Constant.

2. « Morale ou éthique ? », in *Lettre internationale*, n° 28, 1991, repris dans *Valeur et vérité (Études cyniques)*, *op. cit.*, p. 183 à 205. J'aboutissais, entre autres, aux deux définitions suivantes, qui ne sont que des conventions terminologiques (le sens des mots non plus n'est pas un absolu), mais qui me paraissent toujours utiles et éclairantes : par *morale*, j'entends le discours normatif et impératif qui résulte de l'opposition du Bien et du Mal, considérés comme valeurs absolues ou transcendantes : c'est l'ensemble de nos devoirs. La morale répond à la question « Que dois-je faire ? ». Elle se veut une et universelle. Elle tend vers la vertu et culmine dans la sainteté (au sens de Kant : au sens où une volonté sainte est une volonté conforme en tout à la loi morale). Et par *éthique*, j'entends tout discours normatif – mais non impératif, ou sans autres impératifs qu'hypothétiques – qui résulte de l'opposition du *bon* et du *mauvais*, considérés comme valeurs relatives : c'est l'ensemble réfléchi de nos désirs. Une éthique répond à la question « Comment vivre ? ». Elle est toujours particulière à un individu ou à un groupe. C'est un art de vivre : elle tend le plus souvent vers le bonheur et culmine dans la sagesse (p. 191-192).

simplement, pour faire bref, que j'entends par *morale* tout ce qu'on fait par devoir (comme on voit chez Kant), autrement dit en se soumettant à une norme qu'on vit comme une contrainte ou un commandement ; et par *éthique*, tout ce qu'on fait par désir ou par amour (comme on voit chez Spinoza), autrement dit spontanément et sans autre contrainte que de s'adapter au réel. La morale ordonne ; l'éthique conseille. La morale répond à la question « Que dois-je faire ? ». L'éthique, à la question « Comment vivre ? ». Cela résout, au moins en partie, le problème des rapports entre l'une et l'autre : la morale est *dans* l'éthique (répondre à la question « Comment vivre ? », c'est entre autres choses se demander quelle place accorder à ses devoirs), bien plus que l'éthique n'est *dans* la morale (répondre à la question « Que dois-je faire ? », cela ne permet pas encore de savoir comment vivre, ni même – puisque la vie, à mes yeux, n'est pas un devoir – s'il faut vivre). Ou pour dire la chose autrement : l'éthique est à la fois l'origine et la vérité de la morale (puisque toute action, y compris morale, doit toujours être *désirée* pour être accomplie, puisque aucune valeur ne vaut qu'à proportion de l'amour que nous lui portons), en même temps qu'elle marque – s'il s'agit, comme chez Spinoza ou Jésus, d'une éthique de l'amour – sa direction (puisque agir moralement c'est toujours agir *comme si* on aimait) ou son accomplissement (si l'on aime en effet). La morale est un semblant d'amour ; c'est ce qui la rend seconde (nous n'avons besoin de morale que parce que nous ne savons pas aimer) et nécessaire (nous en avons donc effectivement besoin). C'est pourquoi l'éthique libère de la morale, mais en l'accomplissant, comme Spinoza l'avait vu, et non en l'abolissant, comme Nietzsche ou Deleuze l'ont prétendu. « Je ne suis pas venu abolir, mais accomplir... » C'est ce que Spinoza appelle l'esprit du Christ, qui nous libère de « la servitude de la loi », certes, mais en la confirmant et en l'inscrivant, disait-il, « au fond des cœurs [1] ». Car l'amour ne se commande pas, ni n'a besoin de lois. Il commande ? Disons plutôt qu'il recommande, ou ne commande – c'est ce qu'on appelle la morale – qu'en son absence.

La morale ? L'hommage que le vice rend à la vertu, par quoi il s'en approche pourtant : c'est notre façon de rester fidèle à l'amour quand il n'est pas là.

---

1. Spinoza, *Traité théologico-politique*, éd. Garnier-Flammarion, chap. 4, p. 93 de la trad. Appuhn. Voir aussi mon article « Morale ou éthique ? », in *Valeur et vérité, op. cit.*, spécialement p. 197 à 201.

Il m'est arrivé d'écrire que la morale n'est bonne que pour les méchants. Disons qu'elle n'est bonne que pour les égoïstes, et donc bonne le plus souvent, et pour nous tous.

« Aime, ou fais ce que tu dois »

Si morale et éthique se relativisent mutuellement, c'est donc d'abord l'éthique qui relativise la morale. Une action, même conforme à une éventuelle loi morale, même accomplie par respect pour cette loi (un kantien orthodoxe refusant de mentir à la Gestapo), n'est bonne, y compris d'un point de vue moral, qu'à la condition d'être fidèle aussi à l'amour, quand il est là, ou à l'amour de l'amour (à l'amour comme valeur ou comme idéal), quand l'amour, c'est le plus fréquent, fait défaut.

Un assassin vous interroge ? Ne cherchez pas de loi absolue ni de formule toute faite ; fiez-vous plutôt à la relativité des situations, des valeurs et des sentiments. Cela ne veut pas dire que tout soit permis. Cela veut dire que nul ne peut en décider à votre place, ni *a priori*, ni une fois pour toutes. Faut-il dire la vérité ? Faut-il mentir ? Cela dépend des situations. Cela dépend à qui, et pour qui. Relativisme ? Il le faut bien. Nihilisme ? Surtout pas ! Dire que toute valeur est relative à un certain sujet, à une certaine société, à une certaine histoire, comme les sciences humaines ne cessent de le confirmer, ce n'est pas dire que rien ne vaut : puisque ce sujet est réel, et cette société, et cette histoire, puisque nous ne cessons de faire la différence entre ce que nous désirons et ce que nous avons en aversion, comme dit Spinoza, entre ce que nous approuvons et ce que nous condamnons, entre ce qui nous aide à vivre humainement et ce qui ne pourrait nous vouer qu'à la mort ou à la barbarie. Dire que toute valeur est particulière (puisqu'elle ne vaut que pour qui la respecte), ce n'est pas davantage renoncer à l'universel, en tout cas à une universalisation possible et nécessaire. C'est mettre l'universel à sa vraie place, qui n'est pas celle d'une loi mais d'un horizon, non celle d'un impératif mais d'un idéal. Vous vous interrogez sur votre devoir ? Demandez-vous ce que vous feriez si vous n'agissiez que par amour, et si cet amour – c'est ce qu'on appelle la charité – était universel. Vous verrez que la réponse est souvent assez simple, même si nous ne sommes que rarement capables de vivre à la hauteur de cette simplicité-là. Simplicité des Évangiles, simplicité du cœur, que Spinoza, derrière la complexité de son système, et après Jésus-Christ, énonce comme il faut : « Toute la loi consiste en ce seul commandement : aimer son prochain [1]. » C'est fonder la morale sur l'éthique, ou plutôt ce n'est pas la fonder (puisque l'amour ne vaut que pour qui l'aime), mais c'est l'enraciner dans son sol vrai, qui est l'humanité et l'amour de l'humanité.

La morale pourra également, quoique de façon à mon avis moins cruciale, venir relativiser ou contrôler l'éthique. Par exemple en rappelant que tous les amours ne se valent pas (l'amour vaut d'autant plus qu'il est davantage libéré de l'égoïsme, ou nous en libère davantage), et que l'amour, même s'il les inspire, ne saurait nous dispenser de nous soumettre aussi aux autres valeurs, qu'il éclaire et qui le règlent. Celui qui aime sera généreux, plein de douceur, de miséricorde, de compassion ; et il sera aussi juste et prudent, s'il sait se servir de sa raison. Mais comme l'amour ne se commande pas, la morale reste nécessaire, qui commande ce que l'amour recommande (la justice, la douceur, la générosité...), qu'il suffirait s'il était là, sans contrainte, à susciter.

Il n'y a donc pas à choisir entre l'éthique et la morale. Il faut les prendre ensemble, en se rappelant que l'éthique est à la fois plus fondamentale (primat du désir) et plus élevée (primauté de l'amour) [2], plus vraie en ce sens, mais que la morale, presque toujours, est pour nous plus urgente, plus contraignante, puisque c'est sa fonction : nous contraindre à faire ce que nous désirons certes abstraitement (pas de vertu sans désir de vertu : pas de justice, par exemple, sans désir de justice), mais que nous sommes incapables, sans ce détour par l'imaginaire qu'est au fond la morale (il s'agit de faire *comme si*), de désirer concrètement. D'où les deux principes auxquels j'essaie (autant que je peux, et je ne peux guère) de me soumettre. D'une part : *Aime, et fais ce que tu veux* (c'est la maxime

1. Spinoza, *Traité théologico-politique, op. cit.*, chap. 14, p. 241.
2. Sur les notions de *primat* et de *primauté*, voir *Le Mythe d'Icare*, P.U.F., 1984, p. 110-115 et 303-306. Disons pour simplifier que j'entends par *primat* la plus grande importance objective, dans un enchaînement de déterminations (ainsi le primat de l'économie chez Marx, le primat de la sexualité chez Freud, ou en général le primat de la matière chez les matérialistes) ; et, par *primauté*, la plus haute valeur subjective, dans une hiérarchie d'évaluations (ainsi la primauté de la politique, de l'amour ou de l'esprit).

de l'éthique, du moins s'il s'agit d'une éthique de l'amour [1]); et d'autre part : *Agis comme si tu aimais, et fais ce que tu dois* (c'est la maxime de la morale, qui s'impose tant que l'amour fait défaut). On remarquera que les deux vont dans le même sens, comme chacun peut l'éprouver, qu'elles prescrivent par définition les mêmes actions, et ne divergent que par le sentiment qui les motive (respect de la loi morale ici, amour du prochain là). C'est ce qui nous épargne la schizophrénie, et nous autorise à réunir nos deux maximes en une seule, à la fois morale et éthique mais de forme disjonctive, qui dit l'essentiel : *Aime, ou fais ce que tu dois.*

Qu'on puisse trouver là le bonheur, c'est ce que l'éthique annonce, et chez Jésus comme chez Spinoza. Mais qu'on ne doive pas attendre d'être heureux pour se montrer digne de le devenir, c'est ce que la morale rappelle, chez Kant, et que la conscience confirme, en chacun. Qu'un méchant puisse être heureux, je n'y crois guère. Mais combien d'honnêtes gens malheureux ?

Le salut : qu'il n'est pas une autre vie, mais la vérité de celle-ci

Qu'en est-il alors du salut ? On se doute qu'il n'est pas pour moi dans une autre vie, qui viendrait donner sens à celle-ci, comme chez Kant, ou nous en consoler, comme chez Pascal. Quand je parle de salut, ce qui ne m'arrive d'ailleurs que rarement et plutôt de moins en moins, c'est au sens de Spinoza : c'est un salut dans l'immanence, et par elle, qui n'est pas autre chose – ici et maintenant, et pourtant *sub quadam specie aeternitatis* – que la vérité de vivre et d'aimer. C'est où l'on retrouve le livre V de l'*Éthique*, et ce que j'ai appelé, après Spinoza, la béatitude [2]. Pardon de ne pas y revenir : cela nous entraînerait trop loin. Au reste, s'agissant de notre débat, le texte majeur se trouve peut-être chez Kant, en l'occurrence dans la *Critique de la faculté de juger*, en son

1. Dont j'emprunte la formule, faut-il le rappeler, à saint Augustin (*Commentaire de la première épître de saint Jean*, VII, 8). Sur tout cela, voir mon *Petit Traité des grandes vertus*, P.U.F., 1995, spécialement aux p. 125-129, 156-157 et 291-385.

2. Voir mon *Traité du désespoir et de la béatitude*, en deux volumes, P.U.F., 1984 et 1988. L'essentiel, concernant le salut, se trouve au t. II, dans le chap. 5 (spécialement p. 224 à 286) et dans la conclusion.

impressionnant paragraphe 87. Il y est question, ce n'est pas un hasard, de Spinoza :

> « Nous pouvons donc supposer un honnête homme (ainsi Spinoza), qui se tient pour fermement persuadé que Dieu n'existe pas et (parce que au point de vue de l'objet de la moralité la conséquence est la même) qu'il n'y a pas de vie future ; comment jugera-t-il sa propre destination finale intérieure en vertu de la loi morale qu'il respecte en agissant ? Il ne réclame aucun avantage résultant de l'obéissance à la loi morale, ni en ce monde ni en un autre ; désintéressé, il veut bien plutôt faire le bien, vers lequel cette sainte loi oriente toutes ses forces. Mais son effort est limité ; et il ne peut à la vérité attendre de la nature qu'un secours contingent, de-ci de-là, mais jamais une harmonieuse concordance, ordonnée selon des règles constantes (comme ses maximes le sont et doivent l'être intérieurement) avec la fin qu'il se sent toutefois obligé et poussé à réaliser. Le mensonge, la violence, la jalousie ne cesseront de l'accompagner, bien qu'il soit lui-même honnête, pacifique et bienveillant ; et les personnes honnêtes qu'il rencontre, en dépit de leur dignité à être heureuses, seront cependant soumises, tout de même que les autres animaux sur cette terre, par la nature qui n'y prête point d'attention, à tous les maux de la misère, des maladies et d'une mort prématurée, et ils le demeureront toujours, jusqu'à ce qu'une vaste tombe les engloutisse tous (honnêtes ou malhonnêtes, peu importe) et les rejette, eux qui pouvaient croire être le but final de la création, dans l'abîme du chaos sans fin de la matière, dont ils ont été tirés [1]. »

C'est ce que j'ai appelé le désespoir, dont Kant voit bien qu'il ne change rien à la morale et presque rien à l'éthique, qu'il ne répond ni à la question « Que dois-je faire ? » ni même à la question « Comment vivre ? », mais simplement à la question « Que m'est-il permis d'espérer ? », celle des postulats de la raison pratique, celle à laquelle répond la religion, et c'est aussi la réponse de Kant (Que m'est-il permis d'espérer ? Que Dieu existe, et que l'âme est immortelle !), celle à laquelle répond l'athéisme, dans un sens opposé, et c'est ce qui le voue, comme Pascal l'avait vu, comme Kant le confirme, au désespoir ou au divertissement. Que m'est-il permis d'espérer, si je suis athée ? Rien, en tout cas rien d'absolu, rien qui puisse contrebalancer la mort, l'injustice, l'horreur, rien qui puisse donner un sens absolument satisfaisant à notre

1. *Critique de la faculté de juger*, appendice de la deuxième partie, § 87, AK 452, p. 258 de la trad. Philonenko, éd. Vrin, 1968, ou p. 1258-1259, éd. « La Pléiade ».

vie, rien qui puisse nous sauver de l'absurde, comme dit Camus, rien, comme je préférerais dire, qui puisse nous dispenser du tragique. Ceux qui m'ont lu savent que ce désespoir n'est pas forcément le malheur, et au reste ce sera l'objet de notre sixième chapitre. Disons seulement que j'ai voulu y chercher un certain bonheur, comme a fait Épicure, comme a fait Spinoza, comme a fait en Orient le Bouddha, ce que j'ai appelé un *gai désespoir* (un peu au sens où Nietzsche parle d'un *gai savoir*), qui n'escamoterait pas le tragique, ni la finitude (« son effort est limité », dit Kant ; mais comment ne le serait-il pas ?), ni la part d'échec, ni la mort inévitable, mais qui n'en déprécierait pas pour autant la réalité, du moins pour ce que nous pouvons en connaître – ce monde, cette vie –, dans sa vérité, dans sa plénitude ou, comme dit Spinoza, dans sa perfection. Non que tout soit bien, certes, ni – encore moins ! – que tout soit pour le mieux dans le meilleur des mondes possibles. Leibniz, avec tout son génie, qui est incomparable, résume à peu près l'essentiel de ce que je n'ai jamais pu penser, ou plutôt de ce que je n'ai jamais réussi à croire ni consenti à célébrer. Quoi ? L'optimisme, la providence, la théodicée. Ou, pour le dire avec Cavaillès : « les possibles débordant le réel, Dieu comme organisateur du monde, en tant qu'*optima Respublica* », bref, « toute la gloire de Dieu leibnizienne, à mon avis répugnante [1] ». La nécessité spinoziste est à l'inverse : non le meilleur des mondes possibles, mais le seul réel – qui n'est pas plus le meilleur que le pire, ou qui est l'un et l'autre, par définition, puisqu'il est tout.

Le salut ? Il n'y en a pas d'autre que cette vie-ci, telle qu'elle est et pour autant seulement que nous sommes capables de la connaître et de l'aimer. L'absolu ? Nous sommes dedans, même si nous n'y avons jamais accès absolument ni immédiatement. L'absolu c'est le réel, qui nous contient, qui nous porte, qui nous emporte, dans son devenir, dans sa vérité, dans son éternité (puisqu'il est toujours présent, puisqu'il restera toujours vrai), dans sa perfection (puisqu'il est toujours très exactement ce qu'il est, sans aucune faute [2]), que bien sûr nous ne connaissons jamais que

1. Jean Cavaillès, lettre à Friedmann du 27 novembre 1929, cité par G. Ferrières, *Jean Cavaillès, un philosophe dans la guerre*, 1950, rééd. éd. du Seuil, 1982, p. 55. Voir aussi mon article « Jean Cavaillès ou l'héroïsme de la raison », in *Une éducation philosophique*, *op. cit.*, p. 287 à 308.

2. Spinoza : « Par réalité et par perfection, j'entends la même chose » (*Éthique*, II, définition 6). Bergson : « L'absolu est parfait en ce qu'il est parfaitement ce qu'il est » (« Introduction à la métaphysique », in *La Pensée et le mouvant*, p. 180, éd. du centenaire, P.U.F., p. 1395).

partiellement, que relativement, que subjectivement (Montaigne et Hume, avant Kant, l'ont montré), mais qui nous contient tout entiers, qui nous fait vivre – c'est en lui que nous avons l'être, le mouvement, la vie [1] – et qui nous tue. Salut tragique, donc, salut dans la finitude (qui est notre lot) et pourtant dans l'infini (qui nous contient), salut à la fois éternel et fugace, qui n'est pas autre chose sans doute qu'une vérité qui nous traverse, qui nous réjouit, qui nous dissout... Car toute connaissance est subjective ; mais aucune vérité ne l'est. C'est par quoi la vérité libère, comme disait saint Jean, et sauve.

De ce point de vue, qu'on peut appeler mystique, que je dirais plutôt éternel, les différences proprement morales s'atténuent, ou plutôt se relativisent. Il y a assurément des salauds et des gens bien ; mais les uns et les autres sont ce qu'ils sont, tous réels, tous vrais, tous nécessaires, et s'il est légitime de préférer les uns et de combattre les autres, comme Spinoza ne cesse de le rappeler, on se tromperait en oubliant leur appartenance commune à ce qui les fait être, autrement dit en absolutisant leurs différences, qui n'ont de sens au contraire que relativement à une certaine histoire – celle de l'univers, celle, plus encore, de l'humanité – qui les englobe et qui les détermine. Tant qu'on est dans le relatif (tant qu'on juge : tant qu'on compare), la morale paraît absolue. Quand on est dans l'absolu, ou pour autant qu'on y accède (quand on ne juge plus, parce qu'on connaît), la morale se révèle relative.

C'est pourquoi il m'arrive de dire que la miséricorde de Dieu est *vraiment* infinie : puisqu'il n'existe pas (puisqu'il n'y a que la vérité, qui ne juge pas), et que lui seul pourrait faire de la morale un absolu – qui d'ailleurs, c'est peut-être le sens du péché originel, nous en chasserait aussitôt.

La béatitude est éternelle, nous dit Spinoza : elle ne peut être dite commencer que fictivement [2]. Il faut donc renoncer à l'atteindre (c'est ce que j'appelle le désespoir) ou comprendre que nous y sommes déjà (c'est ce que j'appelle la béatitude).

« Tant que tu fais une différence entre le nirvāna et le samsāra, expliquait Nāgārjuna, tu es dans le samsāra. » Tant que tu

1. Comme disait saint Paul à propos de Dieu (*Actes des apôtres*, XVII, 28), mais approuvé en cela par Spinoza (*lettre 73* à Oldenburg), qui donne bien sûr à la formule un sens purement immanentiste.

2. Voir *Éthique*, V, scolie de la proposition 33.

fais une différence entre le salut et ta vie telle qu'elle est, tu es dans ta vie telle qu'elle est, et tu es perdu.

Le salut n'est pas une autre vie : c'est cette vie-ci, pour autant qu'elle est vécue en vérité. C'est pourquoi nous sommes tous sauvés, tous *déjà* sauvés : il ne reste qu'à le vivre. Et c'est pourquoi personne, jamais, ne l'est totalement ni définitivement. Le Royaume ? Nous sommes dedans, et il se pourrait pourtant qu'il soit pour nous hors d'atteinte. C'est ce que Montaigne, mieux que Spinoza, nous aide à comprendre et à accepter. Comment pourrions-nous – nous qui ne sommes que des modes finis, nous qui sommes pleins de faiblesses, de peurs, d'ignorance –, comment pourrions-nous n'habiter que le vrai ?

C'est ce qui nous voue à la morale, répétons-le, et qui nous interdit pourtant de nous en contenter.

Le devoir et le salut : de la morale à l'éthique

Luc Ferry

Qu'est-ce que la « morale » ? D'un point de vue philosophique, on pourrait répondre au plus court : la sphère de la réflexion qui considère le bien et le mal sous l'angle du « devoir être ». Que *dois*-je faire ? » « Comment *faut*-il agir dans telle et telle circonstance ? La morale s'exprime en termes de « devoir » et de « falloir ». Elle énonce des impératifs qui reposent depuis deux mille ans au moins, sans doute plus, sur des valeurs assez stables et volontiers négatives puisqu'elles prennent d'abord la forme d'interdits : ne pas mentir, ne pas trahir, ne pas traiter l'autre comme un objet, ne pas être insensible à ses souffrances, etc. Convenons en revanche que l' « éthique [1] » prend en charge la question du salut, c'est-à-dire, en première approximation, celle de la destinée ultime de la vie humaine. D'un côté : que dois-je faire ? De l'autre : que m'est-il permis d'espérer ? Les deux sphères, on le voit, ne se recoupent pas, du moins pas nécessairement : rien n'interdit d'imaginer qu'un être puisse agir moralement et se sentir « perdu », qu'il respecte les lois morales, en quelque sens qu'on les entende, et soit vaincu par l'adversité : par la maladie, la misère, la haine, la solitude et, bien sûr, par la mort. À première vue, la morale semble pouvoir s'enraciner dans la sphère du monde humain. L'éthique, elle, renvoie insensiblement à un au-delà de l'homme : le salut n'implique-t-il pas l'idée d'un sauveur ? Et, si tel est le cas, comment lui donner encore une signification dans l'univers laïc et désenchanté qui est le nôtre ? Une morale peut sans doute être sécularisée, mais l'éthique a-t-elle un sens hors d'une

1. Toutes les distinctions entre éthique et morale sont conventionnelles puisque les deux termes ne diffèrent en vérité que par l'étymologie.

problématique en quelque façon religieuse ? Voilà, me semble-t-il, la question centrale. C'est d'elle que j'aimerais vous parler aujourd'hui. Impossible, dans ce contexte, de ne pas évoquer l'arrière-fond juif et chrétien de nos débats contemporains. Car si le sauveur, sécularisation oblige, tend à se retirer, sans doute les motifs du salut restent-ils les mêmes aujourd'hui qu'hier.

Le secours de Dieu

Être « sauvé », fort bien, mais de quoi ? Le salut, nous dit le *Dictionnaire de la Bible* [1], est une « Victoire remportée sur un ennemi ou sur une oppression ». Et, dans l'Ancien Testament, Yahvé, le Sauveur, ne néglige pas le concret. Il intervient pour délivrer les fils d'Israël d'une servitude bien réelle, en Égypte par exemple, mais aussi des peuples qui lui sont hostiles : Madianites, Ammonites, Cananéens, Philistins, etc. Après l'Exil, c'est en un sens non figuré que le salut concerne la vie terrestre puisqu'il prend la forme du Retour sur le *sol* d'Israël. Bien sûr, on rencontre l'idée, plus abstraite, d'une Rédemption du mal en général, mais c'est sans doute dans le Nouveau Testament qu'elle devient cruciale et trouve son expression la plus achevée.

De quoi le Christ nous sauve-t-il, en effet ? D'abord et avant tout du péché, de la solitude et de la mort, ce qui, dans une perspective chrétienne, revient au fond au même : le péché est séparation d'avec le divin, donc séparation d'avec la véritable vie, qui est infinie. Le pécheur ne risque rien de moins que cette vie éternelle elle-même. On peut encore formuler cette conviction sous une forme plus imagée : le Christ nous sauve du diable et de ses tentations. Faute de culture théologique et souvent parce que nous sommes marqués par une longue tradition d'anticléricalisme, nous avons pris l'habitude de tourner en dérision cette idée des tentations du diable, de ne plus y voir, comme nous y invitait Nietzsche, qu'une farce bigote dirigée contre la sensualité. Je crois au contraire qu'il est toujours utile, même si l'on est non croyant, de prendre au sérieux les concepts théologiques forts. Et celui-là en est un de toute première envergure. Il signifie qu'en exerçant ses séductions sur l'homme le diable ne cherche pas seulement à

1. André-Marie Gérard, *Dictionnaire de la Bible*, éd. Robert Laffont.

l'entraîner sur le chemin du vice suprême, du péché auquel nous pensons tous : celui de la chair. Ce qu'il veut avant tout, c'est notre mort, si je puis dire, éternelle, une sorte d'anti-vie spirituelle radicale. Pour Dietrich Bonhoeffer – le grand théologien qui perdit sa vie pour cause de résistance à l'hitlérisme –, c'est à engendrer la solitude *absolue* [1] entre les hommes que vise le diable. Et ce but, il l'obtient bien sûr en les séparant d'un Dieu qui est censé incarner un amour lui aussi infini.

Lorsque le Christ sauve, il garantit la vie éternelle, mais aussi l'amour éternel. Il répond ainsi au souhait le plus cher de chacun d'entre nous : ne pas (vraiment) mourir, ne pas être privé d'amour et par là même voué à la solitude, retrouver, après une fausse mort qui nous en a séparés un instant, les êtres qui nous sont chers et à qui nous sommes chers. Le paradis ! Ce pourquoi, depuis le XVIIIe siècle au moins, le soupçon s'introduit que la promesse du salut chrétien est trop belle pour être honnête, trop humaine pour être divine. C'est ce soupçon qui fonde toutes les critiques de la religion comme « fétichisme », comme « projection », bref, comme illusion liée à l'extraposition indue dans l'existence réelle de ce qui n'est qu'une aspiration subjective. Dieu n'est pas, ou plutôt Il n'existe que sous la forme du besoin que les hommes ont de Lui : voilà, pour l'essentiel, le credo des matérialistes depuis les Lumières. Celui qui croit au salut chrétien prendrait ses désirs pour des réalités. C'est possible. Mais arrêtons-nous malgré tout, ne fût-ce que par hypothèse, à cette idée d'un salut par Dieu, *grâce* à Lui. Paradoxalement, cette éthique religieuse n'est pas sans lien avec la naissance de la morale moderne, au sens où je l'ai définie plus haut, comme réflexion sur les devoirs de l'homme ici-bas. J'ai la conviction que l'avènement des morales laïques elles-mêmes est inséparable de leur origine religieuse, de leur enracinement dans le théologico-éthique. Et je voudrais vous montrer comment, faute de percevoir cette filiation, il devient presque impossible de poser la question, à mes yeux décisive, que j'évoquais en commençant : celle du statut de l'éthique, de la problématique du salut, donc, dans un monde déserté par les dieux. C'est là ce qui justifie, je crois, la nécessité d'une approche historique, même et surtout si l'histoire ne nous dispense pas, au final, de penser par nous-mêmes.

---

1. Par d'autres voies, Jean-Luc Marion aboutit aux mêmes conclusions : l'enfer, c'est l'absence irréversible de tout autre. Cf. *Prolégomènes à la charité*, éd. de la Différence, chap. 1.

Du salut au devoir : les morales fondées sur l'éthique religieuse

C'est par un débat sur les *moyens* d'obtenir son salut ici-bas que s'introduit, de l'intérieur du christianisme, la problématique moderne des morales du devoir. Dans le texte même des Évangiles, la question ne cesse d'être posée : le salut doit-il advenir aux hommes par les *œuvres* qu'ils accomplissent ou par la *grâce* de Dieu dont la foi est en nous la trace subjective ? On perçoit tout l'enjeu d'une telle interrogation : dans la première hypothèse, le salut dépend des hommes et c'est par leurs bonnes actions, à la limite sans l'intervention du divin, qu'ils gagnent leur paradis. Sur ce versant, la laïcité est déjà pour ainsi dire présente au cœur de la problématique chrétienne. La morale y apparaît comme la condition nécessaire et suffisante de l'éthique ; c'est elle qui nous conduit vers Dieu. Si l'on pousse cette première perspective jusqu'à ses conséquences ultimes, celui qui, même incroyant, se conduit bien en cette vie a toutes ses chances d'être sauvé.

Dans la seconde hypothèse, au contraire, le salut vient tout entier de Dieu. C'est par la foi seule, elle-même don du Très-Haut, que nous échapperions au néant. Nos bonnes actions, loin d'être la cause d'un quelconque salut, sont la conséquence d'une conversion. C'est l'éthique qui fonde la morale, et non l'inverse. La foi est une grâce divine à laquelle, certes, l'homme est invité à *répondre* (ce par quoi, justement, la morale dépend de l'éthique), mais qu'il n'engendre pas par lui-même, du simple fait de ses œuvres. Deux noms symbolisent, dans l'histoire de la théologie chrétienne, ces positions extrêmes : ceux de Pélage et de Luther. Tous deux, nul hasard à cela, furent excommuniés : ils cernent, par leur extrémisme même, les contours ultimes du débat sur les origines humaines (œuvres) ou divines (foi, grâce) du salut.

D'un côté Pélage, donc, ce moine contemporain d'Augustin qui accordait tant de place à la liberté humaine qu'il en faisait la source unique du bien et du mal, l'unique fondement de la morale. Aux yeux de Pélage, la grâce divine se borne à reconnaître les mérites de chacun, à proportionner le salut en fonction de ces mérites. De là les deux thèmes qui vont l'exposer à l'excommunication : la liberté humaine est incompatible avec la notion de péché originel. Seul l'acte accompli librement peut être dit bon ou mauvais. Pour les mêmes raisons, le baptême n'a pas de sens pour les petits enfants et il faut attendre, pour le pratiquer, qu'il puisse être librement consenti. L'éthique dépend ici tout entière d'une morale de la liberté humaine.

À l'autre extrême, Luther, exaspéré par le pélagianisme dégradé d'une Église romaine qui n'hésite pas à vendre des indulgences pour entretenir ses biens immobiliers : contre l'idée que le salut puisse dépendre de ces œuvres qu'on achète à vil prix, il restaure la toute-puissance de la grâce divine dont la foi n'est que la trace sensible en l'homme. Contre Pélage et ses héritiers, Luther plaide avec une violence inouïe en faveur du « serf-arbitre » : la vraie « liberté du chrétien » ne consiste en aucun cas dans l'exercice du libre arbitre, dans l'accomplissement d'actions morales. Ces dernières ne sont le plus souvent qu'orgueil, quand elles ne versent pas dans l'hypocrisie des indulgences intéressées. Être libre, c'est être libéré par Dieu, quoi que l'on ait accompli sur cette Terre, et il n'est aucune autre justification concevable : « Je crains que dans toutes les œuvres chacun ne cherche que son intérêt et pense expier ainsi ses péchés et assurer son salut [1]. » La morale ne donne aucun accès à l'éthique, elle lui reste tout extérieure. La conclusion s'impose : « Quand vous ne seriez que bonnes œuvres des pieds à la tête, vous ne seriez quand même pas juste, vous n'honoreriez encore nullement Dieu et vous ne satisferiez pas aux exigences du tout premier d'entre les commandements. Car il n'est pas possible d'honorer Dieu sans Lui reconnaître la véracité et toutes les qualités comme Il les possède d'ailleurs vraiment. C'est là ce que ne fait aucune bonne œuvre, mais seule le fait la foi du cœur [2]. » C'est « la foi seule, sans aucun concours des œuvres, qui confère la justice, la liberté et la félicité [3]... » et « l'âme peut se passer de toute chose, sauf de la parole de Dieu [4] ». Bref, la morale se fonde de part en part sur l'éthique religieuse et la justice humaine sur la grâce de Dieu.

Si j'ai évoqué ces deux attitudes antinomiques sur les rapports

1. Martin Luther, *La Liberté du chrétien*, éd. Garnier-Flammarion, p. 230.
2. Id., *ibid.*, p. 214.
3. Id., *ibid.*, p. 210.
4. Id., *ibid.*, p. 208.

de la morale humaine et de l'éthique divine, c'est non seulement parce qu'elles enserrent toutes les positions intermédiaires (dont Érasme représente, au temps de Luther, la figure la plus achevée, donc, aux yeux du réformateur, la plus haïssable), mais aussi parce que, en un paradoxe singulier, elles vont être *toutes les deux*, presque à égalité, reprises dans la sécularisation de la morale qui va présider, au XVIIIe siècle, à la naissance de l'humanisme moderne. Et c'est sur la base de cette sécularisation que la question de l'éthique va pouvoir se reposer *hors du cadre religieux*, d'une manière inédite, bien que ses motifs premiers – échapper au mal et à la mort – restent à bien des égards intacts.

La sécularisation de la morale

Que le pélagianisme soit déjà en lui-même un appel à la sécularisation de la morale, à sa séparation d'avec une éthique religieuse, on le comprend, me semble-t-il, sans trop de difficultés : en faisant du libre arbitre le fondement ultime du bien et du mal, en faisant des « œuvres » ou des « bonnes actions » un moyen d'accès au salut, Pélage nous fait entrer dans cette sphère « méritocratique » qui ne cessera de caractériser davantage les morales du devoir, jusqu'au sein du républicanisme le plus laïc. Comment inscrire, en revanche, la problématique luthérienne dans l'optique d'une sécularisation, voilà qui peut paraître à première vue plus délicat : ne fait-il pas, comme on vient de le suggérer, dépendre la morale tout entière (l'observation des devoirs de l'homme sur cette Terre) d'une éthique si religieuse qu'elle en vient à attribuer, si l'on ose dire, tous les « mérites » à Dieu et aucun à l'homme lui-même ?

Pour comprendre comment nos modernes morales du devoir vont intégrer pourtant ces deux interprétations opposées du christianisme, pour percevoir même en quoi cette double intégration leur est constitutive, pour saisir, par là, comment la problématique du salut va se reposer, par contrecoup, hors religion ou du moins hors des visions traditionnelles de la religion (c'est toujours le fil conducteur de mon exposé), il faut revenir un instant sur la nouvelle anthropologie qui va, à partir du XVIIIe siècle, servir de fondement aux morales laïques.

Comme je l'ai suggéré dans l'une de nos précédentes conversations, on pourrait, je crois, montrer comment l'humanisme moderne se fonde tout entier sur l'émergence d'une nouvelle vision de l'homme qui apparaît au grand jour dans la pensée de Rousseau [1] – ce qui ne signifie pas, bien entendu, qu'un seul penseur soit à l'origine de ce bouleversement mais qu'il l'a thématisé dans sa philosophie mieux qu'aucun autre avant lui. Permettez-moi de revenir un instant, dans ce contexte, sur le sens de ce bouleversement ainsi que sur les raisons pour lesquelles il permet de fonder hors des cadres religieux traditionnels les deux grands thèmes autour desquels les morales modernes ne vont cesser de tourner, dès lors qu'elles auront fait de la liberté humaine un absolu : d'une part la valorisation de l'intérêt général, de l'*universel*, contre les intérêts particuliers, d'autre part l'idée que la véritable vertu réside d'abord et avant tout dans une action *désintéressée*.

Dans la tradition chrétienne, l'être humain est conçu comme une *créature*. Cela signifie, dans l'imaginaire chrétien, que son « idée », son concept, si l'on veut, se rencontre d'abord dans l'entendement divin avant que Dieu ne Se décide à le faire exister par Sa seule volonté. On reconnaît là un thème longuement développé par l'existentialisme athée contre le christianisme : dans ce dernier, l'essence, ou l'idée de l'homme, précède son existence selon un modèle qui est celui du Dieu artisan. De même que l'horloger trace d'abord dans sa tête et sur un papier un plan de la montre qu'il va faire par la suite « exister », Dieu conçoit l'homme, puis la femme, et Il leur donne par après l'existence. L'être humain n'est donc pas pleinement libre, enfermé qu'il est dans une définition préalable qui trace les lignes de ses actions futures.

C'est justement cette préséance de l'essence ou de l'idée de la créature sur son existence que Rousseau, bien avant Sartre, va disqualifier.

Et il le fait, comme il est d'usage à l'époque, au fil de cette comparaison entre l'homme et l'animal que j'ai déjà évoquée. La

1. Tzvetan Todorov me fait très justement remarquer que cette idée se trouve déjà exprimée dans ce texte de Pico della Mirandola en 1486 : « Si nous ne t'avons donné, Adam, ni une place déterminée, ni un aspect qui te soit propre, ni aucun don particulier, c'est afin que l'aspect, la place, les dons que toi-même aurais souhaités, tu les aies et les possèdes selon ton vœu, à ton idée. Pour les autres animaux, leur nature définie est tenue en bride par des lois que nous avons prescrites : toi, aucune restriction ne te bride, c'est ton propre jugement, auquel je t'ai confié, qui te permettra de définir ta nature. »

comparaison sert en effet à définir au mieux, par « différence spécifique », le propre de l'homme par opposition à ce qu'il n'est pas mais qui lui ressemble le plus. Arrêtons-nous un moment encore sur ce motif central dans la naissance de l'humanisme moderne. Que dit Rousseau et en quoi ce qu'il dit permet-il de penser autrement la morale en la sécularisant ?

D'abord et avant tout ceci : ce n'est ni l'intelligence, ni l'affectivité, ni même la sociabilité qui distinguent véritablement l'homme de l'animal. D'évidence, il est des animaux plus intelligents, plus affectueux et plus sociables que certains humains. La vraie différence est ailleurs : alors que l'animal est tout entier programmé par un instinct naturel, l'homme possède une liberté de manœuvre par rapport à la nature. Vous vous souvenez de l'exemple que donne Rousseau au début du *Discours sur l'origine de l'inégalité*.

« C'est ainsi qu'un pigeon mourrait de faim près d'un bassin rempli des meilleures viandes et un chat sur des tas de fruits ou de grains quoique l'un ou l'autre pût très bien se nourrir de l'aliment qu'il dédaigne s'il s'était avisé d'en essayer. C'est ainsi que les hommes dissolus se livrent à des excès qui leur causent la fièvre et la mort parce que l'esprit déprave les sens et que *la volonté parle encore quand la nature se tait.* »

La nature n'est donc pas notre code et c'est dans cette *liberté*, conçue comme une faculté de ne pas être enfermé a priori dans une essence, en l'occurrence un programme naturel, que réside la possibilité de la culture et de l'histoire. C'est parce qu'ils sont réglés par la nature que les animaux, en effet, n'ont pas d'histoire. Les sociétés d'abeilles ou de fourmis sont les mêmes aujourd'hui qu'il y a deux mille ans. Bien plus, l'animal, le plus souvent, se passe d'éducation. Bambi marche quelques minutes à peine après sa naissance et les petites tortues trouvent toutes seules, d'instinct, la direction de l'océan salvateur. Nos enfants restent souvent avec nous plus de vingt ans... Double histoire de l'homme : du côté de l'individu, elle se nomme éducation, du côté de l'espèce, culture et politique. Et l'idéal moral, bien sûr, c'est que, s'émancipant de la nature, l'être humain se perfectionne, qu'il aille vers le mieux. De là ses deux caractéristiques fondamentales, la liberté et la perfectibilité (historicité). Les traits fondamentaux des morales modernes s'en déduisent puisqu'elles se fondent sur l'absolutisation de l'humain comme tel ou, tout au moins, de la liberté en lui.

C'est à Kant, mais aussi aux républicains français qui en sont si proches, qu'il appartiendra de déduire les deux conséquences morales de cette nouvelle définition de l'homme : la notion de vertu désintéressée et celle d'universalité. Il est assez aisé de voir comment elles découlent immédiatement de l'anthropologie rousseauiste.

– L'action vraiment morale, l'action vraiment « humaine » (et il est significatif que les deux termes tendent à se recouper et que l'on dise, par exemple, d'un grand crime qu'il est « inhumain »), sera d'abord et avant tout celle qui témoigne de ce propre de l'homme qu'est la liberté entendue comme faculté d'échapper à toute détermination par une essence préalable : alors que ma nature – puisque je suis, *aussi*, mais non seulement, animal – me pousse en priorité, comme toute nature, à l'égoïsme [1] (qui n'est qu'une variante de l'instinct de conservation pour moi et pour les miens, voire pour l'humanité entière), j'ai aussi, telle est du moins la première hypothèse de la morale laïque, la possibilité de m'en écarter pour agir de façon désintéressée, altruiste. Sans l'hypothèse de la liberté, l'idée d'action désintéressée n'aurait aucun sens – ou, plus exactement, il faudrait, comme le fait la sociobiologie, la réduire à l'illusion. Sans cette idée, la moralité disparaîtrait. Si je découvre, par exemple, qu'une personne qui se montre bienveillante et généreuse avec moi le fait dans l'espoir d'obtenir un avantage quelconque qu'elle me dissimule (par exemple un héritage), il est clair que la valeur morale que j'attribuais à ses gestes s'évanouit d'un seul coup. Ou encore : je n'attribue aucune valeur morale particulière au chauffeur de taxi qui accepte de me prendre en charge parce que je sais qu'il le fait, et c'est normal, par intérêt. En revanche, je ne puis m'empêcher de remercier comme s'il avait agi moralement, humainement, celui qui, sans intérêt particulier, a l'amabilité de me prendre en stop un jour de grève. Ces exemples et tous ceux que l'on voudra ajouter dans le même sens font signe vers la même idée : à tort ou à raison (c'est un autre débat), vertu et action désintéressée sont inséparables dans l'imaginaire moderne

1. Tzvetan Todorov m'objecte que l'amour et la sympathie sont tout aussi « naturels » que l'égoïsme. À quoi l'on peut répondre, comme l'eût fait Kant avec les empiristes anglais, que l'amour et la sympathie *naturelles* ne sont bien entendu que des variantes de l'égoïsme : *je* me sens mieux, assurément, dans l'amour que dans la haine, et le plus souvent la sociabilité est tout à fait conforme à nos intérêts particuliers. C'est seulement avec la problématique du sacrifice, du moins pour autant qu'on ne la tient pas pour illusoire, que l'hypothèse d'une liberté d'arrachement à la nature devient indispensable.

et c'est seulement sur la base d'une anthropologie telle que celle de Rousseau que cette liaison prend sens.

Par où l'on voit aussi comment, sur ce premier versant, la sécularisation de la morale chrétienne intègre aussi, à côté du pélagianisme, l'héritage de Luther : les œuvres humaines n'ont de valeur morale qu'à la condition expresse de n'être pas secrètement destinées à obtenir un avantage quel qu'il soit. Il y a de la gratuité dans la morale au moins autant que dans l'art.

– La seconde conséquence de cette nouvelle anthropologie est l'accent mis sur l'universalité qui doit être en principe visée par les actions morales. Là encore, le lien est clair : la nature, par définition, est particulière. Je suis homme ou femme (ce qui est déjà une particularité), j'ai tel corps, avec ses goûts, ses passions, ses désirs qui ne sont pas forcément (c'est une lilote) altruistes. Si je suivais toujours ma nature animale, il est probable que le bien commun et l'intérêt général pourraient attendre longtemps avant que je daigne seulement considérer leur éventuelle existence (à moins, bien sûr, qu'ils ne recoupent mes intérêts particuliers, par exemple mon confort moral personnel). Mais si je suis libre, si j'ai la faculté de m'écarter des exigences de ma nature, de lui résister si peu que ce soit, alors, dans cet écart même, je puis me rapprocher des autres pour entrer en communication avec eux et, pourquoi pas ? prendre en compte leurs propres exigences. À tort ou à raison, là encore je laisse la question en suspens, l'imaginaire moderne va fonder cet altruisme, ce souci de l'intérêt général, sur l'hypothèse de la liberté humaine.

Liberté, vertu de l'action désintéressée, souci de l'intérêt général : voilà les trois maîtres mots qui définissent les morales du devoir – du « devoir », justement, parce qu'elles nous commandent une résistance, voire un combat contre la naturalité ou l'animalité en nous. Encore faut-il, et je renoue ici avec notre fil conducteur, percevoir clairement en quoi ils impliquent une rupture décisive avec les fondations religieuses traditionnelles de la morale, en quoi, aussi, ils nous contraignent à reposer en termes neufs la question de l'éthique (du salut).

Fondée qu'elle est tout entière sur l'hypothèse de la liberté humaine, la morale peut faire l'économie de toute référence à Dieu. Bien plus, comme le soulignait Kant – qui pourtant se voulait chrétien –, elle le doit.

« Supposons que nous puissions atteindre une connaissance

de l'existence de Dieu par l'expérience (même si l'on ne peut pas un instant en imaginer la possibilité) ou par une autre méthode, supposons de plus que nous puissions en être convaincus aussi positivement en fait que par l'intuition, alors toute moralité disparaîtrait. Dans chaque action l'homme se représenterait immédiatement Dieu comme celui qui récompense et celui qui venge. Cette image s'imprimerait involontairement dans son âme et, à la place de motivations morales, interviendraient l'espoir d'une récompense et la crainte d'une punition : l'homme serait vertueux en raison d'impulsions sensibles [1] », autrement dit, par intérêt.

Par où l'on voit encore comment, de façon paradoxale, c'est en supprimant toute référence à Dieu, *dans la fondation de la morale*, que Kant accomplit la volonté de Luther : extraire à sa racine toute corruption des mobiles de nos actions par la considération des intérêts. C'est pourquoi je disais que, loin de se réduire à la sécularisation du pélagianisme, qui valorise le libre arbitre et les œuvres humaines, les morales du devoir intègrent aussi la dimension luthérienne. C'est même, on le voit, dans cette double intégration qu'elles puisent leur source – par quoi elles apparaissent pleinement comme une sécularisation du christianisme tout entier.

Qu'en est-il, dès lors, de l'éthique, ou, pour parler comme Kant, « que nous est-il permis d'espérer » ? C'est par cette question que la religion, radicalement écartée des fondations de la morale, se réintroduit, pour ainsi dire *en aval*, comme un horizon de sens. Et le salut, l'espérance se définissent encore dans les termes mêmes qui furent ceux du christianisme : immortalité de l'âme, existence de Dieu, ne pas mourir, être aimé, être enfin heureux...

Rien n'a-t-il donc changé, puisque l'on retrouve d'un côté (en aval) ce que l'on avait écarté de l'autre (en amont) ? À mes yeux beaucoup, au contraire, qui tient à ceci, que j'ai développé dans *L'Homme-Dieu* : au sein de l'humanisme moderne, fût-il encore chrétien, la religion perd ce qui, lorsqu'elle se situait en amont de la morale, lui conférait sans doute sa plus grande force : le recours aux arguments d'autorité. L'espérance et le salut ne s'enracinent plus dans une *révélation*, mais ils s'inscrivent dans une logique purement humaine, trop humaine selon certains, qui est celle d'un besoin de sens, fût-il rationnel comme chez Kant. Toute la

1. Emmanuel Kant, *Leçons sur la théorie philosophique de la religion*, Le Livre de Poche, p. 159.

philosophie moderne s'engouffrera dans cette vaste entreprise qui vise à éradiquer la dimension révélée de la religion chrétienne. Au terme du processus, le rapport entre la créature et son créateur s'inverse : ce n'est plus l'homme qui est une créature de Dieu, mais Dieu qui devient un « postulat », une simple idée de la raison humaine. Et c'est sur fond de cette révolution, bien sûr, que la question de l'éthique se pose, à l'âge laïc, en termes inédits.

La sécularisation de l'éthique, ou le salut après le retrait du Dieu révélé

Je ne connais, en vérité, que deux réponses classiques à la question du salut dans un univers laïc. Aucune ne me convient. Aussi ne ferai-je que les mentionner, afin, pour ainsi dire, de dégager l'horizon et de tenter, si faire se peut, d'aller plus loin.

Chez les Anciens, qui n'avaient point à proprement parler de religion mais une cosmologie, la sagesse, qui apporte le bonheur, réside d'abord et avant tout dans la compréhension de l'ordre du monde. Le sage est celui qui, contemplant cet ordre, parvient à y trouver sa place. Cette réconciliation avec le Cosmos pourrait être décrite à bien des égards comme un analogue de la fusion en Dieu. C'est aussi par elle que l'être humain peut, dans certains cas, s'arracher à sa condition de mortel, ainsi que le suggère Arendt dans un passage de *La Crise de la culture* : « Si les mortels réussissaient à doter de quelque permanence leurs œuvres, leurs actions et leurs paroles, et à leur enlever leur caractère périssable, alors ces choses étaient censées, du moins jusqu'à un certain point, pénétrer et trouver demeure dans le monde de ce qui dure toujours, et les mortels trouver eux-mêmes leur place dans le cosmos où tout est immortel, excepté les hommes [1]. » Un salut par le Cosmos, en somme, que les historiens grecs, selon Arendt, avaient mission de conserver pour la mémoire des autres hommes.

Nous avons perdu le Cosmos en même temps que naissait la physique moderne, au fur et à mesure que nous passions du monde clos à l'univers infini. On n'en retrouve pas moins, aujourd'hui encore, un équivalent de cette intuition : le « grand homme »

---

1. Hannah Arendt, *La Crise de la culture*, éd. Gallimard, p. 60.

n'est-il pas celui qui laisse un nom dans l'histoire et qui accède ainsi à une forme d'immortalité ? Accomplir une grande œuvre, n'est-ce pas là, même pour un athée convaincu, une forme de salut, le seul moyen qui lui reste d'accéder à l'éternité – là où l'homme ordinaire ne croit s'en approcher que par sa descendance ?

Ces fantasmes, pour persistants qu'ils soient dans l'imaginaire moderne, n'en sont pas moins, on en conviendra j'espère, dérisoires : que vaut l'inscription d'un nom dans la mémoire des hommes pour l'individu qui voit mourir les siens et se retire lui-même du monde ? La religion du progrès, de l'immortalité laïque d'une trace gravée pour l'éternité (?) dans l'histoire universelle, de l'œuvre confiée à la postérité des « savants et bâtisseurs » n'est qu'un succédané auquel seul Narcisse pourra succomber...

Alors, pourquoi pas, une éthique du désespoir ? Puisque toute espérance semble non seulement illusoire mais dangereuse en ce qu'elle nous empêche de goûter la vraie vie, la seule qui vaille et soit, celle qui se situe ici et maintenant et non dans un avenir idéal, pourquoi ne pas accepter enfin, avec lucidité, c'est-à-dire avec courage, de renoncer à toute éthique de la *transcendance* ? C'est la proposition que nous fait André, et nous aurons l'occasion de la voir se développer dans toute sa richesse au fil de nos réunions. J'y suis sensible, plus souvent que je ne l'aurais cru moi-même il y a quelques années encore – ce qui prouve, s'il en était besoin, la fécondité de certains dialogues. Et, pourtant, je reste attaché, non par un simple « besoin de sens », mais sur un plan intellectuel que j'oserais dire désintéressé, à l'idée qu'on puisse reformuler en termes neufs les contours d'une éthique de la transcendance débarrassée du théologico-éthique.

Trois convictions m'y portent, que je voudrais évoquer pour ouvrir notre débat et préciser le contour de mes prochaines interventions.

La première relève d'un simple constat, dont l'interprétation, sans doute, est problématique, mais qui, en lui-même, me semble peu contestable : à l'encontre de ce que prétendent certains discours selon lesquels notre époque serait marquée par la fin des engagements forts, par une reddition complète à l'univers de la consommation et du plaisir matériel, je crois que nous continuons, sans même nous en rendre compte, à poser des valeurs supérieures à la vie. Pour le dire d'une formule dont chaque terme est pesé : il me semble qu'il existe aujourd'hui encore, et peut-être même plus que jamais, des *principes* moraux pour lesquels nous serions prêts, le cas échéant, à *risquer* notre vie et des *êtres* pour lesquels nous irions même, s'il le fallait, jusqu'à la *donner*. Risquer sa vie pour des principes, la donner le cas échéant pour sauver certaines personnes : la formule pourra faire sourire ceux qui ne voient dans nos sociétés pacifiées qu'égoïsme et repli sur soi. Je crois qu'ils oublient un peu vite que cette pacification est précaire et que, après tout, la guerre qui sévit encore aux portes de l'Europe n'est pas si loin de nous, ni dans le temps ni dans l'espace. Des situations où la question du sacrifice de soi pourrait se reposer en termes radicaux n'ont rien, à tout le moins, d'inimaginable. Or je suis convaincu que cette hypothèse du sacrifice ne nous est pas devenue étrangère. Elle a seulement changé de sens et d'objet, au fur et à mesure que nous entrions davantage dans l'univers laïc : les motifs traditionnels du don de soi, certes, se sont estompés. Bien peu, en Europe, accepteraient de risquer leur vie, comme tant le firent dans le passé, pour Dieu, pour la patrie ou pour la révolution. Mais pour les êtres que nous aimons, pourquoi pas ? C'est ce déplacement des transcendances « verticales » de jadis vers des transcendances « horizontales », incarnées dans l'humanité elle-même, qui me semble définir notre nouvel espace spirituel. Non pas, donc, une abolition de toute transcendance au profit d'une sécularisation généralisée, mais une humanisation de la transcendance qui se trouve, à mes yeux, au fondement d'une nouvelle éthique.

De là ma deuxième conviction : si la transcendance n'a pas disparu, elle a changé de statut et de sens. Nous avons pris l'habitude, depuis Descartes au moins, et sa fameuse hypothèse du « doute radical » qui doit peser sur tous les préjugés hérités du dehors, d'adopter pour principe fondamental d'essayer, autant que faire se peut, de « penser par nous-mêmes ». Cette attitude moderne pose, c'est l'évidence, un vrai problème aux éthiques religieuses traditionnelles puisqu'elles s'appuient toutes en quelque façon sur une Révélation. C'est là, comme on sait, la préoccupation principale du pape : il rappelle aux chrétiens que la liberté de conscience, sans doute, est une bien belle chose, mais qu'elle doit s'arrêter face à la splendeur d'une vérité révélée qui ne souffre point de discussion. Devant cette révélation christique, c'est l'humilité qui s'impose, non l'orgueil humain de ce « penser par soi-même » qui nous conduit insensiblement, comme Descartes l'avait requis, à tout soumettre au crible de l'examen critique.

Faut-il admettre pour autant, comme semble le faire Jean-Paul II, que cet orgueil cartésien, cette exigence d'autonomie conduisent à l'abolition de toute transcendance ? Je ne le crois pas et c'est pourquoi j'ai déjà suggéré qu'il existait d'autres façons de penser la transcendance que sur l'ancien modèle de la Révélation. Une « transcendance dans l'immanence », à entendre en un double sens. D'une part, d'un point de vue subjectif : après le rejet des arguments d'autorité qui caractérise toute la pensée moderne, c'est du sein de notre propre conscience que nous percevons d'irrécusables transcendances : celles de la vérité qui s'impose à nous, parfois indiscutablement, mais aussi, je le crois, du Bien, du Beau et de l'Amour. D'autre part, en un sens objectif, comme je le suggérais à propos des déplacements de l'idée de sacrifice : c'est dans l'humanité elle-même que se situe désormais la transcendance de ces valeurs.

À cet égard, il faudrait montrer comment la séparation de la religion et de la sphère des activités humaines ne vaut pas simplement dans l'ordre politique, que la laïcité ne se réduit pas à la fin du théologico-politique : c'est aussi la science, la morale et toute la culture, y compris l'art, qui ont cessé de se fonder dans l'ordre théologique pour devenir des créations humaines. Et le miracle, me semble-t-il, c'est justement que ce déplacement, cette révolution, n'ait pas conduit à l'abolition des transcendances mais à leur reformulation aux conditions de leur accord avec les exigences d'une humanité libre.

Enfin, c'est l'amour, bien sûr, qui incarne la figure la plus élevée de cette structure plurielle que je désigne ici, en suivant Husserl, comme celle de la transcendance dans l'immanence. D'évidence, c'est lui qui nous « sauve », pour autant que nous en sommes capables. Je veux dire que c'est lui, en dernière instance, qui donne sens à nos vies. Non seulement parce qu'il indique, au sein du Moi tout-puissant, un au-delà de lui, mais parce que cet au-delà se trouve être un autrui et qu'il n'est pas de sens hors d'une relation à l'autre.

Que pour des chrétiens, et plus généralement pour des croyants, ces transcendances du vrai, du bien, du beau et de l'amour se fondent sur l'existence d'un Dieu bien « réel », je le conçois et n'y vois, faut-il le souligner, rien à redire. C'est affaire de foi, et la foi, me semble-t-il, ne se discute pas. Pour moi, elles sont plutôt un fait, un *factum*, aurait dit Kant, qui reste, sans doute, profondément mystérieux (ce par quoi il est si tentant de le rattacher à une divinité). J'irais même jusqu'à le dire divin. Mais si Dieu est d'ordre spirituel, je ne vois guère ce que signifie Son existence « bien réelle » à laquelle les croyants semblent si attachés. Veut-on dire qu'Il existe dans l'espace et le temps, et alors ce n'est plus un Dieu spirituel. Veut-on dire au contraire qu'Il n'est qu'esprit, et alors il me semble qu'on ne dit pas autre chose, ni plus, que ce mystère de la transcendance auquel il me semble assez sage de savoir s'arrêter. La transcendance dans l'immanence m'apparaît alors non comme un ersatz affaibli des grandes transcendances de jadis, mais comme leur vérité humaine, c'est-à-dire comme leur seule vérité.

Débat

La morale peut-elle être absolue si elle n'est qu'humaine ?

André Comte-Sponville

Nous sommes d'accord sur la définition de la morale : elle répond à la question « Que dois-je faire ? » Mais pas tout à fait sur celle de l'éthique ; elle répond, selon toi, à la question « Que m'est-il permis d'espérer ? », alors que j'y vois plutôt une réponse, toujours singulière, à la question « Comment vivre ? » C'est que l'espérance, pour moi, n'est pas ce qui importe. Mais l'essentiel n'est pas là. Chacun est maître de ses définitions comme de sa problématique. Quant au fond, nous sommes d'accord l'un et l'autre pour considérer que la question éthique – que ce soit comme espérance ou comme art de vivre – est celle du salut. D'accord sur les questions, donc, ce qui ne veut pas dire que nous le soyons aussi sur les réponses...

Commençons par la morale. Ce que tu as dit dans ton exposé (sur la sécularisation de la morale, sur le fait qu'elle est totalement humaine) m'amène à penser que tu partages certaines de mes réserves vis-à-vis de l'idée d'un devoir absolu. Mais je voudrais que tu précises ce point : est-ce que tu m'accordes que toute morale est relative et historique, ou est-ce que tu penses avec Kant que, pour humaine qu'elle soit, elle n'en est pas moins atemporelle et absolue parce que donnée *a priori* comme loi de la raison ? Autrement dit, est-ce que tu m'accordes que l'universel n'est jamais donné au principe ou à l'origine (contrairement à ce que prétend Kant), qu'il n'est qu'un horizon vers lequel on tend, bref que l'universalisation elle-même est un processus historique ? Si oui, nous sommes très proches, mais je ne vois plus bien ce qui te sépare du matérialisme. Si non, nous nous opposons, philosophiquement, sur l'essentiel, qui est le statut de la morale (naturelle ou surnaturelle ?), son lieu (dans l'histoire ou hors de l'histoire ?), enfin sa portée (transcendante ou immanente ?).

Luc Ferry

Que la morale soit purement humaine ne signifie nullement qu'elle soit « relative et historique » ni qu'en l'admettant je me rallie en quoi que ce soit à l'hypothèse matérialiste ! Cela signifie seulement que nous sommes sortis, du moins pour autant que nous nous voulons « humanistes », des figures traditionnelles de la « théologie morale » ou, pour mieux dire, du « théologico-éthique », c'est-à-dire des entreprises religieuses qui visaient (et qui visent encore, voyez Jean-Paul II !) à fonder la morale sur une Révélation divine. À cet égard, le texte de Kant que j'ai cité tout à l'heure me semble imparable... et, tout simplement, juste. Pour autant, notre désaccord reste entier. Pour te répondre très directement, je continue à penser que la morale est, au sens où je l'ai définie dans nos précédents débats, extérieure à la nature et à l'histoire (parce qu'ils ne sont pas nos codes !), donc, si l'on veut, « surnaturelle », anhistorique pour l'essentiel, et par conséquent transcendante. Je sais bien que le débat sur le relativisme historique ne peut pas être écarté d'un revers de main. C'est même un grand classique de l'histoire de la philosophie et il resurgit jusque dans la sociobiologie contemporaine. Mais ce qui me frappe, malgré tout, c'est l'incroyable invariance des valeurs : je n'aperçois aucune religion, aucune morale qui fasse l'apologie du meurtre, du mensonge, de l'égoïsme, etc. J'irais même jusqu'à dire qu'en vingt-cinq siècles de philosophie il n'est pas certain qu'une seule valeur réellement nouvelle ait été « inventée » ! Bien qu'il s'agisse de deux ordres différents, il en va au fond des « vérités » morales – des principes moraux, si tu préfères – comme des vérités mathématiques : elles s'imposent à nous plus que nous ne les choisissons, et ce n'est nullement parce que je désire une chose qu'elle est bonne (je peux désirer tuer, mentir, etc.), mais parce qu'elle est bonne que je *dois*, parfois, la *vouloir*, sinon la désirer. Je n'ai pas « choisi » que 2 + 2 fassent 4 et il me semble, tout bien pesé, que je ne choisis pas non plus, comme s'il s'agissait d'une opinion parmi d'autres possibles, de considérer que la torture, le viol ou le racisme sont des maux sur le plan moral. Cela s'impose à moi, à nous tous, comme une évidence en quelque façon reçue de l'extérieur, non comme une émanation de nos désirs subjectifs. L'idée d'un devoir « absolu » fait peur aujourd'hui, elle fleure le « dogmatisme ». Pourtant, je suis convaincu que chacun la trouve en lui-même : elle signifie seulement que certains interdits ne dépendent pas des circonstances, qu'ils sont indifférents au contexte.

Prenons un exemple, pour être plus concret sur un sujet qui le mérite. En 1989, bicentenaire de la Révolution française oblige, j'étais invité en Tunisie à donner une série de conférences sur l'histoire intellectuelle de la Déclaration des droits de l'homme. J'arrive un soir à Kairouan, où m'attendait un auditoire impressionnant, plusieurs centaines de personnes, pour l'essentiel des islamistes militants. L'ambiance était très tendue – mon hôte, un représentant de la Ligue des droits de l'homme, avait été agressé la veille en raison même de mon invitation, et, dans le public, nombreux étaient ceux qui venaient achever le travail, au moins sur le plan intellectuel ! Au bout de quelques minutes, ce qui devait arriver arriva et ma conférence fut brutalement interrompue par des vociférations dont le thème était, malgré tout, identifiable : on me reprochait de venir poursuivre la colonisation, de propager, à propos des droits de l'homme, une idéologie en son fond ethnocentrique ou européocentrique, etc. L'objection est bien connue. La réponse m'est venue sans que je l'eusse en quoi que ce soit préparée. Un brin démagogique dans la forme – il le fallait bien –, mais, je le crois sincèrement, juste quant au fond : je leur ai fait remarquer que pour être historiquement, culturellement, et géographiquement située, une vérité n'en pouvait pas moins posséder une dimension *universelle*. Ainsi, par exemple, c'est du monde arabe qu'est venue l'algèbre – le mot lui-même, dans toutes les langues, en conserve la trace. Or cela n'a jamais empêché les autres civilisations, *en tout temps et en tout lieu*, d'en faire l'usage que l'on sait. Bien que particulière dans ses sources, cette découverte appartenait, une fois faite, à l'histoire universelle. Il en va de même, à mes yeux, des vérités morales inscrites dans la grande Déclaration et c'est d'ailleurs pourquoi, de facto et non seulement de jure, elles sont aujourd'hui reconnues, du moins en principe, par tous les pays membres de l'O.N.U. Je note au passage que cet argument a engendré un réel apaisement et que ma conférence a pu se poursuivre normalement et même se prolonger par une discussion des plus fécondes. Non pas à cause de la « démagogie », comme on pourrait le supposer hâtivement, mais parce qu'un lien apparaissait entre la reconnaissance de l'autre et l'acceptation d'un universel : au lieu, comme l'aurait fait un vrai démagogue, de reconnaître l'autre *dans sa différence*, de flatter sa particularité en se couvrant si possible la tête de cendres, nous nous reconnaissions dans ce que nous avions de *commun*, d'humain, certes, mais de non relatif pour autant à des différences culturelles supposées irréductibles !

Voilà l'un des paradoxes que je tente de formuler avec cette notion de « transcendance dans l'immanence » : les principes moraux, comme les vérités scientifiques, sont *découverts* par les hommes, pensés et vécus par eux, et non pas imposés par je ne sais quelle révélation. Ils sont, si l'on veut, immanents à l'humanité, à notre conscience, dans les deux sens du mot : représentation et sens moral. Pour autant, ils transcendent l'humanité, et ils le font même à tel point qu'ils ne se *réduisent* à aucune culture empirique particulière. Il y a là, je le reconnais sans aucune gêne, un réel mystère, qui n'est pas sans lien (c'est le même à mes yeux) avec celui de la liberté. Cette dernière en est pour ainsi dire le pendant subjectif en ce qu'elle nous permet de dépasser, justement, le relativisme culturel dans lequel nous sommes en permanence immergés par ailleurs et qui nous conduit si volontiers au nationalisme ou au racisme.

« Dans la vie apparaissent des valeurs supérieures à la vie »

André Comte-Sponville

Bien sûr que la morale ne relève pas d'un libre choix ! Cela ne veut pas dire qu'elle soit absolue : cela veut dire plutôt, de mon point de vue, qu'elle est historique, et que nul ne peut choisir l'histoire à laquelle il appartient. Cela n'empêche pas non plus qu'il existe des valeurs universelles : ce sont celles qui sont communes à toute l'histoire des hommes, à commencer par les valeurs sans lesquelles l'humanité n'aurait jamais pu survivre ou se développer. Elles sont universelles parce que nécessaires, et c'est ce qui interdit, à nouveau, de les faire dépendre d'une décision individuelle. Je ne suis ni décisionniste ni existentialiste : je prends l'histoire trop au sérieux pour la confondre avec les caprices individuels !

Sur la « transcendance dans l'immanence », je n'en reste pas moins réticent. Ce vocabulaire me paraît piégé : le mot de « transcendance » se prend en trois sens différents, et je me demande si tu ne joues pas un peu sur le flou qui en résulte.

En un premier sens, qui est le plus traditionnel et le plus fort, on entend par « transcendance » une extériorité et une supériorité radicales : Dieu est transcendant, en ce sens, parce que tout à fait hors du monde. Mais ce n'est pas ainsi, me semble-t-il, que tu l'entends – car alors parler de transcendance dans l'immanence serait purement et simplement contradictoire.

En un second sens, phénoménologique, est « transcendant » tout ce qui est extérieur à la conscience, vers quoi celle-ci se projette ou s'« éclate », comme dit Sartre. On peut alors parler de transcendance (pour la conscience) dans l'immanence (au monde). Mais je ne vois pas bien quel sens il y a à parler, en cette deuxième acception, de « valeurs transcendantes ». Je ne suis pas platonicien : je ne crois pas en un monde intelligible, dans lequel des valeurs existeraient indépendamment de la conscience ou du désir que nous en avons.

Reste une troisième interprétation, plutôt existentialiste : la transcendance comme mouvement de dépassement ou d'arrachement vis-à-vis de la nature ou de soi, la transcendance comme néantisation, la transcendance comme liberté, si tu veux, et le contraire de l'enracinement, de l'immersion passive ou massive dans le donné... Ce point de vue me convient davantage, mais je le désignerais d'un autre mot. Car c'est dans l'immanence, dans l'horizontalité du réel, dans la vie telle qu'elle est qu'apparaissent des valeurs supérieures à la vie : ce que, dans *Le Mythe d'Icare*, j'exprimais par les notions de *verticalité* ou d'*ascension*... Quand tu dis que « nous n'avons pas cessé de poser des valeurs qui sont supérieures à la vie », je crois que c'est vrai, et que le sacrifice (le sacrifice possible, l'idée de sacrifice) suffit à le confirmer. Cela récuse toute tentation vitaliste ou biologisante, toute volonté de fonder la morale sur la biologie ou sur la vie. C'est un exemple ou un argument (disons un exemple probant, ou un argument exemplaire) qu'on trouve chez Kant et Dostoïevski, mais aussi chez Bergson, Camus ou Jankélévitch : si, pour sauver l'humanité, il suffisait de torturer un enfant, faudrait-il le faire ? Si on met la vie plus haut que tout, il faut répondre : oui, bien sûr, puisque la vie de l'humanité en dépend. Si l'on juge au contraire qu'il y a des valeurs supérieures à la vie (même si elles n'apparaissent qu'en elle), on peut envisager de répondre non. C'est la réponse de Kant : non, ça ne vaudrait pas la peine, parce qu'une humanité qui survivrait à ce prix ne mériterait pas de survivre.

Les quatre « formes de l'intersubjectivité » (la vérité, le bien, le beau, l'amour) et leurs relations

LUC FERRY

Je pourrais signer, et des deux mains, toute la fin de ton intervention : oui, c'est bien *dans la vie* qu'apparaissent des valeurs *supérieures à la vie*. C'est justement pour cela que je me réfère d'un même mouvement aux deux derniers sens que tu viens de donner à la transcendance. L'être humain n'a pas seulement le pouvoir de s'arracher aux déterminations naturelles ou historiques, mais encore la capacité de poser ce que Heidegger appelait la « question du sens de l'Être », de reconnaître des horizons de sens « transcendantaux » – pour l'essentiel : la vérité, le bien, le beau et l'amour, si du moins on parvient à saisir le sens authentiquement philosophique de ce dernier. Où l'on reconnaît les quatre formes fondamentales de l'intersubjectivité. Ces quatre valeurs dessinent chaque fois des liens différents entre les êtres humains : la vérité, bien sûr, puisqu'elle est d'abord et avant tout ce qui ne vaut pas *que pour moi*, mais aussi *pour autrui*, ce par quoi elle se distingue de la simple opinion. Mais aussi la bonté et la beauté, qui font l'objet de ce que Kant nommait à juste titre un « sens commun ». L'accord qui se fait autour des « grandes œuvres » d'art, pour mystérieux qu'il soit parfois, n'en est pas moins réel. C'est entre le concret, le particulier de nos existences et l'universel de ces structures idéales que se joue, il me semble, tout le sens de notre vie spirituelle, qui est, pour parler comme notre ami Tzvetan, une « vie commune »...

ANDRÉ COMTE-SPONVILLE

Sur ces quatre formes, nous nous retrouvons pleinement, du moins si on laisse de côté nos perspectives divergentes sur la transcendance. Pour moi aussi, bien sûr, le beau, le bien le vrai et l'amour font partie des valeurs fondamentales. Il faut dire que ce n'est guère original... Deux remarques, cependant. Parmi ces quatre valeurs, il y en a deux qui me paraissent avoir un statut particulier : l'amour et la vérité.

L'amour, évidemment, parce que les trois autres ne valent qu'à proportion de l'amour que nous leur portons. Je ne vois pas ce que peut valoir la vérité pour celui qui ne l'aime pas. Ou alors, à nouveau, il faut être platonicien, imaginer que les valeurs existent et valent indépendamment de nous, en elles-mêmes, comme dirait Platon, et de toute éternité. Si ce n'est pas le cas, la bonté ne vaut que pour celui qui aime la bonté, la beauté ne vaut que pour celui qui aime la beauté, etc. Si bien que l'une de ces quatre valeurs, l'amour, est la condition qui permet aux trois autres de valoir : celles-ci peuvent peut-être exister si on ne les aime pas (c'est en particulier le cas de la vérité) ; mais si tu ne les aimes pas, elles sont pour toi sans valeur. L'amour est donc cette valeur très particulière, sans laquelle les autres ne vaudraient rien : c'est la valeur qui donne de la valeur.

Mais la vérité est aussi une valeur particulière, justement parce qu'elle n'est pas *seulement* une valeur : quand bien même tu ne l'aimes pas, elle n'en existe pas moins ! C'est ce qu'il faut objecter aux sophistes : la vérité a besoin de nous pour valoir, certes, mais pas pour être vraie. Le jour où plus personne ne se souviendra d'Auschwitz, cela ne changera rien à l'atroce vérité de ce qui s'y est passé. Mais cette vérité, pour objectivement vraie qu'elle soit toujours, cesserait alors, bien évidemment, de valoir : plus personne n'en aurait rien à faire, comme on dit si bien (une valeur, c'est ce qui fait agir), et ce ne serait plus qu'une vérité indifférente... D'où le statut très particulier de la vérité : c'est le transcendantal, comme tu dirais, qui contient les trois autres. C'est parce que la vérité relève d'abord de l'être, non du jugement, c'est parce qu'elle n'est pas *seulement* une valeur, que toute valeur, nécessairement, la suppose ou en dépend. Nous ne pouvons juger bon, beau ou aimable que ce qui se donne d'abord comme vrai, et que nous vivons (à tort ou à raison, avec la part d'illusion que cela peut comporter) comme vraiment bon, vraiment beau, vraiment aimable. Même illusoires, l'amour, l'art et la morale font partie de la vérité (ils peuvent faire l'objet, au moins en droit, d'une connaissance vraie) et n'existent qu'à cette condition : tout point de vue sur le réel fait partie du réel.

Si bien que l'une de ces quatre valeurs est au principe de la valeur des trois autres : l'amour ; et une autre a cette particularité d'englober les quatre : la vérité. Ce sont les conditions de possibilité, aussi bien pratique (l'amour) que théorique (la vérité), de toute normativité. C'est pourquoi je leur accorde – contre les esthètes et les moralistes – une importance particulière, plus haute que celle que je reconnais, comme toi et comme n'importe qui, au beau ou au bien...

Reste qu'en t'écoutant, Luc, j'ai un peu perdu... le salut. J'ai envie de te demander non pas : « Et Dieu dans tout ça », parce que tu as dit clairement, sous d'autres formes, que tu n'y croyais pas, mais : « Et le salut dans tout ça ? » Autrement dit, mon cher Luc, que t'est-il permis d'espérer ?

LUC FERRY

Beaucoup, il me semble, dans l'optique que je suggérais tout à l'heure avec mon petit épisode tunisien. Laissons de côté, en effet, le problème de la croyance qui n'est pas, pour les raisons que j'ai indiquées en citant Kant, ici en question. Transcender les particularismes, disais-je, mais au fond pour quoi faire ou, pour reprendre la formulation canonique, avec quelle espérance ? Dans le but, bien sûr, de participer ici et maintenant de cette « vie commune » réussie qui me semble dépasser, et de loin, la simple somme des individus, mais aussi la seule sphère de la morale. Tu parlais tout à l'heure de trois transcendances, je distinguerai à mon tour trois formes d'universalité vers lesquelles l'arrachement au particulier peut faire signe. Trois universels, donc, qui sont susceptibles de définir l'idée de vie commune.

Le premier, que je rejette, que nous rejetons tous aujourd'hui, c'est l'universel « impérial », celui qui fonda jadis la colonisation. C'est, par excellence, le faux universel, en vérité, un simple particulier (en l'occurrence, l'Europe) qui se prend pour le Tout, qui s'affiche comme le lieu unique de LA civilisation, etc. La vie commune qu'il permet ne peut jamais réussir, puisqu'elle se situe tout entière sous les auspices de la domination.

Le deuxième universel correspond à ce que je nomme ici « liberté ». La figure la plus connue s'en trouve dans la Déclaration des droits de l'homme, dans l'idée que l'homme mérite le respect, *abstraction faite* de tous ses enracinements *particuliers*, de toutes ses appartenances communautaires empiriques. Cet universel n'est plus impérial – et c'est là que mon auditoire tunisien se trompait –, mais il n'est qu'un universel « abstrait », qui définit des principes purement formels, ceux de la morale kantienne ou, ce qui revient au même, de l'idéologie républicaine. Je n'ai rien contre, on l'aura je pense compris. Mais la sphère de la morale n'épuise pas la question du sens de la vie. C'est à peine, à vrai dire, si elle y touche. Elle définit plutôt les conditions de possibilité minimales d'une vie commune, non la signification que nous pouvons donner de cette communauté.

La situation change avec le troisième universel, qui est, à la différence du deuxième, tout à fait concret et incarné. Son modèle n'est plus celui de la morale, mais plutôt de l'esthétique ou, pour mieux dire, de l'œuvre d'art. Qu'est-ce qu'une œuvre réussie, sinon un objet tout à fait sensible, tout à fait particulier, et qui pourtant réalise entre les humains un accord quasi universel? Quasi universel au sens où, de facto et non seulement de jure, l'admiration s'impose curieusement à tous autour de certains noms, de certains monuments, classés ou non officiellement au patrimoine mondial de l'humanité. J'ai sans doute entendu dans ma vie tous les jugements de valeur possibles et imaginables, mais je n'ai encore jamais entendu dire que Bach était « nul ». C'est cette universalité du sensible, du particulier qui me semble ici la plus intéressante. Dans la tradition philosophique, elle se nomme « individualité » : l'individu, depuis Aristote au moins, se définit en effet comme la synthèse, comme la réconciliation du particulier et de l'universel. Je trouve cette définition très belle, car elle nous éloigne tout à fait de la confusion entre l'individu et le moi égoïste que chacun connaît si bien. Ici, la notion d'individualité peut même s'appliquer, au-delà des êtres humains, à des ensembles culturels. Ainsi, par exemple, dans le grand débat qui anime les romantiques allemands quant à la question de savoir si la culture germanique vaut ou non la culture grecque, les intellectuels (Humboldt notamment) qui participent à cette nouvelle querelle des anciens et des modernes parlent-ils sans cesse de l' « individualité grecque » ou de l' « individualité allemande ». Ils désignent par là des formes de vie commune qui sont particulières, certes, mais possèdent cependant une signification pour l'humanité tout entière et accèdent par là à une forme d'universalité *individuelle*. Comme l'Algèbre ou la Déclaration de 89...

Il me semble que nous sommes tous appelés à devenir des

« individus » en ce sens, à faire de nos vies une « œuvre d'art », non par je ne sais quel esthétisme narcissique, mais pour participer de cette vie commune des hommes qui me paraît à juste titre « sacralisée », au moins idéalement, aujourd'hui. Le but de cette individuation est d'accéder à ce que Kant nommait la « pensée élargie », cet accès à l'universel d'un particulier qui a pris la peine de s'arracher à sa particularité. Et, en ce point où il est si difficile de parvenir, connaître et aimer deviennent une seule et même chose. En ce point, il n'est plus d'écart entre le relatif et l'absolu, entre le particulier et l'universel, entre la connaissance et l'amour. C'est ici, au fond, que je rejoindrai, sur un autre mode, l'idée qui t'est si chère, celle d'une fusion, d'une réconciliation avec le monde, l'idée bouddhiste que la vraie vie est ici et maintenant. Au reste, les chrétiens ne seraient pas loin de partager aussi cette conviction, du moins lorsque, cessant de parler seulement d'une vie meilleure dans l'au-delà, ils demandent à Dieu que Son règne descende sur la Terre. C'est cette incarnation réussie d'une certaine idée de la transcendance qui me paraît constituer l'espoir de nos vies. C'est elle qui nous sauve et qui nous interdit de traverser cette existence comme s'il s'agissait d'un parc d'attractions.

Là, je crois que nous pourrions peut-être nous retrouver – et c'est sans doute l'essentiel. Notre désaccord, pourtant, demeure très grand sur un point que je voudrais encore souligner. Comme je l'ai dit à l'instant, la réconciliation que j'évoquais est l'effet d'une liberté qui s'arrache aux particularismes et vise une transcendance. Ni le sujet ni l'univers ne m'apparaissent bons et aimables a priori. Le « salut », en ce sens, implique des choix, un travail sur soi et sur le monde qui n'est pas « donné », c'est le moins qu'on puisse dire... Au contraire, si la condition d'une éthique du désespoir, telle que tu la présentes, est d'admettre, pour se garder des illusions de l'espérance, que tout est nécessaire, qu'il n'y a pas de différence entre le réel, le vrai et le nécessaire (ou, pour le dire comme Spinoza, pas de différence entre le possible et le réel), bref, s'il faut aimer le monde au lieu de vouloir le changer, l'idée même d'un travail sur soi perd à mes yeux toute signification. Je ne puis admettre l'idée qu'il faudrait que je me force à aimer le monde comme il est et, pis encore, que ce serait cela la sagesse alors que j'y vois au contraire une pure folie ! Dans ces conditions, du reste, à quoi renverrait l'hypothèse même d'une intervention, fût-elle strictement philosophique et discursive, en faveur d'une éthique du désespoir ? Dans cet appel au désespoir (« arrêtez d'imaginer que vous pouvez changer le monde, arrêtez d'imaginer que le monde peut être autre chose aujourd'hui que ce qu'il est exactement »), ne retrouve-t-on pas cette « contradiction performative » dont nous discutions l'autre jour ? Comme si tu t'attribuais une toute petite marge de manœuvre, un peu à la manière de Marx disant : oui, tout cela est nécessaire, les détails de l'histoire s'enchaînent de façon nécessaire jusqu'à l'arrivée du socialisme qui est lui-même produit inévitablement par les contradictions du capitalisme, etc., mais, quand même... on peut accélérer le mouvement ! On peut « faciliter la gestation ». On réintroduit un « zeste » de liberté pour que, malgré tout, une intervention ait un sens dans ce monde. De même, comment imaginer rendre les gens un peu moins malheureux ou un peu plus désespérés (ce qui, selon toi, revient au même) sans supposer une petite part de liberté que j'appelle transcendante, faute de laquelle ton intention perdrait toute signification ? Et dans ce cas, si faible soit ce degré de liberté, on entre dans une problématique qui est celle de l'espérance puisqu'on espère que son intervention, ses livres, par exemple, va changer un tant soit peu quelque chose, fût-ce même d'infinitésimal. Le théoricien du désespoir espère que d'autres, en le lisant, auront eux aussi la sagesse de désespérer. Voilà la contradiction performative qui n'est nullement à mes yeux un petit embarras que je te jette, comme ça, dans les pieds pour te faire trébucher, mais au contraire la divergence de fond qui nous sépare sur chaque sujet que nous évoquons. Pour moi l'essentiel n'est pas tant de penser le monde, l'objet de ma pensée, que de penser ma propre pensée. C'est dans cette optique, il me semble, qu'on ne peut pas faire l'économie de l'*hypothèse* d'un minimum de liberté, d'un écart possible par rapport au monde, par où l'éthique de l'espérance, dans laquelle je m'inscris, se réintroduit. En clair : j'ai la conviction que celui qui dit, comme toi ou Spinoza, que le monde est « nécessaire », *ne se croit pas lui-même*, ne pense pas vraiment ce qu'il dit jusqu'au bout, ne l'applique pas à lui-même et fait constamment comme si, en réalité, il existait des marges de liberté.

Si tout est nécessaire, si nous n'avons pas le choix, à quoi bon philosopher ?

ANDRÉ COMTE-SPONVILLE

Je te donne acte, évidemment, du point métaphysique essentiel : je crois en effet que les trois mots de *réel, vrai* et *nécessaire* sont synonymes, ou en tout cas, s'ils n'ont pas la même compréhension, comme diraient les linguistes, qu'ils ont rigoureusement la même extension, c'est-à-dire qu'ils valent pour les mêmes objets et pour tout objet, quel qu'il soit. Rationalisme et nécessitarisme vont de pair, et tel est en effet l'esprit de Spinoza : tout ce qui est est vraiment ce qu'il est, et l'est nécessairement. Reste à savoir si cela aboutit à la contradiction performative que tu crois. Tu me dis : si cette équation « réel = vrai = nécessaire » est la condition d'une éthique du désespoir, alors il faut aimer le monde au lieu d'essayer de le changer. C'est cette alternative que je refuse. Je ne vois pas en quoi le fait d'aimer le monde (ce qui est évidemment le propre de toute sagesse) serait incompatible avec la volonté de le transformer. D'ailleurs, si c'était vrai, la même objection vaudrait contre les stoïciens, contre Montaigne, contre Spinoza, contre Camus, et cela fait tout de même beaucoup de monde... Mais alors : comment concilier l'amour et l'action (l'amour et la révolte, dirait Camus) ?

Essayons de comprendre. Il faut assurément aimer le monde tel qu'il est (entre nous soit dit, si vous l'aimez tel qu'il n'est pas, vous ne l'aimez pas !), mais donc aussi s'aimer soi-même, puisqu'on en fait partie, ainsi que les efforts qu'on fait pour le transformer : mon action est aussi réelle, donc aussi vraie, donc aussi nécessaire que le reste ! Soit donné un raciste, là, devant moi. Que nous dit la tradition évangélique ou, c'est la même, spinoziste ? Elle nous dit : il faut l'aimer... et l'aimer tel qu'il est (parce que si tu dis : « Je l'aimerais bien s'il n'était pas raciste », ça veut dire que tu ne l'aimes pas, puisqu'il l'est !). Est-ce baisser les bras devant le racisme ? Évidemment non ! Il s'agit plutôt d'aimer cet individu tel qu'il est, et de t'aimer toi aussi en train de le combattre ! L'exemple du Christ est bien clair : il aime Judas tel qu'il est, quand bien même il n'ignore ni n'approuve sa trahison. Que nous en soyons nous-mêmes le plus souvent incapables, je le sais bien : nous ne sommes pas le Christ... Mais cela ne retire rien au message, ni à sa grandeur, ni à sa portée.

Qu'en est-il alors de l'action ? Aimer le réel tel qu'il est, est-ce renoncer à le transformer ? Bien sûr que non ! Aimer ses enfants, et les aimer tels qu'ils sont, ce n'est pas renoncer à les voir grandir, à les élever, à les éduquer, à les corriger parfois... Aimer le réel, plus généralement, ce n'est pas renoncer au devenir (puisque le réel est cela même : toujours changeant, toujours différent...), ni à notre propre rôle – lui-même changeant – au sein de ce devenir. Héraclite et Parménide, même combat ! C'est ce que Montaigne a compris (même s'il est plus proche d'Héraclite), c'est ce que Spinoza a compris (même s'il est plus proche de Parménide), et que j'essaie à mon tour de comprendre. Aimer le monde, puisqu'il faut bien en venir là, c'est aimer tout ce qui s'y trouve (puisque le monde est tout) ; or nous en faisons partie, et notre désir, et notre action... Comment l'acceptation du monde pourrait-elle abolir ce qu'il contient ? Tu fais partie du monde au même titre que le reste, ta révolte en fait partie, ton action en fait partie, et la transformation que tu imposes au monde en fait également partie : dire *oui* au monde, c'est aussi dire *oui* à ton action pour le transformer !

Vous avez une maladie, vous savez qu'elle est liée à des causes, qu'elle est déterminée, qu'elle est nécessaire en ce sens (non pas utile ou indispensable, mais rationnellement explicable, et même, au présent, inévitable). Cela ne vous empêche évidemment pas de vouloir vous soigner ! Au contraire : c'est parce que vous acceptez d'être malade (au lieu, comme certains, de vous enfermer dans la dénégation) que vous allez voir un médecin et que vous suivez sérieusement le traitement qu'il vous a prescrit. Et ce qui distingue la médecine de la sorcellerie, c'est que le médecin va essayer de guérir la maladie en agissant *sur ses causes* : c'est précisément parce que la maladie est nécessaire (soumise à des causes) qu'on peut rationnellement l'expliquer et l'affronter.

Cavaillès, en spinoziste héroïque qu'il était, s'en explique fort bien. En 1943, à Londres, il confie à Raymond Aron : « Je suis spinoziste, je crois que nous saisissons partout du nécessaire. Nécessaires les enchaînements des mathématiques, nécessaires même les étapes de la science mathématique, nécessaire aussi cette lutte que nous menons... » L'action pour transformer le monde fait partie du monde : elle est nécessaire au même titre que le reste !

Mais reprenons l'exemple de Luc. Quand j'interviens sur le thème du désespoir, quand j'essaie d'expliquer que l'espérance nous sépare du réel, qu'il ne s'agit pas d'espérer mais d'aimer, de vouloir, d'agir, est-ce que je rentre dans une contradiction performative (est-ce que je réfute, en pratique, ce que j'affirme en théorie ?), est-ce que j'espère qu'ils vont désespérer ? Pas du tout ! La vérité, c'est que je sais bien qu'il est inévitable qu'ils espèrent, autrement dit, que l'espoir aussi est nécessaire : vu l'écart entre ce qu'on désire et ce que le réel nous offre, il serait inimaginable qu'on n'espère pas ! Je suis le premier à espérer tous les jours : il suffit qu'un de mes enfants soit malade un peu sérieusement pour que j'espère évidemment, comme n'importe qui (et peut-être davantage, parce que je suis un anxieux), qu'il guérisse ! Cela ne m'empêche pas de penser que sa maladie est nécessaire, qu'elle a des causes, qu'elle ne relève ni du libre arbitre ni de la providence... Mon angoisse est nécessaire aussi, de même que l'espérance qui l'accompagne (« pas d'espoir sans crainte, pas de crainte sans espoir », disait Spinoza), et dès lors que la maladie est nécessaire, que l'angoisse et l'espérance sont nécessaires, est nécessaire aussi l'action pour guérir mon gamin : je l'emmène, nécessairement et volontairement, chez le médecin ! Simplement, si j'étais un sage, j'arriverais à aimer le monde tel qu'il est, même quand un de mes enfants est malade. Cela ne m'empêcherait pas de le soigner, mais je le ferais joyeusement. Eh bien, je vais vous faire une confidence : je ne suis pas un sage. Pourquoi ? Parce que dès que mon gamin a plus de 38° de fièvre je ne peux plus aimer le monde, c'est aussi bête que ça ! L'angoisse l'emporte sur la joie. L'espérance et la crainte l'emportent sur l'amour. Quand le Christ est face à Judas, il l'aime tel qu'il est. Sur la croix, il aime le monde tel qu'il est. C'est la différence entre le Christ et moi : le Christ est sauvé, moi non ! Quoi qu'il en soit d'une vie après la mort, il est sauvé, ici et maintenant sauvé. Lui est dans le Royaume ; moi j'en suis séparé par la trouille, par l'angoisse, par l'espérance...

« Le seul mot de la sagesse, disait Prajnānpad, c'est *oui.* » Mais je ne suis pas un sage. Quand un de mes enfants est malade, je ne peux plus dire oui. Alors j'essaie d'avoir une sagesse de second rang, une sagesse à la Montaigne, une sagesse pour ceux qui ne sont pas des sages : j'essaie de dire oui, au moins, à mon incapacité à dire oui... Dire oui à l'angoisse, quand elle est là. Dire oui à l'espérance, quand elle est là.

Il n'y a là, à mon sens, aucune contradiction performative. Ce n'est pas introduire un petit peu de liberté dans un océan de nécessité. C'est penser les deux ensemble, comme il faut faire de toute façon. Tout est nécessaire, tout est soumis à des causes, mais cela ne veut pas dire qu'on ne soit pas libre ou qu'on ne puisse pas, au moins partiellement, le devenir. Un acte libre, dès lors que tu l'accomplis, est aussi réel et nécessaire que le reste.

Luc Ferry

Ta réponse est exemplaire... de ce que je désigne ici comme des « contradictions performatives » : il faut d'un même mouvement aimer le monde et le combattre, lui dire oui et lui dire non, se penser comme libre et dire par après que c'est une illusion puisque tout est nécessaire, dire « il faut » et penser que ce simple énoncé est, en vérité, « délirant » puisqu'il suppose l'existence de différents choix possibles ! La vraie question, pour moi, c'est celle-ci : pourquoi ce qui m'apparaît comme évidemment contradictoire te semble être au contraire le summum de la cohérence philosophique ? Je crois apercevoir la réponse, le point ultime de divergence entre nous, et j'aimerais tenter de te la faire partager, non pour te convaincre, bien sûr, mais pour que nous nous accordions au moins sur notre différend.

D'abord, il est clair que je suis en désaccord absolu avec l'idée que tu donnes, du moins à l'instant, de la sagesse – et peu m'importe que ce soit aussi celle de tel ou tel grand philosophe. Après tout, il en est d'aussi grands de mon côté et cela nous importe peu ici. Quand tu dis que le fait d'aimer le monde est « évidemment le propre de toute sagesse », tu passes à mes yeux un peu vite, c'est le moins qu'on puisse dire, sur la nature de cette « évidence ». De même quand tu affirmes que le seul mot de la sagesse est « oui ». Il me paraît souvent beaucoup plus sage, et beaucoup plus difficile, de dire « non », au point que ta définition de la sagesse pourrait caractériser aussi bien la folie, si on la poussait jusqu'au bout..., ce que, fort heureusement, tu reconnais toi-même ne point pouvoir faire. Tu « essaies » d'être sage, tu « essaies » de dire oui, mais tu n'y parviens pas et tu n'y parviendras jamais. À cela, il y a une raison de fond : toute ta réponse consiste, au final, à dire que le réel est Tout, qu'il comprend la nécessité mais aussi, comme illusion bien réelle, la liberté ; l'amour du monde et le combat contre lui, qui ne sont pas incompatibles à tes yeux puisqu'ils font tous deux partie du réel. Je puis donc aimer tout autant le monde que mon action contre lui... puisque cette dernière en fait partie. Le seul problème, c'est que personne, je dis bien personne, ne peut réellement se situer en ce point de mysticisme où l'amour du monde et la révolte, qui suppose bien qu'on ne l'aime pas tout à fait, ne feraient plus qu'un, où liberté et nécessité seraient identiques. Car il faudrait pour cela, comme Spinoza l'avait bien vu, être Dieu Lui-même. *Pour les hommes* (mais depuis quand y a-t-il un autre point de vue ?), le souci des possibles, le sentiment qu'il nous faut sans cesse choisir entre plusieurs attitudes, entre plusieurs actions, ne peut pas disparaître et c'est pourquoi, tout comme moi, tu ne peux jamais tout à fait cesser d'hésiter et de « choisir », ni tout à fait cesser d'espérer. Ce que je conteste, au fond, c'est le caractère religieux ou mystique de ton matérialisme, cette métaphysique qui te conduit à penser que ce point de fusion suprême est le point de vue vrai, quand bien même aucune conscience humaine ne pourrait ni le connaître ni même le comprendre !

Soyons plus clairs encore. De deux choses l'une. Ou bien, lorsque je crois devoir me révolter contre le réel, lorsque je pense qu'il *faut* chercher à le transformer, je cède à l'illusion. En vérité, mon action fait partie du réel, elle est tout aussi déterminée, tout aussi nécessaire et peu choisie parmi des possibles que la réalité à laquelle elle croit s'opposer alors qu'elle n'en est qu'une des facettes. Dans ce cas, il n'y a pas de *vraie* réconciliation entre nécessité et liberté, mais la première absorbe l'autre à titre d'illusion, de « délire » humain, qui cesserait si nous étions sages, c'est-à-dire si nous parvenions à voir le monde comme Dieu le pense. Ou bien la liberté n'est pas une illusion, il existe vraiment des possibles qui ne sont pas déterminés, je puis réellement choisir entre eux et mon choix changera réellement quelque chose à l'univers : « réellement », c'est-à-dire non pas seulement dans l'illusion humaine, fût-elle « réelle », mais aussi, si je puis dire, en soi. Dans cette hypothèse, la liberté *transcende* le monde, elle n'en est pas un moment, et c'est là tout l'enjeu de notre débat sur la transcendance, sur la continuité ou non avec la nature. Elle s'inscrit en lui, bien sûr, elle est toujours en situation, bien sûr, toujours concrète et dépendante d'un contexte, mais elle n'en est pas de toute éternité un moment que seule l'illusion nous fait croire authentique. Je ne puis, dans cette hypothèse, dire à la fois oui et non, je ne puis à la fois aimer la totalité et combattre ses parties. Il faut que je fasse un choix.

À partir de là, je ferai deux propositions. La première, c'est qu'aucun être humain, et c'est pourquoi aucun ne peut parvenir à ce que tu nommes sagesse, ne peut vivre ses choix comme des illusions. Aucun révolté au monde ne vit sa révolte comme le fruit d'un déterminisme, d'une nécessité absolue, comme s'il n'existait pas plusieurs options possibles, pas même Cavaillès. Tu pourrais m'objecter que cela n'a guère d'importance, que ce que l'homme s'imagine n'est pas forcément juste et que c'est même parce que tu reconnais cet état de fait que tu déclares que l'illusion fait bel et bien partie du réel. D'où ma seconde proposition, qui complète la première : je ne vois pas de quel droit tu invites les êtres humains à s'identifier à un point de vue, celui de Dieu, celui de la fusion des contraires qui permettrait de dire oui au Tout, alors que tu ne crois pas toi-même en ce point de vue métaphysique et inaccessible, le seul pourtant d'où ta position trouverait une véritable cohérence. Je comprends, en revanche, pourquoi tu souhaiterais qu'il existe : car enfin, en nous identifiant à lui, nous pourrions cesser d'espérer, nous pourrions gagner le droit d'aimer le réel tout en nous opposant à lui, lorsque cela s'*impose*. Nous gagnerions sur les deux tableaux, celui de la contemplation et celui de l'action, celui de la réconciliation et celui de la révolte, du oui et du non !

Comprends-moi bien. Je ne confonds pas ta position avec ce que l'on nomme d'ordinaire le quiétisme. J'ai bien compris que tu allais plus loin, et que, de l'affirmation de la nécessité du réel, tu ne tirais aucune apologie de la passivité puisque l'action, même très militante et révoltée, fait également partie de la nécessité. Mais ce qui te repose ici et te satisfait, il me semble, c'est ceci : quoi qu'il arrive et quoi que nous fassions, nous aurons nécessairement fait de notre mieux ! Quelle sérénité, en effet, que de parvenir à le croire. Je n'y parviens pas, non par mauvais esprit, ni même par manque de sagesse et d'intelligence (encore que je manque assurément des deux), mais parce que aucune conscience humaine ne pourra jamais se placer au niveau d'une telle religion de l'être. Je puis concevoir la sagesse spinoziste (la connaissance du « troisième genre »), mais je ne puis la *comprendre*. Elle relève d'un pur postulat métaphysique, d'une construction conceptuelle auxquels je ferai très exactement les mêmes objections que tu fais souvent à la religion chrétienne : j'aimerais y croire, mais c'est trop beau pour être vrai. Il ne me reste donc que les hommes comme ils sont, comme ils vont, avec leurs choix, leurs espérances, bref, leur liberté, dont je ne saisis d'ailleurs plus très bien quel sens tu parviens encore à lui donner.

Les trois sens du mot « liberté »

André Comte-Sponville

Ne confondons pas la nécessité et la fatalité ! Ce qui est nécessaire, pour moi, c'est d'abord le présent : comment ce qui est pourrait-il – ici et maintenant – ne pas être ? Cela ne veut pas dire que l'avenir soit déjà écrit, ni qu'on ne puisse modifier ce qui est en autre chose, qui sera ! Dès lors que je suis assis près de toi, il est impossible que je sois debout ou ailleurs. Mais cela n'empêche pas que je me sois assis librement, ni ne m'empêcherait, si je le voulais, de me lever !

Qu'est-ce que la liberté ? Le mot se prend en trois sens. Nous sommes d'accord, toi et moi, sur les deux premiers ; c'est le troisième qui nous oppose.

Premier sens du mot liberté : la liberté d'action. Être libre, c'est faire ce que l'on veut. C'est le sens le plus usuel, le plus évident : cette liberté-là, personne ne conteste qu'elle existe. Nous sommes libres de quitter cette pièce quand nous le voulons, de lire le journal que nous voulons, de voter, lors des élections, pour qui nous voulons, etc. Liberté d'action : faire ce qu'on veut.

Deuxième sens du mot liberté : la spontanéité du vouloir. Non plus *faire* ce qu'on veut, mais *vouloir* ce qu'on veut. C'est la liberté selon les stoïciens, c'est la liberté selon Épicure, selon Hobbes, et à mon avis (mais il faudrait y regarder de plus près) c'est la liberté selon Leibniz et selon Bergson. C'est une liberté dont nous avons tous l'expérience. Je veux ce que je veux ; je veux donc librement.

Je ne conteste évidemment aucune de ces deux libertés. Il va de soi, par exemple, que je suis venu ici librement, dans ces deux sens-là, d'abord parce que personne ne m'en a empêché (j'ai fait ce que j'ai voulu : liberté d'action), ensuite parce que je l'ai voulu de moi-même (j'ai voulu ce que j'ai fait : spontanéité du vouloir). C'est pourquoi j'assume cet acte, comme on dit, ce qui signifie simplement que je m'en reconnais responsable.

Le troisième sens du mot liberté est plus mystérieux. C'est ce qu'on appelle parfois, dans les classes, la « liberté au sens métaphysique du terme », que les philosophes appellent le libre arbitre ou la liberté d'indifférence. De quoi s'agit-il ? D'un pouvoir indéterminé de choix. Être libre, en ce sens, ce n'est pas faire ce qu'on veut (liberté d'action), ce n'est pas vouloir ce qu'on veut (spontanéité de la volonté), c'est être capable de vouloir *autre chose* que ce qu'on veut ! La question qu'on me pose, en gros, c'est celle-ci : « Oui, tu es venu ici, personne ne t'en a empêché (liberté d'action), tu as voulu venir (spontanéité du vouloir), mais est-ce que tu aurais pu *vouloir ne pas vouloir* venir ? » À quoi, sincèrement, je ne peux répondre que ceci : je peux faire ce que je veux, je peux vouloir ce que je veux, mais vouloir autre chose que ce que je veux, je ne le peux pas ! Pourquoi ? Parce que je suis soumis, comme tout réel, au principe d'identité. Peu importe ici la question du déterminisme. La logique fait une nécessité suffisante. Mon « spinozisme », comme tu dirais, se réduit au fait que je prends le principe d'identité à la lettre. Sartre a beau faire : je suis ce que je suis, et je ne suis pas ce que je ne suis pas !

On peut s'arracher aux données, tu as raison, on n'est pas prisonnier d'un code, on n'est pas prédéterminé. Je n'ai jamais dit que tout était écrit ! Mais tout arrachement suppose un donné préalable. Toute liberté suppose un code qui la permet. Quand j'essaie d'aider les gens à espérer un peu moins, pour reprendre ton exemple, quand j'essaie de les désillusionner un peu, je ne crois pas qu'il y ait contradiction performative : je fais ce que je veux (liberté d'action), je veux ce que je veux (spontanéité du vouloir), et assurément je n'ai pas pour cela besoin de vouloir autre chose que ce que je veux (ni donc de croire au libre arbitre) ! Je n'ai pas besoin de cette liberté métaphysique qui me paraît à la lettre impensable (le texte le plus profond que je connaisse sur cette question, c'est le chapitre de *L'Être et le Néant* sur la liberté, qui montre une chose décisive mais qui vaut selon moi comme réfutation : la liberté n'est possible que comme néant, autrement dit qu'à la condition de n'exister pas). Alors, quand je parle à ces gens, est-ce que j'espère qu'ils vont désespérer ? Sincèrement non, parce que là c'est quand même plus facile que de ne pas espérer que mon enfant guérisse. Ce que les gens feront de mes paroles, ce n'est plus mon problème : je m'en fous ! Et c'est pourquoi il arrive que mes paroles portent... Parce que, tout d'un coup, ils ont devant eux quelqu'un qui leur parle sans rien attendre ni demander, c'est-à-dire un homme libre.

Il n'y a plus d'angoisse, plus d'espérance, plus d'enjeu égoïste ou narcissique : il n'y a qu'un individu qui essaie de dire ce qu'il croit vrai, il n'y a qu'une parole libre et sincère. Ce n'est qu'un exemple. Les stoïciens en donnaient un autre, qui est celui (on retrouve le même chez les taoïstes) du tireur à l'arc. Mais les deux se rejoignent. Au fond, je vise une cible : la désillusion, le désespoir. Et tu me dis : « Oh, oh, tu espères l'atteindre ! » Le plus souvent, tu as raison, si c'est à moi que tu parles. Mais si tu parlais à Épictète ou Lao-tseu, il te répondrait :

– Espérer atteindre la cible ? Non, pourquoi ? Quelle drôle d'idée !

– Mais enfin, puisque tu la vises...

– Je fais ce qui dépend de moi ! Qu'est-ce qui dépend de moi ? Viser bien. C'est donc ce que je veux. Et, tu vois, c'est ce que je suis en train de faire : mon désir est comblé, ici et maintenant comblé ! Quant à savoir si la flèche atteindra la cible ou non, alors là, vraiment, cela m'est complètement égal ! Pourquoi devrais-je m'en préoccuper ? Viser me suffit !

Si bien qu'aux Jeux olympiques, s'il y a six concurrents à la finale du tir à l'arc, il y en a au moins cinq qui espèrent très fort atteindre la cible, ils l'espèrent tellement qu'ils ont la pression, comme on dit, et la main qui tremble légèrement : ils touchent la cible, mais pas en plein centre. Supposons que le sixième concurrent soit un sage, ce qui ne doit pas arriver souvent (qu'est-ce qu'un sage viendrait faire aux Jeux olympiques ?). Il ne fait que ce qu'il veut, sans rien espérer : il est tout entier dans son acte (c'est le seul : tous les autres en sont séparés par l'espoir du résultat), à la fois concentré et détendu, en souplesse, comme dit Épictète. Aucune espérance, aucune angoisse : rien que l'action, rien que le réel, dans une sérénité totale... Et les textes taoïstes disent qu'il atteint un pou en plein cœur ! Eh bien, quand je parle du désespoir, mon cher Luc, il m'arrive d'atteindre le pou en plein cœur, et le public en est à la fois surpris et charmé... Je plaisante, tu t'en doutes, mais pas tout à fait. Ces moments de liberté, de simplicité, de sérénité, ce sont les plus beaux moments de la parole.

LUC FERRY

Là où tu dis vrai et touches une expérience profonde, je te l'accorde bien volontiers et je l'ai compris, cela dit au passage, grâce à tes livres, c'est lorsque tu décris la force tranquille, la sérénité que confère l'*expérience* du désespoir, du non-attachement. J'en conviens d'autant plus aisément que je n'y suis pas insensible. Mais je suis convaincu que c'est une expérience, comme toute expérience, qui n'est que ponctuelle et qui ne vaut nullement pour une définition exhaustive de la sagesse. Et je ne conteste pas seulement qu'elle soit toujours possible, ce que tu admets aussi, mais bien qu'elle *doive* toujours l'être, comme si nous devions toujours tenter de nous réconcilier avec le monde, toujours cesser d'espérer. Mais il me semble, pour revenir un instant encore à cette liberté qui nous oppose, que tu confonds, en bon matérialiste, désir et volonté. Les désirs sont des tendances, des appétits naturels, ils sont, si je puis dire, *donnés* en nous. La notion de volonté doit être réservée à l'idée d'un libre choix, pourvu, bien entendu, qu'on en admette la possibilité. Dans cette hypothèse, je ne vois aucune contradiction dans le fait de dire qu'on puisse vouloir ne pas désirer telle ou telle chose. C'est même, il me semble, une expérience morale des plus communes. Je ne vois pas non plus, pour la même raison, ce qui te choque tellement dans la proposition de Sartre selon laquelle nous ne sommes pas ce que nous sommes. Elle me semble pourtant, elle aussi, évidente, voire banale – en tout cas nullement « illogique » ou « irrationnelle » comme tu sembles le penser. Elle désigne simplement, comme je le suggérais dans un de nos précédents débats, l'expérience de la conscience de soi où l'on distingue toujours, en effet, entre le moi observé et le moi qui s'observe et qui, par définition, n'est pas absolument identique au premier. Quand je dis que je suis ceci ou cela, je ne puis m'empêcher de faire une distinction entre le « je » qui réfléchit et ce à quoi il réfléchit, en l'occurrence à « moi ». Voilà pourquoi, en effet, les choses qui sont sans conscience sont ce qu'elles sont. Elles sont, comme dit Sartre, « pleines d'être », alors que les humains ne coïncident jamais tout à fait avec ce qu'ils sont. Ils *ne* sont *pas* tout à fait identiques à eux-mêmes, et c'est ce « ne... pas », cet écart avec soi d'un « je qui est toujours un autre », que Sartre nomme le Néant..., d'où le titre de son livre majeur. Pour être (un peu !) provocante, la formulation ne me semble pas absurde, et même, pour tout dire, plutôt profonde... Mais c'est un paradoxe que je sois, moi, encore appelé à défendre Sartre !

Maîtres d'hier et philosophies d'aujourd'hui

CLAUDE CAPELIER

Je voudrais revenir sur un de vos thèmes de prédilection à tous les deux : l'amour ! *Ach !* L'amour ! Vous avez bien fait de le remettre sur le tapis (si j'ose dire) : c'est toujours un bon coup (si je *rose* dire) ! Je sens même qu'on tient un rap philosophique d'enfer :

Ah que oui, « quand on a que l'amour », c'est déjà très bien
tandis que sans amour ça craint,
eh, bouffon, personne dira le contraire
mais si t'es pas content nique ta mère...

Et puis ça c'est Paris !

Le seul problème, c'est que je m'en doutais avant de venir ici.

Je m'étonne que vous en disiez si peu sur ce qu'apportent de spécifique les formes d'amour que nous et nos contemporains privilégions spontanément : l'amour pour nos enfants, l'amour pour une femme ou un homme, l'humanitaire, l'art... Que je sache (soyons plouc jusqu'au bout), Jésus n'avait pas d'enfant, pas d'amoureuse consommée connue (amis mufles, bonjour !), pas d'organisation humanitaire !

« C'est dans la vie, nous dit André, qu'apparaissent des valeurs supérieures à la vie » : j'ai du mal à croire qu'une vie où l'inconscient, l'animalité, le grégaire mais aussi l'invention, l'entreprise et l'individualité ont pris une telle place manque à ce point de fécondité qu'elle ne changerait rien ou presque à notre idée de l'amour ni à nos idéaux. À quoi bon rompre avec le principe d'autorité des religions, comme le propose Luc, si c'est pour ressusciter les aspirations chrétiennes quasiment à l'identique ? Je sais que ce n'est pas de cela qu'il s'agit, mais pourrais-tu, dans ce cas, le préciser ?

Quand il n'y a plus de modèle a priori, la maxime « Agis comme si tu aimais » devient par trop indéterminée ; il faudrait plutôt nous dire comment, aujourd'hui, « donner sa chance à l'amour, à tous les amours et à leur coexistence ».

Bref : ou je dois imiter ce que Jésus a fait, et alors, franchement, l'occasion ne risque pas de se présenter tous les matins ; ou bien je dois transposer, et son exemple m'est peu utile. C'est de conseils pour la transposition dont j'aurais besoin !

Tout ça dit avec amour, évidemment !

Les différents visages de l'amour

LUC FERRY

Bien sûr... Il me semble pourtant, même si je ne l'ai pas évoqué ici, que j'ai longuement insisté dans mon dernier livre sur les effets inédits, dans la sphère de l'amour, de ce que j'appelle la « divinisation de l'humain ». La naissance de la famille moderne, celle du mariage d'amour et de l'intérêt porté aux enfants me paraissent, je l'ai souvent dit et nous y reviendrons sans doute encore, des événements majeurs dans l'avènement du monde moderne, laïc et démocratique, dans lequel nous baignons aujourd'hui. Il me semble, à cet égard, que le message du Christ – qui reste à mes yeux le plus beau de tous : apporter de l'amour partout où il y a solitude, séparation, *désolation* – s'est pour ainsi dire incarné dans l'humanité elle-même. C'est même un paradoxe que j'ai souligné tout au long de *L'Homme-Dieu* : la religion de l'amour, le christianisme, a dominé l'Europe à une époque, le Moyen Âge, où, dans la vie concrète des familles, le sentiment jouait, à proprement parler, un rôle secondaire ; il connaît en revanche un retrait dans les sociétés laïques, lors même que c'est assurément en elles, pour des raisons sur lesquelles je ne reviens pas ici, qu'il devient, et de loin, le lien le plus précieux entre les êtres humains – au point même qu'il n'en est plus d'aussi « sacré », au sens où je l'entends : digne de sacrifice. L'expérience moderne du deuil montre assez combien l'amour est aujourd'hui le lieu du sens de nos existences – d'un sens dont il faut observer qu'il est passé presque tout entier, au grand dam des religions et de la politique, dans la sphère privée. Tout cela me semble, cher Claude, relativiser ton objection. Et puis, je ne le dis pas ici contre toi mais en général, cessons de viser l'originalité à tout prix, de vouloir que tout soit toujours « nouveau », même quand il ne l'est pas. L'originalisme est la maladie du siècle. Certes, il consonne agréablement avec nos narcissismes, mais il est plus juste, je crois, de percevoir d'abord ce qui nous unit aux grandes pensées du passé, avant de prétendre s'aventurer seul dans l'« inouï » !

ANDRÉ COMTE-SPONVILLE

Je ne cherche pas, Claude, à te surprendre ni à innover. J'essaie simplement de comprendre ce qui nous fait vivre, et nous savons bien, tous, que c'est l'amour, même si ce n'est pas toujours le même amour ni l'amour des mêmes choses. Il y en a qui courent après l'argent, d'autres après le pouvoir, d'autres après le sexe, la sagesse ou la gloire... Mais enfin ils courent, et ils ne le feraient pas s'ils n'aimaient rien. « Nous ne vivons que par l'amour », comme dit Pierre-François Moreau à propos de Spinoza, et tout salut comme toute perdition en dépendent. Tu te souviens de la formule de Spinoza, dans le *Traité de la réforme de l'entendement* : « Toute notre félicité et toute notre misère ne résident qu'en un seul point : à quelle sorte d'objet sommes-nous attachés par l'amour ? » C'est d'où je suis parti. Quel objet ? Le monde, puisqu'il les contient tous. Quel amour ? C'est où la chose se complique. Vous connaissez la belle formule de Jean-Louis Chrétien : « L'amour, cette soif qui s'invente des sources... » La soif, c'est le manque : c'est *Éros*, c'est-à-dire l'amour qui prend ; et la source, c'est la joie : c'est *Philia* ou *Agapè*, l'amour qui donne. Du moins ce sont les noms grecs de l'amour. Mais chacun en connaît l'image, où l'humanité commence, où Dieu même, depuis deux mille ans, se reconnaît. La mère, l'enfant : l'enfant qui prend le sein, la mère qui le donne. Ce qui m'intéresse le plus, dans cette image, c'est le fait que la mère a évidemment été un enfant d'abord : elle a commencé par prendre... Je pense, avec Freud, qu'Éros est premier, toujours, mais que cela n'empêche pas (et même : c'est ce qui permet) que le chemin de la vie soit de passer de l'enfant à la mère, disons de l'enfant à l'adulte, c'est-à-dire de l'amour qui prend à l'amour qui donne... Qui donne à ses enfants, aux proches, à ceux qu'on aime, et c'est ce que les Grecs appelaient *philia* (l'amitié), ou bien, si on prolonge ce mouvement, si on l'universalise, qui donne à n'importe qui, non plus seulement aux proches mais au prochain, et c'est ce que les premiers chrétiens appelèrent *agapè*. C'est le paradoxe de la charité, qui serait un amour non plus particulier mais universel : un amour libéré de l'ego !

CLARA HALTER

Ce qui me gêne, c'est la référence presque unique que vous faites à deux mille ans de civilisation chrétienne ! Tu évoques bien, André, le Bouddha et le taoïsme, etc., mais... et les Grecs ? Est-ce qu'ils n'avaient pas un problème d'éthique, de morale, de comment vivre ? Est-ce qu'ils ne s'interrogeaient pas sur le devoir ou sur le salut ?

La raison grecque, l'amour évangélique, la loi juive et la compassion bouddhique

ANDRÉ COMTE-SPONVILLE

Est-ce que nous restons, Luc et moi, prisonniers du christianisme ? Pas forcément : nous essayons de prendre en compte son importance historique et, en tout cas pour moi, biographique. Cela ne veut pas dire que nous ne retenions rien des autres et spécialement, pour ce qui me concerne, des Grecs ! Tout ce qu'ils nous apprennent sur la raison, sur la sagesse, sur la philosophie, reste évidemment décisif. Pourquoi est-ce que je parle de salut ? Parce que les Grecs en parlent ! Ce qu'ils appellent la sagesse, ce n'est pas autre chose qu'une façon de sauver sa vie, ici et maintenant ! Ce qu'ils disent sur l'amitié, sur l'ataraxie, sur le bonheur... nous éclaire encore. Enfin aucun philosophe, si ce n'est Spinoza, ne m'a autant marqué qu'Épicure. Or Épicure et Spinoza n'étaient chrétiens ni l'un ni l'autre...

Ce qui est vrai, pourtant, c'est que le travail que j'ai fait pour réhabiliter la morale s'appuie, et de plus en plus, sur la tradition judéo-chrétienne. Je partais d'une pensée exclusivement éthique, où le bonheur était tout, où la loi n'était rien : Épicure contre Platon, Spinoza contre Leibniz, Nietzsche contre Kant... J'étais deleuzien : je pensais que l'éthique était le *contraire* de la morale ! Plus tard, il a bien fallu essayer d'articuler les deux, autrement dit (tout en restant fidèle à Épicure, sinon à Nietzsche) de penser Spinoza et Kant en même temps, ce qui imposait – mais aussi permettait – de rendre à la loi sa part. Ce qui m'y a conduit ? Mon expérience de la paternité (comment élever ses enfants sans morale ?), mon expérience de la vie, sans doute (qu'un salaud soit heureux, qu'est-ce que ça change ?), enfin, mais je ne veux pas m'y attarder, une lecture plus attentive de Freud, de Kant, de Nietzsche, et de Spinoza lui-même...

Mais allons aux conséquences. En termes d'histoire des religions, cela veut dire ceci : ne nous débarrassons pas trop vite, et même ne nous débarrassons pas du tout de l'Ancien Testament. C'est bien beau de dire qu'il faut aimer son prochain comme soi-même (c'est l'esprit des Évangiles), mais, comme on ne sait pas aimer, c'est le plus souvent hors d'atteinte ! Que reste-t-il à faire ? Il reste à respecter la Loi, c'est-à-dire, en termes kantiens, à faire son devoir, ou, en termes d'histoire des religions, à être juif, si tu me permets l'expression en ce sens-là, qui est davantage éthique qu'ethnique, bien sûr, et plutôt moral que religieux. C'est une façon de prendre en compte cette tradition qui est la nôtre, et de rester fidèle, en même temps, à l'esprit des Évangiles : le Christ n'est pas venu abolir, mais accomplir...

Du côté de l'Orient, je pourrais dire la même chose : le bouddhisme, spécialement, m'a beaucoup apporté, d'abord parce qu'il confirme l'existence d'une spiritualité sans Dieu, mais aussi par son message éthique, qui est de douceur et de compassion. Que ce soit moins exaltant que l'amour, soit. Mais il me semble aussi que c'est plus réaliste...

Si bien que je n'ai pas du tout le sentiment d'être enfermé dans mon petit pré carré chrétien. J'essaie au contraire d'être fidèle à ce que l'humanité a produit de meilleur, c'est-à-dire, par exemple, et pour schématiser grossièrement, à la raison grecque, à la loi juive, à l'amour évangélique et à la compassion bouddhiste. Disons que ce sont mes quatre pierres angulaires, sur quoi je construis ma maison... Ce n'est pas seulement mon histoire. C'est la nôtre. Que ces traditions soient différentes, c'est une évidence. Mais j'ai voulu montrer qu'elles étaient aussi convergentes, pour l'essentiel, et qu'il y avait moins à choisir entre elles qu'à essayer de les concilier, de les comprendre, de les articuler...

Clara Halter

À propos de tes références orientales ou extrême-orientales, je me demande si elles ne servent pas de prétexte pour cacher la complexité du réel sous une mystérieuse et trompeuse simplicité. Ton sage taoïste, champion de tir à l'arc anti-poux, il était seul au monde ! On oublie le concours, la compétition, le public, les sponsors...

La sagesse des sept samouraïs

ANDRÉ COMTE-SPONVILLE

Pourquoi le sage serait-il seul au monde ? Et même : comment pourrait-il l'être ? On ne devient pas sage tout seul, ni à l'état de nature...

J'ai pris l'exemple d'une épreuve au Jeux olympiques : il y a forcément plusieurs concurrents ! Ensuite, tirer à l'arc, ce peut être aussi tirer sur des ennemis : la sagesse n'est pas toujours non-violente, la violence n'est pas toujours folle... J'en vois une belle illustration dans *Les Sept Samouraïs*, de Kurosawa. Vous connaissez l'histoire : c'est un village de paysans pauvres, qui est opprimé par une bande de brigands. Incapables de se défendre eux-mêmes, ces paysans recrutent un samouraï, à charge pour lui d'en recruter d'autres... Arrive un vieux samouraï, plein de sagesse et de gloire. « Voilà, lui dit notre recruteur, il y a un village de paysans pauvres qui est opprimé par des brigands ; il faut les aider. » L'autre accepte. Le recruteur ajoute : « Tu sais, ils sont très pauvres, nous serons très mal payés... » L'autre samouraï ne prend même pas la peine de répondre. Le recruteur reprend : « Et puis, tu sais, il y a autre chose : nous sommes très peu nombreux, les brigands sont innombrables, nous allons certainement y mourir... » L'autre ne répond pas, mais il sourit. Il sourit ! Ce sourire-là, c'est le sourire de la sagesse. Notre vieux samouraï ne mène pas ses combats dans l'espoir de gagner de l'argent, ni même dans celui de survivre. Non, il le fait parce qu'il veut le faire ! Et loin de le faire tout seul, il va risquer sa vie avec d'autres, et peut-être bien mourir, je ne sais plus, pour défendre quelques paysans pauvres, sans aucun espoir de récompense, ni financière ni autre. Il ne se bat pas dans l'espoir de ceci ou de cela, ni donc dans la peur de ceci ou de cela : il fait ce qu'il veut, il est complet dans l'instant, parfait dans l'instant, dirait Spinoza, et c'est pourquoi il se bat si bien, sans angoisse, sans peur, et avec d'autant plus d'efficacité !

LUC FERRY

J'ai trouvé la réponse d'André sur les quatre moments de la sagesse – raison grecque, amour chrétien, loi juive, compassion bouddhique – juste et belle. Toute la question, pour moi, est de savoir comment les *articuler*, et c'est là, sans doute, que nous divergeons. Mais, pour répondre à Clara, je dirai ceci : assurément, les Grecs ne tenaient pas la philosophie pour un simple *discours*, mais bien pour un mode de vie. Or il est clair que cette dimension de la philosophie a pour ainsi dire disparu. À cela, il y a des raisons de fond, sur lesquelles nous reviendrons sans doute dans notre débat consacré au statut de la philosophie contemporaine. Mais, pour anticiper un instant, il me semble que le problème n'est pas d'oublier ou de ne pas oublier les Grecs, d'y faire ou non je ne sais quel « retour », mais plutôt de chercher à savoir quel pourrait être aujourd'hui l'équivalent de ce qu'ils nommaient « sagesse ». C'est, au fond, tout l'objet de nos discussions, et c'est pourquoi elles portent si souvent sur l'idée d'une « spiritualité laïque » ou, comme dit André à propos du bouddhisme, d'une « spiritualité sans Dieu » – sans « Cosmos » non plus, ajouterai-je, par où nous sommes à la fois en dialogue avec les Grecs, et pourtant irrémédiablement séparés d'eux...

JEAN-MICHEL BESNIER

Si vous définissez, chacun à votre façon, le salut comme la vie vécue en vérité, à quoi bon recourir encore à ce mot de « salut », avec toutes les connotations religieuses qu'il comporte ?

JEAN-PAUL SCALABRE

Dans le même sens, j'ajouterai qu'à l'opposé de ce retour à la simplicité, voire au quotidien, qu'évoquait Claude Capelier, je suis frappé de l'insistance avec laquelle Luc revient sur les situations où l'on serait prêt à risquer sa vie. Est-ce que les questions morales se posent toujours en termes héroïques ? Le plus souvent, nos choix moraux ouvrent sur des alternatives nettement moins tragiques.

LUC FERRY

Parce que nous vivons dans de bien paisibles démocraties et que... nous manquons cruellement d'imagination ! Suppose un instant, Jean-Paul, que tu sois aujourd'hui même, au moment où nous parlons, bosniaque, serbe, croate, algérien, hutu ou tutsi, pour ne citer que quelques exemples parmi des dizaines d'autres possibles. Es-tu certain que les problèmes éthiques n'offriraient pas le visage de ces « alternatives tragiques » qui te chagrinent ? Crois-tu sincèrement que nous parlerions si souvent, comme on le fait à Paris ou à Berlin chez les bien-pensants, d'éthique de l'environnement, ou même de bioéthique ? Qu'est-ce qui serait, à ton avis, au premier plan : la question de l'engagement et du sacrifice ou celle de la protection des baleines ou de telle ou telle déontologie ? Allons plus loin : sur le seul plan philosophique, il est non seulement utile, mais même rigoureusement indispensable de réfléchir par hypothèses fictives pour déterminer ce que nous considérons, au sein du monde des valeurs, comme réellement *fondamental.* C'est dans cette perspective qu'une référence à l'héroïsme possible, au sacrifice, me paraît être le seul signe de ce que nous considérons aujourd'hui comme « non négociable », donc, à mes yeux, comme « sacré », ou « absolu ». C'est pourquoi, Jean-Michel, il me paraît aussi indispensable de penser cette persistance, jusque chez les athées, des problématiques religieuses à l'intérieur d'un monde sans Dieu.

ANDRÉ COMTE-SPONVILLE

Pourquoi, Jean-Michel, ne pas refuser l'idée même de salut ? J'ai dit moi-même que j'en parlais assez peu, et plutôt de moins en moins. C'est ma façon de me rapprocher de Montaigne, en m'éloignant par là même de Spinoza... Il n'en reste pas moins que j'ai au moins deux raisons de parler malgré tout du salut. La première, c'est que les maîtres en parlent, tous les maîtres, en tout cas tous ceux qui m'importent : les Grecs, les Juifs, les chrétiens... Tu sais que c'est le mot qu'utilise Spinoza, et presque le dernier mot de l'*Éthique*... Mais cela va bien au-delà. Il n'y a pas d'école de sagesse qui ne soit une école du salut, et, au fond, la sagesse n'est pas autre chose que cette pensée ou ce rêve, comme on voudra dire, d'un salut dans l'immanence, d'un salut dans cette vie. Quand bien même je n'en aurais aucune expérience, le fait que presque tous les philosophes que j'admire en parlent serait déjà une raison forte pour le faire aussi.

Ma deuxième raison de parler du salut, c'est que je trouve la vie tellement difficile, tellement exposée à l'angoisse et à la souffrance, tellement fragile, tellement mortelle, qu'il faut bien malgré tout que je me raccroche à quelque chose ! Il s'agit de s'en sortir, comme on dit, et autrement que par la mort. C'est ce qu'on appelle la sagesse, c'est ce qu'on appelle le salut, et je suis là-dessus d'accord avec Luc : le salut, c'est d'abord le contraire de la mort ! Je l'ai dit bien souvent : on ne philosophe pas pour passer le temps, ni pour faire joujou avec les concepts ; on philosophe pour sauver sa peau et son âme. On philosophe pour le salut, et c'est la philosophie même.

Mais, en même temps, ce que j'ai essayé de montrer, c'est que cette espérance du salut nous en sépare, autrement dit que le seul salut possible suppose qu'on cesse de l'espérer ! Je le disais dès l'avant-propos du *Mythe d'Icare* : il n'est de salut qu'à renoncer au salut. Je crois en effet que nous ne serons heureux qu'à la condition de renoncer à le devenir, que nous ne serons sauvés qu'à la condition de renoncer au salut, et c'est ce que j'ai appelé la sagesse du désespoir.

De ce salut, pourtant, et cela fait une troisième raison d'en parler, il m'arrive d'avoir une certaine expérience. Tous les moments de ma vie ne se passent pas à espérer, à réfléchir ou à me demander ce que je dois faire ! Je ne vis pas que dans l'espérance, la philosophie ou le devoir : j'ai, parfois, quelques plages de simplicité et de paix... Il y a des moments où j'habite simplement les choses comme elles sont, la vie comme elle va... Le réel, dirait Clément Rosset. Le vrai, dirait Spinoza. Je ne les connais jamais absolument, bien sûr, jamais totalement, mais je sais bien que je suis dedans : au cœur du réel, au cœur du vrai, au cœur du monde, et capable, parfois, de l'habiter simplement... Quand je me promène au bord du Loing, chez moi, en tout cas dans mes moments de sérénité, je ne réfléchis pas sur le possible, je ne me demande pas ce que je dois faire, ce que je dois penser, je me contente d'être ce que je suis, de faire ce que je fais, dans un monde, même difficile, qui est tout ce qu'il peut être, dans une vie, malgré l'angoisse et la souffrance, qui est parfaitement vraie et réelle. Ces moments de simplicité, de paix, de sérénité, ces moments d'éternité, comme dirait Spinoza, nous permettent d'expérimenter le salut... Pourquoi, alors que ce sont nos meilleurs moments, faudrait-il s'interdire d'en parler ?

Je sais de quoi je parle. Mes moments de plus grande espérance ont été mes moments de plus grand malheur : parce que j'étais mort de trouille ! Pas d'espoir sans crainte, pas de crainte sans espoir... Et mes moments de plus grand bonheur, au contraire, ont été des moments de simplicité, de sérénité, où je n'espérais rien, en effet, ou plus rien, où je prenais le réel tel qu'il était, sans me demander ce qu'il pourrait ou devrait être d'autre. Le bonheur ? C'est quand la vérité suffit : quand tout suffit (puisque l'erreur n'est rien) et comble.

Ce serait le point de vue de Dieu, s'il existait. Est-ce qu'on peut l'habiter totalement ? Non, bien sûr, et c'est pourquoi je me suis rapproché de Montaigne en m'éloignant de Spinoza, c'est pourquoi je me suis rapproché de Luc, aussi, en un certain sens, enfin c'est pourquoi je parle de moins en moins du salut. S'il est vrai, comme je le crois, que nous sommes déjà sauvés, ou que nous ne serons sauvés, ce qui revient au même, qu'à la condition de renoncer au salut, à quoi bon s'en préoccuper ? Encore faut-il le penser avec suffisamment de rigueur pour comprendre qu'il est vain de l'espérer : puisque nous y sommes déjà. C'est où Épicure, Montaigne et Spinoza se rejoignent, peut-être, ou peuvent se rejoindre, et c'est ce que j'ai essayé de penser...

5
La quête du sens : une illusion ?

Ce chapitre prolonge directement la réflexion sur l'éthique, « au-delà de la morale », engagée au chapitre 4. L'antique question du sens de la vie a reçu dans l'histoire de la philosophie des réponses fort différentes : trouver sa place dans le monde, servir la gloire de Dieu, inscrire son nom dans l'histoire, assurer sa descendance... Conserve-t-elle encore une signification dans un univers sécularisé ? Pour le matérialiste, la réponse est non : il y a certes du sens dans *la vie, mais point un sens* de *la vie, car il n'y a de sens que par rapport à un référent qui transcende le signe et rien de tel n'existe hors de la vie qui pourrait lui donner un sens. Le sens n'est pas absolu, mais relatif ; il n'est pas à trouver, mais à créer. Pour l'humanisme transcendantal au contraire, la transcendance ne disparaît pas avec les religions. Elle est inscrite au cœur d'une humanité, qui, par les valeurs qu'elle pose et la vie commune à laquelle elle aspire, se situe autant dans le monde matériel qu'hors de lui. Travailler à se rendre digne d'une vie commune réussie lui apparaît donc comme un sens possible de la vie, et non seulement dans la vie.*

La quête du sens : une illusion ?

Luc Ferry

Voici sans doute l'un des paradoxes les plus remarquables de notre situation présente : la question du sens se pose avec plus d'acuité que jamais dans nos existences privées, elle est moins que jamais représentée dans la sphère publique.

Quand tout va bien, ou à peu près, nous pouvons sans doute maintenir ce paradoxe à distance. Mais il suffit de faire l'expérience d'un événement qui bouleverse notre vie, un deuil, un échec, la perte d'un emploi, pour se retrouver brutalement confronté à des interrogations métaphysiques qu'on aurait crues d'un autre âge : pourquoi sacrifier autant à nos « attachements », si les êtres humains sont voués au changement et à la disparition ? Pourquoi s'investir dans une activité professionnelle plutôt que dans une autre, voire dans un travail quel qu'il soit ? Qui d'entre nous n'a un jour ou l'autre imaginé, ne fût-ce que par hypothèse, une autre vie, cette vie qu'on aurait pu avoir avec une autre femme, un autre homme, si l'on était né ailleurs, dans un autre pays, un autre milieu, si l'on avait eu la possibilité ou l'audace de partir pour je ne sais quel voyage sans retour ?... Quelle signification accorder à *ma* vie si elle n'est que contingence ? Le sentiment de la relativité de nos existences n'est, bien sûr, qu'une occasion parmi d'autres de rencontrer la question du sens. Rien de bien neuf, au demeurant, dans tout cela, ni, semble-t-il, de très bouleversant sur le plan philosophique : l'existence reprend presque toujours son cours normal, comme si l'interrogation sur ses finalités ultimes n'était qu'une brève concession à ce qui reste d'adolescence en chacun d'entre nous.

Pourtant, au regard de l'antique question du sens de la vie, la situation de l'homme contemporain est plus insolite qu'il n'y paraît. Pour la première fois sans doute dans notre histoire, nous ne disposons plus d'un discours commun. Les trois grandes réponses traditionnelles, celles qui valaient encore il y a peu, ont pour la plupart d'entre nous perdu leur crédibilité : les cosmologies antiques, les grandes religions, les utopies politiques ne s'imposent plus avec la force de conviction qui était jadis la leur. Arrêtons-nous un instant à ce constat : il faut comprendre l'échec des réponses traditionnelles si l'on veut avoir quelques chances d'en apercevoir de nouvelles.

Convaincus qu'il existait un « Cosmos », un ordre naturel harmonieux, clos, hiérarchisé et finalisé, les philosophes anciens suggéraient aux simples mortels que nous sommes d'y rechercher leur place. La véritable sagesse, la fin ultime de l'existence humaine, aurait pu s'énoncer à peu près de la façon suivante : s'inscrire dans l'ordre cosmique à l'endroit qui revient à chacun en fonction de sa nature, puis « actualiser » au mieux les virtualités de cette dernière. Chaque individu pourrait se comparer à un organe qui doit, au sein de l'organisme global, trouver la place singulière qui lui convient en vue d'accomplir sa tâche propre. Trouver son « lieu », donc, et développer ses talents : la réponse, bien sûr, nous parle encore. À bien des égards, elle rencontre un écho dans certaines de nos préoccupations même les plus quotidiennes, pour ne rien dire des vastes visions cosmiques que l'écologie contemporaine, parfois, ressuscite. La seule difficulté, mais elle est de taille, c'est que l'idée de Cosmos a été liquidée depuis bien longtemps par la science et la philosophie modernes. Le monde est devenu infini et, par là même, en termes propres, insensé : l'idée qu'on puisse ou doive y trouver *sa* place n'a plus aucune signification dès lors que tous les lieux se valent. Bien plus : la représentation selon laquelle chaque être humain posséderait une « fonction » ou une destinée spécifiques liées à sa nature intime ne se justifie plus par rien. Non seulement tous les lieux sont équivalents, mais aussi tous les êtres dont nous postulons a priori qu'ils sont égaux en droit et voués en principe à toutes les activités humaines. L'esclavage « par nature » nous répugne. Non seulement les femmes peuvent, ce qui aurait choqué les Anciens, accéder à l'espace public, mais certaines d'entre elles deviennent chefs d'État ou de gouvernement sans que la nature intime ni le Cosmos ne parviennent à s'y opposer. On peut bien sûr tenter, comme le font certains, de ranimer les visions organicistes et animistes de l' « écosphère ». Il reste que du point de vue de la science moderne, comme de celui du droit démocratique, la nature a perdu toute faculté d'indiquer des fins de façon normative : matériau brut, elle ignore cette « âme du monde » sans laquelle l'idée qu'il faut s'y inscrire pour en participer a perdu son attrait.

Rien n'interdit pour autant de croire en Dieu, et nombre de savants sont aujourd'hui des croyants. Il est clair que de tous les discours le religieux est celui qui, par excellence, a prétendu répondre à la question du sens de la vie : non seulement il nous promet l'immortalité, mais il assigne à nos conduites une référence morale absolue, à notre histoire un terme ultime et, dans le meilleur des cas, salvateur. Mais, là encore, la difficulté à laquelle se heurtent les grandes religions ne saurait être sous-estimée : elles sont devenues, dans les sociétés laïques, simple affaire d'opinion privée. Chacun peut choisir sa foi à la carte, agrémenter son christianisme d'un peu de bouddhisme, se construire sur mesure un islam dur ou modéré, être athée et talmudiste, distinguer dans les propos des autorités ce qui convient le mieux à sa « sensibilité » et rejeter le reste... C'est ainsi le principe même de la vérité révélée qui est remis en cause par l'exigence moderne de toujours penser si possible *par soi-même*... et non par Dieu ou par Ses représentants. L'exigence d'autonomie entre en conflit avec ce que le discours religieux a de plus spécifique : le moment de la Révélation, c'est-à-dire de l'humilité qu'implique la conscience de sa dépendance radicale à l'égard du Tout Autre...

Quant à la politique, il n'est pas besoin d'être grand clerc pour percevoir qu'ayant cessé d'être utopique et messianique elle n'est plus aujourd'hui le lieu d'aucun sens ultime : le constat est devenu si banal que je ne m'y arrêterai pas, sinon pour rappeler qu'au plus profond cette carence me semble être le seul effet discutable de sa séparation d'avec la religion.

Qu'on me comprenne bien : je ne prétends pas ici, en trois phrases, « réfuter » des positions philosophiques, religieuses ou politiques qui ont prévalu pendant des siècles. Je comprends même sans difficulté qu'elles puissent encore (c'est surtout le cas des grandes religions) posséder une légitimité aux yeux de beaucoup. Simplement, la « privatisation » des opinions suffit à faire en sorte que chacun, même le plus croyant, se retrouve en quelque façon *seul* face à la question du sens ou, pour mieux dire : dans l'espace de la vie moderne, cette question ne s'inscrit plus que dans des projets individuels, partiels et limités. C'est le plus souvent par rapport à des objectifs ponctuels que nos actions reçoivent une signification : choisir tel métier ou tel mode de vie, telle idéologie ou tel lieu de vacances, tel homme ou telle femme pour un mariage dont on sait si souvent qu'il ne durera qu'un temps... Mais le sens ultime de ces projets eux-mêmes ou, si l'on veut, le sens de tous ces sens particuliers n'apparaît plus collectivement. Or cela, justement, est nouveau et mérite réflexion. Qu'est-ce qui, désormais, dans un monde ainsi désenchanté, peut bien encore donner du sens à nos vies ?

Ce qui donne du sens à nos vies...

Revenons à une expérience toute simple : demandons-nous, pour commencer, dans quelles circonstances nous employons le mot « sens ». Soit, par exemple, une expression linguistique inconnue. Étrangement, la formule qui vient aussitôt à l'esprit renvoie à l'idée de volonté, à l'hypothèse d'une *intention* de communiquer. « Qu'est-ce que cela VEUT dire ? » : telle est, sans même que nous y réfléchissions, l'interrogation qui s'impose, comme s'il allait de soi que, sans une volonté cachée derrière les signes et qui s'adresse à nous, il n'y aurait pas de sens. C'est toujours une personne réelle ou supposée, humaine ou divine (voire animale, fût-ce par anthropomorphisme), qui fait sens parce que seule une personne peut « vouloir dire », s'adresser *intentionnellement* à nous, jamais un objet en tant que tel. On peut sans doute se demander à quoi sert une *chose*, s'interroger sur les raisons pour lesquelles elle se trouve ici plutôt qu'ailleurs, sur la signification, donc, de sa présence, sur le pourquoi de sa forme ou de sa couleur, etc. Mais nul ne se demande quel sens elle possède *en tant que telle* : il est clair qu'un arbre, une chaise ou une table ne *veulent* rien dire ni ne peuvent vouloir dire quoi que ce soit. En revanche, nous pouvons nous demander ce que veut dire un mot, mais aussi bien une expression du visage, une remarque faite au passage, une œuvre d'art ou un panneau de signalisation parce que, chaque fois, nous pouvons y supposer l'expression d'une intention qui nous vise, le signe d'une personnalité. *Vestigium hominis video*, dit Kant, dans la *Critique de la faculté de juger* : je perçois des traces de l'humain ou, par extension (indue ou non, peu importe ici), d'une volonté divine ou animale, dans tous les cas d'un être que je suppose être un *sujet* qui s'adresse à moi. Là où je n'aperçois aucun signe personnel, aucune présence d'une subjectivité qui puisse « vouloir dire », fût-ce sur un mode infra- ou supra-humain, il n'est par définition aucune signification à rechercher, aucune *compréhension* à attendre, mais seulement des causes ou des *explications*.

Imaginons encore une machine qui parle et, pourquoi pas ? imite avec pertinence la capacité expressive d'un être humain. Par exemple cet ordinateur de l'université de Paris-VII qui dialogue avec vous et imite à merveille les incises par lesquelles un psychanalyste relance le dialogue avec son patient : on peut se prendre au jeu, commencer à lui parler de son enfance, tenter de comprendre pourquoi il pose telle ou telle question, s'adresser à lui comme s'il pouvait vous comprendre. Ses reparties sont souvent bienvenues. Reste qu'à moins de perdre tout contact avec la réalité, ce n'est pas à lui que nous attribuons le sens, la volonté de communiquer, mais à ceux qui l'ont programmé. *Vestigium hominis video* : derrière les signes, nous décelons une volonté subjective d'entrer en relation avec autrui, et c'est seulement à cette condition que l'effet de sens peut être créé.

Par réciproque, je proposerai l'axiome suivant : *là où il n'est pas de sujet auquel on prête, fût-ce par analogie, une certaine forme de liberté, une capacité d'intentionalité, il n'est jamais aucun sens possible.* Je laisse ici la question de savoir si la subjectivité s'étend au-delà de l'humanité, à Dieu, aux animaux, aux anges ou à quelque autre entité qu'on voudra considérer. Ce qui importe ici, c'est ceci : pas de sens sans intention, pas de sens sans rapport à la liberté, pas de sens, donc, sans un sujet qui communique avec un autre sujet. Voilà, en quelques mots, les ingrédients constitutifs du sens, ses « conditions de possibilité ». Il requiert d'abord et avant tout l'*intersubjectivité.* C'est elle qui définit son espace propre, et tout ce qui la nie engendre le non-sens ou réduit le sens à une pure illusion.

Voilà pourquoi les philosophies qui n'admettent pas la liberté de la volonté – je pense bien sûr au spinozisme, qui en est le modèle – doivent elles aussi, à un moment ou à un autre, en réduisant toutes les causes finales à des causes efficientes, en supprimant la pertinence même du concept d'intentionalité, réduire aussi en *dernière instance* le sens à une illusion, qui, certes, fait partie du réel, mais n'en reste pas moins pour autant trompeuse : nous croyons percevoir un « vouloir dire », mais il n'est pas, en vérité, de volonté libre et, derrière l'apparence du sens, c'est la *réalité des causes* qui se dissimule habilement à notre intelligence. Nous délirons si volontiers, pense Spinoza... La vraie liberté n'est pas une décision libre qui fait sens pour autrui, mais elle réside seulement, selon la formule bien connue, dans l' « intelligence de la nécessité », dans la compréhension du caractère intangible et nécessaire de l'ordre du monde avec lequel nous devons nous réconcilier. Si la vie a un sens, mais elle n'en a pas *vraiment*, il réside dans le projet de s'affranchir des illusions du sens ou, ce qui revient au même, des illusions de la subjectivité. Comme l'écrit André à propos du bouddhisme, en reprenant ce thème à son compte : « Le sujet n'est pas ce qu'il s'agit de sauver, mais ce dont il faut se sauver. » Pour aimer le monde, il faut désespérer, et, pour désespérer, se déprendre de cette individualité qui « veut dire » et qui, faute d'assez d'amour, prétend sans cesse transformer le réel au nom de l'idéal.

Toute la question du sens se joue à mes yeux dans ce débat : sans liberté de la volonté il n'est de signification qu'illusoire ou analogique, et la sagesse, comme chez les stoïciens, comme chez les bouddhistes ou chez Spinoza lui-même, réside dans la réconciliation avec le réel tel qu'il est. Il « faut » (je mets le terme entre guillemets parce qu'il est déjà de trop : il suggère une possibilité de choix !) non pas rechercher ce sens qui renvoie à un pseudo-vouloir dire, mais percevoir au contraire que le non-sens est la vérité du monde : dans les moments de grâce où je parviens à l'aimer assez, où je ne suis plus dans le devoir être mais dans l'être, je parviens aussi, stade suprême de la sagesse, à liquider la question du sens. Je suis, il est, nous sommes, point final : cela n'a pas de sens mais, par l'effet du désespoir et de la réconciliation qu'il permet, cela est parfois bon.

Épargnons-nous un malentendu : je ne nie pas la réalité, ni même la beauté de cette expérience quasi mystique de « fusion en monde » (comme on dirait « fusion en Dieu »). Nous avons tous, et c'est heureux, connu de tels moments de grâce, de ces instants où le monde, en effet, nous semble, comme dit Kant, *günstig* : « gracieux », « donnant », « favorable », où nous avons le sentiment intime et heureux d'être enfin en paix avec lui. L'harmonie est sans doute le terme qui exprime le mieux cette réconciliation qui advient souvent dans des circonstances d'une grande simplicité.

Que ce soit à l'occasion d'une lumière du soir, d'une phrase de Schubert ou d'une promenade au bord du Loing importe peu : chaque fois, le devoir a cédé la place à l'amour, la volonté de transformer le monde à l'idée qu'il est, du moins pour nous et pour l'instant, bon comme il est. Aimable. Cela, je le sais, je l'ai vécu, bien sûr, et par bonheur le vivrai sans doute encore. Je ne puis pour autant faire de ces instants un modèle ou un idéal; parce que le monde ne me semble pas, par ailleurs, si parfait que je puisse ou doive l'aimer ainsi en toute occasion, ni le moi si haïssable que le projet de s'en déprendre (et comment, d'ailleurs, un tel projet ne serait-il pas encore celui d'un moi qui veut du sens) m'apparaisse comme sensé. Bien plus : je ne pense pas qu'on puisse relativiser l'expérience du sens, du « vouloir dire » intersubjectif, au motif qu'elle serait encore illusoire, comme si ces instants de réconciliation avec le monde devaient servir en quelque façon à dénoncer ceux où il nous semble devoir être transformé. Je pense qu'André a raison de s'angoisser lorsqu'un de ses enfants est malade, et que ce n'est pas faute d'assez d'amour : simplement, l'amour du monde et l'amour des hommes ne vont pas de pair. Nous avons même tort, je le crains, de ne pas assez nous angoisser lorsque le monde prend l'allure des grands massacres : ce n'est pas, là non plus, faute d'amour, mais parce que l'amour du réel, ici comme si souvent, n'a plus lieu d'être.

À propos du dalaï lama : aimer les hommes ou aimer le monde?

C'est dans cette optique que je me suis permis de suggérer que le bouddhisme assignait comme sens ultime à la vie humaine... de se débarrasser des illusions du sens. Comme le stoïcisme, comme le spinozisme et, au fond, pour des raisons assez voisines, par-delà la différence des traditions culturelles. La formulation était sans doute un peu provocante, mais, il me semble, assez juste sur le fond, et le texte d'André me confirmerait plutôt dans ce diagnostic. L'Alliance Tibet-France, qui publiait cette année un ouvrage du dalaï-lama intitulé *Le Sens de la vie*, me fait l'honneur, dans une postface, d'évoquer en ces termes les thèses que j'avais développées dans *L'Homme-Dieu*.

> « Dans son introduction à *L'Homme-Dieu ou le sens de la vie*, Luc Ferry a présenté une critique des paroles du dalaï-lama et du bouddhisme, affirmant que ce dernier élude ou fait disparaître la question du sens, et qu'il est en contradiction lorsque, simultanément, il nie le soi et le prend pour référence... Luc Ferry a probablement été égaré par des formulations imprécises ou des ouvrages périphériques, et nous ne lui reprochons nullement ce qu'il a donné à voir du bouddhisme. Nous le remercions même d'avoir ouvert le débat ; ces propos sont une réelle occasion d'avancer dans la compréhension mutuelle. D'autant que le thème essentiel de son livre, sa description du double mouvement d'humanisation du divin, et de sacralisation de l'humain, et la question de la possibilité d'une sagesse ou d'une spiritualité laïques sont parfaitement compatibles et complémentaires de la vue bouddhiste. Ceci n'est qu'un exemple des difficultés d'échanges d'idées philosophiques entre Orient et Occident... »

J'apprécie à sa juste valeur, qui est rare, cette façon d'évoquer une critique qu'on estime erronée. Je ne suis pas, c'est l'évidence, un spécialiste du bouddhisme. Simplement, il me semble qu'au-delà des malentendus linguistiques ou de possibles bévues d'amateur la question de fond demeure. Et elle ne me paraît pas liée à la différence supposée irréductible entre Orient et Occident, car j'éprouve la même difficulté avec des philosophies pourtant bien de chez nous comme celles des stoïciens ou de Spinoza. Je voudrais la reformuler à partir d'un thème sur lequel insiste le dalaï-lama lui-même : la vie la plus authentique, selon le bouddhisme, ne peut être qu'une vie monastique, c'est-à-dire, au sens étymologique et métaphysique, « solitaire ». Et cela s'inscrit, me semble-t-il, dans une grande cohérence d'ensemble : si l'impermanence est la loi de notre univers, les « attachements » affectifs – et l'intersubjectivité, comme lieu du sens, en est fatalement entachée – sont une erreur radicale, une cause certaine et absurde de souffrance. Il est non seulement insensé de s'attacher à ses amis, à sa famille, à ses proches, mais cet attachement, qui est la source de tous nos malheurs (puisqu'ils vont mourir), est aussi la source de ceux des autres. Il ne peut qu'engendrer des préférences, donc des haines : « À tant se préoccuper de cette vie, on tend à travailler pour ceux que l'on aime bien – nos proches, nos amis – et on s'efforce à ce qu'ils soient heureux. Si d'autres essaient de leur nuire, on leur colle aussitôt l'étiquette d'ennemis. De la sorte, les illusions, tels le désir et la haine, croissent comme une rivière en crue d'été » (*La*

Voie de la liberté, éd. Calmann-Lévy, 1995, p. 68). Et, en toute logique, le dalaï-lama désigne l'adversaire, le « Moi » haïssable : « L'antidote qui éliminera les illusions est la sagesse réalisant l'absence de soi » (p. 148). Seule la vie monacale permet de parvenir à cette sagesse, car elle seule autorise une véritable libération à l'égard des attachements qu'implique inévitablement la vie laïque : « Parmi les humains, la vie profane est bourrée de turbulences et de problèmes, et les laïcs sont impliqués dans toutes sortes d'activités qui ne favorisent guère l'exercice du dharma (enseignement du Bouddha). La vie monastique est beaucoup plus favorable, dit-on, à la pratique en vue d'en finir avec ce cycle. Selon Tsong-Khapa, réfléchir aux difficultés et aux désavantages de la vie laïque, ainsi qu'aux avantages de la vie monacale, renforce l'engagement dans celle-ci si vous avez déjà pris l'habit. Pour quiconque n'a pas encore choisi ce mode de vie, y réfléchir laisse une très forte empreinte karmique sur l'esprit, si bien que, plus tard, l'occasion se présentera de mener cette vie » (p. 149).

La dynamique du raisonnement est aussi claire que peu contestable, me semble-t-il, du point de vue bouddhiste : tous nos maux proviennent des attachements, ces attachements eux-mêmes tiennent aux illusions du moi ; il faut donc se déprendre des uns et de l'autre, ce pourquoi la vie monacale est plus appropriée que la vie laïque. Pour qui n'est pas encore prêt à cet engagement, une retraite pourra préparer le terrain... à faire fructifier, après réincarnation, dans une prochaine vie.

Je ne reviendrai pas ici sur les difficultés qui me semblent inhérentes à cette vision du monde qu'au demeurant, faut-il le redire, je respecte profondément. Je voudrais simplement souligner ici que la question du sens est ainsi réglée par éradication : si le sens est lié, comme je l'ai suggéré, à un *vouloir dire*, à une relation, entre deux ou plusieurs sujets libres, la réconciliation avec le monde, l'amour de l'univers auxquels nous invite le bouddhisme ont bien pour idéal l'effacement de la structure même où le sens est possible. Mourir heureux, libéré des attachements du moi, dans la grâce, si l'on peut dire, c'est mourir sans chercher un sens.

Le christianisme, nous y reviendrons dans notre prochain débat, dit à peu près l'inverse : le sens réside dans l'amour *personnel* des hommes (qui n'est pas réductible à la compassion), dans l'idée que chaque être humain, parce qu'il est libre, ne ressemble tout à fait à aucun autre. Pour le Christ, le monde naturel n'est, à cet égard, guère plus respectable qu'il ne le sera pour Descartes : pas d'adoration des plantes ni des animaux, *parce que seule la personne humaine, en tant qu'incarnation concrète d'une âme libre et par sa liberté unique, est porteuse de sens.*

Question essentielle à mes yeux : que reste-t-il du sens après la mort de Dieu ? Ou, pour préciser encore les termes de notre débat : y a-t-il encore un espace de sens pour qui – c'est mon cas – entend se situer par-delà l'espoir (chrétien) et le dés-espoir (bouddhiste) ? J'aimerais suggérer que oui, que cet espace commence par l'« intersubjectivité » dans ce qu'elle peut avoir d'absolu, si je puis dire, « ici et maintenant ».

Exercices de sagesse à l'usage des modernes : éloge d'une certaine séduction

Vérité, bonté, beauté et amour : voilà, je crois, les lieux ou les foyers d'où surgit le sens laïc. Ils définissent ces structures d'intersubjectivité que nous pouvons, selon les moments de notre vie, selon les talents que nous développons, incarner à des degrés divers. De là, me semble-t-il, la question centrale de ce que l'on pourrait désigner comme une « sagesse des modernes » : comment devenir homme, sujet incarné dans ces structures de sens, dans ces lieux qui donnent sens parce qu'ils permettent aux êtres humains d'entrer les uns avec les autres dans une relation de « vouloir dire » et de « vouloir comprendre » non destructrice ? C'est au fond tout le problème de l'*éducation*. Et il suppose toujours la mise en relation de trois termes, pour autant du moins qu'il s'inscrive, par-delà les aliénations ou les réifications possibles et si souvent réelles, dans l'espace du sens : les structures d'intersubjectivité bien sûr (vérité, bonté, beauté, amour), mais aussi cette liberté d'arrachement au monde sans laquelle il n'est pas de « vouloir dire » ou de « vouloir entendre ». Intersubjectivité, donc, liberté et monde ; car l'arrachement, s'il s'effectue au nom de la perfectibilité, comme le voulait Rousseau, est toujours incarné, « situé » par rapport à des contextes politiques, familiaux, culturels, linguistiques, naturels, historiques, etc. Sens de notre vie : devenir humain, se rendre digne d'une communication authentique avec autrui, et ce quelle que soit notre situation d'origine. L'*individu* concret, à nul autre pareil, se définit par la rencontre d'une situation *particulière* et d'un horizon d'*universalité*. L'individu est synthèse libre de l'universel et du particulier. Problème crucial de l'éducation : comment s'émanciper des situations originaires pour entrer en relation avec les autres, comment user, en d'autres termes, de sa liberté pour que, loin de nous séparer (comme elle le pourrait aussi en se faisant égoïste ou *diabolique*) du monde commun des hommes, elle nous y aménage au contraire un accès plus élargi ? C'est cela qu'on nomme aussi « s'élever », où l'on entend bien sûr « élève ». C'est cela aussi, me semble-t-il, qui fait la séduction d'un être : plus il est proche de la machine, pris dans les engrenages d'une idéologie qui le domine, dans des déterminants sociaux ou psychiques qui l'asphyxient, moins il entre en communication avec d'autres, moins il fait preuve de liberté, moins il surprend aussi...

« Car le jeune homme est beau mais le vieillard est grand... » (Victor Hugo)

De là, également, la signification et la grandeur de la vieillesse, tout à la fois défi et point aveugle des sociétés modernes qui ne valorisent, semble-t-il, que la beauté de la jeunesse. Victoire de la cosmétique sur la religion, du vitalisme sur le sens...

Et pourtant : si l'arrachement aux situations d'origine est aussi une *Aufhebung*, un dépassement qui conserve quelque chose de ce qu'il a surmonté, si c'est un individu *concret* qui se construit dans la quête de l'universel, non pas un être abstrait et désincarné, l'expérience apparaît comme irremplaçable – ce que, bien entendu, les enfants, qui sont « seulement » intelligents, ne peuvent jamais admettre. Qu'est-ce que l'expérience ? Non pas la vieillesse en tant que telle, parce qu'elle serait par nature dépositaire d'une tradition ancestrale, comme on l'a toujours pensé dans les sociétés traditionnelles. Kant l'eût plutôt nommée « pensée élargie », ouverture d'esprit d'un individu qui devient lui-même, peu à peu, de plus en plus irremplaçable, de plus en plus individuel, sculpté qu'il est, sans cesse davantage, dans un mixte de particularité et d'universalisme.

Il n'y a au fond chez les modernes – chez ceux qui refusent les réponses cosmologiques ou religieuses toutes faites – que deux façons de répondre à la question du sens de la vie : l'une nous vient de Nietzsche, l'autre de Kant. La première tient que la vie ne vaut la peine d'être vécue qu'à proportion de son intensité. Elle plaide pour un accroissement incessant des instincts ou des forces vitales. La seconde considère l'élargissement de la pensée comme une priorité : il n'est pas seulement le signe d'une expérience plus grande ou d'une intelligence supérieure, mais aussi la condition d'un plus grand amour, sinon du monde, du moins des êtres qui le peuplent. Et c'est bien sûr de cet amour que naît, en dernière instance, tout sens.

J'ai choisi la seconde réponse, ce qui signifie du moins que j'en ai le goût, sinon le talent. C'est aussi la raison pour laquelle, tout bien pesé, il ne me déplaît pas toujours de vieillir.

La quête du sens : une illusion ?

André Comte-Sponville

On pense d'abord à Pierre Dac : « À l'éternelle triple question toujours demeurée sans réponse : " Qui sommes-nous ? D'où venons-nous ? Où allons-nous ? ", je réponds : " En ce qui me concerne personnellement, je suis moi, je viens de chez moi, et j'y retourne. " » Cela ne répond pas à la question du sens de la vie, mais manifeste peut-être, par le rire, que cette question n'est pas la bonne.

Sens et volonté : il n'est de sens que pour un sujet

Le mot « sens » se prend en plusieurs sens : il désigne la faculté de sentir ou de juger (latin *sensus*), la direction ou l'orientation (ancien germanique *sinno*), enfin – et il semble que les deux étymologies ici se rencontrent – la signification ou dénotation. Ainsi parlera-t-on des cinq sens (faculté de sentir), du bon sens (faculté de juger), du sens d'un tissu ou d'un mouvement (par exemple quand on parle, dans le code de la route, d'un *sens unique*), enfin du sens d'un signe, d'une phrase ou d'un symptôme. Trois sens principaux, donc, qui concernent la sensation, la direction, la signification : le sens, c'est ce qui sent ou ressent, ce qu'on suit ou poursuit, enfin ce qu'on comprend.

Quand on parle du sens de la vie ou de la quête du sens, ce sont les deux dernières acceptions surtout qui sont à l'œuvre : il ne s'agit pas de savoir si nous sentons la vie, ni comment, mais si notre vie va quelque part (si elle a un but) et si elle veut dire quelque chose (si elle a une signification). Ces deux sens sont liés : le but d'une action lui donne aussi une signification (si vous regardez votre montre, cela signifie vraisemblablement que vous voulez savoir l'heure) ; et la signification d'une phrase, c'est ce qu'elle veut dire ou obtenir, autrement dit le but, presque toujours, que poursuit celui qui l'énonce. Avoir un sens, c'est *vouloir dire* ou *vouloir faire*. Cette volonté peut être explicite ou implicite, consciente ou inconsciente, elle peut même n'être que l'apparence d'une volonté. Cela nuance, mais n'annule pas, cette caractéristique générale : il n'est de sens que là où intervient une volonté ou quelque chose qui lui ressemble (un désir, une tendance, une pulsion). La sphère du sens et celle de l'action se recouvrent. Toute parole est un acte ; tout acte, un signe.

Il en résulte qu'il n'est de sens que pour un sujet (que pour un être capable de désirer ou de vouloir), et par lui. Un sens objectif ? C'est une contradiction dans les termes. Un sens absolu ? Cela supposerait un Sujet absolu, qui serait Dieu. Mais la notion m'en paraît également contradictoire (qui dit subjectivité dit relation, finitude, dépendance), et c'est une de mes raisons d'être athée. Toujours est-il que s'il n'est de sens que subjectif, comme je le crois, et si l'on entend par Monde l'ensemble de tout ce qui existe objectivement, indépendamment de quelque sujet que ce soit, il faut en conclure qu'il n'y a pas de sens du monde, ni même de sens *dans* le monde – à la seule exception, mais elle est bien sûr considérable, des significations ou intentions que nous y faisons naître (quand nous parlons, quand nous agissons), voire que nous projetons sur lui (quand nous l'interprétons, quand nous essayons de le faire parler ou signifier). Une étoile ne veut rien dire, ni ne poursuit aucun but. Mais elle peut faire sens, pour nous, si nous y cherchons une direction (par exemple le nord), une information (par exemple sur l'histoire de l'univers) ou un destin (si nous croyons aux signes du zodiaque). Astronomie ou astrologie : connaissance ou superstition. Entre les deux, toutes les nuances du sens, qui sont infinies.

Faut-il dire qu'il n'est de sens qu'humain ? Je n'en suis pas sûr. Il n'est de sens, disais-je, que pour un être capable de volonté ou de désir. Or, qui ne voit que c'est le cas aussi d'un certain nombre d'animaux ? Quand une guenon voit un singe en érection, ou quand elle regarde deux mâles se battre pour elle, j'ai du mal à croire qu'elle ne comprend pas, fût-ce obscurément, ce que cela veut dire... Et comment nier que nos chiens comprennent au moins certaines de nos attitudes, comme nous comprenons plusieurs des leurs ? Faut-il dire alors qu'il n'est de sens que pour une conscience ? Je n'en suis pas sûr non plus, puisque je crois, avec Freud, qu'il est des significations inconscientes (par exemple dans le rêve, l'acte manqué, le symptôme...). Je dirais plutôt qu'il n'est de sens que pour un être capable de désirer, donc sans doute capable de souffrir et de jouir. C'est où l'on retrouve le mot « sens » en sa première acception : il n'est de sens (comme signification ou direction) que pour un être doué de sens (comme sensibilité ou jugement), et proportionnellement sans doute à cette faculté. La frontière est floue ? Pourquoi ne le serait-elle pas ? L'homme n'est pas un empire dans un empire. Le sens non plus.

Cela ne retire d'ailleurs rien à l'exception humaine. Il est clair que le langage et la raison démultiplient le sens disponible, jusqu'à en faire pour nous l'essentiel, comme un voile de significations qui viendrait recouvrir le monde entier des choses. Êtres de paroles, êtres de désirs, êtres de projets, nous sommes voués au sens, dès le premier jour, et ne cessons d'habiter le monde, comme dirait Heidegger, en poètes ou en bavards...

Sens et extériorité : il n'est sens que de l'autre

On remarquera que dans ces trois acceptions principales, et spécialement dans les deux qui nous occupent (comme direction et comme signification), le sens suppose une extériorité, une altérité, disons une relation à autre chose que soi. Prendre l'autoroute *en direction de Marseille* n'est possible qu'à la condition de *n'être pas* à Marseille. Et un signe n'a de sens que dans la mesure où il renvoie à autre chose qu'à lui-même. Quel mot qui se signifie soi ? Le mot « table » ne signifie pas ce mot (« table » et « le mot table » ne sont pas synonymes : essayez un peu de mettre le couvert sur le mot « table », ou de mettre la table dans votre bouche !), mais une certaine idée (l'idée de table : le signifié) ou un certain objet (cette table-ci : le référent). Le sens d'un acte n'est pas cet acte ; le sens d'un signe n'est pas ce signe : vouloir dire ou vouloir faire, c'est toujours vouloir autre chose que soi. C'est ce qu'avait vu Merleau-Ponty : « Sous toutes les acceptions du mot " sens ", écrivait-il, nous retrouvons la même notion fondamentale d'un être orienté ou polarisé vers ce qu'il n'est pas [1]. » Nul ne peut aller où il se trouve, ni se signifier soi : il n'est sens, à jamais, que de l'autre. Cela nous interdit le confort, l'autoréférence satisfaite, peut-être même le repos. On ne s'installe pas dans le sens comme dans un fauteuil. On le cherche, on le poursuit, on le perd, on l'anticipe... Le sens n'est jamais là, jamais présent, jamais donné. Il n'est pas où je suis, mais où je vais ; non ce que nous sommes, mais ce que nous faisons, ou qui nous fait.

Métaphysiquement, cela est lourd de conséquences. S'il n'est sens que de l'autre, le sens de la vie ne peut être qu'autre chose que la vie. Cela ne laisse guère le choix : si la vie a un sens, absolument parlant, son sens ne peut être que la mort. C'est ce qui nous voue à la religion, si la mort est une autre vie. Ou à l'absurde, si elle n'est qu'un néant. À la tristesse ? Je n'en suis pas sûr. L'absurde n'est triste que pour qui cherche un sens. Pour qui se contente d'habiter le réel, de l'aimer, de le transformer, s'il le peut, l'absurde serait plutôt le goût même du bonheur. On n'a le choix qu'entre Pascal et Camus peut-être. Cela dit assez la grandeur et de l'un et de l'autre.

Que le sens soit toujours autre, toujours ailleurs, toujours manquant, c'est aussi ce qui nous voue au temps, à la perpétuelle *distension*, comme disait saint Augustin, ou *ex-sistence*, comme disent les modernes, par quoi nous ne cessons d'être séparés du présent et de nous-mêmes. À moins, mais cela revient au même, que ce ne soit le temps qui nous voue au sens, dans le mouvement même de sa quête. Un fait quelconque n'a de sens, ici et maintenant, que pour autant qu'il annonce un certain avenir (c'est la logique de l'action, tout entière tendue vers son résultat) ou résulte d'un certain passé (c'est la logique de l'interprétation, par exemple en archéologie ou dans la psychanalyse). Le sens de ce qui est, c'est donc ce qui n'est pas encore ou qui n'est plus : le sens du présent, c'est le passé ou l'avenir ! C'est ce qui justifie la belle formule de Claudel, souvent citée : « Le temps est le sens de la vie (*sens* : comme on dit le sens d'un cours d'eau, le sens d'une phrase, le sens d'une étoffe, le sens de l'odorat). » Mais c'est aussi pourquoi le sens, comme le temps, ne cesse de nous fuir : le sens du présent n'est jamais présent. Ainsi vivons-nous, entre espérance et nostalgie. Toujours séparés de nous-mêmes, du réel, de tout. Toujours

1. Maurice Merleau-Ponty, *Phénoménologie de la perception*, III, 2, rééd. Gallimard, 1971, p. 491.

cherchant autre chose, qui serait le sens, toujours cherchant le sens, qui ne peut être qu'autre chose. Mais comment autre chose que le réel (son sens) serait-il réel ? Wittgenstein : « Le sens du monde doit se trouver en dehors du monde [1]. » Mais hors du monde, quoi, sinon Dieu ? Le sens du présent, pareillement, doit se trouver en dehors du présent. Mais hors du présent, quoi, sinon le passé ou l'avenir, qui ne sont pas ? Sens, c'est absence : il n'est là (pour nous) qu'en tant qu'il n'y est pas (en soi). Cela rejoint une remarque de notre ami Tzvetan Todorov. Dans une lettre qu'il nous adresse, à Luc et moi, il écrit ceci :

« Il y a une contradiction qui m'a toujours fasciné : nous savons tous que la sagesse consiste à trouver le sens de la vie dans la vie même, non ailleurs (Montaigne : la vie doit être à elle-même sa visée). En même temps, le sens (exigence humaine essentielle) est forcément au-delà de l'expérience immédiate (dont l'animal se contente ?). Comment réconcilier ces deux " vérités " ? »

Peut-être en ramenant le sens dans la vie, comme un de ses moments, comme un de ses points de vue, plutôt qu'en prétendant situer la vie dans le sens ou par rapport à lui. En soumettant le sens au réel, ce qui est sagesse, plutôt qu'en prétendant soumettre le réel au sens, ce qui est religion ou superstition. Il y a du sens dans ma vie, certes, puisque je me projette vers l'avenir, puisque je me souviens du passé, puisque j'essaie d'agir et de comprendre. Mais comment ma vie elle-même aurait-elle un sens, si elle ne peut avoir que celui qu'elle n'a plus ou pas encore ?

Le sens est toujours ailleurs ; la vraie vie – contrairement à ce qu'écrit Rimbaud –, toujours là.

Sens, c'est absence ; sagesse, c'est présence.

Sens et silence : mettre le sens au service de ce qui n'en a pas

Que faire ? Renoncer au sens ? Qui le voudrait ? Le posséder ? Qui le pourrait ? La sagesse serait plutôt de le mettre à sa place, qui n'est pas la première.

« Quand le doigt montre la lune, dit un proverbe fameux,

1. Ludwig Wittgenstein, *Tractatus logico-philosophicus*, 6, 41, éd. Gallimard, trad. P. Klossowski.

l'imbécile regarde le doigt. » Cet imbécile nous ressemble, ou c'est nous, bien souvent, qui lui ressemblons. Que fait-il ? Il regarde ce qui a du sens (le doigt), plutôt que ce que le sens désigne, qui n'en a pas (la lune). Il se trompe donc sur le sens, qui le fascine, et méconnaît le réel.

Renversons plutôt les priorités. Rien de ce qui importe vraiment n'a de sens. Que signifient nos enfants ? Que signifie le monde ? Que signifie l'humanité ? Que signifie Dieu, s'il existe ? Et en quoi avons-nous besoin, pour les aimer, pour les servir, qu'ils veuillent dire quelque chose ou qu'ils tendent vers je ne sais quel résultat ? C'est plutôt l'inverse qui est vrai. Ce n'est pas parce que nos enfants ont du sens que nous les aimons ; c'est parce que nous les aimons que notre vie prend sens, au moins relativement, en se mettant à leur service. Je dirais volontiers la même chose de Dieu. Qu'il fasse sens pour les croyants, c'est une évidence, ou plutôt c'est sa fonction. Mais en lui-même ? Que pourrait-il signifier ? Quel but pourrait-il poursuivre ? Bref : à quoi bon Dieu ? C'est une question que lui seul peut se poser, peut-être. Mais je n'imagine pas qu'il puisse y répondre autrement qu'en se donnant un but ou un objet extérieurs. C'est sans doute ce que signifient et la Trinité et la Création : qu'il n'est de sens que dans la relation. Qu'il n'est sens que de l'autre, et pour lui, et par lui. Cela suppose que le sens n'est pas principe, mais résultat. Qu'il n'est pas absolu, mais relatif. Non substance, mais rapport. Non sujet, mais rencontre. C'est toujours la logique de l'altérité : tout ce que nous faisons, qui a du sens, ne vaut qu'au service d'autre chose, qui n'en a pas.

C'est où la question du sens de la vie prend un contenu éthique, qui modifie et la question et la réponse. Le problème n'est pas de savoir si la vie a un sens, ni lequel, mais ce qui, dans la vie, est susceptible d'en avoir ou, surtout, d'en donner. Pour le dire autrement : ma vie n'a pas de sens en elle-même (ce sens, répétons-le, ne pourrait être que la mort, comme on voit chez Freud [1], ou une autre vie, comme on voit dans les religions), pas de sens absolu, donc ; mais il y a du sens dans ma vie, chaque fois qu'elle se met au service d'autre chose – une cause que je crois juste, une vérité que je cherche ou que je défends, des individus que j'aime, un projet que je poursuis...

J'aime beaucoup la formule de mon ami François George :

---

1. Sigmund Freud, « Au-delà du principe de plaisir », in *Essais de psychanalyse*, éd. Petite Bibliothèque Payot, 1993.

« Chercher le sens de la vie, c'est sans doute faire un contresens sur la vie [1]. » C'est en effet vouloir l'aimer pour autre chose qu'elle-même (son but, sa signification), quand rien n'est aimable, au contraire, que pour elle, que par elle, qu'en elle. C'est le sens que vous aimez ? Que n'offrez-vous à votre belle, plutôt que ces roses insignifiantes, quelques panneaux de signalisation, pleins de sens et de laideur ? Que ne préférez-vous la photo de vos enfants, qui les représente, à vos enfants, qui ne représentent rien ? Vous ne me ferez pas croire que vous vous intéressez au langage des fleurs, cette niaiserie, ni que vous aimez vos enfants pour ce qu'ils représentent (vous-mêmes ?) ou ce qu'ils seront (mais seront-ils ?). Non : vous les aimez pour ce qu'ils sont, tels qu'ils sont, ici et maintenant, et non pour ce qu'ils annoncent ou signifient. Et vous préférez les fleurs, bien sûr, les fleurs insignifiantes et belles, aux panneaux signifiants et laids qui bordent nos routes... Vous préférez le réel au sens, la vérité à la signification, et vous avez bien raison !

C'est ce que j'appelle le silence (l'absence non de sons, mais de sens), et la vérité de tout : cela, qui est à dire, ne parle pas. C'est pourquoi nous ne sommes pas enfermés dans le métalangage, ni en nous-mêmes. Les mots ne sont pas une prison : c'est une fenêtre sur le silence.

Il n'est pas de vérité, pour nous, sans langage ? Bien sûr. Mais toute proposition vraie, qui a du sens, désigne une vérité qui n'en a pas. La proposition « la Terre tourne autour du Soleil » signifie assurément quelque chose. Mais le fait que cette proposition décrit, par quoi elle est vraie, ne signifie rien. La Terre n'est pas un signe. Le Soleil n'est pas un sens. Quoi de plus beau pourtant ? Et quel sens qui n'en dépende ?

Vous vous souvenez de la belle formule d'Angélus Silésius, que cite Heidegger :

La rose est sans pourquoi, fleurit parce qu'elle fleurit,
N'a souci d'elle-même, ne désire être vue.

Comment mieux dire qu'elle n'a pas de sens, qu'elle se contente d'exister, et qu'elle n'en est que plus merveilleuse ?

J'ai connu quelques femmes comme cela, épanouies et libres, qui avaient la beauté de leur simplicité, de leur santé, de leur insouciance, qui ne voulaient rien signifier, rien montrer, rien prouver, qui se contentaient d'être là, de vivre, d'aimer... Et d'autres, au contraire, qui voulaient absolument faire sens, dont tout le corps

1. François George, *Sillages*, éd. Hachette, 1986, p. 54.

devenait comme un signe ou un symptôme, disons comme un panneau de signalisation. Et que disait-il ? Il disait : « *Regardez comme je suis belle !* » C'est ce qu'on appelle l'hystérie, et l'on en trouve aussi chez les hommes. L'hystérie ? Le devenir sens du corps. Mieux vaut le silence des organes (la santé) et la simplicité de vivre (la sagesse).

Ce n'est pas le réel qui est au service du sens ; c'est le sens (par exemple dans la poésie, dans les sciences, dans la philosophie) qui se met au service du réel, ou qui nous y renvoie.

Parler pour parler ? C'est la définition même du bavardage. Parler pour se taire ? C'est le propre de la poésie et de la confidence.

Il ne s'agit pas de se taire toujours (la sagesse, si elle est une certaine qualité de silence, n'est ni aphasie ni surdité). Mais simplement de comprendre ceci : que la parole ne vaut qu'au service du vrai ou du silence – pour lui rendre sa légèreté, sa transparence, pour l'habiter sans mentir, pour le dire sans le troubler... Un ami, ce n'est pas seulement quelqu'un avec qui on peut parler ; c'est aussi, et peut-être surtout, quelqu'un avec qui on peut se taire, avec qui on peut partager la simple réalité de tout. Or chacun sait qu'un mensonge, entre amis, suffit à rendre le silence irrespirable. C'est pourquoi il faut parler : pour garder au silence sa fraîcheur et sa limpidité.

Le sens n'est pas tout, et il n'est pas l'essentiel : le sens n'est qu'un moyen pour accéder au réel, qui n'en a pas et qui les contient tous.

Sens et amour

Je commençais par Pierre Dac. Terminons par Woody Allen : « La réponse est oui ; mais quelle peut bien être la question ? » Il n'y a pas de question, ou pas d'autre question que celles que nous nous posons à nous-mêmes. C'est pourquoi la réponse est oui, si nous le voulons. Il ne s'agit pas de savoir où l'on va (hélas, nous ne le savons que trop : vers la vieillesse, vers la mort...), mais ce qu'on veut. Non si la vie a un sens, mais ce qu'elle vaut. Encore cette question n'a-t-elle elle-même de sens que relatif : rien ne vaut absolument, rien ne vaut qu'à proportion du désir ou de l'amour que nous y mettons. Épicure contre Platon. Spinoza contre Leibniz. Nietzsche, Marx et Freud – sur ce point je leur reste fidèle – contre Kant. Pas de valeurs en soi, pas d'impératifs absolus : la justice ne vaut que pour qui l'aime ; la vie ne vaut que pour qui l'aime ; et rien ne commande qu'à proportion de l'amour que nous en avons.

L'amour est-il alors l'absolu qui nous manque ? Non plus, puisqu'il reste soumis au désir, au corps, à l'histoire, puisqu'il n'existe que dans la relation, que dans la finitude, que dans la durée, longue ou brève, puisqu'il n'est qu'un petit morceau du réel, qu'une petite émotion du vivant, et puisqu'il ne vaut lui-même, enfin, que pour autant que nous l'aimons.

Ce n'est pas l'amour qui commande. Ou plutôt l'amour ne commande qu'à proportion de sa réalité. C'est donc le réel qui commande, et lui seul. C'est dire qu'il n'y a pas, en toute rigueur, de commandements, d'impératifs, de lois : il n'y a que le réel, qui n'a rien à commander, puisqu'il est tout.

Il n'y a, pour nous, que la vie et la mort, et ce combat perpétuel qui les sépare, qui les unit, qui est la vie elle-même. Comment ce combat aurait-il un sens, puisque tout sens en dépend ?

Où l'on retrouve Montaigne et Tzvetan : « La vie doit être elle-même à soi sa visée. » Faut-il l'en aimer moins ? Au contraire, puisque tout amour et tout sens la supposent ! Ce n'est pas parce que la vie est objectivement aimable qu'il faut l'aimer ; c'est parce qu'elle ne vaut que pour qui l'aime.

La vie n'est pas une énigme, qu'il faudrait résoudre. Ni une course, qu'il faudrait gagner. Ni un symptôme, qu'il faudrait interpréter. Elle est une aventure, un risque, un effort – qui vaut la peine, si nous l'aimons.

C'est ce qu'il faut rappeler à nos enfants, avant qu'ils ne crèvent d'ennui ou de violence.

Ce n'est pas le sens qui est aimable ; c'est l'amour qui fait sens.

Herméneutique ou poésie ?
Que le sens est moins à chercher qu'à produire

Il faut conclure. Mon idée, vous l'avez compris, c'est qu'il n'y a pas de sens absolu, pas de sens du sens, ni pour l'individu ni pour l'humanité. La vie, alors, est-elle absurde ? C'est nous qui le sommes, quand nous cherchons un sens absolu pour nos vies relatives et passagères. L'univers est-il absurde ? C'est nous qui le sommes, quand nous voulons qu'il signifie autre chose que lui-même, ou y tende : comment le pourrait-il, puisqu'il est tout ? L'histoire est-elle absurde ? C'est nous qui le sommes, quand nous voulons qu'elle ait un sens absolu, ce qui supposerait qu'elle s'arrête. L'idée d'une fin de l'histoire est contradictoire [1]. Celle d'un sens absolu aussi. Un sens relatif ? Il y en a chaque fois que nous agissons, que nous voulons, que nous désirons, que nous parlons, que nous aimons... Vouloir dire, vouloir faire... C'est ce qu'on appelle l'action, pour l'individu, et le progrès, pour les peuples. Que celui-ci ne soit jamais achevé ni garanti (ni même irréversible !), c'est ce qui nous interdit de renoncer à celle-là.

La quête du sens est-elle une illusion ? Non pas, puisqu'il nous arrive de signifier et d'agir, de comprendre et de nous faire comprendre. L'illusion serait de croire que le sens est au principe de cette quête (comme sa cause, son objet et sa fin : ainsi le Verbe, dans la religion), quand il est plutôt son résultat, sa visée, sa trace. L'illusion serait de faire du sens un absolu, quand il n'est qu'une relation ou un processus. L'illusion serait de sacrifier la vie au sens, quand c'est le sens qui doit être au service de la vie.

Il reste que cette expression – « la quête du sens » – ne me paraît pas la plus heureuse, ni la plus juste. Elle suggère que le sens existe déjà, quelque part, ailleurs, comme un Graal, comme un secret, comme un trésor qu'il n'y aurait qu'à découvrir... Souvenez-vous du laboureur et de ses enfants... Il n'y a pas de trésor caché, explique La Fontaine ; mais le travail en est un, et le seul. Je dirais volontiers la même chose pour ce qui nous occupe : il n'y a

1. Si l'on entend par « fin de l'histoire » autre chose que la fin du monde, qui ne ferait pas sens, on est en effet confronté à l'alternative suivante : ou bien la fin de l'histoire est *dans* l'histoire, ce qui suppose que celle-ci continue et n'est donc pas finie ; ou bien elle est *hors* de l'histoire, et n'est donc pas sa fin. Au reste, chacun comprend que l'histoire ne pourrait s'arrêter que si tous nos désirs étaient réalisés : qui ne voit que c'est impossible ? Elle continue, inversement, tant que le pire est possible : qui ne voit qu'il l'est toujours ? Enfin il y a de l'histoire tant qu'il y a de l'imprévisible : parler d'une fin de l'histoire montre seulement qu'on manque et d'humilité et d'imagination... On remarquera d'ailleurs qu'une éventuelle « fin de l'histoire » ne pourrait faire sens que pour les périodes antérieures (qui tendraient vers elle), et serait en elle-même, une fois atteinte, dépourvue de toute signification comme de tout but : ce serait la période *absurde* par excellence ! Mais tout ce qui précède le deviendrait par là même : comment une fin de l'histoire dépourvue de sens pourrait-elle en donner à ce qui la prépare ou y conduit ?

pas de sens caché, mais la vie en produit et elle seule. Le sens n'est pas à chercher, ni à trouver ; il est à produire, à inventer, à créer. C'est la fonction de l'art. C'est la fonction de la pensée. C'est la fonction de l'amour. Le sens est moins l'objet d'une herméneutique que d'une poésie – ou il ne peut y avoir herméneutique, plutôt, que là où il y a d'abord eu *poïèsis*, comme on dirait en grec, c'est-à-dire création : dans nos œuvres, dans nos actes, dans nos discours. Pour dire quoi ? Pour dire ce qui est, qui ne dit rien. Pour habiter en poètes ce monde qui est le nôtre, qui n'est pas une œuvre, qui n'est pas un livre, et qui les contient tous.

Quand le doigt montre la lune, l'imbécile regarde le doigt. Le sage, lui, regarde la lune et sourit : comme le monde est beau, comme il est vaste ! Comment pourrait-il signifier autre chose que lui-même ? Mais se signifier soi, c'est ne rien signifier du tout. Tel est le monde, et le silence du monde. Comment pourrait-il tendre vers autre chose que lui-même ? Mais ne tendre que vers soi (ce que Spinoza appelle le *conatus*), c'est se contenter d'être. Tel est le monde, et la paix du monde.

Nous sommes dedans, avec nos guerres et nos discours, et il en est de justes. Mais la plus juste guerre vaut moins que la paix, vers quoi elle tend. Le plus beau discours, moins que le silence, qui le contient et qu'il célèbre.

Débat

André Comte-Sponville

Je partage ta conviction que les trois grandes « réponses » traditionnelles ont perdu le pouvoir de susciter l'adhésion collective : il n'y a plus de *cosmos* (de monde clos, ordonné, hiérarchisé), plus de foi commune, plus de grande utopie.

Une seule réserve : quand tu nous dis que les Grecs avaient un *cosmos*, qui fondait leur sagesse... C'est vrai de la plupart d'entre eux, mais pas de l'école la plus nombreuse de toute l'Antiquité, celle des épicuriens. Ce pourquoi je crois que, de tous les Grecs, les épicuriens sont les seuls, au moins de ce point de vue, qui soient en quelque sorte nos contemporains : car ils habitaient non pas un monde fini, ordonné, hiérarchisé, mais un univers infini, sans ordre global ou ultime, dépourvu de sens et de finalité.

Luc Ferry

Pour abonder dans ton sens, et compléter ta réserve, j'ajouterai aux épicuriens les sophistes qui font de l'homme la « mesure de toute chose » et quittent, eux aussi, le cadre général de la cosmologie grecque, de ce « monde clos » que Koyré a si bien décrit...

Sens et liberté

ANDRÉ COMTE-SPONVILLE

Nous nous retrouvons également sur la subjectivité du sens et son rapport à la volonté. Mais Luc passe immédiatement de la subjectivité à la liberté : là, nous cessons d'être d'accord! Quand bien même nous jouirions d'une part de liberté, comme c'est vraisemblable, il resterait encore de la subjectivité dans ce qui, en nous, n'est pas libre : l'inconscient, le rêve, la pathologie, le fonctionnement du corps, le désir, la peur, la passion... La subjectivité déborde la conscience, c'est ce que la psychanalyse confirme, comme elle déborde l'humanité. Il y a de la subjectivité chez les animaux : je ne vois pas quel sens du mot « sujet » nous empêcherait de l'appliquer à un chien ou à un singe.

Enfin, il ne s'agit pas de dire que le sens est une illusion, si l'on entend par là qu'il n'existerait pas. Le sens existe bien : nous ne cessons d'en faire l'expérience, et il serait d'autant plus absurde de le nier que toute négation le suppose (dire « le sens n'existe pas », c'est énoncer une proposition qui a du sens). Ce n'est pas le sens qui est illusoire, c'est la prétention que nous avons parfois d'en faire un absolu, qui existerait en soi, indépendamment de nos discours, de nos désirs, de nos interprétations...

LUC FERRY

Je pourrais, pour te répondre sur la question de l'application de l'idée de sujet à l'animal, te rappeler à nouveau qu'aucun juriste sérieux n'a jamais considéré les animaux comme des « sujets de droit ». Toute définition du sujet ne leur convient donc certainement pas. Mais ne revenons pas sur ce débat, car nous l'avons déjà eu, et, surtout, je ne suis pas en désaccord avec toi sur l'idée que la notion de subjectivité déborde à certains égards celle de conscience ou de liberté. Il est clair, par exemple, que des actions motivées par l'inconscient, les lapsus, les rêves, les symptômes, ou même que certains comportements animaux peuvent avoir du sens... bien qu'ils ne relèvent assurément pas d'un libre arbitre.

ANDRÉ COMTE-SPONVILLE

Je suis heureux de te l'entendre dire !

LUC FERRY

Et s'ils ont du sens, et là nous sommes encore d'accord, c'est bien parce qu'ils témoignent en quelque façon d'une « intention », d'un « vouloir dire », fussent-ils indépendants de toute décision libre et réfléchie. Comment comprendre cela du point de vue qui est le mien et qui associe étroitement l'idée d'intention finalisée et celle de liberté ? Ce que j'entendais suggérer, en associant sens et volonté libre, c'est que lorsque nous attribuons une signification, donc une forme de subjectivité, aux effets de l'inconscient ou à l'animalité, nous le faisons, sans même y penser, *par analogie* avec des actions libres et conscientes. Nous faisons « comme si » (« *als... ob* », dit Kant dans la *Critique de la faculté de juger*) de tels sujets agissaient intentionnellement, en visant *consciemment* une fin, lors même que nous savons qu'il n'en est rien. Il existe d'ailleurs un exemple limite qui indiquera très clairement la signification de cette *analogie* : c'est celui des organismes vivants, même primitifs. Ils ne cessent de réagir aux agressions du milieu de la façon la plus adaptée possible, comme si leurs réactions étaient en quelque façon « intelligentes », comme si elles avaient pu être l'effet d'une intention réfléchie. Et c'est pourquoi elles « font sens », pour le biologiste, qui a toujours beaucoup de mal à faire tout à fait l'économie de l'idée de finalité.

Je ne crois donc pas passer, comme tu le suggères, *immédiatement* de la subjectivité à la liberté, mais au contraire *médiatement*. C'est toujours l'*idée* de liberté qui nous permet de penser les formes inconscientes de subjectivité humaines, animales, ou même simplement organiques, mais, dans certains cas, nous n'utilisons cette idée que de manière purement analogique. Quand je mets du citron dans une huître, elle se protège, se rétracte, comme n'importe quel sujet qui subit une agression, et cela fait sens pour nous qui l'observons. Pourtant, je te prie de croire que je ne lui attribue aucun libre arbitre ! Nous n'en pensons pas moins son comportement comme en quelque façon « finalisé », comme s'il s'apparentait à l'effet d'une « décision » consciente, et c'est par où l'idée de liberté se réintroduit quand même à un certain niveau, très précisément celui de la *réflexion*, qui n'appartient bien sûr, en l'occurrence, qu'à l'observateur... Ce qui me différencie ici d'une thèse spinoziste, c'est seulement le fait qu'en dernière instance l'idée de cause finale, d'action intentionnelle, ne me paraît pas illusoire, toujours réductible aux causes efficientes, lorsqu'on passe de l'huître à l'humain. Quand j'observe en ce moment même la moue dubitative de Tzvetan – et il continue, il en rajoute... et sa deuxième moue a encore plus de sens que la première car elle est plus franche ! – j'ai envie aussitôt de lui demander, *à lui*, parce qu'il n'est pas une huître, quel sens il lui attribue *lui-même*. Et ce n'est pas, j'en suis pour le coup d'accord avec André, parce que le signe aurait *intrinsèquement* un sens. Le sens et le signe sont bien sûr différents. Simplement, ce signe n'est ici rien d'autre, si je le prends comme sensé, qu'une liberté incarnée dans le sujet lui-même, et non seulement dans la réflexion de l'observateur sur des comportements inconscients.

Le sens est dans la relation

TZVETAN TODOROV

Justement, sur ce dernier point, André dit que « le sens n'est jamais là, jamais présent, jamais donné »... Cela vaut pour la direction, ton exemple est probant, mais pas, me semble-t-il, pour la signification. Le sens d'un mot n'est pas ailleurs : il est présent dans le mot même, dans la parole, dans l'intersubjectivité... De même, le sens n'existe pas seulement dans le passé ou l'avenir : il peut tout à fait exister dans le présent ! Tu écris aussi : « Ce n'est pas le réel qui est au service du sens, c'est le sens qui est au service du réel. » Mais le sens ne peut-il pas être réel, c'est-à-dire être présent ?

ANDRÉ COMTE-SPONVILLE

Bien sûr que le sens peut être présent ! Si ce que je dis a du sens, comme je le crois, ce n'est pas dans la pièce d'à côté ou tout à l'heure : c'est ici et maintenant ! Mais toujours en relation à autre chose, qui n'y est pas : certaines idées, certaines expériences, certaines références... Quel mot qui ne renvoie à d'autres mots ? Et comment aurait-il du sens autrement ? Quel signe qui ne renvoie à d'autres signes, et aussi à autre chose qu'à des signes ? Cette moue dubitative sur ton visage, comme disait Luc, c'est ici et maintenant qu'elle a du sens ; mais en tant seulement qu'elle renvoie à autre chose, qui n'est pas une moue (mais un doute, une perplexité, une hésitation...). Le sens d'un mot n'est pas « ailleurs » que dans le mot, ni le sens d'un geste « ailleurs » que dans le geste. Mais le sens d'un mot n'est pas ce mot, le sens d'un geste n'est pas ce geste, le sens d'une moue n'est pas cette moue... Le sens, comme le temps, est à la fois présent et insaisissable : ce n'est pas une chose ni un être, mais un rapport, une relation, qui renvoie toujours à d'autres rapports et à d'autres relations.

Prenons un autre exemple : notre réunion d'aujourd'hui. Elle a, ici et maintenant, du sens ; mais elle n'en a qu'en tant qu'elle renvoie à autre chose qu'à ce présent : à notre passé (que nous soyons ensemble aujourd'hui, cela dit quelque chose sur notre histoire, sur notre amitié...), à notre avenir (nous préparons un livre), et c'est en quoi le sens n'est là, ici et maintenant, qu'en tant qu'il n'y est pas. C'est ce qu'on peut appeler la structure *diastatique*, ou *ek-statique*, du sens : un signe ou un acte ne signifient qu'en tant qu'ils renvoient à autre chose qu'à eux-mêmes.

TZVETAN TODOROV

Je pense comme toi, André, que ma vie n'a pas de sens ultime, mais il me semble que cela tient au fait qu'il n'est de sens que dans la relation, justement. Ma vie est un tout et, pour cette raison, elle ne peut pas avoir de sens, à moins d'être incluse dans une autre totalité dont elle n'est qu'un élément. *Pour moi*, ma vie ne peut pas avoir de sens. En revanche, tout instant de ma vie peut avoir, ou ne pas avoir, de sens, c'est-à-dire peut se mettre en relation avec tout ce qui l'entoure ou ne pas le faire. Le sens aurait ainsi une quatrième définition : ni direction, ni sensibilité, ni signification, mais relation (relation que nous produisons). Quand tu dis : « Ce n'est pas parce que nos enfants ont du sens que nous les aimons, c'est parce que nous les aimons que notre vie prend sens », j'en suis tout à fait d'accord ; mais ce sens n'est pas absence : il est donné à notre vie par nos enfants, par nos projets, par les relations dans lesquelles nous nous engageons avec d'autres, et c'est notre vie même ! Tu admets d'ailleurs qu'« il n'est de sens que dans la relation ». J'ajouterai : « non seulement le sens n'est que dans la relation, mais il est cette relation et rien d'autre ». Il n'est de sens que pour quelqu'un. Autrui peut être un sens pour moi, il n'est pas sens en lui-même. C'est pourquoi une vie s'enrichit des mises en relation qui la trament : elle est d'autant meilleure qu'elle est plus riche de sens. Enfin, je vis un peu avec cette idée.

ANDRÉ COMTE-SPONVILLE

Que tout sujet soit rencontre, que tout sujet soit relation, j'en suis d'accord; c'est bien pourquoi je disais que je ne crois pas en Dieu, qui serait un sujet absolu et autosuffisant. Un sujet qui existerait indépendamment de toute rencontre, cela me paraît contradictoire. Ou alors il faut penser la Trinité, dans le christianisme, comme la prise en compte du fait qu'il n'y a de subjectivité que dans la relation : qu'un sujet absolu n'est possible qu'à la condition d'être, si l'on peut dire, intrinsèquement relationnel.

Mais nous n'avons pas accès à l'absolu : pour un être fini, il ne peut y avoir de sens que relationnel, et donc, ajouterai-je, que relatif. Ce qui nous oppose, Luc et moi, ce n'est pas l'idée de relation; c'est l'idée d'absolu, et spécialement d'un *sens* absolu.

LUC FERRY

Essayons de préciser ce désaccord, car il nous reconduit au cœur du débat qui porte bien, je le rappelle pour qu'on ne se perde pas dans les méandres conceptuels du mot lui-même, sur la question du « sens de la vie » : cette interrogation est-elle, oui ou non, sensée et légitime ? Très clairement, André nous a répondu par la négative. La question du sens de la vie n'est pas, à ses yeux, une bonne question, et ce pour une raison de fond : si tout signifiant, et j'en suis d'accord avec lui, renvoie toujours à quelque signifié *extérieur à lui*, on ne voit pas comment la vie pourrait avoir un sens... puisque rien n'est extérieur à elle ! Sur la logique de cette argumentation, *du point de vue qui est le sien*, c'est-à-dire du point de vue d'un matérialisme qui rejette par essence toute idée de transcendance, nous sommes évidemment d'accord. C'est d'ailleurs très exactement le même argument que j'utilise à propos du bouddhisme : dans une perspective où la sagesse est définie comme réconciliation avec le monde, où son expression ultime se situe dans un « oui », dans un amour de l'univers *tel qu'il est*, ou dans une « fusion en monde » (et je ne reviens pas ici, nous l'avons tous bien compris, sur le fait que la révolte pouvait en faire partie aux yeux d'André), l'idée même que la vie aurait un sens devient absurde ! Pour le dire encore autrement, du point de vue d'André, il est tout à fait cohérent de parvenir à la même conclusion que le bouddhisme : tout sens est *dans* la vie, et il n'est, pour le sage, aucun sens *de* la vie, parce qu'il n'y a rien hors d'elle qu'elle pourrait *signifier* ou qui pourrait lui donner sens. Ou encore : si la vie a un sens, c'est bien de nous permettre de nous débarrasser... de l'illusion du sens ultime et absolu de l'existence. Il me semble que toute philosophie de l'immanence doit parvenir à cette conclusion, si elle est cohérente. La position d'André ne me surprend donc nullement, car la rigueur fait assurément partie de ses qualités.

Mais continuons encore à explorer le champ des positions possibles touchant notre différend sur le sens de la vie en décrivant un instant l'attitude la plus opposée, pour ainsi dire antinomique, celle du christianisme ou, plus généralement, des religions qui posent un sujet absolu : dans leur perspective, la vie *tout entière* peut aisément trouver un sens, puisqu'elle fait signe vers une entité qui lui est *extérieure.* On peut alors définir, par exemple, le sens de sa vie par les obligations morales et religieuses, par l'exigence maintenue en permanence de « servir Dieu », de travailler à Sa gloire, de Lui obéir etc., toute la vie devenant alors le signe de cet idéal transcendant.

Ma propre position ne se confond avec aucune des deux premières, bien que je partage, avec les croyants traditionnels, l'idée qu'il peut exister un « *sens* de la vie », et non seulement, des effets de sens *dans* la vie – bien que je partage aussi avec André, mais point toujours, le *sentiment* que la réconciliation avec le monde a du bon. Je défends au fond ce que l'on pourrait appeler un « idéalisme sémantique », c'est-à-dire l'idée que la vie n'a pas d'autre sens que celui que nous lui donnons. Est-ce, pour autant, dire qu'elle n'en a aucun ? Certainement pas ! Si l'on admet, comme je vous invite à le faire, qu'il existe des formes *transcendantes* d'intersubjectivité – vérité, bonté, beauté, amour –, si l'on admet encore que ces structures, bien qu'incarnées dans l'humanité, sont en quelque façon « sacrées » à nos propres yeux, non pas seulement, comme le dit André, parce que nous les désirerions, mais, comme je le pense, parce qu'elles nous apparaissent, fût-ce malgré nous, comme des idéaux, alors il est possible à nouveau de parler d'un sens de la vie. En première approximation, il se situe dans la question que j'ai tenté de poser à la fin de mon intervention : qu'est-ce qu'une vie bonne, une vie « réussie », étant entendu qu'à mes yeux nous avons plusieurs choix possibles – celui de Nietzsche ou celui de Kant, notamment. Comment nous rendre dignes sinon d'un

Dieu, du moins de ces idéaux intersubjectifs, de ces formes réussies de « vie commune » auxquels je fais allusion? Et, dans l'univers moderne en particulier, il me semble que ces questions se ramènent à une seule : qu'est-ce que devenir adulte, qu'est-ce que « bien » vieillir, si l'on ne prend pas la vie simplement comme un terrain de jeu, mais comme une chance qui nous est donnée d'accéder à une communauté réussie?

De l'expérience de l'angoisse à celle de la fusion avec le monde

PIERRE-HENRI TAVOILLOT

En fait, vous partez de deux expériences qui sont très brèves l'une et l'autre.

Luc part de la question de l'angoisse, ce moment où, à l'occasion d'un deuil, par exemple, on se demande : « À quoi ça sert? À quoi servons-nous? » Comme il le souligne, la valeur de la vie ne peut être jugée ni par un vivant (parce qu'on ne peut être à la fois juge et partie), ni par un mort (pour une tout autre raison!), et pourtant, dans cette expérience de l'angoisse, on sort de sa vie pour la juger.

André, lui, part du moment de la fusion, de l'unité avec le monde, ou dans le monde...

On a deux pôles, deux expériences existentielles qui constituent le terminus de départ et le terminus d'arrivée. Alors je voudrais savoir ce qui se passe entre les deux, selon vous. Ces pôles constituent-ils des expériences limites ou représentent-ils des idéaux de la pensée?

ANDRÉ COMTE-SPONVILLE

L'angoisse est aussi mon point de départ. L'unité ou la fusion seraient plutôt mon point d'arrivée : là où l'angoisse s'abolit ou s'apaise... Mais, si on a l'idée d'une *quête du sens*, j'ai envie de dire avec Aristote : « Il faut s'arrêter quelque part. » C'est la condition pour que notre quête ait une signification et puisse donner un sens au moins relatif à nos vies. Si l'on cherche toujours autre chose, et encore autre chose, si l'on n'en a jamais fini de chercher, c'est l'image même de l'absurde ! Une quête infinie, par définition, ça n'aurait pas de sens... Or je ne vois que deux manières d'arrêter cette quête. Soit elle atteint un sens absolu : c'est la réponse religieuse, mais je n'y crois pas (et de ce point de vue ton humanisme, Luc, me paraît une religion de l'homme, à laquelle je ne peux adhérer). Soit elle renonce à chercher le sens parce qu'elle a trouvé mieux. Qu'est-ce qu'elle a trouvé ? Tout ! Le monde entier, l'univers entier, avec le sens dedans, avec Mozart dedans, avec *La Recherche du temps perdu* dedans, et avec dedans des roses, des cailloux, des étoiles... Il faut s'arrêter quelque part : soit quand on a trouvé un sens absolu, soit quand on a compris qu'il n'y a pas de sens absolu à chercher, ni à trouver, parce que l'absolu on est déjà dedans et qu'il n'est pas de l'ordre d'un sens, parce qu'il est tout et qu'il ne saurait dès lors désigner ou signifier autre chose, parce que l'absolu n'est que l'ensemble du relatif, l'ensemble du réel, et c'est ce que Spinoza appelle la Nature, c'est ce qu'Épicure appelle le Tout, et qu'on peut appeler aussi bien l'être ou l'univers. Il faut s'arrêter quelque part, et c'est là, pour ce qui me concerne, que je m'arrête : quand il n'y a plus que tout et l'unité de tout. C'est le moment spinoziste, si vous voulez, et ce moment, ici et maintenant, est l'éternité même : le pur présent de la présence.

Attention, toutefois, de ne pas jouer aux mystiques : je les respecte, je les admire, mais je n'en fais nullement partie. Si l'expérience de la fusion est brève, c'est qu'elle ne surgit que dans nos moments de simplicité, de paix, d'harmonie, qui ne durent guère... Relisez la fin de *Siddharta*, de Hermann Hesse : vous y verrez quelqu'un qui atteint ce moment où enfin il habite l'absolu, qui n'est que l'ensemble – toujours changeant, toujours fluctuant – de toutes les relations. Au cœur même du réel, au cœur du devenir, au cœur du monde, il est dans l'absolu, ici et maintenant ! Mais cet absolu n'est pas un sens ; cet absolu est une vérité : c'est la vérité de tout, ou le tout comme vérité. Cette vérité, il va de soi que nous ne la connaissons jamais absolument ni totalement. Mais cela n'empêche pas que nous soyons absolument et totalement dedans !

Un idéal végétal?

TZVETAN TODOROV

Lorsque tu cites avec une certaine admiration la formule d'Angélus Silésius, je suis peiné. C'est un idéal végétal ! Les hommes, eux, désirent être vus ! Ça fait partie, si l'on en croit Rousseau, de la définition de l'être humain : non seulement voir les autres, mais désirer en être vu ; pas pour s'en vanter, mais pour se reconnaître dans la communauté humaine.

Tu demandes, à la fin de ton texte : « Comment [le monde] pourrait-il tendre vers autre chose que lui-même ? Mais ne tendre que vers soi c'est se contenter d'être. » Il me semble que là... ce n'est même plus le végétal : la pierre aussi se contente d'être. Mais l'être des hommes, n'est-ce pas d'être en relation ?

ANDRÉ COMTE-SPONVILLE

Un idéal végétal, voire minéral ? Je ne crois pas. La sagesse suppose évidemment la conscience et la vie. Cela n'empêche pas que végétaux ou minéraux parfois nous éclairent : parce que nous sentons que notre sagesse, notre bonheur doivent emprunter quelque chose à la simplicité de la rose ou du caillou. Il y a de belles pages, chez Bobin, où il explique ce qu'un arbre lui a appris. Et « une once de réel pur, dit-il aussi, suffit à qui sait voir »...

Se contenter d'être, disais-tu, c'est digne d'un caillou ou d'une plante, tandis que nous, nous sommes relations. Mais la plante et le caillou sont relations aussi ! On n'a jamais vu de plante exister ailleurs que dans le monde, et par le monde, aucun caillou n'existe tout seul, le caillou n'est possible que comme système de relations, aussi bien internes (atomiques, quantiques...) qu'externes (par exemple gravitationnelles ou thermodynamiques). Dans l'univers, tout se tient, tout est lié, et c'est ce qu'on appelle l'univers.

Il se trouve que, pensant à notre rencontre, j'ai relu ce joli livre de Hermann Hesse dont je parlais à l'instant, qui s'appelle *Siddharta*. C'est un peu comme *L'Alchimiste* de Paulo Coelho (c'est le récit d'une quête spirituelle), sauf que c'est mieux, parce que c'est une spiritualité qui me paraît moins sentimentale, moins narcissique, moins vague, et pour cela plus authentique. Il s'agit en l'occurrence, le titre l'indique assez, d'une spiritualité orientale. J'y pensais en t'écoutant, Tzvetan, parce que justement, à la fin de son parcours, à la fin de sa vie, Siddharta prend l'exemple d'un caillou : ce caillou, découvre-t-il, est aussi réel que lui, il y a une multitude de relations entre ce caillou et lui, entre ce caillou et le monde, il y a une multitude de relations entre tout et tout... Cela débouche sur une certaine expérience de l'unité, de la fusion, comme dirait Luc, disons de l'immanence radicale. Je suis d'accord avec toi pour dire qu'il n'y a de sens que dans la relation. Mais toute relation suppose au moins la dualité : quand on atteint l'unité, on n'est donc plus du côté du sens ! On n'est pas non plus du côté de l'absurde, parce que l'absurde suppose qu'on cherche un sens et qu'on n'en trouve pas. On est plutôt du côté du réel, de sa plénitude, de sa simplicité (non parce qu'il est sans complexité mais parce qu'il est sans autre, sans double, comme dit Rosset, sans second, comme dit Prajnānpad), de son silence...

Pour ma part, je m'en tiens à ces trois moments : 1. il y a du sens dans ma vie et ce n'est pas une illusion ; mais 2. il n'y a pas de sens ultime ou absolu ; et 3. l'expérience spirituelle la plus haute que je peux vivre, telle qu'elle est décrite dans les traditions mystiques (surtout orientales), n'est pas une expérience du sens. C'est dire qu'il y a pour moi quelque chose d'encore plus haut que l'expérience du sens : c'est ce que Luc appelle l'harmonie, la fusion *en* le monde, ou l'expérience, comme je préférerais dire, de l'unité – à la fois absolue et relative (puisqu'elle est l'ensemble de toutes les relations !) – de tout. Cette expérience, je ne l'ai pour ma part que très peu vécue, mais un peu tout de même. Surtout, elle est tellement attestée dans les traditions spirituelles qui m'importent le plus (il est vrai que ce ne sont pas des traditions du libre arbitre ou de la religion au sens occidental du terme), que j'aurais du mal à y renoncer.

Luc Ferry

Ta réponse, André, me semble exprimer parfaitement la nature de notre différend. Mais pour répondre, à mon tour, à l'excellente question de Pierre-Henri, je lui dirai que je ne pars pas simplement de l' « angoisse », qui est, en effet, une sorte d'expérience limite, mais tout simplement de l'idée que la réconciliation avec le monde, la fusion ou l'amour universels ne définissent en rien à mes yeux la sagesse. Au fond, ce qui nous oppose André et moi, au-delà même de l' « angoisse » ou de la « fusion », c'est cela : faut-il viser la réconciliation ou, en maintenant l'idée d'une transcendance, *constater* une distance, un écart irréductibles avec ce réel dans lequel nous sommes par ailleurs immergés ? Cela dit, j'aimerais que l'on se comprenne bien : je ne fais pas ici une apologie de la « conscience malheureuse », ou de la « scission », pour parler comme Hegel. Je l'enregistre, pour ainsi dire, comme une donnée de fait, comme un propre de l'homme dont *tous* les questionnements, je dis bien *tous*, me semblent issus. Je ne suis pour autant nullement insensible à cette paix, cette harmonie, que permet la « fusion ». C'est même, en un sens, une certaine forme de « grâce », enfin, de ce que j'appelle ici grâce avec une signification bien particulière.

André Comte-Sponville

Oui, ce que tu appelles la grâce, et ce n'est pas la grâce chrétienne d'une relation ou d'un don... C'est plutôt une expérience d'unité, d'harmonie, ce que l'on appelle parfois l'*enstase*, dans les traités de mystique comparée, par opposition à l'*extase*. L'extase, c'est un rapport à un tout autre, à une transcendance, et c'est ce qui domine le plus souvent dans les mystiques occidentales : une expérience de la relation, de la rencontre, du sens dévoilé ou révélé. Alors qu'on décrit souvent les mystiques orientales, notamment bouddhistes, comme des mystiques de l'enstase, c'est-à-dire non pas de la relation à un tout autre mais de la fusion dans le tout même, non pas de la transcendance mais de l'immanence.

Si bien qu'on peut dire avec Tzvetan qu'une vie est d'autant meilleure qu'elle est plus riche de sens (ou inversement qu'une vie est d'autant plus pauvre et malheureuse qu'elle a moins de sens), mais seulement jusqu'à un certain point : jusqu'au moment où l'on atteint ce stade qu'on peut appeler la sagesse, où la question du sens perd de sa pertinence, parce qu'on est face à une expérience de l'être plutôt qu'à une expérience de la signification ou de l'intention. Pour résumer d'un mot le désaccord entre Tzvetan et moi, je dirais que je mets l'être, et l'expérience de l'être, plus haut que le sens et l'expérience du sens.

L'expérience de la fusion relativise-t-elle l'expérience du sens ? Un sens absolu, ici et maintenant

LUC FERRY

C'est un bon résumé, en effet. Car je mets l'expérience du sens bien au-delà de l'expérience de la réconciliation avec l'être ou de la fusion en monde. Pour les mêmes raisons, c'est tout un, je place le moindre être humain infiniment au-dessus de la nature même la plus belle.

Dans la perspective de Spinoza (et, à certains égards, dans le texte qu'André a écrit sur les différents ordres du réel, sous le titre *Le capitalisme est-il moral ?*), je rencontre une vraie difficulté : l'ordre de la fusion avec le monde, de l'intelligence de la nécessité ou de la sagesse, y relativise les autres ordres et, en particulier, celui de la morale à tel point qu'il les transforme en illusions (même si, n'entamons pas un faux débat, on ajoute que ces illusions font irrémédiablement partie du réel, et qu'elles sont en quelque façon, à ce titre, « légitimes »). Je plaiderai pour une distinction beaucoup plus radicale des ordres : ils ne sont pas à mes yeux en continuité, mais séparés par des abîmes, et cette discontinuité même interdit que l'un, fût-il l'ordre suprême de l'amour, relativise les autres, de sorte qu'il n'y a pas une définition ultime et unique de la sagesse, mais plutôt différente selon chaque sphère.

Mais, encore une fois, je comprends ce qu'éprouve André quand il marche sur les bords du Loing. Je connais aussi cette expérience... bien que je la situe plutôt, mais peu importe, sur les rives de la Méditerranée ; en revanche, je n'en tire pas argument pour relativiser les autres ordres en disant : « C'est parce que je n'aime pas assez que je me situe encore dans l'ordre de l'angoisse et du sens ! »

Il est pourtant une idée, absolument essentielle à mes yeux, sur laquelle nous nous rejoignons, bien que sur un mode et avec des motifs différents. Sans doute, pour les raisons que j'ai indiquées, que nous avons d'ailleurs tous les deux indiquées, je ne crois pas qu'il puisse y avoir du sens sans « absolu », sans transcendance. Je n'en tire nullement pour autant l'idée qu'il est « ailleurs » que dans le réel. C'est un absolu ici et maintenant, une transcendance dans l'immanence. Non pas, donc, un absolu... toujours remis à plus tard, comme dans le christianisme ou dans le communisme traditionnels, mais des structures de signification par rapport auxquelles chacun se détermine, qu'il le veuille ou non, à chaque instant de son existence. Pour moi le signe en est la possibilité du sacrifice, que je ne mets pas en exergue de façon mortifère mais comme une expérience où se révèle, dans le monde, notre arrachement à la relativité. Je pense que, s'il n'y avait pas ce terme de référence absolue (que ce soit dans l'ordre de la vérité, de la morale ou de l'amour), l'idée de sens ne serait que relative et donc, comme on l'a dit, vouée... au non-sens !

L'absolu, est-ce l'univers avec l'humanité dedans ou l'humanité avec l'univers autour ?

André Comte-Sponville

Oui : nous sommes dans l'absolu, ici et maintenant. La question est de savoir si cet absolu, dans lequel nous sommes, est quelque chose qui est de l'ordre d'un sens (donc d'une volonté) ou si c'est quelque chose qui est de l'ordre d'un réel (dont le sens n'est qu'une partie, dont la volonté n'est qu'une partie). Autrement dit : est-ce que l'absolu c'est l'ensemble de tout ce qui est (c'est-à-dire l'univers), ou l'ensemble de tout ce qui fait sens (c'est-à-dire, au fond, l'humanité) ? Est-ce que l'absolu c'est l'univers avec l'humanité dedans, comme je le crois, ou est-ce que c'est plutôt, comme tu sembles le penser, l'humanité avec l'univers autour ?

Luc Ferry

J'ai dit, en effet, qu'il n'y avait pas de sens sans absolu. La raison en est assez simple et nous en sommes, je crois, d'accord : si le sens renvoie sans cesse à autre chose que lui, il faut bien, pour que toute cette chaîne elle-même possède un sens, fixer un terme qui ne soit plus lui-même relatif. Ou, pour le dire autrement : dans la vie quotidienne, nos actions tirent d'ordinaire leur sens du fait qu'elles s'inscrivent dans des *projets*. Si ces projets eux-mêmes n'avaient pas à leur tour un sens, il va de soi que les actions n'en auraient pas non plus, du moins en dernière instance. Par où l'on est conduit à poser – fût-ce, comme tu le fais, pour la rejeter – la question du « sens du sens », la question du sens ultime de notre vie. Il faut un terme absolu. Mais cet absolu, comme je l'ai suggéré, se déploie dans les relations humaines les plus simples et au cœur de notre expérience la plus concrète du monde. Il n'est pas un « au-delà » et le royaume de Dieu est déjà sur cette Terre ! Imaginez que nous soyons dans une société totalitaire dans laquelle les réunions comme celle que nous avons ce soir seraient interdites : est-ce que nous ne serions pas prêts, tous autour de cette table, à dire que ça vaut la peine de risquer sa vie pour que de telles rencontres, et bien d'autres pour tous les hommes qui les souhaiteraient, redeviennent possibles ? Même si l'on y renonçait par lâcheté ou impuissance, ce qui est bien possible, chacun reconnaîtrait au moins dans son for intérieur que la liberté peut mériter que l'on risque sa vie pour elle. C'est cela, la sacralisation de l'humain ! Cela ne consiste pas à idolâtrer l'être humain ou à dire qu'il est formidable (il suffit en effet d'ouvrir les yeux pour constater qu'il n'est pas si formidable que ça !). Il s'agit simplement de ne pas occulter ces aspirations qui, au sein de toutes nos relations, révèlent une dimension sacrée. Sans ce sacré-là, sans cet absolu-là, notre vie n'aurait strictement aucun sens. Encore n'ai-je même pas évoqué sa forme la plus haute, qui est bien sûr celle de l'amour.

Je comprends bien que la vieillesse n'est pas un bienfait, pour le coup, absolu ! Simplement, loin d'être purement négative comme le donnent à penser les sociétés modernes, elle m'apparaît pour ainsi dire comme le prix à payer pour l'incarnation de notre liberté dans ces espaces de vie universels : ce que j'appelle l'individualité concrète ou la pensée élargie.

Prenons un exemple tout simple, qui vaudra ici comme une métaphore pour le reste : quand on apprend plusieurs langues, comme l'a fait Tzvetan, qu'est-ce qui se passe ? Non seulement on s'arrache à notre contexte *particulier* de départ, mais on entre, de ce fait même, au moins potentiellement, en communication avec davantage d'êtres humains, et de façon plus fine, plus intelligente, plus compréhensive. Notre culture *s'élargit*, devient plus *universelle*. Et nous-mêmes, dans cette rencontre d'un particulier de départ et d'un universel à l'arrivée, nous nous *individualisons* davantage. Par où l'on voit en quoi cette idée de l'individu est aux antipodes de sa confusion ordinaire avec l' « égoïsme », ou le repli sur soi. C'est à mes yeux cette individualisation-là qui est le sens de notre vie, car en elle, par elle, la connaissance et l'amour se rejoignent ou, à tout le moins, peuvent se rejoindre pour préparer une vie commune réussie. Ici, ce n'est pas l'intensification de la vie qui est en question : c'est l'intensification de la part de sacré dans l'intersubjectivité. Quel que soit le prix de la vieillesse, c'est le prix à payer pour accéder à cette pensée élargie. On n'a jamais vu un enfant de quatre ans parler douze langues !

Lorsque l'on donne à lire à des adolescents, en classe de seconde, *L'Éducation sentimentale*, ils découvrent un ouvrage qu'ils peuvent éventuellement comprendre sur le plan intellectuel, mais qui n'a pour eux, à proprement parler, aucun intérêt puisqu'il parle, au fond, d'individus marqués par l'expérience de l'amour raté. Pour des enfants de quinze ans, c'est une expérience qui n'a pas de sens et qui est, de surcroît, plutôt répulsive. Quand on lit les dernières pages, et qu'on voit ces jeunes romantiques devenus cyniques qui vont au bordel parce que tout ce qui est de l'ordre de l'amour leur paraît frelaté et dépassé, on comprend que cette expérience-là n'ait guère de signification pour un enfant de quinze ans, quelle que soit son intelligence, fût-elle, du point de vue neuronal, supérieure à celle de n'importe quel adulte. Quand je fais l'éloge de la vieillesse ou quand je fais, disons, l'éloge de la sacralité de l'humanité, ça n'est ni pour dire que la vieillesse est épatante, ni pour dire que l'humanité est épatante, mais pour dire que c'est le prix à payer pour arriver à cette individualité concrète qui a cette particularité de ne pas se replier sur elle-même mais au contraire d'entrer de plus en plus en relations avec les autres. Plus on est individu, plus on est universel, si je puis dire.

André Comte-Sponville

J'ai du mal à te suivre sur ce terrain. Le problème, avec l'idée de perfectibilité, c'est qu'il y a la vieillesse... Or la vérité de la vieillesse, c'est qu'on ne se perfectionne pas toujours, mais qu'on se dégrade ! Certes, qui dit vieillesse dit aussi expérience, et ce peut être une ouverture, en effet, à une pensée plus large... pendant un certain temps. Mais, le plus souvent, la vieillesse est bien davantage un rétrécissement qu'un élargissement de la pensée ! C'est évident dans les vieillesses pathologiques, les démences séniles, la maladie d'Alzheimer, etc., mais c'est vrai aussi, presque toujours, dans les vieillesses ordinaires. Loin que la pensée s'ouvre de plus en plus, elle a tendance à se refermer, à se replier, à s'étioler. Et quand bien même on vieillirait en ne cessant de progresser toujours, de se perfectionner toujours, cela ne réglerait pas la question, puisqu'il resterait la mort. Je ne vois pas en quoi l'élargissement de la pensée peut faire un sens absolu, tant qu'il vient buter sur le néant ! Bref, vouloir trouver un sens à la vie dans sa perfectibilité, comme tu fais avec Rousseau et Kant, c'est non seulement méconnaître le fait que la vie se dégrade davantage qu'elle ne se perfectionne (puisqu'on vieillit), mais aussi que, quand bien même elle se perfectionnerait jusqu'à la fin, il y a une fin, précisément, et c'est la mort : le contraire d'un progrès ! Ou bien il faut croire en Dieu et en l'immortalité de l'âme... Mais ce n'est pas ton cas. Alors, que reste-t-il ? Si on me demande : « Le sens de la vie, pour Luc Ferry, c'est quoi ? » J'ai envie de répondre : c'est la vieillesse et la pensée élargie. Cela fait peu, non ?

LUC FERRY

Non, c'est l'amour. Je l'écris noir sur blanc : l'amour est l'expression la plus haute des quatre formes d'intersubjectivité, et la pensée élargie que j'appelle de mes vœux, contre tous les tribalismes, m'en semble être simplement la condition de possibilité. Quant à la vieillesse, je n'ai jamais prétendu, je crois que c'était assez clair, qu'elle était en tout point un « progrès » ! Je prétends simplement, à l'encontre de toutes les tendances les plus profondes des sociétés modernes, qu'elle possède un *sens*, qu'elle n'est pas, et loin de là, une simple déchéance, mais, au moins tout autant, une extraordinaire possibilité qui nous est offerte d'un autre rapport aux autres et au monde que ceux de la pédagogie, puis du pouvoir qui dominent d'ordinaire, même si nous n'y adhérons pas, la vie de l'enfant puis celle de l'adulte. Pour le dire autrement, et même dans le cas de la sénilité ou de la folie, l'être humain reste toujours le sujet de ses aliénations, du moins jusqu'à ce qu'il meure ou soit transformé en « légume », comme disent si joliment les médecins. Et c'est par où il me semble, comme le veut d'ailleurs le droit pénal, que la vie d'un vieillard vaut autant que celle d'un jeune homme, même si, pour des raisons évidentes, sa mort peut paraître moins tragique.

ANDRÉ COMTE-SPONVILLE

Tu me rassures : la vieillesse n'est pas un idéal suffisant ! Je dirais volontiers la même chose du réel. Il ne s'agit pas de dire que le monde est parfait au sens où il n'y aurait rien à y changer, au sens où il serait le meilleur des mondes possibles. Évidemment non ! Il s'agit de comprendre simplement qu'il est ce qu'il est, qu'il ne peut être autre chose, et qu'aucune sagesse, ni même aucune action pertinente, ne peut se faire sinon à partir de la prise en compte du monde tel qu'il est. Au fond, je suis d'accord avec Marx : le monde n'est pas à interpréter ; il est à connaître et à transformer. Mais nul ne peut le transformer efficacement et joyeusement qu'à la condition d'abord de le prendre comme il est.

À partir de là, on peut résumer notre désaccord. Pour Luc, le sens de la vie, c'est l'amour ; pour moi, la vie n'a pas de sens, l'amour n'a pas de sens, mais il en crée, mais il en donne. Pour Luc, l'absolu est liberté ; pour moi, il n'y a pas d'autre absolu que le relatif, que le devenir, que le réel... Pour Luc, l'essentiel, c'est l'homme : le monde tourne autour, comme dirait Kant, le monde n'est que ce que l'homme connaît ; pour moi, l'essentiel, ce serait plutôt le monde : l'homme est dedans, l'homme n'est qu'un des effets (certes singulier !) du monde. Luc est un philosophe de « la transcendance dans l'immanence », comme il dit, c'est-à-dire, au fond, de ce que Kant appelait le transcendantal. Je serais plutôt un philosophe de l'immanence, de ce que Spinoza appelait la nature ou la nécessité. Humanisme (mais non métaphysique) ou matérialisme (mais non dogmatique). Cela n'empêche pas les points d'accord (par exemple, on l'a vu ici, sur la subjectivité du sens, sur sa finitude, sur sa relation nécessaire à une altérité...). Mais ceux-ci n'annulent pas non plus les divergences. La philosophie de Luc est une philosophie du sujet ; la mienne serait plutôt ce qu'Alain (à propos de Spinoza, justement) appelait une philosophie de l'objet ou du monde. Je n'en oublie pas pour autant la subjectivité, Luc n'en oublie pas pour autant le monde, mais cela fait malgré tout, entre lui et moi, une véritable différence.

6

Espérance ou désespoir : Jésus et Bouddha

On connaît, sur ce point, l'opposition du bouddhisme et du christianisme. Pour le premier, l'espérance est la source même du malheur des hommes : car elle est une tension qui nous amène à situer le bonheur dans l'avenir, voire dans l'au-delà. Elle dévalorise donc le présent, alors que c'est ici et maintenant qu'il s'agit de vivre. Pour être heureux, il faut parvenir à se défaire des illusions de l'espoir, et pratiquer, comme le veut aussi le matérialisme, un « gai désespoir ». C'est la sagesse même. Pour les chrétiens, au contraire, l'espérance est une vertu théologale, et le pape, aujourd'hui encore, appelle ses fidèles à « entrer dans l'espérance » d'une vie éternelle. Nous ne sommes ni l'un ni l'autre bouddhiste ou chrétien ; mais le matérialiste se reconnaît volontiers dans certains éléments du bouddhisme, et l'humaniste transcendantal dans l'héritage du christianisme. Que reste-t-il, pour l'un et pour l'autre, de ces deux messages religieux dans un univers d'après la religion ? Dans quelle mesure peuvent-ils contribuer encore à l'élaboration d'une sagesse ou d'une spiritualité laïques ? Quelle conception de l'amour et de la compassion peuvent-ils nous léguer ? Telles sont nos questions communes, à partir de quoi les réponses divergent à nouveau.

Espérance ou désespoir : Jésus et Bouddha

André Comte-Sponville

Je peux bien l'avouer : le désespoir, pour moi, fut une émotion avant d'être une pensée.

Émotion existentielle, d'abord, comme le goût même du réel, tel qu'il me semblait l'éprouver (la lenteur de chaque jour, la brièveté de chaque vie...), comme la lumière du vrai, dont la joie même, quand elle était là, restait comme nimbée ou traversée. Quoi de plus désespérant que le bonheur ?

Émotion esthétique, ensuite. « Le beau, disait Paul Valéry, c'est ce qui désespère », et j'en ai fait très vite l'expérience. Quoi de plus désespérant qu'un très beau paysage ? Quoi de plus désespérant qu'un chef-d'œuvre ?

Émotion spirituelle, enfin, que je vivais alors dans la religion : qu'est ce que Dieu pourrait bien espérer ?

Tout cela me fut donné pendant l'enfance ou l'adolescence, obscurément sans doute mais fortement. Ce n'est que plus tard que cette émotion devint une idée, sur laquelle je voudrais m'expliquer quelque peu.

Qu'est-ce qu'une espérance ?

Je suis parti de Spinoza. « Il n'y a pas d'espoir sans crainte, écrit-il dans l'*Éthique*, ni de crainte sans espoir. » On pourrait là-dessus multiplier les exemples. Tu espères rester en bonne santé ? Tu crains donc de tomber malade. Tu crains de tomber malade ? Tu espères donc la santé.... Tu as peur d'échouer à ton examen ?

Tu espères donc être reçu. Tu espères être reçu ? Tu crains donc d'être recalé... On notera que l'espérance et la crainte, dans toutes ces situations, ne se donnent pas en proportion inverse, comme on le croit parfois (comme s'il y avait d'autant plus d'espérance qu'il y aurait moins de crainte, d'autant plus de crainte qu'il y aurait moins d'espérance), mais bien plutôt en proportion directe l'une de l'autre. On espère d'autant plus fort qu'on craint davantage. Nous sommes plusieurs ici à avoir passé et le B.E.P.C. et l'agrégation. Souvenez-vous... Le B.E.P.C. ne posait guère de problèmes : nous étions tellement certains de l'avoir que cela relevait plus de la confiance, j'y reviendrai, que de l'espérance. Pour l'agrégation, au contraire, l'espérance était très forte : c'est que nous avions bien davantage peur de la rater ! D'autres, qui ne se donnaient aucune chance, étaient plus sereins : comme ils n'espéraient à peu près rien, ils ne craignaient pas grand-chose... Fallait-il les envier ? Sans doute pas. Mieux vaut le risque affronté que l'échec programmé. Mais comprendre ceci : que l'espoir et la crainte vont ensemble, toujours, parfois légèrement (quand on espère un grand bien en ne craignant qu'un petit mal : gagner ou perdre au Loto), parfois atrocement (quand on craint le pire, auquel on espère d'autant plus échapper). Ceux qui ont veillé leur enfant mourant savent cela. Bref, il ne faut pas confondre l'espérance (comme expérience vécue) avec le calcul des chances (avec l'espérance au sens mathématique). Plus un événement est probable (plus son espérance mathématique est élevée), et moins nous l'espérons (plus l'espérance psychologique est faible). Qui espère vraiment que le soleil va se lever demain ? Suffit-il alors qu'un événement soit très improbable pour que nous l'espérions ? Évidemment pas : il faut encore que le désir s'en mêle, et c'est où l'on atteint l'essentiel.

Qu'est-ce qu'une espérance ? C'est bien sûr un désir : nul n'espère ce qu'il ne désire pas. Mais tout désir n'est pas une espérance : le désir est le *genre prochain*, dirait Aristote, dont l'espérance est une certaine *espèce*. Reste alors à trouver la ou les *différences spécifiques*, comme dirait encore Aristote, qui vont venir caractériser l'espérance dans le champ plus général du désir. Il semble que la différence spécifique soit toute trouvée, qui serait l'orientation temporelle : une espérance, ce serait un désir qui porterait sur l'avenir (le symétrique, donc, de la nostalgie, qui porte sur le passé). Et ce sera le cas, en effet, le plus souvent. Toutefois, point toujours ni seulement. Si l'on veut rendre compte de l'espérance dans sa complexité, dans sa vérité, dans sa profondeur, il me semble qu'il faut retenir plusieurs différences spécifiques, qui toutes pourront s'appliquer à l'avenir, certes, mais sans pourtant s'y réduire. J'en propose trois ; mises bout à bout, elles feront une définition de l'espérance.

Première caractéristique de l'espérance : une espérance, c'est un désir qui porte sur ce qu'on n'a pas, ou qui n'est pas (un manque). N'est-ce pas le cas, comme le voulait Platon, de tout désir [1] ? Non pas. Désirer la nourriture qu'on n'a pas, c'est avoir faim, c'est espérer manger, et c'est une souffrance. Désirer la nourriture qu'on a, c'est manger de bon appétit, et c'est un plaisir. Puissance du désir : puissance de jouir et jouissance en puissance. Nul, parmi nous, ne peut *espérer* participer à cette séance de séminaire – puisque nous le faisons en effet. Mais nous pouvons le *désirer*, et même nous le désirons tous : pourquoi resterions-nous autrement dans cette salle ? Essayez un peu, pour voir, d'*espérer être assis*... C'est impossible, puisque vous l'êtes. *Désirer être assis*, en revanche, c'est non seulement possible, mais c'est nécessaire : nous serions autrement déjà debout ou couchés... Bref, nous sommes une quinzaine, ici, à réfuter Platon en acte : à désirer ce qui ne nous manque pas ! Son erreur ? Il a confondu le désir et l'espérance (le genre et l'espèce) ; il a prétendu que tout désir était un manque, alors que ce n'est vrai que de certains désirs, à commencer par toutes nos espérances. Platon n'en a pas moins raison le plus souvent (nous ne savons ordinairement désirer que ce que nous n'avons pas), et toujours lorsque nous espérons. Mais tort pourtant d'en faire une règle absolue. C'est la croisée des chemins. Il faut désirer ce qui est, et c'est amour, ou ce qui n'est pas, et c'est espérance. Jouir et se réjouir, ou bien attendre et manquer... Épicure contre Platon : le plaisir contre l'espérance. Nul n'espère ce dont il jouit, et cela en dit long sur l'espoir. C'est où l'on rencontre la première différence spécifique que j'annonçais. Une espérance, c'est un désir qui *manque* de son objet : *espérer, c'est désirer sans jouir*.

C'est pourquoi bien sûr l'espérance porte le plus souvent sur l'avenir : parce que l'avenir, c'est par définition ce dont on n'a pas la jouissance ! Mais tel n'est pas pourtant le cas de toute espérance. On peut aussi espérer quelque chose qui n'est pas à venir : l'espérance, même si cela semble paradoxal, peut porter sur le passé ou le présent. Imaginez par exemple que votre meilleur ami vive aux

1. Voir, bien sûr, *Le Banquet*, 200-201.

États-Unis. Il vous a écrit une lettre, il y a une quinzaine de jours, dans laquelle il vous disait : « Je ne me sens pas très bien, je suis patraque, essoufflé, je vais aller voir un médecin... » La lettre n'était pas vraiment alarmante ; vous n'avez répondu que huit jours plus tard : « *J'espère que tu vas mieux.* » C'est une espérance, et elle porte sur le présent. Votre ami vous répond : « Non, cela ne va pas mieux. J'ai bien vu un médecin, mais lui-même est très inquiet : je me fais opérer demain, une opération à cœur ouvert... » Seulement, le temps que la lettre arrive de New York, il s'est passé quarante-huit heures. L'opération, quand vous recevez la lettre, a donc eu lieu la veille. Pour le coup très inquiet, vous répondez immédiatement : « *J'espère que ton opération s'est bien passée.* » C'est une espérance, et elle porte sur le passé.

Je ne joue pas sur les mots. Imaginez qu'il s'agisse vraiment de votre meilleur ami, ou de votre enfant, enfin, de la personne que vous aimez le plus au monde : non seulement c'est bien une espérance, mais c'est l'espérance la plus forte, alors, que vous ayez !

Qu'est-ce qui fait que nous ne pouvons pas espérer participer à ce séminaire, ce qui est du présent, alors que nous pouvons espérer que notre ami va mieux, ce qui est aussi du présent ? Qu'est-ce qui fait que nous ne pouvons pas espérer avoir participé à la séance du mois dernier, ce qui est du passé, alors que nous pouvons espérer que l'opération a réussi, ce qui est aussi du passé ? La réponse est bien simple : c'est que nous savons pertinemment que nous participons à ce séminaire, ici et maintenant, que nous y avons participé il y a un mois, alors que nous ne savons pas si notre ami va mieux ou si l'opération s'est bien passée. La différence, c'est qu'il y a savoir dans un cas (où nulle espérance n'est dès lors possible), et ignorance dans l'autre (où l'espérance, s'il y a désir, est à peu près inévitable). J'en veux pour preuve que dès que vous apprenez le résultat de l'opération, et qu'il soit heureux ou malheureux, l'espérance disparaît aussitôt, ou porte sur un autre objet (« Pourvu qu'il ne garde pas de séquelles ! », si vous apprenez que l'opération s'est bien passée ; ou « Pourvu qu'il n'ait pas souffert ! », si vous apprenez que l'opération s'est mal passée et qu'il est mort). Espérance et connaissance ne se rencontrent jamais, je veux dire – car on peut bien sûr espérer et connaître simultanément : savoir qu'on est malade, espérer qu'on va guérir... – ne portent jamais, au même instant, sur un même objet. On peut reprendre ici l'exemple de

Platon [1]. Ce que je connais, dans le meilleur des cas, c'est la santé ou la maladie présente. Ce que j'espère, c'est la santé à venir, que je ne connais pas. On dira qu'elle est parfois connue, programmée, annoncée : que le pronostic, en médecine, peut accompagner le diagnostic. Sans doute. Mais l'espérance est alors inversement proportionnelle au degré de savoir. Que penseriez-vous de celui, atteint d'une grippe, qui vous dirait : « J'espère guérir » ? Qu'il doit être très fragile ou très anxieux... Nul n'espère ce qu'il sait, et cela en dit long, là encore, sur l'espérance. C'est la deuxième caractéristique que j'annonçais. Une espérance, c'est un désir dont on ignore s'il est ou s'il sera satisfait : *espérer, c'est désirer sans savoir.*

C'est pourquoi, à nouveau, l'espérance porte le plus souvent sur l'avenir : parce que l'avenir, bien plus que le passé ou le présent, est objet d'ignorance. Mais que l'ignorance disparaisse, l'espérance disparaît aussi. Quel astronome peut espérer l'éclipse à venir, dont il connaît et la date et les causes ? Inversement, que l'ignorance porte sur le passé, et voilà que l'espérance, s'il y a désir, la suit. Combien espèrent que le Christ a ressuscité ? Combien de cocus ou de jaloux, dans nos couples, espèrent n'avoir pas été trompés ?

Il y a plus. Non seulement toute espérance ne porte pas sur l'avenir, mais tout désir portant sur l'avenir n'est pas non plus toujours une espérance. Rappelez-vous ce matin : nous avions tous le désir de venir, en fin d'après-midi, à cette séance de notre séminaire. Mais lequel d'entre nous peut prétendre, en esprit et en vérité, qu'il l'*espérait* ? Pour ma part, je sais bien que ce n'était pas le cas, et d'ailleurs j'imagine la tête de Luc, quand je l'ai eu au téléphone, si je lui avais dit : « Oui, oui, j'espère venir. » Il m'aurait répondu : « Tu me fais peur ! Il ne s'agit pas d'espérer : nous comptons sur toi ! » Mais je n'ai rien dit de tel, vous vous en doutez bien, ni lui non plus : nous avions assez confiance en nous-mêmes, et l'un dans l'autre, pour qu'il n'y ait guère de place pour l'espérance... Un peu tout de même ? Un peu : puisque nous pouvions d'ici là nous faire renverser par une voiture, ou être empêchés de venir par je ne sais quel événement imprévu et imparable... Cela éclaire l'espérance d'un jour nouveau : elle est la part de nos désirs dont la satisfaction ne dépend pas de nous, comme disaient les stoïciens, notre part d'impuissance et d'inquiétude. Lequel d'entre nous espère se lever tout à l'heure ? S'il y en a un, c'est qu'il est bien

1. Platon, *Le Banquet, op. cit.*, 200 *b-e*.

malade dans son corps ou dans sa tête... Non, bien sûr, qu'aucun d'entre nous ait l'intention de passer la nuit ici, ni de rester indéfiniment assis. Mais comme nous savons que nous lever ou pas, cela dépend de nous, que c'est en notre pouvoir, ce n'est pas une espérance : c'est un projet, une intention, une volonté, bref un désir qui porte sur l'avenir, certes, mais dont la satisfaction dépend de nous et qui ne saurait dès lors être une espérance. Nul n'espère ce dont il se sait capable, et cela en dit long, à nouveau, sur l'espoir. C'est la troisième différence spécifique que j'annonçais. Une espérance, c'est un désir dont la satisfaction ne dépend pas de nous : *espérer, c'est désirer sans pouvoir.*

C'est bien sûr ce qui distingue l'espérance de la volonté, et le secret du stoïcisme. « Quand tu auras désappris à espérer, disait à peu près Sénèque à Lucilius, je t'apprendrai à vouloir. » Disons, plus modestement, plus justement, qu'il s'agit d'apprendre à vouloir, en effet, et que c'est le seul moyen, dans l'ordre pratique, d'espérer un peu moins.

C'est aussi le secret du spinozisme. La puissance contre le manque : le désir, la connaissance et l'action contre l'espérance !

Nous connaissons maintenant le genre prochain de l'espérance : c'est une espèce de désir. Et ses trois différences spécifiques : le manque, l'ignorance, l'impuissance. Cela permet d'en donner la définition suivante : *Une espérance, c'est un désir qui porte sur ce qu'on n'a pas, ou qui n'est pas (un manque), dont on ignore s'il est ou s'il sera satisfait, enfin dont la satisfaction ne dépend pas de nous : espérer, c'est désirer sans jouir, sans savoir, sans pouvoir.* On comprend pourquoi les stoïciens la nommaient une passion, non une vertu, une faiblesse, non une force, ou pourquoi Spinoza y voyait, l'idée est la même, un « manque de connaissance » et comme une « impuissance de l'âme [1] ». C'est le désir le plus facile, et le plus faible.

Il ne s'agit pas de renoncer à tout rapport à l'avenir

Si j'ai pris le temps de produire et de justifier cette définition, c'est qu'elle me permet de répondre à la plupart des objections que l'on m'a faites.

1. Spinoza, *Éthique*, IV, scolie de la proposition 47.

On a voulu voir dans la sagesse du désespoir, telle que j'ai essayé de la penser, une vie réduite à sa pure instantanéité présente, qui renoncerait à tout avenir, à tout projet, à toute anticipation. Il ne saurait bien sûr en être question : ce serait la vie d'un animal, attaché « au piquet de l'instant », comme disait joliment Nietzsche [1], et le contraire de ce que nous cherchons (une vie plus humaine, plus libre, plus vaste). Qui prendrait pour une sagesse le *no future* des punks ou des idiots ? Nous sommes bien plutôt « accrochés au passé [2] », comme disait encore Nietzsche, nous devons l'être (quel esprit sans mémoire ? quelle vertu sans fidélité ?), nous sommes toujours tendus vers l'avenir, comme dira Bergson (quelle action sans choix ? quel choix sans projet [3] ?), bref, nous sommes des êtres de durée, nous vivons d'une vie historique, et c'est très bien ainsi : c'est à cette condition seulement que nous sommes humains, que nous pouvons penser et agir. Comment serions-nous ici, les uns et les autres, si nous n'avions pris rendez-vous ? Comment écririons-nous un livre, si nous n'en avions le projet ? Surtout, comment s'engager sans prévoir ? Comment combattre l'injustice sans imaginer l'avenir, sans résolution, sans programme ? Vivre au présent ? Il le faut bien, puisque cela seul nous est donné. Mais vivre dans l'instant, non.

Il ne s'agit pas de renoncer à tout rapport à l'avenir, ce qu'on ne peut, ce qu'on ne doit, mais plutôt de transformer notre rapport à l'avenir : de passer de l'espérance à la volonté, à la prudence, comme disaient les Anciens, à la patience, à la confiance, à l'anticipation lucide ou rêveuse, selon les cas, à l'imagination ludique ou résolue. Il s'agit de comprendre, en d'autres termes, que tout projet, tout programme, toute résolution, toute prévision – et même toute espérance – n'existent qu'au présent et ne valent qu'à proportion de la puissance, de la connaissance ou de la jouissance que nous y mettons ou trouvons. Si espérer c'est désirer sans savoir, sans pouvoir et sans jouir, tout rapport à l'avenir n'est pas d'espérance : tout rapport à l'avenir n'est pas forcément de manque, d'impuissance ou d'ignorance ! Un autre rapport à l'avenir est possible et nécessaire, qui serait de connaissance (la prévision rationnelle, le calcul des chances et des risques...), de puissance (le projet,

1. Friedrich Nietzsche, *Considérations inactuelles*, II, 1.
2. Id., *ibid.*
3. Voir, par exemple, « La conscience et la vie », dans *L'Énergie spirituelle*, p. 5 à 13 (éd. du Centenaire, P.U.F., 1970, p. 818 à 825). À la vérité, saint Augustin avait déjà dit l'essentiel : *Confessions*, livre XI.

la résolution, la préparation...), enfin de jouissance anticipée (l'imaginaire, le rêve, le fantasme...). Qui n'aime rêver, en vacances, devant les maisons qu'il n'a pas, qu'il imagine habiter? Et qui ne voit que c'est tout autre chose que d'*espérer avoir une maison*, ce qui est un malheur, si on n'en a pas, ou la marque en tout cas d'une insatisfaction, si on en a une... Vous pouvez très bien jouir par anticipation de tel plaisir annoncé, par exemple d'un voyage, le prévoir, le préparer, le déguster, si l'on peut dire, à l'avance. Est-ce à dire que vous espérez ce voyage ? Non pas : vous savez que vous allez le faire, et c'est pourquoi il est si bon d'y rêver. Ce n'est pas de l'espérance, c'est de la confiance, de l'anticipation, de l'imaginaire, et vous auriez bien tort de vous en priver ! Je ne sais plus pour quel produit on fit un jour cette campagne publicitaire : on voyait un homme en train de monter un escalier, et la légende disait simplement : « Le produit X, c'est comme l'amour ; c'est aussi bon avant que pendant... » Mais à condition, ajouterai-je, que la confiance l'emporte sur l'espérance et (donc) sur la crainte. Espérer ne pas attraper le sida, cela ne tient pas lieu de fidélité ou de préservatif. Espérer bander, ce n'est pas une érection. Espérer vouloir, ce n'est pas une volonté.

C'est la volonté, non l'espérance, qui fait agir

On m'a reproché aussi de faire l'apologie de la passivité, de la résignation, du repli douillet sur la vie intérieure, de contribuer ainsi à la démobilisation politique que nous connaissons, d'en être l'un des symptômes sinon l'une des causes, enfin, de ne proposer, en guise de philosophie, qu'une morale de l'abandon ou du renoncement... C'est ce qu'on a appelé parfois mon bouddhisme, le plus souvent pour me le reprocher, parce qu'on y voyait une fuite dans je ne sais quel nirvāna utopique ou coupable... C'est évidemment un contresens, et sur le bouddhisme, qui est au-dessus de ça (qui peut croire que les immenses civilisations qu'il a inspirées, qu'il inspire encore, ont bâti leur grandeur sur la paresse ou l'inaction ?), et sur ma propre philosophie, qui n'est pas niaise à ce point et qui d'ailleurs, dans sa critique de l'espérance, serait plutôt stoïcienne et spinoziste que bouddhiste ou quiétiste. Au reste, c'est précisément parce que j'ai fait beaucoup de politique, et parce que je ne me résigne pas à son discrédit actuel, que j'en suis venu à critiquer l'espérance : j'en percevais trop bien les dangers (l'utopie, le fanatisme, tous ces massacres innombrables au nom des lendemains qui chantent ou qui devaient chanter...) et les limites ! Par exemple, j'ai participé très activement, dans ma jeunesse, à plusieurs campagnes électorales, et bien sûr j'espérais comme tout le monde la victoire, sinon immédiate, du moins à échéance prévisible. Mais j'ai bien dû constater que beaucoup de gens l'espéraient tout autant (voire parfois davantage !), qui ne faisaient rien pour l'obtenir ou la favoriser, qui n'agissaient pas pour elle, qui ne se battaient pas pour elle, qui se contentaient, justement, de l'espérer. « On va gagner ! », me disaient-ils. Oui, mais c'est moi qui distribuais les tracts et collais les affiches... Les militants ont un mot pour désigner ces gens qui partagent leurs espérances mais non leurs volontés, leurs rêves mais non leurs actions : c'est ce qu'ils appellent des *sympathisants*... Et j'ai connu, inversement, quelques militants qui n'espéraient plus grand-chose, mais qui continuaient à se battre, je dirais désespérément, parce qu'ils ne voulaient ni renoncer ni trahir... Ce que j'en tire comme leçon ? Qu'il ne suffit pas d'espérer pour vouloir, et que c'est la volonté, non l'espérance, qui fait agir. Espérer la justice, ce n'est pas se battre pour elle. Désespérer de son règne (savoir qu'elle n'existe pas, qu'elle n'existera jamais), ce n'est pas renoncer à combattre l'injustice.

Disons-le clairement : ce n'est pas le manque d'espérances qui explique la crise politique que nous connaissons. Qui n'espère le recul du chômage et de l'exclusion ? Qui n'espère la croissance ? Qui n'espère – hormis les racistes et les xénophobes – la défaite de Le Pen et de ses amis ? Mais ces espérances ne créent pas un seul emploi, ni n'ôtent une seule voix au Front national. La vraie question, c'est toujours celle que posait Lénine : « Que faire ? » Question non d'espérance, mais d'analyse et de choix : question de connaissance, de prévision, de résolution. Il ne s'agit pas d'espérer : il s'agit de comprendre et de vouloir, de prévoir et d'agir.

Pour savoir ce que les gens espèrent, un sondage d'opinion suffit. Pour savoir ce qu'ils veulent, on a besoin du suffrage universel. Cela en dit long sur l'espérance et sur la volonté – et sur la différence entre les deux. On peut désirer tout et son contraire : fumer et ne pas fumer, les délices de la gloire et le confort de l'anonymat, la baisse des impôts et l'augmentation des dépenses publiques... Mais le vouloir, non : parce que vouloir c'est choisir, parce que vouloir c'est faire, et qu'on ne peut jamais faire deux choses contradictoires à la fois. Essayez un peu de vouloir tendre le bras sans le tendre en effet. Tout ce que vous pourriez faire, c'est vous empêcher, avec la main gauche, de tendre le bras droit. Mais c'est alors que vous voulez vous empêcher de tendre le bras, et c'est exactement ce que vous faites. Grandeur et rigueur du stoïcisme : on fait toujours ce qu'on veut (non toujours, certes, ce qu'on espère ou désire !) ; on veut toujours – et on ne veut *que* – ce qu'on fait. Comment l'espérance serait-elle une vertu ? Ce qui détermine la valeur morale d'un homme, ce n'est pas ce qu'il espère ; c'est ce qu'il veut et fait. Comment l'espérance ferait-elle une politique ? Ce qui fonde la démocratie, ce n'est pas l'espoir des individus ; c'est la volonté du peuple. C'est toute la différence entre un démagogue, qui ne fait naître que des espérances, et un homme d'État, qui mobilise des volontés.

On me dira qu'il n'y a pas de volonté sans espérance : qu'il faut croire que quelque chose est possible pour le vouloir. Sans doute. Mais la possibilité vraie relève moins de l'espérance, encore une fois, que de l'analyse et de l'anticipation. Espérer qu'il fera beau, ce n'est pas une prévision météorologique. Et ce n'est pas en espérant indéfiniment le retour du plein emploi qu'on fera reculer le chômage... Surtout : l'espérance est toujours déjà là, puisque nous désirons sans savoir, sans pouvoir, sans jouir. C'est donc la volonté qu'il faut faire naître, qu'il faut renforcer, éclairer, éduquer. Les plus malheureux, dans nos pays, ne sont pas ceux qui ont perdu l'espérance, comme on le dit partout : même les plus pauvres peuvent espérer gagner au Loto, ou qu'ils trouveront un travail, ou qu'ils ne seront pas malades, ou qu'ils ne se feront pas agresser, ou qu'il fera moins froid l'hiver prochain... Pas d'espoir sans crainte, pas de crainte sans espoir : l'espérance est toujours possible, tant que la peur est possible – et qui ne voit qu'elle l'est toujours, et d'autant plus qu'on est plus faible ? Non, les plus malheureux, ce ne sont pas ceux qui espèrent le moins ; ce sont ceux qui ne peuvent plus vouloir : parce qu'ils ont le sentiment, hélas point toujours à tort, que plus rien ne dépend d'eux, qu'ils ont perdu toute puissance d'agir, comme dirait Spinoza, toute prise sur les événements, qu'ils ne peuvent plus qu'espérer et trembler...

Espérer le désespoir ?

On m'a reproché enfin une espèce d'inconséquence, à la fois logique et existentielle, qui reviendrait à espérer absurdement le désespoir, ou à prôner l'acceptation de la vie telle qu'elle est, tout en refusant justement sa part d'angoisse et d'espérance... À l'objection logique, j'avais répondu dès mon commencement, je veux dire dès l'avant-propos du *Mythe d'Icare*, et je n'ai cessé d'y revenir : tant qu'elle n'est que l'espérance de la sagesse, la philosophie n'est qu'un piège comme un autre, qui nous en sépare et dont il faut aussi se libérer. Le sage ? Il se reconnaîtrait au fait qu'il a cessé d'espérer le devenir, qu'il ne croit plus en la sagesse – que la vie lui suffit, dans sa finitude, dans son incomplétude, dans son impermanence, et le comble. Bien loin d'espérer le désespoir, ce qui serait en effet absurde, il s'agit donc plutôt de désespérer du désespoir lui-même, de n'en rien attendre, de se contenter d'habiter le réel tel qu'il est, tel qu'il passe, tel qu'il nous porte et nous emporte, de comprendre que nous sommes déjà sauvés, comme dirait Spinoza, ou que nous ne pouvons l'être, comme dirait Montaigne, enfin, que ces deux vérités n'en font qu'une – sous deux aspects : *sub specie aeternitatis, sub specie temporis...* – qui est notre vie, la seule qui nous soit donnée, misérable et précieuse, éternelle et passagère... Mieux vaut espérer la sagesse, sans doute, que la fortune ou la gloire. Mais nul, tant qu'il l'espère, ne l'atteint.

Je suis davantage sensible à l'objection existentielle, ou à la dimension existentielle de l'objection. Je me souviens par exemple d'un article que Michel Onfray avait consacré, il y a plusieurs années, à l'un de mes textes : il me reprochait vertement de m'enfermer dans l'idéal ascétique, de vouloir me protéger de la vie, de ne tendre, comme il disait, qu'à « l'impassibilité du cadavre »... L'attaque, qui venait d'un ami, m'avait secoué, non seulement parce qu'elle était exprimée avec autant de virulence que de talent, mais aussi parce que j'y percevais une part, au moins possible, de vérité. S'agissant de l'idéal ascétique, je ne m'en souciais pas trop : j'étais en bonne compagnie, puisque Onfray, après Nietzsche, fait le même reproche à Épicure, à Jésus, au Bouddha, à Spinoza, à

Kant, et même à Marx [1]... Cela me tenait lieu de défense ou de consolation. Mais je m'interrogeais sur mes motivations profondes. Vouloir se libérer de l'espérance, n'était-ce pas une défense contre l'angoisse, et dès lors, en effet, contre la vie elle-même ? Peut-être bien. Je me souviens, quelques années plus tard, avoir noté sur un cahier, au sortir d'une séance de psychanalyse, ceci : « C'est l'histoire d'un pauvre petit garçon qui n'avait rien trouvé de mieux à opposer à l'angoisse que la mélancolie. Plus tard, il en fera à peu près une philosophie. Il appellera cela : le désespoir... » Vouloir ainsi anticiper le deuil, s'installer dans une position où il serait à faire plutôt qu'à craindre, où le pire aurait déjà eu lieu, où il serait derrière nous, vivre en quelque sorte au futur antérieur (quand tout cela aura été vécu, surmonté, oublié...), n'était-ce pas se tromper sur la vie, la fuir, la transformer tout entière et vainement en passé, bref n'était-ce pas vouloir, comme disait encore Onfray, « mourir avant qu'il soit temps, avant l'heure » ? La philosophie comme mécanisme de défense ? Le désespoir comme suicide virtuel ? Peut-être, pour une part. Et, après tout, pourquoi pas ? Nous sommes des enfants : à chacun ses armes et ses ruses, qui peuvent déboucher sur une vérité. Est-ce ma faute à moi si nous mourons, si nous vieillissons, si la vie est le contraire d'une utopie ? Au reste, j'ai toujours dit qu'il ne s'agissait pas de s'enfermer dans le désespoir (nihilisme, défaitisme, résignation...), mais de passer *de l'autre côté* – et c'est ce que j'ai appelé, avec Spinoza ou Prajnānpad, la béatitude [2]. Depuis que le soupçon m'est venu, toutefois, je parle moins de désespoir, et préfère insister, comme je l'ai fait tout à l'heure, sur les pièges et les limites de l'espérance. Sur le fond, je crois en effet toujours, avec Spinoza, que « plus nous nous efforçons de vivre sous la conduite de la raison, plus nous faisons effort pour nous rendre moins dépendants de l'espoir » et, dans le même mouvement, pour « nous affranchir de la crainte [3] ». Mais j'ai mieux compris, avec le temps, que cela ne se décrète pas, ne se commande pas, qu'on ne saurait s'amputer vivant de l'espérance

1. Voir, par exemple, Michel Onfray, *L'Art de jouir*, éd. Grasset, 1991, p. 297 et 300.

2. Voir mon *Traité du désespoir et de la béatitude* (spécialement le chap. 5 et la conclusion), P.U.F., 1984 et 1988, ainsi que le petit livre que j'ai consacré à Prajnānpad, *De l'autre côté du désespoir (Introduction à la pensée de Svāmi Prajnānpad)*, Paris, éd. Accarias-L'Originel, 1997.

3. Spinoza, *Éthique*, IV, scolie de la proposition 47.

(elle est là, inévitablement, dès que nous désirons sans savoir, sans pouvoir, sans jouir : presque toujours !), bref, qu'il s'agit plutôt d'augmenter en nous la part de puissance, de connaissance, de jouissance – la part d'action, dirait Spinoza –, et de laisser l'espoir et la crainte à leur destin ordinaire de passions, qu'il faut aussi savoir accepter. « Le sage est sage, disait Alain, non par moins de folie, mais par plus de sagesse. » Non pas s'interdire d'espérer, donc, mais apprendre à vouloir, à connaître, à jouir ! C'est apprendre à vivre, et aucune philosophie ne saurait nous en dispenser.

Le désespoir n'en demeure pas moins, il nous accompagne, il nous habite, ou c'est nous, pour mieux dire, qui l'habitons. C'est une dimension du temps (ou plutôt c'est le temps même : que seul le présent existe), c'est une dimension du monde (ou plutôt c'est le monde même : que seul le réel est réel), enfin c'est une dimension du bonheur (qui ne laisse rien à espérer) ou de la sagesse. Pas d'espoir sans crainte, pas de crainte sans espoir... Si le sage est sans crainte, comme il doit l'être, c'est donc qu'il est sans espoir. Cela dit assez le chemin qui nous en sépare, et ce qui en nous, parfois, s'en approche. Espérer c'est désirer sans savoir, sans pouvoir, sans jouir. On comprend que le sage – pour autant qu'il est sage, comme dit Spinoza, et bien sûr nul ne l'est totalement –, que le sage, donc, n'espère rien : non qu'il sache tout, on s'en doute, ni qu'il puisse tout (il n'est pas Dieu), ni même qu'il ne soit que plaisir (il peut bien avoir mal aux dents, comme tout le monde), mais en ceci qu'il a cessé de désirer autre chose que ce qu'il sait ou peut, ou que ce dont il jouit. Il n'a plus besoin d'espérer : il lui suffit de vouloir, pour tout ce qui dépend de lui, et d'aimer, pour tout ce qui n'en dépend pas.

Jésus et Bouddha

J'ai peu parlé du bouddhisme et du christianisme. C'est que je suis moins sensible que Luc, et moins que je ne l'ai été, à ce qui les sépare : les convergences, aujourd'hui, me frappent davantage que les divergences. Certes, cette sagesse du désespoir, telle que je viens d'en esquisser les contours, paraîtra familière à ceux qui ont fréquenté le « Sage au pied de l'arbre », comme dit Lévi-Strauss [1], et pourra choquer, inversement, les chrétiens : ne font-ils pas de l'espérance une vertu théologale ? Dont acte. Mais l'idée d'une sagesse du désespoir n'appartient pas en propre au bouddhisme, qui d'ailleurs ne l'énonce pas non plus en ces termes. C'est plutôt un lieu commun de la sagesse orientale, qu'on peut trouver par exemple, et avant même le Bouddha, dans le *Sāmkhya-Sūtra* ou le *Mahābhārata* : « Seul est heureux celui qui a perdu tout espoir ; car l'espoir est la plus grande torture qui soit, et le désespoir le plus grand bonheur [2]... »

La même idée, dans des problématiques différentes, peut se rencontrer en Occident, spécialement chez les stoïciens et Spinoza. C'est moins une doctrine, d'abord, qu'une expérience. On n'espère que ce qu'on n'a pas : tant que nous espérons le bonheur, c'est donc que nous ne sommes pas heureux. Et quand nous le sommes, que nous reste-t-il à espérer ? La continuation du bonheur ? Mais il n'y a pas d'espoir sans crainte : vouloir que le bonheur dure, c'est craindre qu'il ne cesse, et le voilà déjà qui s'abolit dans l'angoisse de sa perte... Nous sommes séparés du bonheur par l'espérance même qui le poursuit ou par la crainte de le perdre, et ne pouvons l'habiter, au contraire, qu'à proportion du désespoir que nous sommes capables de supporter. Qui n'a connu ces moments de simplicité et de paix, où il n'avait plus rien à espérer, où il se contentait de tout ? Et qu'avons-nous vécu de meilleur ? Cette sagesse-là n'est ni bouddhiste ni chrétienne : elle est humaine, simplement humaine. Quand je fais des conférences sur ce sujet, j'ai coutume de citer deux auteurs que j'affectionne particulièrement. Le premier est Woody Allen : « Qu'est-ce que je serais heureux, écrit-il quelque part, si j'étais heureux ! » Mais comment le serait-il, puisqu'il espère le devenir ? Le second m'importe encore davantage. C'est Pascal, dans les *Pensées* : « Ainsi nous ne vivons jamais, mais nous espérons de vivre ; et nous disposant toujours à être heureux, il est inévitable que nous ne le

1. Dans le premier texte, je crois bien, que j'aie lu sur le bouddhisme, et qui reste l'un des plus beaux que je connaisse : *Tristes Tropiques*, chap. XL, éd. Plon, 1955, rééd. 1973, p. 468 à 480 (p. 475 pour l'expression citée).

2. *Sāmkhya-Sūtra*, IV, 11 (la deuxième partie de la phrase est une citation du *Mahābhārata*), cité par Mircea Eliade, *Le Yoga*, éd. Payot, 1983, p. 40. Voir aussi ce que j'écrivais dans *Vivre*, *op. cit.*, p. 291-292.

soyons jamais [1]. » Un Juif new-yorkais, donc, et un chrétien janséniste : aucun des deux, que je sache, ne s'est converti au bouddhisme...

Il n'en reste pas moins, Luc a raison sur ce point, que le christianisme est une religion, qui fait la part belle à l'espérance, quand le bouddhisme serait plutôt une sagesse, qui apprend à s'en libérer. Souvenez-vous des Béatitudes : le bonheur s'y dit au présent (« Heureux les affamés de justice »), mais dans l'annonce d'un futur (« car ils *seront* rassasiés »). C'est toute l'équivoque de la Bonne Nouvelle. Si on met l'accent sur le futur, la religion n'est qu'une espérance dogmatique, qui nous sépare de la vraie vie. C'est l'opium du peuple et des faibles. Mais si l'on insiste au contraire sur le présent, elle dit l'essentiel de ce que chacun doit croire ou comprendre – et bien sûr comprendre vaut mieux – s'il veut se rapprocher, ici et maintenant, de la sagesse ou du salut. Je vous renvoie à Spinoza, qui renvoie à saint Paul. D'où, en Occident, la formidable portée civilisatrice, morale et spirituelle du christianisme, qui vaut bien celle, en Orient, du bouddhisme. Cela ne m'empêche pas d'avoir plus de sympathie pour le dalaï-lama que pour Jean-Paul II. Mais cette sympathie ne me dispense pas non plus d'être d'Occident, puisque c'est mon histoire, et de chercher mon chemin, il le faut bien, dans cette tradition qui est la nôtre... Je me vois mal fonder un ashram en Auvergne : j'ai peu de goût pour les conversions, et encore moins pour l'exotisme.

Nous sommes dans le Royaume : l'éternité, c'est maintenant

D'ailleurs, si l'espérance est bien, pour le christianisme, l'une des trois vertus théologales (avec la foi et la charité), il faut rappeler qu'elle n'est pas la principale. La plus grande des trois, disait déjà

1. Blaise Pascal, *Pensées*, fragment 172, Brunschvicg, ou 47, éd. Lafuma. Voir aussi la *Lettre aux Roannez* de décembre 1656 : « Le passé ne nous doit point embarrasser, puisque nous n'avons qu'à avoir regret de nos fautes. Mais l'avenir nous doit encore moins toucher, puisqu'il n'est point du tout à notre égard, et que nous n'y arriverons peut-être jamais. Le présent est le seul temps qui est véritablement à nous, et dont nous devons user selon Dieu. C'est là où nos pensées doivent être principalement comptées. Cependant le monde est si inquiet, qu'on ne pense presque jamais à la présente et à l'instant où l'on vit ; mais à celui où l'on vivra. De sorte qu'on est toujours en état de vivre à l'avenir, et jamais de vivre maintenant. »

saint Paul, c'est la charité ou l'amour (*agapè*) : tout le reste passera ; la charité seule ne passera pas [1]. Est-ce à dire que l'espérance passera ? que la foi passera ? Oui, explique saint Augustin, puisque, dans le Royaume, *il n'y aura plus rien à croire ni à espérer* [2]. Être athée, comme je le suis, tout en essayant de rester fidèle à cette tradition-là, c'est penser que nous sommes dans le Royaume, ici et maintenant, puisqu'il n'y en a pas d'autre ; qu'il n'y a donc rien à croire – puisque tout est à connaître –, ni rien à espérer – puisque tout est à aimer ; enfin qu'on peut donc prendre modèle sur le Christ, puisque c'est le maître de chez nous, sans renier pour autant le Bouddha, qui nous éclaire de plus loin, et sans oublier surtout ce qui les rapproche, que saint Thomas, sans y penser, énonçait tranquillement : le Christ n'a jamais eu « ni la foi ni l'espérance », et cependant il était d'une « charité parfaite [3] ».

Parce qu'il était Dieu ? Bien sûr, et c'est en quoi cette perfection, on s'en doute, est pour nous hors d'atteinte. Qui ne voit pourtant qu'elle nous éclaire, et que le Bouddha, qui espéra d'abord, qui crut d'abord, puisqu'il n'était qu'un homme, en est sans doute l'image la plus approchée ? Le christianisme, quand il parle du Royaume, n'en est pas si éloigné. L'éternité n'a pas de frontières. Le présent n'a pas de frontières. « Les bienheureux n'ont pas l'espérance pour la continuation de la béatitude, mais ils en possèdent la réalité même ; et il n'y a là rien de futur. » Bouddha ? Nāgārjuna ? Prajnānpad ? Non : saint Thomas [4]. C'est ce que j'ai compris aussi et mieux chez Spinoza, sans foi aucune, sans transcendance aucune, c'est ce que j'ai retrouvé chez les stoïciens, spécialement chez Sénèque et Marc Aurèle, c'est ce que j'ai redécouvert dans les textes bouddhistes (que le nirvāna est atteint de toute éternité, qu'il est la même chose que le samsāra [5]...), et qu'il m'est arrivé, dans mes moments de bonheur ou de paix, d'*expérimenter*, comme on lit dans l'*Éthique*, à peu près. C'est la

1. Voir, bien sûr, la *première Épître aux Corinthiens*, 13.

2. Saint Augustin, *Soliloques*, I, 7, et *Sermons*, 158, 9. Voir aussi saint Thomas, *Somme théologique*, II-II, question 18, article 2 : « Il ne peut y avoir au ciel la vertu d'espérance. Et c'est pourquoi l'espérance, comme aussi la foi, s'évanouit dans la patrie, et ni l'une ni l'autre ne peut exister chez les bienheureux » (éd. du Cerf, 1985, t. 3, p. 125).

3. Saint Thomas, *Somme théologique*, I-II, question 65, article 5, éd. du Cerf, 1984, t. 2, p. 395-396.

4. Bien sûr à propos du paradis : *Somme théologique, op. cit.*, II-II, question 18, article 2, t. 3, p. 125.

5. Voir par exemple les textes de Nāgārjuna et de ses disciples, cités par Lilian Silburn, *Le Bouddhisme*, éd. Fayard, 1977, p. 199-200.

fameuse formule du livre V : « Nous sentons et expérimentons que nous sommes éternels [1]. » Que nous le *sommes*, ici et maintenant, non que nous le *serons*. L'éternité, c'est aujourd'hui. C'est où le désespoir et la béatitude se rejoignent : il n'y a rien à espérer, puisque tout est là.

Espérer un peu moins, aimer un peu plus...

Sagesse du désespoir ? Sagesse de l'amour ? L'une et l'autre, qui n'en font qu'une. Qu'on ne puisse tout à fait l'atteindre, c'est ce qui nous voue au tragique et à l'angoisse. Qu'on puisse pourtant s'en approcher, c'est ce que la vie nous enseigne, et qui nous sauve. Il ne s'agit pas d'espérer le désespoir, ni de s'interdire d'espérer. Il s'agit d'avancer un peu, de progresser un peu, de grandir un peu, tant que nous pouvons. Disons la chose plus simplement : il s'agit d'espérer un peu moins, et d'aimer un peu plus.

C'est où je retrouve l'émotion d'où j'étais parti. Aimer quelqu'un ou quelque chose *dans l'espoir* d'autre chose, ce n'est pas l'aimer : c'est aimer cet *autre chose* qu'on en attend. Cela dit assez la formule de l'amour vrai, du pur amour, comme disait Fénelon : c'est aimer sinon sans espoir, il en reste toujours, du moins *indépendamment de toute espérance*. Ainsi aimons-nous un très beau paysage, une très belle musique, nos enfants, nos amis enfin, si nous les aimons vraiment : non pour ce que nous en espérons, mais pour ce qu'ils sont.

Et je ne connais rien, en effet, de plus émouvant...

1. *Éthique*, V, scolie de la proposition 23 : « *Sentimus experimurque nos aeternos esse.* »

Espérance ou désespoir : Jésus ou Bouddha

Luc Ferry

Ce chapitre ne sera, au fond, qu'une variation sur le précédent et, je l'espère aussi, un approfondissement. Comme l'un d'entre vous le suggérait lors d'une précédente réunion : le « spinozisme stoïcien » d'André pourrait, à bien des égards, être décrit comme une version sécularisée du bouddhisme tandis que mon « kantisme revisité » s'inscrirait dans l'optique d'une sécularisation du christianisme. J'admets volontiers la formule pourvu que l'on accorde ici toute sa dimension à l'idée de *sécularisation.* J'ai en effet la conviction que la philosophie moderne a été, pour l'essentiel, une laïcisation des grandes problématiques religieuses. À cet égard, le bouddhisme et le christianisme offrent aujourd'hui encore une alternative décisive à la réflexion humaine sur la sagesse et sur le sens. Raison de plus pour résister au syncrétisme ambiant et aux nébuleuses « mystico-ésotériques » qui tentent sans cesse d'improbables fusions : si l'on veut percevoir les enjeux d'un choix possible, il faut savoir aussi préserver l'identité des termes en présence. C'est dans cette perspective que j'aimerais insister ici sur ce qui distingue, voire oppose, christianisme et bouddhisme, même si je n'ignore pas tout ce qui les rapproche par ailleurs.

Au-delà de la diversité des œuvres et des traditions, existe-t-il aujourd'hui quelque chose comme un « message essentiel » du bouddhisme ? On pourrait en débattre longuement. Entre les textes originels dont la difficulté est parfois extrême et l'extraordinaire succès, en Europe même, de certains thèmes popularisés par le dalaï-lama et ses disciples, la distance est grande. Et comme je ne prétends pas ici au statut de l'érudit, mais considère ces publications avec le regard naïf d'un « honnête homme », il me semble possible d'apercevoir dans la tradition tibétaine quelques points forts qui paraissent, malgré certaines volontés œcuméniques au demeurant respectables [1], impliquer une rupture décisive avec la tradition chrétienne. Je l'ai déjà suggéré, mais j'aimerais préciser encore le sens de cette divergence et montrer en quoi elle possède, après la sécularisation elle-même, une pertinence pour la réflexion contemporaine.

Trois piliers du bouddhisme tibétain : la souffrance due aux « attachements », le « dés-espoir » et la critique du « Moi »

Soit, pour commencer, le plus constant message du bouddhisme tibétain : toutes nos souffrances en ce monde [2], mais aussi toutes celles que nous infligeons aux autres, sont liées au fait que nous ne cessons de nous « attacher » à des personnes (nos proches, nos amis, etc.) ou à des choses (argent, biens, honneurs, etc.). Une telle attitude apparaît tout à la fois comme imprudente et erronée : imprudente parce que rien n'est, ici-bas, éternel ou permanent. C'est au contraire le changement et l'« impermanence » qui sont de règle. S'attacher à qui ou à quoi que ce soit, c'est donc se préparer, presque volontairement, les pires souffrances qui soient. D'autant qu'à l'horizon, quand bien même nous aurions pu maintenir une certaine stabilité au cours de notre vie, se profile inéluctablement la mort, qui impose le détachement suprême :

> « La condition idéale pour mourir est d'avoir tout abandonné, intérieurement et extérieurement, afin qu'il y ait – à ce moment essentiel – le moins possible d'envie, de désir et d'attachement auquel l'esprit puisse se raccrocher. C'est pourquoi, avant de mourir, nous devrions nous libérer de tous nos biens, amis et famille [3]. »

---

1. Cf. *Le Dalaï-Lama parle de Jésus*, éd. Brépols, 1996. Je ne conteste d'ailleurs nullement l'existence d'une grande proximité sur le plan des valeurs morales.
2. Non pas qu'il y en ait un autre, comme chez les chrétiens, mais du moins une possibilité d'échapper un jour à la réincarnation.
3. *Le Livre tibétain de la vie et de la mort*, éd. de la Table Ronde, 1993, p. 297.

Mais un tel « éveil » ne saurait simplement se préparer à l'approche de la mort. Il doit au contraire constituer un idéal tout au long de notre vie :

> « La pratique bouddhiste nous avise de ne pas ignorer les malheurs mais de les reconnaître et de les affronter en nous y préparant d'emblée de façon qu'à l'instant de les expérimenter, la souffrance ne soit pas totalement intolérable... Vous vous efforcerez, en vertu de votre pratique spirituelle, de vous détacher des objets de l'attachement [1]. »

C'est donc bien « d'emblée », le plus tôt possible en tout cas, qu'il nous faut viser l'attitude au mieux désignée par le terme de « non-attachement » : non pas, sans doute, une indifférence à tout ce qui nous entoure, mais du moins une sérénité, un « laisser-être » ou un « lâcher-prise » qui ne sauraient passer que par une véritable « déconstruction » du Moi. De tous ces attachements qui engendrent la souffrance, c'est lui l'unique responsable, cet *ego*, qui sans cesse, parce qu'il tient à ses avoirs affectifs ou matériels, vit dans la *crainte* ou dans l'*espoir*, ces deux formes premières de la souffrance et de la peur :

> « De la même manière, nous croyons à tort que le corps et l'esprit possèdent une espèce de Soi – de là découlent tous les autres leurres, comme le désir et la colère. En raison de cette attitude égoïste, de cette méprise du Soi, nous faisons la distinction entre nous et les autres. Puis, en fonction de la manière dont les autres nous traitent, nous en aimons certains à qui nous nous attachons et en considérons d'autres comme plus lointains, en les classant parmi nos ennemis. Nous faisons alors l'expérience de la haine et de la colère [2]. »

Le moi est un épiphénomène dont la vérité est ailleurs : il n'est que l'effet, en nous, d'agrégats provisoires, impersonnels et anonymes, voués le jour de notre mort à retrouver leur anonymat d'origine. En clair : la *personnalité*, la croyance en l'individualité unique et irremplaçable de chaque personne, est l'illusion par excellence, et il se trouve que l'Occident moderne, l'Occident individualiste, repose tout entier sur elle. On ajoutera sans grand risque de se tromper, quitte à écorner quelque peu l'œcuménisme

1. Dalaï-Lama, *La Voie de la liberté*, Calmann-Lévy, 1995, p. 68.
2. Id., *ibid.*, p. 144.

qui semble aujourd'hui de rigueur : c'est aussi le christianisme tout entier qui repose sur l'idée que chacun d'entre nous possède une âme *personnelle* qui lui donne sa dignité et en fait une image de Dieu.

Le diagnostic dessine de lui-même la voie à suivre. Le « non-attachement » doit se faire, au sens propre du terme, « dés-espoir », stade ultime de la véritable sagesse : à l'encontre d'une idée reçue, ce n'est pas l'espérance, mais bien le dés-espoir qui est la condition d'un bonheur authentique. Il suffit, pour s'en persuader, de réfléchir un instant à ceci : espérer, par définition même, c'est n'être pas heureux, mais dans l'attente, le manque, le désir insatisfait et impuissant : « Espérer, c'est désirer sans jouir, sans savoir, sans pouvoir [1]. » Sans jouir, puisque l'on n'espère jamais que ce que l'on n'a pas ; sans savoir, puisque l'espérance implique toujours une certaine dose d'ignorance quant à la réalisation des fins visées ; sans pouvoir, étant donné que nul ne saurait espérer ce dont la réalisation lui appartient pleinement. Non seulement l'espoir nous installe dans une tension négative, mais, en outre, il nous fait manquer le présent : préoccupés d'un avenir meilleur, nous en oublions que la seule vie qui vaille d'être vécue, la seule qui, tout simplement, soit, est celle qui se déroule sous nos yeux, ici et maintenant. Comme le dit à peu près un proverbe tibétain, c'est l'instant présent et la personne située en face de moi qui, toujours, importent plus que tous les autres.

Pourquoi faudrait-il, dans ces conditions, « entrer dans l'espérance », comme nous y invite aujourd'hui encore le chef de l'Église catholique ? Il conviendrait plutôt de la fuir comme l'enfer, si l'on en croit cet aphorisme hindou : « Le désespéré est heureux... Car l'espoir est la plus grande douleur, et le désespoir la plus grande béatitude [2]. » Sage est celui qui sait se déprendre du moi et, par là même, du monde. S'il subsiste encore un espoir, c'est celui d'accéder un jour, par la patience et l'exercice, à la béatitude du désespoir.

Je n'insiste pas. Tous ces thèmes sont bien connus et je voulais seulement, en les rappelant par quelques citations, en venir à ceci : ils doivent nous permettre de prendre la mesure de ce qui sépare en vérité bouddhisme et christianisme. Non seulement ce dernier

---

1. Voir André Comte-Sponville, « Sagesse et désespoir », in *Une éducation philosophique, op. cit.*, p. 352.
2. Cité par André Comte-Sponville, Id., *ibid.*, p. 349.

repose tout entier sur la conviction qu'une valeur absolue s'attache au moi personnel, à l'âme individuelle, mais c'est en raison même de cette conviction qu'il nous invite à l'espérance, à la foi en une vie éternelle. Si le moi n'est pas l'illusion mais bien la vérité ultime de notre existence, comment pourrait-il ne pas espérer ? Comment pourrait-il, en particulier, ne pas souhaiter s'épargner la mort, retrouver dans une autre vie ceux à qui il s'est, en effet, attaché ici-bas ? Divergence radicale entre les deux religions, entre celle qui dit : « N'aimez pas *personnellement*, car l'attachement suscité par l'amour personnalisé vous fera souffrir plus que tout. Bornez-vous donc, ce qui est déjà beau, à une compassion universelle », et celle qui affirme au contraire : « Aimez tant que vous voudrez, aimez personnellement vos proches et vos amis, car l'amour, du moins s'il est authentique, non possessif et pourtant individuel, vous sauvera : c'est même lui, vous pouvez d'ores et déjà l'espérer, qui vous fera entrer dans la vie éternelle. »

La dignité absolue du moi personnel : l'entrée dans l'espérance chrétienne

Rien n'est plus significatif à mes yeux de cette antinomie entre les deux visions du monde que l'épisode des Évangiles qui rapporte la mort de Lazare : on y voit combien le Christ est incarné dans l'humain, combien il ne craint pas les attachements qu'implique l'amour, un amour qui ne s'exerce pas seulement dans la sphère de la compassion universelle mais aussi dans la particularité des personnes – la réponse aux souffrances qu'il engendre n'étant pas le « non-attachement », mais la promesse d'un absolu pensé sous la forme d'une vie éternelle. Ce pourquoi le Christ, comme un simple être humain, est ému et pleure – ce que le sage bouddhiste, s'il est « non attaché », s'abstiendra sans doute de faire :

« Or Jésus aimait Marthe, et sa sœur (Marie), et Lazare. Lorsqu'il eut appris que Lazare était malade, il resta deux jours encore dans le lieu où il était, et il dit ensuite aux disciples : Retournons en Judée. [...] Jésus étant arrivé trouva que Lazare était déjà depuis quatre jours dans le sépulcre. [...] Lorsque Marie fut arrivée là où était Jésus et qu'elle le vit, elle tomba à ses pieds et lui dit :

Seigneur, si tu avais été ici, mon frère ne serait pas mort. Jésus la voyant pleurer, elle et les Juifs qui étaient venus avec elle, frémit en son esprit et il fut tout ému. Et il dit : Où l'avez-vous mis ? – Seigneur, lui répondirent-ils, viens et vois.

Jésus pleura.

Sur quoi les Juifs dirent : Voyez comme il l'aimait. [...]

Jésus frémissant de nouveau en lui-même se rendit au sépulcre. [...] Il cria d'une voix forte : Lazare, sors ! Et le mort sortit les pieds et les mains liés de bande et le visage enveloppé d'un linge. [...] » (Evangile de Jean, XI.)

Deux objections typiquement « modernes » contre le christianisme

On comprend pourquoi le christianisme se heurte, dans un monde laïc, à deux difficultés auxquelles le bouddhisme échappe.

Il y a, dans le contenu même de la croyance à laquelle nous invite le Christ, un moment « autoritaire ». On pourra en effet retourner tant qu'on voudra l'histoire de Lazare, à moins d'en faire avec Drewermann une parabole purement symbolique (ce qui la vide de toute substance religieuse réelle), il faut bien y voir une authentique promesse de résurrection. Pour nous, qui n'avons pas assisté au miracle, l'adhésion à la parole du Christ suppose donc un acte de foi, une confiance à proprement parler aveugle, que seul le discours religieux exige encore de l'être humain. Or à ce type d'argument d'autorité s'oppose toute l'idéologie démocratique.

Quant au contenu de la promesse, André ne cesse de lui objecter qu'il est tout simplement trop beau pour être crédible : la méfiance à l'égard du christianisme ne vient pas ici, comme chez Nietzsche ou chez Marx, de ce qu'il semblerait en quoi que ce soit hostile aux soucis de l'homme, mais, tout à l'inverse, de ce qu'il correspond si bien à nos plus chers désirs que cela en devient presque une objection, sinon une preuve, contre lui.

Pourquoi le bouddhisme résiste au contraire merveilleusement au monde laïc

Contrairement à ce que suggère avec complaisance une certaine idéologie qui voudrait nous faire croire que l'Occident est réfractaire à tout ce qui vient d'ailleurs, et en particulier d'Orient, le bouddhisme rencontre beaucoup moins de difficultés que le christianisme dans l'univers moderne. On peut même en donner, à l'inverse exact du message de l'Église, une présentation en tout point conforme aux principes de ce que j'ai décrit ailleurs comme l'idéologie dominante de cette fin de siècle : l'éthique de l'authenticité ou le droit à « être soi » en toute circonstance. Le contraire parfait, donc, des arguments d'autorité auxquels la foi chrétienne doit toujours en dernière instance recourir. Plutôt qu'un long discours, un exemple suffira à me faire comprendre, que j'emprunte volontairement aux aspects les plus « exotériques » des enseignements confiés par le dalaï-lama à ses médiateurs occidentaux. Soit le récit qu'en fait, avec talent d'ailleurs, l'un d'entre eux, Jean-Claude Carrière, dans un grand hebdomadaire : se félicitant que le bouddhisme ne requière en rien d'adhérer à un dogme quel qu'il soit, même lorsqu'un de ses piliers les plus traditionnels et les moins contestables est en jeu (il s'agit de la réincarnation !), Jean-Claude Carrière nous livre cette confidence : « Voici la réponse que m'a faite le DL : “ Pour nous, Orientaux, la réincarnation est plutôt un fait. Mais si la science nous démontre qu'il n'en est rien et qu'elle n'a aucun fondement, alors nous devons l'abandonner ! ” Au lieu, là encore, de fournir une réponse à partir de la révélation divine, le bouddhisme laisse la question ouverte, en suspens. Ainsi en est-il aussi de l'existence de Dieu. On ne nie pas Son existence, on ne l'affirme pas. On peut l'admettre si cela permet le véritable travail qui consiste à aller chercher la vérité en soi, à faire le chemin soi-même » (*L'Express*, 25 mai 1993).

Le dalaï-lama apparaît ainsi comme l'opposé du pape, qui en appelle sans cesse à une vérité révélée, supérieure à la liberté de conscience des individus. Je ne suis pas certain, pourtant, que la réponse du dalaï-lama soit aussi convaincante qu'il le pense : d'une part, on voit mal (pour ne pas dire plus) comment la pensée bouddhiste pourrait trouver une cohérence hors l'idée d'une pluralité de vies (que resterait-il, par exemple, de la notion de karma, de l'idée, aussi, que le dalaï-lama évoque pourtant par ailleurs, d'accéder dans une vie future à la vie monastique pour ceux qui ne le peuvent pas encore dans celle-ci ?) ; d'autre part, on aura quelque peine à comprendre comment une pensée qui vise avant tout à nous débarrasser des illusions du Moi pourrait situer la vérité exclusivement en lui – au point de voir dans la recherche personnelle le seul et unique véhicule du vrai.

Je ne reviendrai pas, sinon pour les rappeler en quelques mots, sur les deux objections qui, pour être sans doute banales, me paraissent porter au fond. La première tient au fait que je ne puis jamais coïncider avec le point de vue au nom duquel le désespoir est légitimé (c'était déjà l'objection majeure des cartésiens et des kantiens contre Spinoza et, plus tard, contre Hegel). Que vaut un tel point de vue, dès lors qu'il est lui-même posé par une conscience humaine (et par qui d'autre le serait-il ?). La seconde prolonge la première. Comment un *moi* pourrait-il sans contradiction se débarrasser des « illusions » du moi ?

Ce que la sécularisation des deux discours religieux nous impose comme tâche philosophique inédite : penser au-delà des figures classiques de l'espoir et du désespoir

Au-delà de l'espoir, parce que nous n'avons accès, en effet, qu'à l'ici et au maintenant, un peu étendus, sans doute, de futur et de passé, mais point d'au-delà. En quoi je serais à nouveau sensible au thème bouddhiste selon lequel l'instant présent est toujours, en quelque façon, le plus important qui soit, mais aussi proche du christianisme qui demande au Très-Haut que Son « règne descende sur la terre ». Au-delà du désespoir, parce que, malgré la beauté des instants de grâce qu'il procure, il nous faut, je crois, préférer au monde tel qu'il est l'*idéal* non réalisé d'une vie commune qui n'exclue pas les attachements particuliers, pourvu qu'ils s'inscrivent dans la perspective d'une authentique individuation des relations humaines.

Transcendance dans l'immanence, donc, puisque l'absolu, pour n'être qu'ici-bas, n'en demeure pas moins l'absolu.

Débat

L'aspiration au détachement est aussi bien chrétienne que bouddhiste

ANDRÉ COMTE-SPONVILLE

Il y a trois différences principales, nous dit Luc, entre le christianisme et le bouddhisme. Du côté du christianisme : l'attachement ; du côté du bouddhisme : le détachement ou le non-attachement. Du côté du christianisme : un moi, un ego, l'âme ; du côté du bouddhisme : pas d'ego, pas d'âme substantielle, pas de Soi. Enfin, du côté du christianisme, bien sûr : l'espérance ; du côté du bouddhisme : le désespoir. Je crois qu'il a raison sur ce dernier point, comme sur la divergence de fond que marque l'affirmation d'une âme personnelle face à la volonté de se libérer du moi ou de l'ego. En revanche, je doute que l'opposition conserve un caractère aussi tranché à propos de l'attachement et du détachement. Car le thème du non-attachement, s'il est essentiel au bouddhisme, se rencontre aussi dans le christianisme.

LUC FERRY

C'est l'évidence même ! Mais le sens de mon propos n'était nullement de dire que le christianisme ferait une apologie de l'attachement, *symétrique* à celle du non-attachement chez les bouddhistes, ce qui serait en effet absurde ! J'ai d'ailleurs tenté de souligner, en pensant aux analogies évidentes entre compassion et charité, tout ce qui les rapprochait sur le plan moral et...

ANDRÉ COMTE-SPONVILLE

Mais il s'agit de bien autre chose : c'est ta conception même de l'amour qui me semble ici mise en question. Quoi que tu en dises, je ne la retrouve guère dans la vie du Christ – hormis, si tu y tiens, à propos de Lazare, encore que le caractère singulier de cet épisode le rende passablement énigmatique. Surtout, s'il fallait te suivre, on retomberait dans les angoisses possessives et les impasses de l'attachement, loin, très loin du « sacré à visage humain » que tu nous promets. Ce serait le courrier du cœur plutôt que les Évangiles !

Tu nous dis : « Le christianisme, c'est " Aimez tant que vous voulez ". » Oui, bien sûr, mais pas n'importe comment ! Pas de façon possessive, pas de cet amour d'attachement ou de convoitise dans lequel nous n'aimons au fond que nous-mêmes ! La charité culmine dans l'amour du prochain. Or, précisément, on n'est pas *attaché* au prochain ! Le prochain, par définition, c'est n'importe qui... Si bien que la charité c'est exactement, l'expression est de Pascal, un amour *sans attache*. D'ailleurs, ce qui la caractérise, et qui est la marque propre des Évangiles, ce n'est pas l'amour que nous avons pour nos enfants ou nos amis, à qui nous sommes attachés, mais celui que nous devrions avoir pour nos ennemis mêmes ! Quel plus grand détachement ?

Bref, l'amour sans attaches n'est pas seulement une notion bouddhiste ; c'est aussi une vertu chrétienne, qui a nom charité : aimer sans vouloir posséder ni garder, aimer en pure perte, ce que j'appelle (mais il se peut que la formule soit de Christian Bobin) la très pure perte de l'amour.

Au demeurant, je crois que nos enfants apprécieraient qu'on les aime de façon un peu moins possessive, un peu moins angoissée, un peu moins angoissante... Il ne s'agit pas de renoncer à aimer. Il s'agit de voir si on ne pourrait pas aimer de façon plus détachée, plus déliée, plus sereine. Je suis sûr que mes enfants préféreraient qu'avec autant d'amour il y ait en moi moins d'angoisse ! Ce serait mieux pour tout le monde !

LUC FERRY

Ça n'est pas moi qui dirais le contraire, mais...

ANDRÉ COMTE-SPONVILLE

Merci de ta compréhension ! Comme quoi l'amour aspire bien au détachement, davantage en tout cas que tu ne le laissais entendre... À la réflexion, il me semble aussi moins personnel que tu ne le dis. J'ai certes admis avec toi qu'il n'y avait pas, dans le christianisme, de « déconstruction du moi ». Reste que, pour les chrétiens, si nous avons une âme immortelle, elle est à l'image de Dieu. Mais alors, si on est tous à l'image du même Dieu, entre nous soit dit, on se ressemble terriblement ! Tout ce qui de toi à moi est différent ne saurait être image de Dieu, me semble-t-il ; donc ce n'est pas l'âme : c'est la concupiscence, c'est le corps, c'est la chair, c'est le péché ! C'est tout ce qui nous sépare de Dieu, ou qui fait que nous ne lui ressemblons qu'en partie, qu'en très petite partie. Toutes nos vertus, Luc, ou le peu que nous en avons, se ressemblent (parce qu'elles ressemblent à Dieu, dirait un chrétien) ; seuls nos défauts nous distinguent ; c'est pourquoi nous sommes tellement différents !

Puis il y a des chrétiens qui ne sont pas dupes du moi. « Je ne tends qu'à connaître mon néant. » La phrase n'est pas du Bouddha ; elle est de Pascal.

« Qu'est-ce que le moi ? » Tu sais que c'est le titre d'un des plus beaux fragments des *Pensées*, dans lequel Pascal montre qu'il n'y a pas de *moi*, que, quand on veut le connaître, on ne trouve que des qualités insubstantielles et impermanentes ; et, quand on creuse davantage, soit on ne trouve plus rien, soit on trouve... Dieu.

Il me paraît d'ailleurs étonnant de te voir chercher dans le Christ un modèle pour la revalorisation des attachements personnels, toi qui citais l'autre jour son appel : « Laisse tout, et suis-moi ! » Autrement dit : renonce à tous tes attachements, quitte tes parents, quitte tes amis, quitte ta maison, quitte tout, et suis-moi ! Si ce n'est pas du détachement...

Tu dis que le dalaï-lama nous invite à nous faire moines... Mais saint Paul nous invite à nous faire prêtres ! Pour lui, mieux vaut le célibat et la chasteté que le mariage et les enfants ! Mieux vaut le mariage que la débauche, bien sûr ; mais la vie la plus pure, c'est donner tout à Dieu et ne s'attacher à rien d'autre. Pascal est du même avis : il ne faut s'attacher qu'à Dieu. Cela ne signifie pas qu'il ne faille pas aimer sa femme ou ses enfants, si on en a ; cela signifie qu'il faut les aimer de la façon la plus *détachée* possible, et tant pis pour nous si nous n'en sommes pas capables.

Tout cela n'annule pas les différences, qui sont évidentes, avec le bouddhisme. Mais le christianisme, à son plus haut niveau de spiritualité, s'en éloigne moins qu'il n'y paraît.

Certes, le Christ pleure à la mort de Lazare. Mais sur quoi pleure-t-il ? Est-ce qu'il pleure sur le malheur de Lazare ? Alors il devrait pleurer sur tous les morts, il devrait pleurer sans cesse... ce que la tradition n'atteste pas ! Ou bien est-ce qu'il pleure sur son malheur à lui, qui a perdu son meilleur ami ? En ce cas, c'est sur lui qu'il pleure (je ne le lui reproche pas : cela fait partie de son humanité), et c'est la loi de l'attachement : on souffre parce qu'on perd ce à quoi on est attaché, on souffre donc pour soi. Ou bien il faudrait souffrir du malheur des autres, de tous les autres, et l'on retrouve alors l'universelle compassion du bouddhisme...

LUC FERRY

Mon cher André, tout ce que tu dis là me semble souvent juste, parfois même profond, mais je t'avoue ne pas comprendre tout à fait pourquoi tu m'assènes ce cours de théologie amicale ! Au fond, toute ta remarque se résume à ceci : l'essentiel de l'amour chrétien, d'*agapè*, est gratuit, désintéressé, « non attaché », bref, il n'a que très peu à voir avec *eros* et beaucoup, en revanche, avec la compassion bouddhique ! Crois-tu sincèrement que j'aie pu passer à côté d'une évidence de cette ampleur ? Penses-tu vraiment qu'il m'ait échappé que l'amour prêché par l'Église n'était pas spécialement marqué par une apologie de l'érotisme auquel se résume, au sens large, du moins selon toi, tout attachement ? Mon propos était tout autre que celui que tu me prêtes un peu trop vite.

Si j'ai cité l'épisode de Lazare, que tu juges singulier, voire « énigmatique » comme si c'était une objection alors que c'est ce qui me plaît en lui, c'est avec le statut de ce que Bachelard nommait un « fait polémique », un fait qui pose problème à la doctrine orthodoxe dont il ne fait pas de doute, en effet, qu'elle ne valorise guère les attachements trop sensibles. Ce que je voulais montrer, contre les lectures traditionnelles de la vie du Christ, c'est qu'il est parfois beaucoup plus incarné encore qu'on ne le dit d'ordinaire et que tu ne sembles le penser toi-même.

Je n'ai jamais dit ni écrit nulle part, comme tu me le fais dire bizarrement, que « le christianisme, *c'est l'attachement* », ce qui serait, en effet, franchement imbécile, mais seulement, ce qui est tout différent, qu'*il n'excluait pas certains attachements*, n'y voyait pas forcément un mal ou une erreur absolue, comme le bouddhisme, et ce pour deux raisons de fond ; d'abord parce qu'il est tout entier fondé sur l'idée d'une âme *personnelle*, donc d'une dignité absolue de *chaque* créature humaine particulière ; ensuite parce qu'il règle tout autrement que le bouddhisme la question cruciale du rapport entre l'amour, qui est attachement *même lorsqu'il inclut* eros *dans* philia, et la mort qui est séparation : puisque l'âme individuelle est éternelle, les êtres qui s'aiment peuvent avoir la certitude qu'ils se retrouveront dans l'au-delà. C'est dans ce contexte que j'ai dit, pour forcer le trait et me faire bien comprendre : « aimez tant que vous voudrez », puisque la mort n'est qu'une illusion. Au contraire, pour le bouddhisme, la liquidation du moi personnel étant la fin de toute chose, il vaut mieux, quoi qu'il arrive, ne jamais s'attacher à rien ni à personne. Et, quoi que tu en dises, cette différence me paraît absolument capitale, même si je suis tout à fait d'accord avec toi pour dire que l'amour ne doit pas être « attaché » au sens où il serait possessif, dominateur, jaloux, etc., autant de défauts dont toute sagesse de l'amour nous incite en effet à nous débarrasser... Mais qu'il y ait tension entre l'idée d'un moi personnel et celle d'un amour authentique, tel que tu le décris comme « laissant être l'autre », ne m'a jamais semblé une objection en soi contre l'un des deux termes du problème. Cela dessine seulement une tâche, un chemin, dont nous savons tous qu'en effet ils ne sont pas aisés et que j'essaie de penser sous le concept d' « individuation » ou d'expérience élargie.

Voilà encore pourquoi l'épisode de Lazare m'intéresse ! Et je ne crois pas du tout, mais alors là pas du tout, que le Christ pleure sur lui-même ! Ça, c'est typiquement une remarque de bouddhiste, si tu me permets : c'est considérer que le Christ est encore attaché (« tu pleures sur toi-même, tu ferais mieux de t'intéresser aux autres ! » etc.). Le christianisme reconnaît en effet, à côté de l'amour comme *agapè* (ce don gratuit, non attaché, très proche de l'amour bouddhiste), d'autres formes d'amour où s'expriment le lien entre l'attachement personnel et la promesse d'une vie éternelle. Le Christ ne pleure ni sur Lazare (pourquoi pleurerait-il celui qu'il sait pouvoir ressusciter ?), ni sur lui-même (un moment d'égarement improbable dans une existence qui ne quitte guère les âmes et au milieu d'un texte qui se veut sacré !). Mais comme nous tous dans l'expérience de la séparation (de la mort et du deuil en particulier), il pleure... sur la séparation elle-même ou, plus exactement, sur tout ce que son amitié avec Lazare, comme celle de Marthe ou de Marie, produisait en chacun d'eux ou par eux d'*individuel*, de commun et dont la mort vient tarir la source.

Car le moi se construit dans l'expérience commune, dans la « vie commune ». En elle, nous nous individualisons, produisons un troisième terme entre le particulier et l'universel, qui n'existerait pas sans nous, sans nos parcours bien particuliers, à nul autre tout à fait semblables. Et pourquoi vivre, s'il n'en allait pas ainsi, si d'autres pouvaient nous remplacer ? Nos expériences doivent aux autres autant qu'à nous-mêmes et souvent davantage. Même nos réactions les plus individuelles partent de repères partagés et contribuent à les enrichir. C'est la racine de la concrétisation des « structures de l'intersubjectivité » (le Vrai, le Bien, le Beau et l'Amour) qui orientent l'expérience commune et lui donnent sens, structures qui s'accomplissent dans l' « expérience élargie ». Il me semble que le christianisme ne rejette nullement, mais au contraire valorise l'intersubjectivité, d'ailleurs rigoureusement inséparable d'une valorisation de la subjectivité elle-même. Ce que nous pleurons dans la séparation, dans le deuil, c'est la disparition de ce troisième terme ou, du moins, de l'une de ses sources – une expérience de l'amour. Lorsque le Christ invite certains de ses disciples à tout quitter, j'y vois moins un appel au « détachement » ou à la vie monastique qu'une méfiance légitime à l'égard de la logique de l' « avoir », de ces « vanités » qui viennent pervertir la possibilité même d'une relation authentique avec les autres.

Encore un mot sur le « courrier du cœur », qui m'a fait rire tout à l'heure. Ton ironie m'a semblé, si tu me permets de sourire à mon tour, un peu trop cléricale pour être convaincante. J'avouerai même, à ma grande honte, qu'aimant souvent mieux les humains tels qu'ils sont plutôt que comme l'Église catholique les voudrait, le courrier du cœur, ou du moins ce qu'il symbolise dans notre discussion, les amours entre simples mortels, ne me paraît pas si méprisable que tu affectes de le penser ! Il me semble même, pour tout dire, plus intéressant de philosopher sur l'amour réel, plutôt que sur une charité dont nul ne sait au juste jusqu'à quel point elle existe ! Car c'est lui, assurément, qui donne sens à nos vies. Et ce qui me plaît (entre autres...), dans la vie du Christ, c'est qu'il ne le néglige pas. Il n'écarte pas cette possibilité, à côté de la compassion ou de la charité, d'un amour personnel que le bouddhisme nous déconseille du matin jusqu'au soir mais qui est, à mon avis, le seul qui nous fasse, en tant qu'humains, accéder à une forme *incarnée* de l'absolu. Les désincarnées, je l'avoue, m'ennuient. C'est aussi pourquoi l'histoire de la famille moderne, la naissance du mariage d'amour telle que la décrivent les historiens des mentalités, m'a tant intéressé : elle permet de comprendre *concrètement* cette « divinisation » de l'humain au terme de laquelle ce sont des personnes qui deviennent le seul objet d'un éventuel sacrifice. C'est ce mouvement d'incarnation qui me paraît vraiment mériter réflexion, y compris d'ailleurs pour des chrétiens traditionnels qui feraient peut-être bien de s'y intéresser davantage.

Si nous n'avions pas cette expérience de l'amour individuel, comme d'une expérience commune, construite à plusieurs, et ouvrant non au repli sur soi mais à la « sym-pathie », je pense que nous n'aurions aujourd'hui, dans un univers sécularisé, désenchanté, plus aucune expérience du sacré. Comme le dit justement Drewermann, une fois n'est pas coutume, c'est « à deux, non dans la solitude, que l'on s'élève vers l'absolu ». C'est la médiation de cet attachement personnel que le christianisme à tout le moins tolère et que le bouddhisme ne reconnaît pas lorsqu'il nous explique que le moi n'est qu'un agrégat funeste, responsable de tous nos maux !

Que reste-t-il du bouddhisme sans la réincarnation ? Que reste-t-il du christianisme sans la résurrection ?

André Comte-Sponville

Tu en reviens toujours à cette opposition : d'un côté, la conception bouddhiste d'un moi réduit à un simple agrégat ; de l'autre, l'attachement à une sorte d'absolu de la personne qui caractériserait le christianisme. Cela affaiblit les propos que tu tenais tout à l'heure sur la réincarnation et la résurrection. Qu'il n'y ait pas de réincarnation, cela ne change rien d'essentiel au bouddhisme : agrégat pour agrégat, ce ne serait au fond qu'une raison de plus de désespérer puisque, à la mort, tout s'arrêterait définitivement. En ce sens, le fait que je ne croie pas à la réincarnation ne me distingue du bouddhisme que sur un point inessentiel, ce que le dalaï-lama, tu l'évoquais dans ton texte, serait d'ailleurs le premier à reconnaître. Tandis que toi, le fait que tu ne croies pas à la résurrection, cela te distingue très fortement de tous les chrétiens, parce que, s'il n'y a pas de résurrection, il n'y a pas de christianisme : que reste-t-il alors de l'absolu de la personne, et que reste-t-il de l'espérance ?

Luc Ferry

Contrairement à toi, je crois que, sans la réincarnation, le bouddhisme s'en tire très mal parce qu'il perd, pour le coup, une de ses pierres angulaires : l'idée de karma. Sans réincarnation, pas de karma, ni non plus d'amélioration possible d'une vie à l'autre ! Le bouddhisme sans karma ? C'est du bouddhisme *dry* ! S'il reste simplement quelques préceptes selon lesquels il ne faut pas être trop attaché, maîtriser ses émotions, ne pas trop espérer pour se préparer à une mort plus sereine, tu m'accorderas qu'il reste peu de chose ! Pas même une religion sans Dieu, mais une banale éthique de l'authenticité à l'usage des étudiants californiens !

Je renverse la proposition pour le christianisme. Sans la résurrection, dis-tu, il ne reste rien du christianisme. Voire. Il est clair, tu auras raison sur ce point, que l'expérience de la contradiction entre l'amour et la mort est plus dure à vivre (au demeurant, je rappelle que la résurrection est résurrection *particulière* ou plutôt, dans mon vocabulaire, *individuelle*, dans l'Apocalypse, et non pas seulement résurrection de ce qui est à l'image de Dieu, de ce qui est vertueux ou uniforme. Il n'y a pas que les défauts qui nous distinguent, mais aussi nos histoires, nos expériences, qui ne sont pas tout entières négatives et que *nul ne peut faire à notre place...*). Sans la résurrection, en effet, la contradiction entre l'amour et la mort est beaucoup plus grande, mais c'est justement ça le problème que nous lègue la sécularisation du christianisme. Et voici, comme je l'ai déjà suggéré ici même, le sens dans lequel je propose de le penser : si l'on admet que l'amour est une figure de l'absolu « ici et maintenant », vécue dans le sentiment que l'autre être humain ne peut pas être profané, qu'il peut faire l'objet d'un sacrifice, mais aussi, plus simplement, d'un laisser être, que l'on peut construire avec lui une histoire de l'individualisation des formes d'intersubjectivité, si l'on admet enfin que la transcendance est dans l'immanence, que le royaume de Dieu, si l'on veut, est sur Terre, alors justement, le problème que nous lègue la sécularisation du christianisme est de savoir quelle sagesse correspond à la reconnaissance tout à fait concrète et particulière de cet absolu-là. Sans la résurrection, il reste possible de prolonger le christianisme ; sans la réincarnation, sans le karma, on affadit le bouddhisme, on le réduit à une simple morale, j'allais dire presque à une hygiène de vie...

André Comte-Sponville

Qu'il n'y ait pas de karma, ce n'est pas tellement important. Ce qui est essentiel, dans le bouddhisme, c'est plutôt l'idée de « production conditionnée », comme ils disent, autrement dit l'affirmation que tout a une cause, que rien n'est absolument indépendant, ce qui rejoint nos idées modernes de déterminisme et de complexité. La doctrine du karma suppose simplement que la production conditionnée se poursuit de vie en vie, qu'elle a commencé avant notre naissance, qu'elle se poursuivra après notre mort... S'il n'y a pas de réincarnation, la production conditionnée n'en existe pas moins : elle ne commence pour moi qu'à ma naissance, ou à ma conception, mais il reste que tout fait a une cause, que l'individu n'est jamais le principe absolu de ses actes, qu'il est toujours conditionné par autre chose, toujours déterminé, toujours pris dans un processus plus large, toujours insubstantiel, toujours impermanent... Bref, l'essentiel du bouddhisme !

Pourquoi parler de religions auxquelles on ne croit pas ?

Marek Halter

Je ne comprends pas très bien où vous voulez en venir. Quel sens y a-t-il à revenir tout le temps sur des religions auxquelles vous ne croyez pas, si vous refusez en même temps de les replacer dans une perspective historique précise ou d'en faire une étude comparative un peu détaillée ?

Bouddha, c'est quand même cinq cent vingt-cinq ans avant Jésus ! Ce ne sont pas seulement leurs réponses qui diffèrent mais le contexte où elles s'inscrivent (dont la connaissance peut éclairer nos interprétations). Que vise le Bouddha quand il introduit non le mot « désespoir » (il n'en parle pas), mais « douleur » (ce qui est un peu différent) ?

André Comte-Sponville

Où veux-je en venir ? Nulle part ailleurs qu'ici même où nous sommes ! C'est ça qui m'intéresse et que nous essayons de penser. Or, là où nous sommes, nous rencontrons, Luc et moi, une différence qui nous oppose et qui nous réunit, laquelle nous paraît évoquer une autre différence qu'offre l'histoire des spiritualités humaines, celle entre le christianisme et le bouddhisme.

À quoi cela peut te servir ? À toi d'y répondre ! Moi, cela m'éclaire : cela m'aide à mieux comprendre la position de Luc, par exemple, mais aussi à mieux comprendre le rapport entre le bouddhisme et le christianisme, c'est-à-dire non pas entre tout l'Orient et tout l'Occident, mais enfin entre deux morceaux importants et de l'Orient et de l'Occident. Cela m'aide à comprendre notre histoire, à Luc et moi, dans l'histoire de l'humanité. Et comment la comprendre autrement ?

Quant à la douleur, dans le bouddhisme, ce n'est pas du tout la même chose que ce que j'appelle le désespoir ! Il faut rappeler les quatre « vérités saintes » du bouddhisme : la première affirme que tout est douleur ; la deuxième porte sur la cause de la douleur – c'est la soif, le manque, l'attachement (donc aussi l'espérance) ; la troisième porte sur la cessation de la douleur – l'extinction de la soif, le détachement, le nirvāna, ce que j'appelle le désespoir ; enfin, la quatrième vérité sainte, mais ce n'est plus notre sujet, énonce la voie du milieu et ses huit aspects... Ce n'est donc pas que le Bouddha parle de douleur là où je parlerais de désespoir ; c'est plutôt que ce que j'appelle désespoir rejoint, par d'autres voies, ce que le Bouddha propose comme remède, et comme seul remède, à la douleur. La douleur, c'est le diagnostic ou le point de départ ; le désespoir, c'est la thérapie ou le chemin !

Alors, à quoi ça peut servir ? À arrêter de souffrir, ou à souffrir moins. Qu'il n'y ait là rien de neuf, certes ! Cela fait à peu près vingt-cinq siècles, et en Orient aussi bien qu'en Occident, que des gens nous disent : « Si tu veux être heureux, arrête de désirer ce que tu n'as pas, ce que tu ne connais pas, ce que tu ne peux pas, autrement dit arrête d'espérer ! » Moi, cela me sert à quelque chose : pas à m'installer là-dedans comme dans un fauteuil, qui serait la sagesse ou la béatitude, mais d'abord à comprendre ma vie, à comprendre cette perpétuelle insatisfaction que nous ne cessons d'éprouver, les uns et les autres, et à essayer d'avancer vers un peu plus de sagesse.

On pourrait m'objecter, comme le fait Luc, qu'on ne peut pas coïncider avec la position philosophique que j'énonce : le désespoir serait pour nous impraticable, hors de notre portée d'êtres finis. Oui, sans doute, pour une part, et c'est pourquoi il faut renoncer à la béatitude aussi. Encore une fois, la seule façon de se rapprocher de la sagesse, c'est de renoncer à être des sages. Mais enfin, si le désespoir est impraticable, entre nous soit dit, Luc, la charité l'est aussi... et bien davantage ! Parce que nous avons tous eu nos moments de simplicité, de paix, nos moments de désespoir au sens où je le prends (tu as dit toi-même avoir vécu souvent cette expérience), ces moments où on n'espère rien, où on est simplement bien dans le monde tel qu'il est, nos moments de bonheur, nos moments d'éternité ici et maintenant – nos moments de sagesse. En revanche, je ne suis pas sûr d'avoir connu, fût-ce une fois dans ma vie, un vrai et pur moment de charité. Des moments de compassion, oui ; des moments de paix, oui ; mais de charité, je n'en sais rien. Si bien que l'objection me paraît porter plus fortement sur la charité que sur le désespoir, et donc sur ton christianisme laïcisé, mon cher Luc, davantage que sur ce que tu appelles mon bouddhisme et que j'appelle le gai désespoir... La sagesse ne serait vraiment possible que si nous étions Dieu ? Pourquoi non ? C'est quelque chose qu'ont admis la plupart des mystiques : la vie spirituelle, c'est toujours expérimenter peu ou prou que nous sommes Dieu, en effet. Si nous n'avons pas en nous cette dimension d'éternité, de plénitude, qui nous permet parfois de nous « diviniser » ou de vivre « comme un dieu parmi les hommes » (pour reprendre des expressions d'Aristote et d'Épicure), alors, à quoi bon la vie spirituelle ?

LUC FERRY

Eh bien, tu vois que l'idée d'une divinisation de l'humain ne t'est pas si étrangère ! Je plaisante, bien sûr, mais je partage ta réponse à notre ami Marek, sauf sur un point : tu réponds, d'ailleurs parfaitement, il me semble, à une objection sur l'impossibilité de la sagesse..., mais ce n'est pas du tout la mienne ! Si mon objection principale consistait à te dire que ton idéal est « difficile », voire impossible à réaliser, parce que trop exigeant, je serais, en effet, singulièrement en difficulté moi-même ! Et pas seulement avec la charité, mais aussi, tu l'imagines bien, avec tout ce que je peux conserver du kantisme sur le plan moral : pas une page de Kant, ou presque, qui ne repose sur la conviction que l'idéal est « asymptotique », qu'il est impossible à réaliser, qu'il n'y a peut-être jamais eu, comme il le dit dans les *Fondements*, un seul acte vraiment moral sur Terre... Mais ce n'est pas du tout de cela qu'il s'agit. Ce que je conteste dans ta position philosophique, c'est qu'elle se légitime d'un point de vue métaphysique qui est non seulement inconnaissable, mais surtout incompréhensible : le point de vue, si on peut encore l'appeler ainsi, que le Dieu de Spinoza aurait sur le monde, une connaissance et un amour parfaits, une réconciliation totale. C'est ton mysticisme *originel* qui me gêne, pas le fait que la sagesse qu'il permet de définir, dans un second temps, soit trop difficile pour nous.

Je ne vois pas pourquoi relativiser le point de vue humain (qui est en effet le point de vue de l'espérance, de la non-réconciliation, dans la plupart des cas du moins, avec le monde) à partir d'un point de vue qui serait celui de Dieu, alors que c'est nous, humains, qui imaginons ce Dieu, et toi tout particulièrement, puisque tu te dis matérialiste.

André Comte-Sponville

Ce n'est pas un point de vue que Dieu aurait sur le monde, c'est le monde même où nous sommes ! Mysticisme ? Peut-être. Mais c'est un mysticisme sans mystère, sans foi, sans transcendance. Disons que c'est une certaine expérience... De quoi ? Du monde, mais aussi de notre vie. Par exemple, j'ai l'expérience de l'espérance, mais j'ai aussi l'expérience de moments où je n'espère rien ! Nous avons les deux expériences : des moments de sagesse et des moments de folie, des moments de manque et des moments de plénitude, des moments d'attente et des moments d'éternité... Le point de vue de Dieu, comme tu dis, ce n'est jamais que le point de vue de la vérité : comment penser sinon sous cet horizon, même inaccessible ? D'ailleurs, ce n'est pas un point de vue, puisqu'il les contient tous...

Trouver un sens dans un univers laïc

LUC FERRY

Je préfère penser le divin dans l'humain sous une tout autre forme que cette relativisation des grandes expériences humaines. Si l'on reconnaît le caractère sacré de l'expérience intersubjective, s'il faut tout mettre en œuvre pour la faire exister, pour la préserver quand elle existe, alors, on a également l'expérience de l'éternité ici et maintenant, aussi éloignée d'une promesse ou d'une espérance *dans l'au-delà* que du désespoir. Bien sûr, je ne renie pas l'idée d'espérance, mais je doute qu'elle doive s'exercer ailleurs qu'ici-bas. Au fond, je me rends compte, et peut-être est-ce aussi cela qui nous différencie, que je n'aime pas les « choses », que seuls les humains parviennent à m'intéresser... Mais finalement, sur la reconnaissance de cet « absolu au présent », nous nous accordons beaucoup plus qu'il n'y paraît. J'ai d'ailleurs, je le dis sans réticence, beaucoup appris, en te lisant, sur ce que ta tradition de pensée pouvait apporter à la mienne, sur ce qu'elle avait de juste et de profond et que tu incarnes aujourd'hui avec tant de talent. C'est plutôt quant aux fondements que nous supposons à cet « absolu ici et maintenant », ou quant aux conséquences que nous en tirons, qu'il y a un différend entre nous.

Mais, pour revenir encore un instant à l'interrogation bien légitime de Marek, ce que je cherche dans cette discussion avec André, c'est ceci : j'ai été chrétien, comme la plupart des enfants de ma génération, mais pas longtemps, jusqu'à l'âge de six ou sept ans. Mes convictions étaient fortes, je m'en souviens très bien, mais elles n'ont pas duré : l'Église m'en a dissuadé à un point rare, comme l'école, un peu plus tard, me dissuadera pour longtemps des études. C'est que l'amour désincarné qu'on nous prêchait à l'église sur ce ton « grégorien », qu'encore aujourd'hui je ne supporte pas, m'écœurait littéralement. Et j'étais trop jeune, bien sûr, pour voir, comme je le puis aujourd'hui, ce que le christianisme pouvait avoir par ailleurs de profond sur le plan philosophique.

Dans le christianisme (comme probablement dans toute religion, en tout cas dans le bouddhisme à coup sûr), il y a deux éléments distincts : d'un côté, une morale (« fais ci, fais ça, fais pas ci », surtout...) comme celle qu'on enseigne sans doute encore aujourd'hui dans les catéchismes ; de l'autre, quelque chose qui n'a rien à voir avec la morale, rien à voir avec la question de la justice, du droit, de la loi et qui est la problématique du sens. Ta vie aura un sens non pas simplement si tu es juste ou si tu respectes les lois, mais en fonction des actes que tu accomplis, de leurs effets, de l'esprit dans lequel tu les entreprends, de la manière dont ils s'inscrivent parmi les hommes et dans le monde. Même si tu es un très grand criminel, ta vie aura peut-être autant de sens que n'importe quelle autre, parfois même davantage si elle culmine dans une « conversion ».

Il y a donc une théorie du sens et il se trouve que, dans le christianisme, elle est liée à la question de l'amour, mais avant tout à la question de la mort. C'est par rapport à cette expérience de la mort que la problématique de l'espérance se met en place, soit pour lui donner une réponse optimiste, comme dans le christianisme, soit, au contraire, pour désapprendre l'espérance, comme dans le bouddhisme. Mais le point de départ est le même : c'est cette expérience de la mort qui conduit les bouddhistes à dire « il faut plutôt désespérer », et les chrétiens à dire « il faut plutôt espérer ».

Or l'idée sur laquelle j'ai vécu en gros pendant les vingt dernières années et que j'ai maintenant en grande partie abandonnée, c'est celle selon laquelle la sécularisation de la religion ne laissait en place que la morale. Dans une perspective athée, agnostique ou laïque, on pouvait conserver du christianisme ou du bouddhisme les préceptes moraux (en gros, ça donne la Déclaration des droits de l'homme d'un côté et un peu de sagesse de l'autre !) ; en revanche, pour ce qui concernait la partie touchant à la problématique du sens, nous étions dépourvus de toute espèce de réponse dans l'univers laïc. J'ai changé d'avis : je pense que le résultat de la sécularisation des grandes religions n'est pas simplement de produire une morale, une théorie du droit ou de la justice. Si nous devions en rester là, dans tous les domaines, nous serions des animaux perfectionnés, mais totalement dépourvus de sens. Moi qui ai été kantien, je me suis rendu compte que, même si je devenais l'être le plus juste qui soit, il me faudrait dépasser cette problématique juridico-politico-morale vers d'autres instances, celles qui relèvent de ce que Hegel nommait la sphère de l' « Esprit », pour trouver un sens à ce que je vis : la culture, l'art, la spiritualité. C'est dans la philosophie de l'esprit, et non dans une pensée de la justice, qu'on trouve des réponses sécularisées à la question du sens.

Si nous n'avions que la morale, le droit et la politique, nous n'aurions pas grand-chose parce que nous n'aurions que l'aspect négatif : un cadre à partir duquel on peut avoir la chance ou la possibilité de vivre quelque chose qui éventuellement aura un sens. La sphère du « respect » n'est que la condition de possibilité *négative* de ce que nous sommes appelés à vivre : « la liberté de chacun s'arrête là où commence celle des autres », « ne fais pas à autrui, etc. », tous ces beaux principes (que je reconnais par ailleurs comme intégralement valides !) sont strictements négatifs. La différence qu'André et moi faisons ici entre la morale et l'éthique ou la spiritualité, c'est la différence entre la sphère du respect d'un côté et la sphère du sens de l'autre, de quelque manière qu'on la conçoive. Même si, comme André, on déconstruit la question du sens, encore est-ce une façon d'en donner à sa vie, de chercher à tout le moins une sagesse *positive*, qui aille au-delà de ce simple garde-fou que sont les lois.

L'amour ne répond pas à tout

Marek Halter

L'amour n'a pas le don exclusif de rapprocher les hommes. Il arrive qu'il provoque des haines, sépare, détache...

Il y a les désespoirs d'amour, les déceptions, les contraintes et enfin le meurtre comme l'enseigne la tragédie. Dans les dix commandements, il n'y en a qu'un seul qui concerne l'amour : l'amour de Dieu, de l'infini. Tous les autres commandent le *respect*. « Honore ton père et ta mère. » On ne demande pas *d'aimer* ses parents. Parce qu'aujourd'hui on les aime mais demain on peut avoir pour eux de la haine. Tandis que le respect préserve les rapports entre les hommes et plus durablement encore au sein de la même famille.

Je préfère décidément la Loi à l'Amour.

LUC FERRY

Comme disent les paysans du Sud-Ouest, « chacun » ! Je n'ai jamais dit que l'idéal de l'amour nous dispensait de la justice ou du respect, encore que je partage l'idée d'André selon laquelle c'est seulement faute d'amour que nous avons besoin des lois. J'ai encore moins suggéré qu'il ne nous créait pas, comme chacun sait, quelques difficultés... Mais, tout bien pensé, je crois que ce sont les seules qui vaillent d'être vécues et que, une fois encore, le respect que tu évoques, et dont je fais mien le principe, n'est que la condition de possibilité d'une vie réussie, non cette vie elle-même.

ANDRÉ COMTE-SPONVILLE

Je suis d'accord, Marek, pour dire que nous avons besoin de respect ou de morale, parce que l'amour ne suffit pas, parce qu'il est le plus souvent ambivalent ou égoïste. Mais tu ne me feras pas croire non plus que le respect tient lieu de tout, et spécialement qu'il puisse tenir lieu d'amour et de bonheur ! Celui qui manque de respect, il est moralement condamnable. Mais celui qui n'aime rien ni personne, il est perdu...

Intersubjectivité ou solitude ?

TZVETAN TODOROV

La différence entre vous deux n'est-elle pas dans le rôle attribué à l'intersubjectivité qui, chez toi, André, me semble moins important ? On peut parler, à ton sujet, d'une sagesse qui ne prend pas en considération la relation aux autres : je peux être sage seul. Il me semble que chez Luc, et dans l'humanisme, on ne peut pas être sage seul. C'est une sorte d'aboutissement indépassable des relations humaines, quitte à l'accomplir, comme le dit Rousseau, « par devoir ou par délice ».

ANDRÉ COMTE-SPONVILLE

Je préférerais par délice !

Est-ce qu'on peut être sage seul ? Je dirais oui et non. Non, bien sûr, dans l'absolu : parce que si l'on était absolument seul, on n'aurait aucune idée de la sagesse, et d'ailleurs aucune idée du tout ! Mais oui, pourtant, en un sens relatif : le Bouddha atteint l'illumination tout seul, au pied d'un arbre, et je crois en effet que la sagesse est plutôt un rapport au tout de ce qui existe (les autres êtres humains compris) qu'une simple modalité des relations humaines. Pour moi, l'intersubjectivité relève davantage de la vie affective et morale, tandis que la sagesse suppose plutôt un rapport – cosmique ou mystique, comme on voudra – à la totalité de ce qui est. C'est en quoi il y a, dans toute sagesse, une dimension de solitude, d'ailleurs bien attestée dans les différentes traditions spirituelles. Il n'en reste pas moins, tu as raison sur ce point, que l'intersubjectivité joue un plus grand rôle dans la pensée de Luc que dans la mienne, et que j'attache plus d'importance que lui à la solitude. Ce n'est pas seulement une question de tempérament. Si je ne suis qu'un corps, et promis à la mort seulement, il y a une solitude irréductible dans toute existence humaine. On vit seul, puisqu'on meurt seul. Cela n'empêche pas bien sûr d'avoir des relations, des amitiés, des amours... Mais celles-ci ne suppriment pas non plus la solitude.

Luc Ferry

Autant les propos d'André sur la solitude rejoignent ses thèses sur la « contemplation cosmique » et le bouddhisme, autant la place que j'accorde à l'amour personnel dans la perspective d'un humanisme transcendantal me renvoie toujours à cette formule de Fichte, que j'ai mis si longtemps à comprendre : « Pas de moi, pas de toi ; pas de toi, pas de moi. » Il invente là ce que d'autres, après lui, nommeront l' « intersubjectivité ». Où l'on retrouve ce que je disais tout à l'heure de l'expérience.

André Comte-Sponville

Je suis d'accord avec la formule de Fichte. Depuis le temps que les psychologues nous le rappellent ! Comme avec celle de Hegel : « On ne se pose qu'en s'opposant. » Mais une fois que le moi est constitué, grâce au « toi » et au « nous », il se trouve confronté à cette dimension de solitude qui fait partie intégrante, elle aussi, de notre subjectivité. Que cette solitude soit un produit social, dans son historicité, un produit intersubjectif, c'est une évidence : on ne devient pas humain tout seul ! Mais la solitude n'en demeure pas moins : je ne serais pas moi sans les autres, c'est entendu, mais personne ne peut être moi à ma place !

LUC FERRY

Je ne nie pas la solitude – comment le faire ? –, mais elle est, comme tu sais, une des définitions les plus profondes de l'enfer dans la théologie chrétienne. Qu'elle inspire une certaine sagesse, pourquoi pas, mais j'ai plus de mal que toi à la valoriser. C'est comme pour la grâce et l'espérance, nous avons les deux en nous, mais à des degrés divers. Je crois, néanmoins, qu'en droit comme en fait (non seulement historiquement mais aussi d'un point de vue strictement logique et même transcendantal) l'intersubjectivité est première. Il n'y a pas d'expérience du monde qui ne dérive des relations entre les hommes : c'est un vrai débat qu'on retrouve dans l'opposition entre écologie et humanitarisme. Les deux ne s'excluent évidemment pas : on peut très bien être « humaniterre », mais le pli initial est tout à fait différent.

« Je veux bien renoncer à l'attachement, non à la préférence »

FLORENCE BROYER

Je voudrais revenir sur la question de l'attachement, qui est évidemment centrale dans votre discussion et que l'on sent encore, à l'arrière-plan de vos derniers échanges, dans la volonté de dépasser l'« impermanence », comme vous dites, l'un par l'émergence du « sacré » dans les relations humaines, l'autre par le « gai désespoir » de la volonté ou de la contemplation.

Jusqu'à présent, vous n'avez considéré l'attachement que sous l'aspect des peurs, des craintes, de la perte, alors qu'il représente aussi une manière de signifier à l'autre qu'il existe, qu'il est important pour moi (que ce soit mes enfants, mon ami, mes parents...). Je comprends cette volonté de se détacher pour se protéger, mais je ne peux pas fondamentalement avoir comme objectif de me détacher.

ANDRÉ COMTE-SPONVILLE

C'est effectivement la limite et de la compassion et de la charité. Je veux bien renoncer à l'attachement si l'on entend par là (c'est la définition que j'en proposais) tout amour qui veut posséder ou garder, autrement dit tout amour qui a peur de perdre, tout amour égoïste, qui ne tremble au fond que pour soi. Mais cela ne règle pas la question de ce que tu appelles l'attachement, en un autre sens, me semble-t-il, que j'appellerais plutôt la préférence. C'est une formule d'Aristote que je crois très vraie : « Ce n'est pas un ami celui qui est l'ami de tous. » Cela signifie que je ne veux pas seulement que mes amis aient pour moi la même compassion qu'ils ont pour n'importe qui, le même amour qu'ils ont pour n'importe qui : je veux bien qu'ils n'aient pas peur de me perdre, et même c'est ce que je souhaite, mais je tiens à ce qu'ils me préfèrent ! C'est encore de l'égoïsme ? Peut-être. Mais cet égoïsme fait partie de l'amitié (qui est comme un égoïsme partagé et réciproque), par quoi elle se distingue de la charité. La charité, dans son principe, est universelle. Toute amitié, par définition, est particulière. C'est la phrase fameuse de Montaigne, à propos de son amitié avec La Boétie : « Parce que c'était lui, parce que c'était moi... » Cela ne tient pas lieu de charité, je pense que tu me l'accorderas ; mais je t'accorderai très volontiers que la charité ne tient pas lieu non plus d'amitié. Où l'on retrouve Lazare, si cher à Luc, ou saint Jean, le disciple que Jésus aimait, c'est-à-dire ici préférait... Pour ce qui me concerne, je tiens plus que tout à habiter cette particularité irremplaçable – à la fois singulière et multiple ! – des relations affectives. Je suis comme Montaigne : mes proches m'importent davantage que mon prochain. Mais enfin cela ne m'autorise pas à oublier tout à fait l'universel, ni donc la charité. Je suis plus proche de Montaigne que de Jésus, si l'on peut s'exprimer ainsi, mais cela ne me rend pas aveugle à la grandeur des Évangiles...

VALÉRIE-ANNE GISCARD D'ESTAING

Mais cela ne vous semble pas vous en éloigner ? Votre notion de préférence ne vous éloigne-t-elle pas de la compassion ou du détachement, enfin du désespoir ? Elle ne tend pas à créer une certaine crainte ?

ANDRÉ COMTE-SPONVILLE

Parfois, sans doute. Mais cela ne me semble pas inévitable. Un jour, je trouve mon fils aîné (il devait avoir six ou sept ans) en larmes dans son lit. Je lui demande ce qu'il a. Il me répond : « Je veux bien que tu meures, mais je ne voudrais pas qu'on me le dise ! » Il acceptait l'idée de ma mort, mais il ne voulait pas être informé du fait. Cela m'a touché, bien sûr, mais en même temps cela m'a fait mal : il faudra bien qu'il accepte que je meure, me disais-je, et de préférence avant lui, et qu'il le sache... Là, il y avait exactement un attachement, c'est-à-dire qu'il avait peur de me perdre. Et je souhaitais alors qu'il m'aime d'une façon plus détachée. Or c'est exactement ce qui est arrivé : que je doive mourir, il l'a maintenant tout à fait accepté, comme n'importe quel adolescent, et c'est heureux ! Il y a même des moments, sans doute, où il l'attend avec quelque peu d'impatience... En revanche, qu'il m'aime davantage que les pères de ses copains, cela me paraît tout à fait normal et je ne vais pas m'en plaindre ! Le détachement n'est pas incompatible avec la préférence. La sagesse, de même, n'est pas incompatible avec l'amitié. Le Christ avait des amis, le Bouddha avait des amis, Épicure et Spinoza avaient des amis... Simplement ils acceptaient l'idée de les perdre un jour, ils ne prétendaient ni les posséder ni les garder, et c'est ce que j'appelle le détachement.

Luc Ferry

J'aimerais revenir un instant à la question de Florence, à laquelle je suis très sensible. Nous avons pris le pli, dans notre débat, et je crois que c'est plutôt sous l'influence d'André, de faire comme si tout attachement était négatif, toute préférence un malheur inévitable. Je répondrai tout différemment d'André. Car ces attachements ne me semblent nullement indiquer une « limite de la charité ou de la compassion », mais au contraire leur seule condition réelle de possibilité. Comme je l'ai écrit dans *L'Homme-Dieu*, c'est même vrai historiquement. Sans l'avènement du mariage d'amour, de la famille moderne, nous n'aurions sans doute jamais connu cet idéal de sympathie *universelle* qui préside à la naissance de ce que les mouvements humanitaires ont de meilleur : le combat contre l'indifférence. Je suis convaincu que c'est justement parce que nous avons des « préférences » que, paradoxalement, nous ne sommes pas insensibles au « malheur des autres ». Non pas simplement par égoïsme, parce qu'il pourrait être le nôtre, mais aussi parce que nous le comprenons pour ainsi dire de l'intérieur, parce que nous le partageons en quelque façon. André a bien entendu raison de dire qu'on ne peut aimer la terre entière et qu'il nous faut, pour combler ce manque, recourir à la morale, à la justice, aux lois et au respect. Mais, pour autant, il ne faut pas sous-estimer le formidable potentiel de sympathie qu'implique aussi l'amour moderne. Ce n'est pas de la raison, des lois, des droits de l'homme qu'est né l'humanitaire, mais à l'évidence des bouleversements survenus dans l'univers laïc lorsqu'il s'est mis à mettre le lien d'amour et d'amitié au-dessus de tous les autres (de la gloire, du lignage, et même de l'argent, comme on l'observe dans le recul du « mariage de raison »). Le dalaï-lama dit sans cesse qu'il faut renoncer aux préférences. Il les décrit comme seulement négatives. Pour lui, la préférence accordée à ses amis ou à ses parents est l'origine de tous les maux et de toutes les guerres. C'est d'ailleurs la raison pour laquelle la vie monastique est de très loin préférable aux autres parce que c'est la seule qui nous garantisse de quelque façon qu'on soit débarrassé de ses attachements particuliers. Je crois que c'est une erreur...

André Comte-Sponville

Rassure-toi : je n'ai aucunement l'intention de rentrer dans les ordres ou de fonder un monastère. Voilà au moins un point où je ne suis pas d'accord avec le dalaï-lama ! Il y en a d'ailleurs bien d'autres : je n'ai jamais été bouddhiste...

Mais, pour éclairer cette question, prenons un autre exemple. Il y a un amour parfaitement détaché : c'est l'amour esthétique ! L'amour qu'on a pour Mozart, pour Schubert, est un amour sans attache, qui n'exclut aucunement la préférence. Je préfère Schubert à Schumann ; mais je ne prétends pas posséder Schubert, ni n'ai peur de le perdre. De même l'amour qu'on a pour un très beau paysage : qui voudrait posséder les Alpes ou l'Océan ? C'est pourquoi ils nous apaisent en même temps qu'ils nous réjouissent ; parce que nous les aimons de façon détachée, d'un amour sans convoitise, comme dirait Simone Weil, qui n'exclut pas la préférence, qui n'exclut pas cette reconnaissance ou cette fascination toute particulière...

Luc Ferry

Oui, mais la préférence, si je la comprends bien, c'est encore autre chose : l'idée qu'après tout cet attachement, que nous passons notre temps ici à déconsidérer, Florence a raison de l'avoir pointé, peut, au contraire, se révéler extrêmement positif, apporter beaucoup à soi-même et à l'autre, sans qu'il soit forcément besoin de le combattre a priori. J'ai toujours trouvé que le bouddhisme, de ce point de vue, manquait une expérience essentielle. En revanche, je ne vois pas d'incompatibilité entre le christianisme et ce type d'attachement. J'ai une interprétation du christianisme qui est plutôt protestante, c'est vrai, mais qui n'est pas incompatible avec les textes fondamentaux puisque, on vient de le dire, le Christ avait des amis. Si on lit les Évangiles, on voit qu'il boit du vin, qu'il a incontestablement des « préférés » parmi ses disciples, ses amis, et qu'il est particulièrement gentil avec les femmes, il les aime beaucoup...

André Comte-Sponville

Cela fait au moins un point commun entre le Christ et toi !

TROISIÈME PARTIE

Le philosophe dans le siècle

7

Y a-t-il une beauté moderne ?

Pour ou contre l'avant-gardisme, pour ou contre l'art contemporain ? Curieusement, la question ne cesse de resurgir dans le débat public, lors même que, de part et d'autre, les arguments échangés semblent usés jusqu'à la corde et connus de tous les protagonistes. S'il faut entrer dans la discussion, ce qui n'est pas certain, disons-le sans fard : nous souffrons l'un et l'autre de ne pouvoir nous reconnaître mieux et davantage dans l'art de notre temps. C'est un constat, c'est un regret, sans plus, dont on aimerait seulement qu'ils puissent se dire, fût-ce en public, sans risquer l'anathème. Mais ils nous conduisent aussi l'un et l'autre, au-delà de l'expression des goûts et dégoûts personnels, à nous interroger sur la crise de la culture contemporaine et notamment sur les liens qu'elle entretient ou non avec le vaste processus de « sécularisation » ou d'« humanisation » de l'art qui caractérise les sociétés démocratiques depuis la fin du XVIII*e* *siècle.*

Y a-t-il une beauté moderne ?

André Comte-Sponville

Qu'il y ait une beauté moderne, cela ne me paraît guère contestable. Il suffit de regarder les femmes, dans la rue, pour s'en rendre compte : la beauté est toujours là, plus que jamais peut-être, et d'une modernité sans faille...

Car les femmes ne sont pas les mêmes qu'il y a cent ans. Leur corps n'est pas le même, ni, surtout, leur façon de l'habiter. Leurs vêtements ne sont pas les mêmes, ni leur façon de les porter. Leurs regards, leurs sourires sont différents. Leur démarche est différente, leur allure, ce mélange étonnant, du moins dans les cas les plus favorables, de simplicité et d'audace, d'élégance et d'humour, de grâce et de sensualité... Les hommes d'aujourd'hui ont beaucoup de chance : les femmes n'ont jamais été aussi belles sans doute, en tout cas aussi conformes à notre goût, ni aussi libres, ni aussi désirables... Quel bonheur d'être leur contemporain !

La nature est belle aussi, et moderne à sa façon. On dira qu'elle n'en a que faire, étant de toutes les époques. Mais c'est pourquoi elle est de la nôtre, sans difficulté, sans faute, sans effort. Nos ciels, malgré la pollution, sont intacts, et pourtant rigoureusement contemporains : d'abord parce qu'ils sont d'aujourd'hui, que dis-je, de maintenant (comme ils étaient différents ce matin !), ensuite parce que nous ne les voyons pas de la même façon que nos ancêtres, ni que nous-mêmes il y a trente ans. La beauté, comme la modernité, est dans le regard autant que dans la chose regardée. C'est pourquoi la beauté de la nature est toujours moderne ; parce que la nature est toujours actuelle, comme le regard qui s'y perd ou s'y trouve. Quelle chance d'être le contemporain de cette éternité-là !

Je ne dirais pas la même chose concernant l'art. Être le contemporain de ces artistes-là ne me réjouit que rarement. J'aurais préféré – il n'y a qu'à propos de l'art que ce soit vrai – être le contemporain de Michel-Ange et Dürer (donc aussi de Léonard et Raphaël...), ou bien de Rembrandt et Vermeer (donc aussi de Ruysdael, de Vélasquez, de Philippe de Champaigne...), ou encore de Bach et Chardin, de Mozart et Goya, de Beethoven et Géricault, de Schubert et Corot... Dans le hasard du temps, ou plutôt dans la nécessité du temps, on choisit ses maîtres et ses amis, comme toujours. Mais ses contemporains, non. Il arrive qu'on me demande, quand je fais part de ma perplexité, pour ne pas dire plus, devant ce qu'est devenu l'art contemporain : « Mais pourquoi veux-tu qu'il y ait moins de génies aujourd'hui que dans les siècles passés ? » Hélas, je ne le veux pas, je le déplore au contraire, si le fait est avéré, mais surtout je retourne la question : Pourquoi voulez-vous qu'il y en ait autant, ou plutôt (car qu'on le veuille, je le comprends bien !) qu'est-ce qui nous garantit que c'est le cas ? Nul ne conteste qu'il y a en art des périodes miraculeuses, qui varient d'ailleurs selon les pays et les disciplines (la Renaissance italienne, pour tous les beaux-arts, le XVIIe siècle hollandais, espagnol et français, pour la peinture, ou les XVIIIe et XIXe siècles, en Allemagne et en Autriche, pour la musique...). Pourquoi n'y aurait-il pas, aussi, des périodes de moindre richesse, de moindre grandeur, de moindre réussite ? Autant vouloir les montagnes sans les vallées... Décadence ? Je n'aime pas ce mot, qui semble condamner l'avenir. Mais crise, confusion, piétinement – qui peut le nier ?

L'art contemporain et sa crise

Là encore, je me sens proche de Lévi-Strauss, qui a répété bien souvent qu'il n'aimait pas son siècle. Et, grands dieux, pourquoi serait-on tenu de l'aimer ? Encore ne s'agit-il ici, en tout cas pour ce qui me concerne, que d'un point de vue artistique. S'agissant des autres domaines, ce siècle, ou plutôt cet entre-siècles que nous vivons me convient. Tout compte fait et malgré ses défauts, qui sont innombrables, je n'en aurais pas voulu un autre : c'est lui qui m'a fait, bien ou mal, c'est lui que je voudrais contribuer à faire, à modifier, à prolonger... Aucune nostalgie, s'agissant de la vie réelle, pour aucune période du passé. Je n'aurais souhaité vivre ni dans l'Antiquité (non, même pas comme citoyen athénien), ni au Moyen Âge (surtout pas !), ni à la Renaissance, ni au XVIIe siècle, que je vénère, ni au XVIIIe, si cher à mon cœur, ni au XIXe, trop bourgeois, ni même au début de celui-ci, si intelligent, si cultivé, mais trop lourd en massacres, en illusions, en injustices... Non, vraiment, si je devais choisir, je ne voudrais pas d'un autre temps que le mien. Je suis un enfant du baby-boom, des Trente Glorieuses (même si la gloire ne m'en apparaît guère !), de 1968, de la libération des mœurs, et c'est tant mieux. D'autres vécurent des événements plus considérables, menèrent des combats plus exaltants, remportèrent des victoires, parfois, plus décisives. Je les admire plus que je ne les envie. Dans l'histoire des peuples, disait Hegel, les moments heureux sont des pages blanches... Ennuyeuses à lire pour nos descendants, je le crains, mais assez plaisantes, quand le destin vous épargne à peu près, à vivre... Bref, ce demi-siècle que j'ai vécu me satisfait, malgré sa petitesse, malgré ses horreurs parfois, et je ne souhaite rien d'autre que de commencer celui, même incertain, même inquiétant, qui arrive...

Mais en art ? De ce demi-siècle qui s'achève, comment pourrais-je me satisfaire ? Ravel, Debussy ou Degas ne l'ont pas connu – et qu'a-t-il connu qui les vaille ? Matisse, Picasso et Stravinski ne l'ont qu'effleuré, dans leur vieillesse (en 1950, Matisse a quatre-vingt-un ans, Picasso soixante-neuf, Stravinski soixante-huit...). Notre demi-siècle s'y réchauffe, parfois ; mais comment pourrait-il s'y trouver ? Cinquante ans pour rien ? Sans doute pas : il y a toujours des artistes ou des œuvres qu'on peut aimer. Mais cinquante ans qui n'en finissent pas de finir, comme un demi-siècle prisonnier du précédent, et qui ne saurait que mimer, de plus en plus vainement et jusqu'à la caricature, ce que l'autre avait, pour le meilleur et pour le pire, d'étonnant, de dérangeant, de provocant... Quand l'histoire se répète, disait Marx, la seconde fois c'est en farce. Nous y sommes. Un demi-siècle pour rien, sans doute pas. Un demi-siècle en trop, comme un bégaiement de l'histoire, comme une farce lassante, peut-être bien. Toutes les grandes révolutions artistiques, qu'on les juge heureuses ou malheureuses, l'ont précédé, de très loin : la peinture non figurative, la musique atonale, les *ready-mades*, l'écriture automatique, et même le rien, ou le presque rien (le *Carré blanc sur fond blanc* de Malevitch), tout cela, d'ailleurs préparé par le XIXe siècle, est antérieur à 1920 ! Que nous est-il resté, depuis notre jeunesse, sinon la longue et fastidieuse succession de leurs disciples, de leurs commentateurs, de leurs continuateurs ? La dernière révolution, en art, ou le dernier scandale, ou même, et je préférerais cela, la dernière admiration franche, massive, enthousiaste, c'était quand ? Pour un homme de ma génération, ce sont des choses dont on a entendu parler (ah ! la première du *Sacre du printemps* ! ah ! *Les Demoiselles d'Avignon* !), mais qui n'existent plus, semble-t-il, que dans les livres d'histoire...

Il devient difficile d'en parler, tant le constat semble unanime. À la fin des années soixante-dix, quand j'ai commencé à écrire, ou même dans les années quatre-vingt, quand j'ai commencé à publier, il pouvait y avoir quelque mérite, peut-être même quelque courage, à ruer dans les brancards de la modernité, alors au faîte de la gloire et du marché. Je ne m'en suis pas privé [1], ni Luc [2], et nous n'y avons gagné que quelques sarcasmes supplémentaires. Mais voilà, d'après ce que je lis dans la presse, que le marché s'écroule, que la critique de l'avant-gardisme devient à la mode, comme une évidence enfin reconnue, comme un refus d'adorer plus longtemps la bêtise et le néant. On peut s'en réjouir ; mais on hésite à en rajouter. À quoi bon, quand presque tout le monde s'en est rendu compte, crier encore que le roi est nu ?

Je suis allé récemment à l'exposition du Musée d'art moderne de la Ville de Paris, sur « Les années trente en Europe » (mais on y voit aussi des toiles des années vingt), et à celle du Centre Georges-Pompidou, sur les peintres travaillant en France dans la seconde moitié du siècle (« Made in France, 1947-1997 »). Ce qui m'a frappé d'abord, et dans les deux cas, c'est l'absence de queue : autant les dernières expositions sur Gauguin ou Corot supposaient des heures d'attente, vous vous en souvenez, autant l'on pouvait, pour Mondrian ou Klein, entrer immédiatement... Je ne crois pas que ce ne soit qu'une coïncidence. Plusieurs dizaines de milliers de Français ont pris le train ou l'avion pour aller voir l'exposition Vermeer à La Haye. Combien l'auraient pris pour une rétrospective Kandinsky ou Dubuffet ? On me dira que c'est toujours comme ça, qu'il faut du temps pour qu'un artiste trouve son public... Mais cette platitude ne me paraît qu'une demi-vérité : dans les siècles

---

1. Voir *Le Mythe d'Icare, op. cit.*, chap. 3 (« Les labyrinthes de l'art »), et mon article sur « La modernité », dans *Une éducation philosophique, op. cit.*

2. Luc Ferry, *Homo Aestheticus, L'invention du goût à l'âge démocratique*, éd. Grasset, 1990.

passés, c'est plutôt la nouveauté qui plaisait (pensez à Michel-Ange, à Raphaël, à Rubens, à Corot...), et les *maîtres d'autrefois*, comme disait Fromentin, qui devaient être défendus contre l'oubli ou le dédain. Dans quel autre siècle le grand public, y compris cultivé, a-t-il ainsi systématiquement préféré les œuvres du passé ? Je n'en vois pas d'exemple, si ce n'est (mais il s'agit d'un cas à tous égards singulier) la fascination que ressentaient les hommes de la Renaissance ou du classicisme pour l'Antiquité grecque et latine. Même alors, pourtant, cela n'allait pas sans enthousiasme pour leur propre temps. Alberti, au quattrocento, ou Vasari, au cinquecento, avaient plutôt l'impression, et on les comprend, de vivre une époque bénie des dieux, sans précédent depuis l'Antiquité, voire la plus glorieuse, peut-être, que l'humanité ait connue... Qui oserait en dire autant aujourd'hui ? Surtout, la désaffection actuelle ne porte pas seulement sur nos contemporains : des artistes nés il y a plus de cent vingt ans, et morts avant notre naissance, en sont également l'objet. Quand j'étais adolescent, on nous expliquait que Mondrian, Malevitch ou Kandinsky opéraient une rupture si considérable, dans l'histoire de l'art, qu'ils rendaient comme obsolète toute la peinture figurative, laquelle ne pouvait plus nous intéresser que comme objet historique. Trente ans plus tard, Rembrandt ou Vermeer nous fascinent toujours, nous passionnent, nous bouleversent... Mais Kandinsky ? Mais Mondrian ? Mais Malevitch ? Dans *L'Homme dépaysé*, Tzvetan explique qu'il échangerait volontiers un Mondrian contre un tapis glaoui [1]. Combien de Mondrian donnerait-il pour un Vermeer, ou même, je connais ses goûts, pour un Pieter de Hooch ? On m'objectera que d'autres échangeraient volontiers plusieurs Vermeer contre un Mondrian... On peut tout dire, et il se peut qu'en effet le cas existe. Mais enfin je n'en ai jamais rencontré. On ne peut éviter ici les références personnelles. Chardin a changé ma vie, comme Schubert, comme Michel-Ange. Quel jeune d'aujourd'hui peut voir la sienne changer parce qu'il a soudain découvert Pollock ou Schönberg ? Il est trop tôt ? Mais ils sont morts depuis plus de quarante ans... En 1787, à Prague, Mozart constate que tout le monde chantonne dans la rue des airs des *Noces de Figaro*, créées à Vienne, d'ailleurs avec un succès immédiat, l'année précédente. Et il nous arrive, aux uns et aux autres, de les chantonner encore... Qui a jamais entendu chanter, dans la rue, des airs du *Pierrot lunaire*

1. Tzvetan Todorov, *L'Homme dépaysé*, éd. du Seuil, 1996, p. 173.

(créé en 1912), de *Wozzeck* (1925), ou du *Marteau sans maître* (1955) ? Et qui peut croire qu'on les y entendra dans deux siècles ? Contrairement à la tarte à la crème de l'avant-garde, qui voudrait que l'avenir appartienne à ceux qui ennuient leurs contemporains, la plupart des œuvres qui nous plaisent ont plu aussi en leur temps, parfois immédiatement, parfois dans les années qui ont suivi. Cela vaut pour les chefs-d'œuvre, mais aussi, simplement, pour les succès populaires. Qui ne voit que la beauté moderne, en musique, s'est davantage jouée dans le jazz, dans le rock, dans la variété ? Cinquante ans après, *Petite Fleur* (Sidney Bechet, 1952), *Rock around the Clock* (Bill Haley, 1954) ou *L'Accordéoniste* (Édith Piaf, 1939) nous charment encore, nous secouent, nous touchent, et bien plus que les œuvres d'avant-garde de ces années-là, qui s'excusaient de leur insuccès populaire, déjà, en prétendant inventer l'avenir... La beauté moderne ? Elle change bien sûr selon les individus et les époques. Quand j'avais dix-sept ans, ce fut pour moi *Lindbergh*, de Charlebois (je ne connais pas d'œuvre, aujourd'hui encore, qui me dise autant le goût de ces années...), ou Ray Charles, ou les Beatles, ou Nougaro... Petite musique ? Sans doute, si on la compare à Bach ou à Beethoven. Mais qui vaut mieux qu'une grande musique, ou prétendue telle, qui ne saurait qu'ennuyer.

Des exemples ? Ils ne peuvent bien sûr être que subjectifs. Disons donc, en toute subjectivité, que pour ma part je donnerais volontiers les œuvres complètes de Boulez, que je me force parfois à écouter, pour les six minutes et demie de *What'd I say*.

Et que je donnerais pourtant tout Ray Charles pour le *Quintette en ut* de Schubert...

Que reste-t-il de la nouveauté quand elle n'est plus neuve ?

Il se peut que notre temps n'excelle que dans les genres mineurs. La chanson plutôt que la musique, le dessin humoristique plutôt que la peinture, la décoration plutôt que la sculpture... Reiser, Wolinski ou Bretécher ont changé quelque chose, tout en nous faisant rire, à notre vision du monde et de la vie. Cela ne vaut pas Rembrandt ? Ils n'y prétendent pas. Mais cela vaut bien un Debré ou un Combas, ou plutôt, me semble-t-il, cela vaut beaucoup mieux.

Mais revenons aux années trente. Ce qui m'a le plus frappé dans l'exposition les concernant, et bien plus que l'absence de queue, c'est l'absence, dans le public, de passion, d'émotion, d'enthousiasme, et même de colère : comme tout cela, soixante ou soixante-dix ans plus tard, paraît terne, banal, ennuyeux ! La géométrie de Mondrian, les hésitations de Malevitch (quelle pauvreté, tout de même, quelle maladresse dans son autoportrait !), les recherches de Kandinsky... Avec le recul, et intellectuellement, on en perçoit la nécessité, la logique, la cohérence, et même l'importance, parfois, dans l'histoire de l'art... Tout cela, certes, méritait d'être tenté. Mais l'intérêt aujourd'hui ? Mais le plaisir ? Mais l'émotion ? Quand la nouveauté n'est plus neuve, que reste-t-il ? Il reste l'œuvre telle qu'elle est, ou telle qu'en elle-même enfin notre lassitude la change... Encore ne veux-je évoquer ici que des artistes respectables, dont l'importance, dans l'histoire de l'art, n'est niée par personne. Nous n'allons tout de même pas parler sérieusement des Buren, des Viallat, des César (en tout cas celui des compressions), des Cy Twombly, ni de ces fameuses *installations* – un tas de charbon, des boîtes empilées, une vieille couverture... – qu'on trouve maintenant dans nos musées ! Je me souviens de la grande exposition « Manifeste », il y a quelques années, où le Centre Georges-Pompidou montrait les acquisitions récentes (les années soixante-dix-quatre-vingt) dont il était le plus fier... Quelle tristesse ! Quel dégoût ! Pour quelques œuvres estimables, combien d'autres absurdes, insignifiantes, dérisoires ? Espère-t-on, avec cela, résister à la sous-culture télévisuelle, au nihilisme, au règne du fric et de l'esbroufe ?

La difficulté, bien sûr, c'est que les notions de « modernité » ou d' « art contemporain », prises en elles-mêmes, n'ont aucun sens normatif, ni même descriptif. Être moderne, c'est être de son temps, voilà tout – et comment serait-on d'un autre ? Être contemporain, c'est être d'aujourd'hui : ce n'est pas une valeur ; c'est un fait, et qui ne prouve rien. Il y a évidemment des artistes modernes que j'admire (Picasso, Matisse, de Staël...), des artistes contemporains que j'aime (Balthus, Bacon, Soulages...). Et j'ai beaucoup de respect pour plusieurs jeunes peintres d'aujourd'hui, qui essaient de réinventer un « métier perdu », comme dit Lévi-Strauss, et d'empêcher que l'avenir de la peinture ne soit tout entier derrière elle, comme on pourrait parfois le craindre, ou derrière nous... Il ne s'agit donc pas, cela va sans dire, d'être pour ou contre la modernité. Il s'agit simplement de rappeler cette évidence : que la chronologie, en art, ne fait pas loi, et que la modernité dès lors ne saurait tenir lieu d'esthétique. Picasso est aussi moderne que Duchamp ; Bacon, aussi contemporain que Dubuffet. Qu'est-ce que cela nous apprend sur la valeur respective de leurs œuvres ? Rien, bien sûr. Le modernisme, comme idéologie, voudrait nous faire prendre ce *rien* pour l'essentiel.

Histoire des sciences et histoire de l'art

Ce qui est en cause, ce n'est donc pas la modernité comme fait ; c'est la modernité comme idéologie (le modernisme), comme valeur (la nouveauté pour la nouveauté), comme principe (la rupture pour la rupture). Et c'est, encore plus, sa radicalisation dogmatique – à la fois théoriciste et terroriste [1] – sous couvert d'avant-garde. Je ne veux pas reprendre ici ce que j'ai dit ailleurs, ce que beaucoup, qui sont plus compétents que moi, ont abondamment analysé (voyez, dans des problématiques d'ailleurs différentes, les livres de Jean Clair, d'Antoine Compagnon, de Marc Fumaroli, de Michel Schneider, de Jean-Philippe Domecq, de Jean-Louis Harouel, de Benoît Duteurtre [2]...). Un mot, simplement, sur ce qui me paraît le contresens principiel de l'avant-gardisme : un triple contresens sur l'art, sur le temps, sur le progrès.

Être en avance sur son temps n'a de sens positif, c'est assez clair, que là où le temps amène une amélioration, un progrès, une avancée. Quand le temps n'entraîne qu'une dégradation, comme c'est parfois le cas, être en avance sur son temps ce n'est que se rapprocher un peu plus vite du pire. Par exemple, s'agissant du temps biologique : être en avance, ce peut être, pour un enfant, se

1. Voir le chapitre « Théorie et terreur » dans le beau livre d'Antoine Compagnon, *Les Cinq Paradoxes de la modernité*, éd. du Seuil, 1990.

2. Jean Clair, *Considérations sur l'état des beaux-arts, Critique de la modernité*, éd. Gallimard, 1983 ; Antoine Compagnon, *Les Cinq Paradoxes de la modernité*, *op. cit.* ; Marc Fumaroli, *L'État culturel*, éd. de Fallois, 1991 ; Michel Schneider, *La Comédie de la culture*, éd. du Seuil, 1993 ; Jean-Philippe Domecq, *Artistes sans art ?*, éd. Esprit, 1994 ; Jean-Louis Harouel, *Culture et contre-cultures*, P.U.F., 1994 ; Benoît Duteurtre, *Requiem pour une avant-garde*, éd. Robert Laffont, 1995.

montrer particulièrement précoce ; mais ce peut être aussi, pour un adulte, avoir vieilli plus vite que les autres, faire plus vieux, comme on dit, que son âge... Il y a des maladies qui donnent à vingt ans l'allure d'un vieillard. Quelle avance plus atroce ? Et le second principe de la thermodynamique, s'agissant du temps physique, voue plutôt l'avenir au désordre ou à la mort... Bref, en lui-même et comme dirait Brassens, le temps ne fait rien à l'affaire : il n'y a d'intérêt à être en avance sur le sien que dans les domaines où l'on peut constater un progrès. C'est le cas, bien sûr, dans l'histoire des sciences : cette histoire étant à la fois cumulative, normative et récurrente (l'histoire des sciences, comme dit Bachelard, est une histoire jugée, et qui juge : le présent y a raison, nécessairement, contre le passé), elle n'est pas autre chose que le récit de ses triomphes « démontrables et démontrés », comme dit encore Bachelard, par quoi « le progrès est la dynamique même de la culture scientifique [1] ». Un savant qui est à la pointe de son temps a dès lors raison, presque par définition, contre ceux qu'il dépasse. Ainsi Einstein, en 1905, contre les tenants de la mécanique newtonienne... Encore serait-ce se tromper que d'imaginer qu'Einstein faisait la science *de l'avenir*, ce qui est bien sûr contradictoire (s'il la fait, c'est qu'elle est présente, c'est qu'il est *son* présent). En toute rigueur, ce n'est pas Einstein qui était en avance sur son temps ; ce sont ses critiques qui étaient en retard sur la science en train de se faire. L'histoire des sciences ne fait pas partie de la science-fiction, qui n'est pas une science : le présent, non l'avenir, y règne. C'est pourquoi, comme l'a bien montré Bachelard, pour progressiste qu'elle soit, comme processus, et parce qu'elle l'est, l'histoire des sciences est aussi nécessairement *récurrente* comme discipline : « C'est une histoire qu'on éclaire par la *finalité du présent* [du présent, non de l'avenir], une histoire qui part des certitudes du présent et découvre, dans le passé, les formations progressives de la vérité [2]. » On ne peut juger la science du passé que par rapport à celle d'aujourd'hui : le XXe siècle, parce qu'il lui est objectivement supérieur, a forcément raison contre le XIXe, qui avait forcément raison contre le XVIIIe... C'est pourquoi les théories scientifiques deviennent vite obsolètes : la loi du progrès est aussi une loi de mort, et toute science du passé est une science dépassée. Mais en

1. Gaston Bachelard, *L'Activité rationaliste de la physique contemporaine*, chap. 1, P.U.F., 1965, p. 24-25.
2. Id, *ibid.*, p. 26.

art ? Quel sculpteur prétend faire mieux que Michel-Ange ? Quel peintre se voudrait supérieur à Vélasquez ou à Rembrandt ? Quel musicien, à Bach ou à Beethoven ? Qu'il y ait une histoire dans les arts aussi, c'est une évidence. Qu'elle soit normative, cumulative et irréversible, à sa façon, ce n'est pas niable. Mais aucun progrès, ni démontrable ni démontré, en tout cas aucun progrès global, ne s'y fait jour. Le XXe siècle n'est pas supérieur au XIXe, qui n'est pas supérieur au XVIIIe, qui n'est pas supérieur au XVIIe... Les chefs-d'œuvre du passé sont indépassables. Heureux sommes-nous si nous pouvons parfois, sans trop de ridicule, essayer de les égaler... Il arrive, certes, que tel art puisse avancer de façon décisive (la peinture pendant la Renaissance, la musique au XVIIIe siècle...). Mais, outre que ce progrès reste soumis à des normes subjectives (on peut toujours regretter le chant grégorien et la peinture gothique...), il n'est jamais global ni définitif : on ne fera jamais mieux que Michel-Ange ou Bach, mais on n'est pas toujours capable de faire aussi bien. Qu'est-ce alors que cette avant-garde qui se réclame d'un avenir non seulement inexistant, comme tout avenir, mais parfaitement indéterminé quant à sa valeur ? Qu'est-ce que l'avant-garde d'une armée qui n'avance pas, qui ne peut connaître, hélas, que des reculs ?

« L'avenir me donnera raison », dit un jour un imbécile à Paul Valéry. Celui-ci répondit simplement : « Vous me faites peur ! »

Il se peut que l'avenir donne raison aux imbéciles, si l'on entend par là qu'ils auraient le dernier mot. Mais cela ne suffirait pas à nous donner tort.

Au reste, le danger n'est pas si grand. Le plaisir au bout du compte l'emporte, qui est la grande loi de l'art. Qui, devant un Titien ou un Chardin, se demande s'ils étaient en avance ou en retard sur leur temps ? Qui, en écoutant Mozart ou Bach ? Ils se contentaient d'être du leur, du mieux qu'ils pouvaient, et c'est pourquoi ils sont aussi du nôtre...

Politique et esthétique

Il va de soi que l'application du schème scientifique (l'histoire des sciences normée par son progrès) à l'art (qui devrait se soumettre à la même loi) ne s'est pas faite sans médiation, ni de façon isolée : la notion de progrès politique s'ajoute, presque inévitablement, à celle de progrès scientifique, et en surdétermine, si l'on peut dire, les enjeux. Elle s'y ajoute : puisque l'histoire des sociétés, elle aussi, est censée progresser, et même progresse effectivement, de l'avis presque unanime (comment ne pas considérer le suffrage universel, les congés payés et la Sécurité sociale comme des progrès ?), on peut imaginer que l'avenir, là encore, sera supérieur au présent, comme le présent l'est au passé. C'est en quoi la politique vient surdéterminer les enjeux et les illusions du progressisme, appliqué – à mon avis indûment – à l'art : si l'on pense l'histoire de l'art sous le double modèle de l'histoire des sciences et de l'histoire des sociétés, alors, ne pas être d'avant-garde c'est à la fois être dans l'erreur (puisque l'avenir, dans les sciences, aura raison contre le passé) et être conservateur (puisqu'on ne partage pas le culte politique de l'avenir), voire réactionnaire (si l'on préfère le passé au présent). Que l'amalgame soit sophistique, les esprits lucides l'ont perçu presque immédiatement. Disons qu'aujourd'hui cela saute aux yeux de tout un chacun, et pour des raisons qui ne sont pas d'abord logiques mais historiques : l'effondrement des avant-gardes politiques (le bolchevisme, le trotskisme, le maoïsme...), leur enfermement, presque toujours, dans le totalitarisme ou la terreur, enfin la perte de foi, car c'en était une, en la supériorité nécessaire et radieuse de l'avenir... La différence entre le progrès scientifique et le progrès politique, et outre que celui-ci ne peut jamais atteindre à l'objectivité de celui-là, c'est bien sûr que le progrès annoncé n'est ici qu'une imagination sans garantie, voire (pensez aux grandes utopies) sans vraisemblance : on peut craindre que l'avenir, historiquement, ne soit à la barbarie, à la terreur, à l'injustice, à la misère, à la pollution, aux conflits ethniques ou religieux, au fanatisme, à l'écrasement des individus sous le poids de l'État ou du marché... Cela ne serait pas une raison, certes, pour cesser de combattre pour le contraire (pour la civilisation, pour la liberté, pour la justice...), mais changerait malgré tout, si nous en étions convaincus, notre rapport au temps et à l'histoire. Si le progrès est derrière nous, quel sens y a-t-il à se dire progressiste ? Nous n'en sommes pas là, fort heureusement, et c'est plutôt la croyance inverse, en tout cas la volonté inverse, qui caractérise ceux qui se définissent comme *progressistes* (j'en fais partie) et, a fortiori, ceux qui se veulent politiquement d'avant-garde : c'est parce que le présent nous paraît supérieur, dans l'ensemble sinon dans tous ses aspects, au passé, que nous combattons les réactionnaires, qui voudraient inverser ce mouvement, ou les conservateurs, qui voudraient l'arrêter. Mais là encore cela ne vaut que parce que le progrès social et politique s'est trouvé, jusqu'à aujourd'hui, à peu près vérifié. Cela ne garantit rien pour l'avenir, mais autorise pourtant une espèce de mise en perspective de l'histoire, qui donne un sens, même s'il n'est que relatif et polémique, à l'opposition des progressistes et des réactionnaires. Mais en art ? Si c'est être réactionnaire que de préférer Brahms à Stockhausen, les sculptures de Rodin aux bric-à-brac de Tinguely, enfin, Degas à Beuys, je le suis assurément. Mais qu'est-ce que cela prouve sur mes opinions politiques ? Pompidou adorait Vasarely, qui m'indiffère ; il paraît que Chirac adore Boulez, qui m'ennuie. Cela veut-il dire que Pompidou et Chirac sont d'éminents progressistes, et que je ne suis qu'un affreux réactionnaire ?

C'est ce qui rend à la fois dérisoires et odieux les amalgames dont sont victimes, dans la presse bien-pensante, ceux qui s'en prennent à l'art contemporain (ou plutôt à l'art, quasi institutionnel, qu'on nous présente ordinairement sous ce nom). Jean Clair soupçonné de sympathie avec la nouvelle droite, Jean-Philippe Domecq suspecté de visées réactionnaires ou fascisantes (et obligé de rappeler qu'il faisait partie, lors de la dernière élection présidentielle, du comité de soutien à Lionel Jospin...), enfin, c'est peut-être le plus ignoble, Benoît Duteurtre assimilé aux négationnistes parce qu'il avait osé critiquer Boulez... Qu'on puisse ainsi comparer des artistes quasi officiels, qui bénéficient depuis des dizaines d'années du soutien de l'État, des médias, des institutions (quel musicien, dans le passé, eut jamais le pouvoir et les relais d'un Pierre Boulez ?), qu'on puisse comparer ces artistes, donc, avec les victimes de la Shoah (puisque nier la grandeur de ceux-là serait nier la tragédie de celles-ci), il y a là un degré d'ignominie qu'on aurait pu croire – en démocratie, justement, et dans un grand journal – impossible. C'est pourtant ce qui se passe, presque tous les jours, et l'on n'en finirait pas de relever ces procès d'intention, ces amalgames, ces rapprochements tendancieux ou infâmes. Ils en disent long sur l'époque, et sur ce qui nous menace. Le politiquement correct va-t-il déboucher sur un esthétiquement correct, et faudra-t-il, pour être un bon démocrate, avoir les mêmes goûts que Jacques Toubon ou Jack Lang ? Enfin, n'est-ce pas un trop beau cadeau à faire à ceux qui sont en effet contre la démocratie et les droits de l'homme, que de leur prêter ainsi le soutien prétendu et improbable de tous ceux – sans doute une majorité – qui ne jugent pas que notre siècle soit, en art, l'un des plus grands ? Faut-il considérer que Sartre (parce qu'il pestait contre la musique contemporaine), Lévi-Strauss (qui n'a cessé de regretter le « métier perdu ») ou aujourd'hui Baudrillard (qui dénonce dans la presse la « nullité » de l'art contemporain) sont des complices objectifs de Le Pen ? Ne vaudrait-il pas mieux se demander ce que l'art, et à quelles conditions, peut opposer en effet au fascisme ? Par exemple une certaine idée de l'homme, de la culture, de la civilisation, toute nourrie du passé, bien sûr, et moins occupée à inventer l'avenir, ce que nul ne peut, qu'à exprimer le présent. Être d'avant-garde ? À quoi bon ? Être moderne ? Oui, résolument : en inventant l'art dont notre temps à besoin ! À la montée du fascisme et de l'obscurantisme, l'art, s'il sait toucher le public, peut opposer ses propres valeurs, qui sont de liberté, d'humanité, de générosité, de courage. Non que l'art puisse ou doive être « démocratique », ce qui n'a guère de sens (le beau ne se vote pas, et le talent ne fait pas partie des droits de l'homme). Mais il peut opposer ses propres hiérarchies – les beaux-arts, disait Kant, sont les arts du génie – à celles, prétendues et haïssables, des races, comme à celles, hélas trop avérées, des richesses ou des classes. Qui ne voit que devant Vermeer ou Mozart nous sommes tous frères ? Enfin l'art peut aussi, contre la veulerie, contre la démagogie, rappeler à une certaine idée du travail, de l'exigence, de la difficulté vaincue ou surmontée (« J'ai renoncé à la peinture figurative, me dit un jour un peintre abstrait, parce que je trouvais ça trop facile » ; j'en ai conclu que ce devait être un très mauvais peintre figuratif...), du métier toujours nécessaire et toujours insuffisant. Enfin, et peut-être surtout, à une certaine idée du plaisir et du public. La règle des règles, disait Molière, c'est de plaire. Si le public s'ennuie encore, cinquante ans après la création du *Marteau sans maître*, s'il s'intéresse de moins en moins à nos avant-gardes, est-on sûr que c'est le public qui a tort ?

Ne pas faire semblant

Je disais que je n'aime pas le mot de décadence, qui semble condamner l'avenir. Rien ne prouve non plus qu'il soit justifié. Par exemple, l'architecture d'aujourd'hui me paraît incontestablement supérieure à celle des années Pompidou, de si triste mémoire. La danse contemporaine, spécialement chez Béjart, m'a toujours paru plus belle et plus émouvante que ce qu'on appelle ordinairement la danse classique. Le cinéma, très régulièrement, nous touche ou nous bouleverse. Enfin plusieurs signes semblent indiquer que le pire, s'agissant de l'art en général, est peut-être derrière nous : qu'on peut recommencer à faire de la musique, de la peinture, de la sculpture, non pour faire moderne ou pour être d'avant-garde, mais parce qu'on a quelque chose à dire ou à exprimer, mais parce qu'on a du plaisir ou de l'émotion à offrir, mais parce qu'on voudrait aider la vie, comme dit un de mes amis, *à se déclarer*.

Il ne s'agit pas d'être optimiste ou pessimiste. Il s'agit de ne pas mentir sur ce qu'on aime ou ce qu'on n'aime pas ; il s'agit de ne pas faire semblant de comprendre quand on ne comprend pas (ou quand il n'y a rien à comprendre), d'admirer quand on n'admire pas, d'estimer quand on ne peut s'empêcher de mépriser. Que tout homme mérite respect, c'est sûr. Mais cela n'a jamais empêché qu'il existe des œuvres méprisables.

Tout le monde ne peut pas être artiste, dit Woody Allen contre Beuys. Et le public, massivement, ne cesse de donner raison à Woody Allen... Vous voyez bien que tout n'est pas perdu !

Y a-t-il une beauté moderne ?

Luc Ferry

Les polémiques sur l'« art contemporain » me font irrésistiblement penser à une partie d'échecs mille fois jouée et rejouée. Depuis le début du siècle, au moins, les principaux coups [1] en sont

1. Que disent les « antimodernes », ou ceux qui, sans être hostiles à leur univers, ne se reconnaissent pas toujours avec enthousiasme dans la culture moderniste ? Que les notions de progrès et d'avant-garde n'ont aucun sens dans le domaine de l'art. Ce qu'André montre parfaitement dans son texte, je n'y reviens donc pas. Que le grand art n'est pas forcément « marginal », comme le suggèrent si volontiers les théories avant-gardistes. Ou mieux : si toute grande œuvre, parce qu'elle est créatrice, suppose en effet une part de subversion, le subversif n'y est pas visé *en tant que tel*. Il n'est qu'un effet secondaire de la puissance créatrice, nullement sa finalité première. Au reste, les innovations réelles s'appuient davantage sur le public éclairé que sur les institutions d'État. Aujourd'hui, tout à l'inverse, une part importante de l'art contemporain, notamment dans le domaine musical (parce qu'il n'y existe pas véritablement de marché), procède à rebours : elle s'appuie sur les institutions d'État pour défier, souvent avec arrogance, le public. Que serait Pierre Boulez sans le milliard de francs lourds investi dans l'I.R.C.A.M. ? Un chef d'orchestre talentueux, sans doute, mais au-delà ? Qui écoute sa musique hors d'un tout petit nombre d'amateurs souvent proches du milieu des musiciens professionnels ? Que serait Buren sans la commande officielle de colonnes installées de force et à grand bruit au cœur de Paris ? Les exemples de ce type sont légion. Quel contraste avec des temps plus anciens : les bourgeois et même le peuple de Leipzig écoutaient avec ferveur les œuvres de Bach sans qu'il fût subventionné par quiconque, sans même que son nom fût connu de ceux qui l'écoutaient et l'aimaient. Un véritable art populaire, non marginal, sauf, justement, au regard des puissants qui firent jeter en prison le plus grand génie de leur temps. Qu'une trop grande partie de l'art contemporain ne suscite ni sentiment de beauté ni émotion d'aucune sorte ; que le « métier » disparaît. Ce qui fait, bien entendu, sourire les modernistes mais qui, dans quelques décennies à peine, sera sans doute perçu comme une véritable catastrophe planétaire : celle de générations d'enfants qui n'auront, dès leur plus jeune âge, jamais rien appris d'autre à école qu'à singer quelques peintres abstraits... Que répondent les « modernes » ? Pour l'essentiel ceci :

Que ce discours est réactionnaire. On peut, selon l'humeur, ajouter encore : fasciste, totalitaire ou simplement, cela suffit souvent, évoquer le Front national. Les anathèmes les plus usés s'abattent alors sans distinction ni argumentation contre tous ceux connus de tous les protagonistes . Si le ton monte aujourd'hui, le niveau baisse plutôt, tant les anathèmes tournent au rituel, certains n'hésitant pas à brandir plus vite que leur ombre le spectre horrifique de l'extrême droite pour anéantir a priori l'adversaire. Et l'argument fatal, inlassablement, revient sur le métier : l'art moderne lui-même serait encore trop novateur, trop « subversif », pour ne pas choquer les suppôts d'un conservatisme bourgeois. C'est oublier, bien sûr, que Kandinsky et Schönberg échangeaient déjà leur célèbre correspondance... en 1913 ! Que Mondrian est né en 1872, Malevitch en 1878, Hartung en 1904 ! Et que les plus grands admirateurs de l'avant-garde ne sont pas forcément des prolétaires... ni toujours de joyeux drilles ! Soyons sérieux, le problème n'est évidemment pas là, et le temps, c'est bien connu, ne fait rien à l'affaire. Si la querelle persiste de décennie en décennie, si un certain modernisme continue à décevoir ou à irriter de bons esprits, qui préfèrent Stravinski à Boulez et Bacon à Buren, est-ce nécessairement pour des motifs politico-idéologiques « incorrects » ? C'est vrai, il s'est passé dans l'art et la culture de ce siècle quelque chose de radicalement neuf. Mais quoi, au juste ? Et faut-il absolument penser toute novation dans les termes usés de la vieille antinomie du « progrès » et du « déclin » ? Voilà, il me semble, la

---

qui osent, aujourd'hui encore, élever le moindre doute sur l'intérêt de l'art contemporain. Que l'art contemporain est une *recherche.* Il faudrait développer longtemps ce thème crucial. Il plonge des racines très profondes dans l'idéologie scientiste qui a parasité dès ses origines l'avant-gardisme esthétique. Il permet surtout, hors de toute référence même à la moindre idée, de justifier toute entreprise de « création » quelle qu'elle soit. Elle disqualifie par avance et par essence toute critique : comment évaluer ce qui n'est encore qu'un « chemin », une « tension », un « travail », une « démarche », une « dynamique » ? Que les contempteurs de l'art contemporain n'y connaissent rien, ne vont pas dans les galeries ni, encore moins, dans les ateliers. Comme si l'art était question d'expertise ! Je ne connais sans doute pas tous les compositeurs d'aujourd'hui, mais j'en connais beaucoup. J'ai en tout cas assez écouté Boulez pour être sûr que si je devais choisir entre la moindre chanson des Beatles et l'ensemble de son œuvre je n'aurais aucune hésitation. Peut-être ai-je totalement tort. Peut-être est-il au demeurant absurde de parler ici de tort et de raison. On peut en discuter. Je sais en tout cas que ce n'est pas une question de *connaissance* et d'*expertise.* Que l'art contemporain est encore trop neuf pour avoir trouvé son public. La plupart des grands artistes des siècles passés, et même, pour une bonne part, du XXe siècle, ont été connus, reconnus et admirés dans leur temps, même lorsqu'ils suscitaient de belles querelles. Qui conteste aujourd'hui Debussy, Ravel, et même Bartók ou Stravinski ? Les découvertes tardives sont réellement une exception, non la règle.

On peut reprendre ces arguments tant qu'on voudra, en ajouter quelques autres (il faudrait notamment parler du snobisme, mais aussi, cela va de soi, des conservatismes, du rôle délirant du marché de l'art, de la politique des musées, de l'État culturel, etc.), cela ne changera rien à l'affaire : ils sont tous connus, médiatisés, usés jusqu'à la corde, et les protagonistes ne changeront pas d'avis parce qu'on multipliera les intimidations, les exemples ou même les raffinements intellectuels.

question préalable. Tant que nous n'aurons pas saisi jusque dans ses racines la nature de cet inédit, nos disputes, je le crains, resteront aussi superficielles que répétitives.

La fin du théologico-culturel ou les missions nouvelles de l'art

Voici ce qui fut sans doute, depuis toujours, la vocation essentielle de l'art : mettre en scène ou, si l'on préfère, « incarner » dans un matériau sensible (couleur, son, pierre...) une vérité tenue pour supérieure. L'art n'en possède pas moins une histoire. C'est que la vérité elle-même en a une. À s'en tenir aux principes, elle pourrait s'esquisser à peu près comme ceci : dans l'Antiquité, dire la vérité dans l'art, c'était d'abord exprimer l'harmonie du cosmos ; à l'ère des grandes religions, la grandeur et la sublimité du divin ; dans nos démocraties humanistes, la profondeur et la richesse du génie humain. Sécularisation et humanisation sont les deux mots clefs de ces variations auxquelles il conviendrait de prêter un instant attention pour s'orienter moins à l'aveugle dans nos discussions contemporaines.

Je vous proposerai de commencer par cette analogie avec la politique que suggère dès l'origine la notion d'avant-garde [1]. Ce qui caractérise, en effet, la laïcisation par laquelle notre univers démocratique advient à lui-même, c'est en première approximation ceci : alors que dans les civilisations du passé la loi tirait sa légitimité de son enracinement dans un univers extérieur aux hommes, ou prétendu tel (celui de la cosmologie ou de la religion), la loi démocratique se veut de part en part faite par et pour les hommes. C'est là la signification la plus profonde de la Déclaration des droits de l'homme mais aussi, au plan institutionnel, de la création des Parlements : au lieu que la légitimité des autorités soit dérivée d'une source religieuse comme c'est encore le cas dans les républiques islamiques (les hommes peuvent épouser quatre femmes parce que c'est ainsi dans le Coran), la loi démocratique, laïque, se veut *construite* à partir de la volonté, des intérêts et de la raison des êtres humains. Ils sont, si l'on veut, les *génies* de la loi.

1. Chez Saint-Simon, où elle apparaît pour la première fois en son sens métaphorique, appliquée aux artistes.

Il en va de même dans la sphère de la culture. Au lieu de refléter un ordre extérieur aux hommes (cosmique ou religieux), l'œuvre d'art va devenir, dans les sociétés modernes, l'expression de la personnalité d'un individu, certes hors du commun, « génial » mais *néanmoins humain.* Un humanisme esthétique est né, parallèle à celui qu'institue la politique. C'est à partir de cette révolution, unique dans l'histoire, que la question de la « création », au sens moderne du terme, va pouvoir se poser – là où partout, auparavant, l'art n'était que reflet d'un autre monde, imitation de la nature ou du divin, non pas innovation, mais avant tout perpétuation d'une tradition, non pas « invention » mais simple « découverte ». De là, au terme (provisoire) de la sécularisation, l'apparition de l'idéologie avant-gardiste.

Naissance et crise des avant-gardes

Pour les raisons que je viens d'évoquer – je les ai longuement développées dans *Homo Aestheticus* – l'effet principal de la sécularisation réside dans la *subjectivisation de l'art.* Elle est sans doute une bonne et belle chose et, malgré l'apparence, encore pleine de promesses. Par où je ne me sens nullement « antimoderne ». Mais, radicalisée à l'absurde par les idéologies de la table rase, elle comporte deux écueils qui ont conduit à la mort des avant-gardes et à la platitude d'une si grande partie de l'art contemporain : ce que j'appelle l' « hyperclassicisme » et l' « originalisme ».

Qu'est-ce que l'hyperclassicisme ? La réduction totale de l'œuvre à l'idée. Ce n'est plus la réalisation esthétique elle-même qui importe, mais la vérité intellectuelle, le « concept » que l'artiste a entrepris de mettre en œuvre. L'origine du mal se trouve déjà chez Boileau (« rien n'est beau que le vrai, le vrai seul est aimable »). Elle culminera dans les années soixante avec les expositions sans tableau, les concerts de silence, les films sans images ni bande sonore qui entendent témoigner, jusqu'à la provocation, de la prééminence de l'idée sur sa mise en scène sensible. Sur ce point, l'argumentation de Hegel (mais c'était déjà celle de Platon) me semble par avance imparable : plus l'art privilégie l'idée sur son incarnation, plus la science et la philosophie qui la saisissent en elle-même et dans son élément adéquat, la pensée, lui sont supérieures. Mort de l'art, donc, qui s'éclipse au profit de la théorie, déchéance de la sensibilité face au concept, comme on le voit encore aujourd'hui dans les affligeantes notices qui accompagnent, à Beaubourg ou ailleurs, ces œuvres contemporaines dont on nous explique avec tant de cuistrerie qu'il faut, pour les bien « comprendre », avoir lu de toute urgence Husserl, Nietzsche, Freud, Spinoza ou Deleuze... Fallait-il tout cela pour entendre une messe de Bach, pour aimer une toile de Vermeer ? Vraie question, à creuser... Si l'art peut être, doit être une forme de connaissance, il ne saurait non plus s'y réduire sans céder la place à ces activités autrement plus « intellectuelles » qu'il ne saurait jamais l'être sans se perdre lui-même.

Qu'est-ce que l'originalisme ? La volonté de rechercher l'innovation pour l'innovation, le subversif pour le subversif, de les prendre en tant que tels pour projet. C'est la subjectivisation poussée à l'extrême. L'individualisme achevé. Là aussi, Hegel me semble un antidote nécessaire, comme l'avait compris Octavio Paz : selon une dialectique tout hégélienne, en effet, la recherche du nouveau pour le nouveau se renverse en son contraire, la répétition vide et morne du geste de la subversion... qui ne subvertit plus rien ! Nouveau encore en 1913, chez Duchamp, qui a d'ailleurs presque tout inventé en matière d'innovation, il a fini par devenir la banalité même. Il y a maintenant une « tradition du nouveau », qui s'expose sans honte aucune, en toute platitude, jusqu'aux portes de nos établissements scolaires, contraints de payer eux aussi le tribut à ces faux marginaux vraiment subventionnés que sont devenus tant d'artistes contemporains. Et cette tradition, c'était la logique même, s'est épuisée. Contrairement à ce que disent les militants du contemporain, la vérité est que leur culture de l'inouï *n'intéresse plus personne*, qu'une trop grande partie de l'art d'aujourd'hui ne suscite ni sentiment de beauté ni émotion d'aucune sorte, fût-elle même réactive : les monochromes, les toiles vides, les tas de charbon du musée de Bordeaux, les énièmes carrés noir sur fond blanc ou blanc sur fond noir, les ready-mades et autres bric-à-brac ne nous choquent même plus. Ils ne nous touchent ni ne nous disent rien. Voilà tout. Et pour l'immense majorité de nos contemporains, j'en suis sûr, il y a plus de beauté, plus de musique même dans une chanson des Beatles ou d'Elvis Presley que dans toute l'œuvre de Stockhausen, malgré son insondable prétention qui terrorise encore les innocents et les snobs...

Voici, à mes yeux, la seule question qui vaille, pour qui regrette, comme c'est mon cas, de ne pas se sentir plus heureux dans sa propre culture : la subjectivisation de l'art, sa réduction à l'échelle humaine liée à une sécularisation devenue militante, signifie-t-elle inévitablement la platitude, au sens propre, c'est-à-dire la fin du grandiose, de l'imposant, de l'aristocratique ou, pour parler comme Nietzsche, du « grand style » ?

La fin du grandiose et la question du sacré à l'âge laïc

Il faudrait comparer l'avant-gardisme et l'anticléricalisme du point de vue, celui de la sécularisation, que je viens d'esquisser. Chacun à leur manière, ils ont eu pour mission d'éradiquer dans la société civile les restes de l'Ancien Régime, de la religion, des traditions, bref, de tout ce qui était encore supérieur ou extérieur aux hommes. C'est pourquoi, d'ailleurs, ils sont si fortement marqués à « gauche » et pourquoi, aussi, nos débats sur l'art contemporain sont si directement indexés sur la politique. Les avant-gardes sont épuisées et seuls les idéologues les plus obtus s'y trompent encore. Mais qu'est-ce qui vient après ? Le monde démocratique, le monde laïc, le monde où, au sens où je l'ai dit ici, la subjectivité est reine, l'autonomie partout revendiquée contre l'hétéronomie, peut-il encore produire de la grandeur ? De la beauté ? J'en suis convaincu et c'est pourquoi, bien sûr, je ne cède à aucun pessimisme, encore moins à la facilité des idéologies du déclin. Parce que je crois, et c'est là où je voulais en venir, que, s'il n'est pas d'art sans rapport à une transcendance, l'idée d'une histoire du sacré qui conduirait à lui conférer, comme je l'ai souvent suggéré ici, le visage de l'humain dessine une chance pour la culture, mais aussi pour la politique à venir. Un grandiose, donc, non pas hérité par l'amont de la conscience des hommes, mais découvert en elle, au cœur de l'humain, et produit par lui.

Reprenons en essayant maintenant de lier entre eux plus systématiquement ces différents thèmes.

La sécularisation ou les trois sources de l'art : l'harmonie cosmique, la splendeur divine, le génie humain

Dans le langage ordinaire, esthétique, philosophie de l'art ou théorie du beau sont des expressions à peu près équivalentes. Et l'on pense volontiers qu'elles désignent une préoccupation si essentielle à l'être humain qu'elles ont toujours existé sous une forme ou une autre, dans toutes les civilisations. Comme souvent, l'opinion commune est trompeuse : l'esthétique proprement dite est une discipline relativement récente. Son émergence est liée de façon indissoluble à une véritable révolution dans le regard jeté sur le phénomène de la beauté. Précisons, donc. La première *Esthétique* – le premier ouvrage à porter explicitement ce titre – apparaît seulement en 1750. Il s'agit de l'*Aesthetica*, du philosophe allemand Baumgarten. Comme toujours dans l'histoire des idées, l'apparition d'un concept nouveau, surtout s'il s'agit d'un concept destiné à s'inscrire dans la durée, n'est pas insignifiante. À vrai dire, la naissance de l'esthétique est rendue possible par l'effet d'un double bouleversement intervenu dans l'ordre de l'art.

Le premier du côté de l'auteur. Dans les civilisations du passé, les œuvres remplissaient une fonction sacrée. Au sein de l'Antiquité grecque encore, pour évoquer une tradition pourtant proche de nous, elles avaient pour mission, ainsi que je l'ai suggéré tout à l'heure, de refléter un ordre cosmique extérieur aux hommes. Elles étaient, au sens étymologique, un « microcosme », un petit monde censé représenter à l'échelle réduite les propriétés harmonieuses de ce tout de l'univers que les Anciens nommaient *Cosmos*. Et c'est de là qu'elles tiraient leur grandeur imposante, leur capacité à s'*imposer* effectivement aux individus qui les recevaient comme données du dehors. La structure est la même, au fond, dans les figures de l'art sacré qui ont dominé le Moyen Âge européen : l'œuvre avait une « objectivité » parce qu'elle exprimait moins la subjectivité (le « génie ») de l'architecte ou du sculpteur que l'ordre divin ou cosmique qu'il saisissait en modeste intercesseur. Nous le percevons encore si bien qu'il nous importe peu de connaître l'identité de l'auteur de telle statue ou de tel bas-relief ancien. Pas davantage il ne nous viendrait à l'esprit de chercher le nom d'un artiste derrière les chats égyptiens que nous pouvons contempler dans les salles des musées : l'essentiel est qu'il s'agit d'un animal sacré, transfiguré comme tel dans l'espace de l'art. Pour cette raison, d'ailleurs, la problématique typiquement moderne des « critères du beau » (« peut-on discuter des goûts et des couleurs ? ») est pratiquement absente des préoccupations anciennes.

C'est peu dire que notre situation au regard des œuvres a changé. À certains égards, elle s'est même inversée au point qu'il nous arrive de connaître le nom d'un « créateur », voire certains aspects de sa vie ou de son caractère, en ignorant tout de sa production. Ce qui est tout particulièrement vrai dans les secteurs de l'art qui sont relativement soustraits au marché, comme c'est, pour l'essentiel, le cas de la musique savante. La prédiction de Nietzsche est devenue la règle générale dans les sociétés démocratiques : la vérité de l'œuvre d'art se trouve désormais dans l'artiste. L'œuvre n'est plus le reflet du monde, elle est l'expression la plus achevée de la personnalité de son auteur. Et, même lorsqu'elle vise à exprimer une réalité qui n'est pas directement celle du moi, l'exigence d'originalité demeure essentielle, là où les Anciens se contentaient de l'imitation. Dans leur immense majorité, les produits de l'avant-garde qu'abritent les plus grands musées de New York, Londres ou Paris sont comme les traces laissées par de grands « caractères », sinon par des génies : nous y lisons l'humour de Duchamp, l'imaginaire de Stella, la violence de Hartung, etc. Bref, des idées ou les motifs d'une personnalité davantage que la figuration d'un monde commun. En ce sens, la révolution de l'auteur porte en germe le culte du nouveau et de l'original qui marquera de façon si profonde l'art contemporain. Il y avait bien des « auteurs » dans les civilisations prédémocratiques, mais ils n'étaient pas perçus comme des « génies », comme des démiurges susceptibles de puiser en eux seuls toutes les sources de leur inspiration. L'artiste ancien était davantage un intercesseur entre les hommes et les dieux, entre les individus et le *Cosmos*, qu'un véritable créateur. Par contrecoup, on comprend comment l'exigence d'innovation et d'originalité radicales qui s'attache à la conception moderne de l'auteur est inséparable de l'idéologie de la table rase qui s'exprime de manière si répétitive dans l'avant-gardisme. Le beau ne doit pas être découvert, comme s'il existait déjà dans le monde objectif, mais bien inventé, chaque moment de novation trouvant dès lors sa place au sein d'une histoire de l'art dont le musée fournit l'incarnation institutionnelle. La crise qui affecte aujourd'hui les avant-gardes ne se comprend pas hors de cette histoire de la subjectivité.

À cette mutation du côté de l'auteur répond, du côté du spectateur, l'émergence de la notion de goût. Le terme apparaît, semble-t-il, pour la première fois chez Gracián – du moins entendu en son sens figuré –, pour désigner la capacité tout à fait subjective de distinguer le convenable de l'inconvenant, le beau du laid. À la différence de ce qui avait lieu chez les Anciens, le beau ne désigne plus une qualité ou un ensemble de propriétés appartenant de façon intrinsèque à certains objets. Comme y insistent les premiers traités d'esthétique, le beau est subjectif, il réside pour l'essentiel dans ce qui plaît à notre goût, à notre sensibilité *(aisthésis)*. Montesquieu, parmi tant d'autres à l'époque, le souligne dans son *Essai sur le goût* d'une formule tout à fait significative de cette rupture : « Ce sont les différents objets de notre âme qui forment les objets du goût, comme le beau. Les Anciens n'avaient pas très bien démêlé ceci. Ils regardaient comme des qualités positives toutes les qualités relatives à notre âme. » De là le problème central qui préoccupera l'esthétique moderne, à savoir celui des critères : si le beau est subjectif, s'il est, comme on dit, affaire de goût et de sensibilité, comment expliquer l'existence de consensus autour de ce qu'on nomme les « grandes œuvres » ? Comment comprendre que, contre toute attente, certains auteurs deviennent des « classiques » et traversent les siècles autant que les civilisations ? Comment même rendre raison de cet étrange besoin que chacun éprouve de *justifier* des goûts et des dégoûts qui fournissent bel et bien, contrairement à l'adage, le plus clair de nos disputes ?

Pour le pire comme pour le meilleur, notre univers laïc tend donc à récuser toute référence à ce qui est extérieur aux hommes. Son idéal suprême tient en un mot : l'autonomie. N'est-il pas normal, dans ces conditions, que l'art lui-même se soit rendu à l'impératif d'être « à l'échelle humaine », de part en part créé par et pour des hommes ?

Tout irait pour le mieux dans le meilleur des mondes si cette aspiration humaniste ne s'était inéluctablement traduite par une interrogation de plus en plus pressante : existe-t-il, peut-il même exister une « grandeur moderne », une beauté moderne ? N'est-ce pas là une contradiction en soi ? La grandeur n'est-elle pas liée de manière indissoluble à la représentation d'un univers transcendant, extérieur aux individus, et pour cette raison même *imposant* ?

Comment ce qui n'est qu'immanence à l'humanité pourrait-il encore posséder ce caractère sacré en l'absence duquel tout n'est que divertissement et vanité – à tout le moins, familière proximité ? Encore étudiant en théologie, le jeune Hegel se demandait quelle pourrait être la « religion d'un peuple libre ». Il entendait par là réfléchir aux conditions dans lesquelles l'humanité pourrait enfin *se reconnaître* dans une culture commune, débarrassée de tout dogmatisme, de cette extériorité opaque que condensent les « arguments d'autorité ». Il fallait selon lui émanciper la religion chrétienne de sa « positivité », de tout ce qui, en elle, restait encore rebelle à l'esprit humain. Mais c'était là, du point de vue de la tradition, supprimer la religion elle-même, la contraindre à se couler dans les limites de la simple raison. Et si l'art est lui aussi sacré, « présentation sensible du divin » ou de ses symboles, comment ne pas admettre, comme le fit Hegel, qu'avec la religion il entrait dans la sinistre catégorie des formes dépassées de la culture ?

Vivons-nous donc la fin du grandiose ? On pourrait être tenté de le croire. Quel philosophe de ma génération oserait, sans prêter à sourire, se comparer à Platon et Aristote, ou même, plus près de nous pourtant, à Spinoza, Kant ou Hegel ? Quel compositeur prétendrait être le Bach, le Mozart ou le Beethoven d'aujourd'hui ? Quel politique, sans même remonter plus avant dans l'histoire, se comparerait à Clemenceau, de Gaulle ou Churchill ? Et pourquoi ces simples exemples, qu'on pourrait aisément multiplier et adapter selon les goûts de chacun, sont-ils si saisissants pour tout homme de bonne foi ? Manque de recul historique ? Effondrement intellectuel de l'humanité ? Je n'en crois rien. Au reste, il suffirait de se tourner du côté des scientifiques pour que la situation nous apparaisse fort différente. Mais la science n'est-elle pas de l'ordre de la raison ? D'évidence, c'est la culture classique, celle des humanités, qui a changé de statut, au moment même où elle se détachait de la religion.

Il faut, avec insistance, revenir à cette question : si la source de toute œuvre est humaine, donc, du point de vue traditionnel et sans vouloir faire une formule facile, trop humaine, la culture laïque n'est-elle pas elle aussi vouée à se situer à échelle d'homme ? N'est-ce pas là d'ailleurs l'origine de tous les débats qui partent aujourd'hui d'un diagnostic pessimiste sur le déclin, la défaite ou la décadence de la culture contemporaine ? Dans l'éclipse de la transcendance verticale du sacré, n'est-ce pas, au sens propre et sans que cela soit à entendre aussitôt comme un jugement de valeur, la *banalité* qui menace ? Comment l'être humain pourra-t-il tirer de lui-même, sans référence à un dehors radical et plus imposant que lui, le matériau d'une grandeur moderne ? Voilà, je crois, la question de cette fin de siècle. Les « grands hommes », qu'ils fussent des politiques, des philosophes ou des artistes, étaient avant tout ceux qui incarnaient des entités sublimes : Divinité, Patrie, Raison, Révolution. Mais si je ne représente plus que moi-même, si je suis, selon le mot de Sartre, un être qui vaut tous les autres et que tous les autres valent, comment pourrais-je prétendre instaurer ce « grand style » ou cette « grande politique » que Nietzsche appelait encore de ses vœux ? Si l'on se refuse à céder aux nostalgies des temps immémoriaux où la transcendance du divin, pour illusoire qu'elle puisse paraître, pouvait imprimer dans la plus humble œuvre humaine la trace du sacré, vers quel horizon sublime faut-il lever les yeux ?

La considération des domaines de la vie humaine qui échappent aux aléas du goût et de la sensibilité pourrait, je crois, nous mettre sur la voie. Ainsi en va-t-il du sport, spectacle démocratique s'il en fut, qui ne laisse pas de fasciner par la capacité qu'il offre de reconstituer des splendeurs aristocratiques au sein d'un monde qui en est par essence dépourvu. L'exemple semblera hors de propos, pour ne pas dire trivial, s'agissant d'une analogie avec la haute culture. Qu'on songe pourtant à ceci : la compétition sportive repose par excellence sur les principes de l'égalitarisme si cher à l'humanisme moderne. Les règles y sont pour tous les mêmes, les équipements dont on se sert aussi, au point que la « triche », qui introduit des inégalités, y symbolise le crime inacceptable entre tous. Cependant, des hiérarchies s'y reconstituent sur une base purement humaine et même, il faut l'avouer, une certaine grandeur. Des têtes dépassent, aussi inattendues qu'inexplicables, et c'est par quoi elles suscitent l'admiration. Transcendances partielles, certes, mais qui donnent une image – il ne s'agit que de cela – de l'insondable grandeur humaine. Pourquoi ne la retrouverions-nous pas aussi dans la culture et dans la politique ?

Vous aurez compris, je pense, où je voulais en venir : l'avenir de l'art contemporain n'est plus, je crois, dans la rupture avec la tradition en tant que telle. Il réside à mes yeux dans la recherche d'une expression des nouveaux visages du sacré, de la transcendance dans l'immanence qui seule désormais convient à un monde démocratique.

Débat

La sécularisation peut-elle s'incarner à la fois dans les chefs-d'œuvre de la Renaissance et dans la « crise de l'art » au XXe siècle ?

ANDRÉ COMTE-SPONVILLE

Si on laisse de côté la question de la « transcendance » (le mot ne me convient toujours pas, mais, appliqué à l'art, il me gêne déjà moins !), nous sommes évidemment très proches, Luc et moi, sur le sujet qui nous occupe aujourd'hui : proches dans nos jugements de goût comme, souvent, dans l'analyse qui les sous-tend ou en résulte.

Pour l'intérêt du débat, je m'en tiendrai aux points de désaccord et à quelques demandes d'éclaircissement.

Tu dis toi-même que ce phénomène de sécularisation et donc d'individuation de l'art commence dès la Renaissance et s'accentue au XVIIe siècle. J'en suis d'accord ; mais, du même coup, on ne comprend pas bien pourquoi la crise se noue spécialement au XXe siècle. Sur la base de la laïcisation et de l'individuation, on a fait plusieurs des plus beaux chefs-d'œuvre de l'histoire de l'humanité : les paysages de Ruysdael, les natures mortes de Chardin, les figures ou les scènes de genre de Vermeer, sans parler des autoportraits de Rembrandt ou, déjà, de Dürer... Cela vaut aussi dans les autres arts : les trios de Haydn, les concertos de Mozart ou les sonates de Beethoven, c'est de la musique purement laïque et individuelle – et qu'est-ce que c'est beau ! Mais il y a un exemple qui me frappe encore plus. L'art que tu appelles de tes vœux, celui qui exprimerait la transcendance dans l'immanence, un art humaniste dans lequel l'homme prendrait la place du cosmos et du divin, bref, un art de l'homme-Dieu, pour moi, sa plus belle illustration, c'est le *David* de Michel-Ange (j'y trouve l'humanité tellement sublime que j'en deviendrais presque... *luciferryste*, comme dit Pierre-Henri !). Or il fut sculpté par un jeune homme de vingt-six ans, merveilleusement singulier et sûr de sa valeur, au tout début du XVIe siècle...

Comment se fait-il qu'au XXe siècle cet art laïc, qui a été bouleversant de génie aux XVIe, XVIIe, XVIIIe et XIXe siècles, se mette tout à coup – voyez nos musées d'art contemporain – à empiler des boîtes les unes sur les autres, à exposer des tas de sable, de charbon, ou à exhiber, je n'invente rien, de vieilles serpillières ou un amas de poutres usagées... (Chacun connaît cette anecdote où la femme de ménage avait mis une œuvre d'art à la poubelle, parce qu'elle croyait que les ouvriers l'avaient oubliée en terminant leur chantier !) Je vois bien qu'il y a un rapport avec la laïcisation et la subjectivisation. C'est toujours le même contresens, qu'on a fait aussi en matière de morale. Si Dieu n'existe pas, tout est permis (comme on l'a dit cent fois, après Dostoïevski, pour justifier le nihilisme ou revenir au dogmatisme religieux), et l'on peut donc faire n'importe quoi. L'important, ce n'est plus l'œuvre, c'est l'artiste : si Dieu n'existe pas, je suis Dieu. Ce n'est plus l'œuvre qui donne son prix à la signature ; c'est la signature qui donne son prix à l'œuvre, voire qui en tient lieu... Oui. Mais, puisque ce processus de laïcisation-subjectivisation commence dès la Renaissance et a produit des génies innombrables, il ne peut suffire à rendre compte du marasme actuel. Il faut donc trouver autre chose...

Bien plus que la laïcisation en elle-même, qui n'interdit pas de faire des chefs-d'œuvre, joue ici, me semble-t-il, une certaine idéologie qu'on peut appeler le modernisme ou l'avant-gardisme, dont le modèle, emprunté aux sciences et à la politique, conduit, en art, à un contresens : vouloir faire toujours l'art de l'avenir, autrement dit vouloir dépasser le créateur qui, jusqu'à présent, était allé le plus loin... Comme la plupart des grands artistes travaillent depuis longtemps à la limite, ceux qui veulent aller encore plus loin finissent forcément par se casser la figure ! Et, à force de vouloir inventer l'avenir, on perd le contact avec le présent – c'est-à-dire, en art, avec le plaisir et l'émotion.

Pour un physicien, vouloir aller plus loin que Newton, ça ne prouve pas qu'il est meilleur que Newton : cela prouve simplement que la physique a progressé. Mais, en art, il n'y a pas de progrès : vouloir aller plus loin que les derniers quatuors de Beethoven, puis plus loin que Schönberg, plus loin que Webern, etc., c'est vraisemblablement présumer de ses forces ou de celles du public ! On fait alors des musiques toujours plus austères, toujours plus difficiles, face auxquelles la génération suivante, craignant d'être dépassée, répond par encore plus d'aridité, plus de difficulté, de telle sorte que, chacun mettant un point d'honneur à être moins séduisant que son prédécesseur, on finit par perdre le plaisir et l'émotion qu'on trouve encore (ô combien !) aux quatuors de Beethoven, et qui manquent si cruellement – sauf peut-être pour le spécialiste – à la plupart des œuvres contemporaines. L'idéologie avant-gardiste vient ainsi perturber le modèle, simplement objectif et sociologique, de la laïcisation. Ce n'est pas parce qu'elles sont laïques et subjectives que tant d'œuvres contemporaines nous ennuient. C'est parce qu'elles ne s'adressent pas à nous. Elles s'adressent à l'avenir, c'est-à-dire à personne. Dans cent ans ? Dans deux cents ans ? Ce sera toujours du présent. L'avenir n'existe pas, jamais, et c'est ce qui voue l'avant-gardisme au néant.

Être moderne, c'est être d'aujourd'hui – ce qui est, en art, le seul chemin. Être d'avant-garde, c'est être de demain ou d'après-demain. Et c'est ainsi que l'avant-gardisme nous a séparés, hélas, de la modernité !

Or, le simple développement de l'histoire de l'art contribue à en renforcer les effets. Nous avons souvent le sentiment qu'en peinture il devient de plus en plus difficile de faire quelque chose qui n'ait pas déjà été fait. Je proteste moi-même contre ceux qui refont du Kandinsky, qui refont du Mondrian ou du Warhol... Mais refaire du Monet, refaire du Van Gogh, refaire du Degas, c'est plus difficile, peut-être, ce n'est pas mieux en soi ! J'en viens à me demander si certains arts n'ont pas épuisé le champ des possibles, non pas dans le détail des œuvres (si Schubert avait vécu ne serait-ce que trois ans de plus il aurait fait une vingtaine de chefs-d'œuvre supplémentaires : ceux-ci étaient donc possibles et le demeurent), mais dans l'ensemble des styles ou des écoles. Nous serions alors dans la position de ces *tard-venus* dont parle Nietzsche, ce qui nous vouerait – c'est un peu triste et inquiétant, mais je ne demande qu'à être détrompé – à être forcément des néo-ceci, néo-cela (néo-impressionnistes, néo-romantiques, néo-classiques, néo-modernistes, néo-figuratifs, etc.). Bref, il se pourrait que l'histoire de l'art, ou de certains d'entre eux, soit en quelque sorte achevée, pour l'essentiel, et qu'on ne puisse plus que jouer indéfiniment avec les nuances ou les limites...

Enfin, à côté de l'avant-gardisme et de l'épuisement des possibles, je vois une troisième cause à l'effondrement de la production artistique contemporaine : la volonté de garder l'objectif d'un art qui serait l'expression d'une idée, d'une théorie, d'un concept, *mais en renonçant à l'idée de vérité*. Luc prétend y reconnaître une exacerbation du classicisme. Mais le classicisme c'est l'art comme expression d'une idée, peut-être, mais d'une idée *vraie* ! Au fond, beaucoup d'œuvres actuelles sont solidaires d'une pensée qui veut nous convaincre que l'idée de vérité est la dernière illusion, dont nous devons maintenant nous débarrasser. Si l'art conceptuel ou ses avatars prolongent le classicisme, c'est comme sa perversion : ce serait un classicisme qui ne croirait plus à la vérité ! De fait, beaucoup d'œuvres conceptuelles expriment certes une idée, Luc a raison, mais dont on nous explique en long et en large qu'elle n'a pas du tout à être vraie puisque chacun sait qu'il n'y a pas de vérité, que tout est faux, comme disait Nietzsche et comme n'ont cessé de le répéter, dans la seconde moitié du siècle, la plupart des philosophes à la mode. On a donc un concept qui n'a plus à se soumettre à quelque épreuve de vérité que ce soit : un concept à qui il suffit d'être *signé*, et c'est ce qu'on appelle aujourd'hui une œuvre d'art. C'est à peu près au classicisme ce que la sophistique est à la philosophie : son prolongement, oui, mais aussi sa caricature et son inversion.

Par exemple, je me souviens de la grande exposition Malevitch, il y a une vingtaine d'année, à Beaubourg. Jeune prof de philo, je suivais un professeur d'histoire de l'art, un peu plus âgé que moi et manifestement très compétent, qui faisait des commentaires exaltés sur l'audace, la nouveauté, la radicalité de Malevitch... Devant le *Carré blanc sur fond blanc*, notre guide n'en peut plus : c'est comme une icône de la modernité ! Quoi de plus fort, quoi de plus audacieux, quoi de plus près du néant, nous explique-t-il, qu'un carré blanc sur un fond blanc ? C'est alors qu'un jeune homme, dans le public, demande : « Mais si, plutôt qu'un carré blanc, il avait fait un *point* blanc sur fond blanc, est-ce que ça n'aurait pas été encore plus extraordinaire ? » Notre guide, bouleversé, lui répond : « Oui ! Vous avez raison : cela aurait été encore plus extraordinaire ! Mais le point blanc sur fond blanc... il n'a pas osé ! » J'étais effondré. Je demande simplement à notre spécialiste : « Est-ce que vous trouvez ça beau ? » Il me regarde comme le dernier des abrutis : « Alors ça, vraiment, me répond-il, ce n'est pas le problème ! » Si j'avais demandé : « Est-ce que vous trouvez ça vrai ? » il aurait répondu la même chose. Le carré blanc sur fond blanc, c'est une idée avant d'être une œuvre. Mais l'idée n'a pas plus besoin d'être vraie que l'œuvre n'a besoin d'être belle.

Ce qu'au contraire j'adore, dans le vrai classicisme (Raphaël, Poussin, Philippe de Champaigne...), c'est qu'il nous apprend à jouir de la vérité, et donc à l'aimer. Ce n'est pas toujours si facile que ça : il y a tellement de vérités désagréables, ternes ou atroces ! C'est pourquoi nous avons besoin d'art : pour nous rendre la vérité jouissive, si vous me permettez l'expression, pour nous la rendre délectable, comme disait Poussin, pour nous la rendre aimable, même quand elle est amère, et bouleversante – même laïque – comme une grâce partagée...

LUC FERRY

Les deux objections que tu me fais, l'une sur la laïcisation, l'autre sur le rapport de l'art à la vérité, reposent sur un malentendu qu'il me paraît utile, et peut-être même intéressant, de dissiper.

Commençons par la seconde. La grande différence entre le classicisme « classique », si je puis dire, et ce que j'ai nommé ici l' « hyperclassicisme » des avant-gardes, ce n'est pas que l'un admettrait l'idée de vérité tandis que l'autre la rejetterait, mais c'est à l'évidence qu'ils mobilisent deux concepts de vérité tout à fait opposés. Pour les classiques français du XVIIe siècle, la vérité est avant tout définie en termes de « nature » stable et harmonieuse, d'identité, de non-contradiction. Au XXe siècle, en ce siècle où l'on va découvrir l'inconscient, c'est au contraire la brisure, le chaos, la « différence » qui apparaissent caractériser le fond du réel.

La référence à Nietzsche est ici essentielle pour comprendre un tant soit peu ce débat. Il est clair que, pour Nietzsche, tout n'est pas faux, mais qu'il y a deux concepts de vérité : c'est même le propre de la déconstruction de la tradition rationaliste que d'introduire cette distinction cruciale, ce que Heidegger fait de façon parfaitement explicite d'ailleurs dans le texte intitulé *Les Deux Concepts de vérité*. À la vérité définie comme non-contradiction (en mathématiques) ou comme adéquation au réel (dans les sciences expérimentales) s'oppose une autre figure de la vérité *(alèthéia)* conçue comme ce qui, précisément, échappe à la raison, à l'espace, au visible, ce qui fait l'événement dans ce qu'il a d'irremplaçable, sa différence (laquelle renvoie non à l'espace mais au temps). Chez Nietzsche, la vérité n'est plus définie comme adéquation à des faits, encore moins à une nature stable et harmonieuse, mais comme la prise en compte, notamment dans l'art, du « fait »... qu'il « n'y a pas de faits, mais seulement des interprétations », une infinité de points de vue différents. Au reste, cette nouvelle idée de la vérité est assez sensible dans la littérature contemporaine, au moins depuis Joyce : à l'harmonieuse logique de l'intrigue, à la psychologie cohérente de personnages « naturels » s'est substitué, comme on sait, un éclatement total, un souci de la différence pure, de ce qui échappe à jamais à la logique classique.

Si tu lis par exemple le petit texte de Lyotard, *Le Postmoderne expliqué aux enfants*, tu retrouves exactement la même idée : il faut « présenter qu'il y a de l'imprésentable », dit Lyotard, il faut montrer qu'il y a du non-montrable ; il faut, au sens de Merleau-Ponty, faire voir non pas l'invisible, bien sûr, mais *qu'il y a* de l'invisible, du chaos, de la différence... Je crois qu'il y a là quelque chose de l'ordre d'un classicisme inversé avec, néanmoins, en commun avec le classicisme « classique », et c'est là malgré tout l'essentiel, l'idée que l'art est la présentation d'une idée vraie. Simplement la vérité a changé de sens : si le réel n'est plus la nature harmonieuse des cartésiens, s'il est avant tout, comme l'est l'inconscient, un chaos, une perpétuelle brisure qu'on ne peut jamais tout à fait maîtriser, être vrai, c'est-à-dire lui être fidèle, c'est bien représenter cette réalité nouvelle (par où l'on retrouve quand même une référence à la vieille idée d'adéquation). Le cadre général de la plus grande partie de l'art contemporain est donc bien, comme je l'ai suggéré, « classique », si l'on entend par là que la vérité compte avant toute chose. Mais l'idée de vérité, d'évidence, n'est plus la même aujourd'hui qu'au temps de Molière...

Sur le deuxième point, la sécularisation, tu écartes vraiment trop vite le problème en disant au fond ceci : elle commence au XVIe siècle et s'accentue au XVIIe, donc ce qui se passe au XXe siècle n'a plus rien à voir avec elle ! C'est un peu comme si l'on disait : la Révolution française ayant mis fin, avec la Déclaration des droits de l'homme, au règne du théologico-politique, tous les effets d'une société laïque et démocratique ont été produits dès les années 1790 ! Non, mille fois non, et il s'en faut même de beaucoup, à vrai dire de plusieurs siècles ! Combien de temps faudra-t-il encore attendre, par exemple, pour que le suffrage devienne vraiment universel, pour qu'apparaissent l'école laïque, gratuite et obligatoire, la séparation de l'Église et de l'État, pour que l'esprit de la contre-révolution s'estompe, que l'État-providence apparaisse, que la télévision façonne une opinion publique, etc.

Il en va évidemment de même pour la sécularisation dans l'ordre de la culture. Elle procède par avancées, lentes, fragiles, avec des crises, des retours en arrière, des contestations de tout ordre (le romantisme, par exemple !), et c'est parce que je crois en voir s'esquisser de nouvelles que je suis plus optimiste que toi (même si j'ai parfois, moi aussi, le sentiment que nous sommes des « nains juchés sur le dos de géants »).

Dans l'ordre de la philosophie elle-même, la sécularisation, qui commence avec Descartes et s'exprime dans une première phase de la philosophie moderne, celle de la systématisation, ne cessera de produire ses effets de manière extraordinairement complexe jusqu'à nous compris. En gros, de Descartes à Hegel, on a affaire à la traduction des grands concepts de la religion chrétienne dans un espace qui est sécularisé puisque c'est l'espace de la raison humaine. La *Phénoménologie de l'esprit* de Hegel n'est rien d'autre que la description d'une « conscience naïve », c'est-à-dire un être humain, qui rejoint un « savoir absolu », c'est-à-dire Dieu : l'homme rejoint Dieu, sauf qu'au lieu de se rejoindre l'un et l'autre dans l'élément de la foi et du mythe (de la représentation, comme dit Hegel en parlant des paraboles de l'Évangile par exemple) l'homme et Dieu sont censés se rejoindre dans l'élément du concept ou de la raison. Une deuxième étape de la sécularisation correspond à la phase de « déconstruction » dont je parlais tout à l'heure et qui, de Kierkegaard et Nietzsche jusqu'à Heidegger, va consister à dire en substance : « Votre système philosophique, c'est encore de la religion déguisée ! » *Le Crépuscule des idoles* de Nietzsche (avec son sous-titre : « Comment on philosophe avec le marteau »), c'est le projet de casser ce qui, dans cette systématisation rationnelle, est encore théologique, même si c'est de la théologie rationalisée, et donc humanisée.

J'en viens brièvement à l'équivalent esthétique de ces moments de sécularisation qu'on rencontre dans la philosophie.

Prenons un exemple pertinent pour l'histoire de l'esthétique, l'exemple de l'idée de nature et de sa sécularisation. Qu'est-ce que la sécularisation de l'idée de nature ? Pour Descartes, il s'agit très clairement d'en finir avec la cosmologie thomiste héritée de l'aristotélisme. Chez Aristote, la nature est vivante, animée ; Descartes va extirper toutes les forces de la nature. Chez Aristote, le monde est clos, hiérarchisé, finalisé ; tout cela va disparaître chez Descartes et Newton avec l'élimination, notamment, des causes finales et la position du principe d'inertie. Cette rationalisation de la nature donne, sur le plan esthétique, la base du classicisme français, c'est-à-dire l'idée qu'est naturel ce qui est saisi par l'intelligence (c'est le sens du fameux passage des *Méditations* consacré au « morceau de cire »). On retrouve dans toute la tradition du classicisme français, et jusque chez Molière, cette recherche de « types idéaux » saisissables, si je puis dire, par l'intelligence pure. Le jardin à la française constitue évidemment un merveilleux exemple de cartésianisme esthétique puisque la véritable nature n'y est plus la nature vivante, pas davantage celle qu'on touche, qu'on perçoit ou qu'on sent, mais la nature intellectuelle, mathématique.

L'idée de nature prend une signification toute différente avec Rousseau, qui inaugure une nouvelle étape de la sécularisation. Rousseau « inventeur du tourisme » : l'idée de nature conçue, de façon tout à fait anticartésienne, comme le contraire de ce qui est saisi par l'intelligence, façonné par les hommes. Dans l'« esthétique du sentiment », le premier romantisme, la vraie nature est la nature sensible, originelle, encore intacte et pure, que le touriste citadin va tenter de retrouver au cours de ses voyages hors de la civilisation. Le plus beau débat esthétique qui existe sur ce sujet, c'est la « querelle des bouffons », cette querelle dans laquelle les partisans de Rameau et de Pergolèse vont s'opposer avec une violence inouïe, Rousseau en tête. Pour Rameau, la véritable musique, c'est l'ordre mathématique qui régit l'harmonie. Pour Rousseau, au contraire, l'harmonie n'a pratiquement aucune importance : Pergolèse a raison, les Italiens ont raison contre les Français, seule compte la mélodie, surtout quand elle est chantée. Pourquoi ? Parce qu'elle exprime les sentiments, la sensibilité la plus grande, et non pas l'intelligence.

Chez les modernes, la nature prendra encore d'autres formes, recevra d'autres définitions, et l'homme avec elle, notamment en liaison avec cette nouvelle représentation du réel comme brisé, chaotique, différent... La sécularisation, on le voit, prend du temps, elle procède par étapes et c'est pourquoi, André, on n'arrive pas d'un seul coup aux avant-gardes qui vont seulement, à partir du XXe siècle, radicaliser cette subjectivisation de l'art.

Faisant ce diagnostic, mon pronostic est moins sévère que le tien : je pense, au contraire de toi, que nous vivons une époque exceptionnelle, y compris sur ce plan-là. Il fallait boire le vin jusqu'à la lie pour que l'on pût commencer à construire autre chose. Pour que l'individuation soit possible, pour que ce que j'appelle l'individuation comme facteur de pensée élargie soit possible, il faut que la sécularisation soit achevée. Autrement dit, les avant-gardes n'auront pas été entièrement vaines, loin de là. Ce qui est surprenant, sans doute, c'est qu'elles aient la vie aussi dure et qu'elles continuent encore d'impressionner autant nos contemporains, comme si elles avaient curieusement rétabli les arguments d'autorité ! Mais le mouvement d'ensemble est peu contestable : il faut séculariser jusqu'au bout pour que l'on puisse avoir enfin en face de soi la vraie question, celle du retour de la transcendance (peu importe le terme, je le prends au sens tout à fait minimaliste), disons du grandiose, dans un univers de platitude démocratique, dans un univers tout entier voué à l'échelle humaine. Tant que l'on est encore en train de séculariser, la querelle des Anciens et des Modernes continue d'exister et c'est pourquoi, me semble-t-il, le débat sur l'avant-garde aujourd'hui est si vif. C'est parce qu'on voit très bien, en vérité, que tout cela est mort ou à tout le moins à l'agonie.

Et ceux qui aiment l'art contemporain ?

CLAUDE CAPELIER

À en juger par l'expérience surréaliste que vous venez de me faire vivre, vous n'êtes pas aussi fermés à l'art contemporain qu'il y paraît : depuis tout à l'heure, en effet, je vous entends m'expliquer pourquoi des gens comme moi... ne peuvent pas exister ! Eh bien, j'ai du mal à vous croire : curieux, non ?

« Chardin a changé ma vie, nous dit André, comme Schubert, comme Michel-Ange. Quel jeune d'aujourd'hui peut voir la sienne changer parce qu'il a soudain découvert Schönberg ? » Moi, m'sieu ! J'ai été ce « jeune » introuvable : Schönberg, Boulez, Stockhausen ont « changé ma vie ». C'est le grand jour du grand soir : André vient de faire sa rencontre du troisième type et, en plus, je ne suis même pas martien !

Personne, selon vous, n'aurait le ridicule de tenir Boulez ou Stockhausen pour des génies aussi grands que Mozart ou Beethoven. Euh... je crains d'avoir ce ridicule, si c'en est un ! Je ne vois pas ce que *Mantra* de Stockhausen devrait envier aux *Variations Goldberg* de Bach, ni en quoi *Repons* de Pierre Boulez serait moins bouleversant que la *Neuvième Symphonie* de Beethoven. Je pourrais en dire autant de Milan Kundera ou Duras comparés à Flaubert, et de Paul Klee rapproché de Rembrandt, circonstance aggravante qui va donner à André l'occasion d'approfondir sa Philosophie du Désespoir et à Luc l'opportunité d'un petit moment de martyre laïc annonciateur de ce Sacré à Visage Humain dont il se réclame.

J'ai même coutume de chanter du Boulez et du Stockhausen sous ma douche, soit dit en passant, au cas où vous auriez eu l'intention de m'inviter dans votre maison de vacances !

Ces musiques sont, pour moi, parmi les plus belles du monde : elles m'émeuvent, elles me plaisent, elles « aident la vie à se déclarer » – une vie où les données naturelles, les pulsions inconscientes, les instances collectives, nos rencontres, les dispositions du sentiment et les initiatives personnelles ne sont plus abusivement confondues ni artificiellement séparées. Certes, nos goûts (les vôtres comme les miens) ne sont pas une raison sociale (c'est ce qu'on en fait qui compte) ; mais, dès lors que toutes vos analyses consistent à justifier la faillite prétendument avérée de l'art du XXe siècle, vous négligez tous ceux qui, comme moi, y découvrent, au contraire, une floraison de chefs-d'œuvre parmi les plus hauts que l'humanité ait produits. Au nom de la Culture Humaniste Universelle, nous voilà (bonjour l'universalisme) rayés de la carte : nous n'avons aucune place dans vos philosophies ! Ou, si nous en avons une, c'est une place de seconde zone : celle du dingo inévitable qu'on tolère, dont, à la rigueur, on explique le symptôme mais dont les émotions, les valeurs, les représentations, les intérêts n'ont aucun sens positif et sont donc renvoyés aux poubelles de l'histoire (encore est-ce là une faveur réservée à ceux auxquels on épargne amicalement le titre de snob ou de vendu).

ANDRÉ COMTE-SPONVILLE

Dans l'emportement à la fois ludique et passionnel de mon texte, j'ai évidemment fait des raccourcis ; mais je n'ai pas méconnu tout à fait qu'il puisse y avoir des contre-exemples, comme celui que tu viens d'exprimer si vivement ! Il n'est pas exclu, disais-je en passant, que certains préfèrent Mondrian à Vermeer... Et je n'ignore pas que certains adorent Boulez ou Kandinsky, et même Buren ou Viallat. Tu me reproches que cela n'ait pas de place dans mon système... C'est que ce n'est pas un système ! Il faut assumer, en art, l'irréductible subjectivité du goût. Que tu mettes Klee à la même hauteur que Rembrandt, oui, je l'avoue, j'ai quelque peine à le comprendre. Dans le cas de Boulez, c'est un peu plus compliqué : je serais plus prudent, d'abord parce que je suis incapable de lire une partition (mais la musique s'adresse-t-elle à ceux qui savent la lire ?), ensuite parce que sa musique m'ennuie tellement que je n'ai pas pris le temps qu'il faudrait, peut-être, pour l'étudier à fond. La vie est brève, et j'ai tellement plus de plaisir à approfondir Bach ou Ravel ! En revanche, que quelqu'un puisse adorer Buren ou Viallat, je sais que ça existe, mais j'avoue que cela me dépasse... Est-ce ma limite, ou la leur ?

Je veux bien y voir une limite de ma pensée (elle en a bien d'autres), mais j'y vois aussi un malaise de l'époque, ce que j'appelais dans mon texte la confusion. Quand Rubens s'est installé à Anvers, au bout de six mois, tous les peintres d'Anvers voyaient en lui le plus grand peintre de la ville. J'ai posé plusieurs fois la question à des peintres : quel est le plus grand peintre vivant ? Depuis que Picasso est mort, j'ai eu autant de réponses différentes, je crois bien, que d'interlocuteurs ! Ce n'est pas simplement le public qui s'y perd, ce sont les artistes eux-mêmes ! Il me semble que nous vivons une époque de confusion artistique qui n'a guère eu de précédents, où les artistes eux-mêmes échouent à établir une hiérarchie à peu près claire. En matière de peinture, c'est manifeste : ce qu'un peintre va admirer ne sera même pas de la peinture pour tel ou tel de ses collègues ! C'est un petit peu moins vrai en matière de musique, peut-être pour une raison qui relève de la technicité même de la chose (en musique, malgré tout, il y a encore un *métier* : on ne peut pas faire absolument n'importe quoi), mais on s'en approche peu à peu...

Cette confusion est d'autant plus grande, me semble-t-il, que le public est moindre. Dans les arts qui ont absolument besoin d'un public, en littérature et au cinéma, on voit malgré tout des noms se dégager : Kundera et Duras, que tu évoquais, sont évidemment de grands écrivains, et nul ne contestera que Bobin et Le Clézio, aussi différents soient-ils, fassent tous les deux de la littérature. Même chose en matière de cinéma : ce qui anime nos conversations, très souvent, c'est le plaisir que nous avons pris à tel ou tel film, voire l'admiration pour tel ou tel cinéaste. Godard (plutôt celui des débuts), Kurosawa, Woody Allen, Marguerite Duras à nouveau (j'ai vu trois fois *India Song* : pour moi, c'est un vrai chef-d'œuvre), et tous ces films italiens qui ont si merveilleusement accompagné – c'est un peu moins vrai aujourd'hui – notre jeunesse, sans oublier l'inépuisable cinéma américain ni tout ce qui s'est fait d'émouvant ou de fort, ces dernières années, en France ou en Grande-Bretagne... Comme par hasard, ce sont des arts qui ont vraiment besoin d'un public ! En littérature ou au cinéma, on ne peut pas faire n'importe quoi : il faut que le public achète le livre ou paie sa place. C'est pourquoi le plaisir garde ses droits. En peinture ou au concert, pas besoin : quelques relations bien placées suffisent, via le mécénat d'État, à bâtir une carrière...

CLAUDE CAPELIER

Reste une différence évidente dans la manière dont chacun de vous aborde la question : André a choisi d'« en finir une bonne fois pour toutes avec la culture contemporaine » (de se farcir, si j'ose dire, toutes les colonnes de Buren), tandis que Luc cherche à situer l'art moderne dans une réflexion philosophique et historique d'ensemble. Simplement, Luc, j'hésite entre plusieurs interprétations possibles de ta thèse sans parvenir à déterminer le sens que, finalement, tu souhaites lui donner. Tant que tu en restes aux formules générales, je me rallie sans peine à ton point de vue : l'art, incarnation sensible d'une expérience humaine, approfondit en effet notre sens de la liberté, de ces *individualités* où se réalise la synthèse du particulier et de l'universel (comme dit Kundera, le grand roman donne forme à des aspects jusqu'alors latents de l'existence). Mais tous les chefs-d'œuvre du XXe siècle répondent à cette conception, et, dès lors, je ne comprends pas pourquoi tu en fais un argument contre la quasi-totalité de l'art contemporain que tu réduis d'autorité à ses perversions possibles (« hyper-originalisme », « hyper-classicisme »). Comme si les époques plus anciennes n'avaient pas leurs propres conduites de fuite : le XXe siècle n'a pas le monopole de la croûte !

LUC FERRY

D'abord il me semble que, dans tes exemples mêmes, tu confonds le « contemporain » comme simple repère historique (tout est, en ce sens, contemporain, y compris Mireille Mathieu ou Guy des Cars) et le contemporain comme concept identique, au fond, à celui d'avant-garde. En ce sens, je ne suis pas sûr du tout que Kundera soit contemporain au sens où l'est Boulez, par exemple. Sur le fond, Claude, je ne comprends pas ce que tu dis car ça me paraît foncièrement contradictoire : tu ne peux pas, tout ensemble, m'accuser de ne faire aucune place à ce que tu vis – et que, selon toi, l'art contemporain exprime si bien –, puis présenter l'œuvre de Boulez comme une parfaite illustration de cette catégorie d'individuation telle que je l'ai élaborée, ici même, tout au long de nos discussions ! Tu me dis en substance que je devrais aimer l'art contemporain puisque ce que j'appelle l'individuation, c'est exactement ce que pratiquent Stockhausen, Boulez, Buren, etc. Soit ! La chose, simplement, m'avait échappé. Je les voyais plutôt pratiquer une forme de « déconstruction », parallèle, analogue si l'on veut, à celle qui a caractérisé la philosophie contemporaine. Et quand tu dis que Stockhausen et Boulez n'ont rien à envier à Bach ou Beethoven, tu me fais penser à tous ces étudiants américains qui pensent sérieusement que Derrida est aussi « important », voire beaucoup plus, qu'Aristote, Spinoza ou Hegel. La comparaison, je crois, est tout à fait pertinente ici entre musique et philosophie. Qu'on ait le « droit » de penser cela, et que je respecte en principe ce droit, cela va de soi. Mais je ne te cacherai pas que cela m'afflige, m'attriste, même, et que je m'interroge réellement sur mes capacités de survie dans un monde où de tels jugements deviendraient universels. Mais c'est au fond affaire de goût. En revanche, ce qui me paraît objectivement plus contestable, c'est la continuité que tu établis de manière insistante entre la musique contemporaine et la musique « classique ». C'est trop facile ! Trop facile de dire que tu chantes du Boulez sous ta douche, qu'il t'émeut comme Schubert, etc. Ce *comme*, tout simplement, me paraît faux. Je n'y crois pas une seconde. Car cette musique n'est pas faite, n'a jamais été faite pour susciter des émotions, des sentiments *comme* le voulait explicitement la musique romantique. Elle les éradique au contraire très volontairement, dans son principe même. Comme la déconstruction en philosophie à laquelle on peut la comparer, elle revendique, contrairement à ce que tu dis, une *rupture* avec la tradition de l'harmonie, que cette dernière relève de la raison ou du sentiment. Bien sûr, il y a certaines continuités, mais il en va ici comme de la chauve-souris : voyez mes ailes, je suis oiseau, voyez mes poils, je suis souris ! Quand les avant-gardistes sont en difficulté, ils jouent sur les deux tableaux. La vérité est que la musique « nouvelle », comme disait Adorno, a rompu avec l'harmonie, avec la mélodie, avec leur jeu réciproque, et qu'elle est, en ce sens, incomparable. On peut peut-être l'aimer – je ne te ferai pas de procès d'intention –, mais il me semble impossible de nier que la rupture dodécaphonique ait introduit une différence radicale, qualitative, avec l'ancienne musique tonale qui visait à traduire une harmonie naturelle, chez les classiques, ou sentimentale, chez les romantiques, comme on le voit si clairement dans la « querelle des bouffons ».

Je ne conteste évidemment à personne le droit d'aimer ceci ou cela et je m'étonne d'ailleurs que tu poses même la question de ton « isolement », comme si quelque menace pesait sur un art contemporain pourtant si ardemment célébré et subventionné par les « élites » et, du coup, si autoritairement imposé à tous. Je le dis sans aucune complaisance, mais il me semble même, à en juger par la cohorte d'anathèmes que cela nous vaut, qu'il faut, à tout prendre, plus d'audace aujourd'hui pour tenir un discours critique sur l'art contemporain que pour en prendre la défense. Quant au fond, je crois qu'on en revient à la question de départ : savoir ce qui relève de l'hyperclassicisme, de l'originalisme ou de ce que j'appelle l'individuation réussie. Or, ces notions, au moins, tu ne sembles pas les contester !

CLAUDE CAPELIER

Tout dépend de l'extension que tu leur donnes et de l'usage que tu en fais.

L'art du XXe siècle élargit notre idée de l'humanité (nos libertés, nos représentations, nos rapports possibles avec le monde ou avec les autres), et cela dans deux grandes directions : vers plus de simplicité ou de naturel, d'une part (on revalorise l'impulsion inconsciente, le matériau brut, l'animalité ou la nature en nous, le hasard...) ; vers un intérêt accru pour les processus complexes avec lesquels nos existences ont partie liée, d'autre part (on intègre les infrastructures cachées, la prolifération des relations ou des causes qui nous traversent...).

Est-ce que cette Idée élargie de l'Humanité et du Monde rentre dans ta définition de l'individuation ? Quelles œuvres peuvent y répondre et pourquoi tant d'autres, à ton sens, n'y répondent pas ? Selon ce que tu en diras, je situerai mieux la place que ta philosophie réserve à l'art contemporain et, surtout, je saurai si elle s'accorde avec les manières d'être ou les aspirations qui sont les nôtres aujourd'hui.

LUC FERRY

Tu me demandes de te donner un exemple de ce que j'aime vraiment dans l'art « moderne » : Stravinski, bien sûr, parce qu'à la première mesure on sait qu'on est dans notre siècle, qu'on est sorti à coup sûr du romantisme, et parce que, malgré tout, c'est beau à couper le souffle ! Ce n'est peut-être pas vraiment, sans doute, un contemporain. Mais si la catégorie d'individuation ne te déplaît pas, et même si elle te convient, pourquoi ne pas laisser entre nous, et peut-être ailleurs (c'est pour ça que je n'avais pas voulu *entrer dans* le débat mais plutôt *parler du* débat), la question des goûts et des couleurs ? Laissons-la ouverte. Je ne te conteste absolument pas le droit de trouver des choses dans Boulez ! C'est vrai que tu es capable de le chanter (tu me l'as prouvé !), tu peux le jouer (tu me l'as prouvé aussi !), et je sais que tu n'es ni snob ni de mauvaise foi. Je me dis donc que tu dois trouver dans cette musique des choses que je ne trouve pas. C'est éminemment respectable et je le respecte ! Maintenant, quand tu me demandes de préciser le sens que je donne à l'individuation, je ne peux te répondre que par le travail que je fais ! J'aime beaucoup Garouste, par exemple, mais je ne vais pas faire un hit-parade des œuvres où je crois trouver une correspondance avec les perspectives philosophiques qui me paraissent fécondes ! Ça n'aurait pas grand sens ! En revanche, dans le domaine de la philosophie, ce que nous faisons, André et moi, ce soir (et plus généralement dans nos livres) définit plus précisément ce que j'ai en tête ; car le problème de la philosophie se confond, à cet égard, avec celui des arts puisqu'ils sont pris, tous deux, dans cet espace de sécularisation qui caractérise la culture en général.

J'ajouterai seulement que nous ne disposons ni l'un ni l'autre d'un milliard de francs pour asseoir une véritable armée. C'est, en vérité, tout le problème du public qu'il faudrait poser ! L'art peut-il, doit-il s'en passer ? Car les problèmes de l'argent, des institutions, de l'intervention de l'État sont absolument liés : les dissocier est déraisonnable. Les dissocier, c'est simplement vouloir retirer son jugement de goût, son jugement personnel, de toute compromission avec ces affaires-là. Mais le meilleur moyen de le retirer de toute compromission est de fonctionner comme nous le faisons ici, c'est-à-dire sans institution, sans argent, sans appui de l'État... et si possible avec l'aide d'un public !

La question du public

ANDRÉ COMTE-SPONVILLE

Il me semble, en effet, qu'il faut revenir à l'idée du public... et, tant qu'à faire, retrouver le public tout simplement ! Molière disait : « Il faut faire rire le parterre. » Et le parterre, à l'époque, c'était non seulement le public, mais le grand public, puisque les nobles, eux, étaient dans les loges... J'aimerais que les peintres émeuvent le parterre, le grand public, que les musiciens émeuvent le parterre, comme les écrivains sont obligés de le faire au moins un peu (si leurs livres ne se vendent pas du tout, ils risquent de ne pas pouvoir publier les suivants), comme les cinéastes sont obligés de le faire, etc. Il me semble que les arts qui s'en sortent le mieux sont ceux qui ont encore vraiment un public, et qui en ont besoin. Il faudrait peut-être arrêter de dire que, quand l'art contemporain n'a pas de succès, c'est forcément la faute du public : il se pourrait que ce soit aussi la faute des artistes.

Quand les mélomanes ne viennent pas à un concert de musique contemporaine ou s'y ennuient, on dit que c'est le public qui a tort ; on peut d'ailleurs s'en passer, puisque c'est l'État qui paie... Sans les subventions d'État, combien y aurait-il de concerts de musique contemporaine en France ? Plus aucun, vraisemblablement... En matière de peinture, il y a encore un petit marché, grâce à quelques amateurs ou collectionneurs, mais si limité qu'il n'a plus guère de signification. N'importe quel investisseur professionnel (par exemple une banque qui a acheté dix toiles d'un même peintre), si la cote s'écroule, perd de l'argent. Que faire ? Ce n'est pas très difficile. Notre investisseur n'a qu'à racheter systématiquement toutes les toiles de ce peintre qui apparaissent en salle des ventes, et la cote ne s'écroulera pas... Si l'œuvre n'est pas trop abondante, il suffit d'une seule banque pour maintenir la cote d'un peintre qui n'intéresse personne ! Et puis il y a surtout les investissements publics, les fonds nationaux ou régionaux d'art contemporain, les musées, etc., où l'on retrouve toujours les mêmes courtisans ou technocrates : on dit que ce sont vingt personnes en France, peut-être deux cents dans le monde, qui font le marché de l'art ! Comme ils ont acheté, depuis des dizaines d'années, des œuvres d'une certaine orientation esthétique, s'ils laissent le marché s'écrouler, ils se désavouent eux-mêmes ; donc ils achètent les mêmes peintres, les mêmes écoles, et tout continue comme avant... Oui, mais il y aura bien un moment, fût-ce dans un siècle ou deux, où l'on se rendra compte que cela n'intéresse plus personne et qu'on a acheté très cher – avec l'argent du contribuable plus souvent qu'avec celui des collectionneurs ! – des œuvres qui finiront dans les caves de nos musées...

LUC FERRY

André a raison, on sous-estime toujours la différence entre les arts plastiques d'un côté et la musique de l'autre, qui tient essentiellement au fait que, dans le domaine de la musique savante, il n'y a à peu près pas de marché. On n'en parle jamais, mais c'est crucial. Dans le domaine de la musique savante contemporaine, il y a l'État, en revanche ! Sans l'État, c'est epsilon. Le phénomène du marché ne joue pas alors qu'il joue très fortement pour les arts plastiques. Il est très difficile pour un individu normal d'être devant une toile (il n'y a rien de plus difficile, contrairement à ce que tu disais, que de critiquer Malevitch en public, on se fait assassiner !), qui vaut dix, vingt ou cinquante millions de francs, sans être impressionné par ces sommes faramineuses et en déduire que ça vaut quelque chose sur le plan esthétique. Le grand paradoxe de ce qu'on appelle l'art contemporain, c'est qu'il est subventionné tout à la fois par l'État et par le marché, c'est-à-dire par deux types de critères qu'il rejette par principe puisqu'il se veut subversif. Il est subventionné par les institutions, alors qu'il prétend les remettre en cause ; et par le capitalisme pur et dur, alors qu'il se veut d'avant-garde ou, du moins, marginal ! Mais ni l'État ni le marché ne sont des juges esthétiques légitimes !

TZVETAN TODOROV

Là, je trouve que vous avez mis le doigt sur quelque chose de très important : le rôle du public. Ce n'est pas un élément marginal de sociologie mais une donnée constitutive de l'expression artistique, qui rejoint la différence que Luc Ferry et Alain Renaut établissent entre l'humanisme et l'invidualisme. L'individualisme, c'est uniquement de l'humain sans le souci de la communication, sans le souci de faire partager. L'humanisme, lui, n'est pas seulement l'expression de l'individu, c'est de l'humain mais ouvert à l'humanité dans son entier, ce qui présuppose que cela sert à faire sens. C'est cette dimension-là qui a été, provisoirement, détruite.

LUC FERRY

Un simple point de détail, pour éviter les malentendus. Dans le passage de *La Pensée 68* que tu évoques ici, nous prenions le terme d'individualisme en un sens plutôt péjoratif, comme opposé à l'humanisme. Ici, dans nos débats, je lui ai donné une tout autre signification, très positive au contraire : celle de la pensée élargie où le particulier s'individualise à travers des expériences qui ouvrent à l'universel.

ANDRÉ COMTE-SPONVILLE

Ce qui manque, ce sont quelques artistes sinon admirés universellement, du moins admirés par une moitié du grand public cultivé et critiqués par l'autre, comme l'ont été Delacroix ou Rodin...

VALÉRIE-ANNE GISCARD D'ESTAING

Si l'on prend Balthus ou Bacon, ils sont reconnus par la moitié du grand public cultivé.

ANDRÉ COMTE-SPONVILLE

Oui, et ce sont d'ailleurs deux artistes que j'aime beaucoup ! Mais l'un est mort, l'autre est très vieux, et ils ont toujours eu un rapport plutôt difficile avec la modernité... Sur l'art contemporain, Bacon et Balthus ne se faisaient pas beaucoup plus d'illusions que moi ! Et puis, si vous demandez lequel est le plus important de Bacon ou de Buren...

VALÉRIE-ANNE GISCARD D'ESTAING

... Il y aura discussion, comme à propos de Messiaen ou de John Adams : mais ce n'est pas synonyme de désintérêt !

CLAUDE CAPELIER

Les uns brandissent le succès de Beaubourg ou de Duras face au petit nombre d'exemplaires vendus par Baudelaire ou Flaubert, sans oublier le temps qu'il a fallu aux derniers quatuors de Beethoven pour s'imposer (y compris parmi les « connaisseurs ») ; les autres rappellent que Shakespeare et Molière touchaient tous les publics alors qu'aujourd'hui les charbonniers eux-mêmes n'ont plus la foi dans les tas de charbon de l'*arte povera* ! On peut continuer comme ça indéfiniment : à ce train-là, l'art moderne sera devenu historique avant que le débat trouve une conclusion... ce qui aura du moins l'avantage d'ôter toute raison d'être à la discussion.

S'agissant des réactions du public face aux créations récentes, notre perplexité peut se résumer ainsi : les efforts pédagogiques tous azimuts et la démocratisation de l'accès aux œuvres devraient, suppose-t-on, déclencher une « ruée vers l'art » contemporain dont le moins qu'on puisse dire est qu'elle refuse obstinément... de ruer !

Mais c'est qu'à la démocratisation de la « consommation culturelle » correspond une démocratisation des « types » d'expressions artistiques : entre l'art « savant » et les traditions folkloriques s'ouvre un éventail toujours plus large de genres artistiques inégalement sophistiqués. Entre Boulez et la bourrée auvergnate, il y a place pour le free jazz, la world music, la techno, le rap, le funk, la variété, etc. (ce que j'appelle les « arts intermédiaires »). D'une part, ces genres ne sont pas repliés sur eux-mêmes : ils s'empruntent les uns aux autres des idées, des matériaux, des formes qu'ils recyclent cependant chacun selon son style caractéristique ; d'autre part, le public a, peu ou prou, accès à tous les genres, mais chaque individu s'oriente dans toutes ces inventions artistiques à partir d'un genre particulier qui lui convient davantage. Autrement dit, l'offre se diversifie à mesure que la demande s'accroît.

Reste que les grandes œuvres savantes du XXe siècle ont initié cette ouverture et qu'elles continuent de la précéder largement, de lui fournir ses repères culturels. Est-ce que Tzvetan parlerait des tapis glaoui si Mondrian ne lui avait donné de quoi les voir vraiment ? Que nous seraient l'art africain sans Picasso, la musique balinaise sans Debussy, le folklore hongrois sans Bartók ou, aussi bien, notre sens de l'environnement industriel sans les hyperréalistes ? Qu'on puisse aimer les tambours marocains sans connaître Stravinski ou la musique techno sans rien savoir de Stockhausen prouve seulement que l'impact culturel des œuvres peut *aussi* être indirect (comme on n'a plus besoin d'avoir lu Rousseau pour aimer les montagnes) !

Cette démultiplication des voies d'accès à l'art rend les créateurs d'autant plus libres, pourvu qu'ils en aient le génie, de défricher des territoires inconnus (là où, par définition, on ne les attend pas) : l'œuvre de valeur élargira progressivement son public en façonnant nos représentations communes (ainsi l'esthétique « baudelairienne » des chansons d'aujourd'hui confère-t-elle une sorte d'évidence aux poèmes de Baudelaire). En art comme ailleurs, l'égalité démocratique ne progresse qu'en recréant de nouvelles disparités, de nouvelles hiérarchies, de nouvelles transcendances qui élargissent ses horizons et qu'elle apprend, dans un second temps, à redistribuer au plus grand nombre.

ADEL RIFAAT

Précisément, si l'on parle d'une notion moderne et surtout contemporaine de la beauté, on ne peut plus la comprendre à partir de la seule histoire de l'art occidental : l'Europe a découvert le reste du monde. Aujourd'hui, quand un artiste conçoit une œuvre, il a en tête la sculpture sacrée égyptienne, l'architecture islamique, il a la notion du beau que la Chine ou le Japon nous donnent à partir des notions de vide ou de silence... Il me semble que manque à votre rapide état des lieux cette rupture absolument irréversible, totalement nouvelle, par rapport à une histoire qui, finalement, quand il n'y avait que l'Europe, permettait encore des références communes.

ANDRÉ COMTE-SPONVILLE

Sur l'ouverture à la beauté « exotique », si l'on peut dire, oui, cela change quelque chose, cela introduit du relativisme, mais aussi beaucoup d'universel. On peut prendre l'argument dans les deux sens. Nous avons appris à aimer Hokusai sans aucune difficulté, comme les Japonais ont appris à aimer Vermeer et Monet, on sait avec quel enthousiasme ! Chacun connaît l'influence des estampes sur les peintres impressionnistes, de l' « art nègre » sur Picasso, etc. Mais, aujourd'hui, entre un artiste japonais et un artiste français, il n'y a pratiquement plus aucune différence. J'étais membre du jury du Salon de la jeune peinture, il y a trois ou quatre ans : les artistes coréens, japonais... faisaient exactement la même chose que les artistes français ! Et cela n'intéressait pas davantage. Par exemple, l'un d'entre eux exposait des préservatifs remplis d'eau... Était-il français, japonais, américain ? Je n'en sais rien, et je m'en moque. Au début du siècle, c'était très différent, d'un pays à l'autre, mais ça communiquait : c'était particulier *et* universel. Aujourd'hui, il y a à la fois moins de différences et moins de communication en profondeur : une espèce d'entropie s'installe, dans laquelle tout se ressemble mais dont aucune hiérarchie proprement esthétique ne se dégage.

L'art de l'avenir a... un grand présent devant lui !

ÉRIC DECHAVANNE

L'optimisme de Luc et le pessimisme relatif d'André répondent, comme on pouvait s'y attendre, à leurs deux manières, si différentes, de penser l'Histoire. Ce qui intéresse André, c'est la beauté éternelle, la sagesse éternelle, sans souci de l'épaisseur historique qui nous sépare des Anciens. Luc insiste, au contraire, sur l'historicité : l'individuation, c'est la particularisation ; et la particularité, c'est, notamment, le moment historique. Stendhal, par exemple, explique qu'on ne peut plus écrire comme Rousseau : certains artistes ont une conscience historique qui les conduit à reconnaître la nécessité de faire une œuvre d'un autre type que leurs prédécesseurs. Shakespeare est peut-être grand, il atteint peut-être l'universalité, mais il y a une distance irréductible qui nous sépare de lui, l'épaisseur historique justement, qui fait qu'on ne peut pas se reconnaître totalement dans son œuvre.

ANDRÉ COMTE-SPONVILLE

Je suis d'accord là-dessus : il ne s'agit pas de refaire Shakespeare, ni Mozart, ni Degas... Il est vrai pourtant que l'éternité m'intéresse davantage que l'histoire. Je suis comme Aristote : il mettait la poésie plus haut que l'histoire, comme genre littéraire, parce qu'il y voyait davantage d'universalité et d'éternité... Malgré tout, cela ne veut pas dire que je ne sois pas en manque d'un art *présent*. J'ai une façon de procéder moins historique que Luc, vous l'avez très bien remarqué, mais nous avons besoin, tous, d'artistes qui soient nos contemporains. Il ne s'agit pas de refaire ce qui a déjà été fait; il s'agit de dire la beauté, la vérité et le plaisir du monde tel qu'il est, ici et maintenant! M'intéressant davantage à l'éternité qu'à l'histoire, c'est vrai, mais pensant qu'il n'y a pas d'autre éternité que le présent, je suis en attente d'un art véritablement contemporain, et donc véritablement *moderne* en ce sens. Il arrive qu'on le rencontre dans d'autres disciplines, au cinéma, dans la littérature, dans le jazz ou, parfois, dans les variétés. Pourquoi pas dans les musées et les salles de concert? D'ailleurs, je ne suis pas aussi pessimiste que vous semblez le croire : il suffirait d'un immense génie, peut-être, pour remettre l'histoire de la peinture ou de la musique à l'endroit... Lévi-Strauss le disait dans ses entretiens avec Georges Charbonnier : notre époque, en art, est « une sorte de Moyen Âge ». Disons que j'attends la Renaissance, ou plutôt que j'essaie d'y contribuer...

LUC FERRY

Le thème que l'on a simplement esquissé – mais qui revient sans cesse parce qu'il touche à notre désir de savoir « ce qui va se passer maintenant » –, c'est celui de l'histoire. J'ai déjà signalé quelques types d'historicité, en effet déterminants, mais il y en a beaucoup d'autres possibles. Je rejoins tout à fait ce que disait Adel : la culture est aujourd'hui très largement marquée par la pluralité des expériences et par ces « grandes individualités » que sont les civilisations. On peut croiser ce constat avec la proposition hégélienne dont nous étions partis : l'art, incarnation, dans un matériau sensible, d'une idée (où se manifeste aussi la culture du temps, ce que Hegel appelait la *Bildung*). Réfléchissez simplement au nombre d'historicités que ces deux perspectives réunies peuvent engendrer! Si l'on s'en tient au niveau de l'Idée : vous avez l'idée cosmique, l'idée religieuse, l'idée humaine, puis l'idée individuelle (qui ne se confond pas avec la précédente). Si maintenant vous prenez la forme, la matière dans laquelle s'incarne l'idée, donc aussi le moment culturel qui s'y inscrit, vous découvrez encore un tout autre ordre d'historicité.

C'est ce qui me rend optimiste et me permet de croire qu'on peut non pas refaire du Vermeer, moins encore revivre (ce qui serait aussi vain que délirant) la vie quotidienne qu'il peignait, mais faire un art où l'individuation et la culture du temps se rencontrent. Une fois passé le moment des avant-gardes qui, pour moi, est exactement l'équivalent esthétique de l'anticléricalisme (puisqu'il s'agit de poursuivre la Révolution française et d'exterminer les relents de la tradition, dans la culture comme dans la société civile), rien n'interdit que des artistes expriment vraiment (je crois que c'est le cas aujourd'hui) l'Idée d'Humanité telle qu'elle s'est particularisée en eux et qu'ils rendent sensible cette expérience individuelle élargie dans un matériau marqué par l'histoire contemporaine.

On peut très bien imaginer, par conséquent, qu'un art parfaitement actuel se reconstitue qui soit réconcilié avec sa destination. Je ne vois donc pas de motif d'être particulièrement pessimiste...

8
La société médiatique

« Philosophes médiatiques » ? La formule résonne déjà par elle-même comme une accusation, le signe d'un manque de probité, la preuve irréfutable d'une petite vertu. La médiatisation serait donc un mal en soi. Pourquoi ? La question, après tout, ne va pas tout à fait de soi. Elle mérite à tout le moins d'être posée. Au-delà des personnes, c'est la « société médiatique » tout entière, à commencer par son symbole suprême, la télévision, qui est suspecte de préférer l'émotion à l'intelligence, la communication à l'information, l'immédiateté du spectacle à la distance de la réflexion. Lieux communs de la critique, qui ont leur part de vérité, sans doute, mais qu'on aurait peut-être tort de prendre en tout point pour argent comptant. Pour nous, les médias ne sont qu'un outil : l'important est ce qu'on en fait. Comment la démocratie pourrait-elle s'en passer ? Comment la philosophie pourrait-elle s'en contenter ? Reste alors à les utiliser, le plus lucidement qu'on peut.

La société médiatique en question

L'écran contre l'écrit ?

Luc Ferry

Pourquoi le monde des images, et tout particulièrement de la télévision, irrite-t-il à ce point le monde intellectuel que sa critique se soit élevée au rang d'un nouveau genre littéraire ? Pas une saison qui ne se passe sans apporter sa moisson de pamphlets anti-médiatiques, ressassant du reste presque toujours les mêmes banalités : asservies aux contraintes de l'audimat, soumises à l'impérieuse logique du spectacle et du divertissement, la culture et l'information médiatiques seraient en voie de perdition. Pour des raisons techniques et idéologiques, la rapidité primerait sur l'exigence de sérieux, le vécu sur le conçu, le présent sur le temps, l'immédiat sur la distance, le visible sur l'invisible, l'image choc sur l'idée, l'émotion sur l'explication, etc. J'ai fait le test, j'allais dire l'épreuve : lire les quinze ou vingt ouvrages récemment consacrés aux méfaits de la société médiatique. La liste est impressionnante. Voici, sans aucun ajout de ma part ni exagération d'aucune sorte, ce que, pêle-mêle, on peut y trouver : la télévision aliène les esprits, elle montre à tous la même chose, véhicule l'idéologie de ceux qui la fabriquent, elle déforme l'imagination des enfants, appauvrit la curiosité des adultes, endort l'intelligence, exerce un insidieux contrôle politique, façonne à notre insu nos cadres de pensée, manipule l'information, impose des modèles culturels dominants (on n'ose plus dire « bourgeois »), elle ne montre de façon systématique qu'une partie du réel en oubliant la réalité urbaine, les classes moyennes, le secteur tertiaire, la vie des campagnes, le monde ouvrier, les langues et les cultures régionales, elle engendre la passivité, détruit les relations interpersonnelles dans les familles, tue le livre et en général toute culture « difficile », elle incite à la violence, à la vulgarité ainsi qu'à la pornographie, empêche les enfants de devenir adultes, concurrence de façon déloyale les spectacles vivants, cirque, théâtre, cabaret ou cinéma, génère l'apathie et l'indifférence des citoyens à force de surinformation inutile, abolit les hiérarchies culturelles, remplace l'information par la communication, la distanciation intellectuelle par la présence des sentiments volatiles et superficiels, accorde le primat à la vitesse sur la lenteur nécessaire à toute méditation profonde, concurrence et dévalorise l'école...

Tout n'est pas faux, bien sûr, dans cette liste apocalyptique. Ni vrai non plus, loin de là. Mais la question de la vérité n'est pas son affaire centrale. Ce qui importe, avant tout, c'est la position, j'allais dire la « hauteur de vue », que confère l'attitude critique, fût-elle d'une colossale banalité. Je repose donc la question : pourquoi ?

La première hypothèse, celle des contempteurs professionnels eux-mêmes, c'est que la radicalité de la critique est à la hauteur de la déception qu'inspire le spectacle de la télévision d'aujourd'hui. Moyen de communication de masse, le petit écran aurait pu servir les fins de la république et favoriser une réelle démocratisation de la culture. Il se contente de désinformer et d'abêtir. Qui aime bien, comme on sait, châtie bien. Les remontrances se doivent donc d'être sévères...

Une seconde hypothèse, qui me semble plus juste, c'est que la télévision et maintenant le multimédia sont devenus depuis les années soixante *le* symbole par excellence de la modernité, l'archétype de l'univers démocratique massifié. C'est pourquoi ils tendent à concentrer sur eux toutes les critiques du monde moderne déjà en vigueur dans les années trente et réactualisées pour les besoins de la cause. Comme je l'ai souvent indiqué, dès après la Première Guerre mondiale, en effet, l'univers démocratique (le libéralisme politique) commence à faire l'objet de deux grands types de dénonciations : l'une, d'inspiration romantique et qui conduira jusqu'au fascisme, s'inspire d'un idéal de restauration de tous les paradis perdus ; l'autre, « progressiste », vise au contraire à établir les conditions d'un avenir radieux. Je prétends qu'on les retrouve aujourd'hui *telles quelles*, à peine décongelées, à propos de la télévision.

La critique du monde moderne au nom d'un passé perdu

C'est, depuis les premiers mouvements romantiques contre-révolutionnaires, le modèle de tous les grands conservatismes qui reprochent à l'univers issu de la Révolution française d'être « mécaniste », de ruiner les communautés, d'éroder les terroirs, etc. Le souci de l'audimat apparaît dans ce contexte comme le point culminant du « monde de la technique » et la culture de masse comme l'apogée de la domination universelle du « on » : de la banalisation, de l'uniformisation, de l'anonymat d'une industrie culturelle qui déracine sans cesse davantage des êtres humains réduits au statut d'*animal laborans*, qui éradique les traditions au profit d'une américanisation/japonisation planétaire. Dans l'*Introduction à la métaphysique*, Heidegger avait déjà décrit cette tendance à la déréliction en des termes que nos critiques du petit écran ne cessent de reprendre et de décliner en d'incessantes variations. Il y dénonçait la « frénésie sinistre de la technique déchaînée et de l'organisation sans racine de l'homme normalisé », l'abolition du temps et de l'espace traditionnels au profit d'un véritable culte de la vitesse, d'une volonté forcenée de rendre tout présent en permanence à tout le monde, fût-ce au prix d'une trahison de la pensée, mettant toute œuvre de culture sur le même plan uniforme de médiocrité. Il faut citer l'un de ces passages prophétiques, ne serait-ce que pour rétablir une vérité historique que la multiplication des plagiats les plus insipides finit par estomper. Voici, en effet, ce que Heidegger écrivait dès 1935 contre le monde contemporain et qui, bien que n'évoquant pas directement, et pour cause, l'univers des images et de la « culture rock », pourra s'y appliquer pratiquement sans retouche :

« En un temps où le dernier petit coin du globe terrestre est devenu exploitable économiquement, où tout événement qu'on voudra, en tout lieu et en tout temps qu'on voudra, est devenu accessible aussi vite qu'on voudra, et où l'on peut vivre simultanément un attentat contre un roi de France et un concert symphonique à Tokyo, lorsque le temps n'est plus que vitesse, instantanéité et simultanéité, et que le temps comme Histoire a disparu de l'existence de tous les peuples, lorsque le boxeur est considéré comme le grand homme d'un peuple et que le rassemblement en masse de millions d'hommes constitue un triomphe, alors vraiment, à une telle époque, la question : " Dans quel but ? " " Où allons-nous ? " " Et quoi ensuite ? " est toujours présente et, à la façon d'un spectre, traverse toute cette sorcellerie [1]. »

La question des fins disparaît dans la technique au profit d'une pure et simple reddition à l'idéal du « fonctionnement », au culte de la performance pour la performance, à cet unique souci des moyens au détriment des objectifs... Est-il besoin d'en dire davantage pour que l'on comprenne comment cette critique, au demeurant souvent puissante, pourra, quelques décennies plus tard, s'appliquer aux nouvelles tyrannies de l'audimat ?

La critique de la société du spectacle au nom d'un avenir radieux

Dans cette perspective, marxienne, symétrique de la première et parfois étrangement proche jusque dans les termes mêmes, l'audimat apparaît à nouveau comme l'incarnation de la Technique que Horkheimer et Adorno, fidèles lecteurs, eux aussi, de Max Weber, préféreront désigner sous le nom de « raison instrumentale » – cette exacerbation de l'idéal de rentabilité capitaliste qui devient, comme chez Heidegger, une véritable fin en soi.

Et là encore, même s'ils ne portent pas directement sur la télévision, les textes de Horkheimer, par exemple, pourront, quelques décennies plus tard, s'y appliquer sans même requérir le moindre effort d'adaptation. Qu'on en juge :

« Par la passivité intellectuelle dans laquelle les humains sont plongés avec la nouvelle économie, par la concentration exclusive sur l'argent et le *job*, par la haute astuce à quoi se limite l'appareil psychique des individus, les idées folles les plus transparentes ont toutes leur chance, il suffit qu'elles se profilent à l'horizon et passent le *screening* de la communication de masse... Ouvre-t-on l'entonnoir de la radio pour entendre sa voix quotidienne à une heure indifférente – sans *event* – alors résonne en Amérique, le pays

1. Martin Heidegger, *Introduction à la métaphysique*, éd. Gallimard, traduction Gallimard (modifiée par nécessité !), p. 49.

le plus avancé, un *show* bouffon de camelots déchaînés, mêlé à des bribes de jazz-bands et de boogie-woogies désuets. L'espoir qu'il en aille mieux dans la provinciale Europe est démenti au premier son. C'est pire [1] ! »

Même constat chez le philosophe marxiste que chez le penseur enrôlé, par les bévues qu'entraînera sa haine fanatique du monde moderne, dans le national-socialisme : la rationalité technique ou instrumentale domine le monde, décervelle les individus, anéantit les hiérarchies culturelles, le tout sous l'égide du Big Brother américain. Que la critique s'opère d'un côté au nom d'un passé perdu, d'une restauration, et de l'autre en vue de l'avenir, d'une révolution, ne change rien à la convergence quasi parfaite de deux discours qui vont, des années trente aux années soixante, puis de celles-là jusqu'à nous, traverser l'histoire pratiquement intacts – à ceci près, qui n'est pas tout à fait un détail, que les modèles politiques de référence, entre-temps, se sont effondrés sous le poids de leurs terrifiants effets. Ce qui devrait à tout le moins, il me semble, nous conduire à nous interroger sur les perspectives nouvelles d'une dénonciation des effets d'aliénation supposés liés à l'image. Mais il est vrai que l' « intellectuel critique » aime à faire porter l'examen sur toute chose... plutôt que sur lui-même. L'ironie n'est pas toujours son point fort.

Je crois, au contraire exact de ce que présupposent ces deux modèles, qui communient dans une prétendue radicalité, à la nécessité d'une critique *interne* du monde moderne et de ses symptômes ou symboles les plus visibles ; une critique, donc, qui ne partirait pas d'un « ailleurs » tout autre mais s'effectuerait au contraire au nom des promesses que nous font les institutions démocratiques, la télévision, l'école, l'asile, le Parlement, etc., mais qu'elles ne tiennent à l'évidence jamais de façon parfaite.

Mais arrêtons-nous un instant encore aux dénonciations radicales qui, bien entendu, c'est leur vocation paradoxale, occupent elles-mêmes le devant de la scène médiatique. La différence qui nous sépare malgré tout des années trente saute aux yeux : plus personne n'assume véritablement aujourd'hui les conséquences d'un « retour en arrière » salvateur ni davantage celles de l'avenir radieux censé être garanti par une société sans classe et sans exploitation. En clair : le fascisme et le communisme sont morts. Mais le

1. Max Horkheimer, *Notes critiques sur le temps présent (1949-1969)*, éd. Payot, p. 165-171.

geste demeure, d'autant plus insaisissable, voire irréfutable, qu'il ne prétend plus à aucune positivité. La stigmatisation de la décadence et du déclin se veut résolument à l'écart des nostalgies romantiques. Il n'est plus aucune restauration en vue. Quant au progressisme d'antan, il se méfie comme de la peste de tous les idéaux révolutionnaires, à commencer par les siens propres. Le pessimisme absolu est donc de rigueur, et c'est cela, je crois, qui donne ce ton apocalyptique au moindre des critiques dès lors qu'il s'agit de tancer l'univers médiatique.

À juste titre parfois, mais souvent aussi par déformation professionnelle, nombre d'intellectuels sont donc aujourd'hui préoccupés par le maigre contenu substantiel livré par les shows télévisés, fussent-ils présentés sous les auspices de la « culture ». Souvent, ce sont les sujets touchant l'humanitaire qui déclenchent les foudres : au final, la seule chose que nous apprendrions d'un reportage diffusé au journal télévisé, c'est qu'il y a là quelque catastrophe, une part du malheur du monde, des victimes, toutes équivalentes, interchangeables, tout juste bonnes à alimenter les préoccupations de leaders caritatifs eux-mêmes de part en part médiatiques. Critique de fond s'il en est : c'est ainsi tout ce qui ne se voit pas, tout ce qui ne peut faire l'objet d'une image qui serait tu. C'est-à-dire l'essentiel, à commencer par le poids concret de l'histoire et des significations, chaque fois particulières, qu'une situation catastrophique recèle dès qu'on approfondit un tant soit peu les choses.

L'étrange, si l'on y réfléchit, est que cette mise en question des médias reçoive souvent ses plus belles lettres de noblesse d'intellectuels eux-mêmes largement médiatisés. Comme les fausses subversions des années soixante auxquelles elle s'apparente, la critique des médias est un genre littéraire qui s'intègre aisément au prêt à penser. Sans qu'on y prenne garde, elle accède tout doucement au rang de discours dominant, disponible sur ce qui ressemble fort à un marché des idées. Car sa force lui vient d'abord des hauteurs philosophiques flatteuses (en substance, la critique d'une masse abêtie, aliénée par la « société du spectacle ») où elle prétend s'enraciner, tout en puisant dans l'actualité mille petits faits bien réels qui viennent lui conférer l'allure d'une vérité empirique incontestable. Elle rencontre ainsi des échos en chacun d'entre nous : il n'est pas un intellectuel, pas un journaliste conscient du sens de son métier, pas un citoyen responsable qui ne soit, en effet, à un moment ou à un autre, consterné par telle ou telle de nos pitreries cathodiques. Pas un non plus qui ne s'identifie plus volontiers à la lucidité supposée du point de vue, forcément élitiste, de la critique plutôt qu'à celui d'une populace manipulée par des producteurs sans scrupule. Non seulement nous avons tous en mémoire de récents phénomènes de désinformation patente, mais il n'est guère besoin d'être grand clerc pour dénoncer la débilité de certains prime times. Il faut même avouer que la réalité dépasse les espérances de tout intellectuel critique normalement constitué qui voit là, après l'effondrement des cibles habituelles du gauchisme culturel, la résurgence inespérée de nouveaux motifs d'affliction. Pourtant, il me semble qu'on peut, qu'on doit même renoncer aux charmes de cette nouvelle rhétorique. Non pour légitimer l'état de fait, dont c'est peu dire qu'il n'a rien de réjouissant, mais au contraire pour porter le fer au seul niveau où il a quelques chances de produire de salutaires effets.

Commençons par le diagnostic. Lorsqu'on reproche à l'information de gommer la profondeur historique des drames qu'elle visualise, de quoi parle-t-on au juste ? Croit-on sérieusement que les reportages sur la Bosnie ou sur la Somalie auraient décervelé une population républicaine, consciente et informée, qui de toute éternité aurait brillé par ses compétences incomparables quant à l'histoire politique de ces deux pays ? À quel âge d'or mythique fait-on, ici, référence ? La réalité, de toute évidence, est que l'immense majorité du public ignorait *jusqu'à l'existence même* de la Bosnie et de la Somalie avant que la télévision ne s'emparât de leur sort. La vraie difficulté est tout autre qu'on ne le suggère lorsqu'on mesure implicitement l'information télévisée à l'aune d'un cours en Sorbonne : elle tient au fait qu'on ne peut, chaque soir, revenir sur l'histoire de l'Europe orientale ou de l'Afrique. Non seulement le public n'est pas le même qu'à l'amphithéâtre Descartes, mais il a la fâcheuse habitude d'être plus changeant encore. Le but essentiel d'une information ne peut être, dès lors, que de sensibiliser, d'abord, puis de donner l'envie ou le courage d'aller y voir de plus près, dans la presse écrite, puis dans les livres. Il est un lien invisible qui va de l'image à l'écrit par de nombreux intermédiaires et c'est en son sein, pour ainsi dire de l'intérieur, qu'il faut juger la télévision, non en la comparant à ce qu'elle ne sera jamais ni ne devra jamais devenir. Méfions-nous de la confusion des genres : la télévision doit rester, qu'on le veuille ou non, un spectacle, elle doit, même dans ses missions culturelles, davantage *donner à penser* que mettre en scène la connaissance en tant que telle. L'image ne peut ni ne doit remplacer l'écrit. Pourtant, la crainte ou l'espoir qu'elle y parvienne un jour ne cessent de hanter les discussions sur l'audiovisuel.

Culture médiatique contre culture scolaire ?

Si le débat « pour ou contre l'écran » ne cesse de prendre de l'ampleur, c'est aussi parce qu'il rejoint une préoccupation fondamentale des sociétés d'aujourd'hui : n'y a-t-il pas, de facto, une baisse considérable de l'aptitude des enfants à maîtriser la culture écrite ? Les chiffres publiés par le ministère de l'Éducation nationale ont, en effet, de quoi inquiéter : ils montrent, pour les résumer brièvement, qu'à l'entrée au collège (en classe de sixième, donc), environ 10 p. 100 des élèves ne maîtrisent pas les fondamentaux de la lecture et de l'écriture. Surtout, 35 p. 100 d'entre eux, qui s'ajoutent à ces 10 p. 100, les maîtrisent à peine, ou avec difficulté : en clair, ils savent lire et écrire, mais cette activité est pour eux si laborieuse qu'elle ne leur permet pas d'accéder pleinement au sens des textes qui leur sont proposés. De fait, ils sont donc exclus de la culture écrite. De là le soupçon que la télévision et, plus généralement, l'image joueraient un rôle dévastateur sur la culture scolaire en général. Le problème est assez sérieux pour que l'on prenne le temps d'y réfléchir un instant.

Car la culture scolaire, d'abord et avant tout centrée sur l'écrit, possède une spécificité irremplaçable : elle ne se confond pas avec la culture de tous les jours, ni avec celle des parents (du moins pas nécessairement), encore moins avec celle de la télévision. Il suffit pour s'en convaincre de songer à ce simple fait : qui d'entre nous relit, parvenu à l'âge adulte et sorti du cadre scolaire s'entend, Racine et Corneille, Mme de Sévigné ou Fénelon ? Qui d'entre nous se replonge par plaisir dans un de ses vieux manuels de maths ou de chimie ? Quelques-uns, sans doute, mais si peu... Il est des contenus culturels que l'école seule a la charge de transmettre, à commencer par les plus fondamentaux qui soient : lire, écrire, compter. On peut discuter de certains de ces contenus, vouloir les changer contre d'autres, plus légitimes, mais on ne peut sérieusement souhaiter les abolir au profit d'une simple reddition aux cultures de tous les jours. Or les savoirs scolaires sont en crise, au moins depuis les années soixante, et de cette crise naît une polémique récurrente, dont les positions les plus tranchées sont assez aisément identifiables.

À ma droite, les partisans d'un retour aux classiques, sous toutes leurs formes : contre ces aberrations que furent les maths modernes, l'histoire non chronologique, les méthodes globales, la perte de références aux grands auteurs, le refus de toute mémorisation automatique, etc., ils en appellent, souvent à juste titre mais sans en voir les écueils, à un vaste mouvement de restauration des bons vieux principes de l'avant-68. À ma gauche, les tenants de la fameuse « ouverture de l'école sur la vie ». Ils nous invitent à tout centrer sur l'enfant *tel qu'il est*, à prendre en compte ses intérêts, son « parler jeune », ses « repères télé ». Ils soulignent, dans cette optique, le primat des méthodes pédagogiques sur les contenus, de la réflexion sur le savoir, la nécessité d'introduire dans l'école la culture « vivante », celle de l'audiovisuel et des nouvelles technologies, voire, s'ils sont plus libéraux, l'impératif d'une professionnalisation précoce. Ils accusent les premiers d'être des vieux schnocks, poussiéreux et réactionnaires, qui en appellent, pour faire « gauche », à l'idéal républicain. À quoi les accusés ont beau jeu de répondre que les soi-disant modernes organisent en fait la régression, que la prétendue « ouverture sur la vie » ne bénéficiera qu'aux plus favorisés, qu'en livrant l'école au « tourisme culturel » et à la société médiatique ils abandonnent la résistance pour la collaboration.

Chacun pourra, à son gré, trouver les thèmes et les adjectifs qui complètent le tableau : il est suffisamment reconnaissable pour que je me borne ici à n'en donner qu'une esquisse, un carton sur lequel on peut broder à l'infini. L'essentiel est de percevoir en quoi le débat, ainsi figé dans une partie dont chaque coup est connu d'avance, occulte d'autant mieux les vraies questions qu'il les intègre dans une logique polémique. À quoi tient, en effet, le formidable (et sans doute excessif) sentiment d'échec qui anime ces discussions ? Les enseignants, chacun le reconnaît aujourd'hui, font ce qu'ils peuvent, le plus souvent avec talent et bonne volonté. Ils sont les premiers à souffrir du fait que ce qu'ils ont eux-mêmes aimé lorsqu'ils étaient étudiants ne passe plus, ou mal, auprès d'une trop grande quantité d'élèves. À quoi bon les exhorter à un

« retour » qu'ils ne peuvent imposer ou à une démagogie dont ils ne veulent pas ? « Gardarem lou Balzac » d'un côté, « sortons les guitares » de l'autre... Le vrai est ailleurs et il faut l'identifier si l'on veut avoir une chance de faire des propositions sensées.

Il tient à ceci, et tous ceux qui ont connu le lycée d'avant 68 le comprendront : la culture scolaire a perdu sa légitimité en même temps que disparaissaient les arguments d'autorité. Ce n'est pas, comme on le dit trop souvent, la « massification » de l'enseignement qui est en cause. Après tout, l'école primaire était depuis longtemps, et bien avant 68, une école de masse, puisque obligatoire. Or on y apprenait à lire, à écrire et à compter mieux qu'aujourd'hui, et même dans des classes aux effectifs considérablement plus nombreux. Je ne fais pas ici état d'un sentiment subjectif, mais d'un fait prouvé sans ambiguïté par les récentes comparaisons des copies d'aujourd'hui et de celles des années vingt. Il faut dire qu'en ce temps-là les contenus transmis par l'enseignant étaient pour ainsi dire sacrés. Il eût été, même au lycée, inconcevable qu'on les discute. Pourquoi enseignait-on telle discipline plutôt que telle autre et pourquoi, dans chaque discipline prise séparément, tels thèmes et non tels autres ? Cela allait de soi, s'imposait aux enfants – et, à vrai dire, aux enseignants eux-mêmes – avec le sceau de l'évidence indiscutable. La moindre question, à cet égard, eût été jugée d'une rare insolence, d'une impertinence intolérable. Elle eût valu à son auteur, si jamais il se fût avisé de la formuler, quelques « heures de colle ». Le fait peut paraître sidérant, il est pourtant patent : au cours de son histoire, notre école républicaine s'est posé toutes les questions possibles et imaginables, mais jamais celle de la légitimité des contenus transmis aux enfants. La logique académique des disciplines suffisait à y répondre, et l'autorité conférait à cette réponse sinon une légitimité, du moins une force exécutoire incontestable. L'ennui, l'inutilité, l'absence d'intérêt, l'inadaptation n'entraient pas en ligne de compte. Ils n'étaient que signe de paresse ou de stupidité dans une école qui, au demeurant, valorisait volontiers l'effort en tant que tel.

Pour le meilleur et pour le pire, Mai 68 et, à travers lui, le formidable essor de l'individualisme contemporain ont mis fin aux légitimités traditionnelles et, avec elles, aux arguments d'autorité. Conséquence inévitable : aucun retour en arrière n'est possible... ni, si l'on y réfléchit, souhaitable. Plutôt que de refuser la liberté, il vaut mieux chercher à la réinvestir dans le droit chemin. Mais, pour y parvenir, il faut donner, tâche immense et de longue haleine s'il en fut, sens et autorité à une culture scolaire qui n'en a jamais eu a priori aux yeux des enfants qu'en raison de la confiance ou de la peur inspirées par le monde des adultes. Voici même l'idéal : il faudrait qu'au lieu de porter à bout de bras et de force des programmes qui « passent mal » les enseignants soient portés par eux ! Et la facilité, en la matière, est un leurre : elle conduirait non pas à ranimer la culture scolaire, ce qu'il faut faire, mais à la nier au profit de l'autre, dominante, je veux dire, bien sûr, la médiatique, qui ne vise souvent qu'à la consommation. Ne nous voilons pas la face : la culture scolaire, qui est irremplaçable, est en grand danger. Si elle veut survivre et revivre, il lui faudra, c'est un enjeu majeur des décennies à venir, chercher enfin, pour la première fois peut-être dans son histoire, à se fonder sur le sens, qui est sa seule légitimité, à l'écart, donc, de ces deux logiques fatales que sont celles des arguments d'autorité et du divertissement consumériste. C'est dans cette optique que la télévision, pour ne rien dire ici du multimédia, doit constituer non pas un obstacle ou un ennemi, mais une aide et un défi : une aide car elle peut souvent être l'alliée de la culture écrite : nombre d'émissions pourraient servir d'excellents supports à un enseignement de qualité, y compris des plus centrés sur la culture classique ; un défi, car il nous faut enfin tenter de rendre la culture scolaire « concurrentielle », c'est-à-dire plus sensée, plus profonde et plus attrayante que celle de la télévision.

La société médiatique en question

André Comte-Sponville

C'est la première fois, depuis que nous faisons ce livre ensemble, que j'ai du mal à me mettre au travail. Non que je me sente écrasé par l'ampleur de la tâche ou débordé par la complexité du problème. C'est plutôt l'inverse : le sujet me paraît pauvre, en tout cas il ne me passionne guère, et je crains, le concernant, de n'avoir que peu à dire. Je m'intéresse aux messages plus qu'aux médias. Comment ceux-ci, malgré McLuhan, pourraient-ils tenir lieu de ceux-là ? Une platitude diffusée à des millions d'exemplaires reste une platitude. Une parole vraie ou profonde, pour n'être communiquée qu'à quelques-uns, ne perd ni sa profondeur ni sa vérité. L'imprimerie n'a pas changé l'essentiel. Pourquoi la télévision le ferait-elle davantage ?

Aristote sur Internet ?

Quand je dis que l'imprimerie n'a pas changé l'essentiel, que la télévision ne le change pas, qu'est-ce que j'entends par là ? Par exemple que Montaigne, qui possède les œuvres imprimées de Sénèque et Plutarque, y trouve sa nourriture et son bonheur au même titre que pouvaient le faire leurs contemporains, qui n'avaient à leur disposition que des manuscrits. Et que nous pouvons toujours lire Aristote ou Lucrèce, et y trouver – comme leurs contemporains, comme Montaigne – ce qui nous paraît, justement, l'essentiel : une certaine vision du monde et de l'homme, qui nous éclaire, qui nous conforte, qui nous donne à penser et à admirer. L'essentiel ne passe guère à la télévision. Comment la télévision pourrait-elle l'abolir ?

Non, certes, que rien n'ait changé. Mais ce qui a changé de plus important, ce ne sont pas nos moyens d'accéder à ces œuvres. C'est notre façon de les comprendre, de les juger, de les utiliser. Si nous ne pouvons plus être aristotéliciens, aujourd'hui, ce n'est pas à cause des médias (les pauvres ! que peuvent-ils contre Aristote ?). C'est à cause du progrès scientifique, c'est à cause du progrès historique, que les médias peuvent accompagner, bien sûr, parfois faciliter, parfois entraver, mais qu'ils ne sauraient ni annuler ni remplacer. Enfin, le fait même que nous ne puissions plus être aristotéliciens ne change pas, là non plus, l'essentiel : cela ne nous empêche pas de lire Aristote, de le comprendre (à bien des égards, et malgré les œuvres perdues, nous le connaissons mieux que ses contemporains), de nous en servir... Je prends cet exemple à dessein : de tous les philosophes du passé, Aristote est sans doute celui que j'admire le plus, et si sa philosophie n'est pas celle dont je me sens le plus proche, je ne cesse pourtant d'y puiser, comme tous ceux qui le lisent, des idées, des problèmes, parfois même des solutions. Qu'est-ce que les médias changent à cela ? Vous pouvez bien mettre Aristote sur CD-ROM ou sur Internet ; cela rendra des services, mais ne dispensera pas de le lire. Vous pouvez bien lui consacrer une émission de télévision : cela lui gagnera quelques lecteurs, et c'est tant mieux, mais ne changera guère le rapport que nous entretenons avec lui. En revanche, qu'un archéologue découvre le manuscrit d'une œuvre perdue, et voilà tous les aristotélisants du monde en ébullition... L'œuvre importe davantage que le média, qui la porte. L'œuvre, pour la pensée, fait un média suffisant.

Bref, je ne crois pas du tout, malgré Hegel, que la lecture des journaux – sur papier ou sur écran – soit la « prière du matin » du philosophe. Ma prière du matin, si tant est que j'en aie une, ce serait plutôt la lecture des grands philosophes du passé. L'*Éthique à Nicomaque* m'en a plus appris que nos magazines, et m'aide à les comprendre, quand ils sont, sur elle, à peu près sans effet.

Les deux sociétés médiatiques : macrocosme et microcosme

Mais venons-en à la société médiatique. La notion me paraît double. Ce qu'on entend par là, c'est à la fois la société actuelle (parce que les médias, notamment audiovisuels, y jouent un rôle plus important que par le passé, ce qui n'est pas niable), et la partie de cette société dont les médias, à tort ou à raison, s'occupent particulièrement. Un macrocosme, si l'on veut (le monde, comme village communicationnel : ceux qui regardent la télévision), et un microcosme (ceux qui y passent régulièrement : journalistes, présentateurs, dirigeants politiques ou syndicaux, vedettes du show-biz, sportifs, hommes d'affaires ou de communication, grands couturiers, grands cuisiniers, artistes, écrivains, philosophes...). Ces deux sociétés sont bien sûr en interaction, ou plutôt n'en font qu'une. Ceux qui passent à la télévision la regardent aussi. Le microcosme fait partie du macrocosme. Mais c'est la grande qui importe : la petite n'a de sens qu'à son service, ou n'a de sens que dérisoire.

Parlons d'abord de la grande. Le fait le plus décisif, concernant le problème qui nous occupe, c'est le développement sans précédent des moyens de communication et d'information. Une lettre, du temps de Jules César, mettait deux mois pour aller de Rome à Lutèce, si elle y parvenait. Et que sut-on, en Chine, de la guerre des Gaules ? Aujourd'hui, nos fax, nos ondes, nos réseaux font le tour de la planète presque instantanément. Un tremblement de terre au Japon, un krach boursier au Mexique, une révolution en Iran, une guerre ici ou là, un massacre ailleurs, le mariage de Michael Jackson, celui de Boeing et McDonnell-Douglas, la mort d'un dirigeant, la naissance d'une star ou d'une mode... Tout peut être suivi en direct, ou à peu près : tout s'étale sur nos petits écrans, tout se mêle dans nos petites têtes... De ce mélange, on a souvent dénoncé l'arbitraire, le désordre, voire ce qu'il pouvait avoir de moralement choquant. Souvenez-vous de cette petite fille, en Amérique du Sud, dont toutes les télévisions du monde montrèrent l'agonie atroce... Voyeurisme, dit-on, et souvent à juste titre. L'homme est un spectacle pour l'homme.

Il n'en reste pas moins que cette mondialisation et cette instantanéisation de l'information me paraisssent, au total, largement positives. D'abord parce que cela fait plus de vérité disponible, et ce serait tout de même un comble, pour un intellectuel, que de s'en plaindre. Ensuite parce que cela embarrasse les tyrans, les massacreurs, les oppresseurs, et que tout ce qui les gêne est bon. Enfin parce que cela rapproche les hommes entre eux. Nous sommes devenus, grâce aux médias et que nous le voulions ou pas, les contemporains de tous nos contemporains : nous habitons vraiment le même monde, le même temps, le même présent, et si cela ne suffit pas à nous rendre toujours solidaires ou responsables les uns des autres, cela nous interdit du moins d'être égoïstes avec trop de bonne conscience. Quand le voisin appelle au secours, qui ne se sent coupable de ne rien faire ? Et qui n'est notre voisin, aujourd'hui, si les caméras s'en mêlent ? Que cela complique notre vie, que cela l'alourdisse, c'est une évidence. Je ne peux pas être heureux, expliquait Aristote, indépendamment du bonheur de mes parents, de mes enfants, de ma femme, de mes amis, et même de mes concitoyens en général. Mais à cette énumération, ajoutait-il, « il faut apporter quelque limite, car si on l'étend aux grands-parents, aux descendants et aux amis de nos amis, on ira à l'infini [1] », et on ne sera jamais heureux. C'est cette limite que les médias ne cessent de reculer, de dépasser, de relativiser. Comment être heureux quand une petite fille agonise devant vous ? Quand des millions d'hommes et de femmes sont opprimés, déportés, affamés, quand des centaines de milliers sont massacrés, presque sous vos yeux ? Comment être heureux, entre 1940 et 1945, si vos fenêtres donnent sur Auschwitz ? Comment, aujourd'hui, si nos « petites lucarnes » ne cessent d'ouvrir, comme c'est en effet le cas, sur l'horreur contemporaine ? On pense à nouveau à l'Ecclésiaste : « Plus de savoir, plus de douleur... » Quand en a-t-on su autant sur la douleur du monde ? Et comment cela ne ferait-il pas comme une douleur redoublée ?

On dira que cela ne nous empêche pas de vaquer à nos occupations, qui sont presque toutes égoïstes, de profiter de notre confort, de reprendre du dessert... Oui. « *Suave mari magno* », disait Lucrèce : il est doux, quand la grande mer est déchaînée, de regarder du rivage les maux auxquels soi-même on échappe...

1. Aristote, *Éthique à Nicomaque*, I, 5, 1097 b (trad. Tricot). Voir aussi I, 9, 1099 b.

Mais cela ne dispense pas d'aider les naufragés, quand on peut. Or qui le pourrait, sans être informé d'abord de la tempête ou du naufrage ?

C'est ce qu'illustre le développement des mouvements humanitaires. On leur reproche parfois d'être « médiatiques ». Mais c'est qu'ils le sont nécessairement ! Pas d'information, pas de mobilisation ; pas de mobilisation, pas d'action. Reprocher à l'humanitaire d'être médiatique, c'est lui reprocher d'exister. Et que voudrait-on à la place ? Des missionnaires ? des ermites ? trois guérilleros anonymes ? Ou bien le pouvoir sans contrôle et sans concurrence des États, des armées, des polices ? Que Médecins sans frontières ou Amnesty International n'existent que grâce aux médias, loin que cela condamne l'humanitaire, cela suffirait à soi seul à justifier les médias.

Au reste, imaginez un instant notre monde sans la presse, sans la radio, sans la télévision... Que serait-ce d'autre qu'un nouveau Moyen Âge, simplement plus performant, plus polluant, plus effrayant que l'ancien ?

Le problème de la télévision : « Ceci tuera cela » ?

Là-dessus, tout le monde est d'accord ; les mêmes qui vous reprochent d'écrire dans les journaux tiennent à pouvoir les lire, et ils ont bien raison. Et qui condamnerait la radio ou Internet ? Il n'y a guère que la télévision, semble-t-il, qui fasse vraiment problème. Chacun connaît les éléments du réquisitoire : la télévision tend à instaurer le règne de l'image contre l'écrit, du présent contre la durée ou la mémoire (contre l'esprit), du quantitatif (l'audience) contre le qualitatif (le génie, le goût, les connaisseurs), du divertissement contre la culture, de l'émotion contre l'intelligence, des affects contre les concepts, du *look* contre la pensée, de la personnalisation contre l'argumentation, de l'opinion contre le savoir, du particulier contre l'universel, du spectacle contre l'action et la réflexion, du public (les téléspectateurs) contre le peuple (les citoyens), du populisme contre la démocratie, de l'audimat contre le suffrage universel, bref, de la communication contre la civilisation et de la société médiatique contre la société républicaine... À présenter ainsi tous ces reproches à la file, j'ai l'air de vouloir les caricaturer, et il est vrai qu'il m'arrive d'en trouver l'accumulation quelque peu excessive. Il n'en reste pas moins que chacun d'entre eux a aussi sa pertinence, et que la télévision me paraît en effet un danger : un danger contre la culture, un danger contre la démocratie, un danger contre l'esprit. Le constat a été fait mille fois, inutile de s'y attarder. Si nous n'avions pas le sentiment de ce danger, nous donnerions-nous tout ce mal, les uns et les autres, pour obtenir que nos enfants quittent un peu leur écran (de télévision, d'ordinateur, de console...) pour lire un livre, fût-il de pur divertissement, par exemple un de ceux qui nous ont passionnés, il y a trente ans, quand nous avions leur âge ? J'en suis réduit, pour ce qui me concerne, à acheter *L'Équipe* à mes trois garçons, presque tous les jours : leur passion pour le football – passion qui doit beaucoup à la télévision – fait qu'ils liront au moins les articles qui lui sont consacrés. Quant aux *Trois Mousquetaires*, je n'ai pas encore pu les convaincre de s'y plonger...

Vous vous souvenez de cette prophétie rétrospective, ce sont les plus fiables, qu'on trouve dans *Notre-Dame de Paris*. Je ne sais plus quel personnage, tenant en main un petit volume imprimé et l'opposant à l'immense et sublime bâtiment, se dit à lui-même : ceci (le livre, l'imprimerie) tuera cela (la cathédrale, peut-être la religion). Qui ne s'est parfois dit la même chose des rapports entre la télévision et le livre ? Quel enseignant, et jusque dans le supérieur, ne s'est inquiété de l'inculture de ses élèves, de leur mauvaise maîtrise de la langue écrite, de leur rapport distant, pour ne pas dire plus, avec les livres ? Et qui ne voit que la télévision en est, au moins pour une part, responsable ? Aurions-nous lu Dumas, Jules Verne, Jack London, si nous avions eu en permanence, sur six ou soixante chaînes différentes, cet afflux d'images, de rires, de violences ? Et si nous ne les avions pas lus, aurions-nous lu plus tard Proust et Céline, Spinoza et Kant, Sartre et Lévi-Strauss ? Rien n'est moins sûr, et les sondages comme les chiffres de diffusion des éditeurs semblent bien confirmer qu'il s'agit là d'une tendance générale. Pour combien d'adolescents, aujourd'hui, la littérature est-elle, comme elle fut pour beaucoup d'entre nous, la passion principale ? Et qu'en sera-t-il dans trente ans ? Aucune civilisation n'est immortelle. Pourquoi celle du livre le serait-elle ?

Donc, un danger, et je me sens proche bien souvent de ce que peuvent dire là-dessus un Alain Finkielkraut ou un Régis Debray. Où est alors le problème ? En ceci que cette même télévision, qui menace la démocratie et la culture, est aussi un instrument possible, qui les sert. Là encore, le constat est bien connu. Shakespeare ou Molière, grâce à la télévision, sont regardés par des millions de gens, davantage en une soirée (et même s'ils ne font que quelques points d'audimat) que pendant un ou deux siècles de représentations. Cézanne ou Vermeer, Mozart ou Bach sont aujourd'hui mieux connus, et de très loin, qu'ils ne l'ont jamais été dans le passé. Grâce à la télévision ? Pas seulement. Mais grâce, d'évidence, aux médias, et d'abord aux médias audiovisuels. Quant au livre, s'il est concurrencé plus que servi par la télévision (c'est qu'ils occupent le même créneau : celui du loisir à domicile), ce n'est pas sans quelque compensation en retour : Balzac ou Stendhal, sans parler des romanciers contemporains, lui doivent aussi un certain nombre de leurs lecteurs... Bref, les médias en général et la télévision en particulier sont aussi un formidable instrument, en tout cas ils peuvent l'être, et de culture et de divertissement. Comme nous avons besoin des deux, nous aurions bien tort de faire la fine bouche.

Médias et démocratie

S'agissant de la politique, on peut énoncer des remarques du même genre. Je suis convaincu que nos contemporains en savent plus qu'au XIXe siècle, sur le monde comme sur leur pays, sur leurs dirigeants comme sur leurs concitoyens, qu'ils comprennent mieux les enjeux et les limites de la politique, qu'ils sont plus difficiles à manipuler, à tromper, au moins sur la durée, à opprimer. Que cela ne soit pas une garantie, fût-ce contre le pire, chacun le sait. Mais où a-t-on vu qu'une telle garantie ait jamais existé ? Comment veut-on qu'elle soit possible ? Au reste, dès lors que la télévision est là, qu'elle fait partie du réel, et définitivement, il est vain d'être pour ou contre : le tout est d'être lucide, sur ses dangers comme sur ses avantages, et de l'utiliser au mieux. Nos hommes politiques s'y essaient, avec la difficulté que l'on sait, confrontés qu'ils sont à l'impatience des journalistes, à la hantise du zapping, au goût pour les « petites phrases » et les grands sentiments, pour le spectaculaire et l'intime, pour la polémique et le consensus... Chaque citoyen s'y essaie de même, s'il a la télévision, et comprend assez vite, s'il a du bon sens, que cela ne le dispense pas d'écouter la radio ni de lire des journaux et des livres... Les médias, parce qu'ils contribuent à la démocratisation de l'information et de la culture, sont évidemment nécessaires à toute démocratie moderne, et ils sont nécessaires ensemble. La question n'est pas de savoir s'il faut s'en méfier ou les utiliser : il faut faire l'un et l'autre, comme toujours, et du mieux qu'on peut. La communication, comme la guerre, est un art simple, et tout d'exécution.

Les intellectuels et les médias

Cela vaut aussi pour les intellectuels. Faut-il passer à la télévision ? Faut-il n'y passer jamais ? Je crois comme Pierre Bourdieu qu' « on n'a pas à accepter cette alternative tranchée, en termes de tout ou rien », que « le parti pris du refus pur et simple de s'exprimer à la télévision [n'est pas] défendable », et même que, dans certains cas, « il peut y avoir une sorte de *devoir* de le faire, à condition que ce soit possible dans des conditions raisonnables [1] ». Toute la difficulté est bien sûr d'évaluer ces conditions, ce qui est d'autant plus difficile qu'on accepte par définition une émission qui n'a pas encore eu lieu : cela ne va pas sans une part de confiance, de risque, d'incertitude. Si l'on me propose, comme cela m'est arrivé, d'enregistrer une intervention de vingt secondes (sur la tolérance !), je peux bien sûr refuser, et c'est ce que je fais : vingt secondes, même préparées à l'avance, ce n'est pas raisonnable. Mais serait-il raisonnable, la télévision étant ce qu'elle est, d'exiger de pouvoir parler une demi-heure sans être interrompu, ce qui serait pourtant, philosophiquement, la moindre des choses ? Non plus ; car cela reviendrait à déserter la télévision et à couper la philosophie – pour des raisons de standing, je le crains, plus que de principe ! – du grand public. Alors ? Alors chacun se débrouille comme il peut, accepte ou refuse, selon ses goûts ou ses craintes, selon ses ambitions ou ses disponibilités. Pour ma part,

1. Pierre Bourdieu, *Sur la télévision*, Liber éditions, 1996.

j'en refuse beaucoup plus que je n'en accepte, au moins dans la dernière période, mais c'est qu'aussi les invitations, avec le succès, se sont incroyablement multipliées. Je choisis en fonction du style d'émission, en fonction du sujet, en fonction de la fréquence (j'ai refusé toutes les émissions mensuelles ou hebdomadaires qu'on m'a proposées sur différentes chaînes), en fonction de l'animateur (je suis allé chez Michel Polac, chez Cavada, chez Pivot, chez Christine Ockrent, j'ai refusé Dechavanne et Delarue...), ce qui ne m'a pas évité parfois de me faire piéger (par Jean-Edern Hallier : je suis parti avant la fin) et souvent de quitter le plateau déçu ou mécontent. Mais il m'est arrivé aussi, et plusieurs fois, de participer à de bonnes émissions, qui me semblaient, dans les limites du genre, à la fois utiles et agréables. Beaucoup de lettres, reçues dans les semaines qui suivaient, m'ont confirmé dans ce sentiment. Pourquoi devrais-je en avoir honte ? J'ai eu l'occasion de présenter à la télévision, autant qu'on peut le faire en quelques minutes, les pensées de Sartre, de Lévi-Strauss, de Clément Rosset. Sur Sartre, c'était pour le dixième anniversaire de sa mort, je n'ai que les avis de mes collègues, qui ne m'ont rien reproché. Mais s'agissant de Clément Rosset et de Lévi-Strauss, j'ai l'avis des auteurs eux-mêmes dont je parlais : il serait immodeste de m'y attarder, mais disons qu'eux non plus ne m'ont rien reproché, bien au contraire ! Ce genre d'émission ne saurait bien sûr remplacer la lecture de *Tristes Tropiques* ou de *La Force majeure*. Mais, si elles y conduisent quelques téléspectateurs, qui s'en plaindra ?

La télévision au service de la culture ? Pas seulement. Pas d'abord ni surtout. Les chaînes tiennent aux rentrées publicitaires plus qu'à leur fonction pédagogique. Et si nous passons à la télévision, les uns et les autres, c'est par intérêt, presque toujours, plus que par dévouement au bien public. Je n'imagine guère qu'on puisse passer à la télévision pour le plaisir. Quoi de plus stressant qu'une émission ? Quoi de plus frustrant ? C'est donc, quand nous acceptons d'y participer, que nous cherchons autre chose. Nous rendre utiles, éclairer un peu le débat public, combattre la bêtise ou l'obscurantisme ? Oui, cela peut jouer. Mais moins, je le crains, que la promotion de nos livres. La télévision n'est pas un empire dans un empire : l'amour-propre y règne, comme partout. Encore faut-il ne pas se tromper sur cet amour-propre. Quand Bourdieu reproche à tel ou tel intellectuel de n'écrire des livres que pour passer à la télévision, il sous-estime vraisemblablement la plupart de ceux qu'il considère, à tort ou à raison, comme des adversaires. Même parmi les plus médiatiques d'entre nous, je ne connais personne qui ne fasse l'inverse : ce n'est pas pour passer à la télévision que nous faisons des livres ; c'est pour que nos livres se vendent (et la vanité d'auteur y entre pour davantage que la cupidité) que nous passons à la télévision. Il faudrait être bien naïf pour s'en offusquer. L'égoïsme est le lot commun de l'humanité. Par quel miracle les intellectuels feraient-ils exception ? Cela ne les empêche pas de faire aussi leur travail, bien ou mal, et c'est de quoi leurs livres seuls permettent de juger. Il y a de très bons auteurs qu'on ne voit jamais à la télévision, et beaucoup d'auteurs médiocres qu'on y voit régulièrement. Mais l'inverse est vrai aussi : il y a de très mauvais auteurs qu'on ne nous montre pas, et d'autres, excellents, qui sont des habitués des plateaux. Qu'en conclure, sinon cette évidence : la présence ou non d'un auteur à la télévision n'est pas un critère pertinent pour juger de la valeur de son œuvre. Il m'est arrivé plusieurs fois de devoir défendre Luc, par exemple, contre tel ou tel de mes amis philosophes. Au bout de dix minutes, surpris par ce qu'on lui reproche, je demande : « Mais enfin, tu as lu ses livres ? » Le plus souvent la réponse est non : on l'a vu à la télévision, cela suffit. Est-ce la médiatisation qui est en cause, dans ce cas, ou l'honnêteté intellectuelle de nos censeurs ? Nul n'est tenu de lire un livre. Mais la vie intellectuelle gagnerait en sérieux et en dignité si l'on s'interdisait, ce qui devrait aller de soi, de dire du mal de ceux, même s'ils ont du succès, qu'on n'a pas lus.

Faire l'histoire ou la regarder ?

Cela m'amène à la société médiatique, au second sens du terme : le microcosme. C'est la forme moderne d'une réalité de toujours : quelque chose entre la cour, au XVIIe siècle, et les salons, aux XVIIIe ou XIXe. Le règne de l'opinion, dirait Pascal, au service de la force. Mais quelle force ? Celle du nombre ? Celle de l'argent ? Celle du pouvoir ? Un peu de tout cela, et c'est en quoi les médias, comme chacun sait, sont aussi un enjeu politique. Il s'agit de savoir si c'est le peuple qui est souverain ou l'audimat. On dira que ce sont les mêmes. Oui, mais pas du même point de vue : le peuple est un ensemble d'acteurs (les citoyens) ; l'audimat, de spectateurs. Et ce n'est pas la même chose, certes, de faire l'histoire ou de la regarder, d'être un peuple ou un public ! C'est donc un combat à mener, aujourd'hui, que de défendre une certaine conception, active et citoyenne, de notre place dans la société : de faire en sorte que les médias soient au service de la démocratie, non la démocratie au service des médias. Le microcosme médiatique, consciemment ou inconsciemment, tend toujours à faire l'inverse : réduire la politique à un spectacle, la valeur à la notoriété, l'importance présumée à l'audience attendue... J'en ai parlé parfois avec tel ou tel de nos hommes politiques. La plupart, et parmi les plus estimables, vivent douloureusement cette soumission de l'action aux exigences de la télévision, avec ce que cela suppose de simplification, de personnalisation, d'authenticité feinte et de mise en scène calculée. Ce qu'on voit, à la télévision, c'est un visage, autrement dit un individu saisi dans sa dimension la plus singulière, la plus concrète, la plus affective. Le risque est grand, dès lors, que ces dimensions occupent tout le terrain disponible : que les programmes, les idées, les analyses passent au second plan, loin derrière la qualité d'un sourire, d'un regard, d'une présence. Et que nos gouvernants soient de moins en moins ceux qui sont doués pour l'action ou le pouvoir, et de plus en plus ceux qui sont doués pour la communication, l'image, le spectacle... Le mot « acteur » a deux sens : celui qui agit, celui qui joue. Le danger existe que nos hommes politiques privilégient de plus en plus le second. Mais ils seraient loin, alors, d'être les seuls coupables : c'est que nous aurions renoncé à former un peuple souverain, pour ne plus constituer, chacun devant sa télévision, qu'un public avachi et blasé, dont l'action se réduirait au zapping et le pouvoir à l'audimat. On a les hommes politiques que l'on mérite. Si l'on préfère le spectacle à l'action et à la réflexion, comment s'étonner d'être dirigé par des comédiens ?

Vanité et ressentiment

Des remarques du même ordre peuvent être faites à propos des intellectuels. Je disais tout à l'heure que c'est par intérêt, presque toujours, que nous passons à la télévision. Mais cela vaut aussi pour les journalistes ou les animateurs : s'ils nous invitent, ce n'est pas pour nos beaux yeux ni par amour de la pensée. C'est qu'ils jugent que nous pouvons leur être utiles, dans telle ou telle situation, et après tout pourquoi pas ? Cela ne les empêche pas de faire aussi leur travail, le plus souvent honnêtement et parfois avec talent. La vie sociale se nourrit, dans tous les domaines, de ces égoïsmes convergents ou solidaires : chacun cherche son intérêt, et c'est ce qui nous permet, moyennant quelques compromis, de le trouver ensemble. Le risque existe pourtant de réduire la littérature ou la pensée à un spectacle : qu'on ne lise plus que les auteurs qui *passent bien*, comme on dit, à la télévision. Ce risque est comparable à celui que je viens d'évoquer concernant la politique. Mais il me paraît moindre : ni la pensée ni la littérature ne font un spectacle bien fascinant, pas plus qu'une émission, même de qualité, ne fait une œuvre. De fait, je n'ai pas le sentiment que la télévision ait gravement perturbé les hiérarchies littéraires. Que Michel Serres ou Jean d'Ormesson soient des causeurs éblouissants, cela ne les empêche pas d'être aussi des écrivains de talent. Que Sagan ou Modiano ne soient pas des orateurs, cela ne leur a pas nui, semble-t-il, plus que de raison. Que Le Clézio soit si séduisant, cela ne suffit pas à expliquer son succès. Que Cioran, Marcel Conche ou Christian Bobin ne se soient jamais montrés sur nos écrans, cela ne les a pas empêchés de trouver leur public, que beaucoup d'auteurs plus médiatiques leur envient ou leur reprochent. On pourrait multiplier les exemples. Mais à quoi bon ? Le temps fera le tri, comme toujours, entre les livres qui valaient la peine d'être écrits, et ceux qui ne méritent même pas d'être lus. Ni la notoriété ni l'obscurité d'un auteur, de son vivant, n'ont jamais garanti sa valeur. Le succès ne prouve rien. L'insuccès, moins encore. Les génies méconnus sont plus rares que les méconnus sans génie.

Il m'arrive parfois d'être surpris, je l'avoue, devant telle réaction haineuse ou envieuse. Comme on nous pardonne nos échecs plus facilement que nos réussites ! « Pourquoi est-on plus sévère avec les auteurs vivants qu'avec les morts ? », demande quelque part Hobbes. Et il répond : « Parce qu'on est en concurrence avec les vivants, pas avec les morts. » Cette concurrence passe aujourd'hui par les médias. C'est bien commode : on n'a plus besoin, pour critiquer un auteur, d'avoir lu ses livres, ni d'avoir soi-même le moindre talent... Je me console en me disant que ces petitesses sont de tous les temps, que les formes seules ont changé, qui ne comptent guère. Feuilletez, si vous ne l'avez déjà fait, le *Journal* des Goncourt. Vous verrez que la télévision n'a inventé ni les fausses gloires ni les vraies jalousies. Où est alors le problème, sinon dans la vanité des uns et le ressentiment des autres ?

L'important est de faire son travail, du mieux qu'on peut, et de tenir convenablement son rôle de citoyen. La mort emportera tout le reste. S'agissant de la société médiatique, il m'arrive de penser que c'est tant mieux.

Débat

Pour une « critique interne » des médias

ANDRÉ COMTE-SPONVILLE

Il y a un combat à mener pour la culture écrite, et ce combat passe, entre autres, par une « critique interne » de nos sociétés démocratiques et télévisuelles. Je suis parfaitement d'accord, Luc, avec ta formule. Encore faudrait-il mener à bien cette critique ! Car force est de constater qu'elle reste aujourd'hui plutôt vague, et qu'elle a du mal à faire entendre une voix originale face aux imprécations de la « critique externe » ou aux justifications enthousiastes des bienfaits de la société de communication...

LUC FERRY

Rien d'étonnant à cela : sur tous les débats de société, de l'école à la drogue en passant par la télévision, la vie intellectuelle française privilégie toujours les extrêmes, infiniment plus distrayants et plus aisément médiatisables. D'ailleurs, l'une des clefs de la difficulté que tu soulèves à juste titre réside dans ce paradoxe : rien n'est plus médiatique que la critique radicale des médias ! Pourquoi ? Parce que la société démocratique marche à la critique de soi : c'est le seul type de société dans lequel la critique du pouvoir est non seulement autorisée, mais valorisée comme le signe d'une liberté en exercice. La critique du pouvoir devient ainsi un geste de pouvoir par excellence. Les contestataires et les ultras d'hier deviennent les hauts fonctionnaires et les ministres d'aujourd'hui. Pierre Bourdieu se retrouve au Collège de France grâce à ses travaux sur la reproduction des inégalités sociales par le système scolaire. Il se propulse au sommet à force de prétendre s'identifier au plus bas ; et nous connaissons tous Paul Virilio pour l'avoir vu à la télévision dénoncer... la télévision ! La critique radicale n'a d'ailleurs plus d'issue positive maintenant que les grands modèles utopiques ont été totalement discrédités : seule demeure la posture critique, vidée de tout contenu capable de légitimer des alternatives plausibles.

À cette situation, selon qu'on la subit ou qu'on l'assume, on peut répondre de deux façons. L'une nous entraîne dans la dénégation, la mauvaise foi, fussent-elles inconscientes ; ainsi lorsque ceux qui condamnent la dictature des sondages en commandent régulièrement, ou quand on utilise tous les arguments, tous les stratagèmes (si détournés soient-ils) de la médiatisation pour mieux la dénoncer comme si on lui restait extérieur. L'autre manière de procéder consiste, au contraire, à prendre délibérément en compte le fait que la critique a partie liée avec les sociétés démocratiques : c'est en ce sens que je plaide pour une critique « interne » du présent, donc des sociétés démocratiques dans lesquelles nous baignons, c'est-à-dire une critique au nom de leurs propres promesses, de leurs propres principes. Elles nous promettent l'égalité des chances, la démocratie pour tous, l'éducation pour tous, et Dieu sait que la télévision est au cœur de ce débat puisque ce pourrait être l'instrument de démocratisation de la culture par excellence. Ces promesses sont très souvent non tenues ou mal tenues, et j'ai toujours pensé qu'il y avait plus de subversivité dans la critique interne parce qu'elle seule nous engage. Elle nous engage, en particulier, dans l'éthique de la responsabilité, alors que les critiques externes reposent toujours sur l'éthique de la conviction, qui justifie à la fois toutes les inactions et toutes les erreurs.

Bernard Fixot

Le domaine médiatique est largement dominé par ce que tu as appelé la « raison instrumentale » : la course aux moyens tend à devenir une fin en soi (le cercle infernal de l'audimat, de la publicité, des commandes) parce qu'il y va de la survie des entreprises. La finalité de ce qu'on produit, la « raison objective », comme tu dis, en prend un coup. Au fond, je suis séduit par vos analyses mais j'ai envie de vous demander : qu'est-ce que ça va devenir ? Et, si une « critique interne » est souhaitable, comment la rendre efficace ?

LUC FERRY

Comment, en effet, maîtriser un système dont la logique interne est la volonté de puissance ? En d'autres termes, comment « maîtriser la maîtrise », dominer la domination ? Il est clair, en tout cas, que cela n'adviendra pas par le simple appel à un avenir radieux auquel personne ne croit plus ni en dénonçant dans les médias, comme certains n'hésitent pas à le faire sans rire, un nouvel avatar du fascisme sous prétexte qu'on y trouve un même culte de l'émotion et du charisme au détriment de la réflexion et de l'esprit critique !

Je crois qu'il faut, comme pour la bioéthique, tenter d'introduire des « limites fines » ; non pas, par exemple, interdire *toute* violence ou *toute* pornographie à la télévision, ou au contraire plaider pour une absence totale de censure, mais rendre publiques des discussions argumentées et délibérées qui tiennent compte de l'ensemble des revendications légitimes (liberté d'expression, plaintes des parents, etc.) pour aboutir quand il le faut à des propositions de lois, de normes, de règlements.

Prenons un cas concret, celui de la violence à la télévision. Il y a eu sur ce thème un fameux rapport quantitatif soumis au C.S.A., qui reste à mes yeux l'un des textes les plus absurdes que j'ai lus de ma vie. Les auteurs ont, en s'inspirant de modèles américains et canadiens, regardé toutes les émissions de télévision (les fictions) des chaînes publiques pendant une semaine en décomptant simplement tous les actes de violence commis et en mettant une note à chaque programme. Que sont les actes de violence ? Tout ce qui est meurtre, viol, mais aussi bagarres, et ce quelle que soit la façon dont ils sont filmés et le contexte dans lequel ils interviennent. On aboutit à quoi ? Je vous le donne en mille ! Les feuilletons les plus violents de toute la télévision française sont *Batman* (le dessin animé !) ainsi que *Chapeau melon et bottes de cuir* ! Ils sont précédés dans l'horreur par un film... *La Bataille d'Angleterre*, où, en effet, on voit pas mal de morts ! Faut-il souligner que ce résultat n'a aucun sens ? Que la violence ne se mesure pas de cette façon, parce qu'elle est avant tout, dans les fictions, qualitative, liée à des fantasmes, à des transgressions d'interdit, à des images frappantes : la représentation de la violence n'est pas forcément violente, elle a même parfois, comme dans les contes de fées, une fonction cathartique. On ne doit pas la confondre avec la violence de la représentation. Voilà une vraie discussion, à tout le moins, qui devrait avoir lieu publiquement et, pourquoi pas, conduire à des conclusions en matière législative : qu'est-ce qu'une violence admissible, qu'est-ce qu'une violence qui ne l'est pas à la télévision ?

JACQUES MOUSSEAU

On dit souvent qu'il y a, dans nos sociétés, trois domaines sans contre-pouvoirs : la science, l'administration et les médias. Vos réflexions visent-elles un rééquilibrage en ce domaine ?

LUC FERRY

En partie, même si elles sont loin de répondre (j'en ai bien conscience) à tous les aspects – juridiques, politiques, économiques – du problème.

Ce que je propose, en général, et non seulement pour la télévision, c'est l'installation de trois ou quatre grands comités de réflexion, de délibération (un peu sur le modèle du Comité d'éthique), qui auraient pour tâche d'éclairer, voire de former en toute liberté l'opinion publique sur des thèmes qui nous touchent tous mais qui nous échappent. Ils élaboreraient pour l'écologie, la bioéthique, la télévision, mais aussi peut-être pour l'école, les modèles d'argumentations sous-jacents aux positions opposées que nous prenons spontanément, les uns et les autres, sans avoir toujours pesé toutes leurs conséquences. Certaines de ces argumentations sont très difficiles à élaborer parce que ces sujets recèlent beaucoup d'effets pervers, de conséquences imprévisibles...

BERNARD FIXOT

Tu ne crois pas que la recherche en biologie ou la télévision se réguleront par elles-mêmes. Mais qu'est-ce qui te fait penser que ces « comités » réussiraient à endiguer le désir d'avancer de la science ou la recherche du profit dans le cas de la télévision ?

LUC FERRY

Ce qui me fait penser cela ? D'abord les faits ! De facto, en effet, le Comité d'éthique a joué, du moins pour une part, ce rôle avec une réelle efficacité. C'est pour l'essentiel à partir de ses travaux que la loi bioéthique a été conçue et votée par le Parlement qui aurait été bien incapable de l'élaborer lui-même. Par ailleurs, je suis convaincu qu'il ne peut pas y avoir de régulation automatique sur ces sujets pour une raison de fond, c'est qu'on ne peut pas être juge et partie. Dans les questions d'écologie, par exemple, les parties prenantes – entreprises, médias, militants politiques – ne sont pas objectives, elles sont intéressées, et les simples citoyens que nous sommes ne parviennent que très rarement à savoir la vérité. Des conflits sont ainsi suscités dans l'opinion publique qui demandent qu'on fasse appel à un tiers. Souvenez-vous du problème des « mères porteuses ». Pourquoi ça s'est arrêté ? Parce qu'il y a eu conflit, plainte devant les tribunaux. Là, quelque chose se passait *hors de la médecine*, et l'autorégulation, de l'aveu même des praticiens, devenait impossible. De leur côté, les juges disaient : nous ne pouvons pas trancher puisque nous n'avons pas de textes de loi qui nous permettraient de dire ce qui est interdit ou autorisé en la matière. Il fallait donc un nouveau texte de loi, qui a été largement inspiré par les réflexions du Comité d'éthique, lequel a, en l'occurrence, parfaitement joué son rôle.

Il pourrait en aller de même pour la télévision. S'agissant de la violence, par exemple, un directeur de chaîne peut être demandeur d'une règle commune, en l'absence de laquelle il serait désavantagé s'il prenait sur lui d'appliquer des principes éthiques que ses concurrents n'auraient pas à mettre en œuvre eux aussi. C'est là que ce que je nomme la « critique interne » pourrait être réellement efficace, là que les intellectuels, à vrai dire tous les citoyens, pourraient aider à concevoir et à mettre en place des normes communes.

Davantage d'informations disponibles ou moins de repères pour penser ?

VALÉRIE-ANNE GISCARD D'ESTAING

Les types d'argumentations qu'il faudrait développer n'apparaissent pas toujours avec la même évidence que dans les cas qui viennent d'être évoqués. Dans le domaine précis de l'information, notamment à la télévision, comment peut-on arriver à « plus de vérité disponible », comme vous l'avez dit ? Entre « information » et « vérité », il me semble qu'il y a un fossé assez profond qui a plutôt tendance à s'élargir qu'à se combler. À force d'avoir des informations extrêmement rapides données par des gens qui pourraient difficilement avoir toujours la formation nécessaire pour les évaluer, on aboutit à un système où la vérité devient très difficile à extraire, même pour des gens qui essaient de réfléchir. Dans ce domaine de la responsabilité du petit milieu médiatique, une réflexion ne devrait-elle pas se mener ?

ANDRÉ COMTE-SPONVILLE

Bien sûr que la vérité et l'information ne coïncident pas toujours, ou plutôt ne coïncident jamais. La vérité est infinie. Comment l'information pourrait-elle la contenir absolument ou tout entière ? Informer, c'est choisir, c'est interpréter, c'est prendre parti. Mais, même avec l'information telle qu'elle est, imparfaite (on pourrait parler de Timisoara, etc.), je reste convaincu que nos contemporains sont beaucoup mieux informés aujourd'hui qu'ils ne l'ont jamais été dans le passé. Cela ne dispense pas les journalistes de faire mieux leur travail, mais c'est une évolution en soi positive. L'information n'est pas la vérité ; mais que saurions-nous de la vérité sans l'information ?

LUC FERRY

Les exemples que j'ai évoqués, en particulier celui de la violence, n'ont rien d'évident ! Du reste, celui des « mères porteuses » ne l'était guère non plus. Ce que tu dis, Valérie-Anne, à propos de l'information est évidemment juste, sans doute préoccupant, et la concurrence entre les chaînes en matière de « scoopisme » est souvent, en effet, grotesque. Cela dit, j'ai l'impression que nous en sommes tous plus ou moins conscients. Il existe même une émission de télévision, *Arrêt sur images*, qui vit de la dénonciation de ces travers cathodiques. Il existe aussi des émissions de fond, dont l'audience est honorable, qui prennent leur temps pour aborder des problèmes difficiles. Et au total, comme André, il me semble que nous pouvons nous informer si nous le voulons, si nous acceptons de poursuivre plus loin, et notamment grâce aux livres, des interrogations que l'image a pu faire naître en nous. Au fond, la télévision est et restera toujours plus ou moins superficielle. Elle est un spectacle, un divertissement. Ce qu'elle peut faire de mieux, ce n'est pas tant de nous informer que de nous inviter à le faire... ailleurs, dans l'écrit.

BERNARD FIXOT

Pourquoi, alors, ces retournements subits de l'opinion, même lorsque les données du problème et l'information disponible n'ont pas varié ? Quand Juppé présente sa réforme de la Sécurité sociale, *Libération* titre : « Juppé, l'audace ! » et tout le monde dit : « C'est formidable, voilà enfin un mec qui, pour la première fois depuis longtemps, va oser s'attaquer au problème... » Très rapidement, la presse s'aperçoit que les gens ne veulent pas de cette réforme et, immédiatement, c'est le retour en arrière. Tous les journaux (pas seulement *Libération* !) font un virage à cent quatre-vingts degrés : « Cette réforme est horrible », etc. En fait de progrès des Lumières, est-ce que ça ne devient pas la dictature du plus grand dénominateur commun ?

ANDRÉ COMTE-SPONVILLE

C'est un risque, en effet. Je me demande d'ailleurs s'il s'agit du plus grand dénominateur commun à la population ou bien au microcosme médiatique. Il y a un poids exagéré des médias qui est souvent un piège pour les politiques, les intellectuels et même... les professionnels de la communication. À force de ne connaître le peuple que par les médias, on finit par prendre les médias pour le peuple. Et on a le sentiment parfois d'un consensus populaire, là où il n'y a en vérité qu'un consensus médiatique...

LUC FERRY

Dans le cas de la réforme de la Sécurité sociale, ce sont les élites (au sens sociologique du terme) qui ont réagi favorablement parce qu'elles savaient (ou croyaient savoir) ce qu'il fallait faire : elles disposaient d'informations et de grilles d'analyse que le grand public ne possédait pas au même degré... C'est la coupure entre les élites et le peuple qui était en question, pas la société médiatique en tant que telle.

ANDRÉ COMTE-SPONVILLE

Tu as raison ; mais la médiatisation tend toujours à escamoter cette coupure, puisqu'elle est faite du point de vue des « élites ».

Les journalistes, que je sache, ne font pas partie des masses populaires... On bute là sur les limites de la « critique interne ». L'inquiétude, la révolte disent aussi quelque chose d'essentiel, même et surtout quand elles paraissent irrationnelles aux experts. L'inquiétude des gens devant la pollution, devant l'effet de serre ou la vache folle, devant le chômage, devant la violence, devant la délinquance, etc., il faut la prendre en compte : non pas seulement au nom d'une critique interne à la modernité, mais comme le signe que cette modernité est en crise, à bien des égards, et donne le sentiment d'aller dans le mur.

En un sens, les pessimistes ont toujours raison : le pire est toujours possible. Mais il ne s'agit pas d'opposer un optimisme moderniste, qui serait vain, à un pessimisme nostalgique, qui le serait tout autant. Il s'agit plutôt, à un pessimisme passif, celui de la condamnation, de l'effroi, du refus de la modernité, d'opposer un pessimisme actif : l'important ce n'est pas ce qu'on craint, c'est ce qu'on fait pour l'éviter. Mieux vaut l'action que l'imprécation !

En l'occurrence, face à ces dangers, je crois davantage à la politique qu'à la morale. Ce qui m'étonne, c'est que moi, qui suis censé être le moraliste de service, je ne cesse de répéter qu'on demande trop à la morale, et que, s'agissant des problèmes de société, c'est plutôt la politique qu'il est urgent de réhabiliter.

Politique et médias

BERNARD FIXOT

Mais que peut encore le politique face, justement, à la puissance des médias ? Toutes les formes du savoir, tous les talents particuliers, toutes les expériences tendent à être confondus et jugés à la seule aune de l'effet instantané...

ANDRÉ COMTE-SPONVILLE

Il y a un exemple qui parle pour vous : *Les Guignols de l'info* ! Je trouve l'émission plutôt talentueuse (c'est tout de même autre chose que *Le Bébête Show*) ; mais le talent n'excuse pas tout. Qu'on présente les trois quarts de nos hommes politiques comme des débiles profonds, et le dernier quart comme des crapules, c'est un mauvais coup contre la démocratie. Karl Zéro, devant qui je faisais un jour cette remarque, m'a répondu : « On a toujours fait ça, c'est l'équivalent des chansonniers du XIXe siècle... » Peut-être, mais au XIXe siècle la dérision était l'arme des faibles contre les puissants. Aujourd'hui, du fait de la télévision, *Le Bébête Show* ou *Les Guignols de l'info* sont beaucoup plus puissants que la plupart de ceux qu'ils critiquent. Quel député a autant d'influence que *Les Guignols de l'info* ? La dérision n'est plus l'arme des faibles contre les puissants ; c'est l'arme des puissants contre d'autres puissants, mais moins puissants qu'eux. Or, on ne sauvera pas la politique en crachant perpétuellement sur ceux qui la font. La dérision généralisée ne mène qu'au nihilisme, qui ne mène à rien ou qui ne mène qu'au pire. Si toute politique est ridicule ou sordide, qu'aurons-nous à opposer à Le Pen ?

VALÉRIE-ANNE GISCARD D'ESTAING

C'est là qu'on voit que, pour le moment, il n'y a pas de contre-pouvoir. Les hommes politiques ont tellement peur des médias qu'aucun d'entre eux n'ose dire quoi que ce soit de crainte de ne plus être invité ou d'être tourné en ridicule.

ANDRÉ COMTE-SPONVILLE

C'est d'autant plus grave que ce pouvoir médiatique est aussi celui de l'argent. Canal + et TF1 sont cotés en Bourse... Qui ne voit que ce pouvoir-là – celui de l'argent, celui de l'image – est moins démocratique que celui de nos élus ? Et n'y a-t-il pas quelque paradoxe à applaudir celui-là chaque fois qu'il tourne ceux-ci en dérision ? Est-ce défendre le peuple, et le pouvoir du peuple, que de ridiculiser perpétuellement ses représentants ?

LUC FERRY

Je suis de ton avis, mais, malgré tout, n'oublions pas d'où nous venons, n'oublions pas ce qu'était la télévision sous de Gaulle : un pur et simple instrument du pouvoir. Souvenez-vous, par exemple, de cette scène proprement surréaliste : un ministre en exercice, Alain Peyrefitte, si mes souvenirs sont bons, venant expliquer et justifier lui-même en direct la nouvelle formule du journal télévisé devant un Léon Zitrone transformé en valet de chambre ! Si les hommes politiques ont tellement peur de la télévision qu'ils n'osent pas faire un procès aux *Guignols*, c'est aussi parce qu'ils en sont trop dépendants. Le vrai problème, il me semble, c'est celui de la gouvernabilité des démocraties : c'est le problème de la vérité plus que de l'information. Ce qui me paraît la difficulté cruciale, aujourd'hui, pour un homme politique, c'est le fait qu'il ne puisse pas dire la vérité de façon structurelle. Si un homme politique devait dire ce soir la « vérité vraie » sur l'avenir du chômage en France, il serait mort (en tout cas il l'imagine) ; c'est cela qui me gêne le plus, qui m'inquiète davantage que tel ou tel phénomène de désinformation épisodique. Ce qui me frappe, c'est la distance sidérale qui sépare les discours privés des discours publics chaque fois qu'on touche à un sujet délicat. Comment gouverner des démocraties d'opinion médiatiques ? Que peut-on dire comme vérités, à quel moment, dans quelles conditions ? Il faudrait penser un art politique qui soit tel que le machiavélisme y soit enfin au service de la vérité : on achèterait en quelque sorte des « crédits » ou des droits à dire davantage de vérité parce que, dans d'autres secteurs, on aurait été crédible. J'ai parfois l'impression que même sur des questions cruciales, comme le chômage, tout le monde ou à peu près connaît les remèdes : abaisser le coût du travail, donc réduire les dépenses de l'État tout en créant, pour compenser ce qu'une telle politique peut avoir de rude, davantage de solidarité. En privé, je ne vois sur ce point aucune différence entre un homme de gauche intelligent et un homme de droite généreux. Mais cette quasi-évidence est presque indicible en public et, faute d'instruire l'opinion, on continue de perdre son temps avec les fantasmes dérisoires d'une « autre politique » qui reste introuvable... Voilà l'effet le plus pervers de la médiatisation : la politique ne peut plus agir en secret, elle ne peut pas encore dire la vérité en public.

Communication et vérité

Tzvetan Todorov

En vous lisant et en vous écoutant, je me suis posé une question : dans quelle mesure vos interventions illustrent-elles le matérialisme de l'un et l'humanisme de l'autre ? Luc est pour l'établissement de normes tout en sachant que ces normes ne peuvent pas venir d'ailleurs et qu'elles doivent être le produit d'une élaboration par compromis, débat, etc. À ton égard, André, je suis plus perplexe : comment un matérialiste peut-il écrire, comme tu le fais, que l'imprimerie n'a rien changé d'essentiel ? Pour l'accès que nous avons aux œuvres, passe encore ; mais, au plan politique, comment imaginer une démocratie sans imprimerie ?

Dans cette perspective, il me semble que les médias déterminent, à leur tour, des mutations profondes que tu négliges trop, quand tu ne te contentes pas de les caricaturer. Tu dis : « Nous avons finalement les hommes politiques que nous méritons ; puisqu'on veut du spectacle, on a des acteurs. » C'est Reagan. Là, tu réduis trop le sens du mot « communication ». Il y a un sens noble du mot qui me semble, bien au contraire, la fonction exacte de l'homme ou de la femme politique : donner sens au vécu. Il ne s'agit pas seulement de prendre des décisions économiques sur le cours du franc ou la fermeture d'une usine, mais aussi de permettre aux gens qui vous ont élu de faire sens de la vie qu'ils mènent. Cela me paraît la grande fonction des politiques, qui ne peut passer que par la communication et qui semble avoir quelque peu disparu de l'horizon. On veut que ce soit ou du charme ou des chiffres ; mais, entre les deux, il y a le sens, et c'est le terrain où le politique rencontre les médias. On n'a pas besoin d'acteurs, mais on a besoin de gens qui peuvent trouver les formules, les thèmes que tout le monde peut comprendre et qui peuvent créer un espace commun.

André Comte-Sponville

Sur le plan matériel ou technique, tu as évidemment raison. Mais mon propos n'était pas d'illustrer le matérialisme... Ta remarque m'éclaire d'ailleurs sur le peu d'intérêt que j'avais pour ce sujet. Le matérialisme n'y apparaît guère parce que la métaphysique n'y apparaît pas, et c'est peut-être pour ça que le sujet, au fond, m'intéresse peu...

J'ai écrit que l'imprimerie, la télévision ou Internet ne changent pas l'essentiel dans notre rapport aux grandes œuvres du passé. Inversement, s'agissant de la politique, ça change beaucoup de choses, c'est vrai, ça peut même tout changer. La politique est « communicationnelle » par essence, j'en suis d'accord. Simplement, entre la communication au service du *logos* (*logosphère* et *graphosphère*, comme dit Debray : un monde centré sur l'écriture et l'imprimerie) d'une part, et d'autre part une communication au service de l'image (la *vidéosphère*), il y a un changement essentiel. Quand c'est le discours qui règne, le pouvoir est à l'orateur : c'est

Jaurès, de Gaulle, Churchill, etc. Quand le pouvoir est à l'image, il y a un risque que le pouvoir soit à l'acteur, au comédien, à la « star », comme dit Debray. Je ne dis pas que la politique se réduise à cela. Mais qui ne voit que c'est un danger, aujourd'hui, qui la menace ?

Cela nous amène à ce que disait Luc : acheter le droit de dire la vérité par un machiavélisme intelligent. C'est bien le problème. Il est plus difficile de dire la vérité à la télévision, aujourd'hui où tout le monde la regarde, que de l'écrire dans les siècles passés, quand tant de Français ne savaient pas lire... C'est où la démocratie, peut-être bien, entre en conflit avec elle-même. Est-ce le peuple qui est souverain, ou l'opinion ? Dire la vérité à tout le monde, la rendre vraiment publique, poserait de considérables problèmes : faire de la politique, c'est aussi, parfois, accepter de mentir. Reste à savoir si le mensonge est au service de la vérité (par exemple mentir par pédagogie pour amener progressivement les gens à une vérité difficile), ou bien s'il n'est au service que du carriérisme. Machiavélisme intelligent et utile, ou machiavélisme sordide ?

Les hommes politiques ne disent pas toute la vérité, parce que s'ils la disaient ils n'auraient aucune chance d'être élus. À la limite, ils ne disent pas le vrai : ils disent l'agréable. Et les intellectuels, le plus souvent, ne disent pas davantage le vrai : ils disent le bien et le mal ! J'y vois un contresens, mais c'est ainsi : en France, un intellectuel, c'est quelqu'un qui défend des valeurs... C'est évidemment absurde : les valeurs sont le lot commun de toute l'humanité. Si un intellectuel a une supériorité sur les autres, ce n'est pas qu'il connaisse mieux le bien ou qu'il déteste davantage le mal, c'est qu'il connaît un peu plus de vérités, au moins dans son domaine de compétence, qu'il a davantage de moyens d'analyse, de critique, d'argumentation... Un intellectuel n'est pas là pour donner perpétuellement des leçons de morale au peuple ou aux politiques ! Sa fonction n'est pas de juger, de dénoncer, de condamner, mais de comprendre et d'expliquer. Sinon, à quoi bon des intellectuels ?

LUC FERRY

Tu as évidemment raison. Il ne faudrait pourtant pas en conclure trop vite que les médias sont par essence l'antithèse de toute vérité ou de toute valeur positive – même si les exemples affligeants ne manquent pas qui assurent un succès facile à ceux qui font profession de les condamner.

Je me souviens d'un passage de *La Crise de la culture*, où Arendt souligne comment les grands héros grecs, ceux dont les faits et gestes sont immortalisés par les historiens (Thucydide en particulier), visaient la gloire non par narcissisme mais parce que c'était le seul moyen, pour des humains, d'accéder à l'immortalité. Arendt montre que, dans la vision des Grecs, le naturel n'est pas périssable (la succession du jour et de la nuit se répète sans être menacée par la répétition), les cycles naturels ne sont pas soumis à l'usure, ils sont éternels. Les héros, humains et périssables, eux, sont ceux qui tentent d'accéder à cette immortalité qui caractérise les phénomènes naturels. Il y a une concurrence, en quelque sorte, entre l'humanité et la nature, et les humains tentent de mener à bien cette compétition en devenant des sujets non pas de romans, mais des livres d'histoire. Le rôle de l'historien est d'écrire parce que l'écriture (comme Hegel le dira encore dans la *Phénoménologie de l'esprit*) est le lieu de la permanence par opposition à la parole, qui est fugitive. Le but du héros est donc d'être « écrit » dans un livre, si je puis dire. Il y a là quelque chose qui relie le thème de la reconnaissance ou de la gloire à une problématique religieuse, celle de l'immortalité. Je crois que ce qui se jouait là par rapport au temps se retrouve dans la relation collective, mais instantanée, que nous avons avec les images télévisées et les personnalités médiatiques ; simplement, la reconnaissance porte sur des aspects fugaces ou des particularités individuelles qu'ignorait la geste des héros antiques ; et la revendication d'éternité fait place à des moments de diffusion massive, mais éphémère. Cet axe de réflexion me semblerait plus intéressant à explorer que le prisme moral à l'aune duquel on juge d'ordinaire les personnalités médiatiques : traiter des intellectuels de « collabos », comme le fait Bourdieu, parce qu'ils sont parfois invités à la télévision, traduit davantage une jalousie primaire qu'une analyse sérieuse de la collaboration. Sur ce point, du reste, je trouve le texte d'André d'autant plus juste qu'il est à peu près le premier à dire les choses aussi honnêtement, à tirer au clair les motifs pour lesquels on peut accepter de participer à une émission. Au reste, je ne vois pas par quel miracle ni au nom de quelle pureté les donneurs de leçons seraient dispensés de faire leur autocritique. Il est temps de réfléchir à la question de la reconnaissance et même à celle de la gloire en d'autres termes que ceux d'une plate « moraline ».

9

Le philosophe et le politique

Vivons-nous, en politique, la « fin des grands desseins » ? Le diagnostic paraît s'imposer. Après Mai 68, après le temps des utopies, la politique semble s'être plus que jamais réduite à une simple gestion des affaires. Le désenchantement est d'autant plus grand que, même ainsi limitée à un champ étroit, elle donne, à droite comme à gauche, le sentiment d'être impuissante à résoudre les problèmes sociaux, à commencer par celui du chômage. En 1968, on disait volontiers « tout est politique ». En 1998, plus rien de ce qui donne une signification ou une valeur à nos vies ne semble réellement en dépendre, sauf négativement. La philosophie peut-elle, au niveau modeste et nécessaire qui est le sien, celui de la seule pensée, contribuer à redonner sens à une activité qu'on ne saurait réduire sans dommage ni à la morale ni à l'économie ?

Le philosophe et le politique

André Comte-Sponville

Je commence ce texte le 2 juin 1997, au lendemain de la victoire de la gauche aux élections législatives. Ce qui me frappe, c'est surtout la tranquillité de nos concitoyens, et la mienne, comparée à l'effervescence de 1981. Comme nous avons changé ! Vieilli ? Il le faut bien. Mais les jeunes d'aujourd'hui ne semblent pas plus enthousiastes que nous, s'ils sont de gauche, ni plus inquiets, s'ils sont de droite. Chacun sait bien que ces élections ne vont pas bouleverser le monde, ni même, pour l'essentiel, notre pays. Le pire n'est pas à craindre, ou ce n'est pas de ce côté-là qu'il viendra. Et il y a beau temps que nous n'espérons plus le meilleur. Une amélioration nous suffirait : un peu moins de chômage, de misère, d'exclusion, un peu plus de justice et de bien-être... Deux septennats socialistes nous ont guéris d'utopie, et au fond c'est tant mieux. Plus personne ne croit au grand soir. Nous n'attendons plus que des petits matins. Nous y sommes. C'est l'heure de la lucidité et du courage.

J'ai voté à gauche, comme d'habitude, mais par fidélité à un camp, il faut le reconnaître, davantage que par adhésion à un programme. Il m'est même arrivé de penser que la situation était si difficile, si lourde de menaces, d'un point de vue économique, qu'il aurait mieux valu que la gauche reste encore quelque temps dans l'opposition, que la droite se charge, comme elle sait si bien le faire, du sale boulot... Mais on ne choisit pas ses victoires. Bon courage à ceux, ils ont du mérite, qui nous gouvernent !

Politique et connaissance : la vérité ne se vote pas

Mais philosophiquement, quoi ? Il s'agit de penser vrai, et la vérité n'est ni de droite ni de gauche. Cela nous amène à l'essentiel. La politique n'oppose pas des savoirs et des ignorances, ni même, le plus souvent, des mensonges et des sincérités : elle oppose des forces, des intérêts, des valeurs, des choix. On aurait tort de le lui reprocher. La vérité ne se vote pas. S'il y avait une politique vraie, à quoi bon la démocratie ? La compétence suffirait, comme dans les sciences : il faudrait remplacer les élections par des concours, le peuple par un jury, le suffrage universel par des démonstrations ou des expérimentations... La falsification, comme dit Popper, tiendrait lieu d'alternance, et la vérité de souveraineté. Que ce soit impossible en fait, c'est assez clair ; mais on oublie trop souvent que c'est impossible aussi en droit : qu'aucune politique n'est *vraiment* la meilleure, parce que la vérité ne juge pas, ni ne choisit, ni ne commande. Il n'y a pas de point de vue de Dieu en politique. Et si une science de la politique est évidemment possible (la politique fait partie du réel : pourquoi ne serait-elle pas connaissable ?), elle se reconnaîtrait à ceci, si elle devenait effective, qu'elle pourrait comprendre toute politique et ne saurait dès lors – en tant que science – en imposer aucune. Politique et politologie nécessairement sont deux, et indépendantes l'une de l'autre.

Qu'un politologue ait des opinions politiques, comme n'importe qui, c'est une évidence. Mais la politologie n'est scientifique, si elle peut l'être, qu'en tant qu'elle échappe à ces opinions.

Qu'un homme politique ait besoin de connaissances, de compétences, d'experts (par exemple de politologues), c'est une autre évidence. Mais il ne fait de la politique qu'en tant qu'il affirme une volonté, laquelle ne saurait se réduire à quelque savoir que ce soit.

Disjonction des ordres : connaître n'est pas vouloir, et n'en tient pas lieu ; vouloir n'est pas connaître, et n'en dispense pas. La vérité ne se vote pas ; la volonté, si, quand elle doit être collective, et c'est ce qu'on appelle la démocratie.

Je ne m'attarde pas sur ce point, qui me paraît assez clair.

Lequel d'entre nous, avant d'élire un président de la République, se demande quel candidat est le plus intelligent, le plus compétent, le plus savant ? Si tel était notre critère, la vie politique française, depuis cinquante ans, eût été bien différente ! Meilleure ? Je n'en crois rien. Les experts sont légion. À quoi bon en choisir un, quand ils sont d'accord entre eux ? Et comment, quand ils ne le sont pas ? Valéry Giscard d'Estaing s'était vanté, en son temps, d'avoir choisi comme Premier ministre, en la personne de Raymond Barre, « le meilleur économiste de France ». Mais d'une part c'était à ses pairs d'en juger, non au président de la République. D'autre part, et surtout, le meilleur économiste de France ferait un très bon expert, que n'importe quel Premier ministre pourra consulter ; mais qu'est-ce qui prouve qu'il saura impulser une politique, la populariser, la défendre, étant entendu qu'on n'a besoin de politique, et d'hommes politiques, que parce que les experts ne suffisent pas ? L'estime que j'ai pour Raymond Barre, qui est grande, ne tient pas d'abord à ses qualités d'économiste. L'intelligence court les rues ou les universités. Le courage et l'ampleur de vues, non.

Qu'on évite de voter pour un imbécile, c'est entendu. Mais cela ne signifie pas qu'on vote pour le plus intelligent, ni pour le plus savant, ni pour le plus compétent. On vote pour celui dont on partage les idées, celui qui mène un combat que l'on croit juste, celui qui défend nos intérêts ou nos opinions, celui qui propose, pour le pays, la direction que l'on souhaite... Une élection n'est ni un test ni un examen : c'est un choix, c'est un combat, c'est un rapport de forces mesurable et mesuré, et cela vaut mieux que la guerre civile.

Politique et morale

On ne vote pas non plus, notons-le en passant, pour le plus vertueux, pour le plus généreux, pour celui qui serait – moralement, humainement – le *meilleur*. La démocratie n'est pas une aristocratie élective. Là encore je vous renvoie à votre expérience. Que l'on ne vote pas pour un assassin ou un escroc notoire, cela va de soi. La morale fixe des limites, qu'on évitera de franchir. Mais à l'intérieur de ces limites, qui sont vastes, elle ne permet guère de choisir. Que propose la morale contre le chômage ? Que nous dit-elle sur l'euro ou sur le trou de la Sécu ? Quelle stratégie suggère-t-elle contre Le Pen ? Quelle politique étrangère ? Quelle politique économique ?

La morale s'adresse aux individus ; mais, en politique, ce sont les groupes surtout (les États, les classes, les masses, les partis, les courants...) qui comptent et agissent.

La morale est universelle, ou tend à le devenir. Comment une politique pourrait-elle l'être, qui oppose par définition – pas de conflit, pas de politique – un camp à d'autres camps ?

La morale fixe des fins. Mais en politique ce sont les moyens, presque toujours, qui font problème. Être pour la justice, pour le bonheur, pour la liberté, cela ne fait pas une politique. Et les bons sentiments ne tiennent pas lieu de programme. C'est ce que chaque nouvelle élection illustre. Pourquoi, parmi différents candidats honorables, le plus estimable, comme individu, ferait-il toujours le meilleur homme d'État ? Je crois plutôt, avec Montaigne et Machiavel, qu'un homme politique a besoin de « pouvoir n'être pas bon », comme disait le Florentin, et qu'on ne saurait l'enfermer dans les règles, qui seraient ici « ineptes et dangereuses », d'une vertu, comme disait le Gascon, « scolastique et novice [1] ».

Disons la chose tranquillement : pas de bonne politique, et encore moins de bon gouvernement, sans une part de ruse, d'artifice, de dissimulation, de mensonge parfois. Comment gagner une élection en ne disant que la vérité, lors de la campagne électorale, et en la disant toute ? Comment gouverner sans oublier, parfois, ses promesses ? On préférerait autre chose ; mais le réel, en politique pas plus qu'ailleurs, n'obéit à nos préférences. C'est ce qu'il y a de vrai dans le machiavélisme : la vertu, en politique, compte moins que la ruse, et par exemple que l'*apparence* de vertu. Politiquement, mieux vaut passer pour honnête sans l'être en effet que l'être sans que personne le sache, voire en passant pour malhonnête. Moralement, c'est bien sûr l'inverse qui est vrai, et c'est en quoi la politique, à nouveau, ne saurait se réduire à la morale. Cela ne veut pas dire que tout soit possible (si l'on ment trop, plus personne ne vous croit : on ne peut même plus mentir), ni que tout soit

1. Machiavel, *Le Prince*, XV ; Montaigne, *Essais*, III, 9 (voir aussi III, 1). Sur le rapport entre la morale et la politique, voir mon article « Le bon, la brute et le militant (Morale et politique) », dans *Une éducation philosophique, op. cit.*, p. 121 à 141. Sur le cas particulier de Montaigne, voir aussi ma contribution à *Montaigne, maire de Bordeaux*, éd. L'Horizon chimérique, Bordeaux, 1992 (« Morale et politique dans les *Essais* »).

permis (« Toutes choses ne sont pas loisibles à un homme de bien pour le service de son roi ni de la cause générale et des lois [1] »), ni que la sincérité, pour garder cet exemple, cesse, en politique, d'être une vertu ; cela veut dire qu'on ne peut pas prendre et garder le pouvoir sans mettre parfois l'intérêt de la nation, ou ce qu'on croit tel, plus haut que la sincérité. Michel Rocard, pourtant adepte du parler vrai, en donna un jour, lors d'un colloque, deux exemples. Le premier concerne la politique financière : pour réussir une dévaluation, rappelait-il, il est le plus souvent indispensable de déclarer solennellement, dans les jours qui précèdent, qu'on ne dévaluera en aucun cas. C'est un mensonge, mais qui vaut mieux qu'une dévaluation ratée. Le second exemple concerne sa propre carrière politique : lors du second septennat de François Mitterrand, un journaliste naïf ou pervers, comme ils sont souvent, interroge Michel Rocard, alors candidat « naturel » du parti socialiste, sur ce qu'il pense *vraiment* de François Mitterrand... « Dans la situation qui était la mienne, comment voulez-vous, nous demandait Michel Rocard, que je réponde sincèrement à cette question ? » Il aurait fallu renoncer au pouvoir, et finalement renoncer à la politique. Mais vouloir que les véridiques renoncent au pouvoir, c'est l'abandonner définitivement aux menteurs, et nuire par là à la vérité. Il ne s'agit pas, en politique, de ne mentir jamais, mais de mentir le moins possible et seulement pour une cause que l'on croit juste. On dira qu'il en va de même dans la vie privée. Soit. Mais là où l'exigence morale, entre individus, se reconnaît à la prise en compte d'abord des intérêts de l'*autre*, la politique suppose plutôt qu'on se soumette à l'intérêt général, certes, mais tel qu'on le perçoit, ce qui revient le plus souvent à se soumettre aux intérêts de son camp, quand ce n'est pas, plus petitement, plus sordidement, aux exigences de sa propre carrière... Il y a là de quoi distinguer, en politique aussi, un honnête homme d'une crapule. Mais point de quoi réduire la politique, comme certains le font, à je ne sais quel combat absurde entre les bons et les méchants. Car ce qui vaut de la sincérité vaut pareillement pour toutes les vertus morales. Qu'un homme politique doive, comme tout homme, être capable de générosité, de compassion, de douceur, d'amour..., nul ne le conteste. Mais que cela puisse déterminer la valeur de sa politique, nul, me semble-t-il, ne doit y croire. J'ai beaucoup d'estime, moralement, pour l'abbé Pierre. Mais croyez-vous qu'il aurait fait

1. Montaigne, *Essais*, III, 1, p. 802 de l'éd. Villey-Saulnier.

un bon président de la République ? Pas plus, je le crains, que le général de Gaulle n'eût fait un bon abbé...

Bref, il faut accorder à la politique sa part, et pour cela se méfier du dogmatisme technocratique (qui voudrait la soumettre à la vérité, à la compétence, aux experts) comme de l'angélisme moralisateur (qui voudrait la soumettre au Bien, à la morale, à la vertu). Le pouvoir n'appartient pas à ceux qui savent, ni aux meilleurs : il appartient aux plus forts (aux plus nombreux, dans une démocratie), et c'est ce qu'on appelle le pouvoir. Raison de plus pour ne pas l'abandonner à n'importe qui, ni aux pires.

Trois crises : une crise économique...

L'urgence, aujourd'hui, est de réhabiliter la politique. C'est notre tâche à tous, et l'enjeu principal – y compris contre Le Pen – des années qui viennent. Mais comment ? D'abord en comprenant le discrédit dont elle est actuellement l'objet. Ce discrédit me paraît résulter principalement de trois phénomènes simultanés, qui sont trois crises : une crise économique, une crise idéologique, une crise morale.

La crise économique est sans doute la plus spectaculaire. Tous les gouvernements, contre elle, ont échoué : trois millions de chômeurs et plusieurs millions d'emplois partiels ou précaires dressent ainsi, contre les différentes politiques mises en œuvre depuis vingt ans, un terrible constat d'échec ou d'impuissance. Comment l'idée même de politique n'en serait-elle pas atteinte ? Nos gouvernants, soumis qu'ils sont aux contraintes de la mondialisation et des marchés, ont vu leur marge de manœuvre se réduire dangereusement. Une déclaration intempestive ? Voilà le franc qui recule. Une hausse de salaires ? Voilà les exportations qui diminuent... Que faire, alors qu'on ne dirige qu'un pays, et encore, quand tous les problèmes sont mondiaux ? Et puisqu'ils ont tous échoué, pourquoi leur faire confiance plus longtemps ? Comment croire à la politique, quand elle semble n'avoir plus de prise, ou de moins en moins, sur notre vie quotidienne ?

Une crise idéologique

Cette crise économique se double ainsi d'une autre, qui est proprement politique. Crise d'impuissance, crise de confiance, pour les raisons que je viens d'évoquer. Mais aussi crise idéologique, et d'abord pour la gauche. Quel sens y a-t-il à être de gauche quand on a renoncé à sortir du capitalisme, quand on ne veut plus que le gérer au mieux, en limitant, pour autant que ce soit possible, ses effets les plus injustes ou les plus inhumains ? Une droite intelligente et sociale, cela arrive, le ferait aussi bien... Nous ne sommes plus en 1981. Les deux camps, alors, semblaient s'opposer sur le fond, qui était l'acceptation ou le refus du capitalisme. Mais aujourd'hui ? Plus personne n'a de modèle alternatif à proposer, et nos concitoyens ont le sentiment, peut-être à juste titre, que l'essentiel ne se joue plus sur la scène politique : que le capitalisme est à prendre ou à laisser, ou plutôt qu'on ne peut, même si on le regrette, que le prendre. Politiquement, cela a des effets redoutables. Vue de France, avec l'histoire qui est la nôtre, une gauche gestionnaire et convertie au capitalisme n'est plus tout à fait une gauche, ou c'est une gauche au rabais. À quoi bon un parti du changement quand plus personne ne veut, ou ne peut, changer l'essentiel ? Primat de l'économie, disait Marx, et il avait sans doute raison. Mais c'est ce qui condamne finalement le marxisme.

Cette crise de la pensée politique de gauche, qui s'est développée durant les deux septennats de François Mitterrand, fit les beaux jours de la droite, en 1986 comme en 1993. Dès lors que la gauche se convertit à la rigueur (1983), à la gestion (Rocard, Bérégovoy...), voire au règne du fric (les années Tapie), il peut sembler que la droite, pour la même tâche, aura plus de facilités... Mais c'était un cadeau empoisonné : une gauche au rabais fait une droite dévaluée. Car quelle urgence y a-t-il à être de droite, quelle nécessité, quand on n'a plus à défendre un modèle de société contre un autre, quand vos adversaires, même s'ils s'en cachent, vous donnent raison sur le plus important, qui est la conjonction d'un certain système économique, avec sa rationalité propre, ses contraintes propres, et d'une certaine conception, heureusement démocratique, de l'État de droit ? À quoi bon être conservateur quand il n'y a plus de révolutionnaires ? Les différences entre la gauche et la droite n'en subsistent pas moins, mais elles deviennent comme secondaires par rapport au fond commun sur lequel elles se détachent, ce qu'on a appelé la « pensée unique », qui n'est pas autre chose, peut-être, que l'unicité enfin reconnue du réel. Chirac a voulu y échapper, qui fonda sur ce pari ou sur ce mensonge son succès de 1995. Deux ans plus tard, qui ne voit qu'il a échoué aussi, ou plutôt qu'il n'en a échoué que davantage ? Quand on s'illusionne sur le réel, le réel se venge. Quand on ment trop, les électeurs se vengent. Les mêmes contraintes valent aussi pour la gauche, on ne va pas tarder à s'en rendre compte, ou plutôt on le sait déjà et c'est pourquoi, peut-être, on sera moins déçu. Toujours est-il que la confrontation entre nos deux camps, si elle demeure, a perdu une part importante de ses enjeux : comme si elle n'opposait plus que des individus, des sensibilités, des choix tactiques ou gestionnaires, et non, comme il y a vingt ans, des projets ou des programmes qui mettraient en jeu l'essentiel. Cela n'empêche pas de faire des élections ni de changer de majorité, et même cela rend la chose d'autant plus facile que les conséquences prévisibles en seront plus limitées. 1981, 1986, 1988, 1993, 1995, 1997... De plus en plus d'alternances, de moins en moins d'alternatives. Comment, dès lors, se passionner pour la politique ? Comment, même, la prendre tout à fait au sérieux ? S'il ne s'agit que de choisir entre Juppé et Fabius, ou entre Jospin et Séguin, et aussi respectables qu'ils soient tous les quatre, un bulletin de vote suffit, tous les deux ou cinq ans. Mais à quoi bon ? Et comment n'y aurait-il pas, aussi, de plus en plus d'abstentions ? Quand la politique n'est plus qu'une formalité, c'est la mort de la politique.

Une crise morale

À ces crises économique et idéologique s'est ajoutée, ces dernières années, une crise morale. Trop de scandales, trop de corruption, trop d'*affaires*, comme on dit, et dans les deux camps. Ce n'est pas sans rapport avec les deux crises que je viens d'évoquer. Quand les marges de manœuvre se réduisent, quand les enjeux se réduisent, il n'est pas étonnant que le « cher moi », comme dirait

Kant, reprenne le dessus. Quand il n'y a plus de grands desseins, chacun s'occupe de ses petites affaires... Le carriérisme, dans le meilleur des cas, ou la corruption, dans le pire, passent au premier plan. C'est bien sûr inquiétant pour la démocratie. Que la politique ne se réduise pas à la morale, je l'ai rappelé en commençant. Mais cela ne signifie pas qu'elle soit au-dessus d'elle ni qu'elle puisse s'en passer. Vous vous souvenez de ce qu'écrivait Montesquieu. Chaque type de régime a son principe, qui le meut ou le conditionne : le despotisme ne va pas sans la crainte, ni la monarchie sans l'honneur, ni la démocratie sans la vertu... Il ne s'agit pas de fonder la politique sur la morale, encore moins de l'y réduire. Il s'agit de soumettre les individus, y compris quand ils sont au pouvoir, à un certain nombre de contraintes légales et morales sans lesquelles toute démocratie ne peut qu'aller à vau-l'eau. C'est un combat toujours à reprendre, et j'ai noté avec satisfaction que Jospin semblait lui accorder l'importance qu'il mérite. Cela nous change du mitterrandisme, et l'on ne va pas s'en plaindre.

Toute la difficulté est de laisser à la morale sa part, qui est le comportement des individus, sans amputer la politique de la sienne, qui est la gestion des groupes, des rapports de forces, des conflits, des solidarités, des alliances, enfin de l'État. « La morale, disait Alain, n'est jamais pour le voisin. » C'est dire qu'elle n'est légitime (c'est ce qui distingue la morale du moralisme) qu'à la première personne : pour les autres, le droit – avec les sanctions qu'il suppose – et la miséricorde suffisent. S'agissant des hommes politiques, toutefois, le droit est l'exigence première. La démocratie a moins besoin de miséricorde que de rigueur. À nous de veiller à ce que nos lois puissent sanctionner aussi, c'est la moindre des choses, ceux qui ont la charge de les voter ou de les faire appliquer.

Rapports de forces et conflits d'intérêts

Réhabiliter la politique, disais-je. La morale et le droit n'y suffiront pas : ce sont conditions nécessaires, non suffisantes. Il faut encore que la politique ait en elle-même sa justification. Elle n'en n'aurait aucune, on l'a vu, si la compétence suffisait (s'il n'y avait, comme disent parfois nos gestionnaires, « pas d'autre politique possible » : si c'était vrai, il n'y aurait plus de politique du tout). Et pas davantage si la morale suffisait (si toute politique différente de la nôtre était réputée, comme trop souvent dans nos meetings, moralement condamnable : si c'était vrai, la vertu tiendrait lieu de programme, et l'« ordre moral », à droite, ou le « politiquement correct », à gauche, seraient les derniers mots de la démocratie). Il faut donc autre chose. Mais quoi ? La réponse matérialiste, depuis vingt-trois siècles, est constante : des rapports de forces et des conflits d'intérêts. Ne nous racontons pas d'histoires. La politique n'est pas le règne du Bien, ni de l'Idée, ni de la Raison. C'est le règne de la force et des rapports de forces, des intérêts et des conflits d'intérêts. Faut-il alors renoncer à la justice ? Surtout pas. Il faut comprendre qu'elle n'est jamais donnée, jamais garantie, et pour cela toujours à faire ou à refaire. Les hommes ne sont de nature « ni sociables ni en possession de mœurs douces », disait Épicure [1], et « la justice n'existe pas en elle-même [2] » : le juste, c'est l'utile, quand il est socialement ou contractuellement institué [3]. Chacun pour soi ? Au contraire ! C'est parce que les hommes sont tous égoïstes qu'ils ont besoin, pour vivre ensemble, de lois, de contraintes, de politique – d'un État –, sans lesquels ils en viendraient, comme disait l'épicurien Colotès, à se manger les uns les autres [4]. Il n'y a pas de droit naturel, mais il y a une nature du droit : « Le droit, selon sa nature, est la règle de l'intérêt qu'il y a à ne pas se nuire mutuellement [5]. » Contrat d'alliance et de non-agression : c'est le contrat social, en son commencement, en son principe, en son pouvoir (en son *archè*). C'est lui que la politique prolonge et adapte. Car ce qui est utile ici et maintenant ne l'est pas toujours ni partout : la justice est à la fois universelle, dans son principe (« le juste est le même pour tous » : c'est « ce qui est utile pour éviter qu'on ne se fasse du dommage les uns aux autres et

1. Cité par Themistius, *Discours*, XXVI (Épicure, *Doctrines et maximes*, trad. Solovine, éd. Hermann, 1965, p. 157). Voir aussi, *ibid.*, le texte d'Épicure cité par Arrien (*Entretiens d'Épictète*, II, 20) : « Ne vous laissez pas tromper, ô hommes, ni séduire, ni égarer. Croyez-moi, il n'y a pas de communauté naturelle entre les êtres raisonnables. Ceux qui disent le contraire vous trompent et raisonnent mal. »

2. Épicure, *Maxime capitale* 33.

3. Épicure, *Maximes capitales* 31 à 33.

4. Cité par Plutarque, *Contre Colotès*, 30 (c'est une idée à laquelle Montaigne fera référence : *Essais*, *op. cit.*, II, 12, p. 488 de l'éd. Villey-Saulnier).

5. Épicure, *Maxime capitale* 31, trad. de V. Goldschmidt, dans son grand livre sur *La Doctrine d'Épicure et le droit*, éd. Vrin, 1977, p. 280. Sur la pensée politique d'Épicure, voir aussi l'article « Épicurisme » que Jacques Brunschvicg a rédigé pour le *Dictionnaire de philosophie politique*, *op. cit.*, ainsi, dans le même dictionnaire, que mon article « Matérialisme ».

qu'on n'en subisse [1] »), et particulière dans son contenu, autrement dit par les conventions ou les lois qui la rendent effective (« il ne s'ensuit pas que la même chose soit juste pour tous » : cela varie selon les pays, les époques et les circonstances [2]). Bref, il y a une histoire du droit, une histoire de la justice, une histoire de l'État, dont la politique n'est que l'actualité toujours recommencée. Qu'Épicure ait préféré ne pas s'en mêler, pour ce qui le concerne, c'est ce que chacun sait. Il faut dire que l'époque n'offrait guère de perspectives... Cela n'empêche pas qu'il y a chez lui « une pensée du politique, qui n'est pas dans l'effusion philanthropique, mais dans le regard froid, lucide, sans illusions ni prétentions – aronien, oserait-on dire d'un mot – que le sage du Jardin porte sur la société, les lois, le droit tels qu'ils sont [3] ». L'homme n'est pas naturellement un être politique : il a à le devenir, pour échapper à la guerre, à la violence, à la misère, au malheur [4]. Ce devenir, c'est l'histoire ; la politique n'est que sa pointe extrême, par quoi elle invente le présent.

La régulation des égoïsmes

C'est dire que la politique n'est pas le contraire de l'égoïsme, ni pourtant sa simple expression immédiate ou sauvage : c'est un égoïsme socialisé et intelligent, un égoïsme bien tempéré, bien organisé, à la fois conflictuel (quand tout le monde est d'accord, ce n'est plus de la politique) et pacifique (quand on en vient aux armes, ce n'est plus non plus de la politique, ou elle se continue, comme disait Clausewitz, *par d'autres moyens*). C'est ce qui justifie la vie sociale : puisque nous sommes tous égoïstes, autant l'être ensemble et intelligemment ! Et c'est ce qui distingue la *solidarité* (qui suppose des intérêts communs) de la *générosité* (qui suppose le désintéressement). C'est pourquoi la solidarité n'est pas une vertu morale, je m'en suis expliqué dans mon *Petit Traité*, et c'est pourquoi c'est une vertu politique. Comment vivre ensemble, si chacun n'y trouve, au moins partiellement, son compte ? Il faut donc

1. *Maximes capitales* 36 et 31 (trad. J. Brunschvicg, article cité).
2. *Maximes capitales* 36 à 38 (maxime 36 pour l'expression citée).
3. Jacques Brunschvicg, *art. cit.*, p. 212.
4. Voir par exemple Lucrèce, *De rerum natura*, V, 1011-1027 et 1145-1160.

susciter des convergences objectives d'intérêts, c'est la fonction de l'État, ce qui revient à créer ou à organiser des solidarités, des dépendances, des coopérations, bref, à harmoniser les égoïsmes de telle sorte qu'ils se *supportent*, à tous les sens du terme, mutuellement. Cela ne va pas sans sacrifices. Cela ne va pas sans contraintes. Pourquoi autrement des lois, des tribunaux, une police ? Pourquoi un pouvoir, et une lutte pour le pouvoir ? La régulation des égoïsmes, c'est la grande affaire de la politique, ou plutôt c'est la politique même. Hobbes là-dessus jette une lumière sombre, que Spinoza radicalise et prolonge davantage qu'il ne l'adoucit. Les matérialistes du XVIIIe ne diront guère autre chose : « L'intérêt est l'unique mobile des actions humaines », disait d'Holbach [1], et la politique n'a d'autre « point fixe », ajoutait La Mettrie, que « l'intérêt de la société [2] ». Mais je ne veux pas faire un cours d'histoire de la philosophie. Marx et Engels nous guideront plus vite vers les enjeux de notre temps. La politique ? C'est l'histoire au présent, toujours contradictoire, toujours conflictuelle, toujours indissociablement aléatoire et nécessaire. On se souvient de la formule fameuse du *Manifeste* : « L'histoire de toute société jusqu'à nos jours est l'histoire de luttes de classes. » La principale erreur de Marx et d'Engels fut peut-être de rêver d'en sortir (c'est ce qu'ils ont appelé le communisme), de quoi l'histoire suffisamment s'est vengée. Encore faut-il rappeler – le nominalisme, disait Marx, est l'antichambre du matérialisme, voire, ajoutait Althusser, le matérialisme lui-même [3] – que les classes ne sont finalement que des abstractions : ce qui existe, ce sont des individus, dont chacun cherche d'abord à satisfaire ses désirs, et qui s'opposent pour cela les uns aux autres, et s'allient, et s'organisent... Tout part de l'égoïsme (« les individus, n'ayant du reste pas le choix, ne partent jamais que d'eux-mêmes [4] ») ; tout passe par la politique et l'État :

> « C'est justement parce que les individus poursuivent *uniquement* leur intérêt particulier [vous remarquerez que Marx et Engels sont plus pessimistes que moi : je n'aurais pas écrit " uniquement "...], qui, à leurs yeux, ne coïncide nullement avec leur intérêt commun, que celui-ci est mis en avant comme un intérêt qui leur

---

1. Tiry d'Holbach, *Système de la nature*, I, 15.
2. Offray de La Mettrie, *Discours préliminaire*, éd. Fayard, 1987, p. 38-39, t. 1 de l'éd. du Corpus.
3. Cf. les entretiens de Louis Althusser avec Fernanda Navarro, « Philosophie et marxisme », in *Sur la philosophie*, éd. Gallimard, 1994, p. 47.
4. Marx et Engels, *L'Idéologie allemande*, III, Éditions sociales, 1968, p. 279.

est “ étranger ” et qui est “ indépendant ” d’eux, bref, comme un intérêt “ général ” qui est à son tour d’une nature particulière et bien à lui ; sans quoi ils doivent eux-mêmes se mouvoir dans ce conflit intérieur, comme c’est le cas dans la démocratie. Du reste, la lutte *pratique* de ces intérêts particuliers constamment opposés aux intérêts communs, réels ou illusoires, rend nécessaires l’intervention *pratique* et l’action modératrice de l’illusoire intérêt “ général ” qui a forme d’État [1]. »

La politique n’oppose pas le bien et le mal, ni le vrai et le faux, ni même le passé et l’avenir. Elle oppose des intérêts ou, cela revient au même, des individus et des groupes d’individus. C’est pourquoi elle les dépasse – « ce que veut chaque individu est empêché par chaque autre, et ce qui s’en dégage est quelque chose que personne n’a voulu [2] » – et les rassemble en les opposant [3]. Je ne vois guère, marxisme ou pas, comment un matérialiste pourrait penser autrement. Mais c’est l’enjeu, surtout, qui m’importe. Réhabiliter la politique ? On n’y parviendra pas si l’on ne sait expliquer à nos contemporains que la politique est là pour eux, non contre eux, pour améliorer leurs conditions de vie, celles de leurs enfants, pour les protéger – contre la misère, contre la violence –, pour leur donner ou leur rendre le pouvoir, bref, pour *défendre leurs intérêts*, et non, comme on en donne trop souvent l’impression, pour les sacrifier sur l’autel du marché (l’horreur économique) ou des bons sentiments (le politiquement correct). Si l’on oppose la politique à l’égoïsme, c’est l’égoïsme qui va gagner. Il faut donc non les opposer mais les concilier, et c’est ce que nous appelons, en France, la république.

1. Marx et Engels, *L’Idéologie allemande*, I, éd. Gallimard, coll. « La Pléiade », t. 3, p. 1064-1065 (Éditions sociales, p. 62).

2. Comme disait Engels dans sa belle lettre à Joseph Bloch du 21 septembre 1890, in *Études philosophiques*, Éditions sociales, 1968, p. 155.

3. « Il y a là d’innombrables forces qui se contrecarrent mutuellement, un groupe infini de parallélogrammes de forces, d’où ressort une résultante – l’événement historique – qui peut être regardée elle-même, à son tour, comme le produit d’une force agissant comme un tout, de façon inconsciente et aveugle » (Engels, *ibid.*).

Comment combattre le Front national ?

Cela vaut aussi, cela vaut surtout, contre Le Pen. Tant qu'on ne lui oppose que la morale, on lui donne raison. C'est laisser entendre qu'on n'a rien d'autre à lui opposer : que renvoyer trois millions d'immigrés chez eux, par exemple, ce serait en effet l'intérêt des Français, mais que la morale, bien sûr, l'interdit... Si c'était vrai, le Front national serait à peu près sûr de la victoire ; car on a rarement vu que la morale l'emporte, dans une démocratie, contre l'intérêt d'un peuple ou de sa majorité. Cessons donc de donner des leçons de morale aux Français, ou en tout cas (car la morale est nécessaire aussi) de nous en contenter, avec cette espèce de bonne conscience satisfaite qui rend tant d'intellectuels de gauche insupportables, comme si cette morale – le refus du racisme, du fascisme, de la xénophobie – suffisait, ou pouvait suffire, à faire reculer l'extrême droite. Autant compter sur la morale pour faire reculer le chômage (par exemple en expliquant aux patrons que c'est leur devoir d'embaucher, même quand ce n'est pas l'intérêt économique de leur entreprise !) ou la misère (par exemple en expliquant aux Français qu'ils doivent être généreux avec les pauvres !). De qui se moque-t-on ? Si la morale régnait, il n'y aurait ni racisme, ni misère, ni exclusion : comment résoudre par la morale ce dont l'existence suffit à attester l'inefficience de la morale ? Tant qu'on n'aura pas créé des conditions où ce soit en effet l'*intérêt* des entreprises d'embaucher, le chômage continuera de ravager notre société. Tant qu'on n'aura pas montré aux Français que le programme du Front national n'est pas seulement contraire à la morale, ce qui est bien clair, mais aussi contraire aux *intérêts* de la France et des Français, il continuera de se développer et de menacer l'essentiel : la démocratie, les droits de l'homme, une certaine idée de la France et de la République... Bref, le combat contre Le Pen est un combat politique, avant d'être moral, ou plutôt (car il est évidemment les deux : moral pour les individus, politique pour les groupes) c'est uniquement en tant que combat politique que nous avons, ensemble, une chance de le gagner. Car enfin, s'il faut que les hommes soient bons (c'est-à-dire désintéressés !) pour que le fascisme soit vaincu, qui ne voit que le fascisme, presque inévitablement, sera victorieux ?

Imaginez que Jospin ou Séguin, lors de la prochaine campagne électorale, utilisent cette expression : « Les Français d'abord ! » J'imagine la levée de boucliers, surtout à gauche, les protestations indignées de nos intellectuels, l'effervescence des médias, la dénonciation presque partout de la « lepénisation des esprits », enfin le scandale et la honte. Voilà Jospin ou Séguin déshonorés, fascisés, considérés comme perdus pour la démocratie, et légitimement, semble-t-il, puisqu'ils diraient la même chose que Le Pen... À ceci près, c'est où je voulais en venir, qu'ils n'auraient pourtant rien fait d'autre qu'énoncer l'évidence de la politique, qui n'est pas de servir indifféremment les intérêts de tout homme (cela, c'est la tâche de la morale, non de la politique, de chacun d'entre nous, non de l'État), mais bien de servir ceux, d'abord, de tel ou tel pays, de tel ou tel peuple. Hobbes, Spinoza ou Rousseau n'ont jamais écrit autre chose. Les gouvernements n'ont jamais fait autre chose. Que serait une politique américaine qui ne privilégierait pas les intérêts des Américains ? Une politique européenne, si elle ne considère pas les intérêts des Européens comme une priorité ? Une politique française, si elle ne défend pas, d'abord, les intérêts des Français ? Et faut-il être fasciste pour défendre l'intérêt national ?

Dire « les Français d'abord », pour un homme politique, ce n'est pas proférer une monstruosité, ni afficher je ne sais quelle complaisance pour l'extrême droite : c'est énoncer une banalité, une évidence, mais qu'il pourrait être nécessaire parfois – et spécialement contre le Front national – de rappeler. Nos politiques, pourtant, ne l'osent plus guère : comme Le Pen le dit aussi, on n'a plus le droit de le dire... Le politiquement correct veille, et nous endort.

Pourquoi est-ce grave ? Parce que Le Pen paraît dès lors être le seul à défendre les intérêts des Français, ce qui est tout de même un comble (comme si l'État et les élites ne s'occupaient, dans leurs quartiers bourgeois, que des intérêts supérieurs de l'humanité !), ou le seul à en faire une priorité, ce qui est le plus grand service qu'on puisse lui rendre ! Il suffit de jeter un coup d'œil sur le budget de la France pour constater que la plus grosse part de ses dépenses, et de très loin, va évidemment aux Français. Mais comment se fait-il alors que ceux-ci aient le sentiment d'être à ce point abandonnés et trahis ? C'est qu'on a laissé à un démagogue d'extrême droite le monopole invraisemblable des passions, des intérêts, des inquiétudes (relisez Hobbes, relisez Alain : la peur est la première justification de la vie sociale), pour ne plus s'occuper, dirait-on, que d'objectifs technocratiques ou d'abstractions généreuses. Mais ni la technique ni la générosité, répétons-le, ne font une politique. Les citoyens, légitimement, attendent autre chose : qu'on s'occupe d'eux, de leurs intérêts, de leurs conditions de vie, de leurs souffrances, de leurs craintes, de leurs espoirs, de leur détresse... Si l'on ne satisfait pas leur attente, comment n'iraient-ils pas voir ailleurs ? C'est ainsi qu'on fait le jeu du fascisme à force de mauvaise foi et d'hypocrisie moralisante. Le « politiquement correct » est politiquement dangereux.

Il va de soi que ces évidences, que je rappelle, ne retirent rien, bien au contraire, au combat nécessaire contre le racisme (c'est d'ailleurs un tout autre problème : il y a des Français de toutes les races), ni aux droits de l'homme (dont doivent bénéficier aussi les immigrés, y compris en situation irrégulière). Mais cela, à nouveau, ne tient pas lieu de politique (fût-ce dans le domaine de l'immigration : vivre en France, cela ne fait pas partie des droits de l'homme...) et ne suffira pas à vaincre Le Pen.

Je pourrais multiplier les exemples. La gauche s'est parfois laissé piéger, me semble-t-il, par le discours « sécuritaire » de la droite, ou plutôt par le refus indigné que lui opposaient les beaux esprits, y voyant un thème forcément réactionnaire, voire, à nouveau, fascisant. En rester là, ce serait offrir à la droite ou à l'extrême droite un boulevard qu'elles ne méritent pas. Car qui ne voit, comme Jospin l'a rappelé dans sa dernière campagne, que le désir de sécurité est une préoccupation légitime, que c'est une des fonctions essentielles de l'État que de veiller à sa satisfaction, enfin que les pauvres, bien plus que les riches, souffrent de la violence, de la délinquance, de l'insécurité ? La vie est plus dangereuse à La Courneuve qu'à Neuilly. Une vraie politique de gauche doit donc faire de la sécurité non je ne sais quel thème électoraliste ou populiste toujours suspect, mais bien l'un de ses objectifs, qui peut même devenir, dans telle ou telle situation, l'une de ses priorités. Si l'on oppose la sécurité à la liberté, on se trompe (nul n'est libre quand il a peur), et l'on apporte de l'eau au moulin de ceux qui seraient en effet prêts, au nom de la sécurité, à supprimer la liberté... Police et politique ont la même étymologie ; cela en dit long sur l'une et l'autre. Faut-il s'en offusquer ? Nullement. Ce n'est pas la sécurité qui fait le jeu de Le Pen ; c'est évidemment l'insécurité, et c'est une raison de plus pour la combattre.

Philosophe engagé ou philosophe citoyen ?

Ce que je voudrais suggérer ? Que l'opposition entre la droite et la gauche n'est pas d'abord une opposition morale, et qu'il est urgent, contre le politiquement correct (qui est le plus souvent un moralement correct !), de revenir à la politique en tant que telle. Comment ? En faisant tout pour reconquérir des marges de manœuvre, de choix, d'opposition (le *dissensus*, non moins que le *consensus*, est une nécessité démocratique !), en réhabilitant le débat, la contradiction (ce qui ne veut pas dire les polémiques stériles), en redonnant sens et portée aux rapports de forces, aux négociations, aux compromis, bref, en faisant passer au premier plan (au lieu de la cacher comme une maladie honteuse !) la défense légitime et conflictuelle des intérêts, sans oublier pour cela, puisque c'est en vérité la même chose, l'organisation – tout aussi légitime, tout aussi conflictuelle – des solidarités. C'est la seule façon non seulement de combattre efficacement le Front national, mais aussi de redonner à la politique son urgence et ses enjeux. Autour de quel programme ? À l'intérieur de quel camp ? C'est à chacun d'en décider, et les partis sont là pour nous y aider. Ne comptons pas sur la morale pour en tenir lieu. La morale peut être une raison, pour chacun d'entre nous, de *faire* de la politique. Elle ne saurait, à elle seule, dire *laquelle* il faut faire.

La philosophie ? Elle n'y prétend point davantage. Il s'agit de penser vrai, disais-je, et la vérité n'est ni de droite ni de gauche. Il n'y a pas de philosophe-roi ; il ne peut y en avoir. Un philosophe engagé ? Je n'y crois pas trop. S'il faut soumettre la pensée à une cause déjà constituée par ailleurs, que reste-t-il de la liberté de l'esprit ? Que reste-t-il de la philosophie ? C'est assez, me semble-t-il, d'être un philosophe citoyen, autrement dit de participer, dans la mesure de ses moyens et de ses compétences, au débat public. Le but est moins de favoriser tel ou tel camp que de les aider tous, dans le cadre de la démocratie, à réfléchir. Un philosophe citoyen, ce n'est pas le conseiller du Prince. C'est quelqu'un qui aide les citoyens, ou le plus grand nombre possible d'entre eux, à devenir philosophes.

Le philosophe et le politique

Luc Ferry

D'abord quelques mots, sur mon parcours personnel ou, plutôt, sur mon absence de parcours. « D'où parles-tu ? » : cette interrogation, ce soupçon sans cesse réitéré m'ont très tôt dissuadé de me reconnaître dans la « Pensée 68 » à l'âge où j'aurais pu m'« engager ». Pour autant que je cherchais dans la philosophie quelque vérité, la question me paraissait superflue. Quelle importance que je fusse bourgeois ou prolétaire, « héritier » ou « nouvel entrant », si l'idée vraie devait jaillir de l'étude et de la discussion, non les précéder a priori ? C'était naïf, sans doute, mais je crois bien que je n'ai guère changé sur ce point. Pour évoquer un instant encore l'arrière-fond de mes non-engagements, trois autres poncifs en forme de slogan m'ont empêché de m'identifier à la glorieuse figure de l'intellectuel de gauche, lors même que mes amis les plus proches se faisaient un devoir d'y sacrifier. Le premier figurait dans les premières lignes de l'inoubliable article consacré par Simone de Beauvoir, dans *Les Temps modernes*, à « La droite en France » : « La vérité est une, seule l'erreur est multiple, voilà pourquoi la droite est pluraliste » *(sic !)*. Sartre inspira (à qui ? l'auteur lui-même n'ose plus l'avouer...) le second, que chacun connaît mais qui me plonge, aujourd'hui encore, dans la perplexité : « Mieux vaut avoir tort avec Sartre que raison avec Aron. » Était-ce si certain ? La dernière formule ornait délicatement, étalée en larges caractères sur une banderole d'une vingtaine de mètres, un bâtiment de la faculté de droit à Nanterre : « Les droits de l'homme sont la vaseline dont la bourgeoisie se sert pour enculer le prolétariat » *(re-sic !)*. L'analyse, sans doute, ne manquait pas de vigueur. Dès l'époque, pourtant, elle me semblait un peu courte. La lecture des fameux passages que Marx consacre, dans *La Question juive*, à la Grande Déclaration ne m'a pas convaincu du contraire.

Soyons clair : j'ai bien conscience du caractère superficiel de ces propos. Je n'ignore pas qu'il existe d'excellentes raisons d'être un intellectuel engagé du « bon côté » – et non seulement les mauvaises que j'ai suggérées *cum grano salis*. Au lendemain de la guerre, à l'époque où l'Europe n'apparaissait plus comme le lieu de la civilisation, l'héritière des Lumières, mais comme le continent du fascisme et de l'impérialisme colonial, était-il même possible de ne pas être en quelque façon hostile à l'héritage du libéralisme politique ? François Furet, l'un des hommes les plus intelligents qu'il me fut donné de rencontrer, n'avait-il pas lui-même cédé aux sirènes du communisme ?

Mais peu importe, au fond, ces interrogations qui furent celles de ma jeunesse. Le fait est qu'elles n'ont plus, aujourd'hui, la moindre signification pour les jeunes gens de vingt ans. Mai 68 est aussi loin pour eux que la guerre de 14 ou la révolution de 1848. Le communisme fait horreur et le constat s'impose, qui justifie toutes les nostalgies de l'homme révolté : la politique s'est désenchantée, réduite qu'elle est à une simple gestion des affaires. Dans le meilleur des cas, elle prépare une mondialisation dont nul, même ses zélateurs, n'attend grand-chose de merveilleux. Elle gère l'économie « entre efficacité et justice sociale ». Rien de déshonorant, bien au contraire : le service public a ses vertus. Rien d'exaltant non plus, chacun le sent bien. Les politiques semblent bien être enfin devenus nos « commis », au sens où l'entendait Siéyès en évoquant, non sans une certaine cruauté, la figure du postier. Point besoin, disait-il en substance, de porter soi-même son courrier aux quatre coins de la France, point besoin non plus de s'occuper outre mesure des affaires publiques : nos *représentants* sont là pour y veiller et nous les contrôlerons régulièrement par des élections.

Victoire de la liberté des Modernes sur celle des Anciens, eût dit Constant. Est-ce satisfaisant ? En un sens, oui, si l'on songe à l'invraisemblable cohorte de malheurs qui s'abattent sur les individus dès lors qu'une religion, séculière ou non, s'empare du pouvoir. Le libéralisme politique, de ce point de vue, est assurément le pire des régimes à l'exception de tous les autres. Surtout lorsqu'il est tempéré de social-démocratie. La neutralité de l'État qu'il implique nous préserve du fondamentalisme. Pouvons-nous en rester là ? Je ne le crois pas. Mais la voie semble étroite. Cette interrogation suffit à en tracer les bords : comment réenchanter la politique, comment renouer avec de « grands desseins », sans se payer de mots [1] ni sombrer à nouveau dans quelque funeste mythologie de l'avenir radieux ?

On dira peut-être le problème insoluble. Mais le philosophe peut-il l'éluder sans perdre lui aussi la face ? On affecte souvent, dans l'univers des intellectuels, de mépriser les politiques. On les trouve volontiers « nuls », on s'étonne de leurs maladresses, de leurs bévues ou, pour mieux dire, de leur absence de vues. Sommes-nous si supérieurs ? La vérité est que nous nous heurtons aux mêmes difficultés, que les intellectuels, pas plus que les politiques, ne donnent le sentiment d'apercevoir l'heure et les voies d'un réenchantement. Confrontés à l'exercice du pouvoir, ils commettraient sans doute les mêmes erreurs, et probablement quelques autres. Opposés par principe à lui, ils semblent plus inutiles que jamais. Mouches du coche ou belles âmes qui ont les mains pures, mais n'ont pas de mains. Le culte infantile de la révolte et l'éloge des marges ont leurs limites, qui apparaissent aujourd'hui de manière aveuglante. Le geste de l'indignation morale, même légitime, ne constitue pas une politique.

Que le malaise actuel tienne en partie à la persistance d'un chômage que ni droite ni gauche ne parviennent à éradiquer est assez clair. Que cette explication soit suffisante est douteux. Ce qui rend la crise de l'emploi *politiquement* insupportable, ce n'est pas, si choquant que cela puisse paraître, la misère qu'elle engendre. La France, l'Europe ont traversé au cours de l'histoire des situations matérielles infiniment plus désastreuses sans que la vie politique soit remise en question comme elle l'est aujourd'hui. Ce qui, en revanche, s'avère insupportable, c'est l'absence de perspective, le manque d'alternative. Or chacun l'a compris, fût-ce confusément, fût-ce à regret : avec la fin du communisme, c'est le fantasme d'une « autre politique » *en général* qui s'est effondré. La dénonciation tous azimuts des inégalités, des injustices, du malheur des autres et

1. Ce qui s'entend aujourd'hui en deux sens. Soit on répète à vide le trop fameux geste de l'« autre politique ». On peut ainsi dénoncer sans le moindre risque l'« horreur économique », pétitionner à l'infini pour les sans-papiers, contre le chômage, les génocides ou l'extrême droite. Mais qui ne voit que ce geste est, en réalité, purement formel, privé de tout contenu fort, dissocié qu'il est aujourd'hui d'un modèle politique alternatif ? Ou bien l'on s'invente à bon compte de grands desseins... qui n'en sont pas : l'Europe a, dans le genre, beaucoup servi, sans que l'on perçoive au juste, même si l'on est, comme je le suis, proeuropéen, en quoi le fait de baigner à six, douze ou vingt-quatre dans l'« ère du vide » nous permettra de lui donner un contenu plus exaltant.

de l'« horreur économique » ne s'opère plus aujourd'hui sous l'égide d'un modèle alternatif. Voilà l'inédit ! En lisant l'ouvrage de Viviane Forrester, en suivant les débats qui entouraient son fabuleux succès, j'ai été frappé par cet extraordinaire aveu de l'auteur elle-même : « J'ai été très loin dans la critique du système économique, assurait-elle, sans avoir de solution à proposer, ce qui était courageux de ma part. » Singulier courage, en effet, et tellement symptomatique des temps que nous vivons : être contre le chômage et pour l'universelle prospérité ; contre les maîtres de Davos et pour l'accomplissement du genre humain. Pour l'amour et contre l'intelligence : jamais l'éthique de conviction n'aura, en ce pays, été aussi déconnectée de l'éthique de responsabilité. Naguère encore, les critiques du monde libéral s'effectuaient au nom d'un modèle identifiable. On dénonçait les méfaits de la « raison instrumentale » et de la « rentabilité capitaliste » les yeux rivés sur l'idéal : l'homme nouveau du communisme ou du nazisme servait tout à la fois de guide et de repère. Les contempteurs de la « mondialisation » nous affranchissent désormais de ces derniers scrupules. Et c'est pourquoi leur succès même ne parvient qu'à désenchanter davantage encore la politique.

On dit souvent que pour la réhabiliter il faudrait réaffirmer une « culture du dissensus ». Méfions-nous de ce nouveau poncif, trop bien mis pour être honnête. À le suivre, on risque de produire le contraire exact du but visé. Cultiver le désaccord comme tel conduit neuf fois sur dix à l'*inventer*, puis à l'entretenir artificiellement. Or cela se voit, transparaît à l'écran, donne le sentiment d'une connivence jusque dans ces conflits soigneusement mis en scène à l'usage du grand public qui n'y croit plus lui-même. Et l'affaire tourne au grotesque lorsque l'on cherche désespérément à faire coïncider les différends dont se nourrit, en effet, la démocratie, pourvu qu'ils soient réels, avec les vieux schémas droite/gauche. L'élitisme est l'effet pervers le plus certain de cette stratégie semi-habile : on réserve le discours dissensuel au bon peuple, et en privé, construction européenne oblige, on célèbre en chuchotant les vertus de la pensée unique.

J'aimerais suggérer une autre voie, faire entrevoir une ouverture, fût-ce au niveau, modeste, de la seule pensée. Il faut, pour y accéder, prendre enfin la mesure de l'actuelle dépression, en saisir les motifs de fond, qui n'ont rien, je le crains, de passager ni ne tiennent à je ne sais quelle absence de talent du personnel politique. J'en aperçois trois, qui forment entre eux comme un système funeste et cohérent.

I. *Les trois motifs du désenchantement de la politique*

a) *La technicisation*

J'y ai assez longuement insisté dans *L'Homme-Dieu* pour me contenter ici d'un simple rappel. Dans son analyse du « monde de la technique », Heidegger me semble avoir touché particulièrement juste en ce qui concerne les liens qu'entretiennent technique et politique modernes [1]. Que dit-il, en substance ? Qu'à partir de Descartes, et surtout au siècle des Lumières, se développe l'idéologie optimiste selon laquelle la domination du monde – naturel et social – par les êtres humains doit leur procurer tout à la fois bonheur et liberté. Grâce aux nouveaux pouvoirs de la science, telle est l'idée qui anime les encyclopédistes, les hommes vont s'affranchir de tous les obscurantismes : de la religion, des superstitions, de l'ignorance et des préjugés. C'est sur ce fond nouveau qu'ils parviendront à construire une société juste et libre. Comprenant et maîtrisant la nature, ils seront en mesure de l'utiliser à leur profit. À l'émancipation s'ajoutera ainsi le bien-être matériel. Mais bientôt, telle est la thèse de Heidegger, ce projet de maîtrise du monde par la science s'affranchit des finalités que lui assignaient encore les philosophes du XVIIIe siècle. Dans les sociétés capitalistes, il devient à lui-même sa propre fin : la concurrence qui leur est consubstantielle conduit *par elle-même, sans qu'il ne soit plus besoin d'aucune autre finalité*, à augmenter sans cesse les « forces productives ». La science devient alors une « technoscience », asservie à des objectifs industriels incontrôlables, et toute cette formidable puissance est pour ainsi dire « définalisée ». Au point qu'en cette fin de XXe siècle plus personne n'est absolument certain que la liberté et le bonheur se profilent au terme du processus. « Monde de la technique » : l'expression signifie que la domination est devenue une fin en soi, que nous sommes entrés dans l'ère de la « maîtrise pour la maîtrise », dans une époque où la volonté de puissance est reine, où l'accroissement des moyens n'obéit plus à aucun objectif certain ou

1. Les conséquences qu'il en a tirées sont une autre affaire...

même seulement visible. Dans l'ordre de la politique, cette évolution se traduit par la victoire du cynisme : l'objectif premier est la conquête du pouvoir pour le pouvoir, parce que c'est « excitant », « vivant », aurait dit Nietzsche, la prise en compte des finalités, des objectifs avoués et avouables (résorber le chômage !) n'étant elle-même, en une suprême perversion, *que le moyen de s'y maintenir* !

Exaltation d'être « là où ça se passe », d'éprouver l'histoire en train de se faire, le réel à son maximum d'intensité. Comment ne pas admettre qu'après les « années Mitterrand » cette analyse présente une certaine ressemblance avec la réalité ? Comment ne pas voir que la « fin des grands desseins » dont nous faisons tous l'épreuve est liée non seulement à la disparition du communisme, mais, plus profondément encore, à cette *absorption des fins dans les moyens* ? La victoire de la raison instrumentale, ainsi pensait Heidegger, n'est pas accidentelle. Elle est, disait-il volontiers, « historiale », inscrite dans l'Histoire avec un grand H. Se pourrait-il qu'il ait vu juste ?

b) *La sécularisation*

Elle donne un éclairage singulier à l'hypothèse d'une technicisation essentielle de la politique. Je n'ai cessé d'en parler tout au long de nos réunions, aussi serai-je, ici encore, très bref. Vous savez tous que le sens le plus profond des droits de l'homme n'est ni la « tolérance » ni le « respect des différences » dont les jacobins se souciaient comme de leur première guillotine. Seules les illusions rétrospectives conduisent à de telles bévues. L'essentiel, à l'évidence, fut de rompre avec les sources religieuses du droit, d'affirmer enfin que la loi serait désormais, et dans tous les domaines, *fabriquée par les hommes*, et non plus reçue par eux *de l'extérieur, comme venant de la nature ou de la divinité*. De là le fait que les droits de l'homme sont inséparables *et* de la naissance de l'Assemblée nationale (le lieu où se *construit* la loi humaine), *et* de l'avènement de la laïcité. Ils fondent, au sens propre, l'humanisme politique, ils incarnent la fondation des valeurs de la vie commune dans et sur l'être humain. Conséquence immédiate, singulièrement absente dans les débats sur la fin des « grands desseins » : la neutralité de l'État. Cette neutralité est, en effet, rigoureusement inséparable de la liberté d'opinion, de mon droit à choisir, dans la sphère privée (dans la « société civile »), mes idées religieuses, politiques, morales et philosophiques, ainsi qu'à déterminer par moi-même les voies dans lesquelles je peux rechercher mon bonheur. Tout cela, désormais, ne dépend plus de l'État – et c'est même là l'une des significations les plus profondes de la laïcité entendue au sens fort, comme la disparition de toute idéologie étatique officielle. Conséquence de cette conséquence : il n'est plus d'instance *publique*, ni cléricale ni étatique, pour déterminer au *niveau collectif* quelque sens commun que ce soit. Les sociétés religieuses, mais aussi les totalitaires furent et restent encore des sociétés pleines, trop pleines de sens. Réciproquement, c'est *par nature même* que nos sociétés libérales-social-démocrates sont, au plus haut niveau, a priori vides de sens. C'est même par là qu'elles libèrent les individus de toute tutelle idéologique. Tel est, pour ainsi dire, le prix de la liberté. N'est-il pas vain d'exiger du sens ? Est-il possible d'y renoncer ?

c) *L'insoutenable pression de l'avenir*

Avec la naissance de la laïcité et de l'humanisme moderne, c'est aussi une nouvelle temporalité de la politique qui émerge. Claude Lefort, Pierre Clastres, Marcel Gauchet n'ont cessé d'y insister, à juste titre : alors que les sociétés traditionnelles sont par essence orientées et organisées à partir du passé, à partir de l'incessante obligation de respecter des coutumes et des lois ancestrales enracinées dans un temps immémorial, la politique moderne se définit tout entière à partir des idées de « projet » et de « programme ». C'est désormais dans l'avenir que se situe le sens de l'action de peuples qui prétendent, pour la première fois sans doute, « faire leur histoire », et ce par l'effet de leur seule volonté. La politique moderne est ainsi rivée à la notion d'idéal, à celle d'espérance, à la conviction qu'il est possible, voire nécessaire, de transformer ce monde-ci, encore imparfait, au nom d'un avenir meilleur, sinon radieux. Si l'on veut mesurer la distance, à vrai dire l'abîme, qui sépare sociétés traditionnelles et sociétés modernes, il suffit d'imaginer le sort qui serait réservé aujourd'hui à un homme politique se présentant à des élections en nous faisant la promesse solennelle... qu'il ne changera rien, mais alors rien du tout, à l'existant ! C'est à peu près, pourtant, ce que nous dirait, selon Clastres, le chef d'une société traditionnelle : qu'il faut à tout prix bannir la moindre innovation pour préserver les coutumes, là où nous, modernes, sommes convaincus que la réforme, sinon la révolution, est intrinsèquement souhaitable. C'est désormais dans l'ordre de l'avenir que se joue donc la question du sens de nos actions individuelles ou collectives – au point que dans la vie quotidienne elle-même nous ne cessons de faire des projets. Le plus grand paradoxe des sociétés laïques se noue peut-être ici : contrairement aux membres des sociétés traditionnelles, nous sommes tout à la fois sommés de trouver du sens à ce que nous vivons et désormais privés des réponses ultimes que fournissaient les religions, y compris séculières.

Avec la fin des dernières utopies, c'est ainsi un désenchantement radical qui nous menace. Désenchantement d'autant mieux perceptible que les marges de la politique sont plus étroites que jamais : entre la mondialisation d'un côté et les corporatismes hypermédiatisés de l'autre, entre M. Trichet et M. Blondel, que nous est-il permis d'espérer qui ne soit pas infinitésimal ?

II. *Les conditions du réenchantement*

Il faut être prudent, bien sûr, mais point pusillanime. Car il n'est guère possible d'en rester là. Un mot, tout d'abord, sur deux traits essentiels de la politique moderne, afin de cadrer notre débat.

D'abord sur la finalité de la politique. Comment la définir aujourd'hui ? Toute l'histoire des démocraties nous permet de donner une réponse assez simple : elle réside avant tout dans la prise en charge, par la sphère publique, des questions qui relèvent *de ce qu'il y a de collectif* dans la sphère privée. Comme le suggérait encore Clastres, l'État moderne n'est finalement que le lieu où la société civile prend pour ainsi dire *conscience d'elle-même*, l'espace où elle se *représente* ses projets d'autotransformation. Et, si nos gouvernants apparaissent comme des « représentants du peuple », c'est essentiellement en ce sens. C'est dire aussi que les liens qu'entretiennent le public et le privé sont, dans nos démocraties libérales, plus complexes qu'il n'y paraît à première vue. D'un côté, et c'est là tout le sens du libéralisme *politique*, la société civile et l'État doivent être séparés. Les droits de l'homme, du moins ceux de 1789, précisent les contours de cette séparation que les totalitarismes voudront abolir : dans la sphère privée, j'ai le droit d'avoir mes opinions philosophiques ou religieuses, de les exprimer librement, je possède une liberté de propriété, de circulation, de rechercher aussi mon bonheur comme il me plaît, pourvu que cette recherche ne porte pas atteinte à la liberté d'autrui, etc. De tout cela, *l'État ne doit pas se mêler.* Dans tout cela, il ne doit pas intervenir. C'est, en gros, la doctrine. Mais pour autant, l'État, bien que neutre idéologiquement (en ce sens qu'il ne peut m'imposer aucune croyance particulière), ne saurait se désintéresser des problèmes qui se posent dans la société civile, *dès lors qu'ils deviennent collectifs.* Il doit même les représenter, les faire apparaître, et proposer aux citoyens des solutions qui font en principe l'objet d'une discussion et d'une sanction publiques, lors des élections notamment. Et c'est en quoi il est tout à la fois la conscience de soi de la société civile et le lieu où sa volonté d'action sur elle-même peut prendre forme.

Les limites qui séparent le privé du public sont donc moins nettes que ne le laissent supposer les principes généraux de la Grande Déclaration. Elles sont, en vérité, soumises à des variations constantes, à des évolutions historiques permanentes. Il est clair, par exemple, que plus personne aujourd'hui, y compris chez les libéraux, ne considérerait, comme le faisait encore Tocqueville, que la question du chômage relève seulement des entreprises privées et ne concerne en rien l'État. Il en va de même pour tous les « grands problèmes de société », dès lors que les citoyens décident de faire appel à l'État. Dans bien des cas, ce qui pouvait apparaître comme une affaire privée il y a un siècle – par exemple les retraites ou les assurances sociales – appartient aujourd'hui de plein droit aux préoccupations des gouvernants. C'est là ce qui explique assez le paradoxe sur lequel bute depuis toujours le libéralisme : il attendait qu'après l'absolutisme l'État diminue... et il ne fait que croître et embellir, non par un ajout extérieur, mais bien par la logique interne du libéralisme lui-même ! C'est parce que la démocratie libérale est un système dans lequel chaque citoyen est un électeur, possède une parcelle de souveraineté, que la société civile peut toujours, si elle le décide, imposer la prise en charge par l'État de n'importe quelle question d'intérêt collectif même quand elle semble a priori relever de la sphère privée (comme c'est le cas, par exemple, du tabagisme ou de la ceinture de sécurité). Le curseur qui sépare société et État se déplace, et c'est à mes yeux dans ce déplacement que se joue aujourd'hui la question du « réenchantement » de la politique.

Car voici, me semble-t-il, le phénomène majeur sans la compréhension et la prise en compte duquel il sera désormais impossible de retrouver quelque « grand dessein » que ce soit : depuis Mai 68, nous assistons, comme jamais peut-être dans notre histoire, à un formidable basculement de tout ce qui fait le sens de nos vies dans la sphère privée. Le sacré, pendant des millénaires, s'était incarné dans la sphère publique, le voici qui se privatise ! La sphère publique est désenchantée, c'est vrai, mais c'est à proportion de ce qui est passé dans la sphère privée. Il suffit, pour s'en rendre compte, de songer un instant à la fameuse formule : « Tout est politique. » Elle faisait, en 68 encore, figure d'évidence exaltante. Elle est, aujourd'hui, à mille lieues de ce que nous *ressentons*, avant même toute discussion intellectuelle sur les relents totalitaires dont nous la savons par ailleurs suspecte. Entre la construction de l'euro et votre mère, que choisissez-vous ?

Michel Serres eut, à propos des Journées mondiales de la jeunesse qui réunirent en août dernier près d'un million de jeunes gens autour d'un pape exténué, une jolie formule : « En Mai 68, disait-il en substance [je le cite de mémoire], quand je voulais faire rire mes étudiants, je leur parlais de religion et, pour les captiver, de politique. Aujourd'hui, c'est l'inverse ! » Pourquoi ? Ces jeunes gens n'étaient sans nul doute ni des intégristes ni des aliénés, et les piaillements de quelques laïcards égarés passèrent à côté de la cible. Au reste, il ne sert rigoureusement à rien de faire comme si ce prétendu « glissement vers la sphère privée » était l'indice d'une décadence, d'une plongée dans l'individualisme libéral, d'un effondrement de l'Occident « américanisé » dans l'égoïsme pur. Non seulement de tels jugements, rituels chez nos néorépublicains, sont inutiles, mais, surtout, ils passent tout à fait à côté de l'essentiel : à côté du fait, aveuglant, que ce fameux « repli sur la sphère privée »... n'a rien, justement, de privé ! Il est, tout au contraire, plus *collectif* que jamais. C'est à ce titre qu'il possède à l'évidence, fût-ce à l'état virtuel et pourvu qu'on s'en saisisse comme il convient, une formidable dimension politique.

Penser avec Machiavel contre Machiavel : politique de la haine, politique de l'amour

Que nous disait le maître de la politique moderne ? À peu près ceci, qui n'a que peu à voir avec le cynisme associé d'ordinaire à son nom : pour asseoir son pouvoir de façon forte et durable, le Prince devra s'appuyer non pas sur la force des institutions répressives, pas davantage sur l'aide de ses pairs, mais sur les passions les plus communes et les plus populaires. Par où Machiavel apparaît, en un certain sens tout au moins, comme le premier des « démocrates », comme celui qui suggère au Prince non seulement de prendre en compte les passions du peuple, mais de fonder l'autorité des gouvernants sur elles. Façon, déjà, de dire que la politique doit s'enraciner dans les interrogations de la société civile [1]. L'ennui, bien sûr, comme Hobbes ne manquera pas de le souligner, c'est que les passions les plus communes sont aussi les plus basses : la haine et, surtout, la peur, d'ailleurs inséparables l'une de l'autre.

Ce constat, sans doute, reste vrai et il serait absurde de vouloir dresser un tableau idyllique de l'humanité moderne. Cela dit, quelque chose, malgré tout, a changé, qui nous permet, il me semble, de réinterpréter différemment le principe machiavélien. Nous devons toujours appuyer la politique sur des passions communes [2], mais certaines d'entre elles – je ne dis pas toutes, tant s'en faut – ont été pour ainsi dire « civilisées » par deux siècles d'histoire plus ou moins républicaine : elles sont devenues des « passions démocratiques », comme l'avait prédit Tocqueville, de sorte que la haine et la crainte ne sont plus les seuls piliers possibles de la politique moderne. C'est là, il me semble, une révolution de premier plan dont la politique contemporaine n'a pas tiré toutes les leçons. C'est dans cette optique que j'ai, dans *L'Homme-Dieu*, insisté sur le rôle extraordinaire de la famille moderne, fondée sur le mariage d'amour, dans l'apparition de sentiments de sympathie *universalistes*. C'est dans cette perspective encore qu'il m'est arrivé parfois d'évoquer l'idée d'une « politique de l'amour », voire d'une « politique du sacré » : nullement au sens où les bons sentiments viendraient prendre la place de la nécessaire prise en compte des

1. « Celui qui vient par l'aide des riches à être Prince se maintient avec plus grande difficulté que celui qui le devient par la faveur du peuple. Car se trouvant Prince au milieu des autres qui lui semblent ses égaux, il ne les peut ni commander ni façonner à sa guise. Mais celui qui parvient à la Principauté avec la faveur du peuple, il se trouve tout seul et n'a personne ou très peu à l'entour de lui qui ne soient prêts à lui obéir. Outre qu'on ne peut honnêtement et sans faire tort aux autres contenter les grands, mais certes bien le peuple : car le souhait du peuple est plus honnête que celui des grands, qui cherchent à tourmenter les petits, et les petits ne veulent point l'être. »

2. Ce qui n'exclut nullement, bien sûr, la raison, qui peut être chez certains une passion comme une autre...

« rapports de forces », comme dit à juste titre André. Pas davantage, faut-il le dire, comme un retour vers les figures repoussantes du théologico-politique. Mais, ainsi que je le suggère depuis le début de nos réunions, avec l'idée que le sacré s'est incarné dans l'humanité elle-même et que cette transcendance dans l'immanence qui se manifeste dans la société doit enfin être prise en compte par l'État. Une politique de l'amour, en deux sens, donc, ou, si l'on veut, avec une double dimension : d'une part, parce que le passage du sens dans la sphère privée fait que certains domaines, qui jadis n'appartenaient pas à la politique, y ont été intégrés selon les modalités que j'ai évoquées tout à l'heure. Tout peut être politique, du moment que la majorité en décide ainsi. Mais aussi, sur un versant plus subjectif, parce que des motivations nouvelles apparaissent, qui ne sont pas toujours réductibles, loin de là, aux objectifs éventuellement fixés par la simple raison. Il faut enfin cesser de confondre sans cesse les objectifs souhaitables et les motivations possibles. L'euro, pour donner un exemple qui me semble assez parlant, appartient peut-être à la première catégorie, assurément pas à la seconde. Et faire le lien entre les deux, entre les fins visées par l'État et les mobiles acceptables par le peuple, n'est pas une mince affaire. C'est pourtant toute celle d'un art politique bien compris.

J'ai bien conscience qu'une part non négligeable du *travail* politique porte (ou devrait porter, quand la communication et les affaires partisanes en laissent le temps) sur des « dossiers techniques », des questions ardues dont les passions, démocratiques ou non, sont largement absentes a priori. Souvent, ils requièrent plutôt le courage et la lucidité de la froide raison, j'en conviens volontiers, et il serait aussi absurde que vain de le nier. Mais c'est ici du sens même de cette technicité que je parle, non d'elle en tant que telle. Pour donner, là encore, un exemple simple : la crise dramatique qui affecte aujourd'hui l'apprentissage de la lecture est à bien des égards un problème d'une technicité redoutable. Je l'ai dit l'autre jour : près de 10 p. 100 des enfants qui entrent au collège ne savent pas déchiffrer ! Environ 35 p. 100, qui s'ajoutent aux premiers, « maîtrisent tout juste les fondamentaux », comme on dit pudiquement dans le jargon des ministères. Le phénomène est incroyablement difficile à cerner, et plus encore à interpréter. Il met en jeu des variables innombrables, pédagogiques, syndicales, politiques, et son « traitement » public s'avère aussi dangereux qu'un maniement d'explosif. Pourtant, derrière cet écran politique, la société civile souffre et, au sens propre, se passionne. Car l'échec en lecture se traduit presque toujours par un échec scolaire généralisé et ce dernier ne manque pas d'engendrer dans les familles une considérable quantité de malheurs et d'angoisses, mais aussi d'espoirs. L'intérêt pour le sort des enfants appartient de plain-pied aux passions démocratiques. Il est directement lié à l'histoire de la famille moderne. Seule une juste compréhension des passions qu'il met en jeu permettrait de trouver les forces nécessaires à son règlement politique. C'est l'exemple même d'un problème d'ampleur nationale qu'il appartient à l'État de prendre en charge *parce qu'il* trouve sa dimension réelle dans la sphère privée.

Tous ces exemples, bien sûr, ne valent que ce qu'ils valent. Je n'ai aucune illusion sur les difficultés réelles de mise en œuvre de ce que j'appelle ici une « politique du sentiment », comme on dit une « esthétique du sentiment » – ce qui ne veut nullement dire « sentimentale », ni n'exclut, évitons de faux procès, la prise en compte rationnelle des enjeux et des rapports de forces. J'ai simplement la conviction que c'est désormais dans l'articulation de la sphère publique sur la sphère privée que se retrouveront de grands desseins, et non, Dieu merci, dans l'improbable et funeste réactivation de quelque utopie de derrière les fagots.

Débat

Passions communes et intérêts

André Comte-Sponville

Ce que tu appelles les « passions démocratiques » recouvre, pour une part, ce que je nomme les « intérêts ». Nous ne croyons ni l'un ni l'autre que l'on réhabilitera la politique en sacrifiant toujours plus au discours technocratique ou en ajoutant quelques louches d'angélisme ou de bons sentiments. Il faut au contraire s'appuyer sur ce qui meut les hommes dans leur existence collective, et spécialement, c'est vrai, sur les passions communes. Lesquelles ? Le désir de bien-être, la peur, mais aussi, tu as raison, l'amour des proches et spécialement l'amour de nos enfants. Dont acte. Mais tout cela relève évidemment de ce que j'appelle l'intérêt. Ce n'est pas le contraire de l'égoïsme : c'est un égoïsme élargi à la dimension de la famille.

Cela dit, je t'accorde qu'il y a aussi une marge de générosité, de compassion, d'exigence de justice, de « sympathie universelle », comme disait Tocqueville. Personnellement, je parlerais plutôt de compassion – voyez l'humanitaire –, laquelle est une passion commune par définition et par étymologie. Simplement, la sympathie universelle me paraît jouer un rôle moins important que la quête du bien-être et de la sécurité...

Luc Ferry

Qui prétend le contraire ? Mais je préférerais ne pas recommencer la discussion sur la nature « essentielle » de nos

« intérêts » (égoïstes ? altruistes ?) parce qu'elle conduit d'évidence à une impasse : qui peut affirmer en toute certitude que, derrière la « compassion », ne se cachent pas à nouveau des intérêts inavouables, inconscients, etc. Kant disait lui-même qu'il n'était pas certain qu'un seul acte désintéressé ait jamais existé en ce monde. Mais, à l'inverse, qui pourrait démontrer stricto sensu que toute générosité est forcément « intéressée » ? C'est tout notre débat sur la liberté qui resurgit ici, sur la faculté de s'arracher ou non aux déterminations naturelles, particulières, et je crois qu'il est inutile de le reprendre dans le contexte de la politique. Car à ce niveau, qui concerne les rapports extérieurs entre les hommes et non leurs motivations intimes, on peut se contenter d'en rester à la simple description des comportements. C'est pourquoi je préfère parler, à la suite de Tocqueville, de « passions démocratiques » plutôt que d'intérêts ou de compassion. Car ce qui me semble nouveau et intéressant dans l'affaire, c'est que nos sentiments ont été pour ainsi dire structurés par une histoire qui, tant bien que mal, conduit depuis deux siècles vers une certaine pacification des mœurs. Au fond, ce qui caractérise nos démocraties, c'est que les questions morales les plus élémentaires y sont au niveau des principes à peu près réglées : nous vivons assurément un consensus autour des droits de l'homme et, même lorsque nous dénonçons les inégalités qui subsistent ou s'accroissent parfois, nous le faisons au nom d'un accord de principe sur l'égalité, le respect de l'autre, etc. Qu'on me comprenne bien : je ne dis pas que tout va pour le mieux dans le meilleur des mondes, mais que ce n'est plus sur les grands principes éthiques que la droite modérée et la gauche démocratique aujourd'hui s'opposent. Les passions démocratiques leur sont devenues à très peu de chose près communes. C'est dans cette perspective qu'un certain machiavélisme me paraît plus que jamais d'actualité. Réinterprété comme je le propose, il me semble suggérer un nouvel art politique, une chance de redonner un sens à la politique avant qu'il ne soit trop tard et que le désenchantement démocratique ne se transforme en cauchemar.

André Comte-Sponville

Un machiavélisme inversé ? Pourquoi pas ? Mais à condition de ne pas oublier ce qu'il y a de vrai et d'indépassable dans le machiavélisme premier, je veux dire dans ce qu'a effectivement écrit Machiavel ! Tu dis qu'il faut ajouter des passions positives, et j'en conviens. Tu proposes l'amour. Mais l'amour de qui, de quoi ? L'exemple que tu prends ordinairement, c'est l'amour de nos enfants, et tu as raison : si nous faisons de la politique, c'est un peu par intérêt, un peu par peur, mais surtout parce que nous nous préoccupons de l'avenir de nos enfants. Mais, précisément, c'est l'amour de nos enfants et non l'amour de l'humanité en général ! Si l'on mettait au même plan les soucis des petits Français et les soucis des petits Africains, le budget français serait changé du tout au tout. Au lieu de dépenser 95 p. 100 pour les Français et 5 p. 100 pour les autres, on ferait l'inverse, parce qu'on proportionnerait les dépenses au nombre et au malheur des individus concernés... Il n'en est évidemment pas question. Pourquoi ? Parce que, à ce compte-là, on serait sûr de ne jamais gagner aucune élection : c'est donc qu'on aurait renoncé à prendre ou à garder le pouvoir, et donc à faire vraiment de la politique.

Une universalisation des intérêts

LUC FERRY

Que nous soyons nationalistes est une chose, que nous devions toujours l'être, et dans cette proportion, en est une autre qui ne me semble pas aller de soi. Mettons les choses au point. Lorsque je parle ici d'amour, d'une politique de l'amour, je ne vise évidemment pas le sentiment intime et personnel – ou du moins pas seulement – mais l'*institution social-historique* de la famille moderne. Et c'est là qu'il y a peut-être une différence d'intonation entre nous, sur laquelle je voudrais revenir un instant. Tu as souvent dit et écrit, c'est un de tes thèmes favoris, que nous avons la morale parce que nous n'avons pas l'amour. Ton argumentation, qui me semble forte, est en substance la suivante : dans notre vie, nous parvenons tout au plus à aimer concrètement dix, quinze, vingt personnes peut-être, mais enfin guère plus. Pour les autres – qui sont encore quelques milliards ! –, il vaut mieux compter sur la loi, morale et juridique, qui nous invite, voire nous oblige à les traiter plus ou moins comme nous le ferions naturellement si nous les aimions. D'où ta formulation de l'impératif catégorique : « Agis comme si tu aimais. » Pour l'essentiel, je trouve que tu as raison. Sauf sur un point, où tu es curieusement plus kantien que moi : ce n'est pas seulement par la loi que nous parvenons à l'universel, au respect de l'autre, mais aussi par la *sympathie*. Sans l'avènement *historique* de passions démocratiques liées à la naissance, elle aussi *historique*, de la famille moderne, j'ai la conviction que l'humanitaire, et toute cette compassion, que tu évoques toi-même, n'auraient jamais vu le jour. En d'autres termes, l'amour de ses enfants, de ses parents, bref, de sa famille, ne conduit nullement, comme on le dit d'ordinaire, à un simple repli égoïste sur la seule sphère privée, à un souci exclusif du cocon familial, mais il nous permet de comprendre et, en un sens, de participer au « malheur des autres » d'une manière plus concrète, plus réelle, donc, le cas échéant, plus motivante. Et cela pose un vrai problème, politique à mes yeux, qui me frappe à propos de ce qui se passe en Algérie, par exemple. Tout à la fois, nous ne faisons rien, ou pas grand-chose (un peu d'agitation médiatique dans le meilleur des cas), et en même temps nul d'entre nous n'est vraiment indifférent. Je suis sûr que si nous avions le sentiment de pouvoir faire quelque chose nous le ferions, mais en tant qu'individus privés nous ne pouvons à peu près rien faire d'utile. Voilà où je voulais en venir : c'est à la politique, non aux individus isolés, d'organiser les passions démocratiques, les sentiments positifs. C'est à elle d'ouvrir des voies, de proposer des actions, voire des solutions, car elle seule a le pouvoir de le faire. Je ne dis pas que c'est sa seule tâche, tant s'en faut, mais elle est essentielle, et tout le discours sur « les intérêts et les rapports de forces », sur le souci exclusif de la nation l'en détourne, à tort, il me semble... Très franchement, quand j'apprends que quatre enfants algériens ont été hier torturés à mort devant leurs parents, cela me touche exactement autant que s'ils étaient français. Bien sûr, la responsabilité de notre gouvernement n'est pas la même dans les deux cas, et sur ce point tu as évidemment raison de dénoncer les angélismes et les bons sentiments, mais elle n'est pas nulle pour autant...

MAREK HALTER

Tu veux introduire l'amour dans la lutte contre Le Pen ? Pour ma part, je le répète, je fais davantage confiance aux principes, à la Loi...

Je suis persuadé que la Loi, si elle est appliquée par tous, régule plus sûrement les rapports entre les individus que l'amour, qui est à l'origine de bien des conflits.

LUC FERRY

Attends ! Je ne suis pas en train de faire une apologie de la connerie en politique ! Je parle de *machiavélisme* inversé : Machiavel compte là-dedans autant que l'inversion ! Et qui a dit que, face à Le Pen, face au fascisme et au nazisme, il fallait renoncer à faire la guerre au nom des principes ? Qu'il lève le doigt ! Personne... Cela dit, je constate que les principes moraux opposés à Le Pen depuis quinze ans n'ont pas freiné son irrésistible montée en puissance et l'ont même, très probablement, accélérée. Voilà pourquoi je propose d'opposer des passions à des passions, plutôt que de s'en tenir toujours aux seuls principes dont la mise en avant ne sert à rien dans la lutte politique, voire, s'avère nuisible au final. Sur ce point je suis plutôt d'accord avec André.

La politique est l'art des moyens, non des fins

ANDRÉ COMTE-SPONVILLE

Je ne crois pas du tout que la réduction de la politique à la technique se caractérise, comme le prétend Luc, par le fait qu'on ne s'occupe plus des fins mais seulement des moyens. Bien au contraire : le choix des moyens est la chose la plus politique du monde. Quand vous dites que les fins c'est le bonheur, la justice, la paix et la liberté, vous n'avez pas encore prononcé un seul mot de politique. Il ne s'agit pas de dire qu'on est contre le chômage, il s'agit de dire *comment* on va le faire reculer. Il ne s'agit pas de dire qu'on est pour le bonheur, le bien-être, la justice, la liberté... Il s'agit de dire *comment* on va les atteindre ou s'en approcher.

Prenons l'exemple des dernières élections législatives. Personne n'était pour le chômage ! La droite et la gauche s'opposaient moins sur les fins que sur les moyens : flexibilité, comme le voulait la droite, ou réduction du temps de travail, comme le proposait la gauche ? Et c'est sur l'efficacité de ce moyen que la gauche, désormais, sera jugée. C'est bien ainsi. Il est trop commode d'en appeler toujours à des fins généreuses, que personne ne conteste, pour camoufler l'échec plus ou moins lamentable des moyens mis en œuvre...

Les passions communes peuvent-elles encore faire naître de grands desseins ?

LUC FERRY

Ton objection repose ici sur un simple malentendu. Où ai-je laissé supposer que la politique devait écarter la considération des moyens ? À l'évidence, elle est avant tout un art d'exécution et nul n'en doute, en tout cas pas moi. Cela signifie-t-il pour autant qu'elle puisse faire l'économie de toute considération des fins et se réduire à une pure technique ? J'en doute, et c'est seulement ce doute que je voulais expliciter en évoquant les raisons historiques et philosophiques qui ont conduit à une technicisation forcenée. Quand je dis que le machiavélisme aujourd'hui devrait réancrer la politique dans les passions communes positives (au lieu de s'appuyer exclusivement sur la haine et la peur), je retrouve à un autre niveau la problématique de la transcendance dans l'immanence, puisque l'altruisme est envisagé ici du point de vue humain, du point de vue des passions. Il faudrait à cet égard distinguer trois grands moments – ce sont plus des « types idéaux » que les étapes d'une histoire – qui correspondent au processus de sécularisation dont j'ai esquissé l'analyse dès le début de nos rencontres.

Le moment du théologico-politique, où la référence au sacré est d'autant plus frappante qu'il paraît imposer, pour ainsi dire de l'extérieur, son ordre aux affaires humaines...

ANDRÉ COMTE-SPONVILLE

Mais ce n'était qu'une apparence ! « Tout pouvoir vient de Dieu », disait-on en effet. Mais il ne faut quand même pas être trop naïf sur la vérité de cette maxime, dont j'ai tendance à penser qu'elle relève de ce que Marx appelait l'idéologie, c'est-à-dire la justification dans le discours (en l'occurrence théologique) de pouvoirs et d'intérêts tout à fait pratiques et séculiers. Le pouvoir n'est jamais venu de Dieu ; il s'est exercé au nom de Dieu mais toujours, me semble-t-il, pour défendre les intérêts de tel ou tel camp. D'ailleurs, chez les penseurs chrétiens les plus pénétrants, notamment chez saint Augustin et Pascal, le pouvoir n'a pu exprimer une éventuelle volonté de Dieu (pour ceux qui y croient) que par la médiation des égoïsmes. Dans *La Cité de Dieu*, saint Augustin a une belle formule : « Deux amours ont fait deux cités : l'amour de soi jusqu'au mépris de Dieu, la cité terrestre ; l'amour de Dieu jusqu'au mépris de soi, la cité céleste. » Autrement dit, ce qui règne ici-bas et ce qui s'exprime dans l'État, ce n'est pas du tout Dieu ni l'amour de Dieu ; c'est plutôt l'amour de soi jusqu'au mépris de Dieu. C'est ça, la politique ! On fait de la politique parce qu'on *n'est pas* dans le Royaume. Pascal explique, dans les *Pensées*, que « la concupiscence fait comme un tableau de la charité ». Mais il ajoute : « Ce n'est que leurre », parce que au fond il n'y a que l'égoïsme. Bref, le théologico-politique n'était qu'une idéologie, même si le propre de l'idéologie, c'est qu'on y croit. Ce n'est pas du mensonge, ni une ruse, mais ça relève quand même de l'illusion.

LUC FERRY

Tu as raison, mais qui dit le contraire, à part les fondamentalistes ? Le point important n'est pas de savoir si le fondement divin que revendiquait alors le pouvoir relevait de la vérité, de l'illusion ou même de la manipulation : l'essentiel est qu'il produisait – et qu'il produit encore dans certaines régions du globe – ses redoutables effets dans un dispositif politique où la transcendance « véritable » occupe le rôle principal. Un deuxième moment de sécularisation s'est incarné dans les utopies et les grands desseins. Si l'on ne voit pas dans le marxisme une sécularisation du modèle explicitement religieux de la période précédente, on ne comprend pas comment il a pu devenir, bien que matérialiste, une « religion de salut terrestre ». Quand j'évoque un troisième moment – ce machiavélisme qui consisterait à adosser la politique *aussi* à des passions positives –, on retrouve entre nous le même désaccord que d'habitude : je continue de penser que, dans ces passions communes, il y a de nouvelles formes de rapport à la transcendance. Par exemple, dans l'amour des proches, il n'y a pas simplement des passions ou des sympathies égoïstes au sens où les empiristes anglais ont pu les décrire. Il y a là même davantage que la simple compassion dont tu parlais tout à l'heure, davantage que cette « sympathie universelle » dont tu faisais mention comme un correctif apporté à Marx en disant que tu étais moins pessimiste que lui.

Enfin, le grand problème est de savoir comment introduire la vérité dans l'espace public : c'est la grande affaire de la politique. Il faut paradoxalement être machiavélien pour acquérir le droit de dire la vérité dans l'espace public. C'est comme si l'on achetait des capacités à être plus vrai en étant suffisamment machiavélien pour obtenir la confiance des citoyens. Quand je plaide en faveur du machiavélisme, c'est parce qu'il me paraît le seul moyen d'obtenir suffisamment la confiance des individus pour acquérir le droit, très difficile, très coûteux, très précaire et très risqué, de dire un peu plus de vérité qu'aujourd'hui.

CLAUDE CAPELIER

« Réhabiliter les intérêts », « faire appel aux passions positives », cela suppose que l'on intègre au débat et à l'action politiques des préoccupations en partie nouvelles dont certaines, au moins, appartenaient jusqu'alors à la sphère privée. Trois exigences en résultent, me semble-t-il : compléter nos institutions par des formes inédites de représentation, pour mieux répondre aux « passions » qu'il s'agit de promouvoir ; enrichir les enjeux politiques traditionnels de perspectives originales qui puissent transformer en ambitions collectives des aspirations jadis réputées individuelles ; inventer d'autres manières de révéler ou de réguler des conflits plus complexes ou moins prévisibles. J'ai bien compris les réticences d'André à traiter des questions qui lui semblent excéder la philosophie proprement dite, mais il me semble que la discussion gagnerait beaucoup en précision si vous donniez au moins des exemples de ce que vous envisagez dans ce domaine.

Je me demande, d'ailleurs, si vous ne réduisez pas exagérément l'expression politique des « passions communes » à la confrontation d'arguments rationnels. J'ai l'impression que l'on sous-estime trop souvent la fécondité politique... de la connerie ! Je sais bien que ce genre d'aphorisme se retourne facilement contre son auteur, mais, après tout, les premiers socialistes, les premières féministes, les premiers écologistes ont souvent soutenu des théories assez fumeuses et ça n'a pas empêché qu'ils mettent, avant tout le monde, le doigt sur des problèmes essentiels, voire sur certaines solutions prometteuses.

On rejoint ici un thème déjà abordé à propos de la « beauté moderne » : toute la difficulté est de *faire droit*, politiquement, à des aspects de l'existence humaine jusqu'alors exclus de notre représentation de la vie collective sans, pour autant, mettre en danger le fragile équilibre des garanties démocratiques.

LUC FERRY

Tout ce que tu dis là me semble juste, notamment quant au rôle de la bêtise dans l'histoire, auquel Aron a consacré l'une de ses dernières conférences à Ulm. Une bonne part de l'histoire des mouvements écologiques pourrait illustrer ce propos : impossible de nier leur apport, même lorsqu'ils s'appuyaient sur les idéologies les plus absurdes (la *deep ecology* en particulier !). S'agissant de prendre mieux en compte les « passions positives », je donnerai deux exemples, celui de l'écologie, justement, et celui de l'école. Mais, tu as raison, il reste à inventer des modalités institutionnelles, organisationnelles du débat public.

Ce qui me frappe toujours, avec l'écologie, c'est, comme je l'ai déjà dit, que les principaux acteurs de l'affaire n'ont pas intérêt à la vérité, les « pour » aussi bien que les « contre ». Les mouvements écologistes vivent en permanence du catastrophisme ; les journaux aussi, pour les mêmes raisons (l'audimat) ; les politiques sont trop souvent victimes de la démocratie d'opinion qui les oblige eux aussi à faire plutôt des « coups médiatiques » que des actions à long terme ; et les industries, qui donnent de plus en plus dans la « communication verte », ne disent la plupart du temps que ce qui les arrange : E.D.F. n'est devenue militante anti-C.F.C. (gaz à effets de serre) que pour défendre les centrales atomiques contre le charbon. On a là le modèle même d'un problème de fond (le « développement tenable ») qui touche à peu près tous les citoyens, qui touche la passion commune la plus puissante aujourd'hui, celle du bien-être, à quoi répond, dans l'espace public, une absence quasi totale de vérité, voire l'impossibilité que la vérité apparaisse. L'argument est bien connu dans la sophistique : même si elle apparaissait par hasard, on ne saurait pas si c'est la vérité ou non ! C'est là l'expérience que nous faisons à chaque débat télévisé sur l'effet de serre, le trou d'ozone, etc. : nous entendons des discours totalement contradictoires et, une fois le poste éteint, nous n'avons aucune idée de ce qui est vrai ou faux, encore moins de ce qu'il conviendrait de faire ! D'où, au final, un total désintérêt pour des questions pourtant cruciales... C'est la raison pour laquelle j'ai proposé la création d'un comité scientifique sur l'écologie, chargé d'organiser le débat public en commençant par nous dire quelles sont les questions qui sont à coup sûr de vraies questions, celles qui à coup sûr n'en sont pas, et celles pour lesquelles les scientifiques eux-mêmes sont partagés... J'ai failli réussir, et je raconterai un jour les difficultés que j'ai rencontrées dans cette voie sur le plan politique. Mais, en tout cas, le principe me semble toujours, et même plus que jamais, tout à fait pertinent.

Le deuxième exemple, c'est celui de l'illettrisme, que j'ai déjà évoqué... Je suis convaincu que, là aussi, il faudrait organiser un débat public afin que l'opinion soit, au sens philosophique, mieux « informée »... Car on sait très bien que l'illettrisme, ce n'est pas simplement des chiffres, une catastrophe économique ou politique future pour la nation ; c'est aussi une somme de malheurs considérable dans les familles. Sur ce type d'exemple, on voit très bien comment un art politique permettrait de dépasser les blocages sociologiques sur lesquels les politiques sont infiniment trop rivés. La marge de manœuvre est, ici, plus grande qu'on ne l'imagine d'ordinaire.

Politique et conflit

ANDRÉ COMTE-SPONVILLE

Ton dernier exemple me laisse perplexe. L'illettrisme, en tant que tel, est-il un problème politique ? Où sont ici les adversaires ? Qui est pour l'illettrisme ? Qui a intérêt à le maintenir ? J'ai tendance à penser, comme Carl Schmitt, qu'une question politique se reconnaît au fait qu'on y trouve des amis et des ennemis. Tant qu'il n'y a ni amis ni ennemis, ce n'est pas encore de la politique. Cela ne veut pas dire qu'un homme politique n'ait pas à s'emparer de l'illettrisme, qui est évidemment un enjeu national ; mais cela signifie que la politique se situe au niveau où le conflit va apparaître. Par exemple, faut-il augmenter de 20 p. 100 le budget de l'Éducation nationale ? Et comment ? En augmentant les impôts ? En diminuant le budget de la Défense ou de la Santé ? Les militaires ne seront pas d'accord, les médecins ne seront pas d'accord, les contribuables ne seront pas d'accord ! Là, on a des ennemis : on est entré sur le terrain politique. Autre exemple : faut-il imposer aux enseignants, contre leur volonté, une prolongation de l'année scolaire ? À nouveau, on a des ennemis ; c'est donc une question politique. Je ne dis pas que les gouvernements ne doivent pas s'occuper de l'illettrisme ; je dis que le combat contre l'illettrisme, qui peut être un combat pédagogique, un combat social, un combat humanitaire, etc., n'est un combat proprement politique que lorsqu'il devient l'enjeu d'un conflit...

LUC FERRY

... C'est-à-dire tout de suite, je te rassure ! Je suis assez surpris que tu puisses dire cela car il n'est peut-être pas de sujets plus conflictuels aujourd'hui que ceux qui touchent à l'école et, tout particulièrement, à l'illettrisme qui suscite des querelles d'une invraisemblable vivacité – sur le diagnostic lui-même (ce fameux niveau qui monte ou qui baisse ne laisse décidément personne indifférent !), sur ses causes (techniques, sociologiques, culturelles), sur les remèdes à apporter, etc. C'est donc bien, même au sens où tu l'entends, l'exemple archétypique d'un sujet politique : tout à la fois une question qui vient de la société civile et que l'État doit prendre en charge en raison de son ampleur, mais aussi une question au plus haut point polémique, qui met en jeu des intérêts et des convictions diamétralement opposés, et dont la solution pourrait engager le cas échéant des sommes considérables... Bien sûr, tout le monde est contre l'illettrisme, mais ce que tu dis vaudrait autant pour le chômage : tout le monde est contre, et qui nierait pour autant que ce soit un sujet politique !

ANDRÉ COMTE-SPONVILLE

Peut-être. Reste que pour en faire un combat politique il faut laisser surgir les conflits !

On pourrait multiplier les exemples. Prenons celui de la Sécurité sociale. Que les médecins veuillent défendre la santé, nul n'en doute et nul ne songe à le leur reprocher. Mais qui peut croire qu'un gouvernement démocratique soit contre ? Tant qu'on en reste à un discours général sur l'importance de la santé et de la rigueur budgétaire, on ne fait pas avancer le débat politique, et pas davantage quand on s'enferme dans des polémiques stériles où chacun caricature les positions de l'autre. En revanche, quand on défend des priorités, des choix, quand on propose des alternatives crédibles, c'est là qu'on fait de la politique.

En matière d'Éducation nationale, c'est pareil. C'est très bien d'invoquer le droit des enfants, l'invention de l'avenir, l'amour du savoir et de la culture... Mais qui est contre ? Ce ne sont que des phrases creuses si on n'assume pas les intérêts – et les conflits d'intérêts – de telle ou telle corporation. Rien ne garantit, rien ne rend vraisemblable que les enseignants aient toujours les mêmes intérêts que le reste de la nation, ou même que leurs élèves. On sait bien, au fond, que ce n'est pas vrai. La politique doit-elle être toujours du côté des élèves ou toujours du côté des profs ? Ni l'un ni l'autre ! On va choisir en fonction des rapports de forces, en fonction des priorités, on va chercher un point d'équilibre, etc. Sur les intérêts, on peut discuter, négocier, évaluer des rapports de forces, trouver des compromis... Cela vaut mieux que de discuter à l'infini de valeurs que personne ne conteste.

Je crois comme Luc qu'en politique on a le droit de mentir, à condition que ce soit une façon de faire passer le plus de vérité possible. Sinon, le mensonge se retourne contre vous et, ce qui est plus grave, contre l'idée même de politique. Il est certain que Chirac paie le coût d'une campagne présidentielle complètement mensongère ou complètement illusoire. Mais Balladur paie celui, peut-être, de n'avoir pas su mentir suffisamment... Jospin ? On va voir...

Quant au sacré, tu te doutes que je reste un peu réticent... Si la politique avait affaire au sacré, il faudrait mettre tous les hommes sur le même plan, ou servir les plus malheureux d'abord. Nous en sommes loin ! Regardez la place, dans le débat politique, de l'invraisemblable souffrance de l'Afrique, le peu que nous faisons, que nous sommes prêts à faire... Je dirai plutôt que la politique, dès lors qu'elle renonce au théologico-politique et aux grandes utopies, est désacralisée, laïcisée, banalisée. Face à quoi j'avoue être partagé entre deux sentiments : un peu de nostalgie pour nos enthousiasmes de jeunesse, c'est vrai, mais aussi un peu de satisfaction quand je pense au chemin accompli, parce que moins de dogmatisme et de religiosité, c'est aussi plus de lucidité, plus de maturité, peut-être plus d'efficacité.

Il ne me semble pas que, dans les années qui viennent, la politique puisse redevenir la passion principale des Français : le moment ne s'y prête pas et l'on n'a jamais, collectivement, que les passions que l'époque autorise. Plutôt que de vouloir sauver la politique par le sacré, peut-être serait-il plus raisonnable d'accepter qu'elle ne soit que profane. La politique n'est pas, ou n'est plus, une hiérophanie ni une sotériologie : le sacré comme le salut sont sortis de son champ. Faire de la politique, et il le faut, c'est essayer d'instaurer, plutôt que la guerre des égoïsmes, leur cohabitation harmonieuse, intelligente, mutuellement avantageuse. Plutôt que de rêver d'un État qui nous rendrait bons (c'est la tâche de la morale, pas de la politique !), laissons la bonté à la charge des individus et demandons à l'État de nous aider à être égoïstes plus intelligemment, de façon plus paisible, plus performante, plus solidaire : par exemple, parce que c'est évidemment notre intérêt à tous, de faire reculer le chômage, de combattre l'illettrisme, de maintenir une bonne qualité de soins, d'aider le tiers-monde et, si possible, de baisser nos impôts ! Ce n'est pas exaltant ? Sans doute ; mais où as-tu vu que la politique devait être toujours exaltante ? Cela ne remplace ni la religion ni la sagesse ? Bien sûr ! Mais religion ou sagesse ne tiennent pas lieu non plus de politique.

LUC FERRY

Sur le droit de mentir, je dirai plutôt : de ne pas dire toute la vérité, car c'est parfois impossible, voire nuisible à l'intérêt général. Quant au rapport à ce que je nomme le sacré à visage humain, je suis convaincu que la politique ne pourra s'en passer à l'avenir, pas plus que de l'art, sauf à se réduire définitivement à une simple gestion des affaires. Par ailleurs, je t'ai toi-même entendu dire, je ne sais plus dans quelle conférence, que l'apathie politique dont on nous rebat les oreilles était un mythe, et j'en suis d'accord. Ceux qui ont donné dans les grandes utopies ont effectivement le sentiment que c'est moins drôle aujourd'hui qu'il y a vingt-cinq ans, c'est clair. Comme je n'ai jamais partagé leurs croyances, je n'ai pas la gueule de bois mal dégrisée des lendemains de grands soirs qui n'ont pas tenu leurs promesses. N'étant pas tombé du ciel, je ne suis pas déçu par l'échec des politiques économiques keynésiennes, je ne trouve pas non plus que la montée des engagements humanitaires ou des actions collectives de solidarité soit toujours dérisoire... Dans la société civile, beaucoup de gens ont envie de faire quelque chose d'utile, de « bien », tout simplement. Tu disais : ils n'ont qu'à donner à l'Afrique. Hélas, ce n'est pas aussi simple ! Quand a été publié ce gros livre rouge répertoriant toutes les organisations humanitaires dans lesquelles on pouvait agir, le catalogue des centaines d'associations caritatives, préfacé par Kouchner, les jeunes gens qui leur téléphonaient recevaient souvent comme réponse : « Êtes-vous infirmier ou médecin ? Non, alors, désolé, on n'a pas besoin de vous ! »

ANDRÉ COMTE-SPONVILLE

Ça n'empêche pas de donner de l'argent...

LUC FERRY

Oui, mais à qui ? À Crozemarie, pour se faire escroquer ? À Médecins sans frontières, pour se faire traiter de crétin ? À force de me faire pratiquement insulter par ses principaux leaders à chacune de leurs publications j'ai fini par arrêter ! Si on me répète indéfiniment que je suis un imbécile animé de pseudo-bons sentiments, donc un âne politique, que faire un chèque est un acte en vérité abject qui consiste à soulager à bon compte un sentiment de culpabilité, une collaboration à la « charité-business » et médiatique qui confond morale et politique, qui sert tout juste d'alibi à l'inaction, voire aggrave la misère du monde en faisant durer les conflits, etc., et qu'en plus ça ne sert à rien parce que, sur place, ils ont déjà trop d'argent et ne savent pas quoi en faire, je ne vois pas pourquoi je continuerais à leur faire un chèque ! Je plaisante à peine et le fait est qu'une aspiration sociale multiforme à participer aux actions de solidarité ne trouve pas, aujourd'hui, les prolongements collectifs qui pourraient la valoriser réellement. Tout le monde – à commencer par les principaux leaders de M.S.F. – se moque de l'humanitaire, déclare que ce n'est pas une politique, que c'est intégralement bidon, médiatique, frelaté... C'est pourquoi je crois qu'un ministère de l'Humanitaire devrait organiser la solidarité privée : c'est la chose la plus utile qu'il pourrait faire, dans son domaine. Ce serait mille fois plus utile en tout cas que d'aller faire telle ou telle opération de prestige à l'autre bout du monde alors que, on le sait très bien aujourd'hui, les agences privées le font tout aussi bien, sinon mieux, et avec beaucoup plus de moyens. Cette proposition apporte un autre élément de réponse à la question que posait Claude.

De même, c'est à l'État d'organiser son désengagement. Comme beaucoup, sans être un libéral forcené, je suis bien obligé d'en venir à la conclusion que les causes du chômage sont liées à la lourdeur de l'État-providence qui augmente le coût du travail. C'est donc à l'État d'organiser pour ainsi dire son propre désengagement après un débat public où chacun devrait pouvoir choisir non pas entre deux propositions démagogiques, l'une bonne et l'autre mauvaise, comme toujours, mais entre deux inconvénients. C'est ça la politique, en effet, comme l'avait vu Max Weber : non pas le choix entre le bien et le mal, entre une voie qui conduit au bonheur et à la liberté tandis que l'autre mènerait fatalement au malheur et à l'asservissement. S'il s'agissait d'une telle alternative, comme l'idéologie communiste et, avec elle, tous les fantasmes d'une « autre politique » l'ont fait croire pendant des décennies, le problème politique serait simple. Mais, comme dans la guerre, il s'agit presque toujours de choisir... entre des « solutions » qui sont toutes plus ou moins mauvaises, plus ou moins difficiles, dont aucune n'est sans inconvénient. Voilà pourquoi elle est d'abord et avant tout le lieu du « tragique », du conflit, comme le disait André à juste titre, mais d'un conflit dont rien ne permet d'assurer, tout au contraire, qu'il possède toujours une solution évidente et heureuse dont le choix serait seulement rendu impossible par une classe ou une caste corrompue et malveillante. C'est de cette imagerie que nous sortons, lentement, difficilement, mais au bénéfice de la seule chose qui vaille en l'occurrence, André ne me contredira sans doute pas sur ce point : le réel !

CONCLUSION

Entre sciences et cultures : à quoi sert la philosophie contemporaine ?

Nous avons tenté, dans ce chapitre conclusif, de proposer chacun notre définition de la philosophie, entre sciences et cultures, de faire aussi le bilan de ce qui nous relie et nous sépare. Sur le premier versant : un même attachement à l'héritage des Lumières et de la Révolution française, un même rationalisme, autant que faire se peut soucieux de clarté et d'argumentation, un même rejet des formes traditionnelles du théologico-éthique ou politique, une même conception du droit et de la morale appliqués. Pour le reste, nous sommes séparés par deux conceptions de l'absolu (immanent ou transcendant ?), par deux conceptions de l'homme (naturel ou « surnaturel » ?), par deux conceptions de la liberté (processus de libération ou faculté de choix ?), et, finalement, par deux conceptions de la sagesse (dire « oui » au monde en se déprenant de soi, ou bien individuer *le moi en se déprenant du monde ?)... Au final, nous nous accordons pour penser que le fin mot de la sagesse est l'amour ; mais il s'entend en plusieurs sens selon qu'il porte d'abord sur le monde ou d'abord sur la vie commune des êtres humains. L'amour nous ouvre-t-il à la transcendance* de l'autre, *ou bien à l'immanence* de tout *? Il se pourrait que l'un et l'autre de ces deux moments soient nécessaires, et c'est ce que nous avons voulu, lors de notre dernier débat, explorer.*

Entre sciences et cultures : à quoi sert la philosophie contemporaine ?

André Comte-Sponville

En 1931, en Allemagne, Jean Cavaillès demande à rencontrer Husserl, qui accepte. L'entrevue a lieu près de Fribourg. Voici le récit qu'en fait, dans une lettre, celui qui sera fusillé par les Allemands treize ans plus tard.

> « Son orgueil a quelque chose de touchant et d'un peu triste. Il s'est comparé à Galilée et Descartes : “ *Dans cinquante ans, peut-être seulement cent ans... – je ne veux pas exagérer –, il n'y aura plus qu'une seule philosophie étudiée, la phénoménologie, et tous les scientifiques commenceront par là avant leurs travaux spéciaux car, en tant que sagesse universelle, elle doit donner le fondement de toutes les sciences. Ce qu'elle a fait jusqu'ici est d'ailleurs ridiculement petit – mais ce n'est qu'une question de temps et de patience. Mais il faut choisir : de même qu'au temps de Galilée on ne pouvait prendre un brin d'alchimie et un brin de physique moderne.* ” Et cette sévérité m'a fait de la peine. À la fin, comme avec une cruauté inconsciente, je lui demandais les professeurs en Allemagne qui expliquent sa doctrine correctement, il a accéléré son aveu, jusque-là en allusions voilées contre les disciples infidèles que la crise du temps avait fait verser dans un romantisme métaphysique : “ *nulle part* ”, et cette brusque douleur dans la voix et tout le visage pour me dire que Heidegger, son disciple chéri et successeur ici, lui avait enlevé tous les autres et qu'il était maintenant à peu près seul, un jeune assistant et le Privatdozent, plus que médiocre, que j'ai entendu. J'avais vraiment le cafard en m'en allant – c'est curieux cette impossibilité de compréhension en philosophie, et principalement pour lui qui prétendait y remédier en la fondant comme science [1]. »

---

1. Jean Cavaillès, lettre du 4 août 1931, citée dans le beau livre de Gabrielle Ferrières, *Jean Cavaillès, un philosophe dans la guerre*, 1re édition 1950, rééd. Calligrammes, Quimper, 1996, p. 83.

Pardon de commencer par cette longue citation. Mais c'est qu'elle me paraît résumer l'essentiel : l'orgueil et la naïveté des philosophes, même les plus grands, la confiance toujours exagérée qu'ils ont en leurs propres démonstrations, en leurs propres doctrines, leur fascination par le modèle scientifique, leur incroyable envie de croire et d'être crus, leur dogmatisme foncier, même s'ils font profession de s'en déprendre, leur sévérité (pour les autres), leur complaisance (pour eux-mêmes), leur ridicule parfois, leur sérieux, leur tristesse... Cela ne retire rien au génie de Husserl, bien sûr, en tout cas rien d'essentiel. Mais cela nuance pourtant l'admiration que nous lui devons d'un peu de compassion amusée. Tant de crédulité chez un grand esprit ! C'est moins grave que d'avoir été nazi, comme fera Heidegger, mais cela en dit presque aussi long sur l'homme et sur la philosophie. Notre besoin de croire est impossible à rassasier.

Sciences et philosophie

Je ne dis pas cela, vous vous en doutez bien, contre la philosophie. Mais contre certaines illusions qu'on se fait sur elle, qui la desservent. La philosophie n'est pas une science, ni ne peut l'être. Prétendre le contraire, c'est la vouer immanquablement à l'échec, comme elle l'est en effet, mais aussi à l'illusion ou à la mauvaise foi. Montaigne, plus lucide que Descartes. Pascal, plus lucide que Spinoza. Hume, plus lucide que Kant. Cavaillès, plus lucide que Husserl. Il n'y a pas de démonstration philosophique, et s'il y en avait ce serait la fin de la philosophie – puisqu'elle ne se nourrit que de désaccords et d'incertitudes. Qu'est-ce que philosopher ? C'est penser sans preuves, c'est penser plus loin qu'on ne sait, tout en se soumettant pourtant – le plus qu'on peut, le mieux qu'on peut – aux contraintes de la raison, de l'expérience et du savoir. C'est comme une science impossible, qui ne se nourrirait que de sa propre impossibilité. Pour la surmonter ? Sans doute, puisqu'elle n'existe qu'à cette condition. Mais sans pourtant en sortir, puisqu'elle cesserait alors d'être philosophique. L'histoire en donne mille exemples. Le même problème qui restait philosophique tant qu'on échouait à le résoudre scientifiquement (par exemple : la Terre est-elle au centre de l'Univers ?) cesse de l'être dès qu'une science s'en empare. Qui philosopherait aujourd'hui (ce qu'on fit pendant deux mille ans) sur le mouvement des astres, sur l'existence du vide ou sur l'origine de la vie ? Non qu'il n'y ait, dans ces domaines, plus rien à connaître ou à démontrer ; mais en ceci, plutôt, qu'il s'agit précisément de connaissances, de démonstrations, d'expérimentations, et que nul esprit informé n'attend de la philosophie qu'elle y pourvoie. Cela n'empêche pas le *Timée* ou le *De rerum natura* d'être de grands livres. Mais ils sont derrière nous, définitivement (du moins dans leur partie cosmologique), et seuls les fous ou les ignorants – il arrive que les uns ou les autres m'envoient des manuscrits – voudraient aujourd'hui les refaire. À quoi bon, si les sciences font mieux ? Philosopher c'est penser sans preuves, mais point n'importe comment. C'est penser plus loin qu'on ne sait, mais point contre les savoirs disponibles. C'est se confronter à l'impossible, mais point s'enfoncer dans le ridicule ou la niaiserie. C'est s'affronter à l'inconnu, mais point s'enfermer dans l'ignorance. Qui ne voit que les sciences, aujourd'hui, nous en apprennent plus, sur le monde et sur le vivant, que les philosophes ?

Faut-il dire alors que la philosophie recule à chaque nouvelle avancée de la science ? Qu'elle serait vouée pour cela au déclin, à la réduction progressive de son champ, comme une peau de chagrin théorique, qu'elle aurait, et de plus en plus, son avenir derrière elle ? Ce n'est pas si simple, ni pourtant tout à fait faux. Il y a des chefs-d'œuvre qu'on ne reverra plus : le *Timée* et le *De rerum natura*, je l'ai dit, mais aussi bien la *Physique* d'Aristote, la *Monadologie* de Leibniz ou la grande *Logique* de Hegel... Et je ne suis pas le seul, sans doute, à regretter parfois que ces livres indépassables, indépassés, soient devenus pour nous, et à jamais, objets de nostalgie... Cela ne veut pas dire pourtant que la philosophie ne soit plus aujourd'hui, comme le voulait Hegel de l'art, qu'une chose du passé : cela veut dire que son champ s'est déplacé, ou plutôt qu'il s'est à la fois resserré et précisé, comme si l'on avait changé de focale, qu'il s'est rapproché de nous, si l'on veut, de notre échelle, tout en restant, on va le voir, démesurément vaste.

Entre l'universel et le singulier

Qu'est-ce que la philosophie ? Il m'est arrivé de proposer la définition suivante : *La philosophie est une pratique discursive* (elle se fait, comme disait Épicure, « par des discours et des raisonnements »), *qui a la vie pour objet, la raison pour moyen, et le bonheur pour but.* En tant qu'elle est philosophique, cette définition est solidaire d'un certain point de vue sur son objet, dont elle fait partie : elle n'est ni la seule possible ni toujours suffisante. Mais elle a au moins ce mérite d'indiquer une direction, bien clairement marquée depuis les Grecs, qui est celle de la sagesse. Que puis-je connaître ? Que dois-je faire ? Que m'est-il permis d'espérer ? Ces trois questions convergent vers une quatrième, qui n'est pas « Qu'est-ce que l'homme ? », comme le voulait Kant, mais « Comment vivre ? ». L'éthique, non l'anthropologie, prime. Il s'agit de penser mieux, pour vivre mieux. Cela ne va pas sans choix. Cela ne va pas sans subjectivité. Qui pourrait, à cette question, répondre à ma place ? Mais que vaudrait ma réponse, si elle n'était que la mienne ? La philosophie se situe à la croisée entre l'universel (de la raison) et le singulier (d'une existence) : c'est par quoi elle se rapproche des sciences (la raison, dans les deux cas, est la même), c'est par quoi elle se rapproche des arts (la subjectivité, dans les deux cas, est la même), sans pourtant se confondre ni avec ceux-ci, qui n'ont que faire de raisonner, ni avec celles-là, qui n'ont que faire de vivre. La philosophie n'est ni une science ni un art, mais comme la perpétuelle tension entre ces deux pôles : c'est comme une science improbable, à force d'être subjective, comme un art improbable, à force de se vouloir rationnel, et qui ne connaîtrait de succès, comme l'avait vu Althusser [1], que dans une certaine façon, toujours singulière, toujours neuve en quelque chose, d'échouer... Si Descartes avait réussi, nous serions tous cartésiens. Si Kant avait réussi, nous serions tous kantiens. Si Husserl avait réussi, nous serions tous phénoménologues. Et la philosophie serait aussi objective, aussi impersonnelle, aussi indifférente, au fond, que la physique ou les mathématiques. Si Descartes avait réussi, si Kant avait

1. Louis Althusser, *Philosophie et philosophie spontanée des savants (1967)*, Paris, éd. Maspero, 1974, p. 16 à 18.

réussi, si Husserl avait réussi, la philosophie n'aurait plus d'intérêt : elle serait entrée dans la « voie sûre d'une science », comme disait Kant, et ce serait la fin de la philosophie.

Où veux-je en venir ? À ceci, que la philosophie ne vit que par l'impossible qu'elle porte en elle, qui est une raison subjective, qui est un sujet rationnel, et qu'elle y trouve l'échec même qui la définit (si un philosophe réussissait, ce ne serait plus de la philosophie : ce serait de la science) et la fait vivre. Comment pourrait-on cesser de philosopher ? Il faudrait tout connaître, ce qu'on ne peut, ou renoncer à penser, ce qu'on ne doit. La philosophie, toujours improbable, toujours nécessaire, vaut mieux que la bêtise.

Matérialisme et scepticisme

Parce qu'elle n'est pas une science, la philosophie ne saurait faire l'objet, en toute rigueur, d'une vulgarisation. Vulgariser, c'est transmettre un savoir en l'adaptant au grand public, autrement dit en faisant l'économie des techniques – expérimentales ou conceptuelles – qui ont servi à le constituer. Mais il n'y a pas de savoir philosophique : que pourrait-on y vulgariser ? Cela seul que l'on connaît, que l'on peut connaître, qui n'est pas la philosophie, comme l'avait vu Kant, mais l'*histoire* de la philosophie. Qu'on le puisse, et même qu'il le faille, je n'en disconviens pas. Jostein Gaarder l'a fait, on sait avec quel succès, Jeanne Hersch l'a fait, on sait avec quel talent, et il m'arrive aussi de le tenter. La philosophie ne saurait pourtant se jouer là, ni, encore moins, s'y réduire. Quant à la technique (un certain outillage conceptuel, logique, argumentatif, un certain savoir-faire, une certaine habileté...), elle est bien sûr utile, en philosophie comme ailleurs, et c'est à quoi les gens du métier, j'en fais partie, se reconnaissent. Mais, dès lors qu'elle n'a pas de portée démonstrative, elle ne saurait cautionner, au contraire de ce qui se passe dans les sciences, la vulgarisation qui s'en réclame tout en s'en dispensant. C'est plutôt l'inverse ici, avec Hume, qu'il faut dire. En matière de philosophie, plus un discours est technique, plus un raisonnement est long et difficile, plus il suppose de connaissances particulières..., et plus il est douteux. Les philosophes font mine parfois de croire le contraire, parce que cela les rassure, parce que cela les conforte, et c'est ce qui ne résiste pas, pourtant, à la lecture attentive de leurs œuvres. J'ai passé vingt ans de ma vie à expliquer les textes des grands philosophes du passé : mon admiration pour eux n'a cessé de croître, en même temps que mon scepticisme... Je ne suis pas le seul. Avez-vous jamais vu un idéaliste devenir matérialiste, ou réciproquement, parce qu'il avait soudain compris la force probante de telle ou telle démonstration ? Non, pourtant, que les textes ne nous influencent pas. Mais ils nous influencent par leurs arguments, non par leurs preuves. Par leur force, non par leur nécessité. Par leur vraisemblance, non par leur évidence. Je me souviens par exemple d'une année où l'enseignement, ce n'est pas si fréquent, a changé ma philosophie. Nous avions mis cette année-là au programme de licence, pour l'U.V. de philosophie générale : « Les interrogations sceptiques ». Je décide d'étudier, avec mes étudiants, trois œuvres : l'*Apologie de Raimond Sebond* de Montaigne, les *Pensées* de Pascal (essentiellement les fragments sur le pyrrhonisme), enfin le *Traité de la nature humaine*, de Hume. C'était il y a une dizaine d'années, et il s'est passé quelque chose que je n'avais jamais vécu, que je n'ai jamais vécu depuis, en tout cas à ce point : j'ai commencé l'année avec une philosophie (dogmatique), et je l'ai terminée avec une autre (sceptique). Montaigne, Pascal et Hume l'avaient emporté contre Épicure et Spinoza. Et Marcel Conche, en un sens, contre moi-même. Il a bien fallu en tirer les conséquences : si je pouvais continuer d'être rationaliste et matérialiste, comme je le suis en effet resté, ce ne pouvait être de la même façon. Un matérialisme sceptique ? L'expression peut sembler contradictoire, et l'est peut-être. Je préférerais dire : un matérialisme non dogmatique, mais qui ne renonce pas pour cela – comme ferait un pur scepticisme – à défendre telle ou telle position métaphysique, à choisir son camp, à soutenir telle ou telle thèse sur l'être ou sur le monde. Que tout soit douteux, comme je le crois avec les sceptiques, cela ne prouve pas que rien ne soit vrai (ce qui ne serait plus du scepticisme, d'ailleurs, mais de la sophistique), ni que tout se vaille (ce qui ne serait plus du scepticisme mais du nihilisme). Que le matérialisme soit incertain, au même titre que l'idéalisme, cela n'empêche pas de choisir entre l'un et l'autre, et même c'est ce qui le permet. Il n'y a pas de preuve, il n'y a pas de démonstration, il n'y a pas de certitude ; mais il y a des arguments, mais il y a des effets, mais il y a des enjeux. C'est ce que La Mettrie avait compris, c'est ce qu'Althusser avait compris, et que j'essaie de poursuivre. Le scepticisme n'est pas – ou pas seulement – une philosophie parmi d'autres. Il est aussi l'horizon de toutes, dès lors qu'elles sont lucides, et leur vérité. Pascal : « Il se peut faire qu'il y ait de vraies démonstrations ; mais cela n'est pas certain. Aussi cela ne montre autre chose sinon qu'il n'est pas certain que tout soit incertain. À la gloire du pyrrhonisme [1]. » Qu'il y ait de vraies démonstrations, cela, en effet, ne se démontre pas. Et comment pourrait-on démontrer qu'il ne peut y en avoir ? C'est où le scepticisme est le vrai, en philosophie, et qui lui interdit pourtant de prétendre à la certitude. Le matérialisme reste donc une philosophie possible, comme l'idéalisme, puisque aucune ne saurait, en toute rigueur, être tenue pour nécessaire.

Scepticisme et rationalisme

Si j'aborde ce point, c'est que je voudrais répondre à une question que Luc m'a posée, il y a quelques jours : « Il faudrait tout de même que tu nous expliques, me disait-il, jusqu'où tu pousses le scepticisme. » Je le pousse assez loin, ou bien c'est lui qui me pousse. Tout est incertain, y compris cela même : que tout soit incertain ! Il n'y a pas de preuve absolue, pas de démonstration parfaitement contraignante (puisque toute démonstration suppose des principes, qu'on ne peut démontrer, et une raison, qu'on ne peut garantir), et l'évidence même ne prouve rien, qui n'est qu'un état d'âme, qui n'est, pour le matérialisme, qu'un état du corps. Cela ne vaut pas seulement pour la philosophie. Ou plutôt cela vaut pour la philosophie, et donc pour toute pensée, y compris scientifique, dès lors qu'elle s'interroge sur elle-même. *Les mathématiques sont vraies* : cette proposition n'est pas susceptible d'une démonstration mathématique. *La physique est vraie* : cette proposition n'est pas susceptible d'une vérification expérimentale. *Les sciences sont vraies* (ou même : *Les sciences sont vraies au moins en partie*) : cette proposition n'est pas scientifique. Prendre parti sur la vérité des sciences, ce n'est pas faire de la science : c'est faire de la philosophie, et elles sont toutes douteuses. Les sciences le sont donc également, ou plutôt le deviennent, dès qu'on s'interroge (ce qui n'est plus de la science mais de la philosophie) sur leur degré de

1. Blaise Pascal, *Pensées, op. cit.*, fragment 521-387.

vérité ou de certitude. Une science n'est ni dogmatique ni sceptique : c'est à nous de choisir entre ces deux options – et qu'il s'agisse de choix est un argument en faveur des sceptiques. « Si tous l'étaient, disait Pascal, ils auraient tort [1]. » Par quoi les dogmatiques leur donnent raison, par leur existence même, quand un seul sceptique intelligent et cultivé donne tort aux dogmatiques. Le jeu, entre eux, n'est donc pas égal : les sceptiques sont toujours les plus forts, par l'aveu de leur faiblesse ; les dogmatiques, les plus faibles, par l'incapacité où ils sont de démontrer leur force.

Le problème n'est pas scientifique mais philosophique : c'est le problème de la connaissance, qu'aucune connaissance ne saurait résoudre. Il n'y a pas de savoir du savoir : savoir, ce n'est pas savoir qu'on sait, malgré Spinoza, mais le croire, comme l'a vu Hume. Parfaite formule de Lequier : quand on croit détenir la vérité, « on doit savoir qu'on le croit, non pas croire qu'on le sait [2] ». Humilité ? Elle importe moins, en l'occurrence, que la lucidité. Comment savoir ce que valent nos connaissances, sans savoir ce que vaut notre raison ? Et comment savoir ce qu'elle vaut, puisqu'on ne peut le savoir que par elle ? Le criticisme est circulaire, comme toute philosophie (si la raison ne vaut rien, le criticisme ne vaut pas davantage ; or on ne peut pas démontrer qu'elle vaut quelque chose, puisque toute démonstration le suppose : le « tribunal de la raison » n'est qu'une pétition de principe, par quoi Kant est aussi douteux que le reste). Hume indépassable ici, mais au vrai il ne fait que reprendre Montaigne, qui reprend Pyrrhon et Sextus. Il se pourrait que je sois fou, il se pourrait que je rêve, il se pourrait, comme dit Woody Allen (mais Karl Popper l'admettait aussi), que rien n'existe et que tout ne soit qu'illusion. On m'accordera pourtant que ce n'est pas le plus probable, et qu'il est raisonnable de tenir pour vrai ce qui semble l'être à tous, du moins tant que l'expérience n'y contredit pas, tant que la raison n'y contredit pas, enfin tant que le réel, par les succès que nous y obtenons, semble nous y autoriser. Pas de certitude, donc, mais des probabilités, comme disait Hume, qui sont plus ou moins grandes, et qui le sont (par le progrès scientifique, par la réfutation des erreurs, par ce que Popper appelait métaphoriquement la « sélection darwinienne des

1. « Rien ne fortifie plus le pyrrhonisme que ce qu'il y en a qui ne sont point pyrrhoniens. Si tous l'étaient, ils auraient tort » (*Pensées, op. cit.*, 33-374).

2. *La Recherche d'une première vérité* (« Le problème de la science »), *Œuvres complètes*, éd. de La Baconnière, Neuchâtel, 1952, p. 39.

théories ») *de plus en plus*. C'est assez pour résister à l'obscurantisme, à la sophistique, à l'irrationalisme. Qu'il y ait du vrai dans nos sciences, c'est ce qu'on ne peut démontrer absolument. Mais qu'il n'y en ait pas, c'est ce qu'on ne peut ni démontrer ni même raisonnablement soutenir. Pascal encore : « Nous avons une impuissance de prouver, invincible à tout le dogmatisme ; nous avons une idée de la vérité, invincible à tout le pyrrhonisme [1] », si bien que nous ne pouvons ni croire ni douter absolument. À la gloire du relativisme. Il n'y a pas de certitude fondée (pas de vérité nécessaire) ; mais il y a de la pensée, mais il y a de la raison, mais il y a des vérités possibles et – dans les limites de nos connaissances – tellement probables qu'elles valent, en pratique, comme des certitudes. On ne peut pas démontrer que la Terre existe, c'est entendu ; mais qui peut vraiment douter, aujourd'hui, qu'elle tourne autour du Soleil ?

Pourquoi philosopher ?

Les mêmes remarques, ou des remarques du même genre, peuvent être faites d'un point de vue pratique ou moral. Il va de soi que les sciences ne répondent, dans ces domaines, à aucune des questions qu'elles nous posent, ou que nous nous posons à leur propos. Les manipulations génétiques sont-elles acceptables ? La biologie ne répond pas. L'avortement est-il acceptable ? L'embryologie ne répond pas. Le capitalisme est-il moral ? L'économie ne répond pas. La vérité ne juge pas, ne commande pas, n'interdit pas. C'est pourquoi aucune connaissance ne saurait tenir lieu de morale. « Une science, disait le mathématicien Henri Poincaré, parle toujours à l'indicatif, jamais à l'impératif. » La proposition : *Il faut faire des mathématiques*, n'est pas susceptible d'une démonstration mathématique, et d'ailleurs n'est pas une proposition (au sens de Wittgenstein : une image, vraie ou fausse, de la réalité). La proposition : *Il faut faire de la physique*, n'est pas susceptible d'une vérification expérimentale. La proposition : *Les sciences valent mieux que l'ignorance et l'obscurantisme*, n'est pas une proposition scientifique. Alors ? Alors la valeur des sciences, comme leur vérité, ne peut être mesurée que de l'extérieur, de

1. Blaise Pascal, *Pensées, op. cit.*, fragment 406-395.

façon non scientifique, donc, et c'est ce qu'on appelle l'opinion, la croyance ou (quand elle pense, et se pense) la philosophie. Comment pourrait-on s'en passer ? N'importe qui peut faire des mathématiques ou de la physique à ma place (puisqu'il trouvera, par hypothèse et à compétence égale, les mêmes résultats que moi). Personne ne peut penser, personne ne peut vivre, personne ne peut philosopher à ma place : il faut donc que je le fasse moi-même. C'est ce qui justifie la philosophie, pour chacun, en interdisant de la prouver, pour tous.

C'est pourquoi le champ de la philosophie, pour resserré qu'il soit autour de l'homme, reste démesurément vaste : parce qu'il inclut le tout de nos connaissances (non pas tout l'univers, certes, mais tout ce que nous savons sur lui), de nos expériences, de nos sentiments, de nos valeurs, de nos choix... Il y a du pain sur la planche, comme on dit, et cela suffit à expliquer la pérennité, si frappante, de la philosophie. À quoi peut servir la philosophie contemporaine ? À la même chose que la philosophie ancienne, mais dans un monde transformé : à vivre mieux, d'une vie plus raisonnable, plus lucide, plus libre, plus heureuse... Penser sa vie, comme j'ai coutume de dire, et vivre sa pensée : c'est la philosophie même, aujourd'hui comme du temps de Socrate, mais la vie n'est pas la même, mais la société n'est pas la même, mais la pensée n'est pas la même, et c'est pourquoi chaque époque doit inventer sa philosophie, ou *ses* philosophies, en continuant, il le faut bien, celles du passé. Retour à Spinoza ? Retour à Kant ? Ce ne fut, pour Luc comme pour moi, qu'un chemin – qu'un détour, mais pour gagner du temps. Il fallait bien sortir des impasses et de la sophistique contemporaines... L'essentiel est ailleurs : dans ce monde toujours neuf, toujours changeant, qu'il s'agit d'habiter, puisque c'est notre lot, le plus intelligemment possible. « Le contraire de la sagesse, remarquait Alain, c'est exactement la sottise. » Cela dit assez ce qu'est l'amour de la sagesse (*philo-sophia*) : c'est une certaine façon de ne pas se résigner à la sottise qu'on porte en soi, qui est soi. Philosopher, c'est apprendre à se déprendre, et l'on n'en a jamais fini, et aucune science, bien sûr, ne saurait y suffire ni le faire à notre place. À chacun d'inventer la voie qui est la sienne. Je n'aurai pas la présomption de faire, dans ces domaines, la moindre prospective. La philosophie de l'avenir m'importe moins que celle du présent, que j'essaie – avec Luc, avec d'autres – d'inventer.

« Sauver l'esprit en niant l'esprit »

Quant aux cultures, c'est différent. Les sciences constituent, pour la philosophie, une espèce d'extériorité nécessaire : c'est comme un réel de référence, déjà travaillé par l'esprit. La culture au contraire, ou *les* cultures, puisqu'il y en a plusieurs, font partie, à bien des égards, de l'intériorité philosophante, qui en fait partie : parce que toute philosophie naît à l'intérieur d'une certaine culture, dont elle tire l'essentiel de ses problèmes et une bonne part de son contenu. Si bien que je ne suis pas sûr, contrairement à ce que pourrait laisser croire notre titre du jour, que la philosophie se situe « entre sciences et cultures », si l'on entend par là qu'elle n'appartiendrait ni aux unes ni aux autres. Comment serait-ce possible ? Aucune philosophie n'est scientifique, certes ; mais toute philosophie est culturelle (ou, comme disait Marx, « idéologique »). Cela nous voue, à nouveau, au relativisme. Dès lors qu'on ne pense qu'à l'intérieur d'une culture donnée (et dès lors qu'il n'y a ni culture absolue ni culture transparente à elle-même), on ne peut s'en libérer tout à fait ni vivre, comme le voulait Spinoza, « suivant les commandements de la seule raison ». Nous ne verrons jamais l'absolu face à face. La culture l'interdit, qui nous précède, qui nous traverse, qui nous constitue. Faut-il le regretter ? Je n'en crois rien. Que serions-nous sans la culture ? Que pourrions-nous ? Que vaudrions-nous ? Cela même qui nous sépare de la nature (le langage, la raison, le travail) nous permet de la connaître et de la transformer. Cela même qui nous sépare de l'absolu nous y conduit. La réciproque est vraie aussi : cela même qui nous y conduit nous en sépare. C'est ce qu'on appelle l'esprit, qui n'est pas substance mais travail, mais révolte, mais humour – et amour parfois. Le moment de la *dénaturation* (qui n'est pas un moment mais le tout de notre histoire), c'est le moment du négatif : l'esprit toujours nie, et c'est l'esprit même. Comment est-ce possible ? C'est aux sciences – de la nature comme de l'homme – qu'il appartient de l'expliquer. Mais que cela soit, qui peut le nier ? Aurions-nous autrement inventé des outils, des langues, des œuvres ? Créer, c'est d'abord refuser, nier, contester, affronter, transformer, détruire. C'est pourquoi l'esprit est dialectique, et lui seul. Mais enfin il faut bien, de négation en négation, que l'esprit en vienne à se nier lui-même : c'est lui être fidèle (la négation de la négation, pour positif qu'en soit le résultat, est encore une négation) en même temps qu'à la nature (dont l'esprit fait partie, par le corps). « Sauver l'esprit en niant l'esprit », disait Alain à propos de Lucrèce, et c'est le geste fondamental de toute sagesse matérialiste.

Sagesse et culture

Je viens de recevoir un coup de fil de Claude Capelier. Qu'est-ce que Mozart change, me demande-t-il, à notre rapport au monde, à notre unité avec lui, en lui, à notre sagesse ? Pas grand-chose, me semble-t-il, sinon qu'il rend le monde un peu plus supportable – et la sagesse, peut-être, un peu moins improbable. Mais il ne saurait tenir lieu ni de l'une ni de l'autre. La sagesse n'est possible, cela va de soi, qu'à l'intérieur d'une société civilisée. Elle suppose un État, des techniques, des savoirs, des œuvres... Mais elle ne s'y réduit pas, ni ne s'y enferme. Elle est plutôt, à l'intérieur d'une culture donnée, ce qui en libère, autant que faire se peut, sans en sortir. Car il ne s'agit pas, on s'en doute, de revenir à l'état de nature. Il s'agit de comprendre que la nature nous contient, qu'on ne l'a pas quittée, qu'on ne la quittera jamais – puisqu'elle est tout. Cela met la culture à sa place. « Quel statut, me demande encore Claude, accordes-tu au moment de la dénaturation ? » Celui d'un processus historique, bien sûr purement immanent, que la nature rend possible (hominisation), que la culture rend effective (humanisation), et que chaque individu doit reprendre à sa façon. On ne naît pas humain ; on le devient. Ou si l'on naît humain, au sens biologique du terme, il reste à le devenir, au sens culturel ou normatif. L'éducation continue la filiation. La culture continue la nature, en refusant de s'y abandonner. C'est ce qu'Althusser appelait « la longue marche forcée, qui, de larves mammifères, fait des enfants humains, des *sujets* [1] », et l'on n'en a jamais fini, ou l'on ne s'arrête, plutôt, que parce que la mort nous arrête. Il n'en reste pas moins que l'homme peu à peu se socialise, se cultive, s'humanise, et que Mozart en effet – le plus civilisé peut-être de nos musiciens – l'illustre merveilleusement. Mais quoi ? Tout le monde n'est pas

1. « Freud et Lacan », in *Positions*, Éditions sociales, 1976, p. 22. Voir aussi p. 21.

Mozart, et la musique, d'évidence, n'a jamais sauvé personne. C'est qu'aucun salut n'est possible ? Sans doute. Encore faut-il l'accepter : ce n'est plus musique mais sagesse. L'essentiel n'est pas la culture, mais ce qu'on en fait. L'essentiel n'est pas l'art, mais ce qu'il révèle. L'essentiel n'est pas la musique, mais une certaine qualité de silence. Je le dis d'autant plus volontiers que la musique a changé ma vie, qu'elle ne cesse de la changer. Cela confirme, s'il en était besoin, que je ne suis pas un sage : j'ai besoin que des artistes m'aident à supporter le réel. « Nous avons l'art, disait Nietzsche, pour ne pas mourir de la vérité. » Le sage n'en a donc plus besoin, qui en vit. C'est ce qui explique que les plus grands sages, comme les plus grands mystiques, n'aient ordinairement accordé qu'assez peu d'importance à l'art. Et que bien peu d'artistes, comme on sait, aient fait preuve de sagesse... Il arrive pourtant que certains s'en approchent, dans leurs œuvres, et ce sont ceux souvent (Mozart, Vermeer, Chardin...) que je préfère. Or ils me touchent d'autant plus qu'ils semblent se faire moins d'illusions sur l'art : toute leur œuvre renvoie à autre chose, qui n'est pas une œuvre. Mettre Mozart plus haut que la vie, c'est être infidèle à Mozart. Mettre Vermeer plus haut que le monde, c'est être infidèle à Vermeer. Mettre Chardin plus haut que le réel, c'est être infidèle à Chardin. L'esprit toujours nie, puis il se nie lui-même, et c'est le plus grand art (celui qui dit *oui* au monde), et la seule sagesse. La dénaturation n'est pas tout, la révolte n'est pas tout, la culture n'est pas tout : elles n'ont de sens qu'autant qu'elles nous apprennent à vivre, à comprendre, à accepter, à aimer, bref, qu'autant qu'elles nous ramènent à ce monde même d'où nous étions partis – bien sûr sans le quitter – et auquel il faut bien revenir. C'est le chemin de la pensée. C'est le chemin de la vérité, pour autant que nous y avons accès (ce que j'appelle, corrigeant Spinoza par Montaigne, la norme de l'idée vraie donnée *ou possible*), ou plutôt c'est la vérité comme chemin. L'arrachement, comme dit Luc, est aussi ouverture. La négation de tout, qui est l'esprit, mène à l'affirmation de tout, qui est le monde. Le sujet est le point de départ, avec son corps, ses angoisses, ses préjugés, son histoire, ses petits plaisirs, ses petits profits, ses petites ambitions... Mais qui voudrait qu'il soit le point d'arrivée ? Le monde vaut mieux. La vie vaut mieux – tout vaut mieux ! « La pensée, disait Alain, ne doit pas avoir d'autre chez soi que tout l'univers ; c'est là seulement qu'elle est libre et vraie. Hors de soi ! Au-dehors ! Il faut, vois-tu, que la fenêtre dévore la maison : il n'y a que l'univers dans quoi l'univers tienne [1]. » Quelle absurdité ce serait, et quelle petitesse, de se préférer soi ! La philosophie est encore un arrachement, une dénaturation, mais qui nous renvoie au réel, à la vérité, à tout ce qui n'est pas nous, et c'est l'arrachement ultime – celui qui nous déprend de nous-mêmes. La pensée n'est pas un symptôme, ou pas seulement, ni un rêve de l'ego. C'est plutôt sa thérapie, c'est plutôt son éveil, où il s'abolit à proportion de sa vérité.

Une sagesse, ou plusieurs ?

Nous n'avons accès à l'universel que par cette particularité d'être soi (d'être français, d'être européen, d'être un intellectuel ou un petit-bourgeois, un homme ou une femme, et tel homme, et telle femme, avec telle éducation, tels préjugés, tel enracinement ou déracinement...), mais nous y avons effectivement accès : puisque nous pensons, puisque nous connaissons, puisque nous philosophons... Les sciences sont les mêmes dans tous les pays. La raison est la même. La vérité est la même. C'est ce qui nous sauve, ou qui peut nous sauver, au moins relativement, au moins partiellement. C'est ce qui nous libère de nous-mêmes. C'est ce qui nous ouvre aux autres et à tout. C'est ce qui nous permet de faire tenir ensemble – voyez Montaigne, voyez Diderot – le relativisme et l'universalisme, la pluralité des cultures et l'unité de l'esprit, enfin la multiplicité des peuples et l'unicité de l'humanité. Fidélité au vrai d'abord : fidélité à la raison, à l'universel, aux Lumières. Je ne m'y attarde pas : nous sommes là-dessus, Luc et moi, si évidemment d'accord qu'il n'y a guère matière à débat... Disons que c'est notre point de tangence, notre horizon commun, notre fidélité commune. La question est de savoir si une sagesse peut en naître, ou bien – puisque nous n'avons pas la même philosophie – s'il en faut deux, au moins deux... C'est à chacun d'en décider, pour son compte. S'il m'incombe pourtant d'en dire un mot, pour finir, ce serait celui-ci : que toutes les philosophies du monde, pour autant qu'elles sont vraies (et la plupart sans doute le sont au moins

1. *Cahiers de Lorient*, t. 1, éd. Gallimard, 1963, p. 73. Il s'agit d'un manuscrit de jeunesse, mais qui contient des merveilles : les p. 72-73 font partie de ce qu'Alain (alors très proche de Spinoza) a écrit de plus beau.

partiellement : comment, sauf à être fou, pourrait-on se tromper sur tout ?), convergent vers un même réel, qui est le réel même, et vers une même sagesse, qui est sa vérité. Au fond nous ne sommes séparés, Luc et moi, que par ce que nous ignorons. Est-ce beaucoup ? Est-ce peu ? C'est beaucoup pour la philosophie, qui s'en nourrit. Et peu pour la vie, qui s'en amuse. Aurions-nous pris autrement, à ces dix rencontres, autant d'intérêt et de plaisir ?

J'ai relu récemment, à l'occasion d'un petit livre que je lui ai consacré [1], des propos de Svāmi Prajnānpad, qui est un des sages de ce temps, et celui, de très loin, dont je me sens le plus proche. Or j'étais frappé, relisant ces textes, de ce qu'il était proche aussi, à certains égards, des positions de Luc. Cela me rassure : nos deux philosophies, si différentes qu'elles soient, si opposées sur tant de points, ne sont que deux chemins possibles pour atteindre un même lieu, où nous sommes déjà, et une même sagesse, qu'il nous arrive parfois d'effleurer. C'est la formule d'Héraclite : « Pour ceux qui sont en état de veille, il y a un seul et même monde. Mais parmi ceux qui dorment, chacun s'en détourne vers le sien propre [2]. » Philosopher à plusieurs, comme nous avons voulu le faire, c'est essayer de s'éveiller mutuellement. C'est où la philosophie commence sans doute, et toujours recommence : dans la rencontre, dans le dialogue, dans l'*agôn*, comme disaient les Grecs (la joute, la querelle), dans la recherche commune – à la fois conflictuelle et amicale – d'une même vérité. C'est en quoi la pluralité *des* philosophies est essentielle à *la* philosophie, comme l'unité de celle-ci est essentielle aux débats de celles-là. C'est ce qui justifie notre séminaire : l'*art de conférer*, pour reprendre un titre de Montaigne (l'art de discuter, de raisonner, de débattre...), fait partie intégrante de la philosophie, depuis son commencement, comme de l'amitié, et cela explique peut-être, durant ces dix séances, le plaisir redoublé que j'y ai pris. Merci à tous !

1. André Comte-Sponville, *De l'autre côté du désespoir (Introduction à la pensée de Svāmi Prajnānpad)*, éd. Accarias-L'Originel, 1997.

2. Fr. 89, DK, ou 9, Conche.

Vivre ensemble

À quoi peut servir la philosophie contemporaine ? À vivre ensemble, de la meilleure façon : dans le débat rationnel, sans lequel il n'y a pas de démocratie, dans l'amitié, sans laquelle il n'y a pas de bonheur, enfin dans l'acceptation, sans laquelle il n'y a pas de sérénité. Comme l'a écrit Marcel Conche à propos d'Épicure, « il s'agit de conquérir la paix *(pax, ataraxia)* et la *philia*, c'est-à-dire l'amitié avec soi-même et l'amitié avec autrui [1]. » J'ajouterai : et avec la Cité, ce qui est politique, et avec le monde – qui contient le moi, autrui, la Cité... –, ce qui est sagesse.

On dira que cela n'est pas neuf... La philosophie ne l'est jamais. La sagesse l'est toujours.

1. Marcel Conche, *Épicure* : *Lettres et maximes*, rééd. P.U.F., 1987, p. 65.

À quoi sert la philosophie contemporaine ? Penser l'« irremplaçable de nos vies »

Luc Ferry

On dit souvent que, chez les Anciens, la philosophie n'était pas d'abord un « discours », mais un mode de vie, non un système de pensée ou une « théorie », mais une sagesse pratique. Et l'on donne volontiers Socrate en exemple, qui n'a jamais rien écrit. Comme le Bouddha, comme le Christ. La philosophie moderne semble être aux antipodes d'une telle vision du monde : souvent très « technique », volontiers spécialisée dans des champs particuliers du savoir (l'épistémologie, la philosophie du droit, de l'éthique, de la politique, du langage, l'histoire des idées, etc.), elle est devenue, pour l'essentiel, une discipline scolaire ou universitaire parmi d'autres. À quoi et à qui peut-elle dès lors servir ? À former l'esprit des jeunes gens ? C'est beaucoup, sans doute, au regard de nos exigences « pédagogiques », mais si peu en comparaison de l'idéal qui l'animait aux origines : permettre à chacun de mieux conduire son existence, d'accéder à une « vie bonne », réussie. Faut-il abandonner cet idéal ? Peut-on encore lui donner un contenu ? Si oui, lequel ? Telles sont les questions que j'aimerais aborder aujourd'hui.

Mais, d'abord, un constat : depuis quelque temps, dit-on, la philosophie est « à la mode ». Comment ne pas s'en réjouir ? Pourtant, au-delà des interrogations rituelles (pourquoi cet engouement ? Que signifie-t-il ? Quel vide vient-il combler ? Quel lien entretient-il avec le « déclin de la politique », le « renouveau du religieux », la redécouverte des sagesses orientales, etc.), on doit se demander de quoi, au juste, il est question lorsqu'on parle de « philosophie ». Ce qui me gêne, ici, ce n'est pas, on s'en doute, qu'un large public s'intéresse aux « choses de l'esprit ». C'est que cet intérêt, en soi sympathique, repose souvent sur un malentendu : la philosophie, je le crains, n'est pas ce qu'on croit. Et passé le plaisir d'acheter quelques livres, d'aller dans un café où l'on s'entretient gaiement du bonheur ou de la liberté, j'ai le pressentiment que les apprentis philosophes vont bientôt déchanter : impossible, à vrai dire, de lire Spinoza ou Hegel, Kant ou Platon, sans une solide formation dont il est illusoire de penser qu'elle ne prendra pas, comme elle le fit pour André ou pour moi, de très nombreuses années. On dira peut-être que l'érudition est inutile, qu'il s'agit, contre la cuistrerie universitaire, de réfléchir et de « penser par soi-même ». Sans doute est-ce l'objectif ultime. Mais, pour y parvenir, il faut avoir l'humilité de penser d'abord *par* et *avec* les autres. Sous peine, comme on dit si bien, de « découvrir l'Amérique ». Malgré l'adage, on n'apprend pas à philosopher sans apprendre un peu, et même, il me semble, beaucoup, de philosophie. C'est difficile et cela prend du temps. Je ne veux pas décourager par là les bonnes volontés. Au contraire. Simplement leur dire qu'il en va de la philosophie comme d'un instrument de musique : passé les premiers enthousiasmes, la patience et l'exercice sont de rigueur. Et c'est pourquoi, aussi, il est essentiel de pouvoir dire à ceux qui tentent l'aventure ce qu'il est permis d'en espérer.

Encore faut-il pour cela s'entendre un tant soit peu sur la signification d'une discipline dont la définition même est loin d'aller de soi. Qu'est-ce, en effet, que la philosphie ? La question est impressionnante : tant de grands philosophes s'y sont essayés que l'on ne peut se départir du sentiment que la tâche, aujourd'hui, est vaine. Aussi absurde que cela puisse paraître, j'ai mis plus de vingt ans à entrevoir une réponse plausible – au moins à mes yeux –, lors même que, durant ces vingt ans, je n'ai cessé d'enseigner du mieux que je pouvais les grandes doctrines du passé tout en m'essayant à penser, autant que faire se peut, « par moi-même ». J'aimerais tenter, ce soir, de vous la faire partager. C'est dire combien je risque d'être schématique et de solliciter, outre mesure parfois, votre indulgence.

La plupart du temps, que ce soit d'ailleurs dans l'espace public ou en milieu scolaire, on réduit la philosophie à deux traits essentiels : l'histoire des idées d'un côté, l'exercice de la réflexion personnelle de l'autre. À quoi l'on ajoute, le cas échéant, l'« engagement » : une sorte de faculté d'indignation morale qui permettrait d'intervenir de temps à autre dans les affaires du monde pour « écraser l'infâme ». Je l'avoue d'emblée : aucune de ces définitions ne me semble, et de loin, cerner l'essentiel de la philosophie – même si, c'est l'évidence, elle participe aujourd'hui des trois. L'histoire des idées est, certes, légitime. Elle convient à l'enseignement, mais qu'enseignerait-on, justement, si les philosophes n'avaient jamais été que des historiens ou des professeurs ? Quant à la réflexion, on prétend volontiers qu'elle permettrait de distinguer la philosophie des sciences positives : ces dernières auraient pour mission de connaître le monde, la première de penser la pensée – ce qui se nomme, en effet, « réfléchir ». Mais le philosophe cherche lui aussi à « penser ce qui est » (Hegel) et le savant ne cesse de réfléchir, tout comme l'homme ordinaire, au demeurant, dès lors qu'il s'interroge sur la conduite de sa vie – et pour autant, si les mots conservent un sens, ni l'un ni l'autre ne sont à proprement parler des philosophes. Enfin, si l'engagement caractérise assez bien une certaine posture de l'intellectuel, il n'a, lui non plus, rien de spécifique. On peut fort bien être écrivain, artiste, historien, scientifique ou journaliste et prendre fait et cause pour l'Espagne républicaine, le Vietnam, l'Algérie ou la Bosnie. Nul besoin pour cela d'être un nouvel Aristote !

Si l'on veut comprendre ce qu'est, aujourd'hui, la philosophie, si l'on veut percevoir encore en quoi elle peut, en effet, « servir [1] » à quelque chose, il est indispensable de prendre enfin conscience de ce qu'elle a été, pour l'essentiel [2], dans l'Occident moderne, du moins jusqu'à une date très récente : une grandiose tentative de sécularisation de la religion chrétienne. J'ai la conviction que c'est par rapport à cette tentative – pour, contre, à sa marge, peu importe au fond dans un premier temps – qu'il nous faut, encore aujourd'hui, nous situer.

1. Évitons le débat plus ou moins rituel et dérisoire sur l'« utilitarisme » de la formule : la notion de « service » n'est pas réductible à celle d'utilité.

2. Je laisse volontairement de côté, dans cet exposé nécessairement limité, la philosophie grecque et la pensée « anglo-saxonne ». Mais, comme on le verra dans ce qui suit, il serait aisé de les réintégrer dans l'ensemble de mon propos. Car la cosmologie grecque fut sans doute à la philosophie ancienne ce que fut la religion chrétienne à la philosophie moderne. Quant à la tradition sceptique et positiviste, qui remonte à Hume et se prolonge encore dans la philosophie analytique, je ne la tiens nullement pour négligeable, tout au contraire. Simplement, en tant que « contre-philosophie », elle me paraît supposer, ne fût-ce que pour s'y opposer, une définition de la philosophie qui est celle que je propose ici.

De la philosophie moderne comme sécularisation du christianisme

Le thème pourrait nous occuper, sans difficulté, pendant l'année entière. J'y consacrerai un prochain livre et j'ai bien conscience que vouloir le traiter en une soirée relève de la gageure. Je fais donc appel, une fois encore, à votre indulgence : il ne s'agit ici que de donner, face à un auditoire de non-philosophes, une idée de ce que la philosophie est en vérité, si l'on se refuse à la confondre avec une vague faculté de réflexion et de dialogue débouchant sur des engagements sans originalité ni vertu réelles.

Depuis le XVIIe siècle, depuis Descartes, la philosophie moderne ne cesse d'œuvrer à une double sécularisation : sur le plan moral, d'une part, sur le plan métaphysique, de l'autre. Dans le premier cas, il s'agit de reformuler les valeurs chrétiennes de façon qu'elles conviennent à une pensée laïque, voire agnostique ou athée. Dans l'autre, beaucoup plus complexe en un sens, il s'agit de reprendre à nouveaux frais la question de la foi, c'est-à-dire, à son niveau le plus général, celle des rapports entre l'homme (être fini, ignorant et mortel) et l'Absolu (Dieu, sujet infini, omniscient et immortel). Deux noms symbolisent l'apogée de ce mouvement [1] : Kant et Hegel.

Une sécularisation de la religion sur le plan moral

J'ai déjà dit comment, à bien des égards, la Déclaration des droits de l'homme pouvait être lue comme une sécularisation des valeurs chrétiennes. On y trouve notamment exprimée l'idée d'une humanité enfin reconnue comme UNE, de même que l'affirmation, sous différentes formes, de la dignité *personnelle* de chaque être humain. Que le vocabulaire des « droits » et de l'« individu » recouvre ici celui du « sacré » et de l'« âme » indique assez

1. Lequel, du reste, n'est ni univoque ni linéaire. Les rapports de Descartes et de Kant au christianisme, notamment, sont d'une infinie complexité : ils ne se laissent pas réduire à une « progression » continue vers l'édification d'une pensée laïcisée.

l'ampleur des déplacements, mais aussi la réalité d'une continuité. Aujourd'hui, croyants et non-croyants communient souvent à égalité dans la reconnaissance des valeurs incarnées par la Grande Déclaration. Chacun, simplement, la lit différemment : les uns comme émanant de Dieu et prenant sa source ultime en Lui, les autres comme produite par les hommes et conforme à leurs intérêts. En quel sens l'humanisme moderne est-il l'héritier de la religion chrétienne ? Cette dernière a-t-elle favorisé son avènement, comme le pense Marcel Gauchet ? Fut-elle au contraire détruite et combattue par lui, comme l'affirme un penseur comme Pierre Manent ? On peut laisser le débat ouvert, sans renoncer à sa conclusion essentielle : la sécularisation de la morale a eu lieu, et c'est dans la philosophie moderne qu'elle s'est inscrite au mieux. L'éthique kantienne postule certes l'existence de Dieu, mais elle n'a pas besoin de ce postulat pour se fonder. L'être humain lui suffit. Elle nous fait, comme je l'ai souvent dit, sortir de la sphère ancienne du « théologico-éthique » : avec elle, et plus généralement, avec la philosophie des Lumières, la morale cesse de s'adosser à la religion. C'est même l'inverse qui a lieu, en une révolution qui est à la pensée ce qu'une autre Révolution est à la politique : si quelque exigence « spirituelle » ou religieuse subsiste encore, c'est désormais à partir de la morale qu'elle se conçoit : Dieu, comme dit Kant, n'est que l'objet d'une « foi pratique ». C'est pour des raisons éthiques qu'il faut supposer Son existence, et non plus à partir de Son existence qu'il faut fonder une morale ! De là à dire, comme le fera Fichte, le plus grand disciple de Kant, que Dieu n'est rien d'autre que l'« idéal moral du monde », il n'y a qu'un pas – qui, une fois franchi, vaudra à son auteur l'infamante accusation d'athéisme, assortie de tous les tracas encore de rigueur à l'époque (en 1798).

Peu importent ici les détails de l'affaire. Ce qu'il faut retenir, je crois, c'est ceci : la philosophie moderne, en matière de droit et de morale, a conservé, *quant à son contenu*, l'essentiel du message chrétien. Nulle valeur nouvelle, en ce sens, ni dans l'idéologie des droits de l'homme ni dans la *Critique de la raison pratique* (qui n'en est, à bien des égards, que la fondation philosophique). Mais, *quant à la forme*, la révolution qu'opère la philosophie est décisive : c'est à partir de l'humain qu'il faut penser le bien et le mal, c'est lui qui devient sacré, respectable *absolument* en tant que tel, doué sinon d'une âme immortelle, du moins d'une dignité absolue – au point, selon la formule bien connue de l'impératif catégorique kantien, qu'il ne doit jamais être traité seulement comme un « moyen », mais toujours comme une « fin ». Si un rapport à l'absolu subsiste encore, il est ainsi séparé du divin, ou du moins de ses figures traditionnelles. Ce n'est plus la Révélation christique qui fonde une morale, comme le voudrait encore le pape, mais la « raison pratique », elle-même indissociable de l'hypothèse d'une liberté absolue de l'homme. Et l'essentiel de la pensée morale moderne est là : cette rationalisation est une sécularisation.

Cette première tâche accomplie par la philosophie est sans doute assez aisée à repérer, sinon à comprendre dans le détail. Elle possède du moins, comme je viens de le suggérer, un équivalent *visible* dans la culture politique commune : celui qui nous est fourni par la Grande Déclaration. Chacun, il me semble, peut comprendre et admettre que ce texte fondateur de notre idéal démocratique soit susceptible de deux lectures, selon que l'on est croyant ou non. L'idée que c'est ainsi davantage le *statut* du message chrétien (sa fondation en Dieu, sur une Révélation, ou sur l'homme, par sa volonté et sa raison) que son *contenu* qui a changé peut être aisément reconnue. On peut aussi percevoir les liens que ces principes premiers – la liberté d'opinion, le respect de l'autre, la sûreté, le droit à la propriété, etc. – entretiennent avec la morale commune et le droit moderne, tous deux d'essence laïque. Même à son degré d'abstraction le plus élevé – dans la *Critique de la raison pratique*, par exemple –, la philosophie morale conserve encore un lien avec certains éléments assez concrets de notre « culture générale ». On peut lui trouver, pour ainsi dire, des équivalents dans des domaines plus accessibles aux « non-professionnels ».

Une sécularisation sur le plan métaphysique

Il en va différemment du second aspect, métaphysique, de la sécularisation opérée par la philosophie moderne. Les questions de droit et de morale font partie intégrante de notre vie quotidienne, elles entrent constamment en jeu, jusque dans l'éducation des enfants, et, au fond, à ce niveau, qu'elles soient ou non sécularisées ne change pas grand-chose à la perception que nous en avons. En revanche, la question des rapports de l'homme à Dieu, du fini à l'infini, du relatif à l'absolu, du mortel à l'immortel, n'intervient pas nécessairement, c'est une litote, dans la vie de tous les jours. Ici, religion et métaphysique sont, si je puis dire, non seulement chez elles, mais souvent seules à la maison ! Kant – le moraliste à tout le moins – est encore lisible par le non-spécialiste, Hegel ne l'est plus. Non seulement le détail du texte est souvent impénétrable, mais il est tout simplement impossible de saisir à première vue *de quoi* il est question. Lorsque, après Schelling, Hegel définit le système philosophique comme celui qui réalise enfin « l'identité de l'identité et de la différence », il énonce une proposition qui, bien qu'essentielle à ses yeux, reste résolument hermétique au commun des mortels ! Difficile, pour le coup, de « réfléchir » à l'énoncé, de le commenter dans un café, de percevoir le lien qu'il pourrait entretenir avec une quelconque question d'intérêt général. Et, pourtant, je soutiendrai volontiers que quiconque ne comprend pas cette assertion, ce qu'elle signifie et ce qu'elle recouvre, ne peut pas non plus comprendre ce qu'a été, en Occident, la philosophie moderne.

Je voudrais ici tenter un pari : si vous avez la patience de me suivre encore quelques instants, je puis vous assurer non seulement que vous allez comprendre le sens de cet étrange énoncé, mais en outre percevoir en quoi, en effet, il concentre l'essentiel des enjeux de la métaphysique moderne – par rapport à quoi la philosophie contemporaine doit encore, il me semble, se situer.

Il suffit pour cela de tenir le fil conducteur qui est ici le mien, à savoir l'hypothèse selon laquelle la philosophie moderne ne fut rien d'autre, en son fond, qu'une gigantesque entreprise de rationalisation, donc de sécularisation (car la Raison s'oppose ici à la Révélation), des contenus de la religion chrétienne. Hegel lui-même, qui fut longtemps théologien avant de se faire philosophe, n'a jamais cessé de le proclamer haut et fort. Et il fallait vraiment que les esprits fussent obscurcis par les interprétations marxiennes [1] pour ne pas le percevoir. Il suffit, pour s'en convaincre, de relire ce qu'il énonce, pour une fois en toute clarté, sur les

1. Je le dis ici sans aucun souci polémique. Simplement, le marxisme a déplacé l'intérêt pour Hegel vers la question des rapports entre idéalisme et matérialisme. La matière détermine-t-elle la pensée ou la pensée la matière ? Cette problématique, centrale pour Marx, est tout à fait secondaire chez Hegel. C'est ainsi qu'on s'est longtemps interrogé sur la signification politique et historique du Savoir absolu, ou, si l'on préfère cette formulation, de la « fin de l'histoire ». Or il s'agit avant tout, comme je le montrerai dans ce qui suit, d'une problématique religieuse *sécularisée*, celle de la réconciliation entre le fini et l'infini, entre l'homme et Dieu.

rapports de ces trois domaines de la vie de l'esprit que sont l'art, la religion et la philosophie.

Art, religion, philosophie : les trois modalités de l'expression du divin

Voici, en substance, le message constant de Hegel : ces trois sphères de la vie de l'esprit ont la même mission, la même finalité, à savoir exprimer le divin, la vie absolue. C'est seulement, dans chaque cas, l'expression qui diffère.

Commençons par l'art : il a, dit Hegel, et je le cite, « pour tâche de présenter en général l'Idée pour l'intuition immédiate dans sa forme sensible et non dans la forme du penser et de la pure spiritualité » (*Leçons d'esthétique*, Surhkamp, I, 103). En clair : l'art traduit l'idée de Dieu – le divin en général, d'abord, puis, à partir d'une certaine époque, le divin tel que le christianisme l'a pensé, notamment comme doué d'un « savoir absolu » (d'une omniscience) – dans un matériau sensible, il exprime, comme la religion, la Vérité intelligible la plus haute (l'Idée de Dieu), mais il le fait dans une forme qui lui est inadéquate puisque, justement, sensible [1]. Or Dieu n'est pas sensible, il est intelligible, spirituel. Il ne peut donc jamais être parfaitement exprimé dans l'art. Voici pourquoi l'art devra finalement être dépassé : « De même que l'art trouve son *avant* dans la nature et dans les domaines de la vie, il possède aussi son *après*, c'est-à-dire une sphère qui à son tour dépasse son mode d'appréhension et de présentation de l'absolu. Car l'art contient encore en lui-même une borne et doit donc se dissoudre dans des formes supérieures de conscience » (I, 141).

La religion prend ainsi le relais et va aller beaucoup plus loin que l'art, car elle exprime le divin dans l'élément de la conscience d'un *sujet*, dans une intériorité et non plus dans l'extériorité d'un matériau sensible, marbre, couleur, son, etc. Comme dit encore

1. Hegel, *Vorlesungen über die Aesthetik*, Suhrkamp, 1970, vol. I, p. 21. « L'art s'est situé dans la même sphère que la religion et la philosophie pour ne plus être qu'une manière d'exprimer et de porter à la conscience le divin, les intérêts les plus profonds de l'homme, les vérités de l'esprit les plus vastes... L'art a cette destination en commun avec la religion et la philosophie, mais de telle sorte cependant qu'il présente de façon sensible même ce qui est le plus élevé et qu'il le rapproche ainsi du mode de manifestation qui est propre à la nature, aux sens et à la sensation. »

Hegel, elle nous parle du divin au travers de *représentations*. Pour faire comprendre la vérité divine, le Christ recourt sans cesse à des paraboles, à des images, à des métaphores, à des mythes, etc., qui *parlent* à la *conscience* des hommes. C'est, si l'on peut dire, déjà mieux que l'art, plus proche du divin authentique puisque ce dernier est maintenant exprimé dans une *subjectivité*. La religion nous élève de l'esthétique, du sensible, au spirituel. Mais, d'une part, le contenu reste le même, et, de l'autre, elle n'atteint pas encore à l'expression la plus haute.

Seule la philosophie pourra accomplir véritablement la tâche de *penser et de dire* adéquatement le divin : si ce dernier est d'ordre spirituel, intelligible, c'est en effet dans l'élément de l'intelligence (et non dans ceux du sensible ou du mythe) qu'il faut l'exprimer, donc dans la rationalité philosophique bien comprise.

Par où l'on voit comment Hegel attribue à la philosophie *le même contenu qu'à la religion chrétienne*, la seule différence tenant à l'expression de ce contenu qui doit devenir rationnelle – le moment de la Révélation, comme chez Lessing déjà, c'est-à-dire le moment religieux par excellence, devenant superflu. *Et c'est en quoi l'on peut dire que cette rationalisation de la religion par la philosophie moderne est aussi une sécularisation de son contenu.*

La dissolution de la religion dans la philosophie

Reprenons. La fameuse thèse hégélienne selon laquelle l'art appartiendrait désormais à une époque révolue de l'histoire humaine reçoit ici toute sa signification. Quand Hegel pose tranquillement que « l'art est et reste pour nous, quant à sa destination la plus haute, quelque chose de passé *(ein Vergangenes)* », qu'il a perdu « pour nous » sa « vérité authentique » et « cessé d'être vivant » (I, 25), l'affirmation doit être comprise à deux niveaux de profondeur successifs : il est clair, bien sûr, que le « pour nous » s'entend d'abord en un sens historique et signifie : « pour nous, modernes », qui avons quitté l'enfance de l'humanité. Il signifie aussi : pour nous, philosophes de culture chrétienne, qui parvenons à comprendre que la divinité n'a pas besoin d'une forme sensible, donc, pas besoin de l'art, pour être représentée à la conscience. Puisqu'elle est spiritualité pure, c'est même par une naïveté foncière que la vision esthétique du monde s'en tient à une appréhension sensible de l'absolu.

Voilà donc l'art conduit à se dissoudre dans la religion – elle-même conçue comme un simple mode (certes supérieur, parce que moins sensible) de présentation de la vérité : « Pour nous, l'art ne passe plus pour le mode suprême que la vérité puisse emprunter pour se donner une existence. En fait, la pensée s'est très tôt élevée contre l'art comme représentation qui rend le divin sensible : chez les juifs et les mahométans, voire chez les Grecs comme Platon, déjà, qui s'est opposé avec vigueur aux Dieux d'Homère et de Hésiode. À vrai dire, avec les progrès de la culture vient pour chaque peuple un temps où l'art fait signe vers son propre dépassement » (I, 141-142). Et, selon Hegel, ce temps est venu en Europe lorsque, avec la Réforme, le christianisme, qui avait fait lui-même usage de l'art, a dû enfin y renoncer, la représentation de Dieu ayant atteint un degré trop élevé de spiritualité pour pouvoir être plus longtemps galvaudée de la sorte : « Lorsque la passion du savoir et de la recherche ainsi que le besoin d'une spiritualité intérieure engendrèrent la Réforme, la représentation religieuse dut elle aussi se retirer de l'élément sensible pour rentrer dans l'intériorité de l'âme et de la pensée. L'après de l'art consiste en ceci que l'esprit est habité par le besoin de trouver la satisfaction en son propre sein seulement comme étant la vraie forme qui convient à la vérité » (I, 142). On ne saurait mieux dire, et ce passage par la Réforme exprime en condensé tout ce que la religion ajoute à l'art en adoptant pour forme la *représentation* : avec cette dernière, « l'absolu se déplace de l'objectivité de l'art vers l'intériorité du sujet » de sorte que Hegel peut parler d'un « progrès de l'art vers la religion » (I, 142-143).

Mais ce progrès, comme je l'ai suggéré, ne s'achèvera qu'avec la philosophie : elle seule parvient à penser l'intériorité d'une façon qui convient pleinement à la nature du divin, qui est Esprit. Car, pour l'avoir intériorisé, la religion n'en continue pas moins de *représenter* Dieu comme un objet extérieur à la conscience : cela est à vrai dire inhérent à la structure même de la représentation en tant que telle. Cette dernière, en effet, est toujours réflexive ; elle demeure donc inévitablement dans l'élément de la conscience finie pour laquelle tout objet reste en quelque façon dans une certaine extériorité. Toute conscience, dira Husserl dans le même sens, est conscience de quelque chose de fini, qui s'oppose à elle comme donné de l'extérieur. Mais Dieu, justement, n'est pas une chose finie et, par suite, la conscience ne saurait être le lieu le mieux adapté à sa juste compréhension. Les mystiques l'avaient compris, qui présentaient la foi comme une « fusion en Dieu », comme une sorte d'abolition de la conscience au profit d'une réconciliation absolue avec Dieu. C'est bien cette fusion qu'il faut réaliser, mais, selon Hegel, ce n'est pas dans le mysticisme qu'elle doit advenir. Seule la philosophie spéculative, la pensée pure, parviendra [1] à réconcilier l'objectivité de l'art et la subjectivité de la religion pour exprimer enfin pleinement les attributs du divin et nous réconcilier avec eux.

Peu importe, ici, les modalités de cette difficile réconciliation (ce sont les thèses les plus générales du système, voire le système tout entier qu'il faudrait déployer pour en justifier la possibilité – en admettant qu'on y parvienne...). Ce qui importe, c'est que la métaphysique, dans son moment rationaliste le plus élevé, prétend bien réaliser par la pensée, dans l' « élément du concept », comme dit Hegel, ce que la religion ne nous proposait que par la foi : réconcilier enfin l'homme et Dieu, les réunir dans une même communauté spirituelle et parvenir ainsi à l'union du fini et de l'infini, du relatif et de l'absolu.

Par où l'on voit aussi en quoi le système philosophique achevé peut bien se définir comme « identité de l'identité et de la différence », c'est-à-dire, si l'on traduit, comme « identité de Dieu et de l'homme », de l'infini et du fini : les termes sont ici synonymes. Dieu est l'infini, l'être qui reste toujours identique à Lui-même, puisqu'Il est tout à la fois parfait et hors du temps, éternel. L'homme, c'est le « fini », c'est-à-dire cet individu, en effet, *limité*, puisqu'il est voué à l'ignorance, au péché et finalement à la mort. Loin d'être toujours identique à lui-même, comme est censé l'être Dieu, il est voué au changement, au temps, donc à la « différence », voire à la « scission », comme dit encore Hegel pour désigner le fait que l'être humain ne peut jamais tout à fait se réconcilier avec le monde et l'aimer parfaitement tant qu'il n'est pas lui-même réconcilié avec Dieu.

La philosophie moderne, du moins dans cette figure hégélienne que tous ses successeurs, de Marx à Heidegger, de

1. La réflexion de la conscience finie n'apparaîtra alors que comme un moment du déploiement de la subjectivité absolue, par où l'on verra que l'esprit authentique ne peut trouver à s'exprimer dans aucune autre forme que celle de la pensée pure.

Kierkegaard à Nietzsche, considéreront à juste titre comme une certaine forme d'achèvement, prétend donc bien accomplir *par la raison* ce que la religion nous promettait seulement *par la foi.* Et c'est là l'essentiel à mes yeux, ce dont il faut partir pour penser, aujourd'hui encore, notre situation présente, qui est bien différente.

Admettons que la description hégélienne et kantienne [1] de la philosophie comme sécularisation pratique (morale) et théorique (métaphysique) de la religion soit correcte. Cela permettrait au passage de comprendre pourquoi elle s'est développée en Allemagne (à cause du protestantisme, qui fut, au fond, une « modernisation » du christianisme, une forme de rejet, déjà, des « arguments d'autorité »); pourquoi aussi elle voulut prendre la forme d'un « système » (pour mieux concurrencer la religion dans sa tentative de répondre à *toutes* les questions que pourraient se poser les hommes). Admettons encore que se développe, comme en parallèle, une « contre-philosophie », sceptique et matérialiste, dans la tradition de laquelle André se reconnaît volontiers. Nous n'en sommes encore qu'au stade de la *description* de ce que *fut* la philosophie. Et deux questions, au moins, demeurent : que s'est-il passé depuis l'achèvement hégélien du système ? Qu'est-ce que cette double sécularisation a changé, *pour nous tous*, et non seulement pour les professionnels, aujourd'hui ?

De la philosophie contemporaine comme achèvement de la sécularisation

Sur la première question, je serai, ici, très bref : à bien des égards, la pensée contemporaine, de Nietzsche à Heidegger, n'a cessé de poursuivre l'œuvre de sécularisation entreprise par l'idéalisme allemand. Trois thèmes en témoignent à l'évidence.

Celui de la « déconstruction », d'abord. Heidegger, bien avant nos « post-structuralistes », parlait d'*Abbau der Metaphysik* :

1. Il y a aussi, bien entendu, une sécularisation théorique du divin chez Kant, dans la *Critique de la raison pure.* Elle conduit à accorder à Dieu le statut d'une simple « idée régulatrice ». Je la laisse ici de côté pour ne pas alourdir inutilement le propos général, mais il faudrait en tenir compte dans une présentation plus détaillée.

littéralement, « déconstruction de la métaphysique ». Déjà, chez Nietzsche lui-même, on rencontre l'idée qu'il faut « philosopher au marteau », casser les « idoles » qui furent celles de la métaphysique moderne, encore trop héritière de la religion chrétienne. Autrement dit : la première sécularisation, celle du rationalisme kantien et hégélien, est insuffisante aux yeux de Nietzsche, prise qu'elle reste encore dans l'orbite de la religion. À preuve, comme on vient de le voir, le fait que son *contenu* se veut tout entier fidèle à l'héritage du christianisme. Et c'est avec cet héritage qu'il faut en finir – ce pourquoi la pensée de Nietzsche sera indissolublement critique de la religion et critique de l'idéalisme. Il serait aisé de montrer comment ce projet, malgré la distance qui les sépare, se poursuit encore dans l'ambition heideggérienne d'une déconstruction de ce qu'il nomme, de façon hautement significative, l'*ontothéologie*, c'est-à-dire la philosophie encore prisonnière des schémas fondamentaux des religions traditionnelles. D'où le second thème, lui aussi commun à Nietzsche et à Heidegger : celui de la « fin de la philosophie » comme système néo-religieux, que vient étayer le troisième : celui de la mort de Dieu.

Je ne les développerai pas ici. J'ajouterai seulement que, ce faisant, la philosophie contemporaine a, en un paradoxe qui mériterait réflexion, davantage accompli le projet des grandes métaphysiques rationalistes qu'elle ne l'a réfuté. S'il s'agit de « déconstruire » les illusions de la métaphysique et de la religion, n'est-ce pas, au final, pour émanciper l'homme des chaînes de l'aliénation ? En ce sens, et à l'encontre d'une des thèses que j'avais développées avec Alain Renaut dans *La Pensée 68*, je dirai aujourd'hui que *l'héritage des Lumières se lit encore dans la déconstruction des Lumières* qui a si fortement caractérisé l'espace intellectuel contemporain. C'est d'ailleurs en ce point que la tradition de la « contre-philosophie », sceptique et matérialiste, pourra rejoindre celle de la déconstruction – comme on le voit par exemple aux États-Unis chez un philosophe comme Richard Rorty, qui tente, sans trop de difficulté, de réconcilier l'héritage du positivisme et celui de la phénoménologie.

Tout cela mériterait, faut-il le dire, d'être considérablement nuancé et développé, bien au-delà de ce que je puis faire ici. Mais l'essentiel, pour nous, aujourd'hui, tient au fond à la première question : qu'est-ce que cette sécularisation change à notre situation intellectuelle ? Comment sa prise en compte nous permet-elle d'envisager l'avenir de la philosophie, voire son utilité ou son intérêt pour les non-professionnels ?

J'aperçois, pour aller à ce qui me semble être l'essentiel, trois changements majeurs.

I. – Le message du Christ, après les rationalisations, après les déconstructions diverses qu'il a subies dans la philosophie moderne et contemporaine, s'est aujourd'hui, tout simplement, « humanisé ». Sécularisation ultime, si l'on veut. C'est parce que Dieu S'est incarné en l'homme que l'homme doit à son tour devenir Dieu. Même pour la plupart des croyants, il ne s'agit plus tant d'adorer le Père que d'incarner sur cette Terre la morale du Fils. Et que disait-elle, pour l'essentiel ? Qu'il faut répandre l'amour parmi les hommes, là où il y a, au sens propre, « désolation » – solitude et malheur. Que cela n'est pas donné et qu'il faut travailler sur soi, parvenir à la sagesse pour pouvoir servir les autres. Que dire de plus ? Que dire de mieux ? J'avoue ne pas voir clairement en quoi nous pourrions aujourd'hui, en quoi nous devrions même « dépasser » cette leçon. Mais ce qui a changé n'en est pas moins pour autant décisif : l'engagement monastique, la vie retirée au seul profit de Dieu, n'est plus guère valorisé que comme un *moment de ressourcement nécessaire* entre deux engagements terrestres. Là où les religions traditionnelles n'accordaient une réelle légitimité qu'à l'amour de Dieu, nous pensons que, si tant est qu'il existe, il ne saurait être médiatisé que par celui des hommes.

J'ai quitté la religion, bien plus tôt qu'André, parce que les prêtres, lorsqu'ils parlaient d'*agapè*, ne parlaient jamais des hommes. Leur ton, à lui seul, en témoignait : désincarné, grégorien, modulé comme l'est aujourd'hui, dans un autre style, mais tout aussi impersonnel, tout aussi insupportable, celui des hôtesses de l'air. Ils avaient si souvent tué toute vie en eux qu'il n'en restait plus pour les autres... Le constat est certainement injuste, mais c'est celui que j'ai fait à un âge qui ne prête guère à l'indulgence. Et j'ai le sentiment, aujourd'hui, que la philosophie m'a permis de comprendre en quoi cette vision traditionnelle du religieux devait être dépassée.

II. – Cette humanisation du divin, cette divinisation de l'humain nous incitent ainsi à prendre en compte au lieu de les rejeter – et je rejoins ici un thème cher à notre ami Claude

Capelier – ces attributs les moins divins que l'idéalisme religieux nous avait habitués pendant des siècles à rejeter, pour ne pas dire à refouler. La psychanalyse, mais avec elle toute la culture contemporaine – et c'est au fond pourquoi Claude l'aime, jusque dans ses moments les moins défendables –, nous y invite.

III. – Par là même, c'est la question du sens de la vie que la sécularisation philosophique du religieux a profondément modifiée, y compris pour ceux qui ne rejettent pas le message du christianisme : non plus adorer le Très-Haut, en méprisant le monde, mais apprendre à s'élever, à devenir adulte dans ce monde-ci, pour ainsi dire, *par et pour autrui*.

J'ai parfois l'impression de ne croiser que des individus dont la seule et unique préoccupation, au physique comme au moral, est de ne pas vieillir. Pour eux, à n'en pas douter, bien vivre, c'est « rester jeune ». Cela en devient presque une fin en soi. Ils multiplient, en avançant dans l'âge, remises en forme, cosmétiques et chirurgies esthétiques de tout ordre. La société tout entière nous y invite. Mais vivre, à l'évidence, c'est d'abord vieillir, et, pardonnez-moi la banalité du propos, cela commence dès la première seconde de notre existence ! Ne faut-il pas en tirer les conséquences ? À commencer par celle qui consiste à percevoir toutes les significations, et elles sont nombreuses, que l'on peut tirer de cet étrange processus qui nous échappe mais auquel nous ne saurions échapper. Par où je retrouve ce qui me semble être, tout bien pesé, l'enseignement essentiel de la sécularisation philosophique, la véritable pierre angulaire d'une « sagesse des modernes » : devenir adulte – et ce devenir ne cesse qu'avec la mort – est la condition ultime de possibilité d'une authentique *individuation* de nos existences. Une chance unique, dont il faut profiter si nous ne voulons pas simplement traverser cette vie en touristes, mais faire d'elle, autant qu'il est possible, quelque chose de sensé. Car l'individuation est elle-même la condition de toute compréhension et de tout amour.

J'en avais dit un mot, dans l'une de nos précédentes réunions, à propos de la notion kantienne de « pensée élargie » : l'individu, le « singulier » (*das Einzelne*), disais-je, est la « synthèse du particulier et de l'universel ». Mais laissons un instant le vocabulaire de la philosophie pour en dégager la signification : individualiser sa vie, la rendre, pour ainsi dire, *irremplaçable*, c'est savoir réconcilier en soi les trajectoires particulières qui sont le lot de tout un chacun et l'ambition universelle par laquelle nous sommes entre nous reliés, par laquelle nous participons de l'humanité tout entière. Ainsi de l'œuvre d'art, quand elle est grande : elle naît dans un temps, un lieu, une culture, dans le génie d'un créateur, tous pétris de particularismes. Et pourtant elle s'émancipe de ces limitations pour devenir un lien entre les hommes de tous les temps et de toutes les cultures. Ni simplement particulière, ni seulement universelle comme le serait une vérité de raison, elle devient une *individualité authentique*. Pourquoi vieillir ? Pour faire de sa vie, hors de tout « esthétisme », une telle œuvre d'art – ce dont nous sommes si loin –, pour mieux connaître les autres et mieux les aimer, si aimer et connaître, comme le voulait l'Ancien Testament, sont une seule et même chose. Car s'individualiser, c'est ainsi, en un paradoxe qui ne trompe que les touristes, élargir l'horizon. L'inverse exact d'un repli narcissique sur soi. Y travailler sans cesse, voilà un sens, voilà un temps, il me semble, qui ne sont jamais trahis ni perdus. Et que le vieillissement, un jour ou l'autre, se heurte à des limites, qu'au-delà d'un seuil extrême il comporte parfois plus de négatif que de positif ne me semble guère changer le fond de la question. Cela invite plutôt, il me semble, à l'aménager qu'à le fuir.

Mais permettez-moi encore d'évoquer les connotations, pour ainsi dire les « harmoniques », qui sont celles de cette idée selon laquelle le sens de la vie moderne serait à rechercher dans l'individuation réussie comme forme ultime d'ouverture à l'autre. C'est au fond, de toutes celles que j'ai pu évoquer dans nos débats, celle qui me tient le plus à cœur, et je ne voudrais pas conclure sans vous avoir indiqué quelques-unes de ses multiples facettes.

André nous a dit, lors de notre discussion sur Jésus et Bouddha, que, d'un point de vue théologique, nous ne différions vraiment que par nos défauts. Par nos qualités, en revanche, nous sommes identiques à Dieu, donc, au sens propre, indifférents. Et, ajoutait-il plaisamment, c'est pourquoi nous différons tant ! J'ai laissé entendre, en passant, mais sans y insister, que je ne partageais pas cette interprétation de nos différences. Je m'aperçois aujourd'hui que le problème n'est pas secondaire, mais en vérité crucial : il en va, tout simplement, du sens de notre vie, de son caractère ou non irremplaçable, et il me semble qu'André se trompe du point de vue théologique (ce qui ne pourrait être qu'anecdotique), mais aussi quant au fond de l'affaire. Voici pourquoi : ce n'est ni par l'universel ni par le particulier que nous différons les uns des autres et que nous sommes, au sens propre, irremplaçables. Quand je dis que 2 + 2 = 4, je suis certes dans l'universel, mais tout le monde peut en dire autant. Nul besoin particulier de moi pour cela. Mais tout aussi bien, comme Hegel l'avait merveilleusement bien vu, rien n'est moins singulier, rien n'est moins spécifique que l'affirmation insistante de la particularité de son moi, ici et maintenant. On aura beau crier tant qu'on voudra « moi ! moi ! moi ! », tenter d'affirmer la particularité la plus particulière qui soit, on n'en demeurera pas moins dans l'universel le plus anonyme et le plus abstrait ; car, d'évidence, nous sommes tous des « moi », ici et maintenant, et cette « particularité » ne nous distingue en rien les uns des autres. Ni l'universel, ni le particulier, donc, ne parviennent à nous « singulariser », à nous individuer. Pour la même raison, nous ne différons pas plus par nos qualités (qui relèvent, André a raison, de l'universel) que par nos défauts particuliers, parce qu'ils sont rigoureusement les mêmes en chacun d'entre nous ! Il suffit d'ouvrir les yeux, du reste, pour s'en rendre compte : mensonge, lâcheté, hypocrisie, colère, etc., la liste canonique des sept péchés capitaux est le lot de tous les humains. Ils ne diffèrent en la matière que par le degré, et encore est-il assez clair que nul, à tout le moins, n'est parfait. Pour le dire encore autrement, ce qui singularise Mozart, ce ne sont ni ses défauts, ni même ses qualités, au sens moral du terme, mais c'est bien ce que je nomme ici l'individuation : le fait que sa particularité, au lieu de s'affirmer comme telle de manière anonyme, s'est individualisée, singularisée, en faisant sens pour l'humanité entière ou, du moins, une bonne partie d'entre elle. Ce qui nous différencie, André, ce ne sont ni nos qualités ni nos défauts, mais nos *histoires*, comme tu le disais toi-même dans un autre contexte, qui ne sont pas toujours ni en tout point « défectueuses », y compris d'un point de vue théologique : sans cette historicité propre à la vie de chacun, on voit mal en effet pourquoi Dieu aurait pris la peine de créer le monde. Or ces histoires ne sont pas, du moins à mes yeux, purement matérielles. Elles peuvent au contraire nous fournir l'occasion, en nous élevant, par liberté, du particulier vers plus d'universel, vers l'humanité, de devenir d'authentiques individus, capables d'aimer parfois, et parfois dignes de l'être.

De là, autre harmonique de ce thème crucial, la différence essentielle qui sépare la science et l'art. On ne dit pas « la relativité d'Einstein » dans le même sens que « la quarantième symphonie de Mozart ». Car, une fois *découverte* – et c'est le terme qui convient ici –, la relativité n'appartient plus à Einstein. Bien plus : rien qui lui soit propre ne reste en elle, de sorte que ce qui est « génial », c'est peut-être le processus qui l'a conduit vers une vérité, non cette vérité elle-même qui, aussitôt rendue publique, appartient à tous, devient universellement discutable, appropriable *sans que rien subsiste en elle de son « découvreur ».* Au contraire, dans l'universalité (ou la quasi-universalité, peu importe ici) de Mozart, Mozart reste présent. On le reconnaît, on l'aime, et, quand bien même nous ne connaîtrions plus son nom, nous saurions du moins que son œuvre, comme toute œuvre d'art, porte en elle la trace de ses particularités en tant qu'elles ont accédé ou, à tout le moins, tendu vers l'humanité entière. En quoi son œuvre est *irremplaçable,* unique et singulière alors que celle d'Einstein, nul n'en doute, aurait un jour ou l'autre été accomplie par un autre (comme il est tant d'exemples dans l'histoire des sciences, de découvertes quasi simultanées, voire de redécouvertes).

Pourquoi, demandera-t-on peut-être, est-il si important d'être irremplaçable ? Par narcissisme ? Non pas, mais parce que c'est là le sens de nos vies, ce qui les rend à nulle autre pareilles, non interchangeables et dignes d'être vécues, *parce que nous n'aimons jamais que des individualités.* Le particulier et l'universel, si l'on y réfléchit, ne sauraient être objets d'amour. Le moi qui s'affirme dans sa particularité absolue est même haïssable. Nous le connaissons tous. Quant à l'universel abstrait, il peut sans doute être juste, vrai, intéressant, fondamental, mais point, au sens propre, aimable. Seul l'individu, en tant qu'il réconcilie les deux, peut l'être.

D'où, à nouveau, l'abîme qui sépare sur ce point le christianisme et le bouddhisme. Ce dernier, à ce qu'il me semble, tolère le particulier, vénère l'universel, l'esprit dans lequel nous devons enfin nous fondre, mais récuse et réprouve de toute part l'individu – ce pourquoi je maintiens que la conception de l'amour qu'il autorise – de la compassion – ne saurait être en quelque façon personnelle, là où le christianisme, à tout le moins, peut et doit même s'en accommoder.

Le vrai problème : non pas qu'est-ce qui fait que Mozart soit un génie, un être à jamais singulier, individué, et par là même aimable entre tous ? Mais bien plutôt : pourquoi ne le sommes-nous pas tous, ou si peu, ou si mal, comme dirait André ? Réponse possible, qui révèle encore une autre harmonique de cette problématique : parce que nous cédons à la « mauvaise foi », à la « réification », au sens que Sartre donnait à l'expression. La vie sociale, sans cesse, nous propose, nous impose presque une infinité de rôles. Nous pouvons jouer les pères de famille modèles, les mères angoissées, les séducteurs, les nymphomanes, les premiers de la classe, les colonels en retraite, les savants distraits, les intellectuels engagés, les hystériques, les obsessionnels, les garçons de café ou tout ce que vous pourrez imaginer d'autre : nous cédons alors à la mauvaise foi, nous nous identifions à un « universel », *nous nous coulons en lui pour faire coïncider notre particularité avec lui sans nous donner la peine de nous individuer.* Paresse, manque de force ou puissance du réel qui se referme sur nous pour nous piéger ? Quoi qu'il en soit, le piège une fois refermé, notre vie, hélas, devient « remplaçable », anonyme, contingente. Au lieu de devenir adultes, nous avons simplement mal vieilli, et c'est la plus grande menace qui pèse sur le sens de nos vies. Car cette réification, toujours perceptible par les autres, calamité de la vie de famille, empêche d'aimer autant qu'elle empêche de l'être.

Dernière harmonique – mais il en est tant d'autres ! – que j'évoquerai pour terminer, puisqu'il s'agit aujourd'hui de la philosophie contemporaine : cette individuation, qui donne sens à nos vies, ne relève ni de la partie théorique ni de la partie pratique de la philosophie. Elle n'est affaire ni d'épistémologie, ni de morale, ni de science, ni de justice – par où je retrouve un débat que nous avons eu avec Marek : point besoin d'avoir poussé bien loin l'individuation pour être juste, respecter les lois, faire son devoir. Le procès d'individuation appartient à l'espace du symbolique, de l'histoire, de la culture, de l'art, il correspond, dans les divisions traditionnelles de la philosophie, à la troisième *Critique* de Kant, ou encore à ce que Hegel nommera, un peu plus tard, la « philosophie de l'Esprit ». Le terme est juste, c'est bien de spiritualité qu'il s'agit ici, non de bien et de mal, mais de sens et de bonheur, d'art et de culture, bref, de l'univers symbolique.

Travailler à être dignes d'y entrer, d'y vivre même, voilà ce à quoi la philosophie peut servir. Sagesse humaine et que la mort, par conséquent, tourne en dérision ? Je n'en crois rien. Car c'est elle qui donne à nos vies leur caractère irremplaçable, elle qui permet qu'elles reçoivent un sens plein, absolu, ici et maintenant.

Débat

Convergences et divergences : la philosophie, l'art, la religion...

André Comte-Sponville

Nous sommes d'accord, Luc et moi, sur un point important : la philosophie ne se réduit ni à la morale ni à l'épistémologie. Bien sûr, en tant qu'elle est *réflexion* (« pensée de la pensée », comme dit Luc), elle est réflexion aussi sur la morale et les sciences. Mais elle ne s'arrête pas là, ni n'y trouve toujours l'essentiel. Elle a à voir, certes, avec le vrai et le bien. Mais elle a à voir aussi avec l'absolu, avec le sens (ou le non-sens), avec la vie et la mort, l'amour et la haine, avec le bonheur, avec la liberté, avec la spiritualité, et c'est en quoi – l'étymologie ici ne ment pas – elle est en effet amour ou quête de la sagesse.

Comme nous sommes tous les deux également attachés au rationalisme et à la laïcité (disons : aux Lumières), et comme nous avons souvent les mêmes adversaires (sur deux fronts différents : les sophistes mais aussi les dogmatiques, les nihilistes mais aussi les fanatiques...), on pourrait croire que, sur la conception de la philosophie sinon sur la philosophie elle-même, nous sommes pour l'essentiel d'accord. Ce n'est pas tout à fait faux, et c'est même, pour une part, ce qui nous a rapprochés, il y a une douzaine d'années, quand nous avons commencé à nous lire mutuellement : nous voyions bien que la plupart de nos thèses nous opposaient mais que nous faisions pourtant de la philosophie au même sens, ce qui nous permettait (la chose, en philosophie, n'est pas si fréquente qu'on le croit) de *débattre* véritablement.

Mais cela n'empêche pas les désaccords, ni sur le contenu des thèses (spécialement en métaphysique) ni, parfois, sur la conception de la philosophie ou de son histoire (disons sur la métaphilosophie). En l'occurrence, je ne me reconnais pas tout à fait dans le survol, par ailleurs impressionnant, que Luc vient de nous faire de trois siècles de philosophie. Le tableau qu'il brosse, il le reconnaît lui-même, ne vaut que pour une partie de la philosophie : essentiellement l'idéalisme allemand, et vous savez que ce n'est pas ma tasse de thé... Ou bien pour ses suites (Nietzsche, Heidegger...), où je ne me reconnais pas beaucoup plus. Luc, tu dis en note, dans ton texte, que tu laisses de côté la philosophie grecque et la pensée anglo-saxonne... Passe encore pour les Anglo-Saxons – quoiqu'ils me paraissent souvent plus éclairants que l'idéalisme allemand. Mais tu sais, pour moi, en philosophie, si tu retires les Grecs, il ne reste plus grand-chose d'essentiel... Et puis il y a en effet, même dans la philosophie moderne, les deux traditions dont je me sens le plus proche, la tradition sceptique (Montaigne, Hume, Conche...) et la tradition matérialiste (Hobbes, Diderot, Althusser...). Tout mon travail s'inscrit dans un courant de pensée qui s'oppose à Kant, à Hegel, etc. Cela ne justifie pas qu'on en parle comme d'une « contre-philosophie » !

Et puis il y a d'autres désaccords, qui m'empêchent d'adhérer tout à fait à ton propos.

Ainsi, le fait que l'art a d'abord eu une fonction religieuse, ce qui est en effet vraisemblable, n'autorise pas à affirmer que c'est là sa fonction principale ni qu'il ne saurait en avoir d'autre. Que Vermeer ait voulu incarner le divin, que Molière ou Schubert aient voulu incarner le divin, j'en doute fort. L'art est moins une incarnation du divin, à mes yeux, qu'une spiritualisation de l'humain, disons une sublimation, si tu veux, au sens psychanalytique du terme. Sur l'art comme sur la religion, Freud m'éclaire davantage que Hegel...

De même, je n'adhère pas tout à fait à l'idée selon laquelle « plus on est soi-même, plus on est universel ». J'en vois bien la pertinence, au moins partielle, et même j'ai été tout à fait séduit par ce que tu objectes, dans ton texte, à l'une de mes interventions précédentes : que ce qui nous différencie, ce ne sont ni nos qualités ni nos défauts mais nos *histoires* ou, comme tu dis, nos *individuations* respectives. Soit. Mais je ne suis pas sûr que cela puisse servir de critère. Combien d'égoïstes parfaitement individualisés ? Et quoi de moins *individuel*, en un sens, que la sagesse ou la sainteté ? Seule vaut l'ouverture au monde et aux autres. Alain disait : « Il faut, vois-tu, que la fenêtre dévore la maison. » Vous ouvrez la fenêtre du moi et, tout à coup, elle grandit, elle grandit, si bien qu'à la fin il n'y a plus de maison : il n'y a plus que la fenêtre ! Qu'est-ce qu'une fenêtre sans maison ? C'est ce qu'on appelle le monde. L'ouverture au monde en apprend bien plus, à mon avis, sur la pensée élargie que ta problématique divinisation de l'humain.

Certes, la philosophie a longtemps repris des thèmes religieux. Peut-être trop, au point de n'être souvent que la rationalisation, en effet, d'une théologie. Mais, enfin, on ne va pas passer sa vie à rationaliser une religion à laquelle on ne croit pas ! Il n'y a plus, aujourd'hui, de religion de référence. Que veux-tu séculariser, qui ne le soit déjà ?

Si ce n'est plus à partir de la religion, à partir de quoi peut-on développer une réflexion philosophique ? D'abord à partir de soi-même, de sa propre expérience de la vie. « Je suis moi-même la matière de mon livre... », lit-on dès l'avant-propos des *Essais*. Pour moi, le premier des philosophes modernes, ce n'est pas Descartes, mais Montaigne. C'est une erreur permanente, qu'on fait depuis Hegel et Husserl, de croire que la philosophie moderne commence avec Descartes, lequel résiste pourtant au modernisme des *Essais*, à bien des égards, plus qu'il ne le prolonge : il n'a inventé le cartésianisme que pour échapper au scepticisme, au relativisme – à Montaigne ! Cela me fait penser à une remarque de Marcel Conche, il y a quelques années. Nous discutions dans un couloir de la Sorbonne... Marcel Conche reprochait à Descartes d'avoir fait retomber la philosophie – après le scepticisme de Montaigne – dans ce qu'il appelle l'idéologie (la philosophie soumise à un système de croyances déjà constitué par ailleurs), voire, en l'occurrence, dans le Moyen Âge : la philosophie, avec Descartes, redevenait la servante de la théologie... Comme je m'étonnais de voir ainsi Descartes rattaché au Moyen Âge, mon vieux maître me répondit en souriant : « Oui, j'ai une conception un peu extensive du Moyen Âge : je prolonge *jusqu'à Hegel inclusivement...* » C'était une boutade, bien sûr, mais pleine de sens et, peut-être bien, de vérité.

Toujours est-il que la philosophie moderne se construit à

partir de l'expérience, à partir des sciences, à partir de la politique, de la culture, etc., au moins autant qu'à partir de la religion. Il ne s'agit pas – ou pas seulement – d'humaniser le divin, mais de penser le monde !

Cela vaut aussi, et d'autant plus, pour les athées. Mon premier livre, *Le Mythe d'Icare*, était surtout écrit contre la religion. Une collègue, à sa parution, me dit : « C'est bien, votre bouquin. Mais pourquoi taper ainsi contre la religion ? Vous tirez sur une ambulance... » Elle n'avait pas tout à fait tort. C'est pourquoi, sans me rallier à la religion, j'ai progressivement changé d'adversaire ; je m'en suis pris de moins en moins à la religion, de plus en plus à la sophistique et au nihilisme. Mais, au fond, c'est le même combat que je mène depuis le début. J'ai voulu montrer que le choix n'était pas entre la religion et le nihilisme, ni entre le dogmatisme et la sophistique, qu'il y avait une autre voie possible. Le « tout est faux, tout est permis » de Nietzsche n'a de sens que par rapport à une religion dont il partage l'illusion fondamentale (qu'il n'est de vérité et d'interdit que par Dieu), et qu'il se contente de renverser. C'était d'ailleurs utile en son temps ; mais nous n'allons tout de même pas passer toute notre vie à renverser des idoles défuntes ! Il s'agit plutôt maintenant de penser un monde sans religion aucune, et de voir ce qu'il reste de l'humanité. Mon idée, bien sûr, c'est qu'il en reste l'essentiel. Quoi ? La capacité de connaître (la raison), d'agir (la volonté) et d'aimer (le désir ou, si tu préfères, le cœur).

LUC FERRY

S'il n'y avait que le monde à penser, fût-ce avec l'humanité dedans, nous n'aurions plus qu'à changer de métier : les sciences, dures ou molles, seraient infiniment préférables, plus objectives, plus intelligentes même. Nous y reviendrons tout à l'heure car il s'agit peut-être d'un réel différend entre nous. Mais, pour le moment, j'aimerais tenter de dissiper quelques malentendus – les malentendus sont inutiles, les différends souvent féconds – qui me semblent induits par le commentaire que tu donnes de mon intervention.

D'abord sur les Grecs. Soyons tout à fait clairs : je mets évidemment Platon et Aristote au même niveau que Kant ou Spinoza, et les stoïciens ou les épicuriens ne me paraissent le céder en rien à Montaigne ou aux utilitaristes. Simplement, notre propos principal était aujourd'hui de dire à quoi peut servir la philosophie *contemporaine*, et je me sens incapable d'argumenter en quelques minutes l'idée que je me fais du lien que la philosophie grecque entretient avec la cosmologie ancienne, ni de la distance qui nous en sépare malgré une évidente proximité. C'est tout simplement trop difficile ! Mais voici quand même, en substance, cette idée, puisque tes remarques m'incitent à la préciser : comme la théologie chrétienne, même si très différemment, la cosmologie grecque repose tout entière sur l'idée qu'il existe un ordre du monde, voire un ordre moral et politique, *extérieur* aux hommes, tout à la fois indépendant d'eux et supérieur à eux. C'est cette idée d'extériorité, de transcendance qui me semble faire le lien avec notre propre situation vis-à-vis du christianisme, même si elle est cosmique dans le cas des Grecs et divine pour les croyants. Car la philosophie, depuis Platon, invite les humains à un mouvement d'intériorisation, de subjectivisation, de « sécularisation » si l'on veut. Déjà, Socrate nous incite à penser par nous-mêmes, à nous « connaître nous-mêmes », parce que la vérité est en nous plus qu'hors de nous, comme on le voit dans le célèbre passage du *Ménon* où il fait découvrir à un enfant, par simple réflexion sur lui-même, le théorème de Pythagore. C'est cette tension entre une transcendance supposée objective et une volonté d'immanence qui me semble constitutive de la philosophie. C'est en elle que je vois le lien entre la philosophie ancienne (sécularisation d'une cosmologie) et la philosophie moderne (sécularisation d'une théologie). Mais je consacrerai un livre à cette idée que je ne puis expliciter en quelques instants. Il en va de même, en un sens, pour ce que je nomme une « contre-philosophie » : l'expression n'a rien de péjoratif, et Hume est pour moi, avec Kant, le plus grand philosophe du XVIIIe siècle. Cela dit, si tu me « retires », pour parler comme toi, Descartes, tout l'idéalisme allemand (y compris Leibniz, Kant et Hegel), ses « suites » (Nietzsche, Heidegger, Husserl), j'avoue qu'il ne me reste pas grand-chose non plus pour penser la philosophie contemporaine !

Deuxième malentendu, sur la finalité de l'art : tu confonds, il me semble, mes propres idées avec celle de Hegel – ce qui est sans doute flatteur, mais erroné. Car je n'ai jamais dit, pour mon compte, que la fonction exclusive de l'art était de traduire le divin dans un matériau sensible. Si tu te reportes à notre discussion sur la « beauté moderne », je dis au contraire très explicitement que l'art possède une histoire, qu'il exprime chez les Grecs l'harmonie cosmique, chez les chrétiens la splendeur du divin, chez les Modernes le génie humain. L'apparition des théories du génie, au XVIIIe siècle, me semble être, à cet égard, le moment décisif d'une sécularisation dont je n'ai cessé de dire qu'il fallait la comprendre pour saisir nos débats contemporains. De ce point de vue, que Vermeer, Molière ou Schubert n'aient pas essentiellement cherché à incarner le divin, comme tu le dis, me semble une évidence qui ne contredit pas, mais va au contraire dans le sens de ce que je tente de décrire.

Troisième malentendu, je crois que tu confonds encore ce que je nomme l'individuation, et qui est pour moi la sagesse la plus haute et la plus difficile, car elle inclut l'amour, avec une simple particularisation. J'ai assez clairement opposé les deux pour ne pas y revenir longuement, mais l'égoïsme est pour moi le contraire de l'individuation, ce processus historique au cours duquel nos particularités accèdent autant que faire se peut à l'universel. Rien de plus individuel, en ce sens, que la sagesse ou la sainteté : si elles devaient rester *désincarnées*, elles ne vaudraient pas à mes yeux une heure de peine. Tu évoquais sœur Emmanuelle, au cours d'une de nos conversations, et elle indique assez bien ce que je vise ici : une *personnalité* tout à fait originale, une incontestable individualité, à nulle autre pareille, et pourtant si étrangement dépouillée de ses attachements particuliers qu'elle force l'admiration des athées même les plus militants. C'est en ce sens que sa vie ressemble, mais ce n'est bien sûr qu'une analogie à ne pas prendre à la lettre, à une œuvre d'art.

Quatrième malentendu : j'ai, en effet, défini la philosophie moderne, de Descartes à Hegel, comme une sécularisation de la religion protestante. J'y ai inclu aussi une bonne part de la philosophie contemporaine qui, de Nietzsche à Heidegger, me semble poursuivre la tâche en annonçant la « mort de Dieu » ou en proposant de « déconstruire l'ontothéologie ». Alors pourquoi me demandes-tu ce que je veux « séculariser qui ne le soit déjà » ? Je ne veux rien séculariser du tout, puisque toute ma thèse est que le travail est déjà accompli ! Tu m'objectes cela même que je défends avec le plus d'énergie ! Ce que j'ajoute, c'est que cette sécularisation nous lègue certaines questions, qui ne sont pas celles de la science, plus même celles de la morale, mais celles de la sagesse, de la spiritualité laïque, de ce que tu nommes toi-même l'éthique, et qui n'a que peu à voir avec la question du Bien et du Mal, mais plutôt avec celle du sens ou du prix de la vie.

S'il y a une « sagesse des Modernes », elle doit, je crois, pouvoir se comparer à celle des Anciens, chrétiens ou Grecs, comme l'art de demain doit conserver l'idée qu'il traduit une vérité transcendante dans un matériau sensible...

ANDRÉ COMTE-SPONVILLE

Il me paraît tout de même paradoxal de définir l'individuation comme... arrachement à l'individu !

Surtout, je me méfie un peu de ton analogie entre l'éthique et l'esthétique. Vivre n'est pas une œuvre. Aucune œuvre n'est la vie. Vouloir faire de sa vie une œuvre d'art, c'est se tromper sur l'art et se tromper sur la vie.

LUC FERRY

Je n'ai jamais dit que l'individuation était arrachement à l'individu, mais qu'elle l'était face au particulier. Confondre le particulier avec l'individuel est une erreur répertoriée depuis Aristote ! Tu peux tout de même m'accorder que ce n'est pas une distinction controuvée : elle est attestée dans toute grande pensée depuis plus de deux mille ans ! Je ne demande donc en rien que l'on rompe avec ce qui constitue nos individualités ; je dis tout au contraire : arrêtons avec les cosmétiques, la préservation d'une image inconsistante, toutes ces valeurs « jeunistes », faussement universelles et vraiment particulières auxquelles nous ne parvenons même pas à croire nous-mêmes ! Apprenons à distinguer la particularisation ratée d'une individuation réussie où ce que nous avons de plus personnel devient un bien potentiellement commun, et où, réciproquement, l'expérience collective prend un sens personnel. Tu me dis que je confonds la vie, l'éthique et l'esthétique : je ne vois pas en quoi. Lorsque je compare la vie à une œuvre d'art, je pense simplement aux théories du génie que je propose au fond de généraliser. Qu'est-ce que le génie ? Un morceau de nature, un vivant par excellence, un particulier que son alchimie quasi miraculeuse conduit à faire sens pour l'humanité entière, à faire signe vers l'universel à travers les œuvres qu'il réalise. De Kant à Nietzsche, tous les grands penseurs n'ont cessé d'établir une relation plus qu'étroite entre l'art et la vie. Je doute qu'ils se soient tous trompés, et l'analogie me semble non seulement profonde, mais juste. Cela n'a rien à voir avec je ne sais quel « esthétisme », je ne sais quelle confusion entre éthique et esthétique que tu as l'air de soupçonner, il me semble à tort, car tu sais bien que je suis d'accord avec toi depuis toujours pour refuser une telle confusion. Je ne dis pas non plus que nous sommes tous des génies, mais qu'en un sens la vie elle-même, toute vie, peut être géniale.

C'est dans cette perspective que je parle d'une possible sagesse liée à l'âge (ou du moins à ce qu'on peut en faire !), ou encore d'une « sagesse de l'amour ». Et lorsque je t'entends proposer une « réconciliation avec le monde », une philosophie de l'*absolu*, illusoire ou non, il me semble évident que tu participes, quoi que tu en dises, de ces attitudes religieuses sécularisées que j'ai esquissées et que la philosophie moderne nous a léguées.

Peut-on philosopher sur autre chose que sur l'absolu ?

André Comte-Sponville

Que je les prolonge pour une part, je te l'accorde volontiers. Comment autrement ? C'est notre histoire, qu'il faut bien continuer. Mais la religion n'est qu'une partie de cette histoire. Il y a aussi les sciences, la politique, la vie quotidienne... On ne philosophe pas à partir de rien. Il faut connaître d'abord pour philosopher ensuite. La philosophie n'est pas un savoir de plus ; c'est une réflexion sur les savoirs disponibles. Ce n'est qu'à partir de ce qu'on sait, ou de ce qu'on croit savoir, que des questions philosophiques se posent et qu'elles prennent sens.

Au demeurant, je ne considère pas l'absolu comme une pure illusion. C'est simplement un mot que j'évite d'utiliser parce qu'il me paraît piégé, trop religieux dans son registre, trop équivoque dans ses connotations. Mais si tu veux en parler, allons-y ! Qu'est-ce que l'absolu ? On peut appeler *absolu*, me semble-t-il, tout ce qui ne nous est pas relatif, autrement dit tout ce qui existe indépendamment de nous. C'est en quoi l'absolu est l'horizon de toute connaissance. Vouloir connaître cette pièce ou le monde, par exemple, c'est toujours se mettre dans la position de savoir comment est cette pièce quand nous n'y sommes pas, comment est le monde quand nous n'y sommes pas. La quête de l'absolu, c'est-à-dire de la réalité telle qu'elle est, fait partie de la quête de connaissance, de vérité et, au fond, de liberté puisqu'il s'agit de se déprendre justement de soi-même. Je ne dirai pas du tout que l'absolu (du moins au sens où je pourrais le prendre à mon compte) est une illusion faisant partie de la réalité, je dirai que c'est la réalité même. Nous sommes dans cette situation paradoxale d'essayer perpétuellement de nous rapprocher de l'absolu, alors que nous sommes dedans. C'est un horizon, donc nous ne l'atteindrons jamais ; mais l'horizon n'est pas autre chose que la limite, pour nous, de ce qui nous contient... Nous voudrions savoir ce qu'est réellement le réel. Nous avons raison : c'est ce qui s'appelle connaître. Mais cet absolu où nous sommes, nous ne pouvons le connaître que relativement. C'est où l'on retrouve le scepticisme (je suis séparé du réel par les moyens mêmes qui me servent à le connaître : comment pourrais-je le connaître absolument ?). C'est où l'on retrouve Kant, ce qui peut laisser entendre que, sur ce point, nous ne sommes pas, toi et moi, si éloignés. Nous ne verrons jamais la réalité telle qu'elle est en soi. Mais elle n'en est pas moins réelle pour autant...

L'art vrai, du moins celui qui me parle le plus, c'est celui qui nous donne le sentiment que l'absolu est ici et maintenant, qu'il est la vérité même, le réel même, que nous sommes dedans, que l'absolu, au fond, c'est le monde. Autrement dit, que nous sommes, ici et maintenant, au cœur de l'absolu – au cœur du réel, au cœur de l'être, au cœur du vrai. « En Dieu », comme dit Spinoza après saint Paul, et cela te donne raison sur la sécularisation du religieux. Oui, pour une part, je ne le conteste pas. Mais enfin, si je ne me dis pas – ou plus – spinoziste, c'est que j'ai mes raisons. Je ne crois pas que la nature soit Dieu, ni qu'elle soit « chose pensante ». C'est pourquoi je suis matérialiste et non panthéiste !

Le vrai problème, c'est de savoir si cet absolu est de l'ordre d'une transcendance, au sens où l'entend Luc (dans une perspective qui tire malgré tout du côté de la religion : elle consiste à révérer en l'homme ce que l'on adorait précédemment en Dieu seul), ou au contraire de l'ordre d'une pure immanence, comme je le crois. Je l'ai dit déjà, lors d'une précédente séance : l'absolu, pour moi, ce n'est pas l'homme, c'est le monde. Cela n'empêche pas, bien sûr, que l'homme *fasse partie* de l'absolu (puisqu'il fait partie du monde). Mais cela interdit d'en faire l'absolu lui-même. Il s'agit pour moi non pas d'adorer l'absolu que je suis, ou que nous sommes, mais d'habiter le monde qui nous contient.

Cela fait une autre définition possible de la philosophie. À quoi ça sert de philosopher ? Ça sert à habiter le monde de façon un peu plus intelligente, un peu plus lucide, un peu plus libre, un peu plus heureuse, bref, un peu plus sage.

Deux philosophies possibles, deux sagesses différentes

BERNARD FIXOT

Finalement, vous êtes arrivés à vos fins : vous êtes d'accord... sur ce qui vous sépare radicalement ! Mais, en même temps, si je vous ai bien suivis, ce qui vous sépare..., ce n'est pas grand-chose ! Deux conclusions que j'ai, je l'avoue, un certain mal à concilier : alors, les magiciens de la pensée, où est le truc ?

ANDRÉ COMTE-SPONVILLE

Nous sommes séparés, Luc et moi, par deux conceptions de l'absolu (immanent ou transcendant ?), par deux conceptions de l'être (est-il ou pas exclusivement matériel ?), deux conceptions de l'homme (naturel et historique, ou bien surnaturel et transhistorique ?), deux conceptions de la liberté (comme processus toujours inachevé de libération, ou bien comme pouvoir indéterminé de choix ?), deux conceptions de la morale (relative quoique universalisable, ou bien universelle parce que absolue ?), deux conceptions de la sagesse (habiter le monde en se déprenant de soi, ou bien *individuer* le soi en se déprenant du monde ?)... Ce n'est pas rien ! Cela ne nous empêche pas – outre l'amitié que nous avons l'un pour l'autre – de partager pour l'essentiel la même conception de la philosophie (comme réflexion, comme argumentation rationnelle mais non probante, comme pensée de l'être ou de l'absolu, comme quête de la sagesse...) et, surtout, d'être souvent d'accord *en aval* : sur la morale appliquée, sur la politique, sur la connaissance, sur la culture, sans avoir toujours les mêmes positions, nous faisons partie, en gros, du même courant. Lequel ? Celui de la morale laïque, de la politique démocratique (même si nous ne votons pas pour les mêmes candidats), du rationalisme critique (plutôt au sens de Kant pour Luc, plutôt au sens de Popper pour moi), de la culture humaniste et exigeante... Enfin, chacun d'entre nous est capable de comprendre la position de l'autre : nous sommes convaincus qu'il s'agit de deux philosophies cohérentes, de deux philosophies possibles (parmi d'autres) pour notre époque. C'est bien pourquoi il nous a paru important d'en discuter : pour préciser et les points d'accord et les points de désaccord.

LUC FERRY

J'abonderai ici dans le sens d'André, qui a parfaitement résumé nos divergences et nos points d'accord. J'ajouterai trois éléments, à mes yeux décisifs, pour répondre à Bernard, avec lesquels André sera, je crois, pour l'essentiel d'accord.

D'abord sur ce qui nous sépare quant à la question ultime, qui n'est ni morale ni politique, en effet : celle de la sagesse des Modernes, de la spiritualité laïque, que nous posons tous les deux. Je la situe davantage dans l'individuation, dans ce que j'appelle la « pensée élargie », que dans la réconciliation avec le monde, davantage dans une « vie commune » réussie entre les humains que dans un « oui » à l'absolu de l'être. L'amour dont nous parlons n'est donc pas toujours le même. Encore faut-il dire que cette opposition entre nous n'a rien elle-même d'absolu, mais elle est plutôt une question d'accentuation, liée aussi à la différence de nos parcours philosophiques. Ces conversations nous auront d'ailleurs certainement aidés l'un et l'autre à mieux nous comprendre, à comprendre aussi que nos deux options philosophiques sont, en un sens, également possibles... ou impossibles !

Car toutes deux, c'est le deuxième aspect de notre débat, reposent « en dernière instance » sur un point aveugle, un postulat également difficile à penser et à admettre, également incompréhensible, voire mystérieux : l'absolu pour André, la liberté humaine pour moi. André postule un point de réconciliation avec le monde, sans lequel la sagesse qui dit « oui » n'aurait plus de sens. Je postule une faculté d'arrachement au particulier sans laquelle l'individuation n'aurait, elle non plus, aucun sens. Or ces deux postulats sont indémontrables, comme tout postulat. La « connaissance du troisième genre » de Spinoza ne se laisse pas davantage appréhender rationnellement que la liberté kantienne. Ce sont des axiomes auxquels on peut remonter, non des représentations concrètement pensables par un sujet fini, car ils dépassent toute expérience possible. C'est pourquoi notre débat ne saurait être expérimentalement tranché, comme pourrait l'être en principe un débat scientifique. C'est pourquoi aussi il appartient à la philosophie et se situe même en un point où elle touche à la religion, voire, comme nous l'avons déjà dit, à un certain mysticisme. Nul irrationnel pour autant : nous sommes tous les deux rationalistes, héritiers des Lumières, intéressés par les sciences, soucieux d'argumenter autant que faire se peut. C'est la philosophie elle-même qui nous conduit aux limites du pensable, et depuis toujours les philosophes, même lorsqu'ils la « déconstruisent », n'ont pu faire abstraction de toute méta-physique.

Troisième élément : nous ne sommes ni l'un ni l'autre des « moralistes », contrairement à une image tenace. Ce qui nous intéresse, ce n'est pas la question du bien et du mal, la question du « il faut » ou du « tu dois », mais bien celle de la spiritualité ou de la sagesse, de ce qui vient donc après la morale et qui lui est infiniment supérieur. C'est la sphère de l'amour (du monde, des humains), non celle du devoir qui importe pour nous, même si nous la pensons en partie de façon différente. La morale n'est qu'une condition de possibilité toute négative de la vie commune, pas cette vie commune réalisée. En clair : même si nous avions la morale (ce qui n'est pas le cas, bien sûr), tout resterait encore à faire !

Encore un mot sur notre rapport aux savoirs, à la science, sur cette idée, à mes yeux radicalement fausse, selon laquelle la philosophie se limiterait aujourd'hui à penser les découvertes des autres disciplines. Je prendrai un exemple, pour me faire bien comprendre. Il m'arrive, comme à André, que des scientifiques, des médecins, des comités d'éthique me demandent de venir réfléchir avec eux sur des questions qu'ils rencontrent dans leur pratique, sur les progrès de la génétique, leurs retombées possibles, sur les procréations médicalement assistées, sur le clonage, sur la mort, etc.

On peut avec eux philosopher en trois sens, qui sont tout différents à mes yeux. On peut s'en tenir à l'épistémologie : la médecine est-elle une science ? Atteignez-vous la vérité ou non, par quelles voies, qu'est-ce que le réel, comment la science a-t-elle évolué dans l'histoire, quels sont ses liens avec la société, etc. On peut philosopher encore, en deçà même de l'épistémologie, sur la façon dont fonctionnent les protéines, les gènes, les neurotransmetteurs, et se demander si le fait d'avoir une réflexion philosophique pourrait aider un médecin, un biologiste à travailler mieux, à avoir une meilleure méthodologie, etc. Tout ça reste très théorique.

Généralement, ce n'est pas pour ça qu'on fait appel à nous ! C'est pour une troisième raison. Ce n'est pas pour avoir une méthode expérimentale meilleure, ce n'est pas pour savoir si la médecine est vraiment une science ou pas (ça peut arriver, mais ce n'est pas l'essentiel) : sur ces deux premiers points, d'ailleurs, j'y insiste, les philosophes sont incapables d'apporter quoi que ce soit d'essentiel. Le débat entre philosophes sceptiques/matérialistes et philosophes transcendantaux et « a prioristes » (idéalistes) n'a aucune espèce d'importance dans la marche concrète de la science aujourd'hui, ni en fait, ni en droit. C'est une illusion.

La troisième raison, elle, n'est pas illusoire. Les médecins ont des questions morales, voire spirituelles, à régler du matin au soir, ils ont aussi des difficultés liées aux types de relations qu'ils doivent avoir avec les malades, avec les familles (comment leur parler de la mort, que faire avec eux quand ils sont dans un état d'effondrement et d'angoisse absolu...) : le philosophe peut-il dire quelque chose là-dessus ? Je pense que oui, André aussi. Mais, si on y réfléchit (c'est ça que je voulais dire en parlant de sécularisation de la religion), ces objets-là sont fondamentalement religieux.

Je ne dis pas qu'il faut rendre l'homme divin ou je ne sais quelle bizarrerie du même acabit ! Je dis simplement que la religion, en matière d'art comme de philosophie, nous a légué l'essentiel de ses interrogations, de ses objets mêmes, et que c'est là-dessus que nous philosophons encore et non pas sur le reste. L'épistémologie et l'histoire des sciences sont des disciplines sans doute passionnantes, je ne le nie nullement, mais l'histoire y compte infiniment plus que la philosophie.

Tu dis : « Il faut commencer par des savoirs. » Sans doute, comment faire autrement ? Mais je ne philosophe pas sur la question de savoir si la Terre est ronde ! En tant que philosophe, je n'ai rien à dire sur le sujet. Si je veux répondre à cette question, il est préférable que je me tourne vers l'astrophysique plutôt que vers la philosophie de la nature dont on sait aujourd'hui les aberrations. Ce n'est pas en tant que philosophe que je vais prétendre apporter quelque réponse que ce soit. En revanche, j'en suis convaincu, nous continuons à philosopher sur des thèmes qui sont, ou plutôt qui étaient jadis, fondamentalement religieux. Encore une fois, quand André dit que la sagesse ultime c'est d'aimer le monde tel qu'il est et que c'est cela véritablement l'absolu, il défend une thèse religieuse sécularisée.

ANDRÉ COMTE-SPONVILLE

Non, je défends une thèse que la religion défend *aussi*, mais dans une perspective toute différente, et même opposée : si le monde *est* l'absolu, comme je le crois, il est absurde d'en chercher un autre. Si nous sommes dedans, toujours dedans, il est absurde de l'espérer. À quoi bon, dès lors, une religion ?

Philosopher sur les savoirs disponibles ?

LUC FERRY

L'absolu est, par essence, un objet religieux, et il peut exister des religions sans Dieu ni transcendance d'un autre monde. C'est le cas du bouddhisme. Si tu me refuses ça, ça devient uniquement une question de mots. Philosopher sur l'absolu, pour dire qu'il est ceci ou cela, qu'il est réel, qu'il faut se réconcilier avec lui, voire le refuser ou le transformer, que sais-je ? de toute façon, c'est philosopher sur un objet religieux, même quand on se veut matérialiste et, bien souvent, avec des conséquences très proches des grandes religions. Comme je le disais tout à l'heure, la sécularisation change peu de chose. Et c'est si vrai que la plupart des gens qui nous écoutent, André et moi, dans nos conférences (il nous est arrivé d'en faire ensemble), trouvent qu'au final André est beaucoup plus religieux que moi ! Tu sais bien que c'est vrai ! Le fait que tu sois matérialiste, au fond, n'a aucune importance pour tes auditoires puisque tu continues à philosopher sur l'absolu et que tu transmets un message de sagesse tout à fait compatible avec le bouddhisme et même, en très grande partie, avec le christianisme.

Si l'on veut réfléchir à la tâche de la philosophie, cessons de dire que la philosophie est là pour philosopher sur les savoirs : ce n'est pas vrai ! Elle est là pour philosopher sur des expériences humaines qui, la plupart du temps, sont des expériences de rapport à l'absolu, en quelque sens qu'on l'entende. Mais ce n'est pas sur le fait que la Terre soit ronde, carrée ou triangulaire que le philosophe a quoi que ce soit à dire. Il n'a rien à en dire et, comme dit Wittgenstein, il ferait mieux de se taire ! Le savoir dont on a besoin pour philosopher est souvent minimal. Comprenons-nous bien. Si je dis cela, c'est parce que mon admiration pour la science est sans bornes. J'aime la biologie, par exemple, et je consacre depuis quelques années de très nombreuses heures à combler mon ignorance initiale en la matière. Cela me passionne et m'apporte beaucoup parce que la question de la liberté, de l'arrachement à la nature et de l'humanité de l'homme, que nous avons si souvent évoquée ici, ne me paraît plus possible à penser sans prendre en compte les apports récents de la biologie moléculaire. Mais ce n'est pas pour apporter la vérité aux biologistes, ni pour faire de l'« épistémologie », et le savoir dont j'ai besoin pour comprendre la pensée philosophique des grands biologistes d'aujourd'hui, sans être négligeable, n'a pas à être au niveau du leur, heureusement ! La preuve en est du reste que, chez la plupart des philosophes, y compris des grands philosophes, à l'exception notable d'Aristote (mais, en son temps, c'était plus facile qu'aujourd'hui !), le savoir scientifique est souvent très limité.

ANDRÉ COMTE-SPONVILLE

Si tu avais raison, *La Logique de la découverte scientifique* de Popper ne serait pas un livre de philosophie...

LUC FERRY

J'aime beaucoup Popper, mais son livre ne contient pas, il s'en faut de beaucoup, une grande philosophie. Entre Popper d'un côté et Aristote, Spinoza ou Kant de l'autre, c'est la butte Montmartre et l'Himalaya !

ANDRÉ COMTE-SPONVILLE

C'est le lot de l'époque...

LUC FERRY

Non, ce n'est pas le problème, c'est simplement que Popper, quel que soit son talent, qui est grand, reste enfermé pour l'essentiel dans un champ particulier, celui de l'épistémologie, même s'il l'étend par la suite de façon intelligente à l'éthique et à la politique. Il n'apporte au fond qu'une seule idée, elle-même particulière : celle de falsifiabilité... Encore une fois, j'aime bien Popper, je le respecte profondément, mais c'est un petit maître. Aristote va dominer toute la pensée jusqu'à la fin du Moyen Âge (via saint Thomas) et Kant pratiquement tout le droit moderne européen jusqu'à aujourd'hui. On pourrait dire la même chose de Nietzsche pour la période contemporaine, pas de Popper. Il faut avoir le sens des proportions. Certains philosophes, par leur pensée, ont vraiment dominé des siècles et des siècles, en ce sens que les autres pensaient « dedans », à l'intérieur des grandes lignes qu'ils avaient tracées. Or cela n'est pas possible si on se limite à une réflexion sur des savoirs particuliers...

André Comte-Sponville

Et Kant ? Il ne philosophait pas sur les savoirs disponibles, peut-être ?

Luc Ferry

Infiniment moins qu'on ne l'a dit. Cela ne vaut ni pour sa morale ni pour son esthétique, donc déjà pas pour deux *Critiques* sur trois ! Or ce sont celles qui restent, pour l'essentiel, d'actualité ! Nous sommes encore kantiens en matière de droit et de morale, et ce qu'il dit sur la différence entre le beau, le vrai et l'agréable reste, même si on le conteste, d'une grande pertinence et d'une merveilleuse profondeur. Malgré toute mon admiration pour la *Critique de la raison pure*, que j'ai lue en entier six fois (et beaucoup plus dans le détail), je n'en conserve aujourd'hui que la partie non scientifique : pour l'essentiel, la critique de la métaphysique et la conception nouvelle de la pensée sur laquelle elle repose (le « schématisme », le constructivisme, l'idée que la pensée est une *pratique* plus qu'une représentation). Je puis bien sûr, cela m'est arrivé il y a peu encore pour des cours d'agrég, commenter ligne à ligne l'« analytique des principes », c'est-à-dire la reconstruction kantienne de la physique de Newton. C'est génial, d'une incroyable profondeur pour l'époque, mais désormais, pour moi, définitivement à périr d'ennui, et de toute façon « dépassé » par la science actuelle : comment pourrait-il d'ailleurs en être autrement ? Je ne regrette pas tout ce temps passé à lire Kant, ou à comprendre les critiques leibniziennes de la physique de Descartes (sa déconstruction des « lois du choc » est vraiment géniale !). Sans ces lectures, et quelques autres que j'ai faites dans une joie que je n'ai peut-être jamais retrouvée, je n'aurais jamais pu comprendre vraiment la philosophie, mais cela appartient à ma formation, pas à ma pensée, exactement comme ce que j'apprends aujourd'hui avec bonheur sur les gènes, les protéines ou les neurotransmetteurs...

Du monde à l'homme... et retour

Pierre-Henri Tavoillot

J'ai l'impression que vous privilégiez deux niveaux différents d'arrachement : de l'animal à l'homme pour Luc (aller) ; de l'homme au sage pour André (retour). Mais est-ce que le trajet complet ne serait pas celui d'un aller et retour Nature/Culture ? De même, il me semble que votre rapport au sens commun est différent : il y a rationalisation dans les deux cas, mais pour le comprendre chez Luc, et pour le désespérer ou le désillusionner chez André... Je me demande si l'on ne pourrait pas accorder les deux démarches : arrachement de l'homme à l'animal (c'est ce que j'appelle l'aller), puis du sage à l'homme (ce que j'appelle le retour), compréhension puis désillusion...

André Comte-Sponville

J'aime bien cette idée, qu'il faudrait approfondir. Le fait est que tout ce que Luc nous dit de l'arrachement de l'homme au monde me paraît vrai pour l'essentiel. Notre séminaire m'a éclairé sur ce point : être un homme, c'est s'arracher au monde, à l'animalité, c'est ce que tu appelles l'*aller* et que j'appellerais volontiers l'histoire. Et le mouvement de *retour* (retour au monde : ce que j'appelle la sagesse) me paraît nécessaire aussi. C'est par là, me semble-t-il, que toutes les sagesses se rejoignent, puisqu'il s'agit toujours de revenir au monde, d'accepter le réel tel qu'il est. L'espèce humaine est la seule à avoir ce problème, car, pour avoir besoin de revenir au monde, il faut d'abord s'en distinguer, s'en détacher, s'en arracher. Pour ma part, j'essaie en effet de faire tenir ensemble ces deux moments : le *non* de l'homme au monde, qui est l'esprit, et le *non* de l'esprit à lui-même, qui est retour au monde, qui est affirmation du monde, enfin qui est l'esprit de l'esprit – « fantaisie et frivolité », comme disait Alain, mais aussi amour et grâce. C'est pourquoi les artistes qui m'importent le plus sont ceux justement qui nous aident à aller dans le sens du *oui*. Au fond, je crois que le dialogue entre Luc et moi rend compte d'un *mouvement* qu'il faut en effet prendre dans son ensemble, au lieu de le réduire à une opposition statique. On va dire : oui,

Comte-Sponville, pour avoir le beau rôle et aboutir au *happy end* de la sagesse, concède in extremis qu'il faut bien commencer selon les préceptes de Luc Ferry, à condition qu'on termine... par les siens ! Ce n'est pas ainsi que je vois la chose. Il me semble que nous devons, Luc et moi, assumer les deux perspectives à la fois : le moment de l'arrachement, qui est évidemment la singularité de l'homme (l'esprit qui toujours nie) ; et l'aspiration à la sagesse, dès lors que nous tendons, l'un comme l'autre, vers une forme de sérénité. C'est dans ce processus, ce mouvement du « non » au « oui » que se joue, me semble-t-il, notre débat, et peut-être toute la philosophie.

Qu'est-ce qui est aimable ?

LUC FERRY

Je reconnais (je m'en suis déjà expliqué) que les deux attitudes coexistent en chacun de nous : l'arrachement à ce qui nous conditionne, d'une part ; et, d'autre part, ces moments de grâce où nous avons le sentiment de ne faire qu'un avec le monde.

Et je redis combien j'ai appris en te lisant, en t'écoutant, sur une position philosophique que j'avais spontanément tendance à écarter sans en comprendre vraiment toute la grandeur. Mais ça n'atténue pas entièrement la gêne que j'éprouve face à cette sagesse dont tu nous dis qu'elle doit aider à supporter la vérité. Si je parviens un jour à la vérité, je sais que je n'aurai pas besoin de la supporter, parce qu'elle sera forcément, en tant que telle, joyeuse. Ça rejoint le problème que j'ai toujours en t'entendant : peut-on, doit-on aimer le monde quand il n'est pas aimable ? En ce qui me concerne, la réponse va de soi : lorsque le monde n'est pas aimable, je ne l'aime pas et, me semble-t-il, je ne dois pas même me « forcer » à l'aimer. Nous avons vraiment là un réflexe, une réponse différente. Quitte à évoquer deux sagesses assez notablement distinctes, il me paraîtrait gênant de conclure ce livre sans avoir mieux clarifié ce qui les rapproche et ce qui les oppose. On pourrait dire que tu souhaites parvenir à aimer le monde même quand il n'est pas aimable (et tu demandes là quelque chose qui heurte la conscience commune), alors que je crois simplement qu'il faut le trouver beau et aimable... quand il l'est, mais détestable aussi quand il l'est – ce qui rejoint la conscience commune et même... la pure banalité, soyons francs, mais qui ne me gêne guère car le problème, pour moi, est assez largement ailleurs, dans la vie commune des sujets plus que dans la relation à l'objet...

ANDRÉ COMTE-SPONVILLE

Qu'est-ce qui est aimable ? Qu'est-ce qui ne l'est pas ? Ta fille est-elle plus aimable que les autres enfants ? Pas forcément ; mais tu l'aimes davantage. Les gens étaient-ils plus aimables avec le Christ qu'avec toi ou moi ? Non, sans doute ; mais lui savait mieux les aimer... Ce n'est pas parce qu'un être est aimable qu'il faut l'aimer, c'est pour qu'il le soit ! C'est l'esprit du Christ (la charité est un amour qui *n'est pas* proportionné à la valeur de son objet). C'est l'esprit de Spinoza. C'est l'esprit tout court. L'amour est premier, qui donne de la valeur à ce qu'il aime. Ainsi la mère et son enfant. Ainsi le sage et tout. Le monde n'est pas un trésor, qu'il faudrait évaluer d'abord, aimer ensuite. Ni un supermarché, où l'on ferait ses emplettes en fonction de la valeur de telle ou telle marchandise... Ce n'est pas parce que le monde est aimable qu'il faut l'aimer ; c'est dans la mesure où nous l'aimons qu'il est, pour nous, aimable. C'est où le relativisme et la spiritualité vont ensemble. Tu remarquais à juste titre que les gens qui nous écoutent tous les deux ont le sentiment que le plus religieux (ou, comme je préférerais dire, le plus spirituel) de nous deux, c'est moi... C'est paradoxal si l'on songe à nos métaphysiques respectives. Mais pas si l'on songe aux sagesses que nous cherchons. Dire qu'il faut aimer le monde quand il est beau et bon, et le détester quand il est détestable, comme tu le fais, c'est tellement le sens commun que personne n'y reconnaît quelque message spirituel un peu fort. C'est ce que chacun vit spontanément, et nul n'en est fier. C'est ainsi que nous aimons l'argent, le confort, le plaisir, bref tout ce qui nous fait du bien : parce que nous nous aimons nous-mêmes. Alors que dans toutes les traditions spirituelles, qu'elles soient religieuses ou irréligieuses, ce qu'on appelle la sagesse est du côté du *oui* total (oui à tout ce qui vient, à tout ce qui arrive, comme dit Prajnānpad) et de l'amour inconditionnel.

La sagesse et l'action

Luc Ferry

Un « oui » total ? Je n'y crois pas, et je n'en veux pas... Qu'est-ce que la sagesse, alors ? On pourrait dire aussi que c'est la collaboration...

André Comte-Sponville

Évitons ce genre d'équivoque... Aimer ses ennemis, ce n'est pas collaborer avec eux, ni trahir ses amis ou l'humanité ! Qui ne voit que l'amour, entre 1939 et 1945, devait pousser, au contraire, à résister au nazisme, à la violence, à la barbarie ? Cela n'empêche pas d'aimer son prochain même quand il est nazi (c'est clairement ce que nous demandent les Évangiles), et c'est ce que ferait, sans doute, un saint résistant. À défaut d'en être un, des milliers de héros ordinaires – banalité du bien ! – ont essayé de résister sans trop de haine dans le cœur. Tu connais cette formule de l'un d'entre eux, dont Aragon a fait un alexandrin : *Je meurs sans haine en moi pour le peuple allemand*... Aimer n'empêche pas de combattre. Pourquoi faudrait-il que combattre empêche d'aimer ? Pourquoi ne pourrait-on combattre que par haine ?

Tu parlais de grâce... Mais la vraie grâce, Luc, ce n'est pas le désespoir, c'est l'amour. Ce que j'ai appelé le désespoir n'est qu'un chemin, qu'il faut bien traverser. C'est la *nuit obscure*, si tu veux, mais pas la lumière !

Supporter le monde, ce n'est pas non plus, à mes yeux, la sagesse. J'ai cité la phrase de Nietzsche : « Nous avons besoin de l'art pour ne pas mourir de la vérité. » Nous aider à supporter la vérité, à supporter le monde, c'est le but de l'art et c'est le but de la philosophie. La sagesse, c'est autre chose : elle n'est pas dans le fait de supporter le monde, elle est dans le fait de l'aimer, de l'accepter joyeusement ! C'est pourquoi la philosophie et la sagesse sont deux choses différentes. La philosophie est le chemin ; mais là où il mène, il n'y a plus de chemin.

Donc, aimer le collaborateur, cela ne veut pas dire se résigner à la collaboration. Cela veut dire la combattre sans haine. Combattre le nazisme ? La morale et la politique y suffisent. Mais à l'amour, non. Mais à la sagesse, non. Que la sagesse ne dispense pas de combattre, c'est bien clair. Mais comment le combat suffirait-il à la sagesse ?

Pourquoi les gens qui nous écoutent trouvent-ils mon message « religieux » ? Parce que au fond je reprends au pied de la lettre, au moins sur ce point, le message des Évangiles. Le Christ ne nous dit pas d'aimer les bons, ceux qui sont aimables, ceux qui sont nos amis : il dit qu'il faut aimer tous les humains, même les moins recommandables, et spécialement nos ennemis ! Que ce soit hors de notre portée, en tout cas de la mienne, je suis le premier à le reconnaître. Mais enfin cela indique bien clairement une direction, qui est celle de l'amour infini...

Toutes les écoles de sagesse, depuis les stoïciens jusqu'à Montaigne et Spinoza (mais aussi jusqu'à Alain et Camus), font la part des choses entre, d'un côté, l'acceptation joyeuse du réel, et, de l'autre, le combat contre ce qui, au sein du réel, peut et doit être transformé.

Prenons un exemple : si vous attendez, pour être heureux, qu'il n'y ait plus un seul raciste, vous ne serez jamais heureux ! Si vous n'aimez que des gens pas du tout racistes, il y a au minimum une moitié de l'humanité pour laquelle vous n'avez que haine ou indifférence. D'évidence, ce n'est pas le message des Évangiles, ce n'est pas le message de Spinoza, et ce n'est pas non plus, me semble-t-il, le message de Kant ! La plupart des traditions spirituelles nous disent deux choses : la première, c'est qu'il faut être heureux ici et maintenant, même s'il y a des racistes ; la seconde, c'est qu'il faut aimer tout ce qui existe, y compris les racistes. Mais tu ne verras dans aucune école de sagesse qu'aimer les racistes c'est renoncer à les combattre ! La question n'est pas de décider si l'on combat ou non le racisme, elle est de savoir si on le combat haineusement, dans la tristesse, ou joyeusement, dans l'amour. « La haine, disait Spinoza, doit être vaincue par l'amour et la générosité. » Toutes les traditions spirituelles vont dans le même sens, qui est en effet le contraire du sens commun. Les exigences des traditions spirituelles les plus hautes ne cessent de nous dire, en gros depuis vingt-cinq siècles, que sur ce point-là le sens commun a tort. Il ne faut pas se contenter d'aimer les hommes quand ils sont aimables. Il faut les aimer d'abord, en tout cas essayer...

Si bien que je peux tenir un discours qui passe pour religieux auprès de mes auditeurs (puisque je reprends en effet ce qu'a dit la religion qui est ordinairement la leur), sans avoir besoin pour cela de faire intervenir quelque Dieu que ce soit. C'est pourquoi je suis absolument athée, et ne cesse de m'étonner que, chaque fois qu'on parle d'amour, les gens croient qu'on parle de religion ! Comme si on avait besoin d'un Dieu pour être capable, sinon toujours d'aimer (on en est le plus souvent incapable), du moins de comprendre cette chose simple : que l'amour vaut mieux que la haine.

LUC FERRY

Pardon d'avoir parlé de « collaboration », d'avoir évoqué encore ce que Clément Rosset nomme si bien l' « argument du bourreau » : « Si vous aimez le monde, tout le monde, alors vous aimez aussi les bourreaux » ! C'était idiot, et je ne voulais pas reprendre de façon aussi étroite un débat que nous avons déjà eu, pour ce qu'il me semble, sous de meilleurs auspices. Je suis en plus tout à fait d'accord sur la distinction, juste et profonde, que tu fais entre le racisme et le raciste, entre le collaborateur et la collaboration. Mais il me semble évidemment qu'elle va dans mon sens : non pas aimer le monde, mais les humains qui, à mes yeux, n'en font pas tout à fait ou pas seulement partie. En outre, lutter contre la collaboration, contre le racisme, même en conservant l'idéal d'*agapè*, ce n'est pas tout à fait dire oui, ce n'est pas un oui total..., par où tu rejoins quand même le sens commun !

ANDRÉ COMTE-SPONVILLE

Tu as raison. Mais un sens commun redressé par les traditions spirituelles et philosophiques les plus hautes.

Une spiritualité laïque

LUC FERRY

Il me semble, en tout cas, que tu viens d'illustrer, de manière particulièrement brillante, le processus de sécularisation par lequel la philosophie transpose et réinterprète aujourd'hui des traditions spirituelles : elle les replace dans une perspective nouvelle qui peut en modifier le sens, mais n'en altère pas tout à fait le message. Tu viens de le souligner toi-même : tu dis, en athée, « ce qu'a dit la religion » !

André Comte-Sponville

Soit. Il m'est arrivé en effet de dire que tout était vrai, dans le christianisme, sauf le bon Dieu... Et tu as souvent remarqué qu'il y avait, dans mon matérialisme, une dimension mystique. Tu as raison. Mais c'est un mysticisme sans mystère et sans foi : un mysticisme de l'immanence ! Pourquoi pas ? La chose, en Orient, serait très banale. Et, même en Occident, c'est une dimension bien avérée. Dans la préface d'un gros ouvrage collectif sur *La Mystique et les mystiques*, le père Henri de Lubac parle d'un « mysticisme pur », naturel ou naturaliste, qui lui paraît être « la forme la plus profonde de l'athéisme ». Et Kojève, dans son *Essai d'une histoire raisonnée de la philosophie païenne*, allait jusqu'à dire que « toute Mystique authentique est en fait plus ou moins athée » ! La formule est bien sûr excessive, mais il est vrai que ce que les mystiques expérimentent, c'est la *présence* de l'absolu. Or, si l'absolu est là, on n'a plus besoin d'Église, ni même de religion... Ce n'est pas un hasard si tant de mystiques ont eu maille à partir avec leurs Églises respectives. Maître Eckhart condamné, Al Hallaj exécuté... Le mystique, disait encore le père de Lubac, est « sensible à une lumière intérieure qui le dispense de croire ». Comment les Églises pourraient-elles tout à fait le lui pardonner ? Inversement, ne pas croire en Dieu, cela n'oblige pas à renoncer à toute vie spirituelle, ni même à toute expérience mystique (preuve en est qu'il existe une mystique bouddhiste). Qu'a-t-on besoin d'un Dieu pour « sentir et expérimenter que nous sommes éternels », comme dit Spinoza, autrement dit que nous sommes, ici et maintenant, dans l'absolu ? À quoi bon croire, quand on peut connaître ? Espérer, quand on peut aimer ? Prier, quand on peut contempler ? C'est pourquoi je préfère parler de spiritualité plutôt que de religion : parce que ce message-là se trouve dans des sagesses qui ne se reconnaissent dans aucun Dieu, dans aucun culte, et qui n'espèrent aucune vie pour après la mort... C'est la différence entre le sage et le saint. Qu'est-ce que la sagesse, sinon une spiritualité laïque ?

Luc Ferry

Précisément parce que la sécularisation a eu lieu. Avant, nous n'aurions parlé que de religion. L'idée même d'une « spiritualité laïque » nous aurait sans doute fait rire il y a vingt-cinq ans alors qu'aujourd'hui l'expression nous convient parfaitement à tous deux pour désigner une sphère plus haute que celle de la morale : l'aspiration au sacré se redéploie à partir de l'homme lui-même et du mystère de sa liberté, qui peut vouer au mal radical mais aussi à ces grandeurs qu'aucune analyse ne saurait épuiser. Tu vas avoir du mal à ne pas être d'accord avec ça : c'est tout ton portrait ! À quoi j'ajouterai un argument décisif : buvons, le buffet nous attend, qui mérite que nous nous associions dans un remerciement chaleureux à nos hôtes !

TABLE

Deuxième partie

La religion après la religion ou « Que nous est-il permis d'espérer ? »

CONCLUSION

Entre sciences et cultures : À quoi sert la philosophie contemporaine ?

Composition et mise en pages
Nord Compo à Villeneuve-d'Ascq

MIXTE
Papier issu de sources responsables
FSC® C003309

L'éditeur de cet ouvrage s'engage dans une démarche
de certification FSC® qui contribue à la préservation
des forêts pour les générations futures.

Pour en savoir plus :
www.editis.com/engagement-rse/

N° éditeur : 63847/01 – N° imprimeur : 100145

Achevé d'imprimer en avril 2022 en Espagne par Liberdúplex